★ 赠送网店装修案例展示

★添加店铺水印

★为宝贝添加边框

★多个宝贝合成设计

★玩具细节展示设计

★商品搭配合成设计

★客服区设计

★玩具参数页面设计

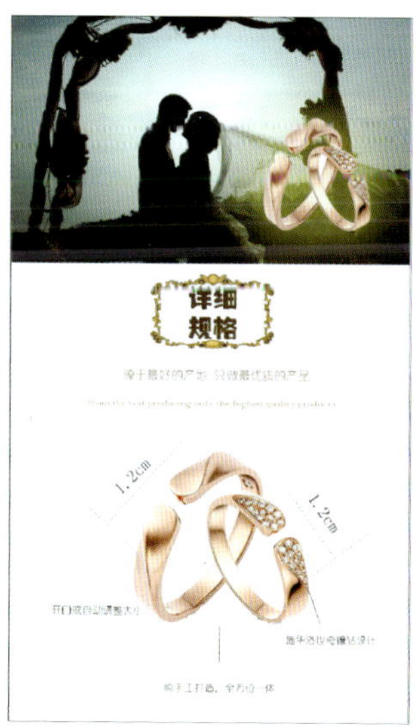

★饰品参数页面设计

★彩妆类优惠券设计

★开学季主题海报设计

★女人节主题活动页设计

★家具类店庆活动页设计

★情人节促销页设计

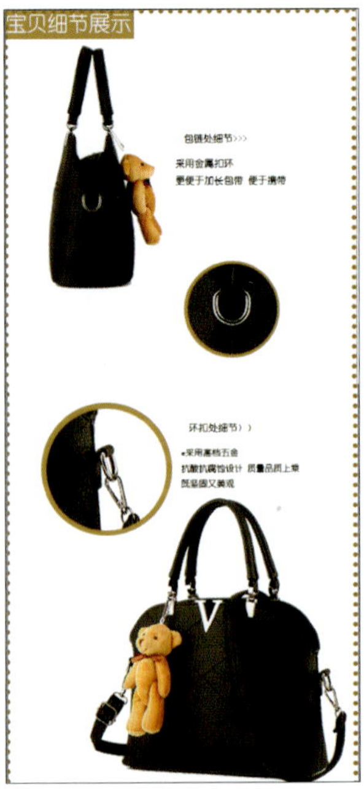

★ 箱包类详情页设计

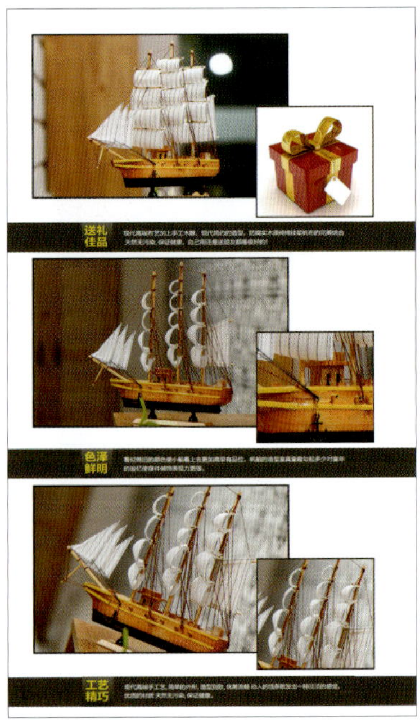

★工艺品合成页设计

天猫

开店、装修、营销与推广实战一本通

淘小二◎编著

人民邮电出版社

北京

图书在版编目（CIP）数据

天猫开店、装修、营销与推广实战一本通 / 淘小二编著. -- 北京 : 人民邮电出版社, 2016.5
ISBN 978-7-115-41880-7

Ⅰ. ①天… Ⅱ. ①淘… Ⅲ. ①网络营销 Ⅳ. ①F713.36

中国版本图书馆CIP数据核字(2016)第037594号

内容提要

本书以作者多年的网店管理经验为基础，详细地介绍了在天猫商城开店、装修、营销与推广过程中的操作方法，希望本书所介绍的这些实用、有效的操作，能帮助个人卖家、企业卖家顺利开通店铺、提升销量。

本书分为4篇共18章，“天猫开店”篇介绍天猫开店的流程、天猫子账号的权限配置以及宝贝发布等内容；“店铺装修”篇主要介绍商品照片的处理方法、店铺页面设计、店铺细节设计、促销页设计等内容；“运营与管理”篇主要介绍如何使用千牛工作平台进行运营管理，如何使用生意参谋实时掌握店铺经营情况，如何通过天猫后台做好品牌管理、安全设置和店铺品质管理等内容；“营销与推广”篇主要介绍如何获得免费流量，如何使用淘宝客、直通车、钻石展位、满就送、聚划算、双11、双12、微营销等推广策略和工具，提升销量和利润。

本书不仅适合刚接触网店的新手阅读，同时对于正在经营网店的个人卖家、企业卖家、兼职卖家也有很高的参考价值，亦可作为各大中专院校、培训机构的教材。

◆ 编　　著　淘小二
责任编辑　马雪伶
责任印制　杨林杰

◆ 人民邮电出版社出版发行　　北京市丰台区成寿寺路11号
邮编　100164　　电子邮件　315@ptpress.com.cn
网址　http://www.ptpress.com.cn
大厂聚鑫印刷有限责任公司印刷

◆ 开本：787×1092　1/16
印张：21.5　　彩插：1
字数：566千字　　2016年5月第1版
印数：1 – 2 500册　　2016年5月河北第1次印刷

定价：49.00元

读者服务热线：(010)81055410　印装质量热线：(010)81055316
反盗版热线：(010)81055315
广告经营许可证：京东工商广字第8052号

前言 Preface

2012年天猫“双11”交易额191亿元，2013年350亿元，2014年571亿元，2015年912亿元，作为一位在天猫创业多年的老卖家，我经历了天猫这几年的变化，目睹了众多品牌的成长，同时也在不段摸索中提升了自己店铺的盈利能力。写这本书，是希望给准备踏上或者已经踏上这条艰苦之路的朋友们一些实用的、有效的实操方法和经验。

本书包括哪些内容

本书围绕天猫网店的开通、装修以及推广、经营而展开，图文并茂、内容全面，能有效地帮助天猫卖家，尤其是新手卖家快速掌握如何开通并经营好天猫店铺。

全书分为4篇18章。

第1篇 天猫开店

“天猫开店”篇包括申请规则、注册公司、子账号管理、发布宝贝等几个方面内容，系统地介绍了天猫店铺的开通流程和宝贝发布技巧。

第2篇　店铺装修

“店铺装修”篇包括天猫店铺的商品图片处理、店铺页面设计、店铺细节设计，以及店铺的促销页设计。

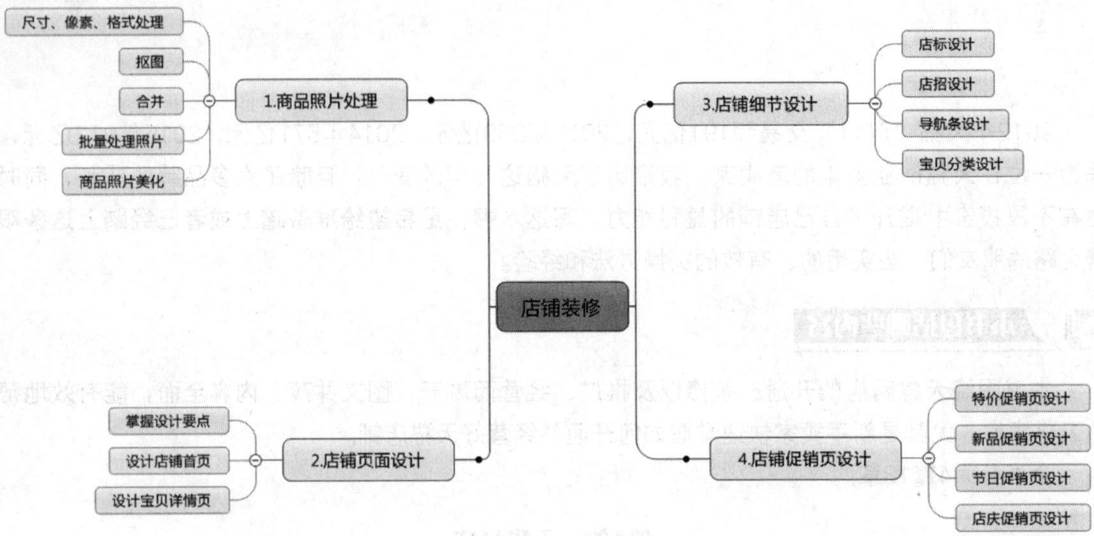

第3篇　运营与管理

“运营与管理”篇包括天猫运营、生意参谋、天猫后台管理3章内容，介绍了天猫交流使用的工具、生意参谋了解店铺内的实时动态数据，以及通过后台管理店铺的品牌、安全、以及品质管理等内容。

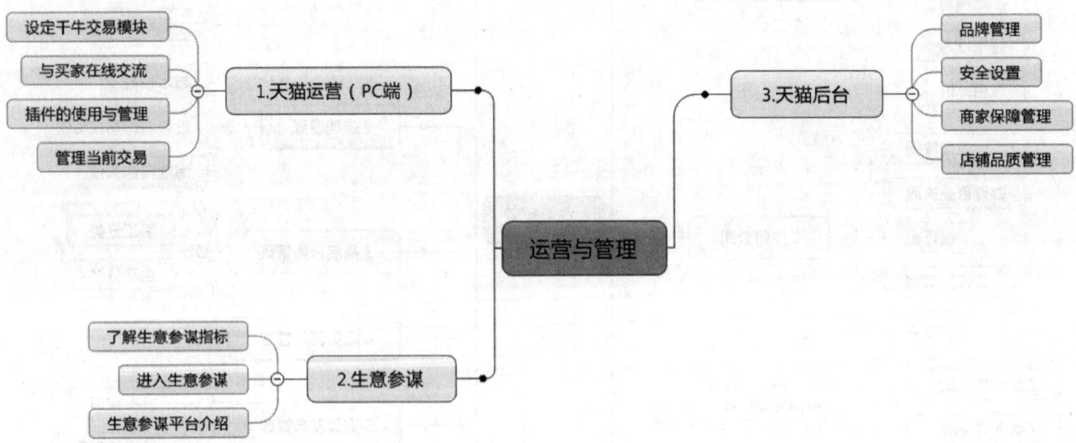

第4篇　营销与推广

“营销与推广”篇介绍了目前常用的淘宝客、直通车、钻石展位、双11、双12品牌盛宴、聚划算等推广手段的使用技巧，还介绍了免费流量的获取方式。

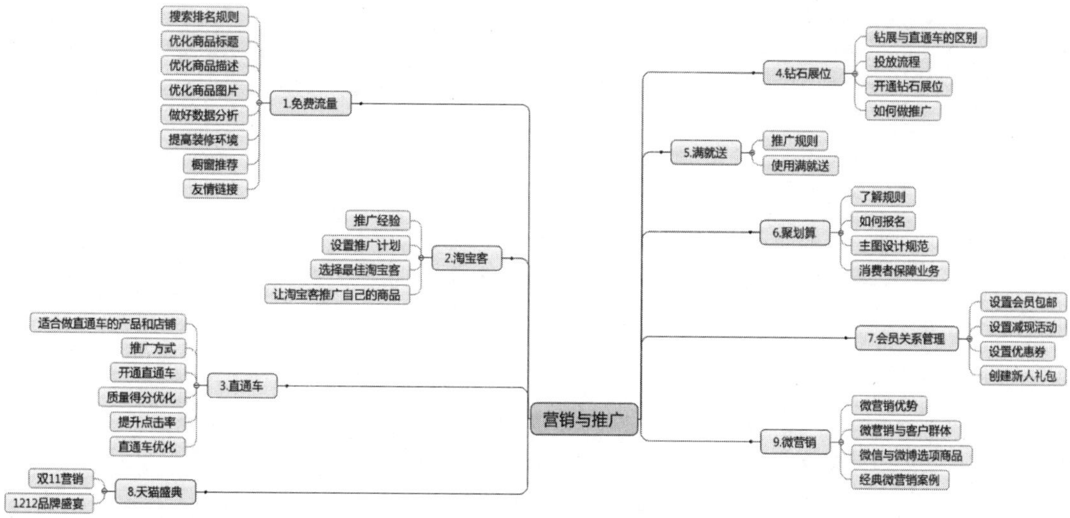

如何阅读本书

本书包含“天猫开店”“店铺装修”“运营与管理”“营销与推广”4篇，每篇都是一个独立而完整的部分，不同的读者、不同的需求，都可以从这本书中找到答案和方法。

- 如果您对天猫开店一无所知，希望全面了解天猫这个平台，可以循序渐进一章一章地学习；
- 如果您拥有自己的注册公司，可以阅读“天猫开店”篇，因为天猫开店就是针对企业店铺的；
- 如果您已经在天猫上拥有了自己的店铺，希望了解一些运营管理知识，可以阅读本书第3篇的内容；
- 如果您已经经营天猫店铺有一段时间，苦于无法提升销量，想要学习一些营销推广知识，可以阅读本书第4篇的内容。

超值赠送

为了读者能更直观、快速地学习天猫开店与管理的相关内容，我们录制了50分钟天猫开店与运营视频教程、60分钟网店装修视频教程、60分钟网店营销与推广视频教程，以及编写了300页的网店装修案例（案例效果可参见本书彩插）教程，读者可发邮件至chuzhitushu@163.com获取本书的赠送资源（请务必将邮件主题设置为“天猫”）。

由于作者水平经验有限，书中难免有疏漏和不足之处，恳请广大读者不吝批评指正。本书责任编辑的联系信箱：maxueling@ptpress.com.cn。

编　　者

目录
Contents

第1篇　实战天猫开店

第1章　天猫开店 2

1.1　一张图读懂开店流程 2

1.2　第1步：天猫申请规则 2

1.2.1　申请与清退规则 2

1.2.2　招商标准 3

1.2.3　预售业务管理规则 3

1.2.4　退换货规则 5

1.2.5　违规行为 5

1.2.6　信用评价规则 7

1.3　第2步：注册公司 7

1.3.1　如何注册公司 7

1.3.2　办理营业执照 8

1.3.3　保证金 8

1.3.4　技术服务费年费 9

1.3.5　佣金（实时划扣技术服务费） 9

1.4　第3步：申请天猫店铺 10

1.4.1　旗舰店、专卖店、专营店有何不同 10

1.4.2　入驻申请流程 12

1.5　第4步：上传公司各项经营执照 19

1.6　第5步：上传品牌授权资质 22

第2章　天猫子账号权限配置与宝贝发布 ... 25

2.1　子账号管理，设置使用权限 26

2.1.1　新建员工 26

2.1.2　设置部门结构 28

2.1.3　设置角色权限 30

2.1.4　旺旺分流 32

2.2　店铺设置 32

2.2.1　店铺基本设置 33

2.2.2　名称与LOGO设置 34

2.2.3　淘宝网店装修 35

2.3　商品分类管理 37

2.3.1　添加手工分类 37

2.3.2　添加自动分类 39

2.4　宝贝图片管理 40

2.5　宝贝发布管理 43

2.5.1　如何发布宝贝 43

2.5.2　发布新产品 50

2.6　宝贝编辑与下架管理 51

2.6.1　编辑宝贝信息 51

2.6.2　宝贝下架管理 52

第2篇　店铺装修

第3章　商品照片处理 54

3.1　照片尺寸、像素与格式处理 54

3.2　照片抠图 56

3.3　照片合并 58

3.4　照片批量处理技巧 59

3.5　商品照片美化 61

3.5.1　色彩调整 62

3.5.2　照片瑕疵修复 63

3.5.3　店铺水印添加与处理 64

3.5.4　文字的设计 68

3.5.5　背景虚化处理 72

3.5.6　商品投影处理 74

3.5.7　商品倒影处理 75

第4章 店铺页面设计 77

4.1 店铺页面的设计要点 77

4.2 设计店铺首页 77

4.2.1 店铺首页的重要性 77

4.2.2 店铺首页的框架分析 79

4.2.3 店铺首页的整体布局 81

4.2.4 设计商品陈列区 83

4.3 设计宝贝详情页 90

4.3.1 宝贝详情页的框架分析 90

4.3.2 设计宝贝描述模板第1步：制作模板JPEG图片 93

4.3.3 设计宝贝描述模板第2步：模板切片 96

4.3.4 设计宝贝描述模板第3步：将模板图片转换为代码 97

第5章 店铺细节设计 101

5.1 店标设计 101

5.1.1 设计静态店标 101

5.1.2 设计动态店标 104

5.2 店招设计 108

5.2.1 设置店招背景 109

5.2.2 设置店招图片 112

5.2.3 设置店招文字 112

5.3 导航条设计 113

5.3.1 添加导航栏目 113

5.3.2 设计导航CSS代码 117

5.3.3 设计个性导航条 119

5.4 宝贝分类设计 122

5.4.1 设计简单的文字宝贝分类 122

5.4.2 设计宝贝分类图片 126

5.4.3 设计个性的宝贝分类 128

第6章 店铺促销页设计 133

6.1 设计特价促销广告 133

6.1.1 设计促销页背景 133

6.1.2 添加商品图片 134

6.1.3 添加促销文字 136

6.2 设计新品促销广告 138

6.2.1 设计促销页背景 138

6.2.2 添加商品图片 139

6.2.3 添加促销文字 140

6.3 设计节日促销广告 141

6.3.1 设计促销页背景 142

6.3.2 添加促销文字 144

6.4 设计店庆促销广告 146

6.4.1 设计促销页背景 146

6.4.2 添加促销文字 147

第3篇 运营与管理

第7章 天猫运营 150

7.1 千牛工作台中交易模块设定 150

7.1.1 千牛工作台下载与安装 150

7.1.2 主要交易模板设定 151

7.1.3 添加其他交易模块 152

7.2 与买家在线交流 153

7.2.1 在线答复买家疑问 153

7.2.2 通过群与老客户交流 153

7.2.3 分类管理买家 154

7.3 火爆插件的使用与管理 154

7.3.1 使用插件 154

7.3.2 插件管理 156

7.4 当前交易管理 157

7.4.1 查看当前订单 157

7.4.2 物流管理 157

7.4.3 发货管理 160

7.4.4 退换货管理 160

7.4.5 退款管理 163

第8章 生意参谋 165

8.1 了解各项指标 165

8.1.1 流量类 165

8.1.2 首页 166

8.1.3 公用 166

8.1.4 实时直播 166

8.2 进入生意参谋 167

8.3 生意参谋平台 168

8.3.1 首页 169

8.3.2 实时直播 170

8.3.3 经营分析 171

8.3.4 自助数据 174

8.3.5 专题工具 176

第9章 天猫后台管理.......................177

9.1 品牌管理... 178

9.2 安全设置... 181

9.3 商家保障管理 186

9.4 店铺品质管理 187

第4篇 营销与推广

第10章 做好基本功，流量自然来（免费）... 190

10.1 了解天猫搜索规则、排名规则............. 191

10.2 优化商品标题——组合搜索主流关键字... 192

10.3 优化商品描述——呈现更多的商品细节... 194

10.4 优化商品图片——让商品更真实化 197

10.5 做好数据分析也可以增加流量............. 198

10.6 提高店铺装修环境............................ 200

10.7 用好橱窗推荐 202

10.8 友情链接可相互增长流量 204

10.9 免费试用让店铺流量涨不停 204

10.10 优惠券、商品促销也可以增长流量...... 207

第11章 “淘宝客”，按成交量支付推广费用..... 223

11.1 “淘宝客”推广使用经验 224

11.2 使用“淘宝客”推广 225

11.2.1 登录“淘宝客”推广 226

11.2.2 掌柜如何写好推广计划 227

11.2.3 设置佣金 230

11.2.4 主推商品的选择 232

11.3 如何选择最佳“淘宝客” 233

11.3.1 关于卖家的心态调整 233

11.3.2 如何寻找“淘宝客” 233

11.4 如何让“淘宝客”来推广你的商品 236

第12章 用“直通车”主推单品.......... 237

12.1 哪类产品和店铺最适合做“直通车”推广... 237

12.2 直通车推广方式 238

12.2.1 宝贝推广 238

12.2.2 店铺推广 239

12.2.3 活动推广 240

12.2.4 定向推广 240

12.3 开通直通车推广 243

12.3.1 加入直通车 243

12.3.2 新建推广计划 244

12.3.3 推广新宝贝..................................... 245

12.3.4 设置推广计划 248

12.4 质量得分优化 248

12.4.1 什么是质量得分 249

12.4.2 如何优化质量得分 249

12.5 如何提升“直通车”的点击率 250

12.5.1 选择关键商品 251

12.5.2 直通车主图 251

12.5.3 推广标题 253

12.5.4 适量的宝贝数量............................. 253

12.5.5 排名位置 254

12.5.6 关键词优化..................................... 254

12.6 “直通车”优化让销量涨起来 255

12.6.1 挑选合适的宝贝推广 255

12.6.2 如何正确选取关键词 255

12.6.3 为关键词合理定价 259

12.6.4 如何将推广效果最大化 262

第13章 “钻石展位”提升店铺整体销量 267

13.1 “钻石展位”与“直通车”有什么不同 ... 267

13.2 “钻石展位”的投放流程 268

13.3 如何开通“钻石展位” 278

13.4 如何用好“钻石展位”来省钱 280

13.4.1 推广目的 280

13.4.2 准备好素材是关键 280

13.4.3 竞价步骤 281

13.4.4 “钻石展位”使用误区 281

第14章 “满就送”，赚人气也赚钱 283

14.1 “满就送（减）”推广规则 284

14.2 “满就送(减)”与“店铺优惠”的区别 ... 284

14.3 使用“满就送（减）” 285

14.3.1 开通“满就送（减）” 286

14.3.2 设置“满就送（减）” 287

14.3.3 选择买家心仪的赠送商品 290

14.4 使用“满就送（减）”促销更给力 291

第15章 “聚划算”，最聚人气的团购 ... 293

15.1 了解“聚划算”规则 293

15.2 参加“聚划算” 295

15.2.1 “聚划算”业务分类 295

15.2.2 参加“聚划算” 299

15.3 “聚划算”主图规范 301

15.4 “聚划算”消费者保障业务 304

第16章 会员关系管理 305

16.1 会员关系管理 306

16.2 设置会员包邮 308

16.3 设置减现活动 310

16.4 设置优惠券 312

16.5 创建新人礼包 313

第17章 跟着马云搞盛典 315

17.1 参加双11营销 315

17.1.1 了解双11营销规则 316

17.1.2 报名及招商要求 318

17.2 1212品牌盛典营销 320

17.2.1 了解1212品牌盛典营销规则 321

17.2.2 商家报名及要求 322

17.2.3 如何利用1212品牌盛典树立店铺品牌 ... 324

第18章 微营销 325

18.1 了解微营销的优势 325

18.2 分析微营销与客户群体 326

18.3 利用微信与微博来宣传店铺与商品 327

18.4 经典微营销案例 331

第1篇

实战天猫开店

本篇的两章内容讲述天猫开店规则、申请入驻步骤、子账号设置、以及天猫店铺基本设置、宝贝发布等。淘宝官方解释“天猫”含义为：猫是性感而有品位的；天猫网购代表的就是时尚、性感、潮流和品质；猫天生挑剔，挑剔品质、挑剔品牌、挑剔环境，这恰好就是天猫网购要全力打造的品质之城。天猫的广告标语为“尚天猫，就购了”，更是凸显了天猫的时尚定位和网购需求。

商家开店之前需要密切关注天猫官方的规则动态，天猫的招商变化是从消费者的需求和市场需要的角度出发，来建立招商品牌库。其目的是寻找有好商品和好品牌的商家，共同为消费者提供优质的商品和服务。天猫招商的品牌会根据消费者需求和天猫市场各品类的结构在合适的时间里进行更新，更新的内容会在天猫招商频道进行公示。商家可以随时关注天猫招商频道。

◆第1章
天猫开店

◆第2章
天猫子账号权限配置与宝贝发布

第1章 天猫开店

本章将开店步骤分为三步介绍，分别是了解申请规则、注册公司以及如何申请天猫店铺。在申请店铺之前需要确定是开旗舰店（见图1-1）、专卖店（见图1-2），还是专营店。

图1-1

图1-2

1.1 一张图读懂开店流程

商家在准备开天猫店之前，可以登录“天猫”-“帮助中心”查询了解开天猫店的基本招商规则和开店规则，在本章1.2节会详细解说几个天猫规则。除此之外，还需要了解天猫的开店流程，如准备注册的公司资质证明、拥有企业支付宝账户以及充足的资金等，商家可以直接在线申请，审核通过即可开通天猫店铺开始营业。

图1-3所示为在天猫开店的基本流程。

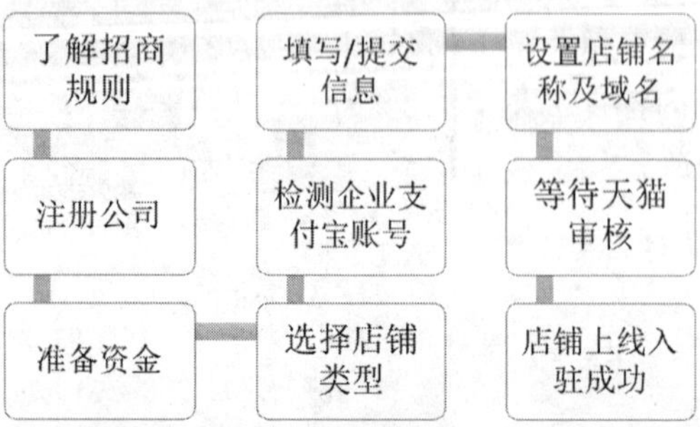

图1-3

1.2 第1步：天猫申请规则

1.2.1 申请与清退规则

商家在申请入驻天猫之前，首先需要详细了解天猫相关规则要求，它是对天猫用户增加基本义务或限制基本权利的条款。天猫比普通店铺更有吸引力的是它的服务，它不光是大卖家和大品牌的集合，同时也会提供比普通店铺更加周到的服务。为了能够保证商城交易有序进行，规范市场秩序，使买卖双方能够有效沟通，需要事先建立好规则，从而有效避免商城交易的混乱。

商家入驻天猫需要了解如下规则。

●入驻须知一：确保申请入驻及后续经营阶段提供的相关资质和信息的真实性。

●入驻须知二：商家应如实提供其店铺运营的主体及相关信息，包括但不限于代理运营商、实际店铺经营主体等信息。

●入驻须知三：天猫关于商家信息和资料变更有相关规定的从其规定，但商家如变更第二条入驻须知所列信息，应提前15天书面告知天猫。

商家发生图1-4所示情形之一的，天猫有权清退。

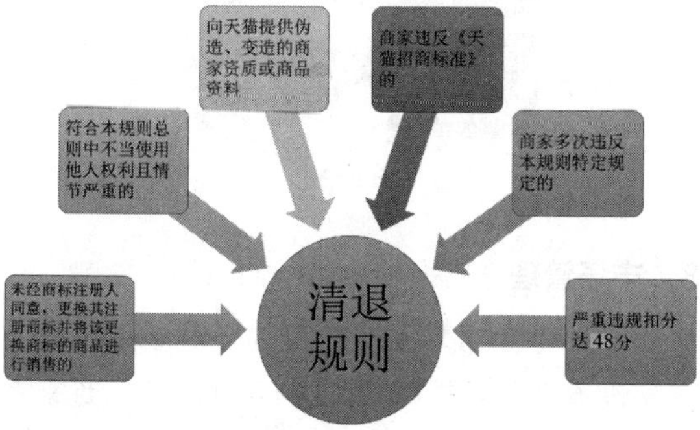

图1-4

1.2.2 招商标准

入驻天猫的商家必须是在中国大陆注册的企业，包括法人（公司）和合伙（合伙企业），并持有相应的企业营业执照。申请入驻天猫的品牌必须在中国商标总局申请注册了文字商标，并持有国家商标总局颁发的商标注册证或商标注册申请受理通知书（部分类目的进口商品除外）。

天猫入驻商家分为品牌/厂商和代理商，这两者的入驻提交资料是有区别的，图1-5显示了需要提供的资料和服务要求，可以看出这两者之间对品牌资质的要求是有一定区别的。

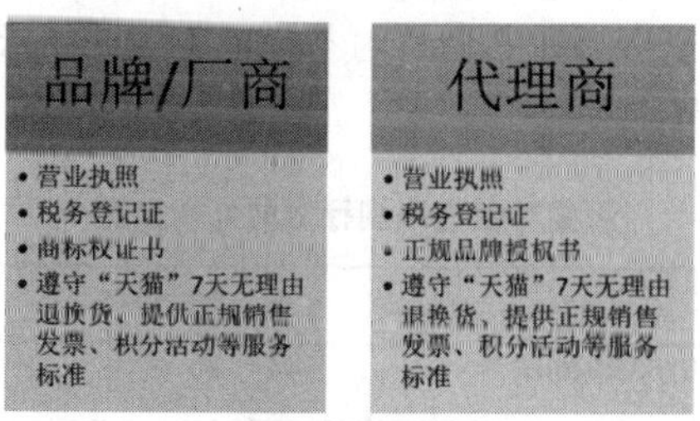

图1-5

入驻天猫的商家必须如实提供入驻资料和信息，并且需要详细了解图1-6所示的三点要求。

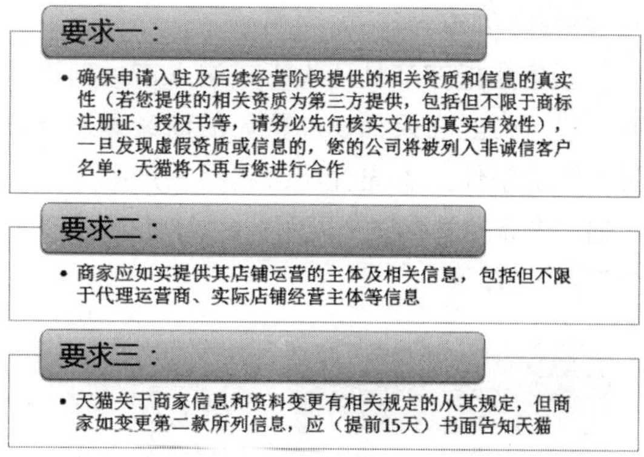

图1-6

注　意

天猫在2015年调整的招商标准中，在原定向招商的基础上，开放“自荐品牌”招商通道，向优质品牌商家敞开怀抱。在符合企业和品牌招商标准的基础上，天猫将对“自荐品牌”择优招募，持续致力于招募更多为消费者提供更丰富的品牌商品及更优质的品质服务的商家。

注　意

天猫暂不接受个体工商户的入驻申请，亦不接受非中国大陆企业的入驻申请。除此之外，暂不接受未取得国家商标总局颁发的商标注册证或商标受理通知书的品牌开店申请（部分类目进口商品除外），亦不接受纯图形类商标的入驻申请。

1.2.3 预售业务管理规则

天猫预售模式，是指商家提供一个商品或者服务方案，通过天猫预售产品工具聚集消费者订单，按照事先约定将商品、服务提供给消费者的一种销售模式（见图1-7）。

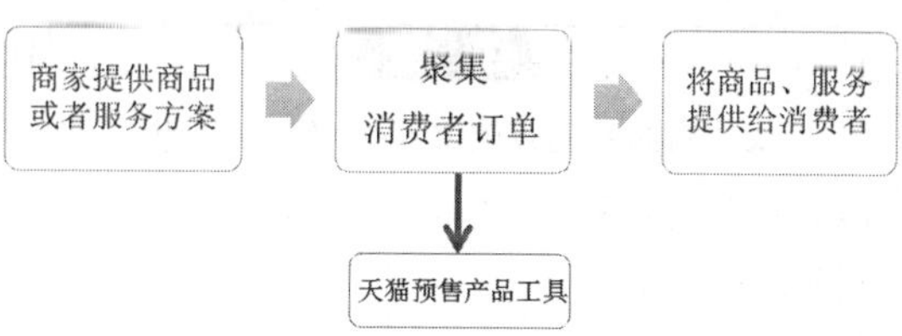

图1-7

1. 预售的含义

预售是指在产品还没正式进入市场前进行的销售行为。在天猫参加预售的商家必须要具备一定的条件。首先介绍天猫预售产品工具和天猫预售商品的含义（见图1–8），让大家有一个初步了解。

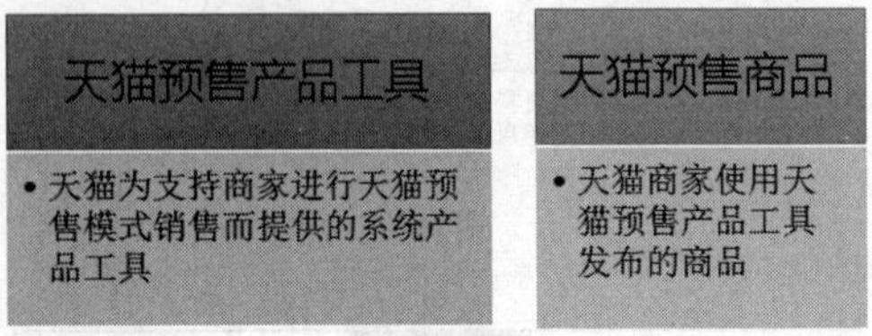

图1–8

（1）天猫预售产品工具根据天猫预售商品价格与订购人数的变化关系，以及交易支付方式，分为一阶、三阶和全款3种形式，具体含义如图1–9所示。

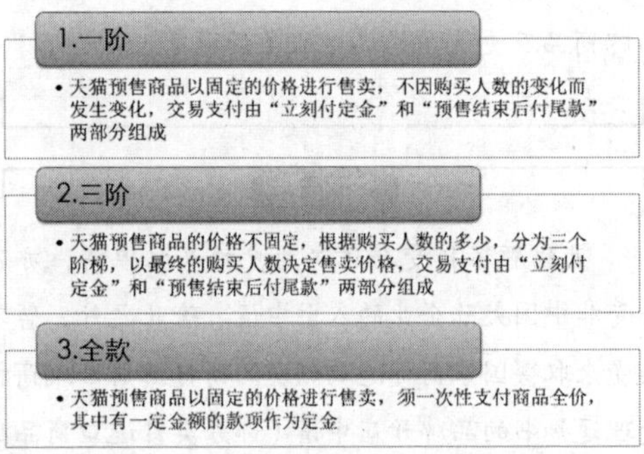

图1–9

（2）如果使用一阶、三阶预售产品工具，天猫预售商品的宝贝详情页面显示商品预售价和其中所含定金金额，交易支付由“立刻付定金”和“预售结束后付尾款”两部分组成，并显示商品发货时间；使用全款预售产品工具，天猫预售商品的宝贝详情页面显示商品预售价和其中所含定金金额，须一次性支付商品全款，并显示商品发货时间。

注　意

仅在商品标题或商品详情页标示预售字样，而未使用天猫预售产品工具的商品，不属于天猫预售商品。

2. 准入规则

天猫商家/商品需同时满足图1–10所示的规则，并通过各商品对应类目的审核，才能够加入天猫预售活动。

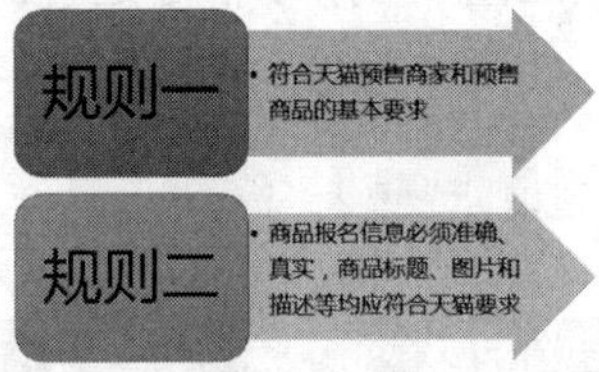

图1–10

3. 市场管理

为了避免市场混乱，天猫针对参加预售的商品设置了几项规则，如图1–11所示。商家需要了解这些预售活动规则。

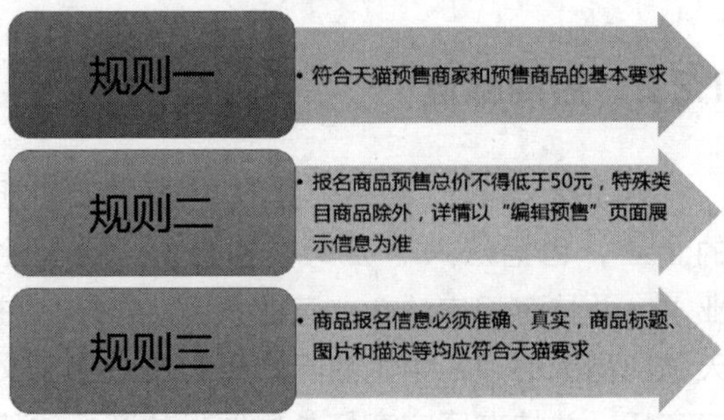

图1–11

4. 违规处理

参与天猫预售的商家出现图1–12所示违规行为的，除依据《天猫规则》的规定进行处理外，自发现该违规行为之日起将同时对商家进行相关违规处理，这里分为两个时间段，分别是一个月内和三个月内不允许申请使用天猫预售产品工具。

天猫对预售违规行为的处理规则

违规处理	违规行为
3个月内不允许使用天猫预售工具	虚假交易
1个月内所有商品不允许申请使用天猫预售产品工具	预售期间除库存售罄外下架预售商品的
	预售期间通过淘宝其他营销渠道进行销售的
	发货时间不明确的
	预售商品构成延迟发货的

图1–12

1.2.4　退换货规则

在发货之后，有时候会出现退换货情况，此时商家应该提前了解如下几点退、换货的要求和过程。

（1）商家首次发货应当在买家付款后的72小时内或与买家约定时间内，但有特殊规定的除外。

（2）买家申请退款时商家尚未发货的，商家应当征得买家同意后再发货。商家逾期发货，或者未经买家同意在买家申请退款后发货，商家应当追回已经发出的商品，但买家已经签收并确认收货的除外。

（3）除非买卖双方另有约定，商家应当负责将货物送达到买家收货地址。商品需要买家到指定地点提取的，应当在发货前告知买家并征得买家同意。商家违反前述规定的，买家有权拒绝签收商品。

如果对退、换货双方有争议，可以向天猫提交凭证。

如下三点详细介绍了天猫具体的退换货争议处理方式。

（1）天猫处理争议期间，买卖双方应当按照天猫系统的提示和（或）天猫发送的短信、电话或邮件通知及时提供凭证。

（2）天猫收集到双方提供的凭证后，将在天猫系统提示的时间内，按照预售规范对相应争议做出处理；本规范没有明确规定的，由天猫依其独立判断做出处理。

（3）任何一方无正当理由，未按照前款规定提供凭证的，天猫有权按照实际收集到的凭证做出处理。

1.2.5　违规行为

为了规范市场，天猫针对商家违规行为的严重程度进行了等级划分，主要分为一般违规和严重违规两种（见图1-13）。

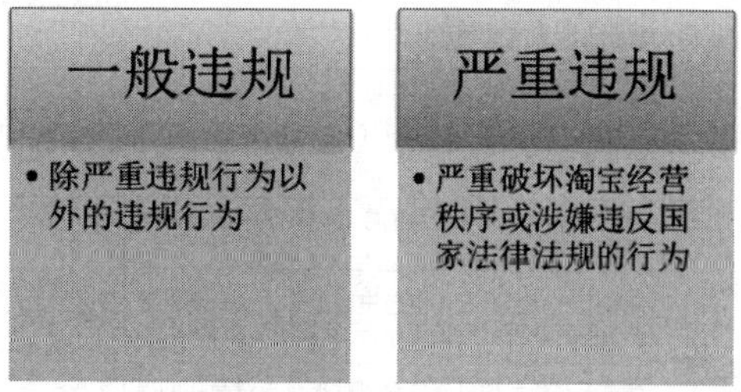

图1-13

违规行为根据适用的范围分为通用违规行为及特殊市场违规行为，特殊市场违规行为也遵循前款规定的严重违规行为与一般违规行为划分。商家因一般违规行为，每扣12分就会被天猫限制参加天猫营销活动7天、向天猫支付违约金1万元的处理。对于会员的严重违规行为，天猫会采取图1-14所示处理方式。不同的违规行为扣除相应的分值。

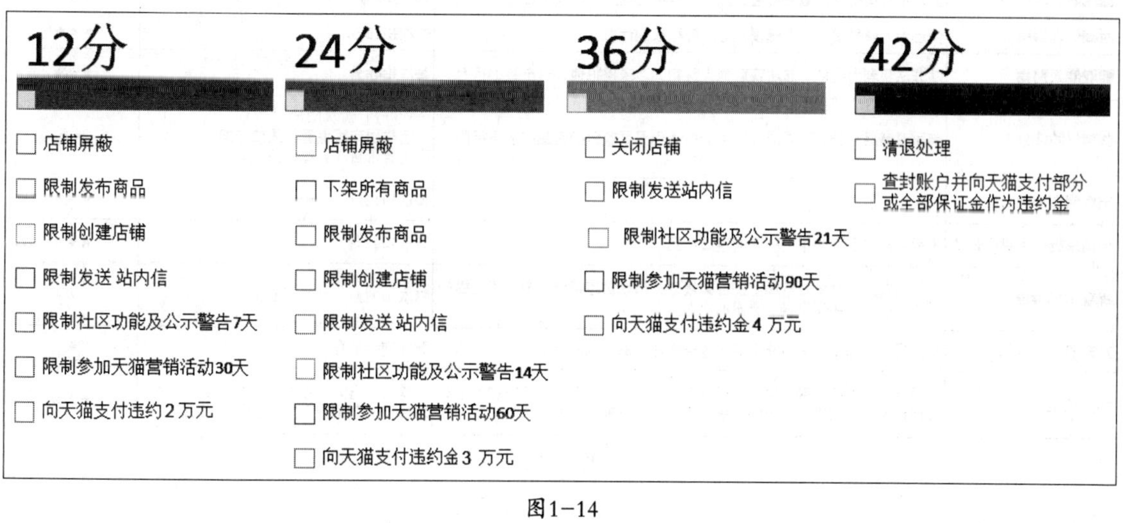

图1-14

1. 一般违规

图1-15详细描述了一般违规行为的具体内容，并给出了相应的处理规则，针对不同的违规行为分别扣除3~48分不等，天猫商家需要引起足够的重视，避免违规行为的发生。

违规行为		违规描述	处理规则	严重程度
滥发信息	发布禁售信息	商家未按本规则及淘宝发布的其他管理内容（包括但不限于规则、规范、类目管理标准、行业标准等）要求发布商品或信息，妨害买家权益的行为	依据《淘宝禁售商品管理规范》的相关规定执行	★
	发布广告信息		删除	
	发布重复信息		删除或者屏蔽	
	发布规避信息		删除或者屏蔽	
	发布错误描述信息		删除	
虚假交易	第一次或第二次发生虚假交易行为：违规交易笔数达96笔以上	用户通过虚构或隐瞒交易事实、规避或恶意利用信用记录规则、干扰或妨害信用记录秩序等不正当方式获取虚假的商品销量、店铺评分、信用积分等不当利益，妨害买家权益的行为	每次以一般违规行为扣12分	★
	第三次发生虚假交易行为：若违规交易笔数达96笔以上		每次以一般违规行为扣48分	★★★
	第四次及以上发生虚假交易行为，不论笔数		每次以一般违规行为扣48分	★★★
	短期内产生大规模虚假交易行为		扣48分；同时给予天猫卖家30天的全店商品淘宝网搜索降权和天猫搜索降权	★★★
延迟发货	除特殊商品外，商家在买家付款后实际未在72小时内发货，或定制、预售及其他特殊情形等另行约定发货时间的商品，商家实际未在约定时间内发货，妨害买家购买权益的行为		商家需向买家支付该商品实际成交金额的30%（金额最高不超过500元）作为违约金，该违约金将以天猫积分形式支付	★★
描述不符	商品材质、成分等信息的描述与买家收到的商品严重不符	买家收到的商品或经淘宝官方抽检的商品与达成交易时商家对商品的描述不相符，商家未对商品瑕疵、保质期、附带品等必须说明的信息进行披露，妨害买家权益的行为	首次扣6分，再次及以上每次扣12分	★★
	商家未对商品瑕疵等信息进行披露或对商品的描述与买家收到的商品不相符，且影响买家使用的		每次扣6分	★★
	商家未对商品瑕疵等信息进行披露或对商品的描述与买家收到的商品不相符，但未对买家正常使用造成实质性影响的		每次扣3分	★★
	被抽检商品描述不符情形特别轻微的		删除商品信息	★

图1-15

2. 严重违规

天猫会针对商家不同的违规行为扣除对应的积分（6~48分不等），图1-16所示为所有严重违规行为描述、惩罚措施以及严重星级程度。商家要避免做出这些违规行为。

违规行为	违规描述	处理规则	严重程度
发布违禁信息	构成严重违规行为的商品或信息	每次扣48分	★★★
盗用他人账户	盗用他人淘宝账户或支付宝账户，涉嫌侵犯他人财产权的行为	每次扣6分	★
泄漏他人信息	传递他人隐私信息，涉嫌侵犯他人隐私权的行为	每次扣48分	★★★
骗取他人财物	以非法获利为目的，非法获取他人财物，涉嫌侵犯他人财产权的行为	每次扣48分	★★★
假冒材质成分	商家对商品全部材质或成分信息的描述与买家收到的商品完全不符的	一次6分；二次12分 特定类目商家假冒材质成分的 不论是否首次，每次扣12分	★★
出售假冒商品		每次扣48分	★★★
出售未经报关进口商品	未经正常中国海关报关程序的进口商品	每次扣48分	★★★
扰乱市场秩序	以任何方式，刻意规避淘宝的各类规则或市场管控措施，或以不正当的方式获取、使用淘宝官方资源的行为	每次扣24分；情节严重扣48分	★★★
发布非约定商品	商家通过天猫平台发布或出售未经天猫许可的品牌的商品	删除商品信息	★
拖欠淘宝贷款	会员自阿里巴巴金融申请并获得淘宝贷款，到期未足额偿还贷款本息或其他费用，经阿里巴巴金融自催及委外催收仍未归还的行为	每次扣48分，该会员符合特定条件的关联店铺永久不得参加淘宝营销活动	★★★

图1-16

1.2.6 信用评价规则

信用评价是买家衡量商家商品好坏最直接的方式，天猫和淘宝的评分体系不同，图1-17所示为天猫评分规则，根据好评、中评与差评情况计算店铺评分。

图1-17

天猫店铺评分要素主要包括图1-18所示几项。

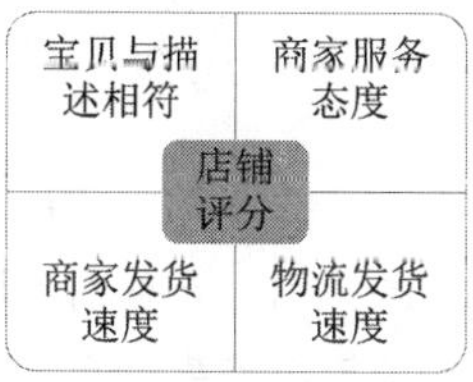

图1-18

注 意

这里的每项店铺评分均为动态指标，是指店铺在此前连续6个月内所有评分的算术平均值。买家若完成对天猫商家店铺评分中宝贝与描述相符一项的评分，则商家的信用积分会增加1分。

1.3 第2步：注册公司

商家了解天猫开店流程、招商标准、违规行为处理方法之后，在申请入驻之前需要注册公司，办理营业执照，并准备开店所需的资金。

1.3.1 如何注册公司

公司是指依法设立的，全部资本由股东出资的企业法人。入驻天猫首先要注册合法公司，下面介绍公司的形式和注册流程，给需要入驻天猫的卖家一个参考。

1. 公司形式

在注册公司之前首先需要了解各类公司形式，再选择合适的公司类型。由于天猫暂不接受个体工商户的入驻申请，所以商家可以参照图1-19选择合适的公司注册类型。图中给出了公司类型和对应的注册资金。

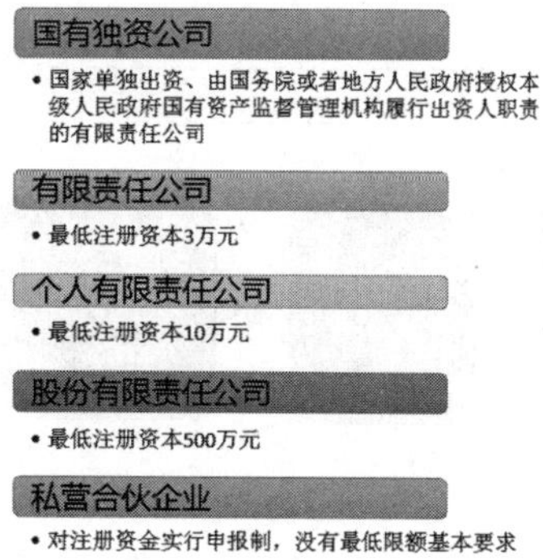

图1-19

2. 注册流程

注册公司需要事先准备图1-20所示相关文件与资料，再按照一定的流程（见图1-21）提交资料并完成公司注册。

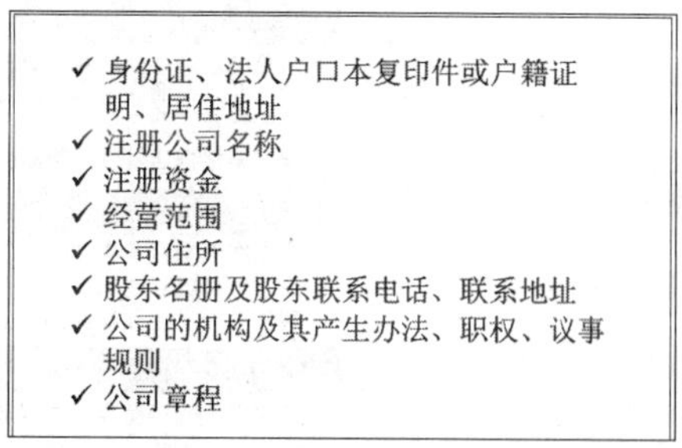

图1-20

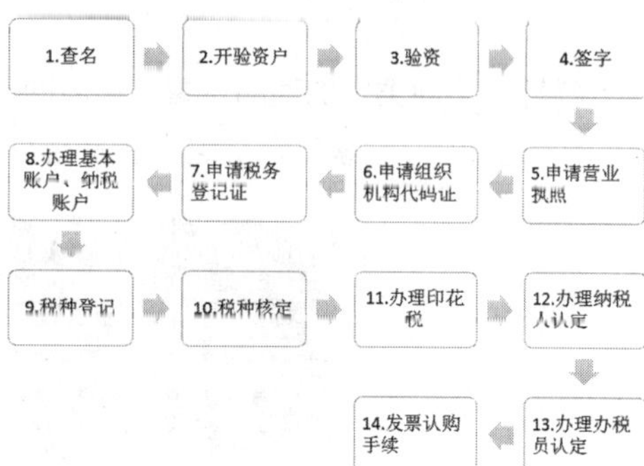

图1-21

1.3.2 办理营业执照

营业执照是企业或组织合法经营权的凭证。营业执照的各类登记事项如图1–22所示。

- ✓ 名称
- ✓ 地址
- ✓ 负责人
- ✓ 资金数额
- ✓ 经济成分
- ✓ 经营范围
- ✓ 经营方式
- ✓ 从业人数
- ✓ 经营期限

图1–22

营业执照分为正本和副本，正、副本具有同等的法律效力，在实质上是没有区别的。在使用方面，正本必须悬挂在经营场所的明显处；副本一般用于外出办理业务使用，比如办理银行开户许可证、企业组织机构代码证、税务登记证，签订合同等。

图1–23所示为内资企业（公司制）营业执照的办理流程。

图1–23

1.3.3 保证金

注册好公司之后，接下来就需要准备充足的资金来支持天猫店的入驻。天猫对入驻商家的资金要求远远高于淘宝店铺。天猫商家需要按照规定提交保证金、技术服务费年费以及实时划扣技术服务费等，图1–24为各类费用的详细说明。本节会逐一介绍这三种费用。

保证金

- 天猫经营必须交纳保证金，保证金主要用于保证商家按照天猫的规范进行经营，并且在商家有违规行为时根据《天猫服务协议》及相关规则、规定用于向天猫及消费者支付违约金
- 保证金根据店铺性质及商标状态不同，金额分为5万元、10万元、15万元3挡

技术服务费年费

- 商家在天猫经营必须交纳年费
- 年费金额以一级类目为参照，分为3万元或6万元两挡，各一级类目对应的年费标准详见《天猫2016年度各类目技术服务费年费一览表》

实时划扣技术服务费

- 商家在天猫经营需要按照其销售额（不包含运费）的一定百分比（简称“费率”）交纳技术服务费
- 天猫各类目技术服务费费率标准详见《天猫2016年度各类目技术服务费年费一览表》

图1–24

天猫针对不同类别的商品设置了不同的注册资本和公司运营时间的要求，图1–25所示为常见几大类目的开店要求。商家可以对照查看是否符合这些要求，再决定经营何种类型的天猫店铺。

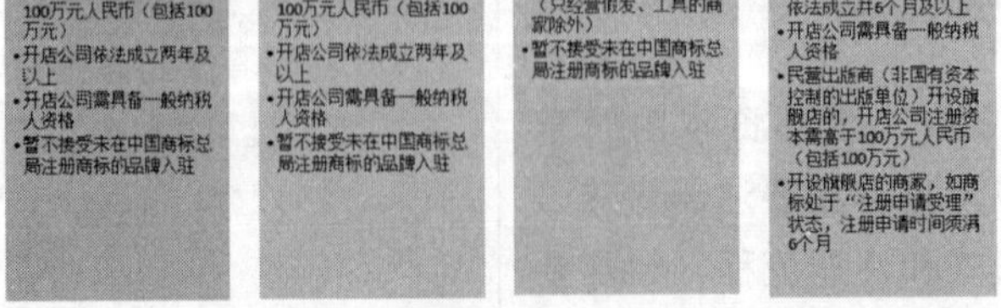

图1–25

1. 保证金的支付时间和方式

商家在天猫经营必须缴纳保证金，保证金主要用于保证商家按照天猫的规则进行经营，它可以保障在商家有违规行为时，根据《天猫服务协议》及相关规则规定用于向天猫及消费者支付违约金。图1–26所示为不同签约商家的保证金支付规则，分为新商家和续约老商家。

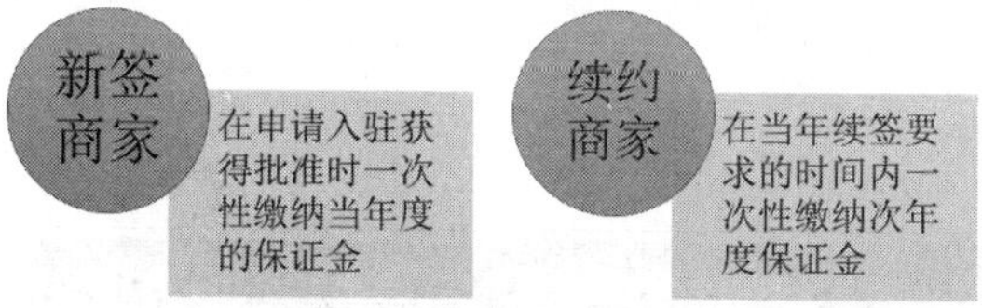

图1–26

商家可以将企业支付宝账户绑定到规定的银行账户（建设银行、交通银行等），实现账户充值并缴纳保证金，在充值前请先联系银行核实该银行账户的限额是否足够，因为限额是由银行控制的，然后再进行企业支付宝的绑定。

2. 特殊类目的保证金

不同类型的天猫店铺对保证金有不同的要求，一些特殊类目的保证金数额要求如图1–27所示。

品牌旗舰店/专卖店

- 带有TM商标的10万元，全部为R商标的5万元

专营店

- 带有TM商标的15万元，全部为R商标的10万元

特殊类目

- 卖场型旗舰店，保证金为15万元
- 经营未在中国大陆申请注册商标的特殊商品（如水果、进口商品等）的专营店，保证金为15万元
- 天猫经营大类“图书音像”，保证金收取方式：旗舰店、专卖店5万元，专营店10万元
- 天猫经营大类“服务大类”及“电子票务凭证”，保证金1万元
- “网游及QQ”“话费通信”及“旅游”大类的保证金为1万元
- 天猫经营大类“医药、医疗服务”，保证金30万元
- 天猫经营大类“汽车及配件”下的一级类目“新车/二手车”，保证金10万元

图1–27

提 示

1. 商家如果退出天猫，保证金会在所有环节（包括交易、积分发票/佣金、年费结算）完成后，申请退出（或被清退）后的30天+10个工作日内自动解冻至店铺支付宝账户内。因违规行为或资质造假被清退的则不会返还保证金。

2. 保证金不足额时，商家需要在15日内补足余额，逾期未补足的天猫将对商家店铺进行监管，直至补足。

1.3.4 技术服务费年费

技术服务费年费是商家向天猫支付的技术服务费，由商家在服务开通之前预存在自己的支付宝账号，由天猫进行扣划。商家在天猫经营必须缴纳技术服务费年费，技术服务费年费以一级类目为参照，分为3万元和6万元两挡。

为鼓励商家提高服务质量和壮大经营规模，天猫将对技术服务费年费有条件地向商家返还，具体返还规则如图1–28所示。返还方式上参照店铺评分（“DSR”）和年销售额（不包含运费）两项指标，返还的比例为50%和100%两挡。

不返还年费	因违规行为或资质造假被清退的
年费返还	根据协议通知对方终止协议、试运行期间被清退的，将全年年费返还均摊至自然月，按照实际经营期间来计算具体应当返还的年费
	年费的返还结算在协议终止后进行
	“新车/二手车”类目，技术服务年费按照商户签署的《天猫服务协议》执行

图1–28

1.3.5 佣金（实时划扣技术服务费）

图1–29所示为服饰类商品实时划扣技术服务费；图1–30所示为化妆品类商品实时划扣技术服务费。

一级类目	技术服务费费率	二级类目	技术服务费费率	三级类目	技术服务费费率	技术服务费年费	年费50%返还销售额标准	年费100%返还销售额标准
服饰配件/皮带/帽子/围巾	5%					30,000	180,000	600,000
女装/女士精品	5%					60,000	360,000	1,200,000
男装	5%					60,000	360,000	1,200,000
女士内衣/男士内衣/家居服	5%					60,000	180,000	600,000

图1-29

一级类目	技术服务费费率	二级类目	技术服务费费率	三级类目	技术服务费费率	技术服务费年费	年费50%返还销售额	年费100%返还销售额
彩妆/香水/美发/工具	4%					30,000	360,000	1,200,000
美发护发/假发	4%					30,000	360,000	1,200,000
美容护肤/美体/精油	4%					30,000	360,000	1,200,000

图1-30

1.4 第3步：申请天猫店铺

了解天猫店铺运营和申请规则，并做好前期准备工作之后，就可以根据入驻流程规则选择合适的店铺类型申请天猫店铺了。选择好店铺类型后可以根据流程完成天猫的入驻申请。

1.4.1 旗舰店、专卖店、专营店有何不同

目前天猫有三种类型供商户选择（见图1-31），下面分别从概念、入驻资质来介绍旗舰店、专卖店和专营店，从而帮助用户更好地理解和区分这三种类型的店铺。在1.3.3小节介绍了不同性质店铺、不同特殊类别的保证金金额要求，用户可以根据保证金规定选择合适的店铺类型。

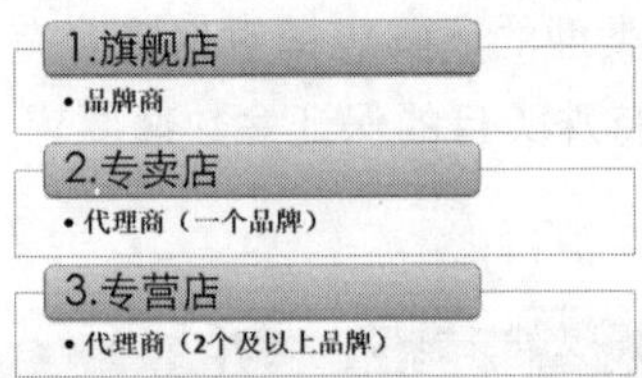

图1-31

1. 旗舰店

旗舰店是商家以自有品牌（商标为R或TM状态），或由权利人独占性授权，入驻天猫开设的店铺。

旗舰店实际上就是品牌商自身，或是代表着品牌商自身的企业。这种店铺一般会标示有“官方”字样，如“xx官方网店” “xx官方旗舰店”，而且同时都标识“品牌直销”字样，如图1-32所示，表明是该品牌的正品商品。在申请天猫旗舰店时需要提供图1-33所示的所有资质文件。

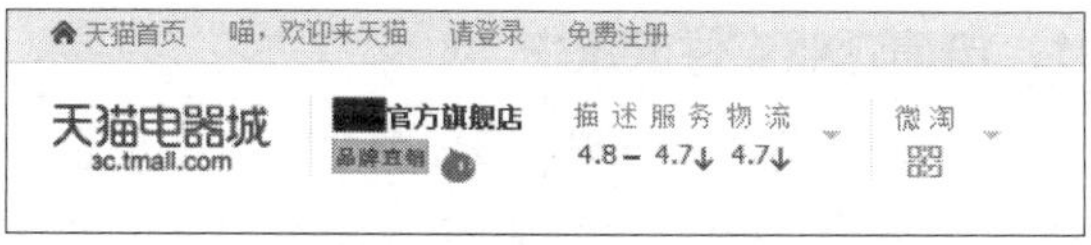

图1-32

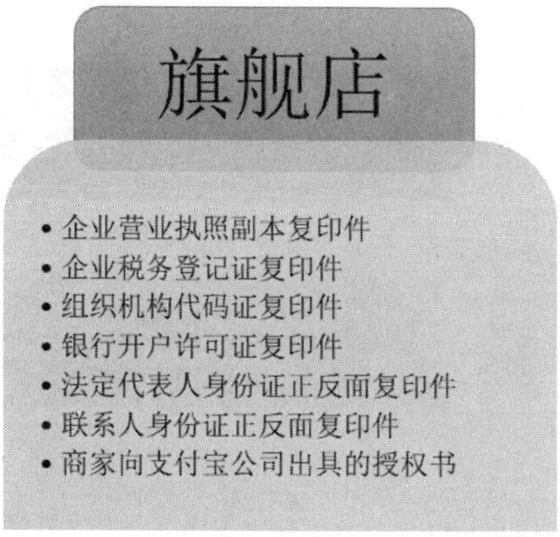

图1-33

（1）旗舰店主要分为图1-34所示的几种情形。

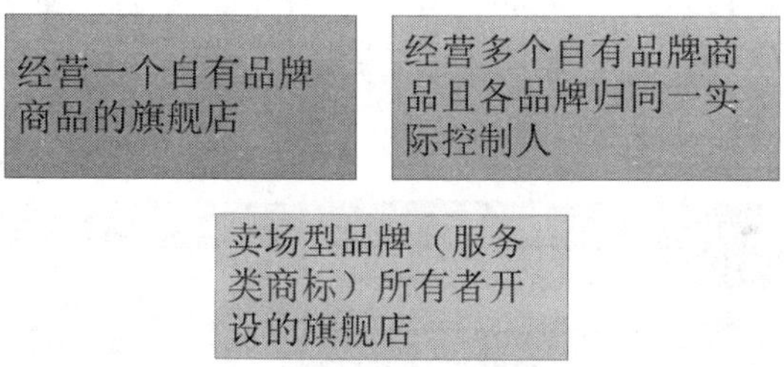

图1-34

（2）开店主体必须是品牌（商标）权利人，或持有权利人出具的开设天猫旗舰店独占性授权文件的企业。

注 意

代理多个品牌的商品不可以申请旗舰店，可以申请专营店。天猫国际并没有旗舰店、专营店和专卖店之分。在入驻天猫之后的店铺性质是不能修改的，如需更换，需要退出天猫后再重新申请其他的店铺类型。

2. 专营店

专营店是指经营天猫同一经营大类下两个及以上他人或自有品牌（商标为R或TM状态）商品的店铺。一个招商大类下专营店只能申请一家。在淘宝商城若卖家店铺名称以“专营店”结尾（见图1-35）即为专营店。在申请天猫专营店时需要提供图1-36所示的所有资质文件。

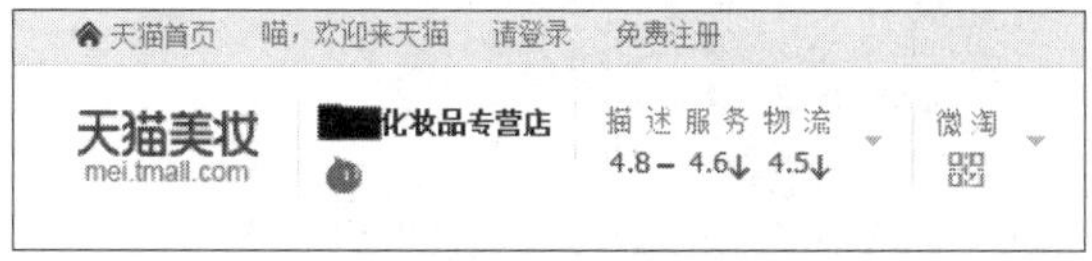

图1-35

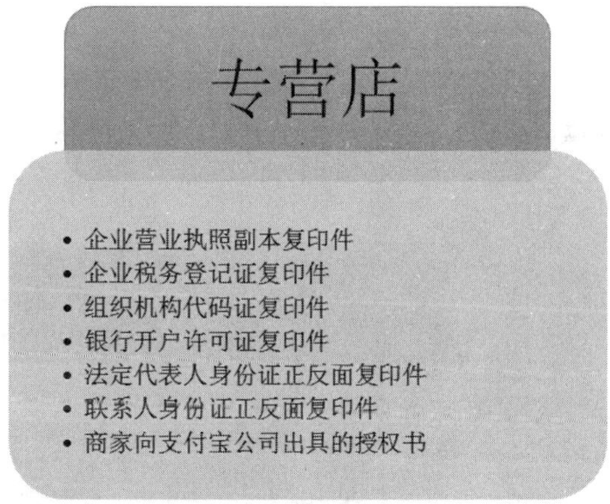

图1-36

注 意

专营店可以经营两个及以上的品牌商品。如需添加其他品牌商品，只需要再次申请即可。店铺提交的所有资质均为复印件，并加盖公司红章；公司所提交的复印件材料，天猫概不退回。

3. 专卖店

专卖店是指商家持他人品牌（商标为R或TM状态）授权文件在天猫开设的店铺。

若卖家店铺名称以“专卖店”结尾（见图1-37）即为专卖店。在申请天猫专卖店时需要提供图1-38所示的所有资质文件。

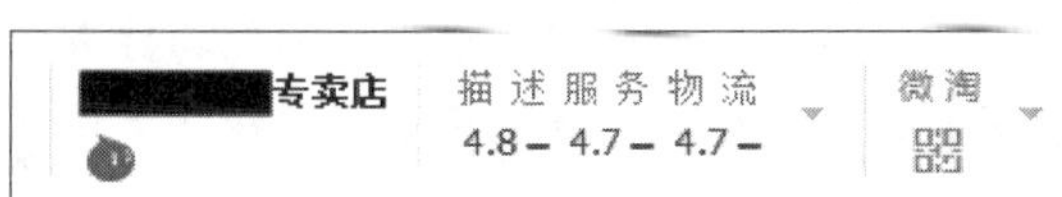

图1-37

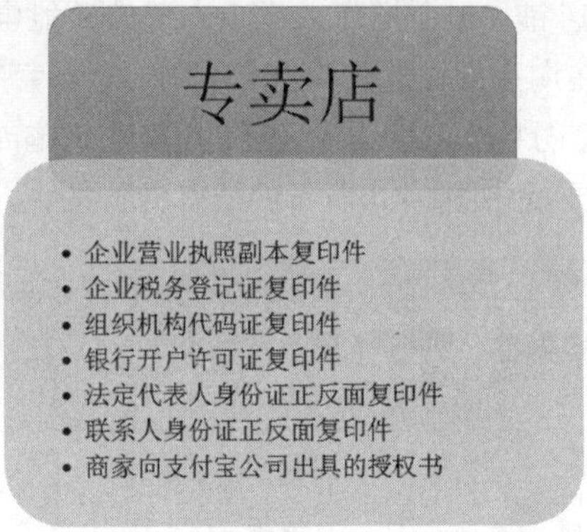

图1-38

（1）专卖店主要有图1-39所示的两种类型。

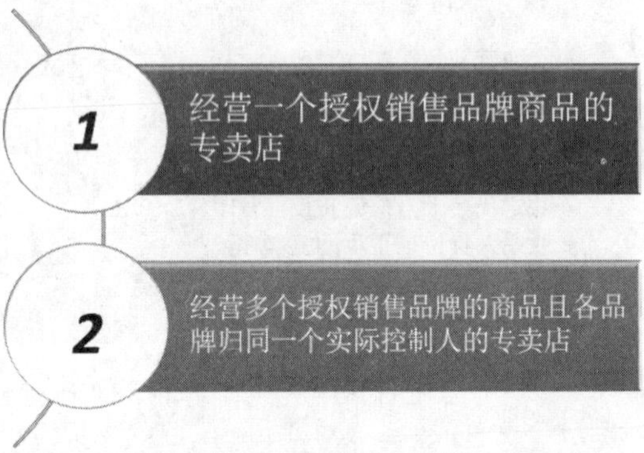

图1-39

其中第2点所述类型的专卖店仅限天猫主动邀请入驻。

（2）品牌（商标）权利人出具的授权文件除个别类目不得有地域限制。

注 意

专卖店只能够经营一个品牌，但如果是天猫邀请入驻，则可以经营多个品牌。

1.4.2 入驻申请流程

了解天猫招商标准、违规行为处罚标准以及天猫店铺类型后，接下来就可以在线申请入驻。天猫商城的入驻要求非常严格，而且手续相对比较繁杂，下面就来介绍入驻申请的各个具体流程如何操作。

1. 申请企业支付宝账户

商家要想入驻天猫，首先需要申请一个企业支付宝账户，个人支付宝和企业支付宝之间的区别如图1-40所示，主要是被验证的主体不同。

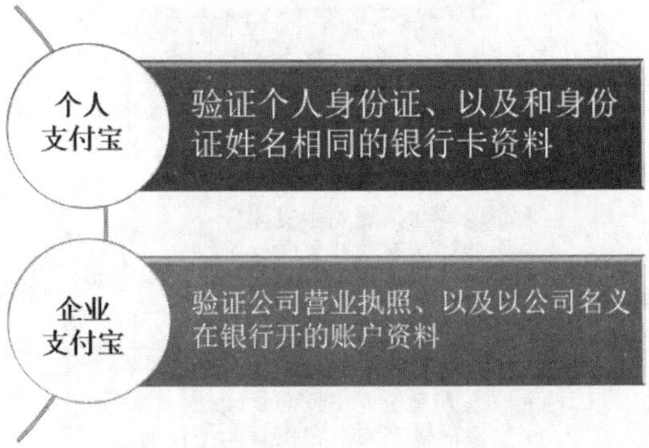

图1-40

下面介绍如何申请注册企业支付宝账户。

01 进入支付宝网页（https://www.alipay.com/）后，单击“我是商家用户”按钮（见图1-41），打开“登录支付宝”页面。单击“免费注册”链接（见图1-42），即可进入企业支付宝注册页面。

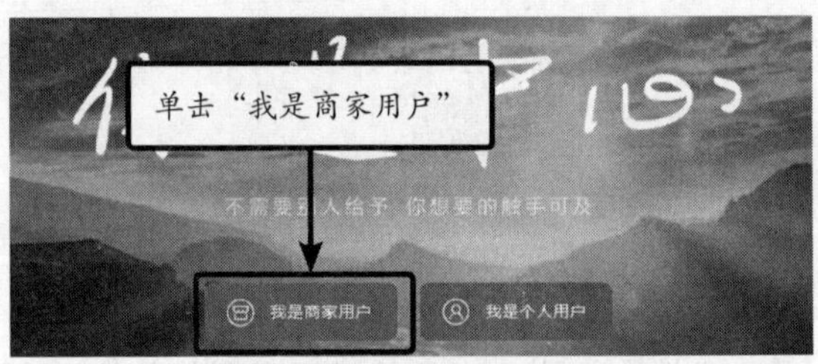

图1-41

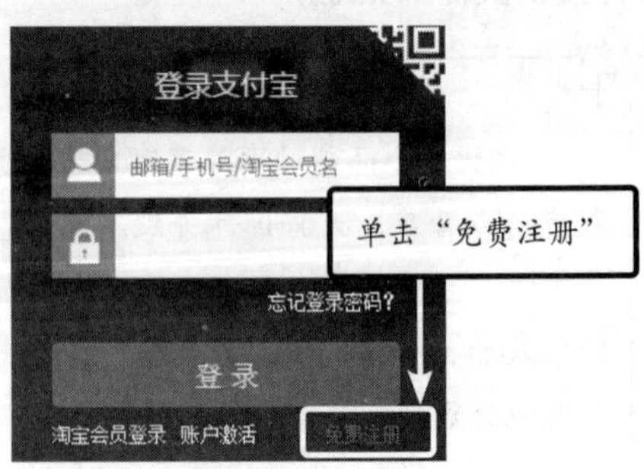

图1-42

02 单击“企业账户”选项（见图1-43）。输入账户名和验证码后单击“下一步”按钮，弹出“验证账户名”对话框（见图1-44）。单击对话框中的“立即查收邮件”按钮。

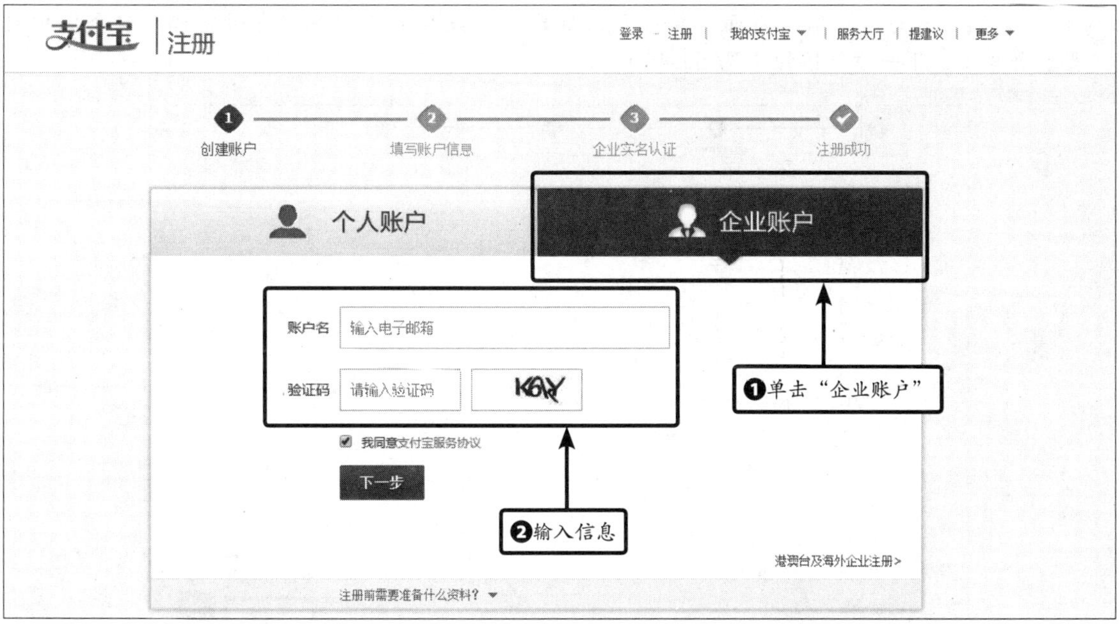

图1-43

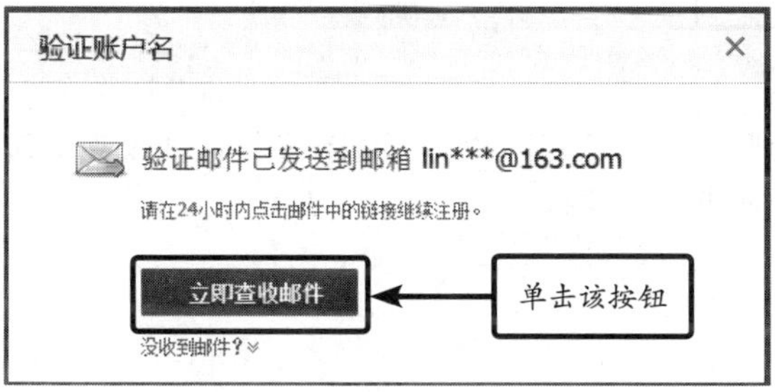

图1-44

提　示

用户在注册支付宝账户时，会要求输入自己的电子邮件地址，因此这里在注册企业账户的时候，会直接弹出“验证账户名”对话框，并直接进入邮件查收页面。

03 在打开的指定邮箱页面查看支付宝注册邮件，单击“继续注册”按钮（见图1-45）。

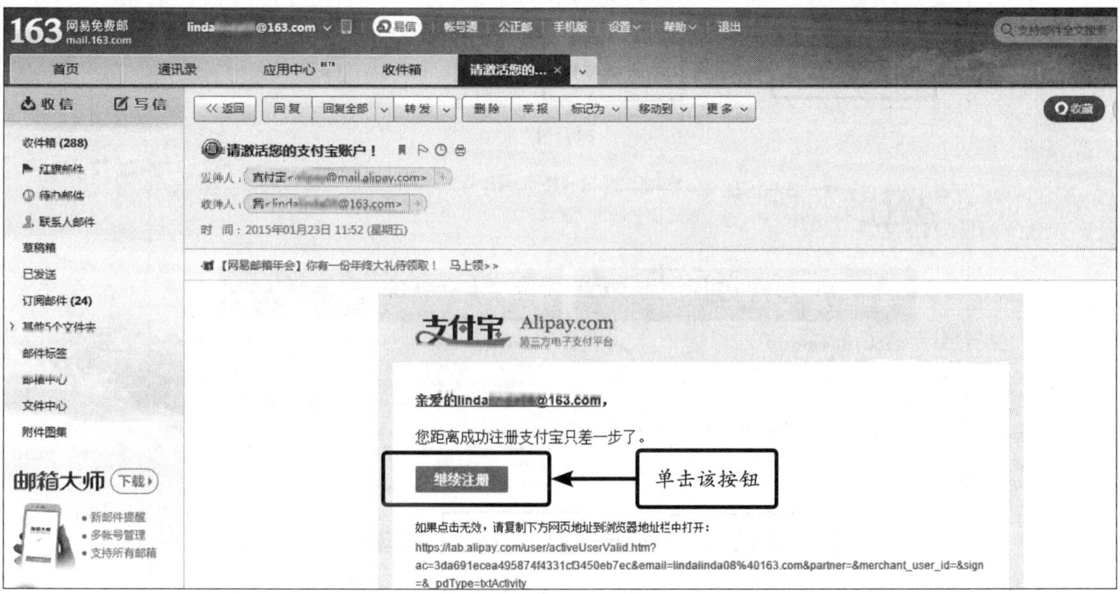

图1-45

04 进入支付宝填写账户信息页面。按照页面提示分别设置登录密码、支付密码和安全保护问题，并单击“下一步”按钮（见图1-46）。

图1-46

05 进入支付宝实名认证页面后，单击“立即申请”按钮（见图1-47），进入实名认证设置页面（见图1-48），再单击法定代表人选项下的“立即申请”按钮。

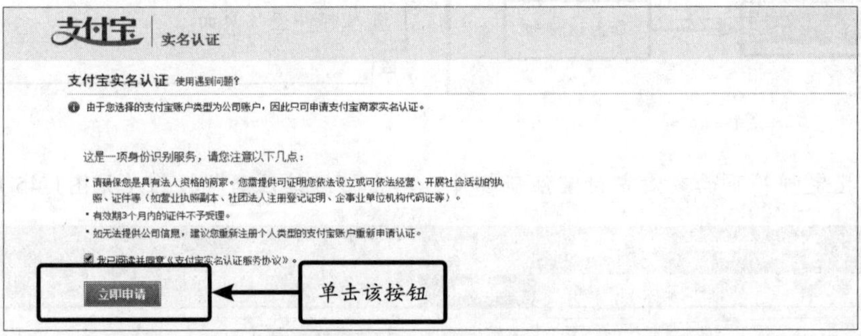

图1-47

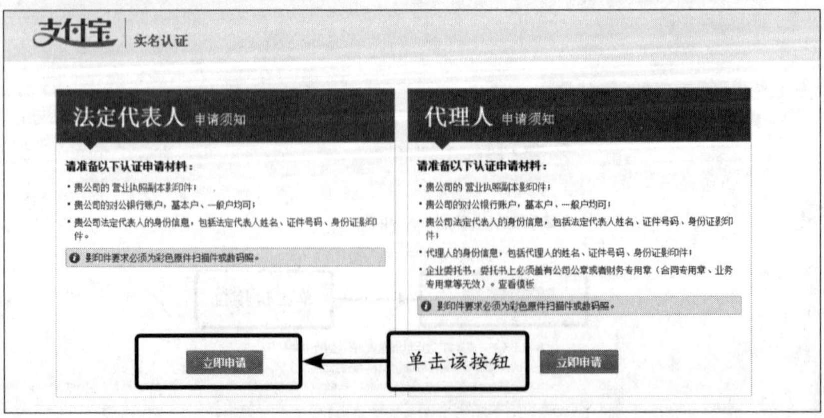

图1-48

提 示

1. 法定代表人是指依法代表法人行使民事权利，履行民事义务的主要负责人，法定代表人和店铺负责人可以是同一个人。

2. 代理人是自然人根据代理契约或授权书或口头约定，向被代理者收取一定佣金或者免费。全权或在一定的授权范围内，代表被代理人或者授权单位，在代理期限内行使被代理者的权力，完成相关的使命或者任务。

06 打开企业认证信息填写页面后，按照提示分别填写企业名称、营业执照注册号、所在地、期限等基本信息，并上传企业法人营业执照（见图1-49）。单击“下一步”按钮，如图1-50所示。

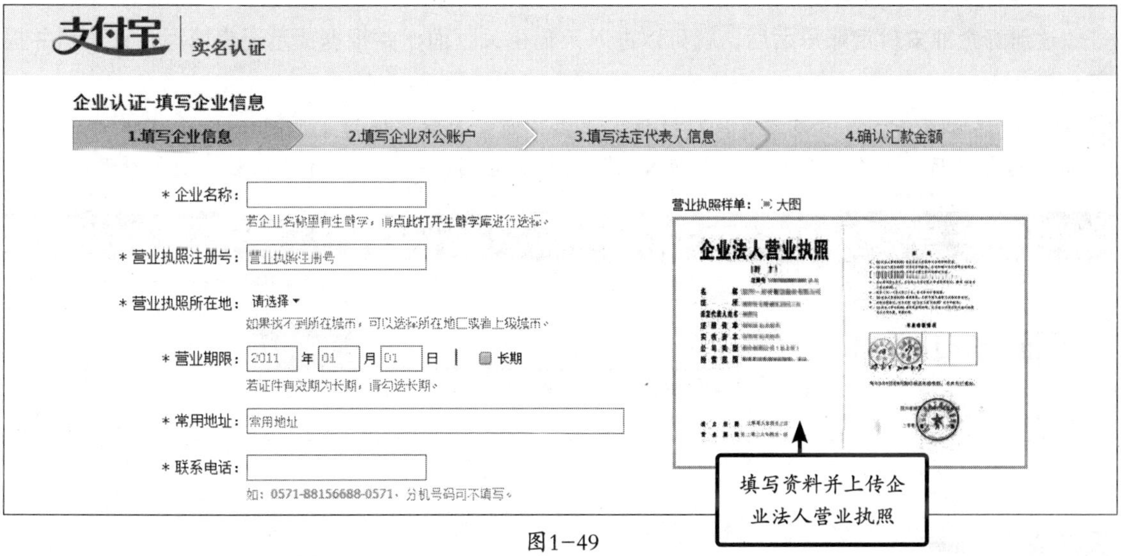

图1-49

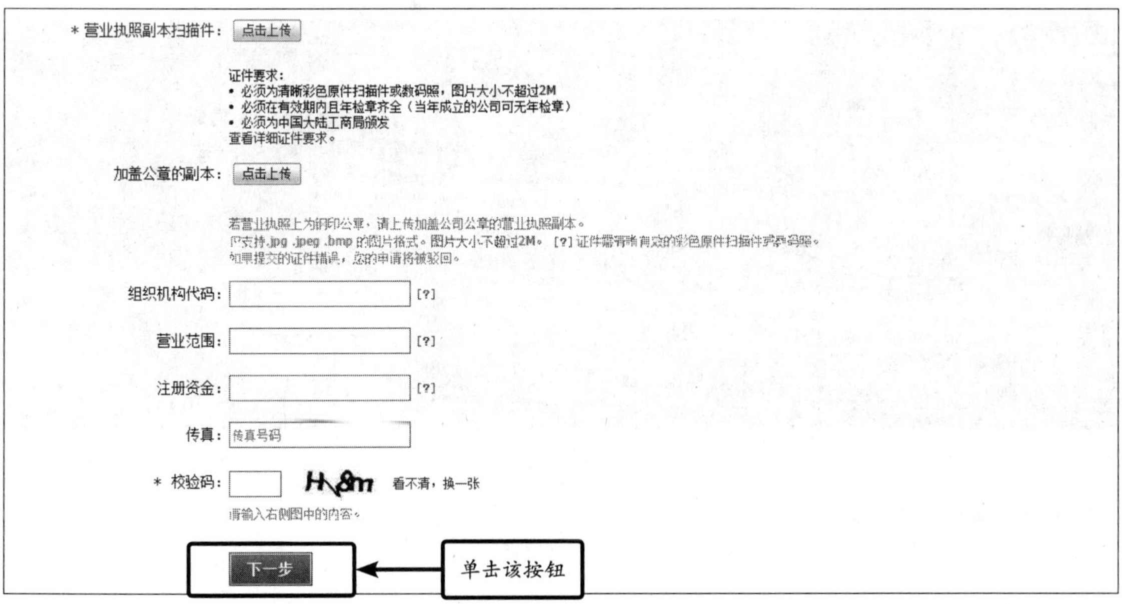

图1-50

07 填写企业对公账户信息，再依次填写法定代表人详细信息，以及确认汇款金额，即可完成企业支付宝账户的注册。

注 意

1. 天猫要求商家所提供的支付宝账号是一个全新的账号，不可绑定任何淘宝会员ID，也不可作为登录邮箱绑定任何淘宝或天猫账号。

2. 关于支付宝企业认证，可在报名前至支付宝网站完成认证；也可以在提交报名后，等待天猫审核时到支付宝网站中完成认证；或者等天猫审核通过，收到天猫账户名及密码后，登录天猫后台完成认证（营业执照和法人相关证件已在申请入驻天猫环节中通过校验，此时用户只需完成银行卡认证或关联认证）。

2. 填写基本资料并等待审核

注册好企业支付宝账户之后，就可以进入天猫相关页面，并根据提示逐步填写企业资料并提交入驻申请。

01 进入天猫首页后，在“商家支持”链接下单击“商家入驻”链接（见图1-51），即可进入天猫商家招商页面。单击页面中的“立即入驻”按钮（见图1-52），打开“入驻申请”页面。

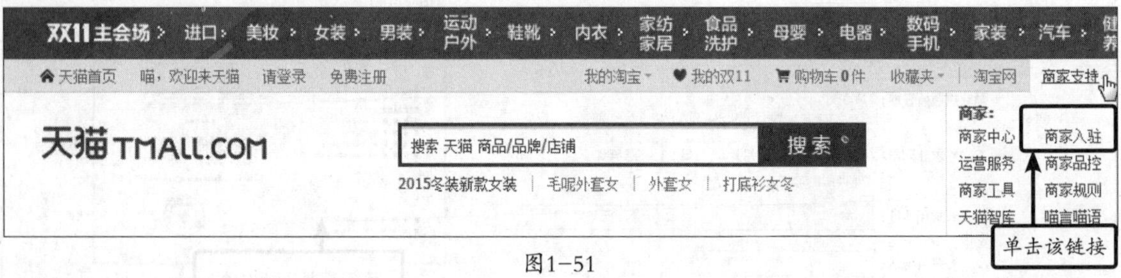

图1-51

图1-52

02 在该页面可以首先选择经营范围，包括化妆品、服饰、鞋类箱包等。例如选择“化妆品”经营类目，再单击“确定，继续入驻”按钮（见图1-53）。

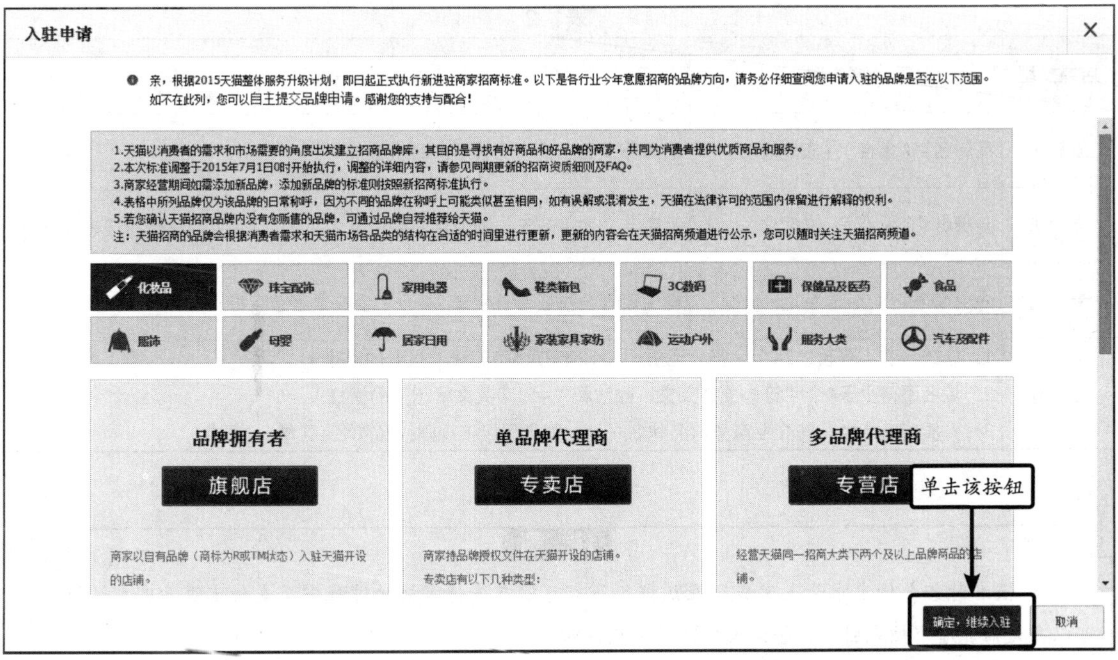

图1-53

03 在打开的页面中输入企业支付宝账户信息并检测，并依次完成填写申请信息（见表1-1）、资质上传、选择域名（见表1-2）、签署协议、等待审核，单击“下一步”按钮（见图1-54），天猫工作人员会在7个工作日内给出审核结果。

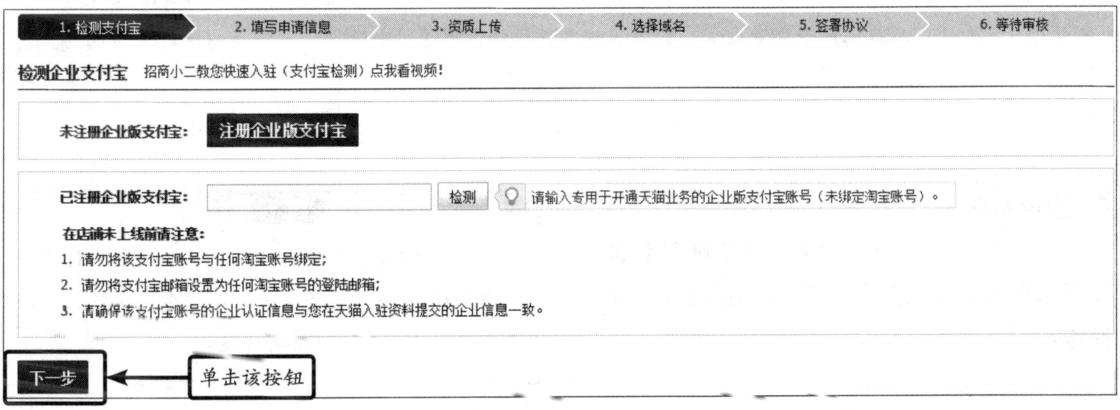

图1-54

表1-1

店铺申请信息	店铺负责人信息	申请公司信息	店铺运营信息
店铺类型	姓名、职位	公司名称	运营人数
品牌与类目	联系方式	营业执照注册号	运营方式
经营的类目	旺旺ID	公司负责人姓名、联系方式	仓库情况

表1-2

店铺类型	命名规则	域名规则
旗舰店	品牌名+（类目）+旗舰店	品牌英文名（或者品牌中文名拼音）
专卖店	品牌名+企业商号+专卖店	品牌英文名（若无，则使用品牌中文名拼音）+企业商号全拼或者首字母
专营店	企业商号+类目+专营店	企业商号全拼或者首字母+类目名全拼或者首字母
注　释	1. 店铺名字不得超过24个字符（适用于2012年9月5日起线上报名的商家） 2. 域名不得少于4个字符，支持英文、数字和“-”（英文状态下的横杠） 3. 专卖店命名中，若企业商号与品牌名一致，则启用以下规则：品牌名+区域+专卖店	

注　意

1. 报名时若支付宝账号未完成企业认证，商家可以在等待审核的过程中至支付宝页面完成认证，也可以在天猫资质审核完成后，登录天猫账号完成认证。

2. 录入的支付宝账号未用于申请入驻天猫并未绑定任何淘宝账号，支付宝邮箱也未作为任何淘宝账号的登录邮箱进行使用，支付宝账号通过检测后，请勿自行将此支付宝与任何淘宝账号绑定，店铺成功上线后系统会自动将此账号与天猫账号绑定。

天猫店铺ID及域名一旦生成，是无法修改的。

3. 商家会员的会员名、店铺名的命名应当严格遵守《天猫店铺命名规范》。天猫店铺ID及域名根据您商品所在类目、品牌属性等要素生成，如遇店铺名称已被占用等特殊情况，天猫有权进行适当调整。

3. 审核通过

审核通过后，商家需要以天猫账号登录天猫服务专区，并按照图1-55所示流程完成相关操作。

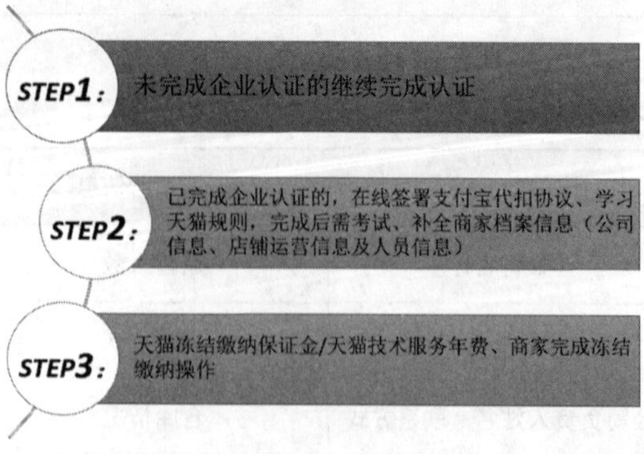

图1-55

注　意

商家需要在收到天猫账户名和密码的15天内完成保证金/技术服务年费的冻结缴纳操作，如果逾期未操作，本次申请将作废。

4. 发布商品

根据审核结果完成信息补充（例如上传公司的各项经营执照、上传所销售品牌的授权资质证明），并使用天猫用户名和密码登录后，商家需要在30天内发布满规定数量商品，如果逾期未操作，本次申请将作废。

1.5 第4步：上传公司各项经营执照

根据入驻申请流程依次完成设置，并通过审核之后，接下来就需要上传相关的资质文件（见表1–3）。用户可以在登录千牛工作台之后，进入天猫工作台上传企业法人营业执照等文件。这里以如何上传企业法人营业执照为例来介绍操作步骤。

表1–3

序号	证照名称
1	企业法人营业执照
2	企业税务登记证
3	组织机构代码证
4	商标注册证或商标注册申请受理通知书
5	食品流通许可证
6	酒类零售许可证
7	酒类批发许可证
8	化妆品生产企业卫生许可证书
9	特殊用途化妆品许可批件
10	保健食品生产企业卫生许可证
11	出版物经营许可证、图书出版许可证
12	音像制品经营许可证、音像制品制作许可证

01 进入http://work.taobao.com/网页，下载“千牛工作台”程序并安装。安装完成后，双击计算机桌面中的“千牛工作台”图标（见图1-56），打开“千牛工作台”登录界面，如图1-57所示。

图1–56

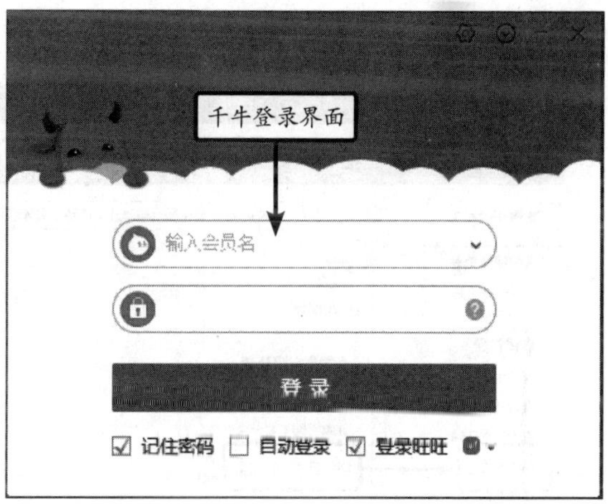

图1–57

02 在“工作台模式”下依次输入会员名和密码，并根据需要分别勾选“记住密码”复选框、“登录旺旺”复选框（见图1-58），单击“登录”按钮登录千牛工作台。

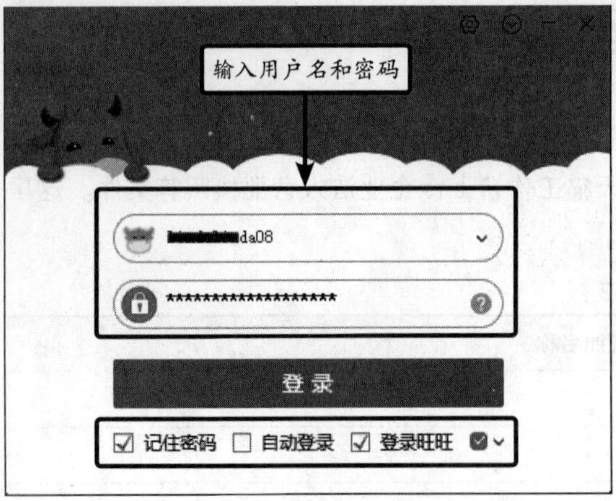

图1-58

> **注 意**
>
> 如果在登录界面没有勾选“登录旺旺”复选框，那么在登录千牛工作台后，将无法同时在工作台左侧登录旺旺。

03 登录至千牛工作台后，单击右上角的“网址”按钮（见图1-59），弹出功能界面（见图1-60）。单击“店铺管理”下的“卖家中心”链接，打开天猫商家中心的“我的工作台”页面。

图1-59

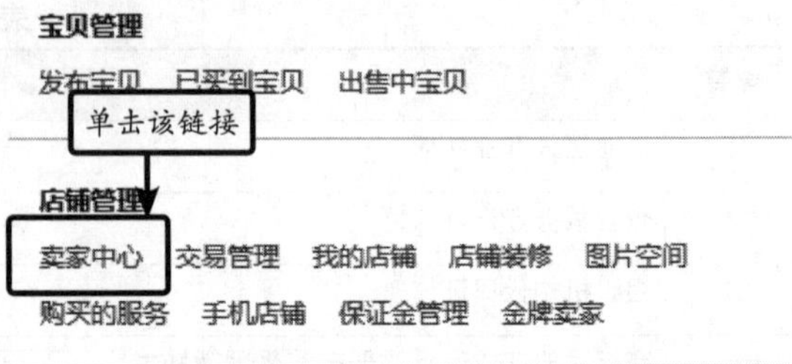

图1-60

> **提 示**
>
> 商户只需要在千牛工作台即可实现快速打开任意相关网页页面，并执行相关设置。

04 在左侧的“店铺管理”下单击“品牌管理”链接（见图1-61），打开设置页面。

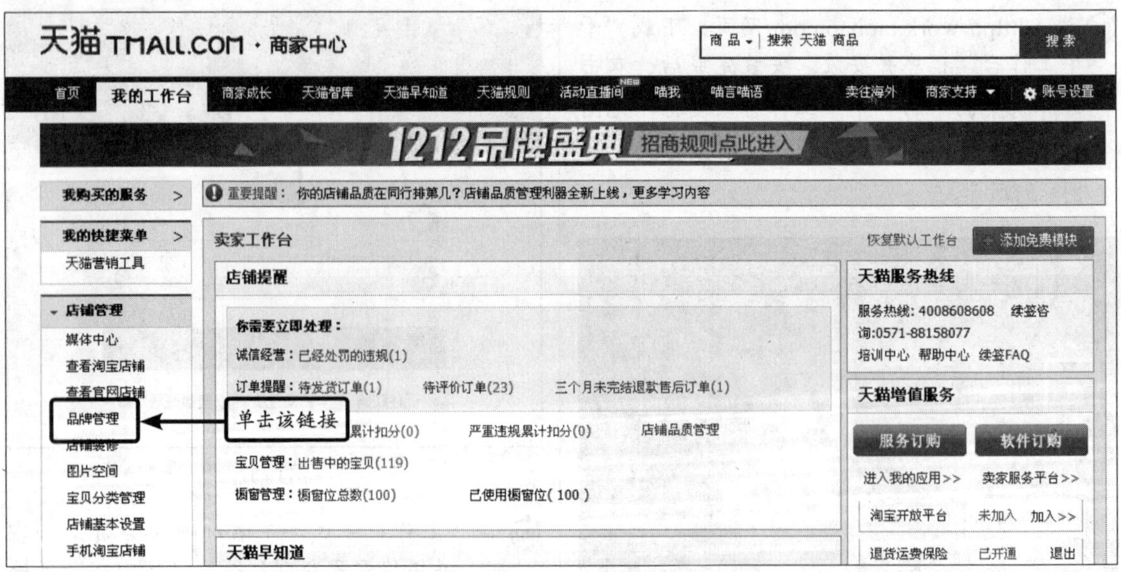

图1-61

05 切换至“我的资质管理”页面（见图1-62），弹出“提示”提示框，单击“确定”按钮（见图1-63），进入企业资质设置页面。

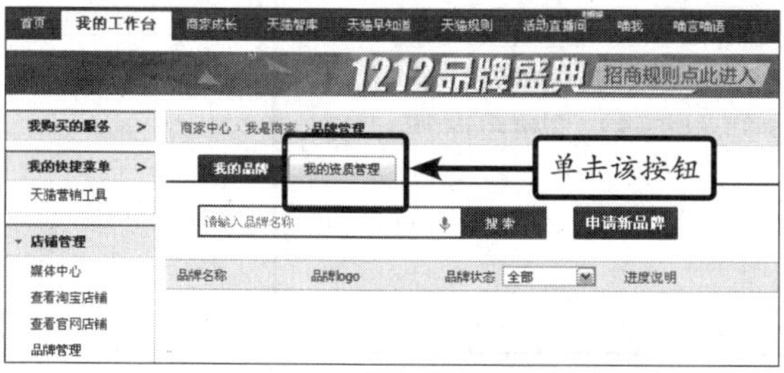

图1-62

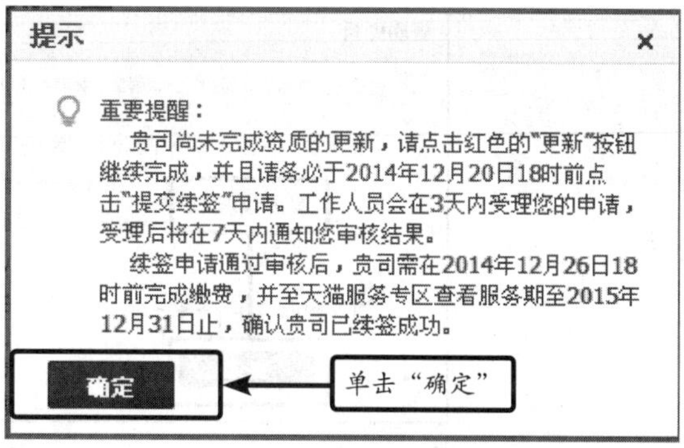

图1-63

提 示

1. 如果资质即将过期，即距资质过期已≤90天，请尽快联系相关方办理资质延期，并在资质过期前登录天猫，在线（商家中心-店铺提醒-资质提醒）更新有效资质。

2. 如果资质有效期已超过当前时间，且未及时向天猫提供最新、有效的资质，您可以继续提交有效资质。

3. 如果离资质过期大于90天，暂时无需更新资质，则可以核实系统为您显示的资质有效期及对应资质图片是否正确无误。

06 在页面中单击"更新"按钮完成及时在线资质更新（见图1-64），在弹出的"资质更新"对话框中上传文件并单击"提交"按钮，如图1-65所示。

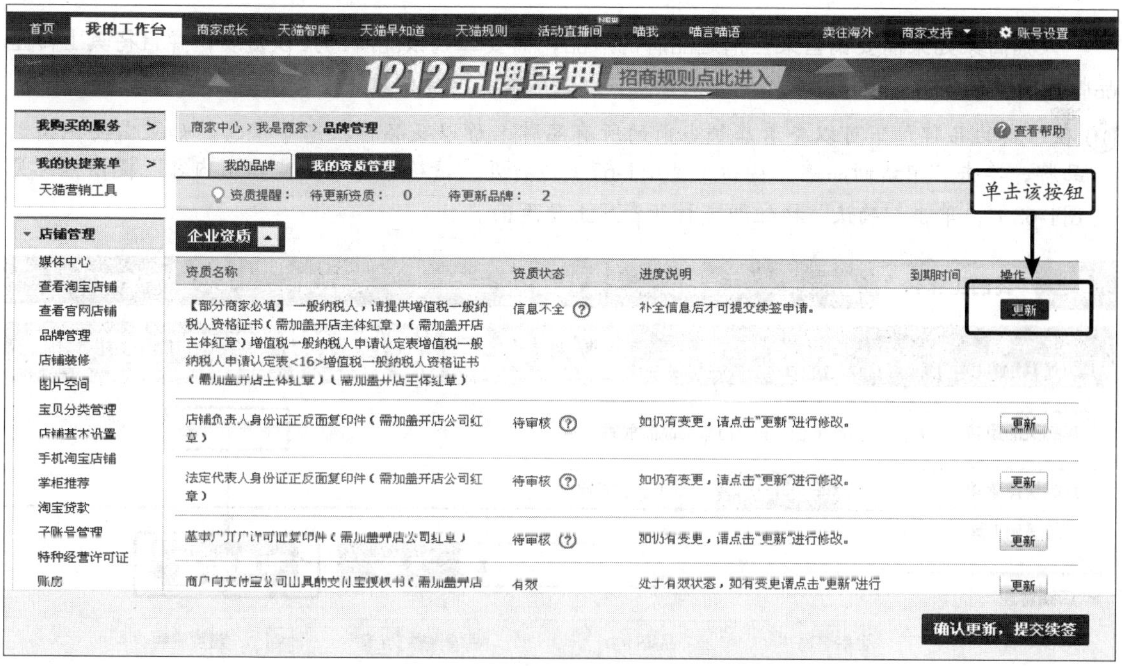

图1-64

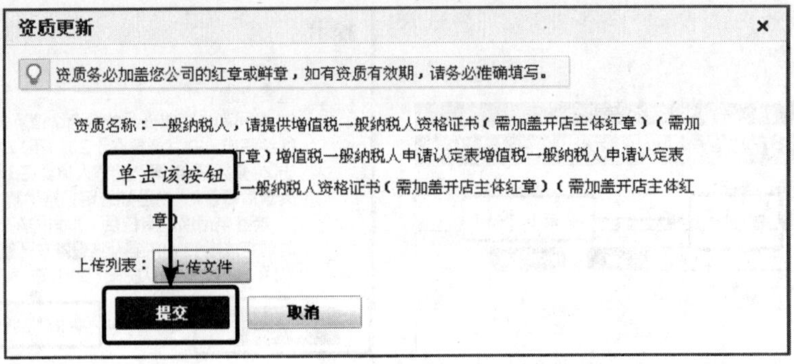

图1-65

07 提交结束后，等待天猫的审核即可。

注 意

1. 上传资质更新并通过审核后，会提示天猫用户继续完成信息确认和协议签署，并按照规定完成缴费续签，如图1-66所示。

2. 逾期未提交续签申请、审核未通过、未缴纳年费或未冻结保证金，则商家将无法于新年度继续使用天猫服务。

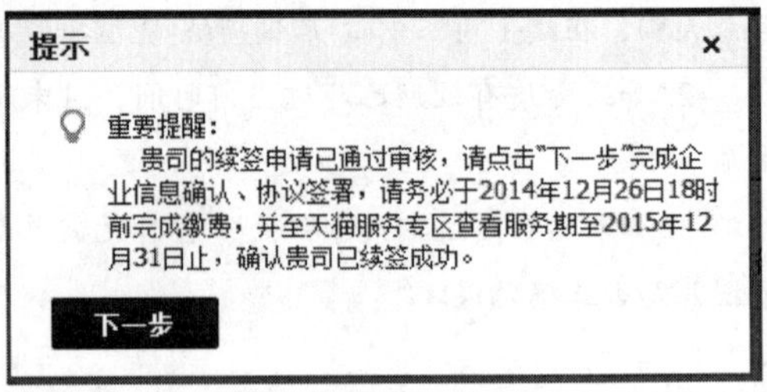

图1-66

1.6 第5步：上传品牌授权资质

天猫商家如果需要销售某些指定品牌的产品，需要拿到该品牌的授权资质，并且将其上传至品牌管理供天猫检验，检验合格后才能售卖该品牌的相关产品，具体设置步骤如下。

01 在“我的品牌”下可以查看店铺当前的所有品牌名称以及品牌状态等信息。如果需要申请新品牌，单击“申请新品牌”按钮（见图1-67），打开“请确认您已知晓以下内容”提示框（见图1-68），单击“确认”按钮即可打开资质上传页面。

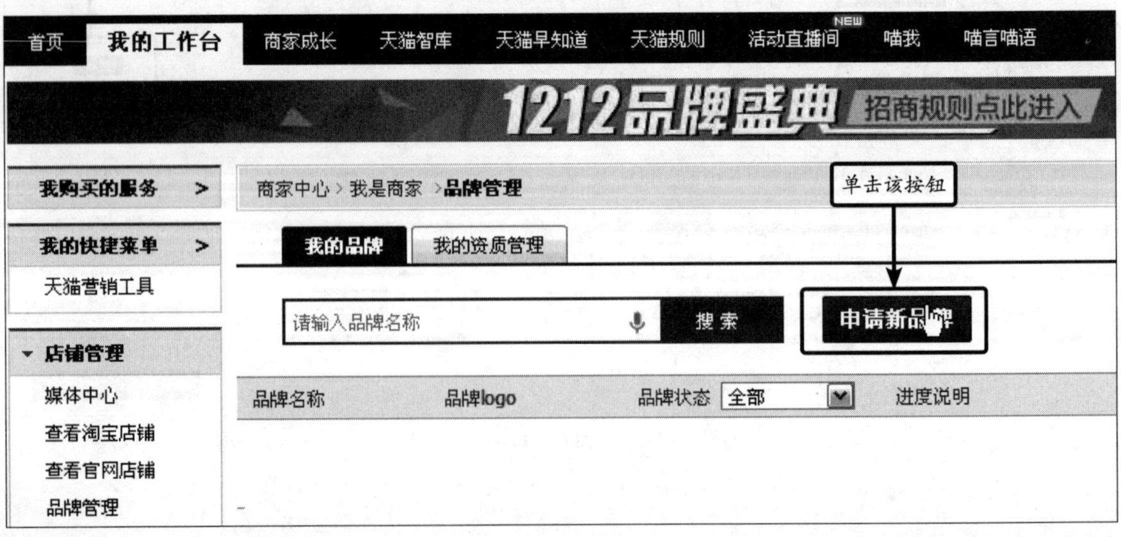

图1-67

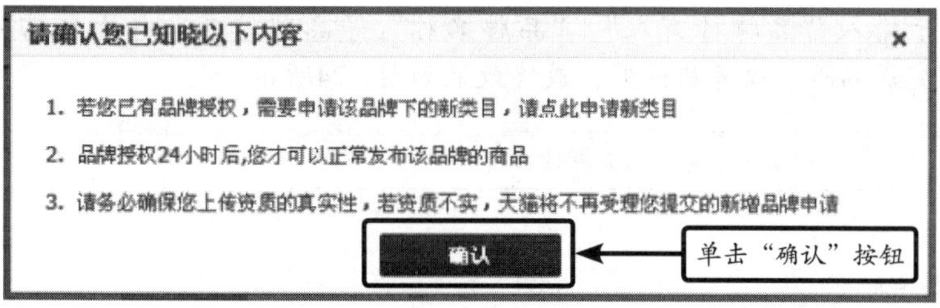

图1-68

02 在“资质上传注意事项”向导页中，单击右侧的“ > ”按钮（见图1-69），进入“盖红章”向导页中。

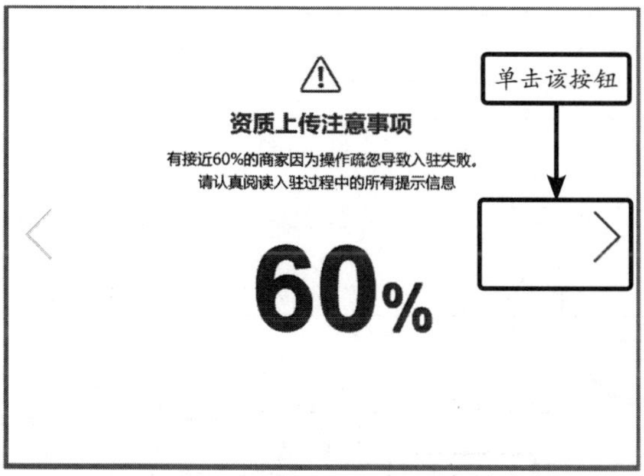

图1-69

03 在“盖红章”向导页中，单击右侧的“ > ”按钮（见图1-70），进入“正确方向”向导页中。

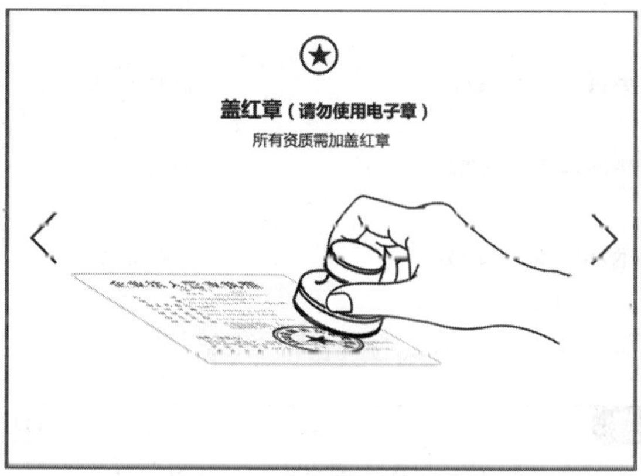

图1-70

04 在“正确方向”向导页中，单击右侧的“ > ”按钮（见图1-71），进入“正确顺序”向导页中。

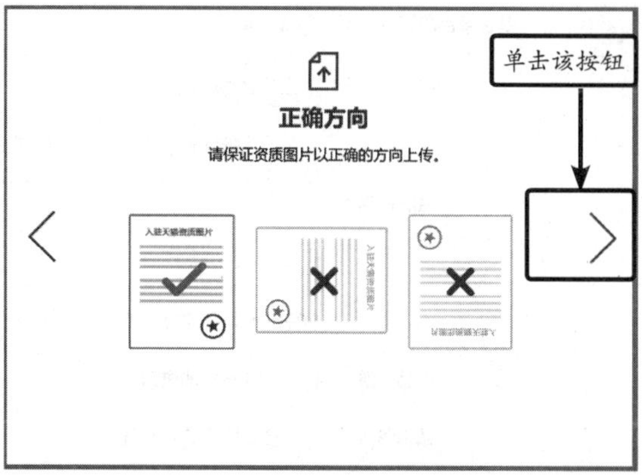

图1-71

05 在“正确顺序”向导页中，单击“开始上传”按钮（见图1-72），打开“申请新品牌”页面。

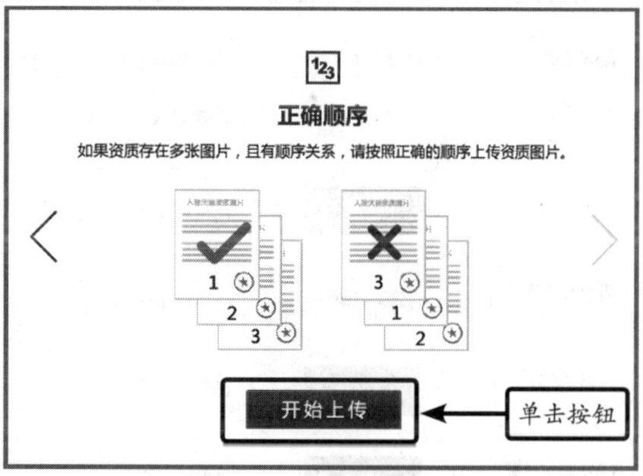

图1-72

注 意

在上传资质时应当确保文件红章盖在右下角位置，并且保证图片以正方向顺序上传，当有多张资质文件需要上传时，应该按照“1、2、3……”的规定顺序上传，否则将导致天猫入驻失败。

06 依次根据提示输入“品牌持有人”“品牌名称”等品牌信息，并上传需要的文件（见图1-73），即可完成品牌授权资质设置，最终效果如图1-74所示。

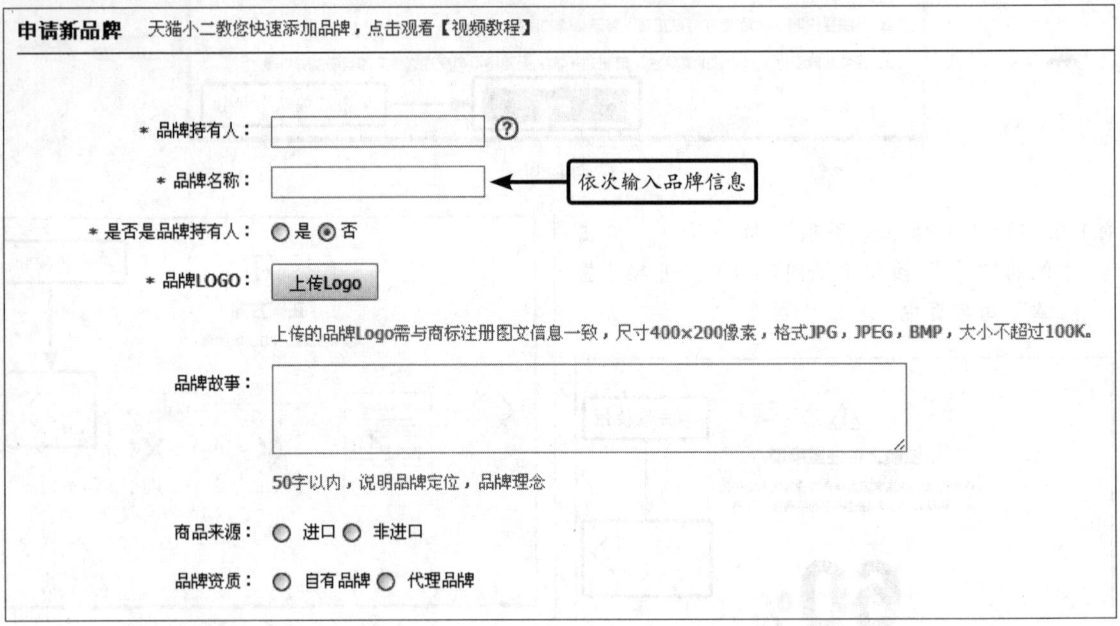

图1-73

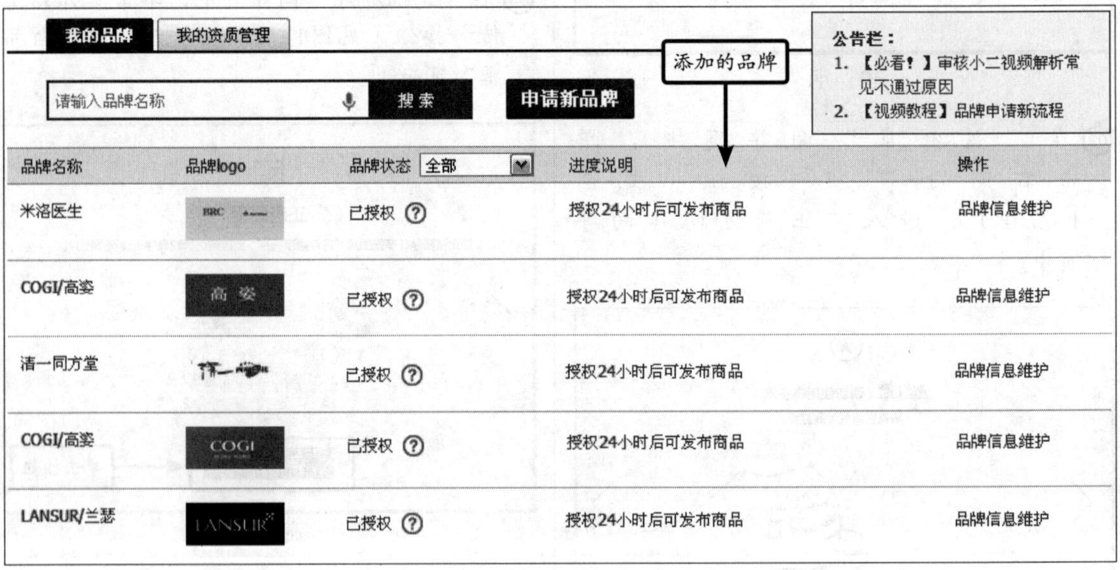

图1-74

注 意

如果上传的品牌资质已经失效，需要重新申请新的品牌，并在规定时间内提交续签申请，上传新的品牌授权资质文件。

第2章
天猫子账号权限配置与宝贝发布

本章介绍如何在天猫工作台设置子账号权限，为不同客服设立不同的部门结构方便管理。发布宝贝之前需要对店铺进行装修，包括店招、基本信息（店铺名称、地址、联系电话等）、品牌LOGO等（见图2-1）。

装修好店铺之后，使用图片空间功能上传图片素材到指定的文件夹，对商品进行分类，再依次上传图片编辑文本并发布宝贝（见图2-2、图2-3、图2-4），后期还可以对宝贝进行重新编辑和上下架设置。

图2-1

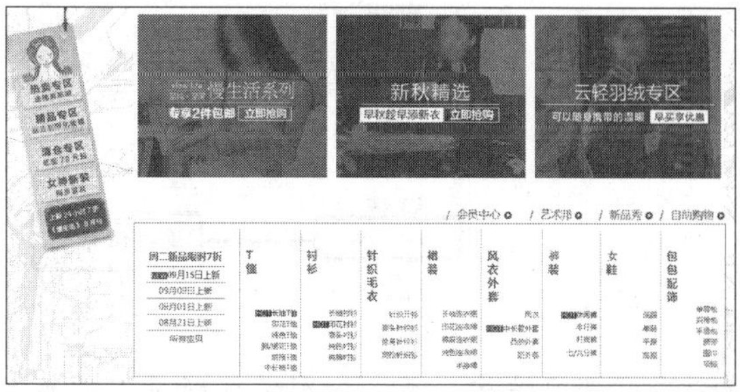

图2-3

图2-2

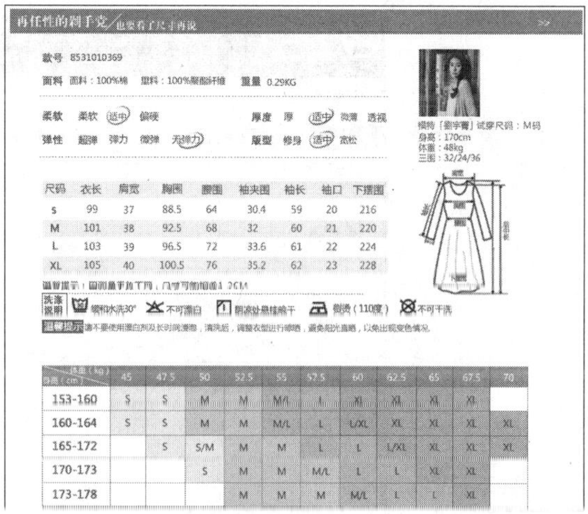

图2-4

2.1 子账号管理，设置使用权限

子账号业务是天猫提供的一体化员工账号服务。掌柜使用主账号创建员工子账号并授权后，子账号可以登录千牛工作台接待顾客咨询，或登录卖家中心帮助管理店铺。主账号还可以对子账号的业务操作进行监控和管理。

2.1.1 新建员工

商家可以根据实际运作要求新建一个或多个员工，并设置相应的员工账号权限。

01 进入天猫工作台后，单击“店铺管理”下的“子账号管理”（见图2-5），打开子账户管理页面。单击“新建员工”按钮（见图2-6），打开“新建员工”设置页面。

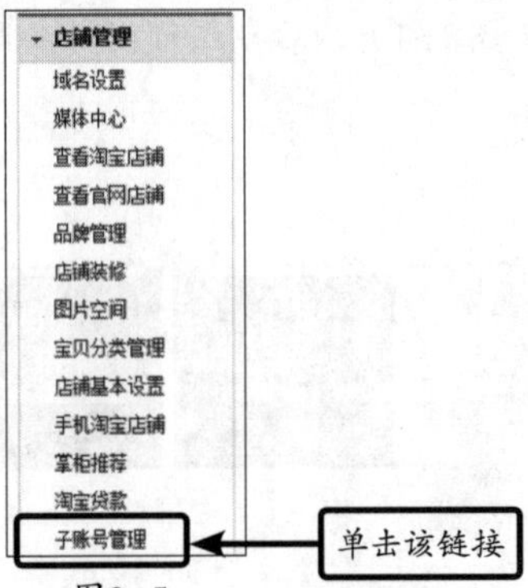

图2-5

图2-6

02 在“部门结构”下，分别设置新员工的姓名、部门、职务、角色等（见图2-7～图2-10）。设置完成后，单击上方的“确认新建”按钮。

图2-7

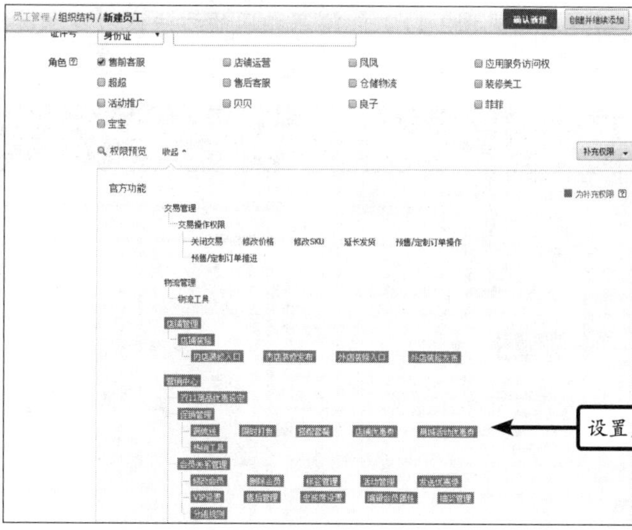

图2-8

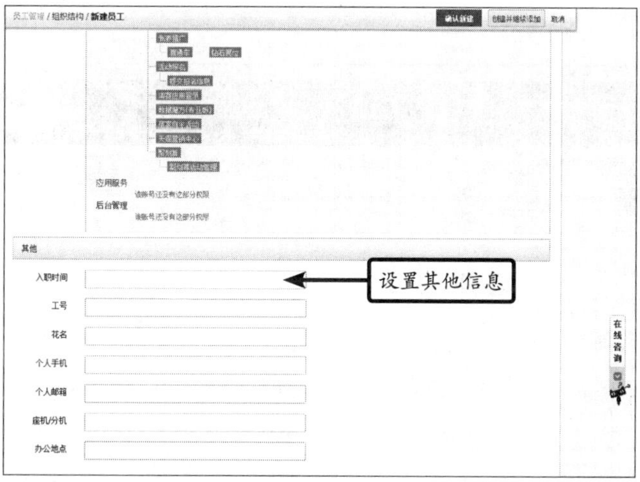

图2-9

图2-10

03 完成第一个员工的创建后（见图2-11），按照相同的方法依次建立其他新员工，如图2-12所示。

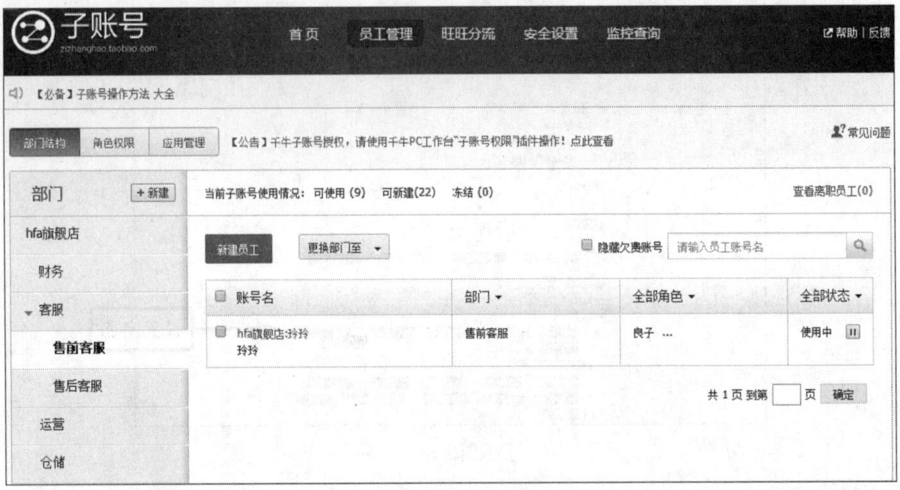

图2-11

图2-12

2.1.2 设置部门结构

为了方便对多个子账号的管理，可以按需设置不同的部门，比如客服部、财务部、运营部等，不同部门下对应不同的单个或多个员工子账号。

01 进入天猫工作台后，单击“员工管理”下的“部门结构”，进入部门结构设置页面，再单击部门右侧的“新建”按钮（见图2-13）。

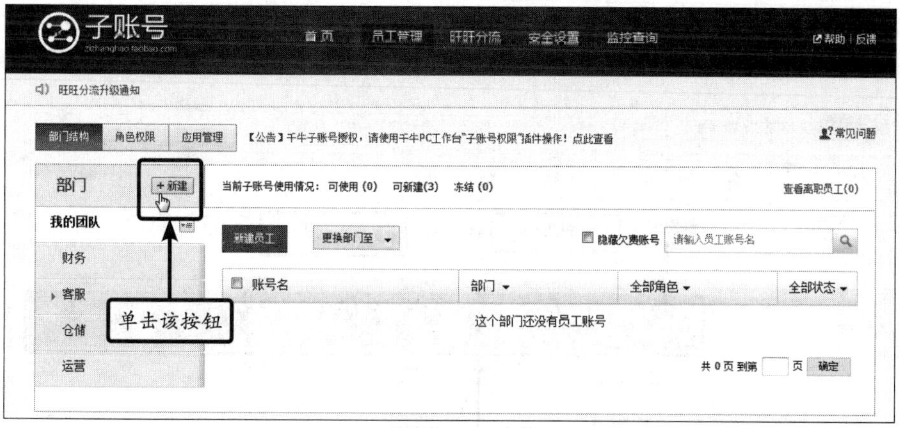

图2–13

02 进入部门命名状态后，输入部门名称（比如“设计部”），如图2-14所示。

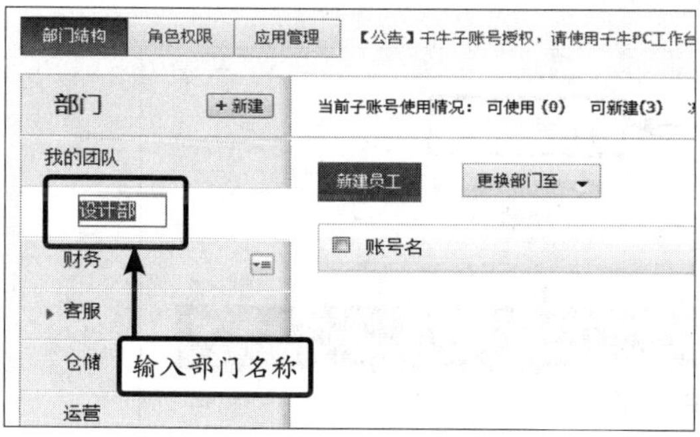

图2–14

03 单击部门名称（设计部）右侧的按钮，在下拉列表中单击“新建子部门”（见图2-15），在刚才新建的名称下方增加了一个可编辑的部门，输入子部门名称（比如“文案”），如图2-16所示。

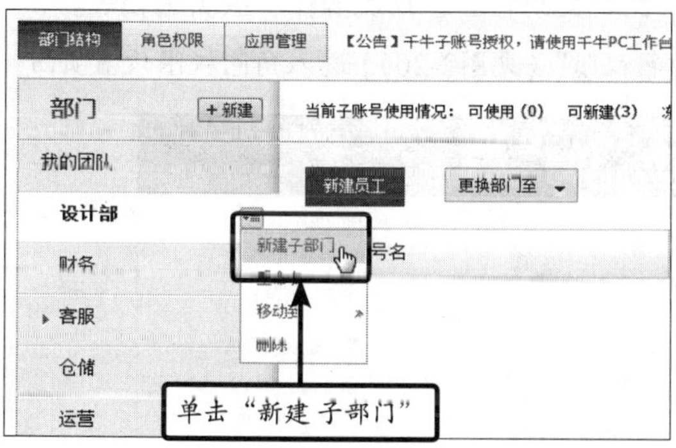

图2–15

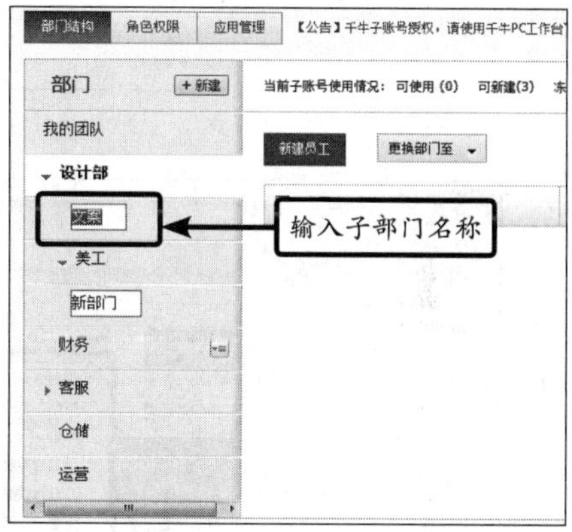

图2–16

04 设置完成后，按回车键完成部门的创建，如图2-17所示。

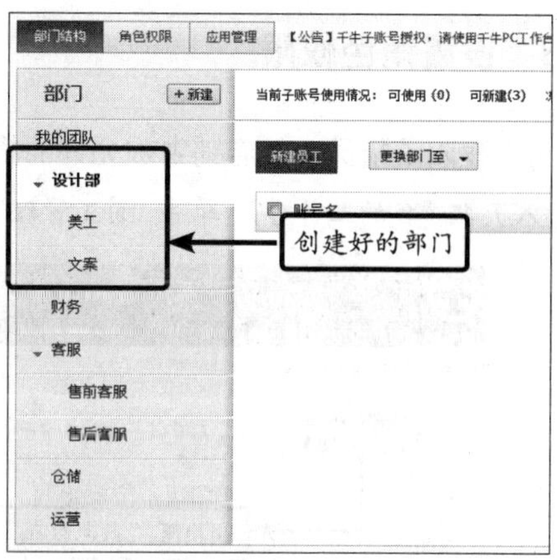

图2–17

05 为部门添加员工之后，可以在列表中选择需要转移部门的员工账号，再单击上方的“更换部门至”按钮（见图2-18），在下拉列表中选择一个部门（见图2-19），即可完成部门更换。

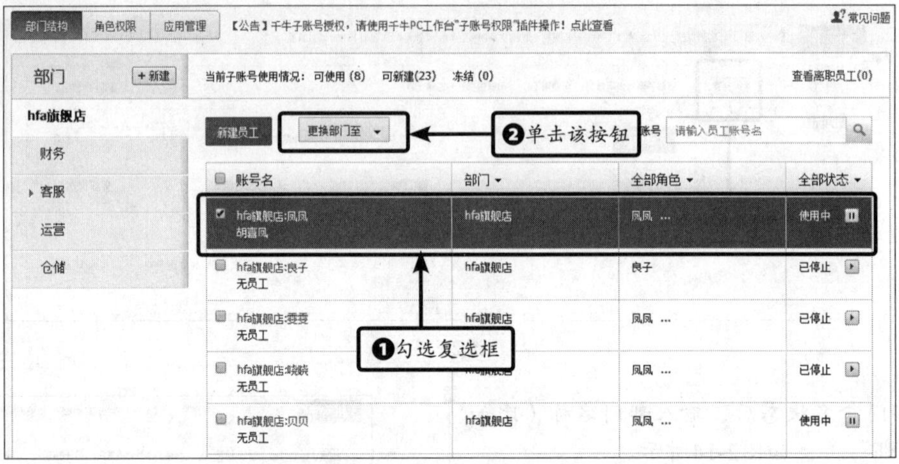

图2-18

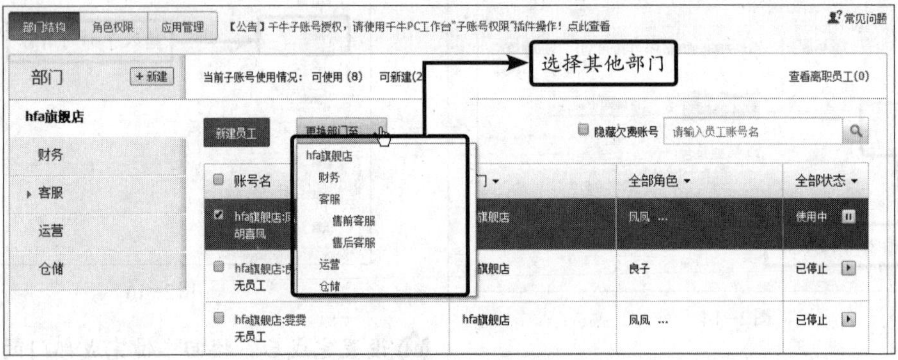

图2-19

2.1.3 设置角色权限

角色权限是指员工在店铺中被允许的操作权限，比如交易管理、物流操作、宝贝编辑等。

01 进入天猫“我的工作台”，单击“员工管理”下的“角色权限”（见图2-20），进入角色权限设置页面。

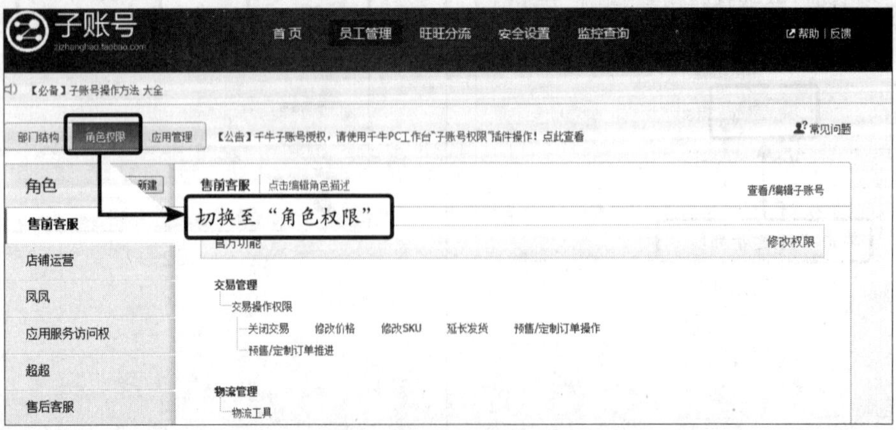

图2-20

02 左侧显示了所有角色名称，单击需要设置权限的角色，在右侧单击“修改权限”（见图2-21），进入角色修改页面。

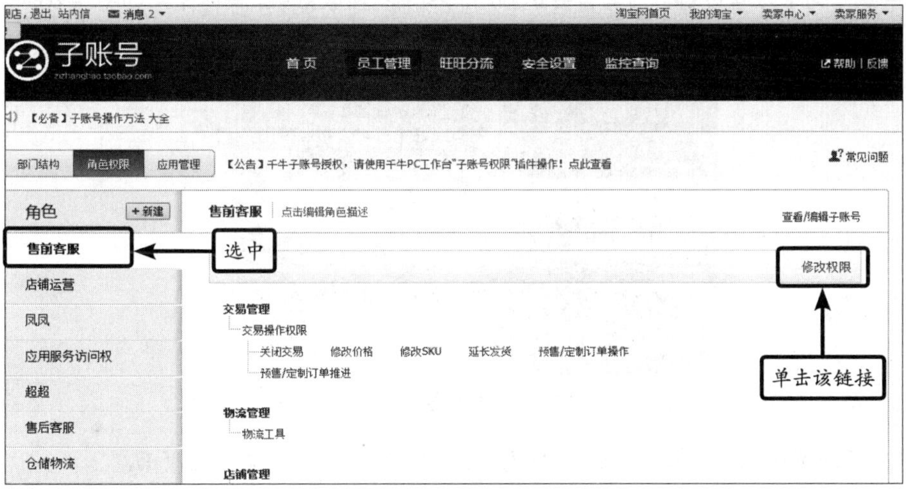

图2-21

03 在该页面中可以重新修改各类权限，如图2-22、图2-23所示。

图2-22

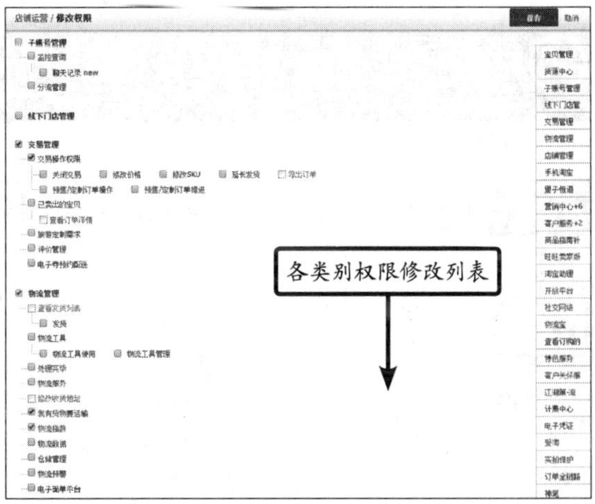

图2-23

04 设置完成后单击“保存”按钮（见图2-24），完成角色权限的修改，如图2-25所示。

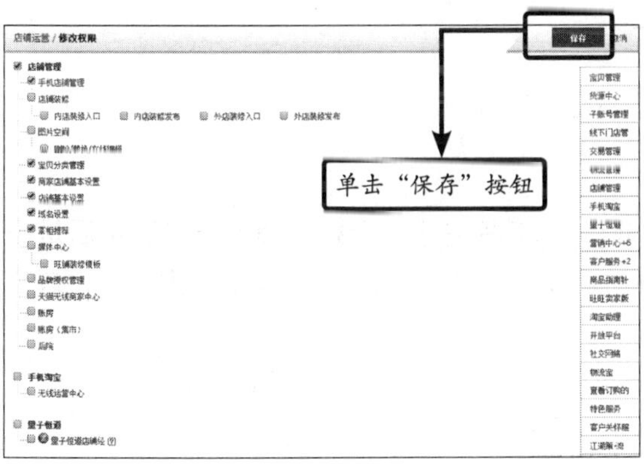

图2-24

图2-25

2.1.4 旺旺分流

使用主账号为子账号设置分流与否会达到不同的消息接收效果，具体结果如图2-26所示。

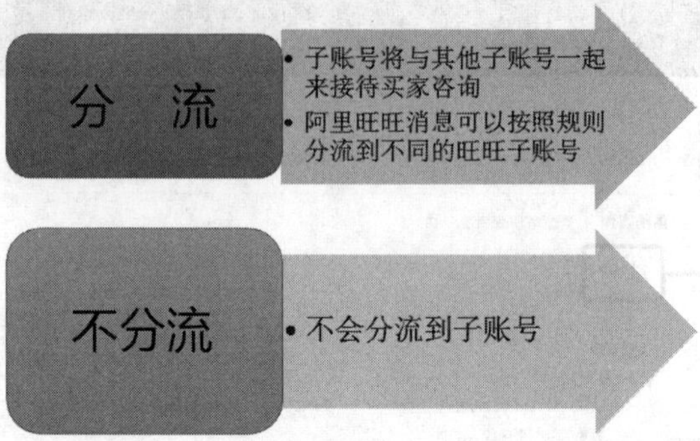

图2-26

01 在子账号管理页面中，切换至“旺旺分流”，直接进入旺旺分流设置页面。

02 在“分流客服”标签下，可以看到整个客服的组织结构（见图2-27），找到分流的账号，然后单击“启用”按钮，即可启用该账号的分流。然后根据客服的接待能力进行权重分配。

图2-27

2.2 店铺设置

商家可以为天猫店铺设置一个统一的店铺LOGO、店铺名称等，天猫店铺名一旦确定后是不能修改的。天猫店铺的基本设置包括店铺LOGO、标签页、自定义促销区域、自定义内容区、自定义推广区、店铺类目，如图2-28所示。

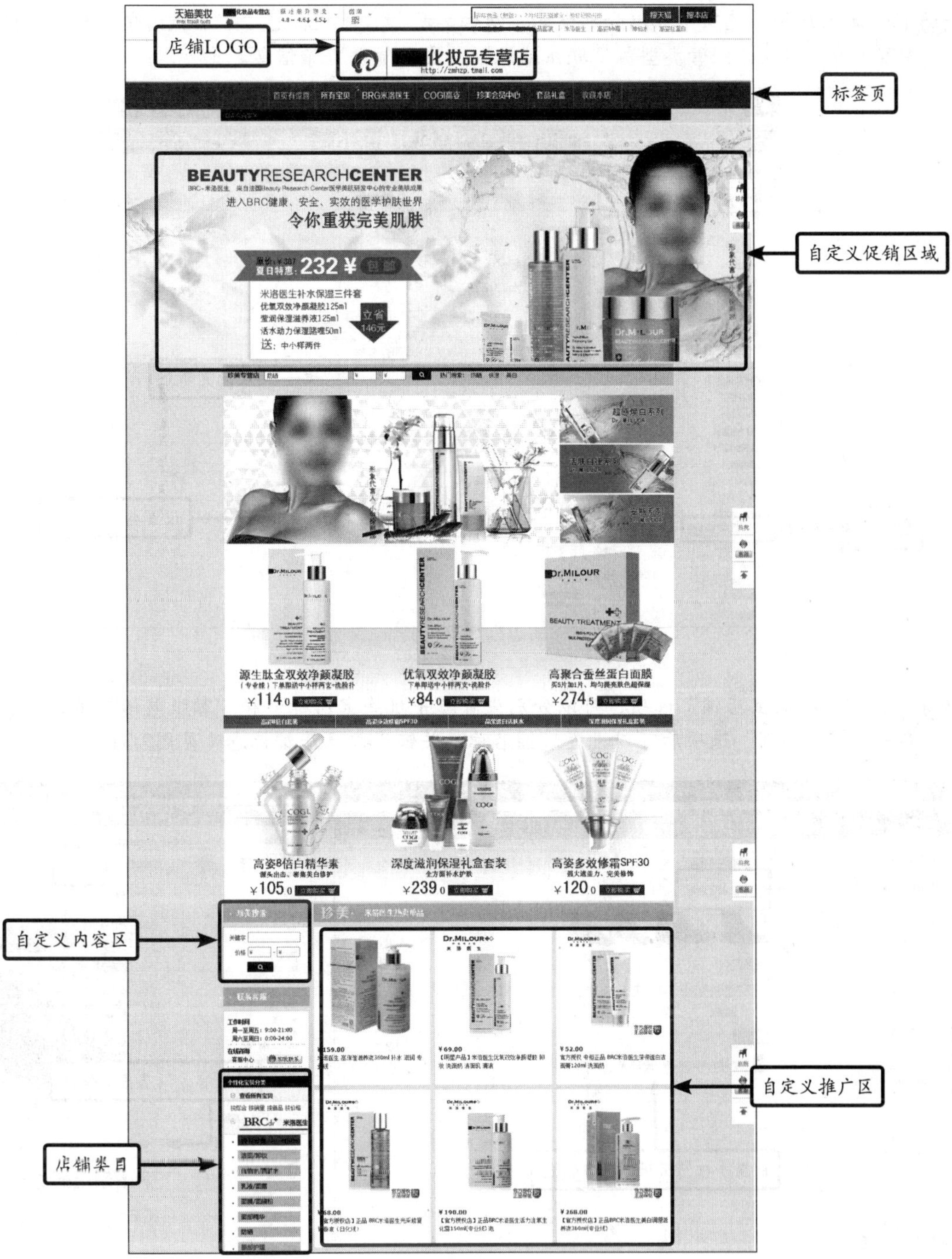

图2-28

2.2.1 店铺基本设置

天猫淘宝店铺的基本设置主要包括“店铺名称”“店铺标志”“店铺简介”，以及店铺联系人和联系地址等，下面介绍如何统一设置这些店铺基本信息。

01 进入天猫“我的工作台”后，在页面左侧的“店铺管理”下单击“店铺基本设置链接”，打开相关设置页面。

02 在“淘宝店铺”选项下可以分别设置“店铺名称”“店铺标志”“店铺简介”等基本信息（见图2-29），以及“经营类型”“联系地址”“主要货源”等信息。

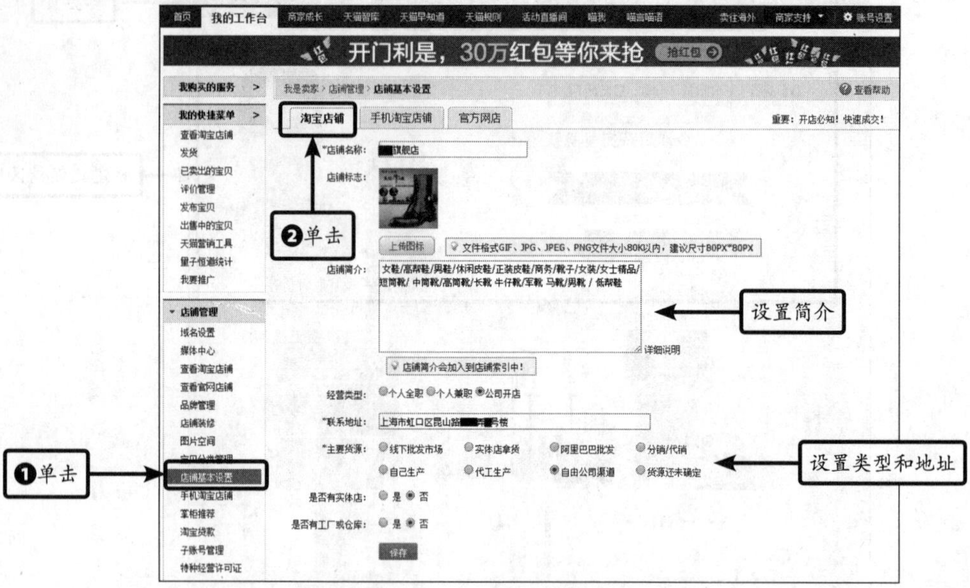

图2–29

03 单击“手机淘宝店铺”选项，可以分别设置“手机淘宝店标”和“客服电话”（见图2-30），单击“官方网店”选项后可以设置店铺名称、关键字以及店铺标志（见图2-31）。

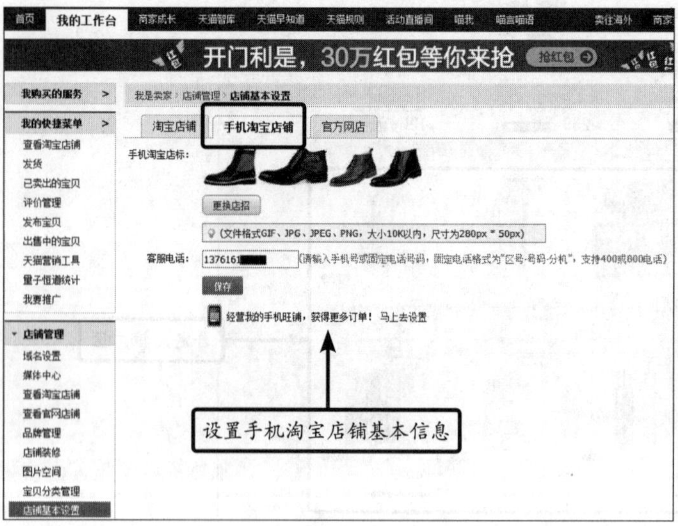

图2–30

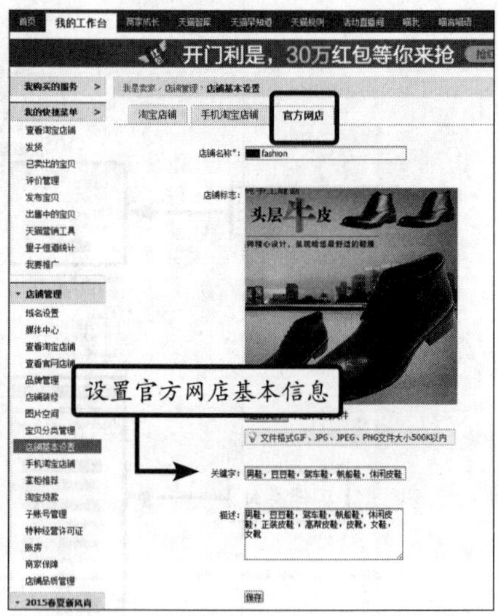

图2–31

2.2.2 名称与LOGO设置

淘宝集市卖家销售的多是工厂杂货，很多都没有自己的品牌，从商品到包装都会比较随意。而天猫商家卖的就是商品品质，所以一般都会在店铺内放上商品的品牌LOGO，让消费者一眼看到增加购买信心。许多天猫商家的物流包装都会在醒目的位置打上自己的LOGO，LOGO设置可以参照图2–32所示原则。图2–33所示为某服饰在天猫旗舰店的首页品牌LOGO。

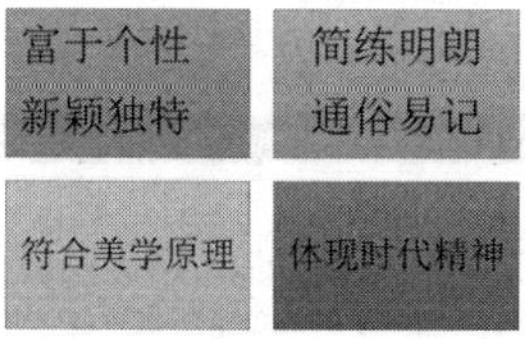

图2-32

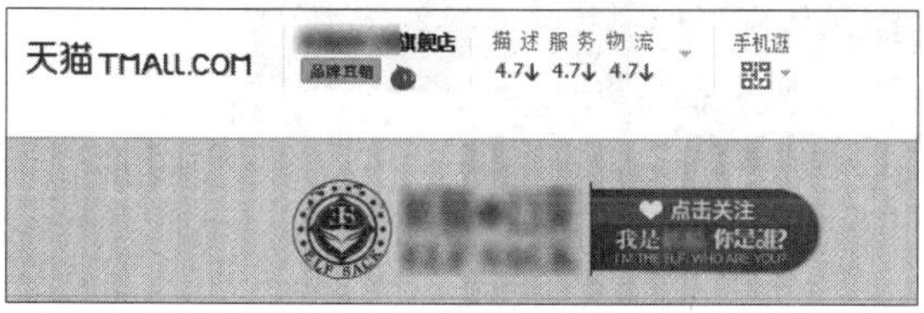

图2-33

2.2.3 淘宝网店装修

淘宝店铺即天猫店铺，它是能够在淘宝平台上搜索到的。装修设计店铺可以起到品牌识别的作用，店铺的美化如同实体店的装修一样，让客户从视觉上和心理上感觉到店主对店铺的用心，并且能够最大限度地提升店铺的形象，有利于网店品牌的形成，提高浏览量和加强买家驻店的停留时间，从而间接增进店铺交易量，网店装修原则如图2-34所示。

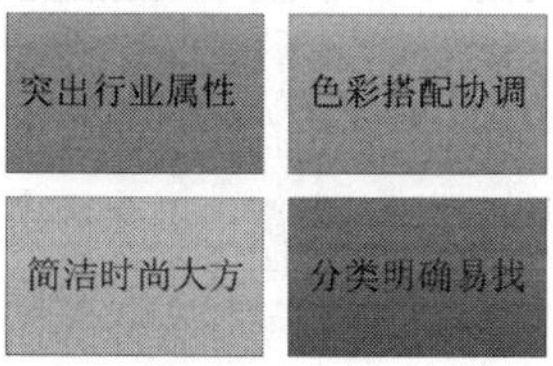

图2-34

天猫店铺装修分为淘宝网店和官方网店装修，下面介绍如何装修设计淘宝网店。

01 进入天猫“我的工作台”后，在页面左侧的“店铺管理”下单击“店铺装修”，打开淘宝店铺管理平台。

02 单击“淘宝网店”下的“装修”按钮（见图2-35），进入淘宝网店装修页面。将鼠标指针移至自定义板块区域，此时会呈现浅蓝色蒙版状态，单击右上角的“编辑”按钮（见图2-36），打开“自定义内容区”对话框。

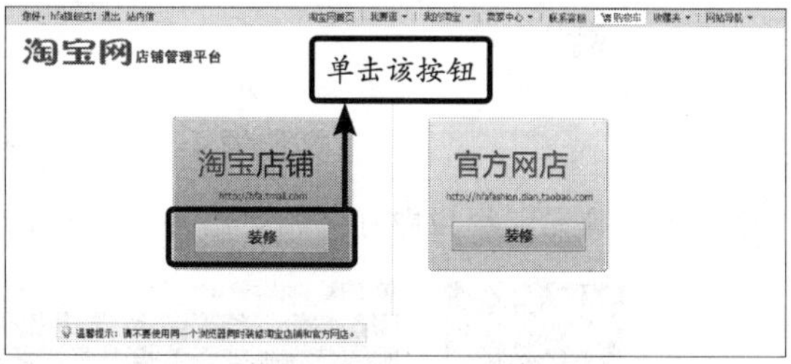

图2-35

提 示

“官方网店”为赠送的独立网站，在淘宝平台上是不能被搜索到的。考虑到试运营考核的情况，建议应当先将自己的天猫店铺运作好。

图2-36

03 在“自定义内容区”对话框中间的文本框内输入一段图片的代码，如图2-37所示。

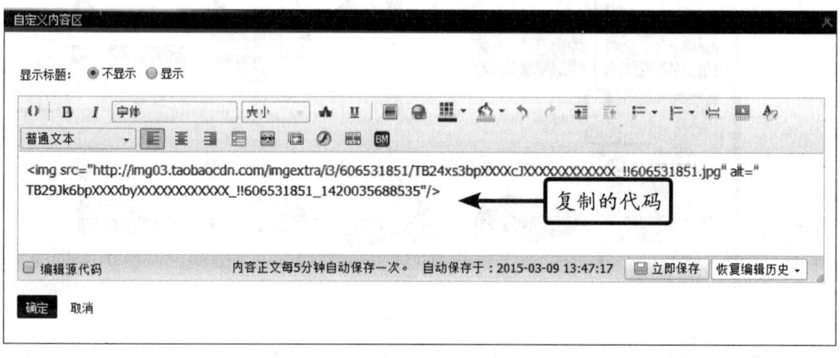

图2-37

04 输入完毕后，这段代码将自动转换为图片，如图2-38所示。

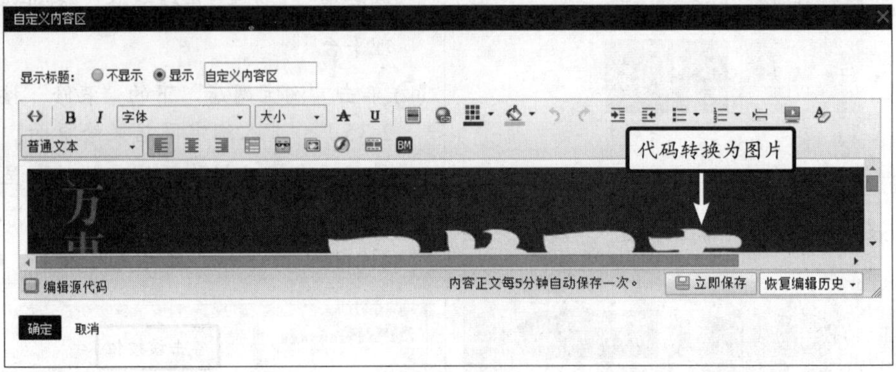

图2-38

05 单击“确定”按钮即可将指定图片插入到自定义内容区，如图2-39所示。

图2-39

提　示

本步骤中的代码是在“图片空间”中复制的相应图片的代码，也就是事先在图片空间中上传店铺作为标签页的图片，然后通过复制该图片代码（见图2-40），完成自定义招牌的设置。具体的图片空间使用操作方法及步骤详见2.6节“图片空间管理”。

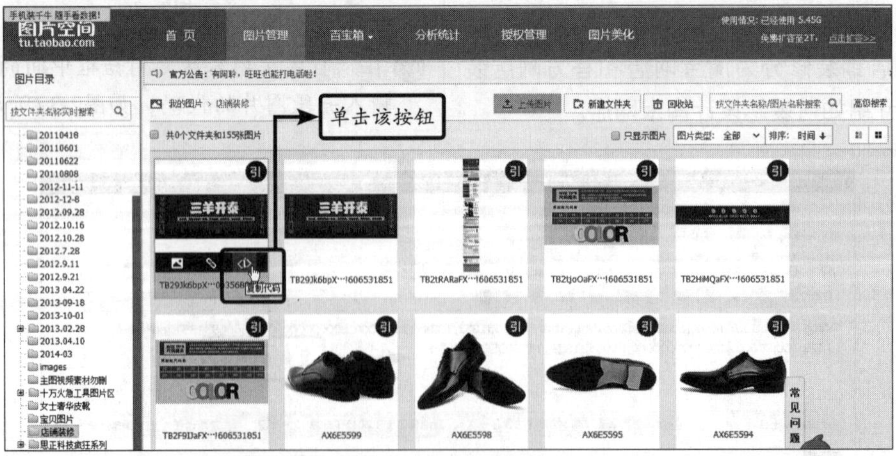

图2-40

2.3 商品分类管理

为了方便店铺的宝贝管理，同时方便顾客快速找到自己需要的产品，卖家可以事先按照不同类目分门别类，并在店铺首页将所有商品类目展现在消费者面前。

图2-41所示为某品牌化妆品分类，图2-42所示为生鲜水果按照水果类型、礼盒分类；图2-43所示为服饰按照上衣、下装、裙装和配饰分类。

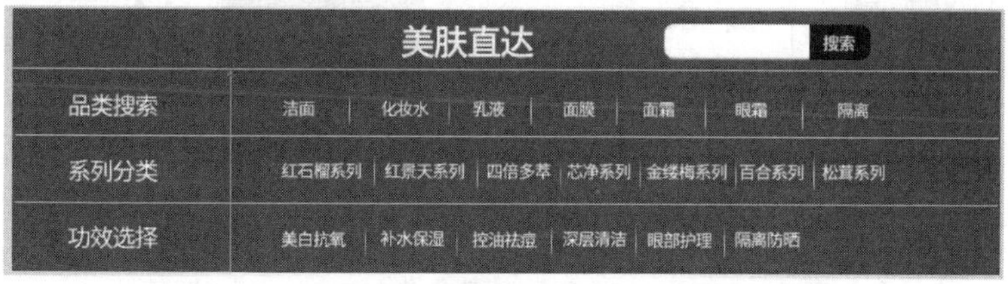

图2-41

图2-42

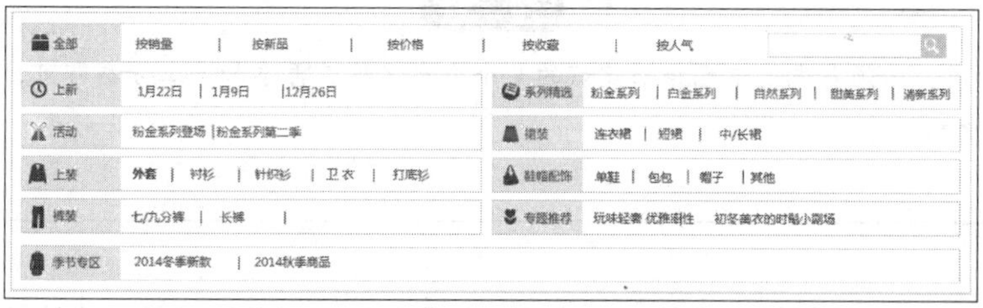

图2-43

店铺中的宝贝进行合理清晰的分类，能够极大地方便顾客。如果商家一次性发布太多宝贝，买家会很难快速找到需要的某个商品。设置好宝贝分类可以使买家首先找到大分类，然后在大分类下找到需要的子分类，这样就可以快速找到符合要求的宝贝。下面具体介绍如何对店铺宝贝设置手工分类和自动分类。

2.3.1 添加手工分类

商家可以在天猫后台手动输入设置产品的名称，手动分类可以按照自己的思路设置分类，下面介绍具体的手工商品分类步骤。

01 进入天猫“我的工作台”后，在页面左侧的“店铺管理”下单击“宝贝分类管理”链接（见图2-44），打开宝贝分类管理页面。

02 进入“商品管理”下的“宝贝管理”，在“商品”选项下单击“添加手工分类”按钮（见图2-45），进入手工分类页面。

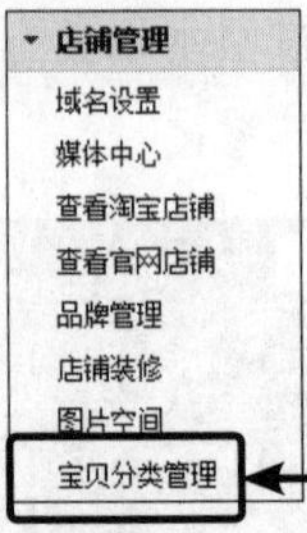

图2-44

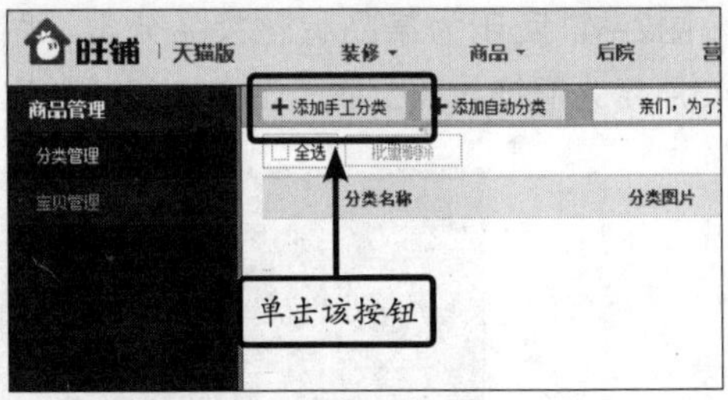

图2-45

03 输入分类名称并选中，再单击下方的“添加子分类”按钮，进入子分类编辑状态，如图2-46所示。

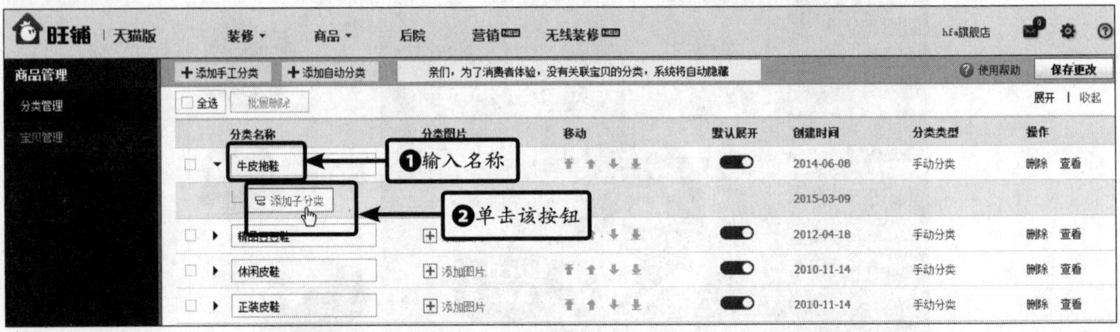

图2-46

注 意

要创建子分类，必须首先选中已经创建好的某个分类名称，再添加手工分类即可，否则会默认创建同一级别的分类名称。

04 将光标放置在子分类编辑框中直接输入名称（见图2-47），再按照相同的设置方法依次输入其他子分类名称。

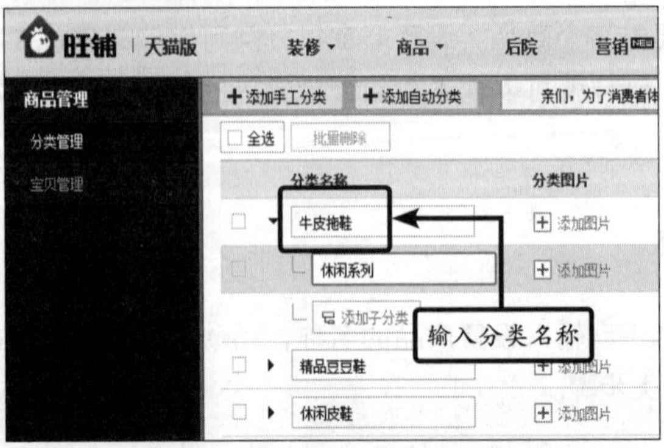

图2-47

05 按照相同的方法分别建立其他手工分类，并在下方编辑子分类，最终效果如图2-48所示。

图2-48

提 示

在分类图片下方可以单击“添加图片”按钮，在不同分类下添加指定图片。还可以实现对图片的编辑和删除。

2.3.2 添加自动分类

自动分类是固定的分类方式，目前可以按照类目、属性、品牌、时间等要素来分，选择相应的分类要素后，就可以进行分类了。添加自动分类可以按照如下方式进行。

01 进入天猫“我的工作台”，在页面左侧的“店铺管理”下单击“宝贝分类管理”，打开宝贝分类管理页面。

02 进入“商品管理”下的“宝贝管理”，在“商品”选项下单击“添加自动分类”按钮（见图2-49），打开“自动分类条件设置”对话框。

03 在“按类目归类”选项下可以看到显示的不同类目名称（见图2-50），通过勾选复选框可以快速选中指定类目，再单击“确定”按钮完成自动分类设置。

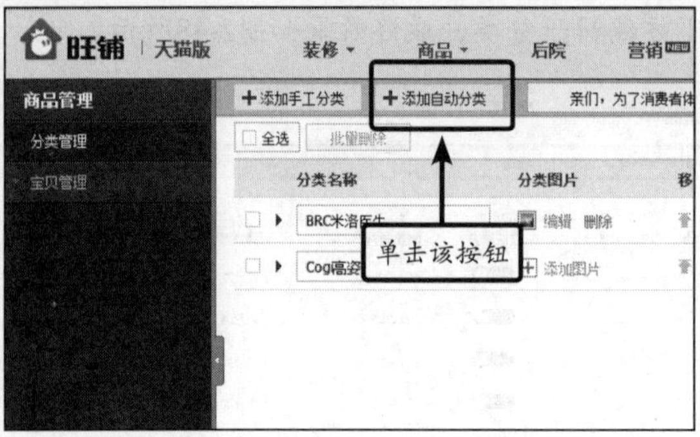

图2-49

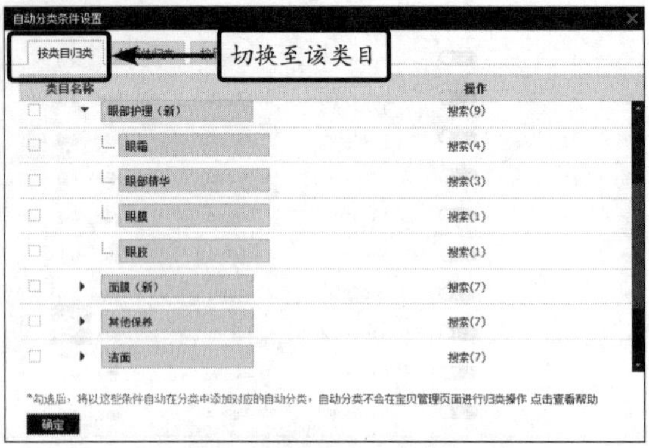

图2-50

04 比如在“类目名称”选项下勾选“化妆水/爽肤水”复选框（见图2-51），再单击“确定”按钮，完成自动分类的添加，如图2-52所示。

图2-51

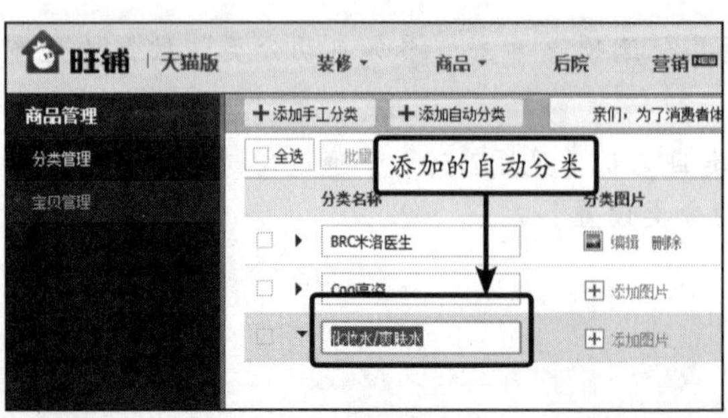

图2-52

05 在“按品牌归类”选项下可以看到显示的不同品牌名称（见图2-53），通过勾选复选框可以快速选中指定品牌。单击“确定”按钮完成自动分类设置。

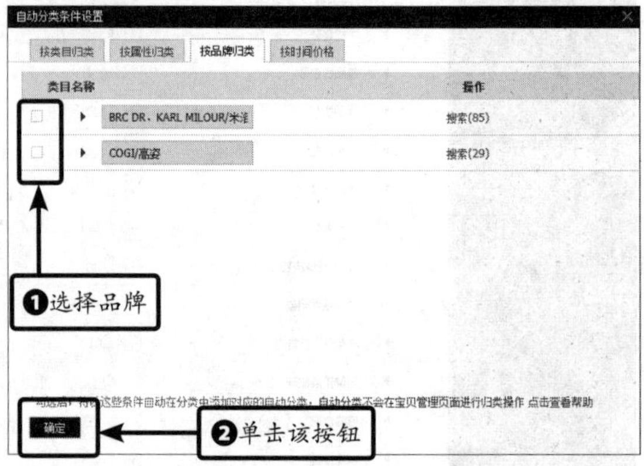

图2-53

2.4 宝贝图片管理

图片空间是由天猫提供的一项免费的图片管理工具。卖家可以使用图片空间将指定图片放置在合适的分类文件夹中，再逐一上传至宝贝的对应页面。

图片空间的主要功能如图2-54所示。

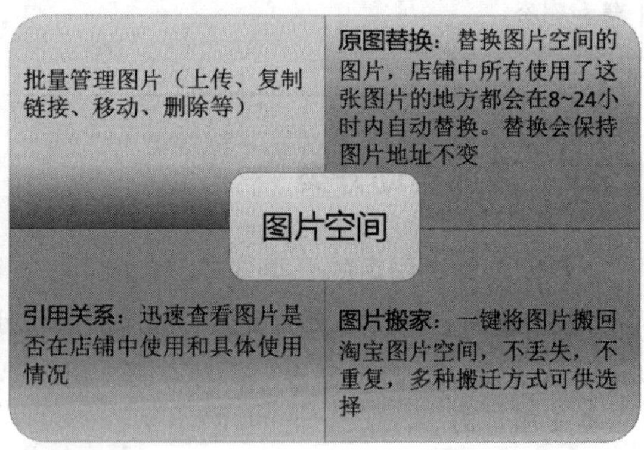

图2-54

下面介绍创建分类文件夹并上传图片的操作方法。

01 进入天猫“我的工作台”，在页面左侧的“店铺管理”下单击“图片空间”链接（见图2-55），打开“图片空间”页面，并单击“新建文件夹”按钮（见图2-56）。

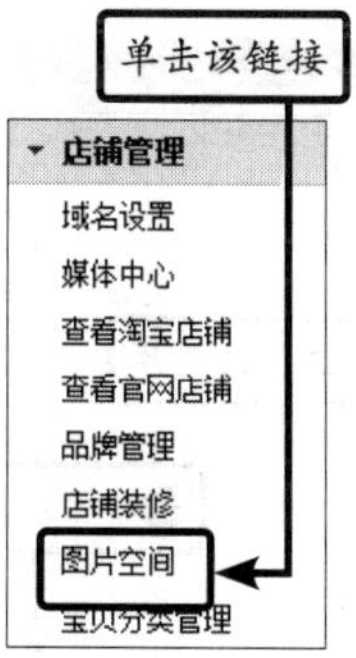

图2−55

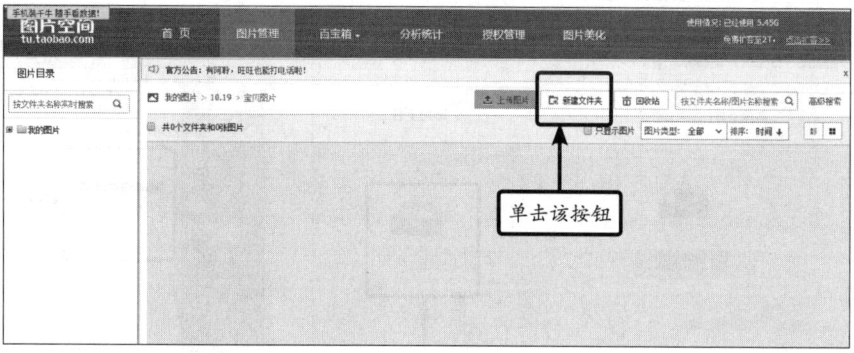

图2−56

02 在打开的“新建文件夹”对话框中输入名称，如图2-57所示。

03 单击“确定”按钮，即可新建文件夹（如图2-58所示）。单击该文件夹即可打开空白子文件夹，单击“上传图片”按钮即可打开“上传图片”对话框。

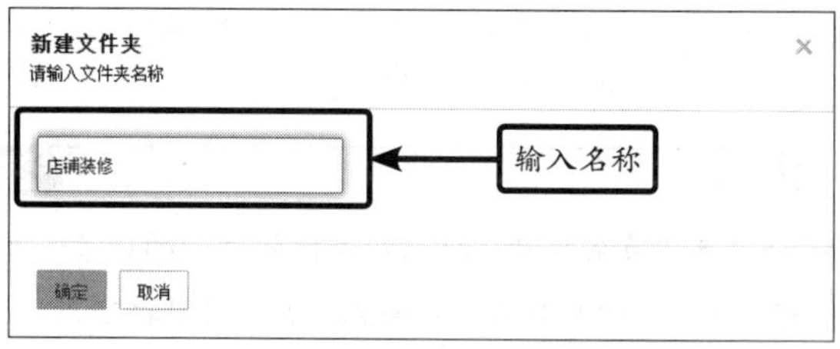

图2−57

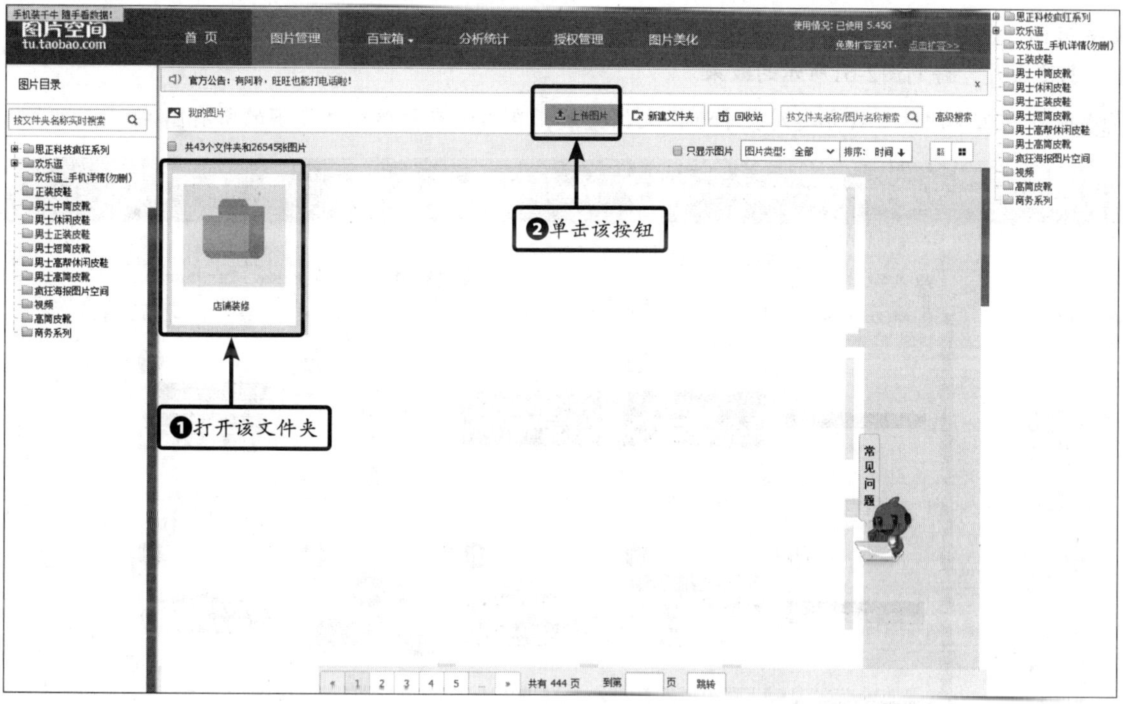

图2−58

04 在“上传图片”对话框中单击右侧的“点击上传”按钮（见图2-59），打开“选择要上载的文件”对话框，如图2-60所示。

05 选中需要的图片并单击“保存”按钮，即可完成图片上传。

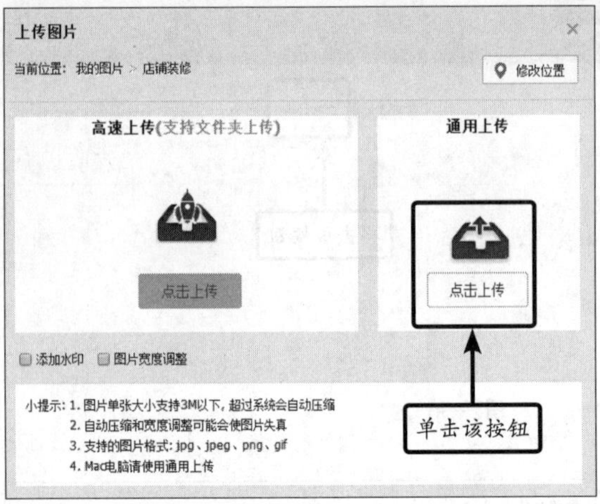

图2−59

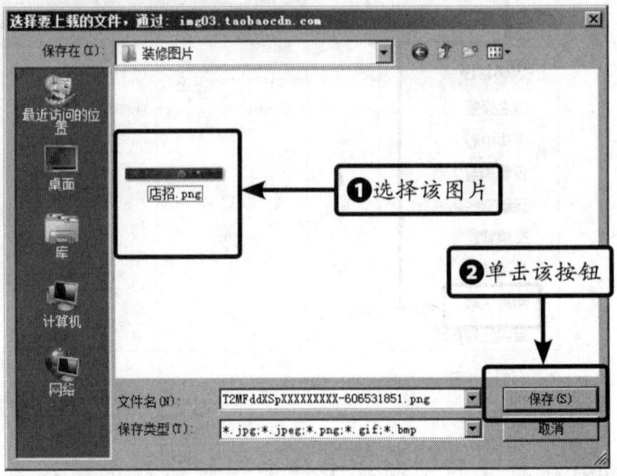

图2−60

注 意

为了节省容量，提高买家访问页面的速度，单张图片限制大小为3MB。使用图片空间之前需要将所有使用到的图片分类，比如装修类、宝贝描述类、产品展示类等。

06 返回“图片空间”页面，即可看到指定的图片作为新建文件夹的封面显示。继续在该文件夹下上传图片，得到图2-61所示的效果。

07 也可以在左侧的宝贝分类列表中选择文件夹后，在右侧查看该文件夹下的所有图片。

图2−61

> **提 示**
>
> 要删除已经将建立好的图片空间文件夹，可以选中不需要的文件夹，再单击上方的删除按钮，弹出删除文件对话框，单击“确定”按钮。

2.5 宝贝发布管理

准备好宝贝图片、名称、价格，相关属性等信息后，为了能够让买家看到并购买宝贝，就需要首先发布这些宝贝，让宝贝显示在天猫店铺页面。呈现给买家的宝贝应当正确显示宝贝图片、价格和宝贝的详细描述等。

2.5.1 如何发布宝贝

为了将宝贝更真实地呈现在买家面前，商家首先需要思考如何拍摄宝贝、设置宝贝标题以及设置宝贝描述信息。下面介绍几个简单的技巧，帮助用户了解发布宝贝的准备工作。

1. 设置标题技巧

买家在购买商品之前都会在淘宝网上搜索关键词，关键词会根据商家设置的宝贝标题完成自动搜索，因此设置好宝贝标题至关重要，它直接关系到商家的宝贝能被搜索到的概率有多大。标题撰写基本格式如图2–62所示。

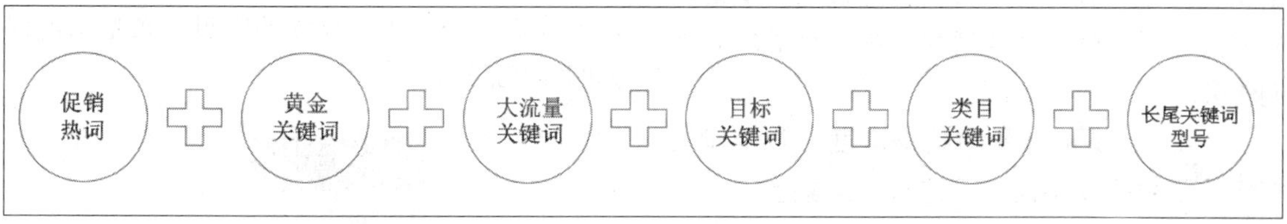

图2–62

比如我们在天猫首页搜索框输入关键词后，会自动在下拉框显示相关词（见图2–63），在这里会有一些行业和类目关键词的默认推荐。从这里间接可以观察到，目前哪个细分类目是大趋势，也可以从这个地方了解到当前应该主推哪些类型的宝贝。

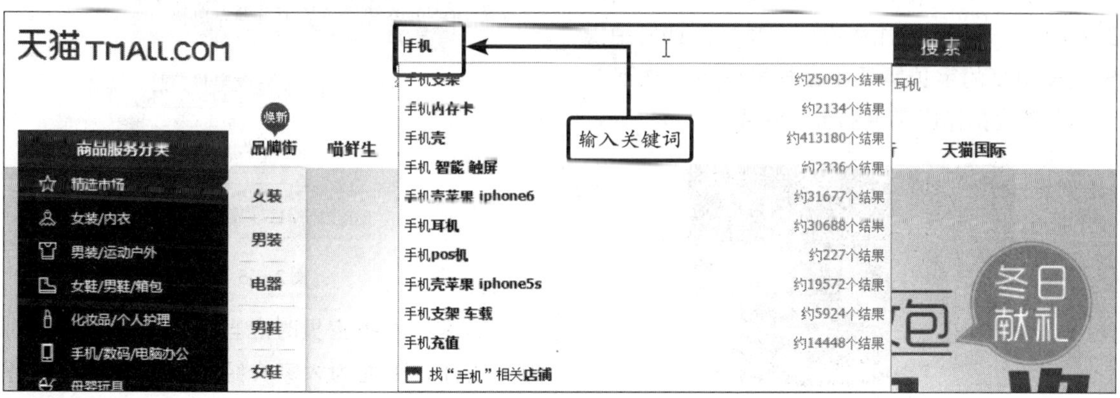

图2–63

2. 宝贝拍摄

宝贝拍摄技巧包括很多方面，一些大卖家会聘请专业团队为宝贝拍摄照片，淘宝小卖家一般都会自己拍摄。由于宝贝种类繁多，所以不同的宝贝需要掌握不同的摄影技巧，使产品更好地呈现在买家面前。

（1）拍摄准备：拍摄设备可以使用卡片机或者单反像机，至少两个柔光灯，并根据需要选购合适的摄影器材。如果对拍摄效果不满意，后期也可以使用图片处理软件简单调整，最常使用的是Photoshop软件。

（2）造型设置：根据不同的产品设置对应的造型，可以更好地突出产品个性，让客户有购买的欲望。比如服饰类可以使用模特图，或者将服饰平铺拍摄，切记皱皱巴巴地摆放服饰。再如饰品类可以采用微距拍摄，突出产品的细节，不要摆放过多的辅助物品，这样容易喧宾夺主。

（3）曝光补偿：卖家如果不能准确地判断曝光，可以先拍几张不同曝光指数的照片。如果相机比较高级，可以尝试包围曝光。从最终的照片中选取曝光最合适的一张，再进行后期制作会。

（4）合适的背景与拍摄角度：背景建议纯色（根据行业不同，可选择不同颜色），一般建议浅色，这样才能突出宝贝。其中白色是百搭色，什么商品都可以搭出效果。如果觉得纯色背景过于简单单调，也可以添加一些小道具来凸显宝贝，但是切记不可喧宾夺主。合适的拍摄角度也可以更完美地展现宝贝（见图2-64），一般建议斜放30° ~45° 。如何拍摄出完美角度的宝贝需要不断探索学习，久而久之，自然会拍摄出满意的宝贝图片。

图2-64

3. 宝贝描述

好的宝贝描述不但可以清楚地介绍宝贝，还是吸引消费者并促成交易的重要手段。现在的宝贝描述都是直接套用模板，或者事先设计好平面图并上传至图片空间，再将其代码复制到宝贝描述页面。宝贝描述主要包括宝贝的材料、产地、售后服务、生产厂家、性能等信息。

宝贝描述需要做到条理分明、重点突出。建议在做宝贝描述的时候，颜色最好不要多于三种，字体可以选择最适合阅读的宋体，并且只用一种大小的字体，标题字体可以用颜色来突出显示，描述比较琐碎的时候，可以使用表格来规范，宝贝描述最重要的就是要做到真实。

4. 发布宝贝

拍摄好宝贝图片并设计好宝贝标题之后，接下来就可以将宝贝发布到网上了。在实体店的购买者可以直观地看到物品的颜色、款式、大小等，还可以通过试穿或者试用来决定是否值得购买；而淘宝店铺只能够给买家提供商品的图片和宝贝详细描述，买家需要自己斟酌后才会决定是否下单。具体的宝贝发布基本流程如图2-65所示。

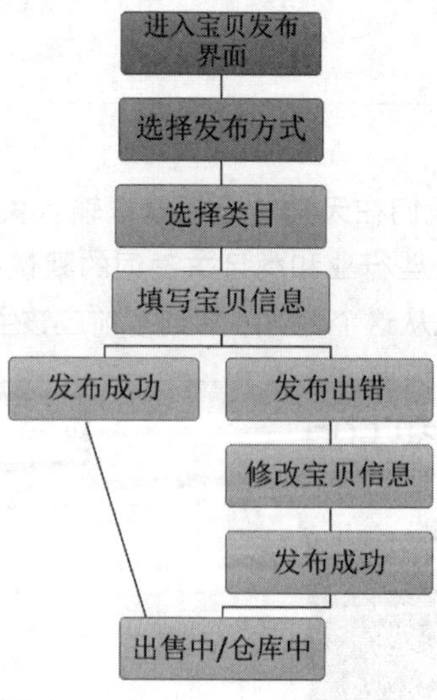

图2-65

卖家在发布宝贝时应当尽量详细并照顾到方方面面，下面为大家介绍如何正确发布准备好的宝贝，将其展现在买家面前。

01 进入天猫“我的工作台”，在页面左侧的“宝贝管理”下单击“发布宝贝”链接（见图2-66），打开宝贝发布页面。在“一口价”选项下，在左侧列表选择一个类别，如选择流行男鞋，如图2-67所示。

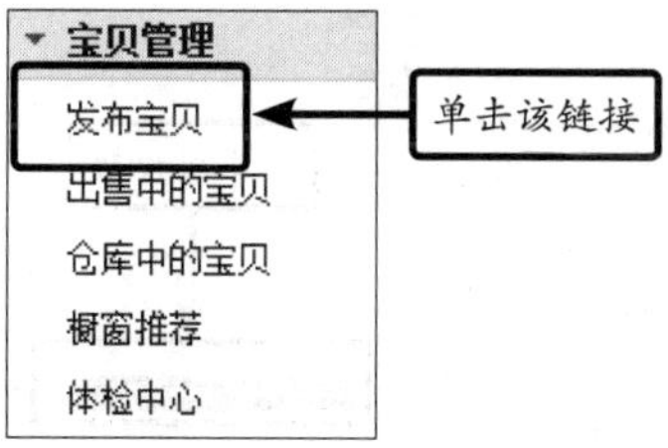

图2−66

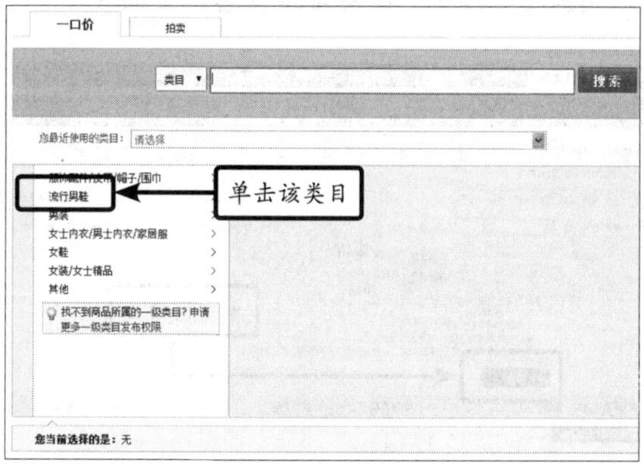

图2−67

02 选择一级类目之后会在中间显示二级类目列表，选择一个二级类目名称（见图2-68），即可在右侧显示鞋类的品牌名称，单击品牌名称，如图2-69所示。

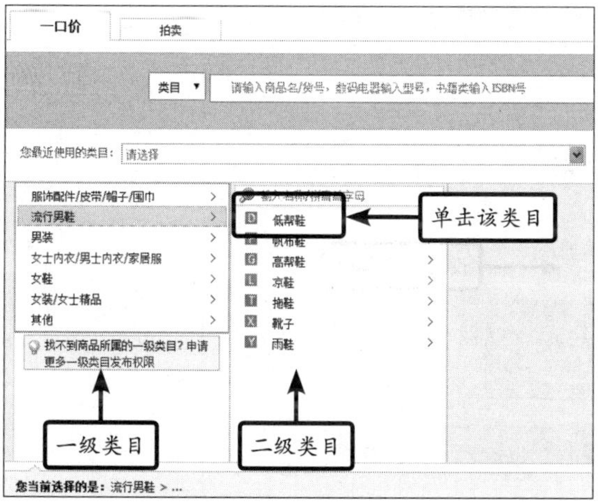

图2−68

图2−69

03 即可激活右侧的货号列表框（见图2-70）。如果已经有现成的货号，可以直接在下方输入货号；如果没有货号需要事先申请，单击“申请货号认证”链接即可打开“申请货号认证”页面。

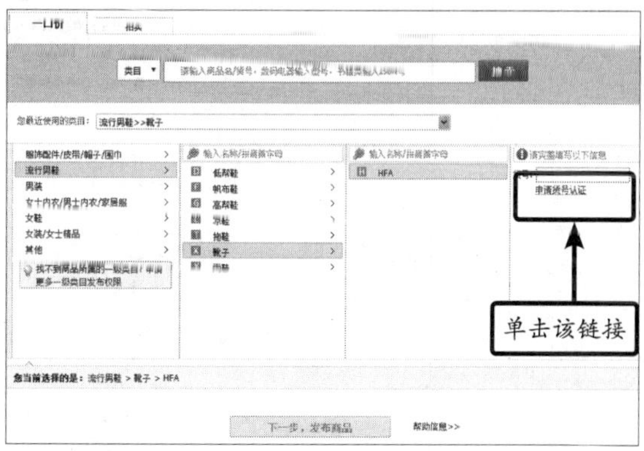

图2−70

04 在该页面中分别设置品牌名称、适用范围、货号/款号介质、吊牌图片等信息，如图2-71所示，设置完成后单击下方的“保存”按钮完成货号申请。单击“下一步，发布商品”按钮（见图2-72）打开“填写商品信息”页面。

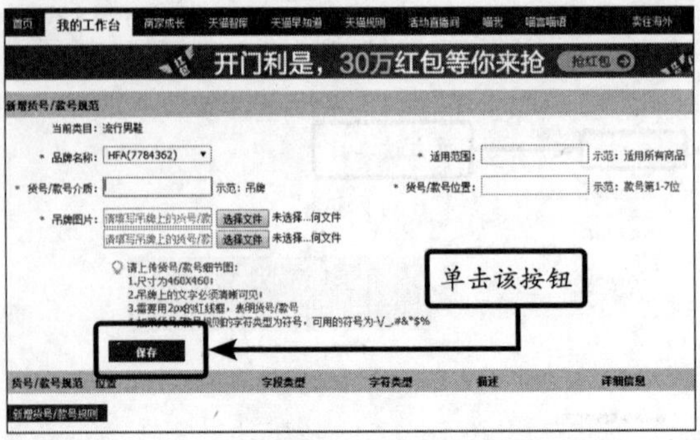

图2-71

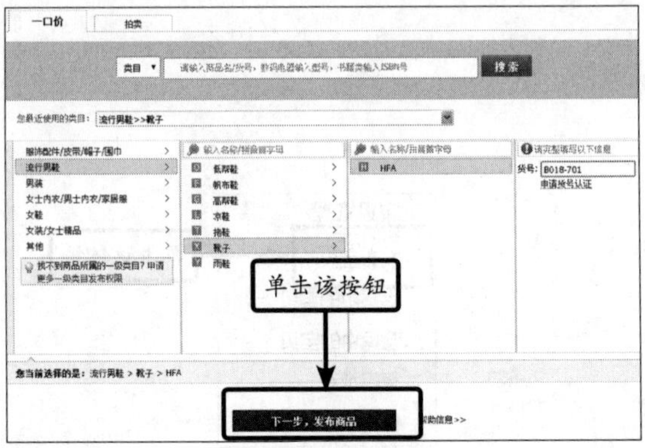

图2-72

05 依次设置商品类型和商品属性（见图2-73），再设置商品标题、价格、数量、规格等信息（见图2-74、图2-75）。

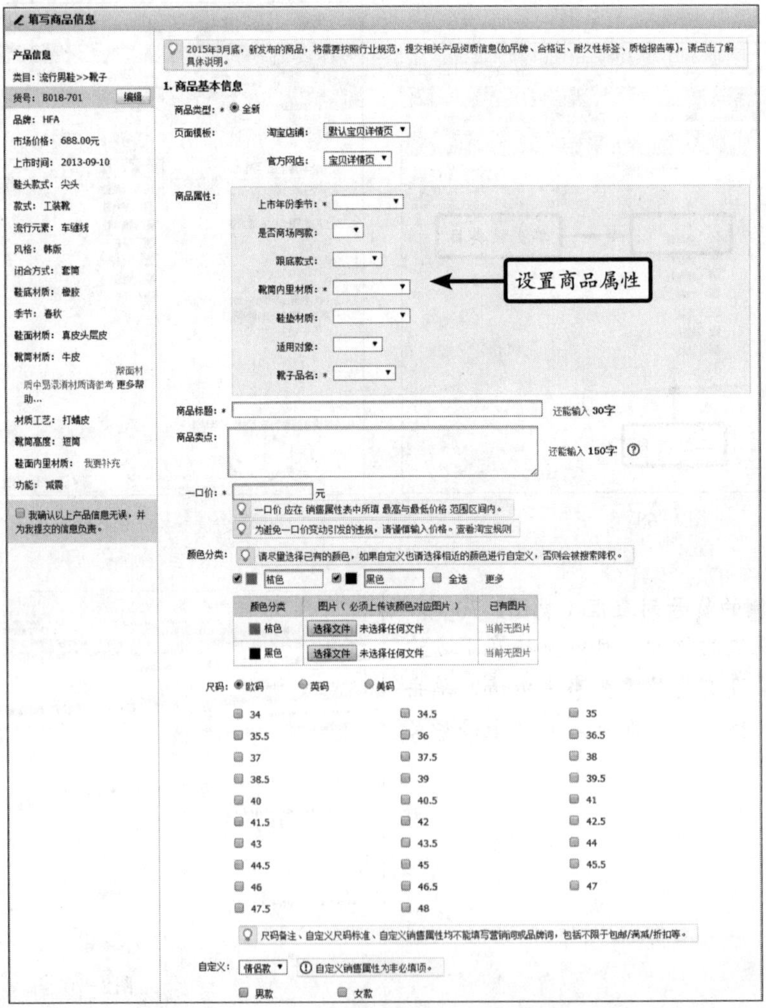

图2-73

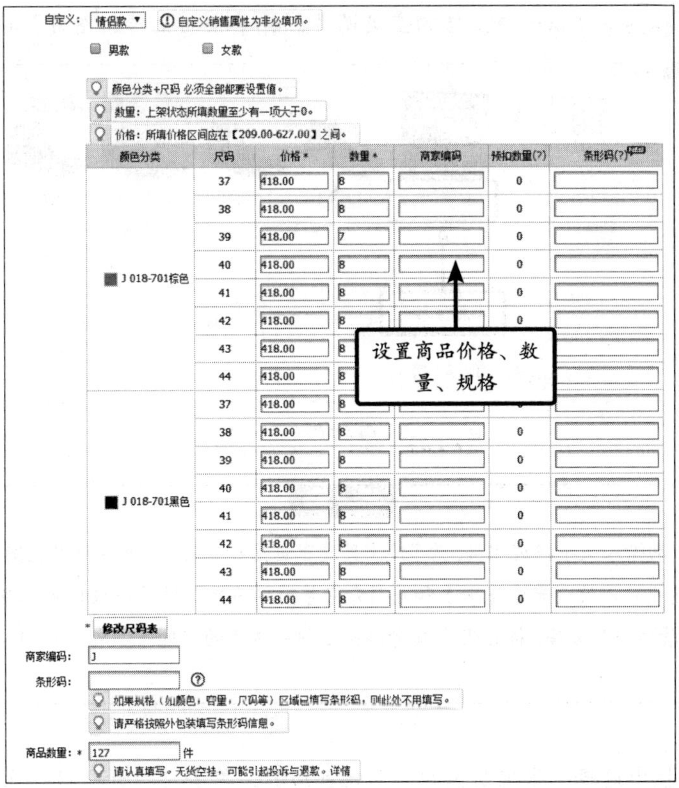

图2-74

图2-75

06 在“商品图片”标签下可以选择上传的宝贝图片，并单击“上传新图片”按钮（见图2-76）。

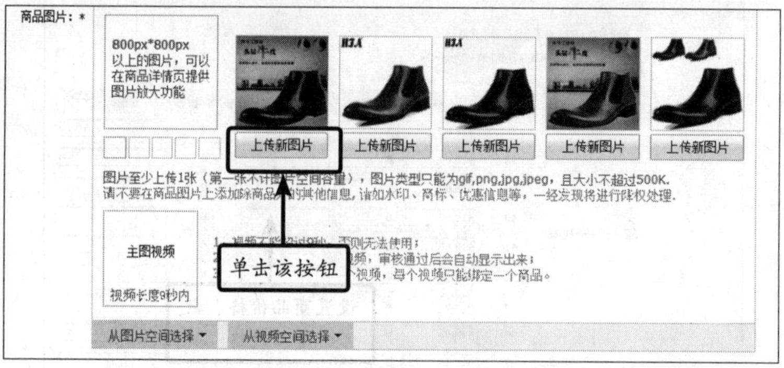

图2-76

提 示

这里可以直接手动输入文字描述宝贝，为了使宝贝发布页更加美观，通常宝贝描述图片可以在一些设计软件设计好页面，初学者也可以使用光影魔术手和美图秀秀等简单易操作的软件设计宝贝描述页面，再按照本章2.4节介绍的宝贝图片管理使用方法，将其代码或者链接复制到这里的宝贝描述文本框内。

07 在“打开”对话框中选择一张宝贝图片（见图2-77），单击“打开”按钮上传该图片。

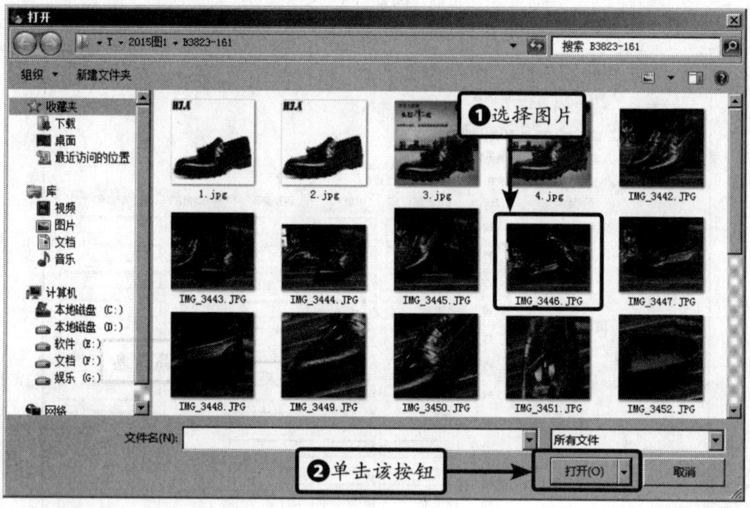

图2-77

注 意

每张图片大小不能超过500KB，并且为指定的jpg、jpeg、png图片类型格式，否则将无法在宝贝页面正确显示图片。

08 继续在宝贝发布页面设置商品物流信息、售后保障信息以及其他基本信息（见图2-78、图2-79）。设置完成后单击“确认”按钮，完成宝贝的发布。

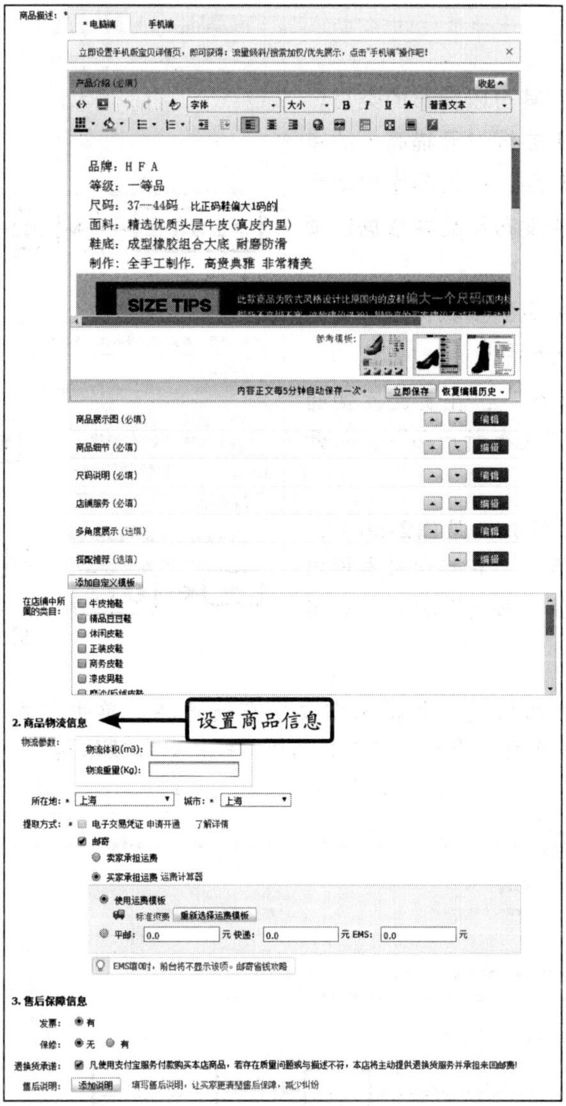

图2-78

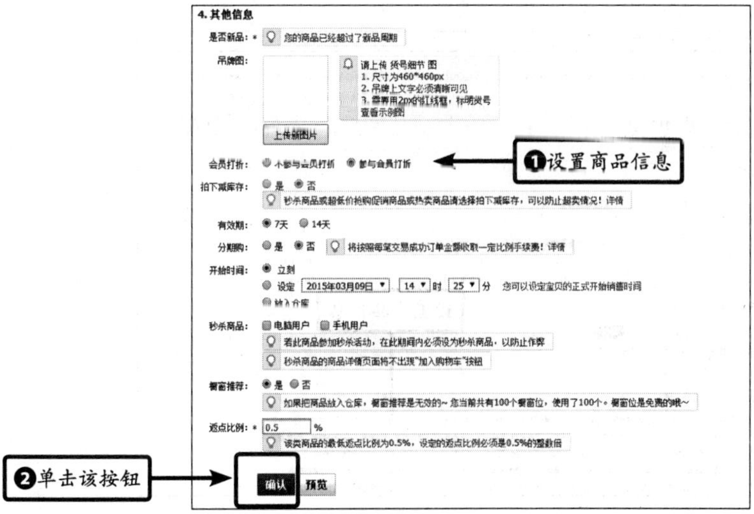

图2-79

2.5.2　发布新产品

天猫店铺注册时都有其可以发布的类目，发布这个类目的宝贝只需要经过天猫简单的审核。如果店铺发布的是新品，在新品库里面也没有这些宝贝，那么只能发布新品并根据选项来填写需要的产品信息。

发布新产品和发布宝贝的步骤稍微有些不同，下面介绍如何发布新产品。

01 进入天猫“我的工作台”，在页面左侧的“宝贝管理”下单击“发布新产品”，打开宝贝发布页面。

02 单击“发布新产品”按钮（见图2-80），打开“天猫产品发布页”。在空白文本框内输入产品名称，并单击“确定”按钮，如图2-81所示。

图2-80

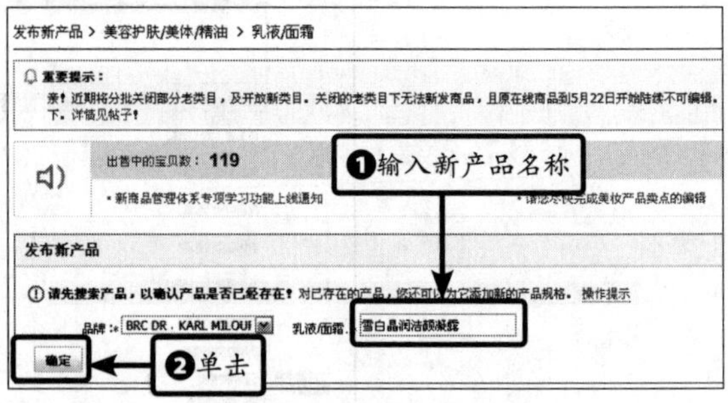

图2-81

03 此时会显示无该条产品信息，并提示需要发布新产品，单击“发布新产品”按钮（见图2-82），打开新产品发布页。重新设置产品属性、规格等各项信息，如图2-83所示。

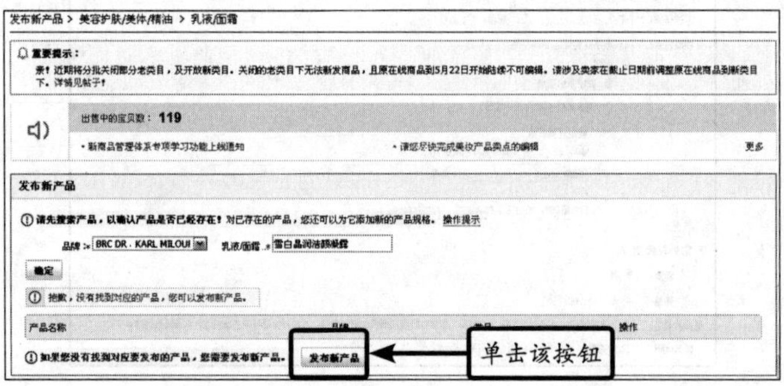

图2-82

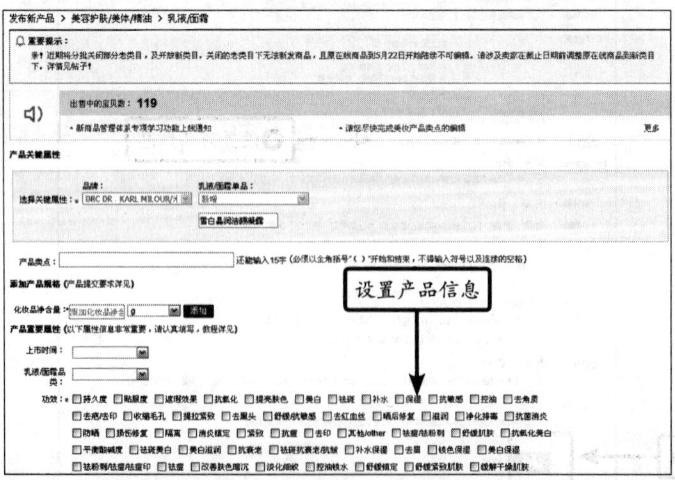

图2-83

04 继续往下拖动滚动条，在下方的页面上传产品的图片，设置完成后单击“提交申请”按钮发布新产品，如图2-84所示。

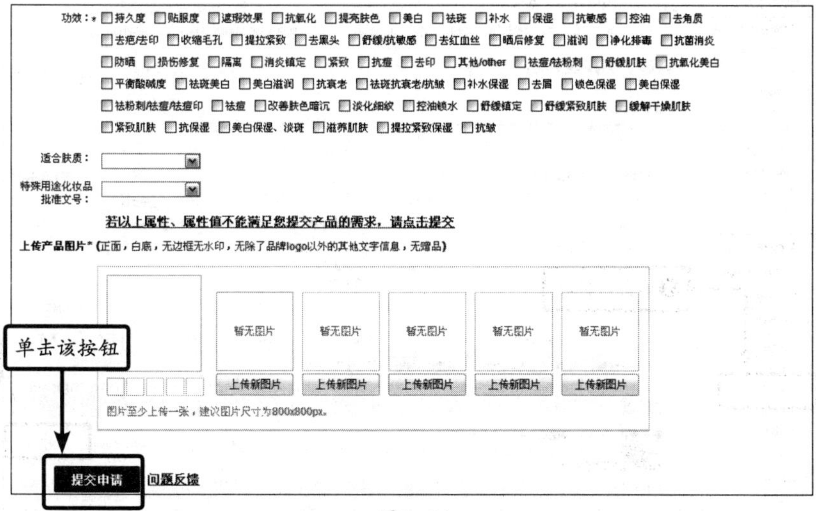

图2-84

2.6 宝贝编辑与下架管理

掌握好宝贝的发布和下架时间，有利于增加宝贝浏览量。淘宝依据剩余时间决定排名的先后，对所有卖家来说都是公平的。宝贝在即将下架的最后几十分钟内，将获得最有利的宣传位置。宝贝编辑与下架的编辑技巧主要有以下几点。

（1）宝贝下架后，之前的收藏人气仍然存在，重新上架宝贝，收藏人气不会受到影响。

（2）宝贝如果是已经下架的状态，则无法进行购买。

（3）已卖出的宝贝订单，在“等待买家付款”的状态下卖家可以修改订单的销售属性、价格，一旦买家完成付款，即交易状态变更为“买家已付款”，将不能再修改。

2.6.1 编辑宝贝信息

发布宝贝之后如果宝贝的相关属性发生改变，可以重新修改宝贝的指定信息，包括数量、价格，以及宝贝描述等，卖家可以在“宝贝管理”中重新编辑宝贝信息。

01 进入天猫“我的工作台”，在页面左侧的“宝贝管理”下单击“出售中的宝贝”链接，打开“出售中的宝贝”页面。

02 在该页面中单击需要编辑的宝贝右侧的“编辑宝贝”按钮（见图2-85），即可进入宝贝编辑页面重新编辑宝贝的各项信息。

图2-85

2.6.2　宝贝下架管理

商铺中发布的宝贝都有一定的期限，过了期限之后就会自动下架。如果想要在指定时间设置指定单个或多个宝贝下架，可以在“出售中的宝贝”下设置。

01 进入天猫“我的工作台”后，在页面左侧的“宝贝管理”下单击“出售中的宝贝”链接，打开“出售中的宝贝”页面。

02 首先勾选“全选”复选框（见图2-86），然后单击“下架”按钮，即可统一下架所有宝贝。

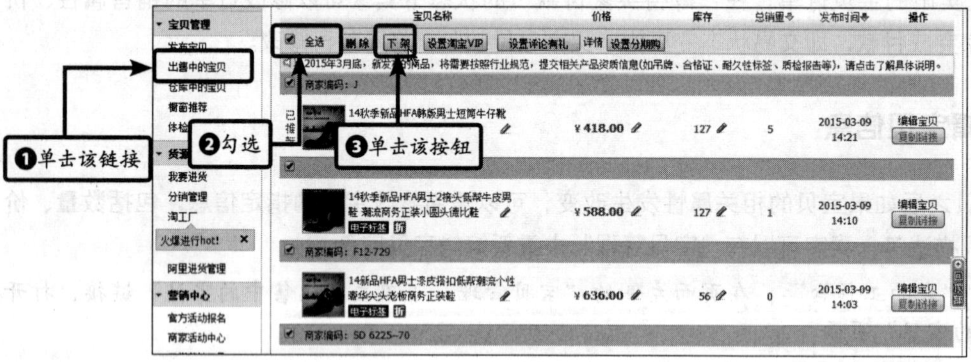

图2-86

注　意

如果需要一次性快速下架多个宝贝，可以依次勾选需要下架宝贝前面的复选框，再单击“下架”按钮。

第2篇

店铺装修

天猫店铺是属于企业认证的店铺，进驻门槛比淘宝店铺要高很多，例如，需要有商标品牌、注册资本有要求、需要缴纳6万元人民币的技术年费、要通过产品质检等。天猫商城的定位非常明确，那就是做品质，侧重于线下知名品牌的商家线上化的渠道。所以，相对于淘宝集市店铺来说，天猫商城装修的重要性更加不容忽视。这不仅影响着商品的售出率，更关系着品牌的形象和品质。

本篇将通过商品照片处理、店铺页面设计、店铺细节设计以及店铺促销页设计这几章来介绍如何装修天猫商城，详细讲解从店铺开通前到开通后的一系列关于商品、店铺及促销活动等的装修设计。

◆第3章 商品照片处理

◆第4章 店铺页面设计

◆第5章 店铺细节设计

◆第6章 店铺促销页设计

第3章　商品照片处理

众所周知，网上店铺与实体店铺最大的区别就是网上店铺没有实物，一切都在虚拟的世界里完成交易。对于网店来说，商品图片起着灵魂的作用。买家对商品的第一印象就来自于店铺中的照片。因此，商品照片处理的好坏，直接决定了买家是否有兴趣和购买的欲望。

3.1　照片尺寸、像素与格式处理

处理商品照片的第一步，就是调整图片的尺寸、像素与格式。因为，在店铺装修上传图片的时候，系统会对图片的大小及格式等有相应的限制要求，如像素超出范围、文件大小超出、格式不符等均有可能影响图片的正常上传和正常显示。

下面介绍如何用Photoshop软件来修改图片的尺寸、像素与格式大小。

1. 缩放图片

01 启动Photoshop CS6软件，进入主界面。按“Ctrl+O”组合键，弹出“打开”窗口，在指定路径下选中需要修改尺寸的素材图片，如图3-1所示。

02 单击“打开”按钮，即可打开该图片，如图3-2所示。

图3-1

图3-2

03 按“Alt+Ctrl+I”组合键，打开“图像大小”对话框。可见看到图片的原始像素大小，如图3-3所示。

04 在该对话框中可以直接输入图片的宽度和高度，如图3-4所示，这里将图片的宽度修改为400（因为选中了“约束比例”复选框，所以其高度自动修改为250）。

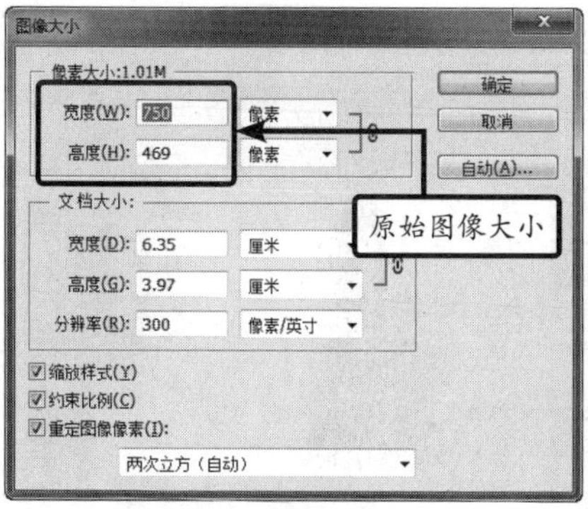

图3−3

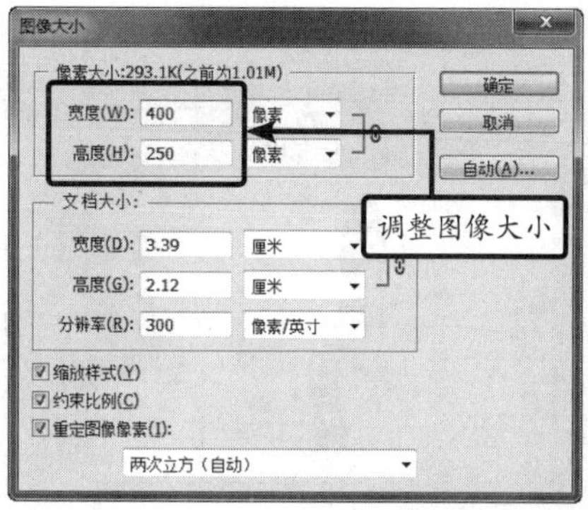

图3−4

提 示

建议在缩放图片时一定要选中“约束比例”复选框，不要去改变图片本身的比例，否则会导致商品图片变形。

05 单击“确定”按钮，即可将图片缩放至指定的大小，效果如图3-5所示。

06 按“Shift+Ctrl+S”组合键，打开“存储为”对话框。在“文件名”文本框中输入存储的文件名称，再单击“格式”下拉按钮，在其下拉列表中选择GIF、JPG、JPEG和PNG等其中的一种格式（见图3-6），然后单击“保存”按钮。

图3−5

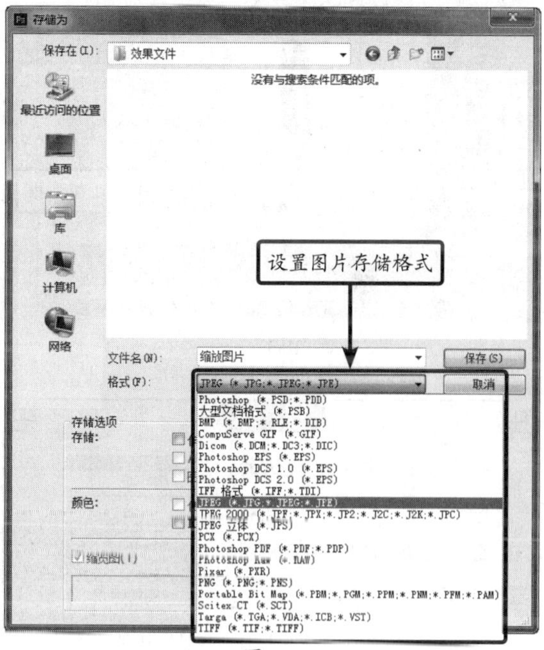

图3−6

2. 裁剪图片

01 按“Ctrl+O”组合键，弹出“打开”窗口，打开需要裁剪的素材图片，如图3-7所示。

02 按“C”键，启用“裁剪工具”。此时，在图片四周出现矩形框，并在其上方显示“选项”选项板，如图3-8所示。

图3−7

图3−8

03 默认情况下，图片裁剪的比例是“不受约束”的。此时，可以拖动矩形框的四角至任意宽度和高度，如图3-9所示。

04 双击鼠标左键或者按“Enter”键，即可将图片裁剪为矩形框内的内容，如图3-10所示。

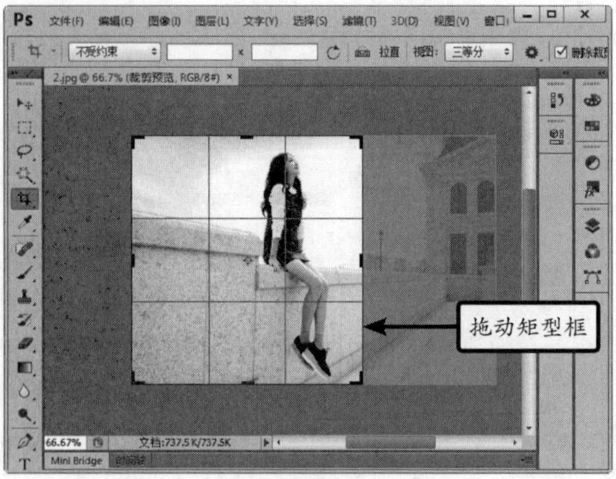

图3−9

图3−10

提　示

在图3-9中除了默认的“不受约束”比例，还可以设置其他裁剪比例，如图3-11所示。

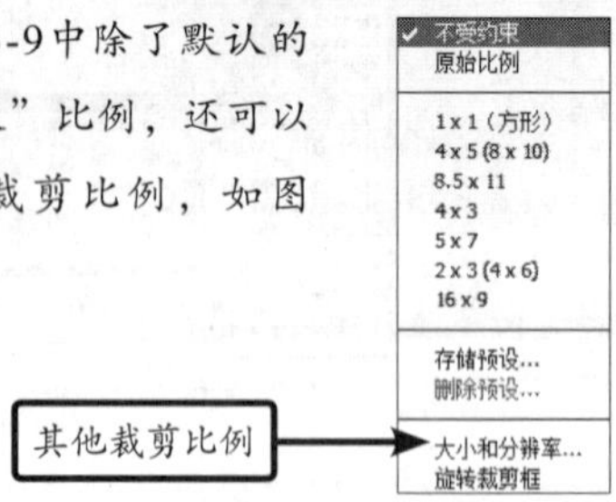

图3−11

另外，还可以直接在“选项”选项板中设置自定义长宽比，则拖动的矩形框将按设定的长宽比进行约束框选。

05 按“Shift+Ctrl+S”组合键，将图片保存为指定的格式。

3.2　照片抠图

抠图是商品照片处理的基本操作，例如，店铺要做促销图片，宝贝图片要更换背景等。

下面介绍如何使用“美图秀秀”软件进行商品照片抠图换背景的操作，具体操作步骤如下。

01 启动“美图秀秀”软件，进入主界面。按“Ctrl+O”组合键，弹出“打开一张图片”窗口，找到并选中素材图片，如图3-12所示。

02 单击“打开”按钮，打开素材图片。在默认的“美化”选项卡左下角单击“抠图笔”按钮，如图3-13所示。

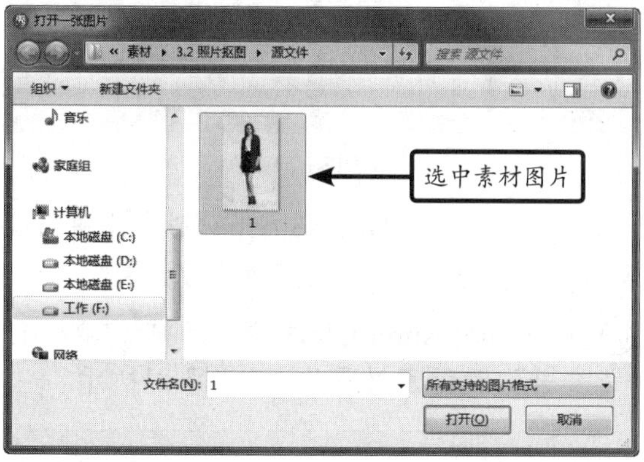

图3-12

图3-13

03 弹出“请选择一种抠图样式”窗口，选择“自动抠图”样式，如图3-14所示。

04 弹出“抠图”窗口，此时，鼠标指针变成形状，在图中的人物身上按住鼠标左键进行划线，即可将人物选中，如图3-15所示。

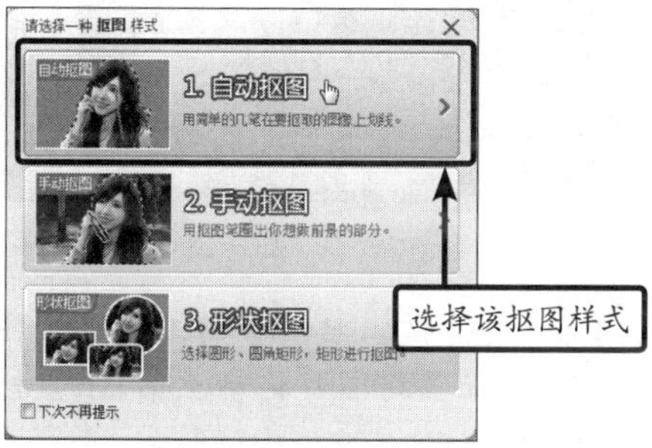

图3-14

图3-15

05 单击“完成抠图”按钮，弹出“抠图换背景”窗口，如图3-16所示。

06 在窗口右侧选择一款背景，并调整人物大小和位置，效果如图3-17所示。

图3-16

图3-17

提 示

还可以换成自定义的背景图片，方法是，在图3-16中单击右上角的“背景设置”下拉按钮，在其下拉列表中单击按钮，如图3-18所示。

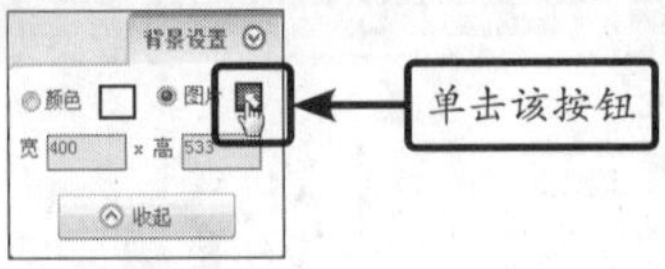

图3-18

在弹出的“打开图片”对话框中找到并选中背景素材图片即可。

07 单击“确定”按钮，返回主界面，即可完成整个抠图换背景操作，最终效果如图3-19所示。

图3-19

08 按“Shift+Ctrl+S”组合键，将其存储为JPG、JPEG或PNG格式的图片。

3.3 照片合并

在店铺装修过程中，商品照片的合并处理，也是很多店主经常使用的技巧，这种效果往往会使图片看起来更加丰富，给买家的视觉带来一定的冲击力，如图3-20所示。

图3-20

下面介绍如何用Photoshop软件来进行商品图片的合并处理，具体操作步骤如下。

01 启动Photoshop CS6软件，打开需要进行合并的两张素材图片，如图3-21所示。

图3-21

02 按“V”键，启用移动工具。按住鼠标左键将第2张素材图片拖动至第1张素材图片中，如图3-22所示。

图3-22

03 按“Ctrl+T”组合键，进行“自由变换”操作。拖动图片四周的节点将其调至合适的大小和位置，然后按“Enter”键确认，效果如图3-23所示。

图3-23

04 在界面右侧的“图层”面板的下方单击添加图层蒙版按钮，即可为当前图层（“图层1”）添加蒙版，如图3-24所示。

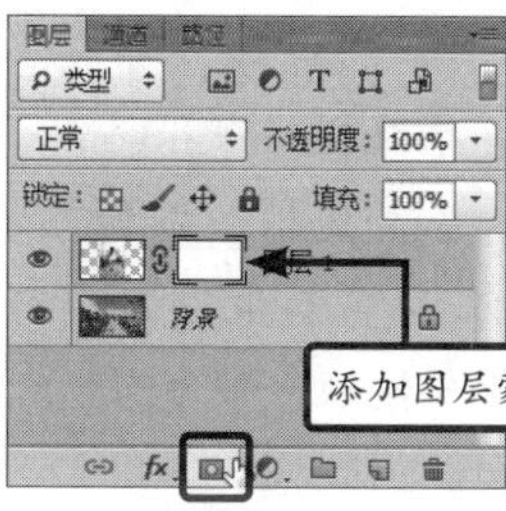

图3-24

05 此时，可以看到前景色和背景色分别变为白色和黑色，如图3-25所示。

06 展开界面右上角的色板，将鼠标移至其中，选中“黑色”，即可将前景色改成黑色，如图3-26所示。

图3-25

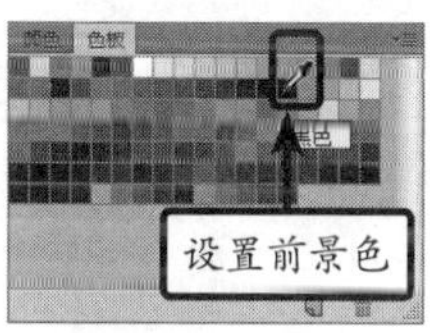

图3-26

提 示

在蒙版中分别用黑、白两色来表示显示、隐藏。白色表示显示，黑色表示隐藏。

07 按“B”键，启用画笔工具。在界面上方的选项板中设置合适的大小，然后在“图层1”上来回描画，画笔划过的地方就是隐藏的地方，如图3-27所示。

图3-27

08 同时按“Ctrl”键和“+”键放大图片，然后按“[”键缩小笔尖进行细微处的描画操作，直到满意为止，最终效果如图3-28所示。

图3-28

3.4 照片批量处理技巧

作为一个网店店主来说，商品照片的后期处理是一件非常费时又费力的事情。尤其是面对数百张需要处理的照片的时候。针对这种情况，可以使用一些软件的“批量处理”功能来进行相应的操作。

下面介绍如何用“光影魔术手”软件来进行商品照片的批量处理，具体操作步骤如下。

01 启动“光影魔术手”软件，进入主界面。将鼠标指针指向界面上方的按钮，在其下拉菜单中选择“批处理”命令，如图3-29所示。

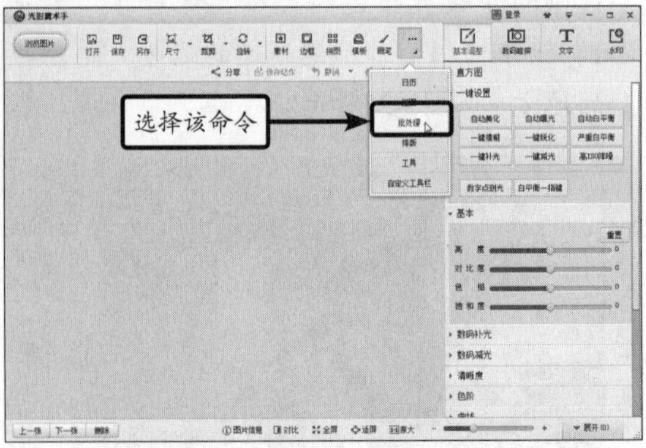

图3-29

02 弹出“批处理”对话框，单击“添加”按钮，如图3-30所示。

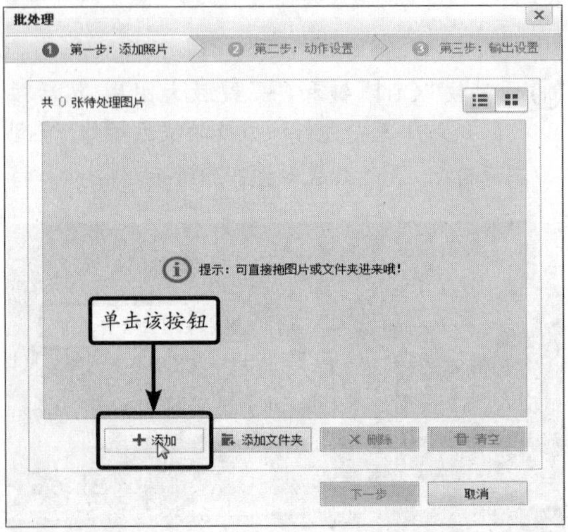

图3-30

03 弹出“打开”对话框，找到并选中需要批量处理的所有图片，单击“打开”按钮，如图3-31所示。

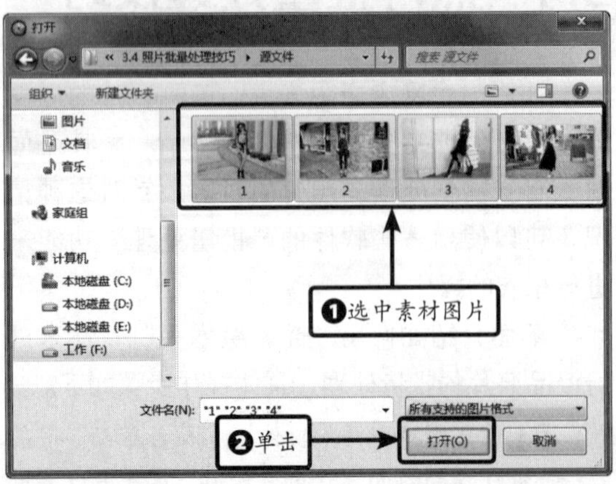

图3-31

04 返回“批处理”对话框，此时列表框中显示出了所有的素材图片，如图3-32所示。

图3-32

05 单击“下一步”按钮，开始“第二步：动作设置”。系统提供了很多动作选项，例如调整尺寸、添加边框、添加文字、添加水印等。这里以调整尺寸为例进行介绍，单击“调整尺寸”按钮，如图3-33所示。

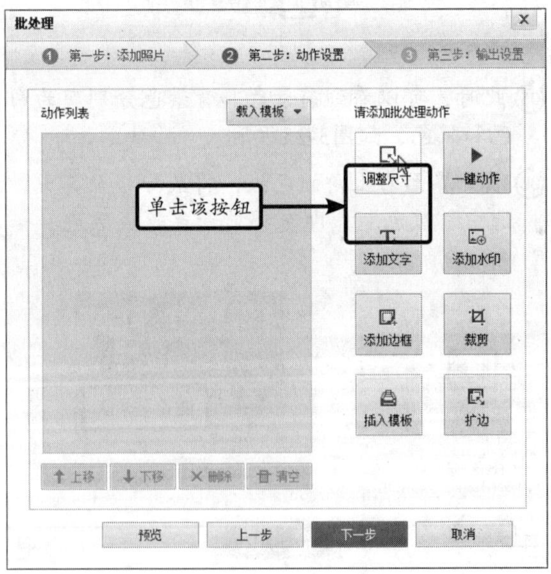

图3-33

06 弹出“调整尺寸设置”对话框，显示出有3种调整尺寸的方式：按百分比调整、按长短边调整、按宽高比调整，这里选择第3种方式，将宽度改为“990”，单击“确定”按钮，如图3-34所示。

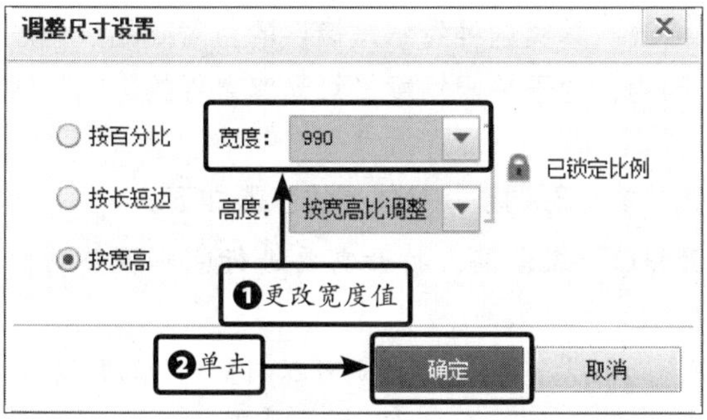

图3-34

07 返回“批处理”对话框，即可在“动作列表”框中显示出“调整尺寸”动作，单击“下一步”按钮，如图3-35所示。

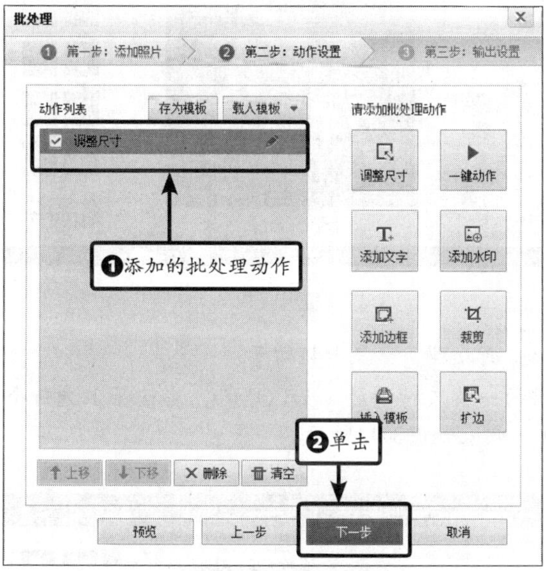

图3-35

08 进入“第二步：输出设置”。设置图片处理后的输出路径、文件名、格式等，如图3-36所示。

09 单击“开始批处理”按钮，完成批处理操作，单击“查看”按钮，如图3-37所示。

10 打开输出路径的文件夹，即可看到批量处理后保存的图片，如图3-38所示。

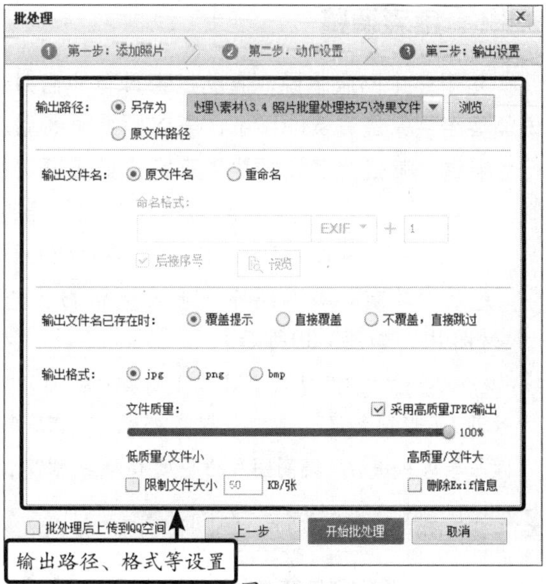

图3-36

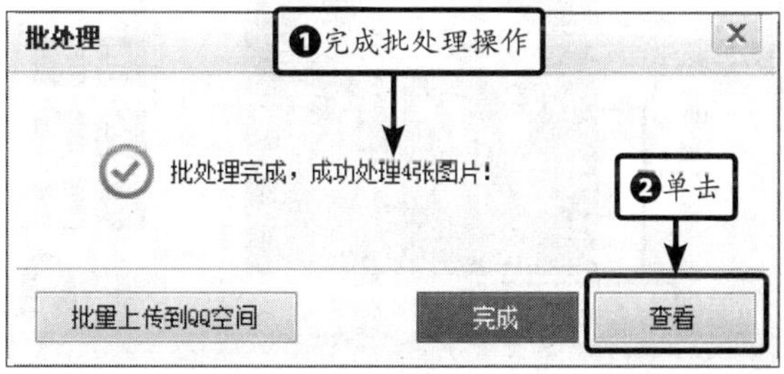

图3-37

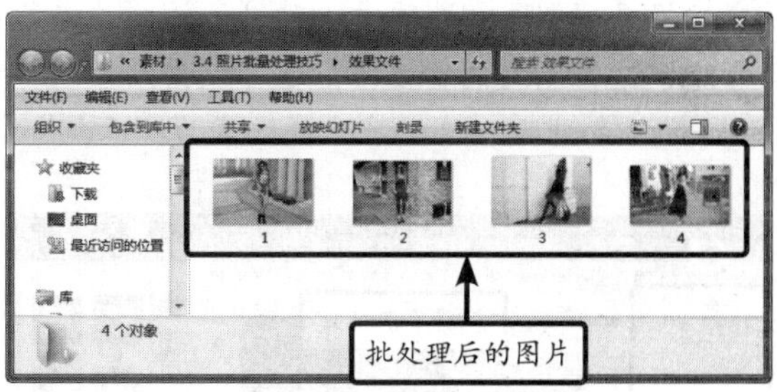

图3-38

3.5 商品照片美化

除了以上对商品的这些基本处理，还可以对其进行一些美化与修饰，如色彩调整、瑕疵修复、添加水印、特效设计等，从而让商品的图片更加精美、更有吸引力。

3.5.1 色彩调整

对于一个网店来说，商品是否具有冲击力、是否能够打动买家，全要靠对颜色的调整。有人说需要给买家最真实的展示，所以拒绝对商品进行修改。其实这种看法是错误的，对商品照片进行色彩调整就是为了让图片更真实、更接近实物。因为，由于拍照角度、灯光等条件的影响与限制，实际拍出来的照片与实物往往是存在色差的。

下面介绍如何使用“美图秀秀”软件进行商品照片的色彩调整，具体操作步骤如下。

01 启动“美图秀秀”软件，进入主界面。按“Ctrl+O”组合键，打开需要进行色彩调整的素材图片，如图3-39所示。

02 在默认的“美化”选项卡的左上角有“基础”“高级”“调色”3个选项，分别可以调整照片的亮度/对比度/色彩饱和度/清晰度、智能补光、色相。首先，因为照片偏暗，先进行图片“亮度”和“色彩饱和度”等基础美化，提高图片的亮度和鲜艳程度，如图3-40所示。

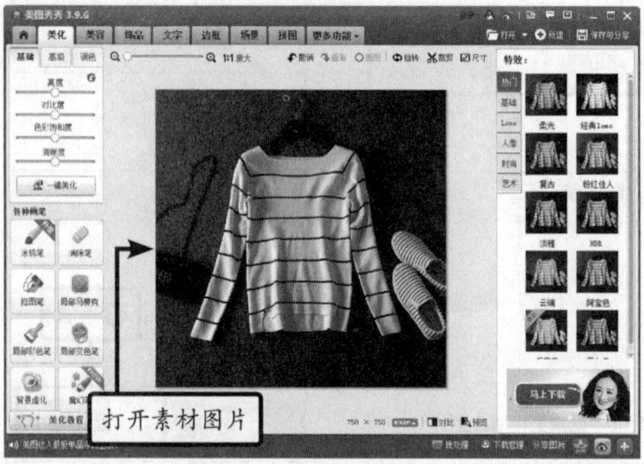

图3−39

图3−40

03 切换至“调色”选项卡，对偏色的照片进行色彩平衡处理，如图3-41所示。

04 除了这些色彩调整技巧，还可以借助于软件提供的一些流行特效（如LOMO、影楼等）进行个性的调色处理。这里将照片设置为“云端”特效，效果如图3-42所示。

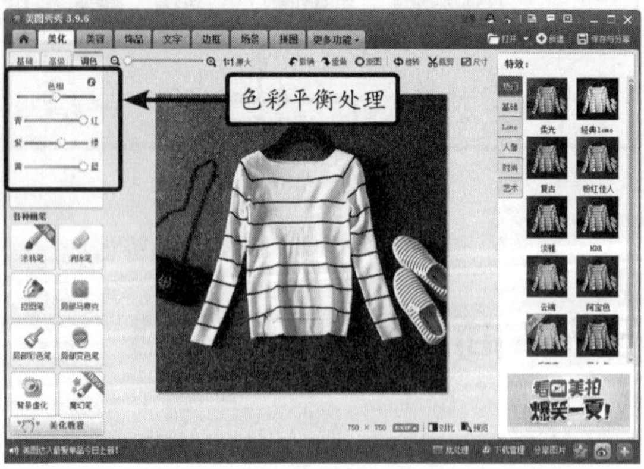

图3−41

图3−42

05 在图片右下角单击 对比（对比）按钮，即可查看照片色彩调整前后的效果对比，如图3-43所示。

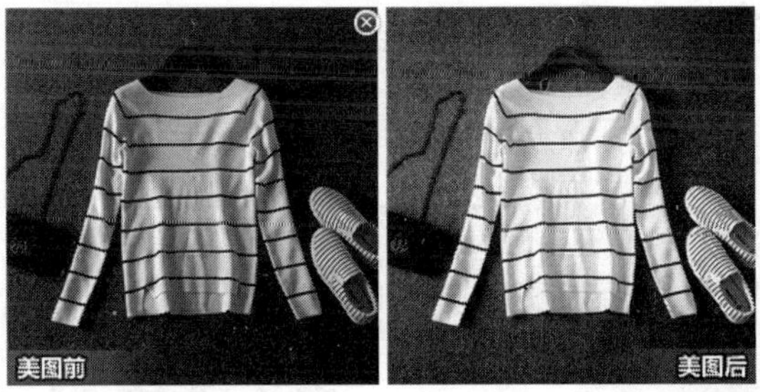

图3−43

3.5.2 照片瑕疵修复

修复照片的瑕疵，也是商品照片后期处理的一项重要的工作。只有将商品完美地展现给买家，才能够给他们带来足够大的吸引力，从而提高转化率。

下面介绍如何使用Photoshop软件进行商品照片的瑕疵修复，具体操作步骤如下。

01 启动Photoshop CS6软件，打开需要修复瑕疵的素材图片，如图3-44所示。

02 按两次“Shift+L”组合键，启用多边形套索工具。在图片左侧的人物四周单击左键，将其选中，如图3-45所示。

图3−44

图3−45

提 示

除了使用多边形套索工具，还可以根据个人的喜好，使用套索工具、磁性套索工具、钢笔工具等进行区域的选择。

03 按“Shift+F5”组合键，进行“填充”操作。弹出“填充”对话框，在“使用”下拉列表框中选择“内容识别”选项，如图3-46所示。

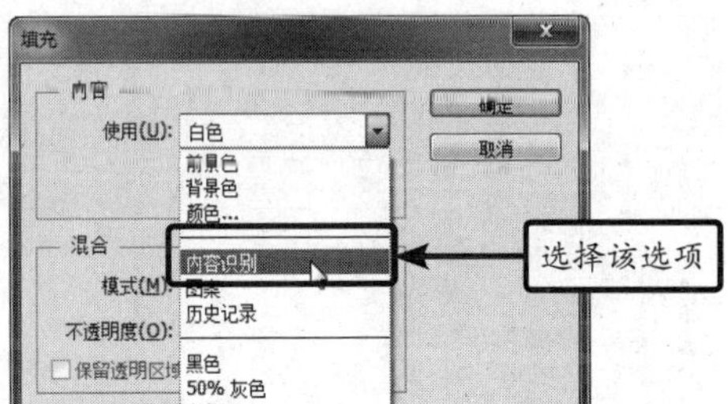

图3−46

04 单击“确定”按钮，返回主界面，按“Ctrl+D”组合键，取消选择。此时，可以看到所选的人物已消失，瑕疵已修复，效果如图3-47所示。

图3-47

05 如果对修复的结果还不满意，可以重复上面的步骤，直到满意为止，最终效果如图3-48所示。

图3-48

3.5.3 店铺水印添加与处理

绝大多数网店店主应该都知道，在宝贝上传到店铺之前都要加一些文字或者图片水印（如图3-49所示），一来可以防止他人盗用，二来就是当买家浏览宝贝时可以大大增加其对店铺的印象。

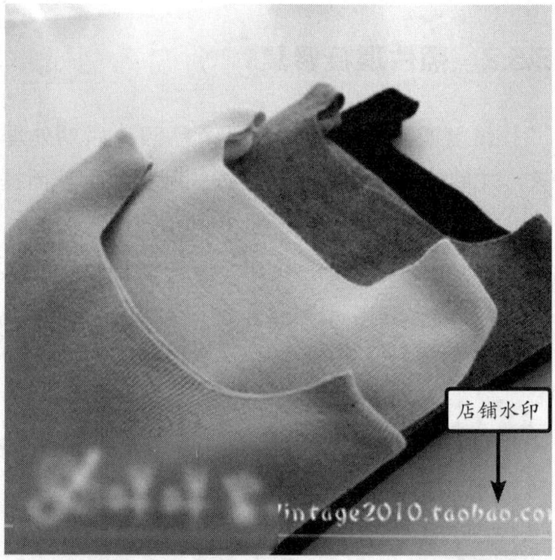

图3-49

下面介绍如何为商品添加水印，具体操作步骤如下。

1. 设计店铺水印

01 启动Photoshop CS6软件，按“Ctrl+N”组合键，新建一个500×100（像素）的文档（这里的尺寸可自定义），如图3-50所示。

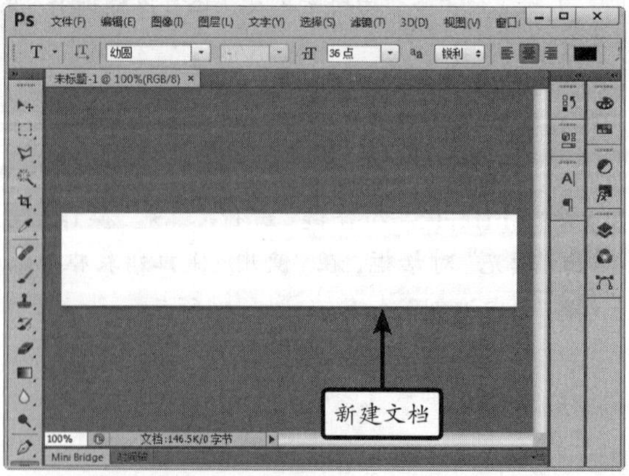

图3-50

02 按“T”键，启用横排文字工具。在文档中输入店铺名称，并设置其字体为“幼圆”、字号为“36点”、颜色为“黑色”，然后在“字符”面板中为其添加下划线，如图3-51所示。

03 继续在店铺名称下方添加店铺地址，并设置其字体为“幼圆”、字号为“18点”、颜色为“黑色”，如图3-52所示。

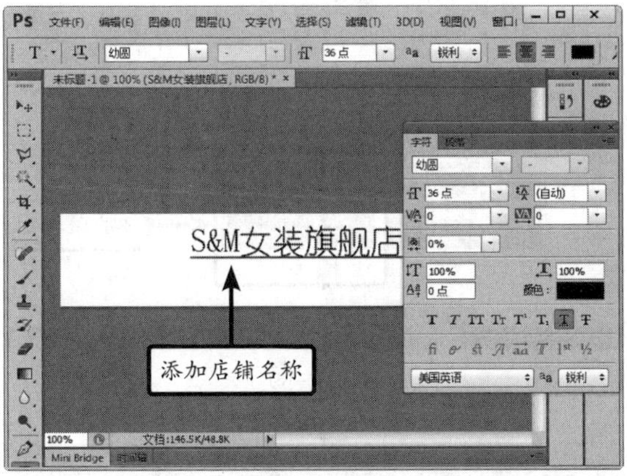

图3-51

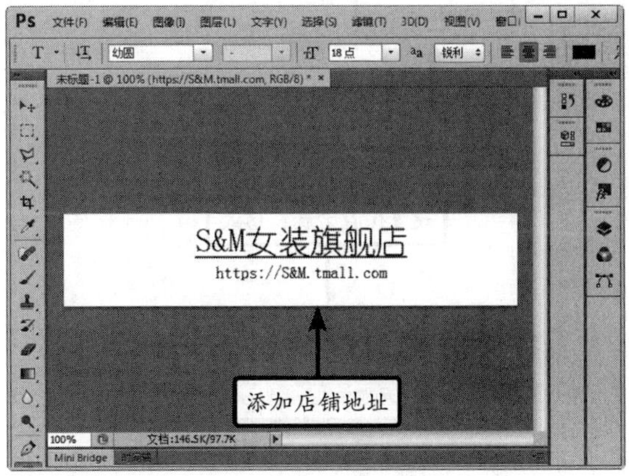

图3-52

04 打开需要添加到水印中的素材图片，按“W”键，利用魔棒工具选中图中的人物，如图3-53所示。

05 按“V”键，利用移动工具将其移至“未标题-1”文档中，并调至合适的大小和位置，如图3-54所示。

图3-53

图3-54

06 在“图层”面板中单击“背景”图层前的指示图层可见性按钮，将其隐藏。然后按“Alt+Shift+Ctrl+S”组合键，弹出“存储为Web所用格式”对话框，如图3-55所示。

图3-55

07 单击“存储”按钮，弹出“将优化结果存储为”对话框，设置保存路径、名称及格式，如图3-56所示。

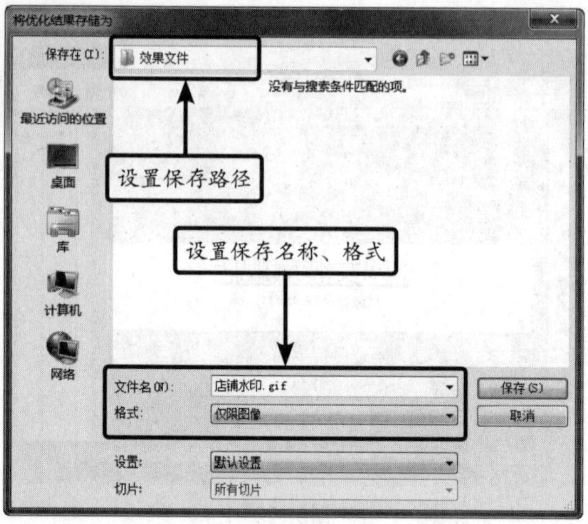

图3-56

08 单击“保存”按钮，弹出“‘Adobe存储为Web所用格式’警告”对话框，如图3-57所示。

09 单击“确定”按钮，完成水印的设计。在保存路径中可以查看其最终效果，如图3-58所示。

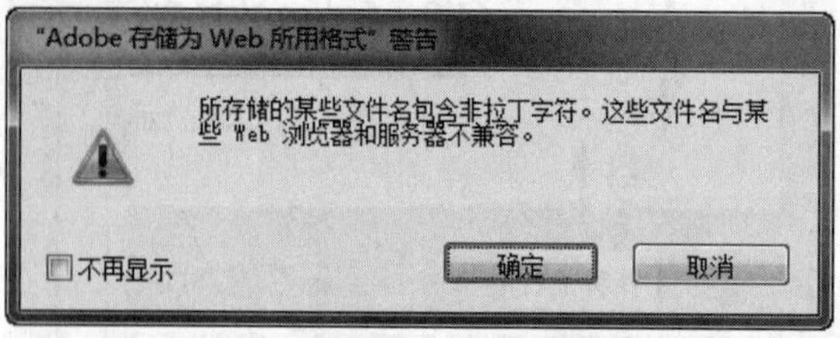

图3-57

图3-58

2. 添加店铺水印

01 启动“美图秀秀”软件，进入主界面。单击“批量处理”按钮（如图3-59所示），弹出“温馨提示”对话框，如图3-60所示。

图3-59

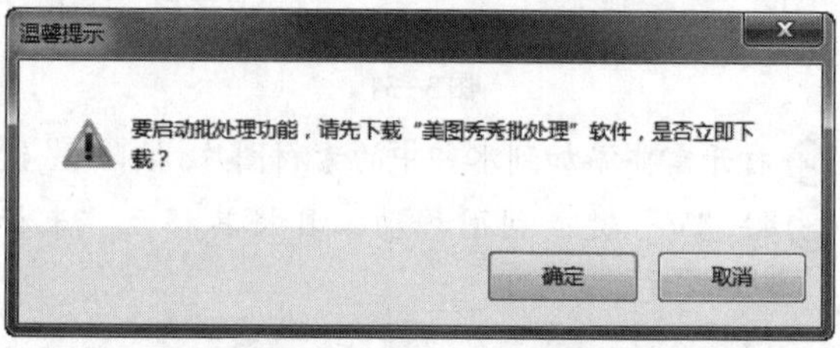

图3-60

02 单击“确定”按钮，进入美图秀秀批处理界面。单击左侧的“添加多张图片”按钮，如图3-61所示。

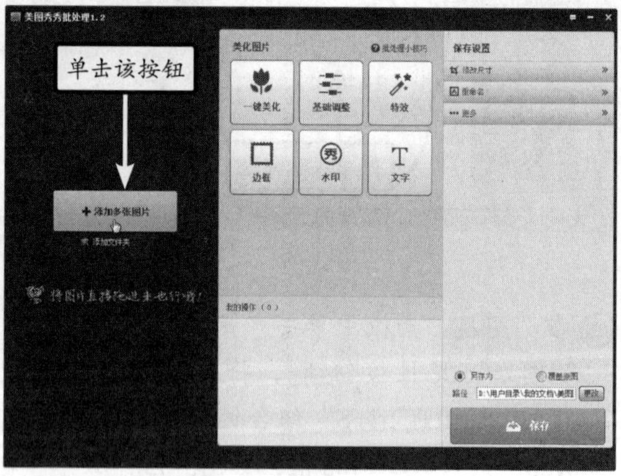

图3-61

03 弹出“打开图片”对话框，选中需要进行添加水印的素材图片，如图3-62所示。

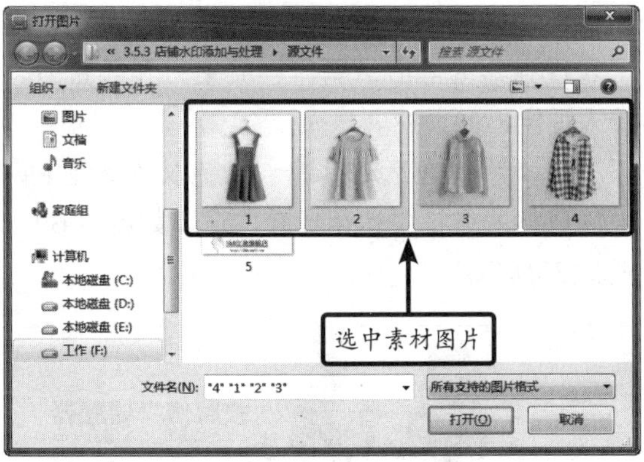

图3-62

04 单击“打开”按钮，即可在美图秀秀批处理界面添加素材图片，然后单击“水印”按钮，如图3-63所示。

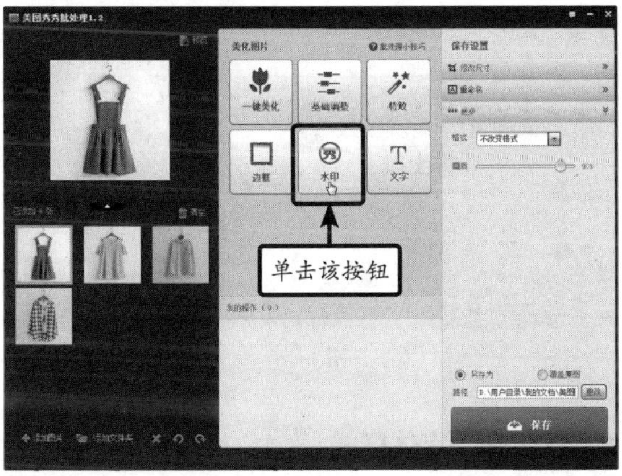

图3-63

05 进入“水印”设置页面，单击“导入水印”按钮，如图3-64所示。

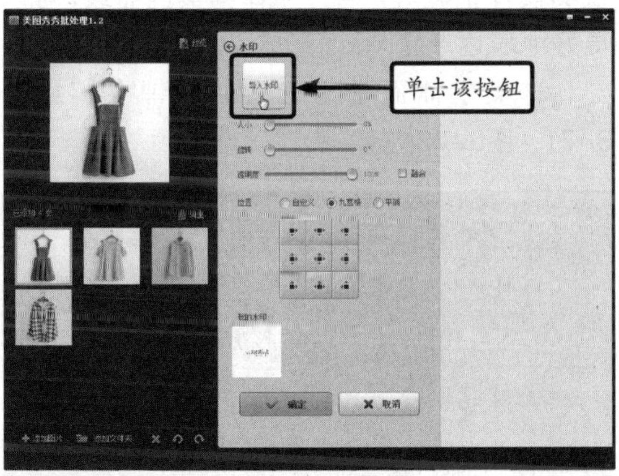

图3-64

06 弹出“打开图片”对话框，选中事先设计好的水印图片，如图3-65所示。

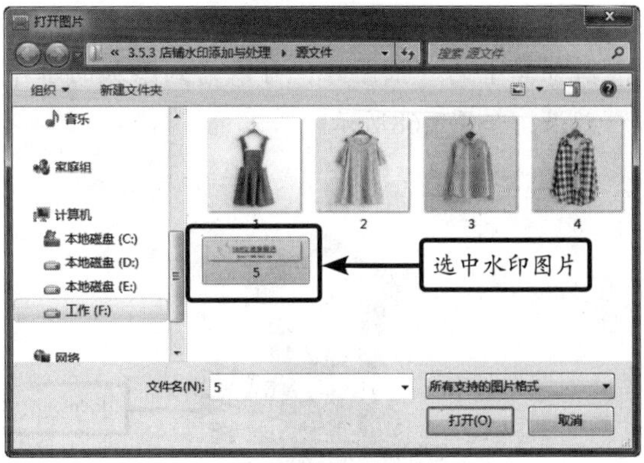

图3-65

07 单击“打开”按钮，返回“水印”设置页面，即可成功导入水印。然后调节水印的大小、旋转角度以及位置，如图3-66所示。

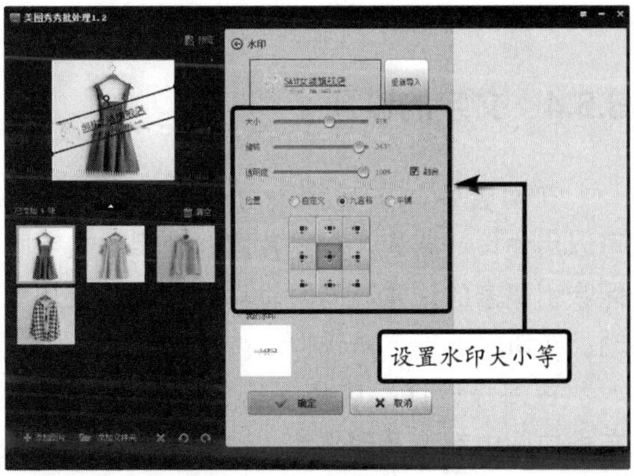

图3-66

08 单击“确定”按钮，即可在“我的操作”列表中显示出添加水印的操作。在界面右侧重命名图片保存名称，并在右下角设置图片的保存路径，如图3-67所示。

图3-67

09 单击“保存”按钮，即可完成水印的添加，打开其中的一张图片，可以看到添加的水印效果，如图3-68所示。

图3-68

3.5.4 文字的设计

在网店中，文字除了用于传达信息，还可以用作设计要素，与图片同时使用的文字既能吸引买家的注意，同时也可以使页面更加生动、亲切。

在海报设计、店招、店铺logo甚至直通车推广图中都涉及到文字。准确地传达信息是其基础功能，而当其被赋予一种更为美观的形态时，它们所具备的传达功能则更为丰富、强烈，给人留下更深刻的印象。

1. 文字风格

在装修店铺时，卖家通常都会根据商品的风格来决定装修的风格，对于不同种类和风格的商品，字体的运用也有所区别，或时尚、或高端、或个性、或霸气、或细腻等。

字体跟人一样，也有男女之分。不同的字体，有着各自的性格与态度，了解了这些，才能更好地设计字体，将字体与整个店铺风格统一起来。

■ **“男性化”字体样式**

这类字体包括黑体、宋体、仿宋体等，比较厚重、坚实、硬朗、气势突出、视觉冲击力明显、个性张扬有力、节奏分明、有力量，用于表现强烈的信心、勇气、凝聚力和号召力，给人视觉上的震撼。

这类字体在运动品牌、男装以及女装中偏中性风格的店铺中运用比较广泛，如图3–69、图3–70所示。

图3–69

图3–70

■ **“女性化”字体样式**

这类字体包括楷体、微软雅黑、幼圆等，比较温和、优雅、柔美、纤细，适用于表现细腻的情感，如情感类设计主题、女性设计主题、公益类设计主题等。通过字体柔美的曲线，可以更好地表达产品，从而形成买家的情感共鸣。

这类字体通常用于女装店铺中，如图3–71、图3–72所示。

图3–71

图3-72

当然，店铺装修中使用的字体远远不止以上两种，同样还会有其他不一样的情感表达，还有可爱的、复古的、个性的等，具体可以根据店铺及商品的风格来进行设计。

2. 文字色彩

色彩对于文字的设计十分重要，色彩运用得当，可以使文字更有个性、灵气以及情感特征，从而能够更好地传达出整个促销页面或图片的创作意图与氛围。

文字的色彩首先要与整个海报图片意境融合，其次还要重点突出，这样才能够更好地传达重要的活动或商品信息。所以，字体一定要具有很高的识别度和清晰程度。

如图3-73所示，图中文字采用了两种颜色，一种与整个页面背景色调氛围相融合，另一种与人物的裙子头饰颜色相接近。虽然色彩简单不鲜艳，但是整个页面简洁、清新，而且主题突出、视觉效果良好。

图3-73

如图3-74所示，文字采用了多种颜色，杂乱且没有重点，买家在浏览店铺时，很容易眼花缭乱，失去购买的兴趣。

图3-74

3. 文字排版

很多新手卖家在设计促销海报等页面时，经常不假思索地就把一行文字硬生生地放上去，使得页面呆板木讷。在这种情况下，就算字体风格、色彩运用得再好，也会看上去很僵硬、很无趣。

所以，文字的排版很重要。文字排版主要是指字号大小、横竖的排列方式、文字位置间距等，不同的排版方式能产生不同风格和视觉效果。

常见的文字排列方式有：大小、颜色的组合（见图3-75）、横排、竖排文字的组合（见图3-76）、不同字体之间的组合（见图3-77）、中英文字体的组合（见图3-78）等。

图3-75

图3-76

图3-77

图3-78

4. 文字角度

大多数情况下，店铺中的文字都是水平排列，平平稳稳、方正有矩。有时候设计海报时，根据背景构图不同或者想要更有视觉的冲击力，也可以尝试对文字进行倾斜或倒影等角度的处理，让画面更有动感和层次感，达到意想不到的效果，如图3–79、图3–80所示。

图3-79

图3-80

5. 文字变形

文字变形的作用是提升文字的趣味性、感染力，增强图片的生动性，为画面带来视觉冲击力。主要包括长、宽、方、厚、倾斜、扭曲等基础变形，还有重叠、撕裂、透视等，如图3–81至图3–84所示。

图3-81

图3-82

图3-83

图3-84

6. 3D文字

3D文字效果的应用在店铺设计中也十分常见，它能够使商品图片更加生动、有活力。通常使用PS等软件制作出这种效果。如果在材质或者光影上再花点功夫的话，还可以做到进一步的效果提升，如图3-85至图3-88所示。

图3-85

图3-86

图3-87

图3-88

7. 独立区域的文字

在商品照片的美化设计过程中，有时候背景颜色比较复杂，或者产品等元素比较多，这时，可以将文字放在一个相对独立的区域或色块中，这样便于文字阅读，也能让文字或者商品的视觉焦点加强，如图3-89至图3-92所示。

图3-89

图3-90

图3-91

图3-92

3.5.5 背景虚化处理

在店铺设计中，为了使商品的照片更加美观、生动，还可以进行一些特效设计，如对商品进行背景虚化处理、为商品添加投影效果等。

当拍摄完商品照片后，经常会发现有的背景太过杂乱或者不太美观，这种情况下，可以利用Photoshop软件来进行背景虚化的处理，具体操作步骤如下。

01 启动Photoshop CS6软件，打开需要进行背景虚化的素材图片，如图3-93所示。

02 按两次“Shift+L”组合键，启用多边形套索工具。在图中的人物周围单击鼠标左键，每到一个转角要单击一下左键再继续选择，直至框选住整个人物，如图3-94所示。

图3-93

图3-94

03 按“Shift+Ctrl+I”组合键，执行“反选”命令，将人物以外的部分选中，如图3-95所示。

04 按“Shift+F6”组合键，执行“羽化”命令，打开“羽化选区”对话框。在窗口中设置羽化半径为“10”像素，如图3-96所示。

图3−95

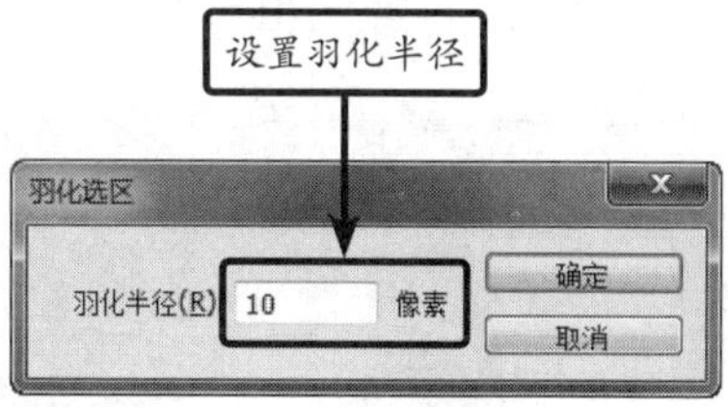

图3−96

05 单击“确定”按钮，完成羽化操作，效果如图3-97所示。

06 选择“滤镜”→“模糊”→“镜头模糊”菜单命令，如图3-98所示。

图3−97

图3−98

07 弹出“镜头模糊100%”窗口，在窗口右侧拖动“半径”滑块，拖至半径为“10”，如图3-99所示。

08 单击右上角的“确定”按钮，返回主界面。按“Ctrl+D”组合键取消选择，得到最终效果，如图3-100所示。

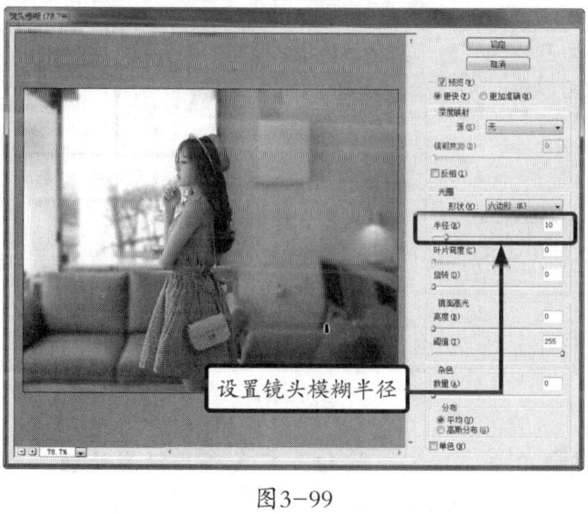

图3−99

图3−100

3.5.6 商品投影处理

利用Photoshop软件还可以为商品添加投影效果，具体操作步骤如下。

01 启动Photoshop CS6软件，打开需要添加投影的素材图片，如图3-101所示。

图3-101

02 按“W”键，启用魔棒工具。在界面上方的选项板中设置“容差”为“20”，然后按住“Shift”键，连续单击图片上的背景部分，将其全部选中，如图3-102所示。

图3-102

03 按“Shift+Ctrl+ I”组合键，进行“反向”操作，将图中人物选中，如图3-103所示。

04 按“Ctrl+J”组合键，将人物复制到一个背景为透明的新图层中，如图3-104所示。

05 双击该图层，打开“图层样式”对话框。在左侧选中“投影”复选框，然后在其右侧调整投影样式的具体参数，如图3-105所示。

图3-103

图3-104

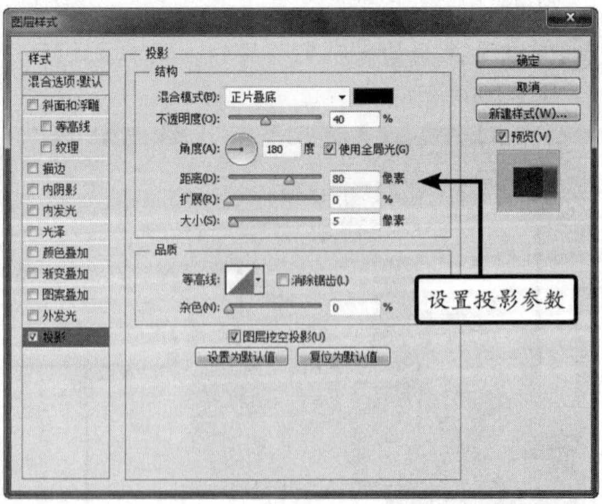

图3-105

06 单击“确定”按钮，完成商品投影处理，效果如图3-106所示。

图3-106

3.5.7 商品倒影处理

利用Photoshop软件还可以为商品添加倒影效果，具体操作步骤如下。

01 启动Photoshop CS6软件，打开需要添加倒影效果的图片，如图3-107所示。

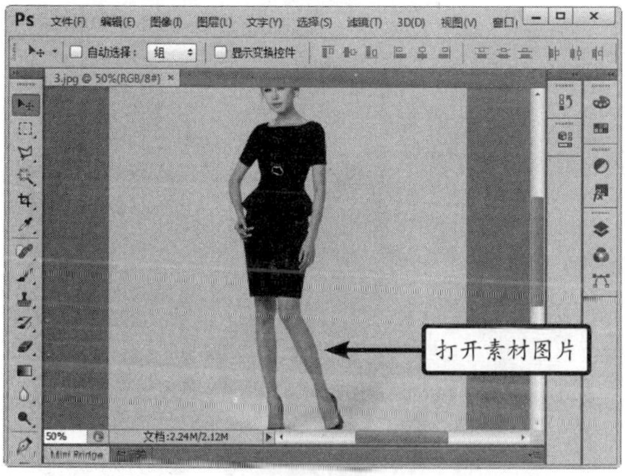

图3-107

02 按“W”键，启用魔棒工具。在界面上方的“选项”面板中设置“容差”为“20”，然后按住“Shift”键，连续单击图片上的背景部分，将其全部选中，如图3-108所示。

图3-108

03 按“Shift+Ctrl+ I”组合键，进行“反向”选择，将图中的人物选中，如图3-109所示。

图3-109

04 按“Ctrl+J”组合键，将人物复制到一个背景为透明的新图层中，如图3-110所示。

图3-110

05 在该图层上单击鼠标右键，在弹出的快捷菜单中选择“复制图层”命令，如图3-111所示。

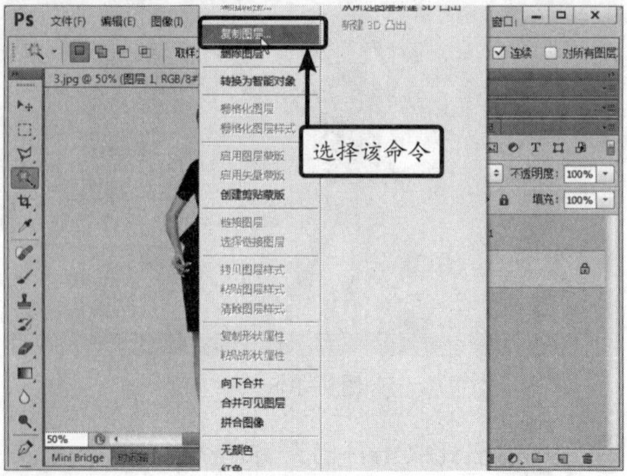

图3-111

06 打开“复制图层”对话框，单击“确定”按钮（见图3-112），创建图层1的副本，如图3-113所示。

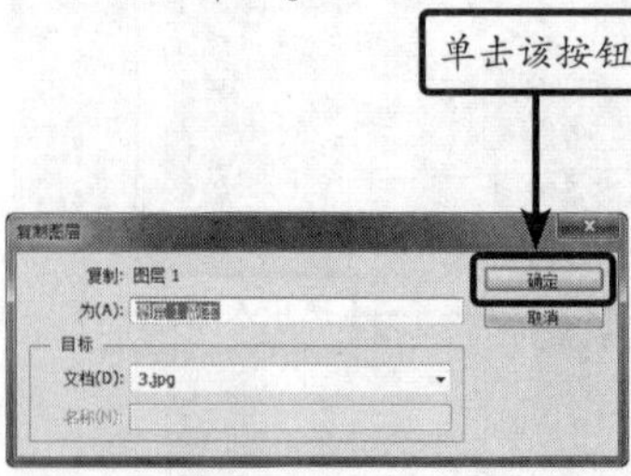

图3-112

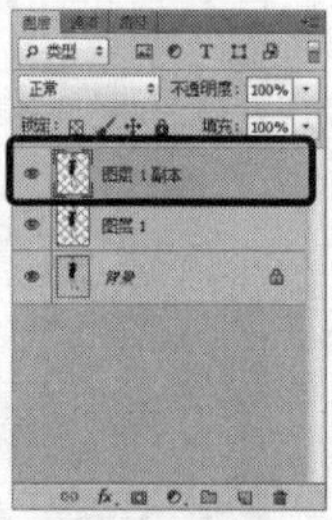

图3-113

07 选择“编辑”→“变换”→“垂直翻转”菜单命令（见图3-114），将图层1副本中的人物进行垂直翻转，如图3-115所示。

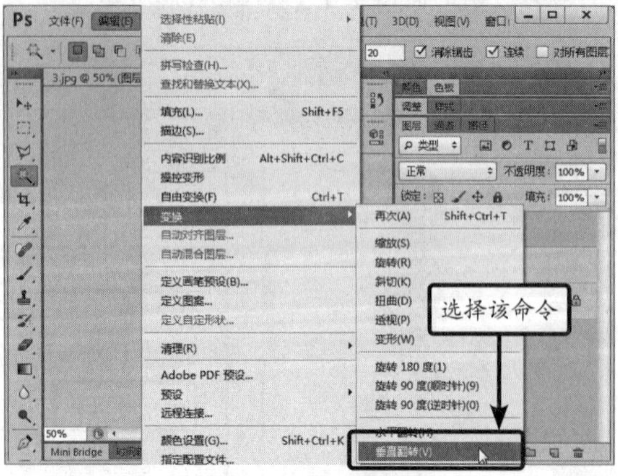

图3-114

图3-115

08 按“V”键将其移至到图层1中人物的下方，然后在“图层”面板中设置不透明度为“50%”（见图3-116），得到商品倒影处理的最终效果，如图3-117所示。

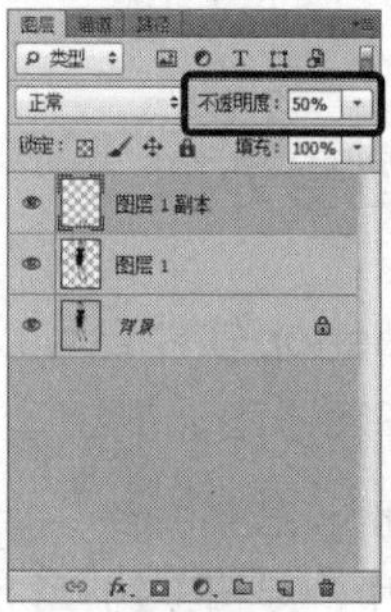

图3-116

图3-117

第4章 店铺页面设计

在店铺装修的过程中，除了商品照片的处理，页面的布局设计也相当重要。优秀的页面对提升店铺形象、视觉效果以及买家对店铺的信任度等都会起到非常显著的作用。

下面将介绍如何设计天猫店铺中的两个重要页面：首页、宝贝详情页。

4.1 店铺页面的设计要点

设计店铺页面要遵循消费者的心理学来进行，具体有以下几个要点。

1. 清晰易读

因为浏览店铺的买家来自四面八方，他们使用的电脑、显示器、浏览器等不尽相同，所以必须保证对于每个人来说页面都清晰易读。

首先，文字的颜色和字体很重要。浅色的背景上用深色的文字效果更佳，使用类似宋体这样通用的字体最易阅读，特殊字体尽量不要大量使用，只用于标题效果较好。

其次，图片排版设计应运用单纯、统一的方式去安排丰富多彩的商品，突出商品的主要特征。

其次，动画效果时间不宜太长，否则会使目标客户无法快速阅读。

2. 易于浏览和查找

了解人们习惯于从左往右、从上往下的阅读方式，合理明确地规划设计导航、站内搜索、分类等模块，要让买家在任何时候浏览店铺页面时都知道其所处的位置。

网店提供的特有产品、服务以及信息应该安排在店铺的醒目位置，要让买家很容易就能看到自己想要了解的信息，否则，将会大大地降低买家的购买欲望。

3. 风格布局统一

店铺的风格和布局一定要保持一致，其中，风格是指文字、图片、样式以及整体颜色搭配；布局则是指模块的排列、产品的摆放等。两者保持一致，会让店铺看上去更大气、更舒服，从而提高买家的信任感。

4. 页面跳转迅速

页面跳转速度的快慢是能否留住浏览者的关键因素。因为速度太慢，往往会导致买家失去继续浏览的耐心。

所以，在页面设计时，要注意尽量减小图片文件大小，避免链接信息过多，减少Flash动画的使用等。

4.2 设计店铺首页

网店的首页相当于实体店的门面，决定了买家对于店铺的第一印象，在整个店铺装修中是非常重要的。

4.2.1 店铺首页的重要性

首先，店铺首页决定了店铺的品牌形象。

一般来说，店铺首页是买家访问店铺的起点，其视觉定位决定了其品牌的形象，在很大程度上影响着访客的去留。

如图4-1所示，商品重复堆砌，排列太过紧凑杂乱，容易使人视觉疲惫、眼花缭乱；如图4-2所示，同样是女装店铺，简单明了、清新自然，可以给买家带来不一样的视觉享受。

图4-1

图4-2

其次，店铺首页起着引流、分流的作用。

对于一个店铺来说，浏览页面的访客分为两类：一类是随便看看的，那么一些特价、促销、优惠等活动会对他们有很大的吸引力；另一类是有明确目标的，他们需要很快找到自己想要的商品，这时，分类导航相对来说对其更加重要。

所以，店铺的首页要兼顾到各类访客，使其在店铺停留时间越长，对于提高转化率则越有效，并使其有兴趣进入店铺的其他页面。

再次，店铺首页是展示活动、服务等重要信息的平台。

很多卖家在店铺的首页会放一些优惠券、新品信息以及一些特价促销等活动，这样不仅能够吸引新的买家，还能够更好地维护老客户。从另一方面来说，也丰富了整个页面，不再只是单调地放置大量商品。

4.2.2 店铺首页的框架分析

天猫店铺的首页框架如图4–3所示。

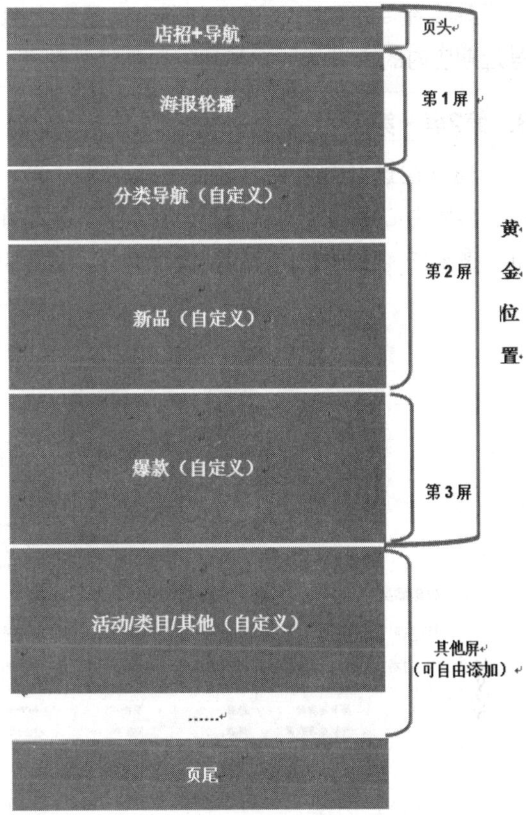

图4–3

1. 页头

“店招+导航”是店铺首页的页头，是访客进入店铺最先看到的位置。其中，店招是店铺的招牌；导航起着引导作用，为有明确购买目的或者想要查找具体类目的访客提供快速入口，如图4–4所示。

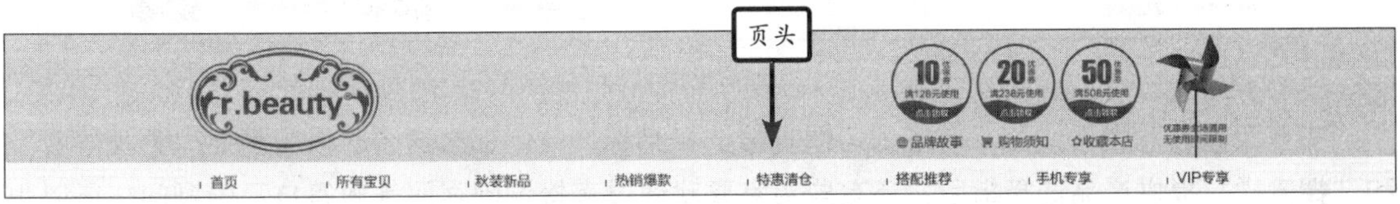

图4–4

2. 第1屏

“海报轮播区”是店铺首页的第1屏，这是首页的焦点区，展现了店铺的重要活动或商品、促销等信息，要充分利用。其曝光率最高，宣传作用最为明显，如图4–5所示。

图4–5

建议在海报轮播区放置4～5个大图，大图要生动漂亮，代表店铺的形象和风格，内容可以推荐近期店内的主推活动、产品，比如换季热卖、满百包邮、收藏有礼等。

3. 第2屏～第3屏

通常在这几屏中添加诸如分类导航、新品上架、掌柜推荐、热卖爆款、搭配攻略、特价促销、客服中心等自定义模块。其中，前3屏是首页的黄金位置，最好放些重要的模块，例如分类导航、搜索栏、客服中心、店铺优惠券等，如图4–6所示。

图4–6

有些买家喜欢慢慢浏览；有些则习惯直接选择目标产品，那么这个时候就需要“分类导航”和“搜索栏”提供产品选择指引；还有些买家喜欢通过直接询问客服来解答自己的疑问，所以也可以将“客服中心”模块放在这里；将店铺的优惠券放在首页的黄金位置，可以让买家一进入店铺的首页就能够看到，对提高销量有很大的作用。

4. 其余几屏

与淘宝集市店铺不同的是，天猫店铺在装修上具有更大的自由性。这几屏相当于实体店的商品陈列区，是由卖家自主排列布局的，可以为商品设计多种排列方式。例如，对一些主推商品或者有特色的商品可以进行特殊处理，如放大局部，以突显和打破画面样式单一的情况，如图4–7所示。

5. 页尾

页尾是一个容易被忽视的位置，很多卖家只注重页头和中间屏的装修，其实，页尾的设计也非常重要。打开店铺的每个页面，都会显示出页尾部分，它与页头相呼应，使店铺页面在结构上实现了完整性，同时页尾对店铺的形象展示、店内分流也起到了很大的作用。

页尾相对来说，内容会少点，而且系统默认只能放一个自定义的模块。在设计上要注意与整体风格统一，可以在其中添加买家须知、售后保障、快递物流、联系方式等信息，以增加消费者对店铺的信任感，如图4–8所示。

图4-7

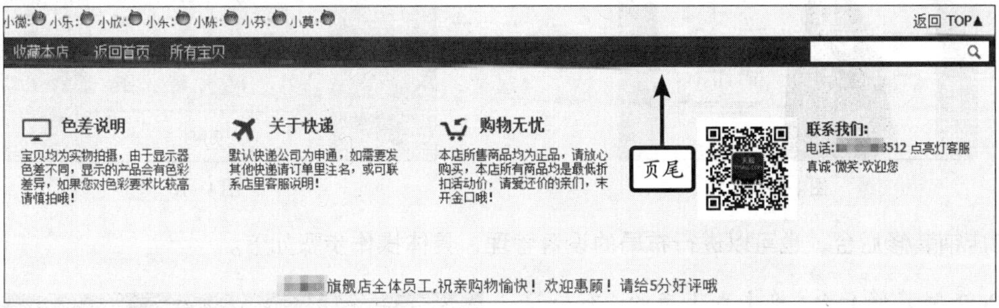

图4-8

4.2.3 店铺首页的整体布局

在设计店铺首页之前，一定要规划好其布局，下面通过一个案例来进行讲解。

第1步：确定店铺整体风格

店铺的整体风格，通常受品牌文化、商品信息、客户群体、市场环境、季节等多种因素控制。例如，店铺现在售卖的商品是高端定制女装，那么，对其进行分析可以大致了解，其客户群大多是女性白领，有一定经济实力，而且比较注重生活品质。所以，根据这一特点可以将店铺首页风格拟定为：简约、大气、优雅，如图4-9所示。

第2步：确定首页模块数量

这里我们确定首页模块数量为10个，分别为：店招、导航、海报轮播区、客服中心、分类导航、优惠券、新品专区、特价促销专区、热卖爆款专区、页尾部分。

第3步：根据模块数量及顺序，构建首页框架

可以先在白纸上手绘草图，再利用Photoshop、Dreamweaver等专业软件来进行设计，如图4-10所示。

图4-9

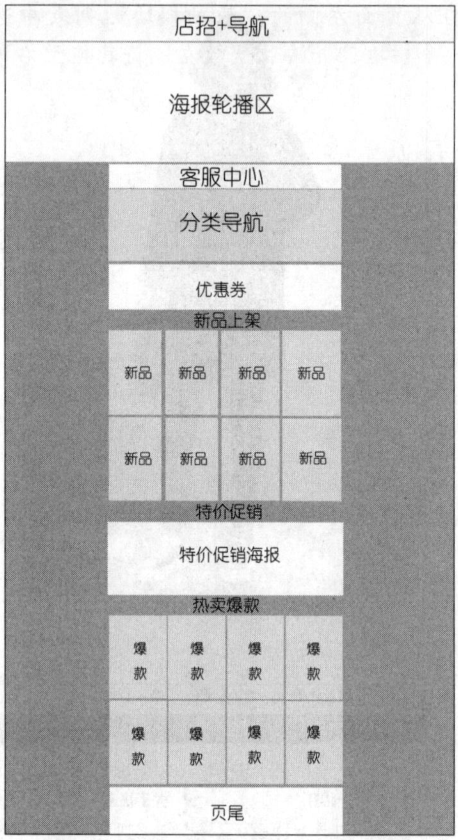

图4-10

在店铺装修后台，也可以进行布局的设置管理，具体操作步骤如下。

01 进入店铺装修后台，单击左上角的“布局管理”按钮（见图4-11），进入“布局管理”页面。

图4-11

02 单击“添加布局单元”按钮（见图4-12），弹出“布局管理”窗口。系统提供了3种不同的布局，如图4-13所示。

图4-12

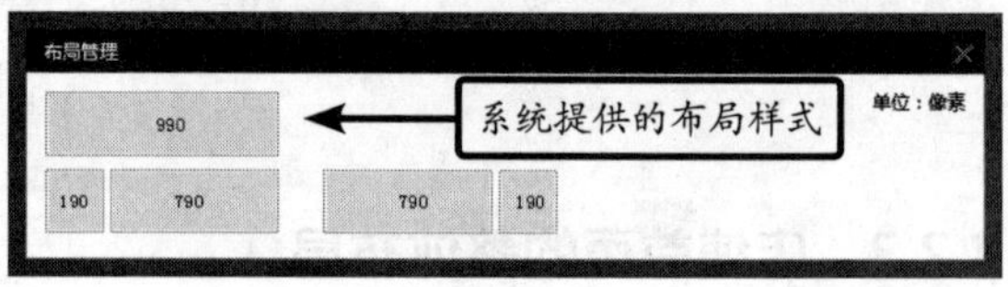

图4-13

03 选择其中的一个布局，如选择左下角的布局，则在图4-12中的“自定义内容区”模块下方显示出添加的布局，如图4-14所示。

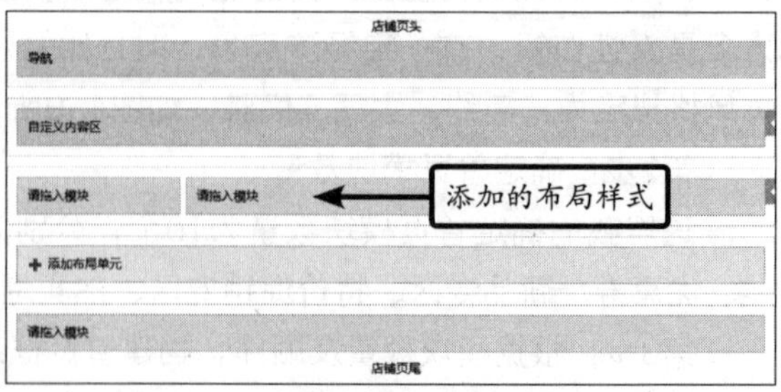

图4-14

04 在从页面左侧的“基础模块”列表中选择一个模块，并按住鼠标左键将其拖至右侧区域，即可快速添加模块，如图4-15所示。

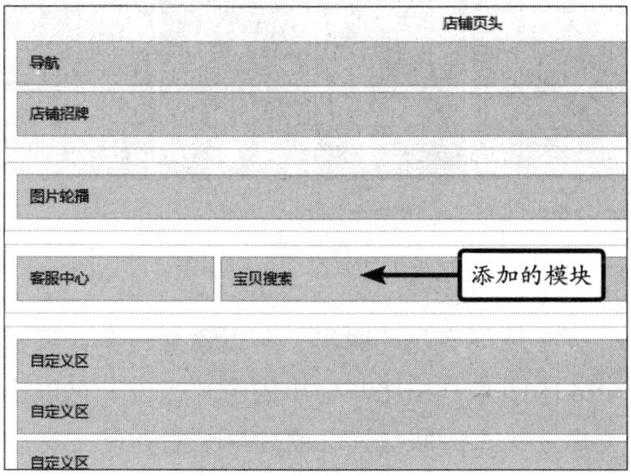

图4-15

第4步：确定店铺首页配色

除了布局的样式，颜色的配置对于首页的设计来说也非常重要。

一般来说，一个好的页面设计需要有60%的主色，30%的辅助色，加上10%的点缀色。在进入一个店铺首页时，首先会有一个大体的颜色感受。通俗一点讲，它是暖色系的，还是冷色系的，这个色系就是60%的主色调，主要用来渲染画面氛围；另外的30%是用来衬托主色调，保持画面的平衡；其余的10%是为了画龙点睛，激活画面，提升设计层次。

店铺首页的配色通常受品牌形象、产品类型、客户群体、季节等因素影响。这里我们根据之前定位的简约、大气、优雅的风格，选用深灰色作为主色调、白色作为辅助色，选择浅灰色作为点缀色，起到点睛之笔的作用，如图4-16所示。

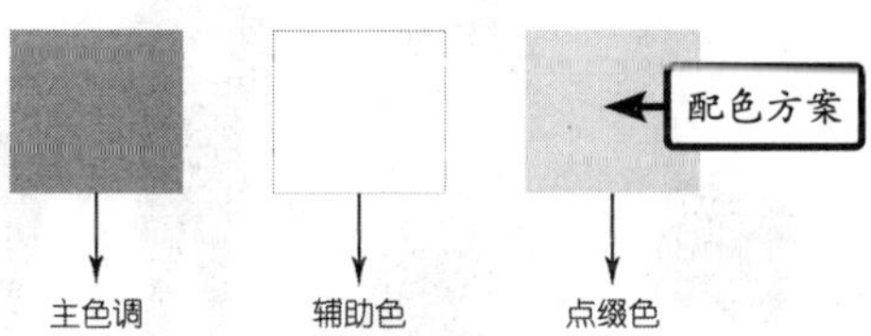

图4-16

第5步：确定店铺首页字体

因为是女装，所以最好选择温和优雅的字体。其中，中文字体可以选择为“幼圆”“微软雅黑”等，英文字体则可以选择常用的“Arial”，如图4-17所示。

图4-17

第6步：排版设计

第7步：定稿

第8步：上传至店铺页面中

至此，店铺首页的整体布局就全部完成。对于其中重要模块的设计下面将进行详细的讲解。

4.2.4 设计商品陈列区

从前面介绍的首页框架来看，大多数都是由店主自定义的商品陈列区，那么何为商品陈列呢？

商品陈列，是指以商品为主体，运用一定的艺术方法和技巧，借助一定的道具，将其有规律地摆设、展示出来，以便顾客购买。商品陈列是提高销售效率的重要宣传手段，合理地陈列商品可以起到展示商品、刺激销售、方便购买、节约空间、美化购物环境等各种重要作用。

和实体店重视商品陈列一样，网店也要重视关于商品陈列的一些细节。只有好的商品陈列，才能够吸引买家浏览的兴趣以及购买的欲望。

如图4-18所示，商品摆放过于紧凑杂乱，买家可能一看到这样的陈列就会失去继续浏览下去的兴趣。

图4-18

如图4-19所示，店主对商品陈列区的精心布置，使得页面生动有趣、简洁又不单调。相比之下，后者就会在视觉效果上增分不少。

图4-19

1. 设计技巧和原则

设计商品陈列区，可以遵循以下几个技巧和原则。

（1）统一背景

对于每个网店来说，商品的拍摄角度、颜色、款式等都做不到完全统一，这时，可以使用统一背景的方式来展示商品，如图4-20所示。

图4-20

如果背景不能统一的话，页面就会失去整洁、美观的效果，如图4-21所示。

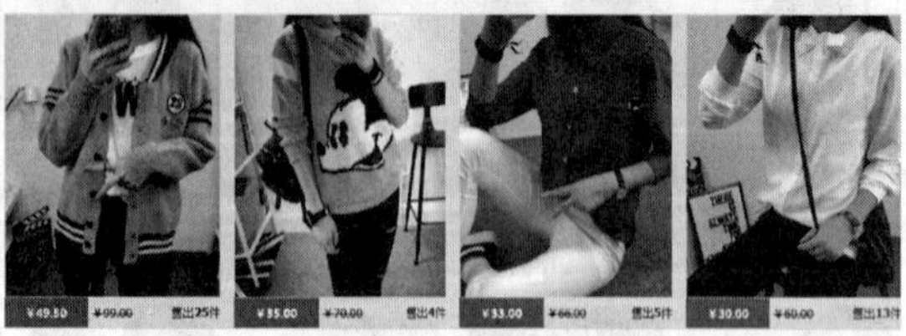

图4-21

这里所说的统一背景，最好选用浅一点的颜色，否则整个区域的视觉冲击力就会过强，导致没有重点，如图4-22所示。

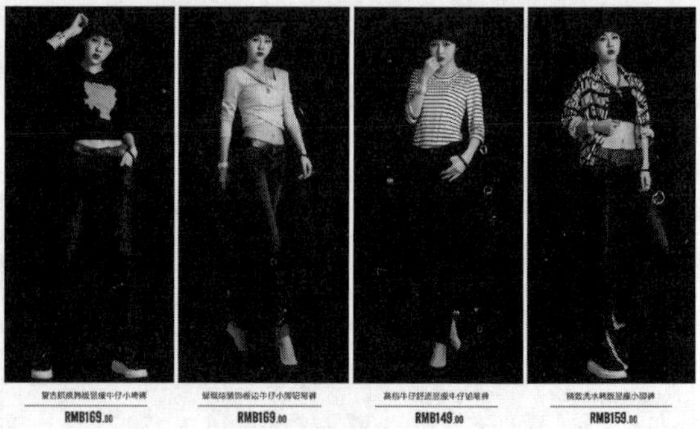

图4-22

（2）突出重点

在陈列商品的时候，可以添加一个或者两个大的图片，相比其他小的图片来说，可以迅速抓住买家的眼球，让整个陈列看起来主次分明，从而很好地展现出商品的核心竞争力，提升单品的转化率，如图4-23所示。

图4-23

（3）关联陈列

关联陈列是指在一个商品陈列区域中把相互之间有明显搭配关联的商品排列在一起，如图4-24所示。

图4-24

这样的搭配销售，可以激发买家的购买兴趣，在一定程度上还可以提高商品的连带率。

（4）标识模块

每个模块中展示的商品都同属一个类别，如新款商品、爆款商品、特价商品等，光是店主自己了解这些模块的区别还不够，还要让买家从这个模块浏览到下一个模块的时候能明确地区分。

针对这种情况，可以在每个模块之间划分出清晰的界限，通常用带标题的横条或不同的颜色块、图形化的展示区域来区别，如图4-25所示。

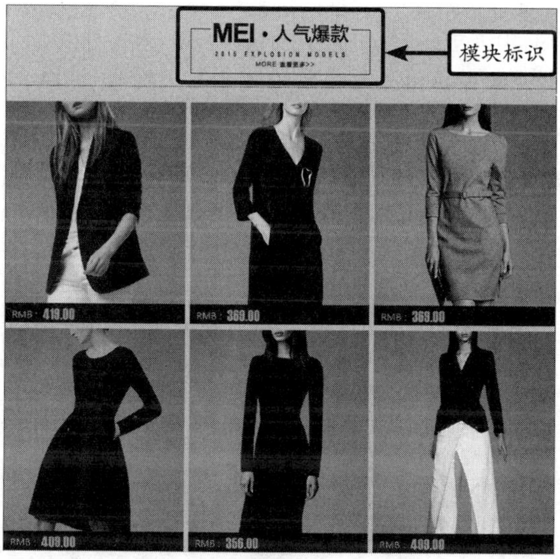

图4-25

（5）合理控制功能模块数量

功能模块，是指排列多款产品的展示区域，如很多店铺中出现的“新款上架”“热卖爆款”“掌柜推荐”等。这些模块的数量并非越多越好，太少会让买家觉得意犹未尽，甚至会因为翻看不到自己想要的商品而失望离开；太多则又会让人觉得冗繁、枯燥。

所以要合理地控制数量商品陈列图片，尤其是作为其他页面起点的店铺首页，它只是起到过渡的作用，真正要了解商品还是要去宝贝详情页进行详细查看。

（6）不轻易更改陈列布局

店铺页面的陈列布局一旦确定下来，最好不要轻易改动，因为这很可能会影响到老客户的浏览习惯。当然如果有更好的陈列布局方式，也是可以改动的。但是，一定要好好规划，然后持续地改动，让买家慢慢地适应，归结为一句话，就是要充分尊重客户体验。

2. 设计自定义陈列区

对于商品陈列，天猫店铺中有系统提供的“宝贝推荐”“橱窗推荐”等模块可以进行商品图片的自动排列，但是比较单调、死板，大多数店主都选择自主设计个性的商品陈列区。

自定义陈列区可以通过Photoshop软件和Dreamweaver软件来设计，具体操作步骤如下。

01 启动Photoshop CS6软件，按“Ctrl+N”组合键，新建一个990×500（像素）的名为“未标题-1”的文档，如图4-26所示。

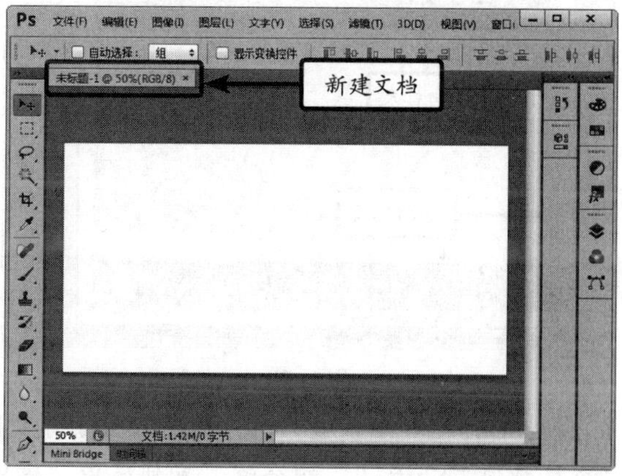

图4-26

02 按“Shift+F5”组合键，进行“填充”操作，弹出“填充”对话框。在“使用”下拉列表中选择“颜色”选项，如图4-27所示。

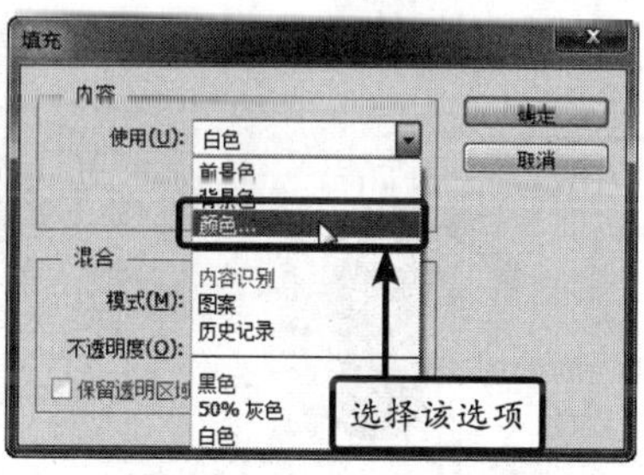

图4-27

03 弹出“拾色器（填充颜色）”对话框，拾取一种颜色作为背景填充颜色，如图4-28所示。

04 依次单击“确定”按钮，返回主界面，即可看到背景填充颜色的效果，如图4-29所示。

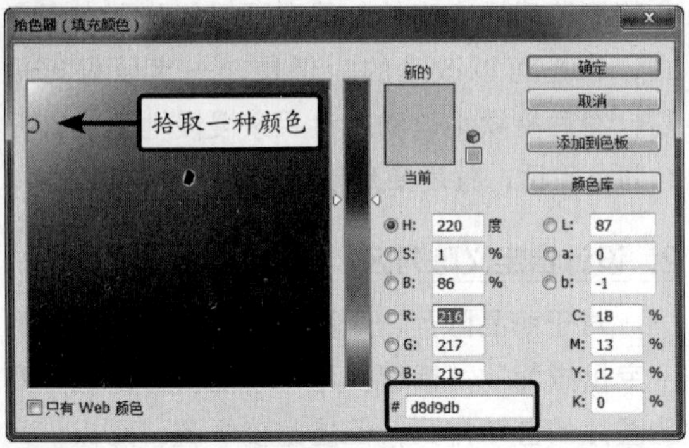

图4-28

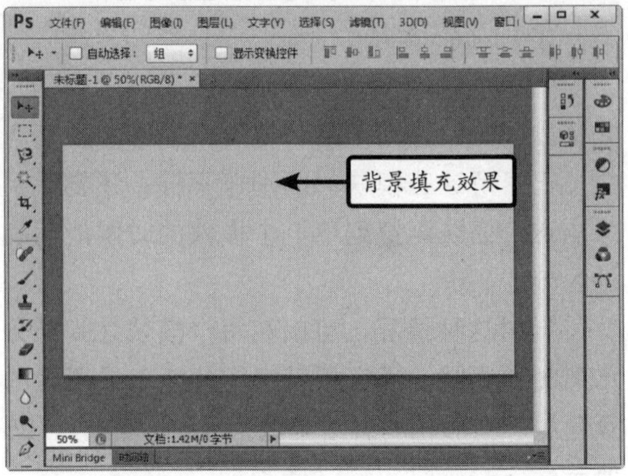

图4-29

05 按“Ctrl+R”组合键，显示“标尺”工具，如图4-30所示。

06 将鼠标指针指向标尺并单击左键将其拖至文档中，即可拉出陈列框架的参考线，效果如图4-31所示。

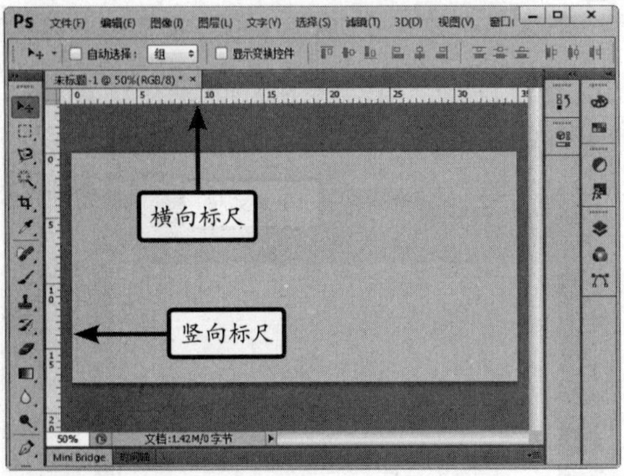

图4-30

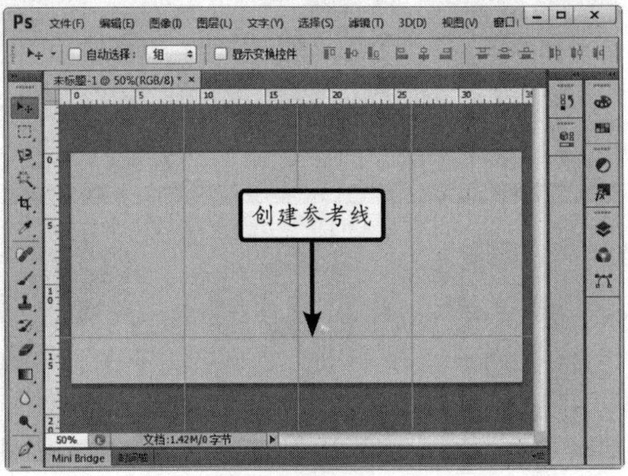

图4-31

07 按“Ctrl+O”组合键，打开需要放置于陈列区的4张素材图片，如图4-32所示。

08 持续按“Shift+L”组合键，直到选中“磁性套索工具”为止。然后沿着图片中的人物轮廓线单击并移动鼠标，即可将其选中，效果如图4-33所示。

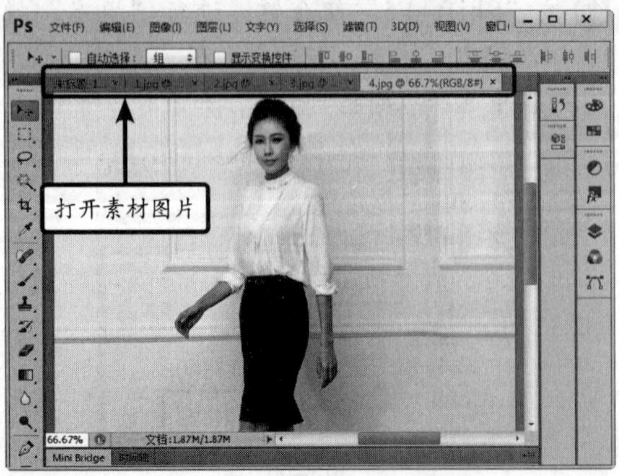

图4-32

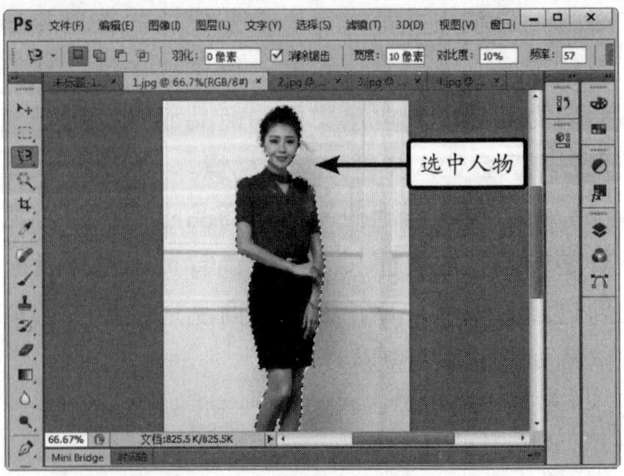

图4-33

(09) 按“V”键，启用移动工具。将人物部分移至“未标题-1”文档中，按“Ctrl+T”组合键调整合适的大小，并将其移至参考线分割的矩形框中，效果如图4-34所示。

(10) 按同样的方法将其他素材图片移至参考线内，效果如图4-35所示。

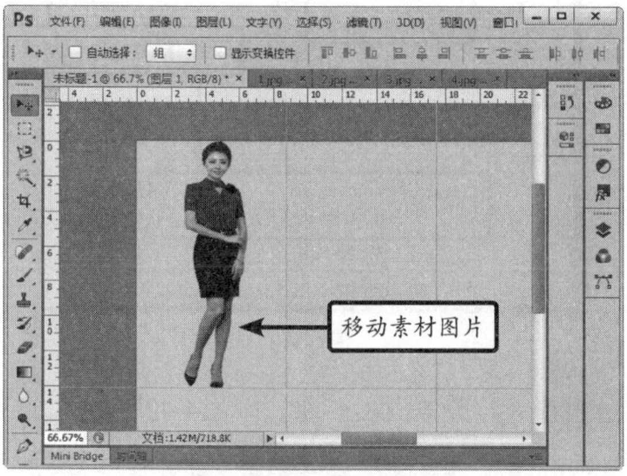

图4−34

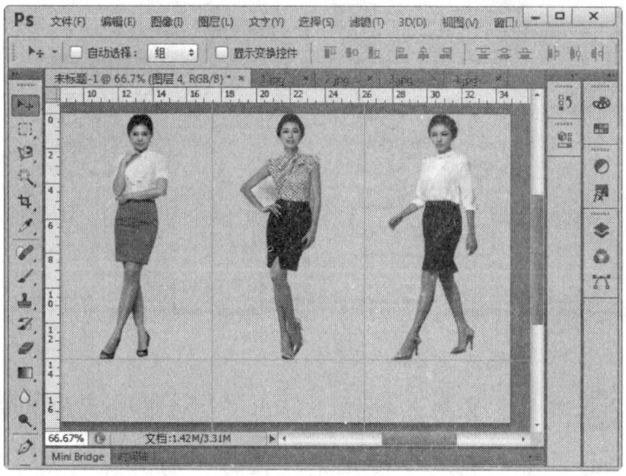
图4−35

(11) 按“T”键，启用横排文字工具。在图片下方的参考线内输入商品名称和价格，并设置其字体为“幼圆”、字号为“20点”、颜色为“黑色”，效果如图4-36所示。

(12) 持续按“Shift+C”组合键，直到选中“切片工具”为止。然后在文档中拖动鼠标左键切分出4个区域，效果如图4-37所示。

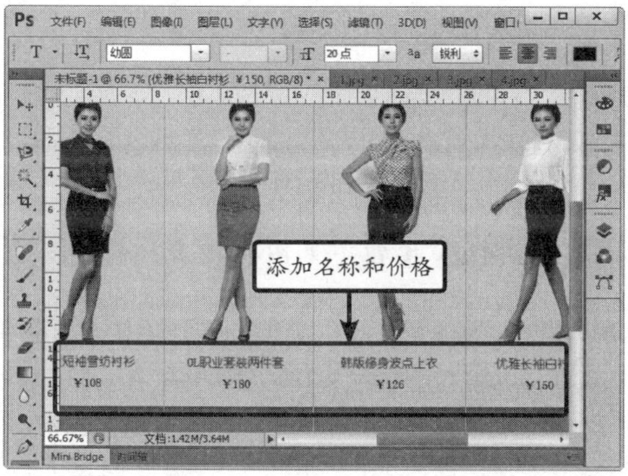

图4−36

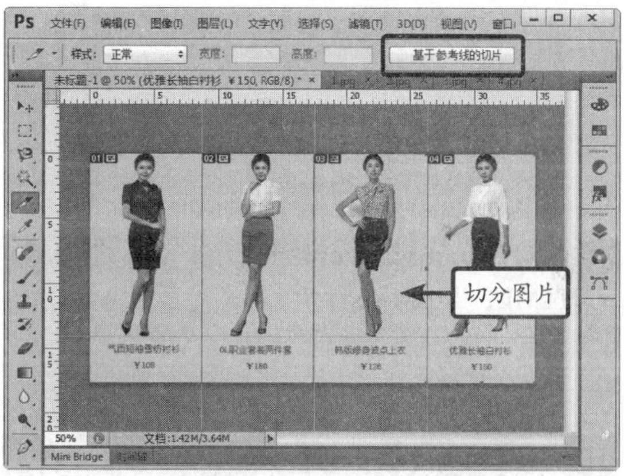

图4−37

提 示

切片的目的是为了接下来给每个商品的图片添加链接，可能有人会问为什么不直接在Dreamweaver软件中通过在一整张图片中添加热区的方法来添加链接呢？这是因为图片过大会导致网页浏览速度降低，消磨买家的耐心，而将图片切片之后，就会避免出现这样的问题。

(13) 按“Alt+Shift+Ctrl+S”组合键，弹出“存储为Web所用格式”对话框，然后单击“存储”按钮，如图4-38所示。

(14) 弹出“将优化结果存储为”对话框，设置保存路径、保存名称和格式，如图4-39所示。

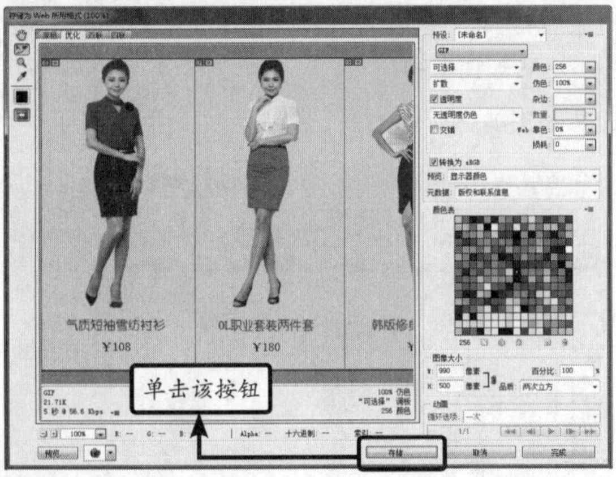

图4-38

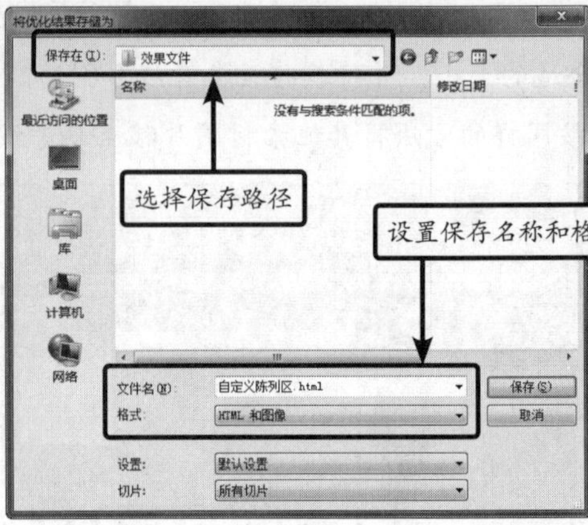

图4-39

⑮ 单击“保存”按钮，弹出““Adobe存储为Web所用格式’警告”对话框，如图4-40所示。

⑯ 单击“确定”按钮完成操作，打开保存路径的文件夹，即可看到得到的两个文件（见图4-41）。将“images”文件夹中的4张图片上传至图片空间中，后面需要复制这些图片的链接。

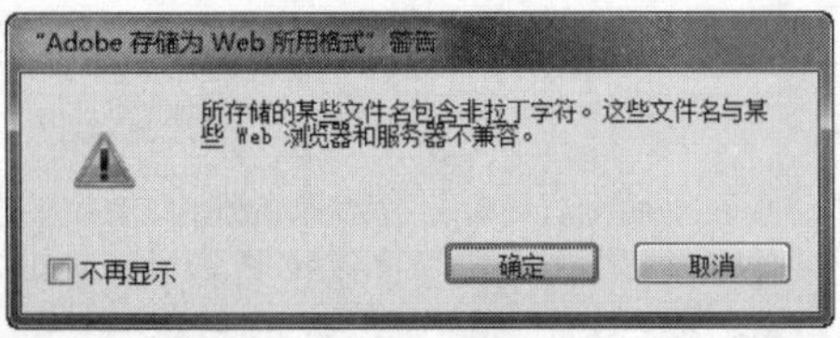

图4-40

图4-41

⑰ 启动Dreamweaver软件，在“新建”栏中单击“HTML”按钮（见图4-42），新建一个HTML，如图4-43所示。

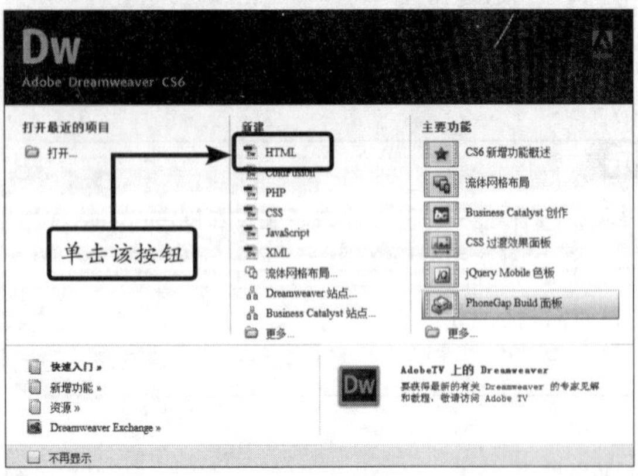

图4-42

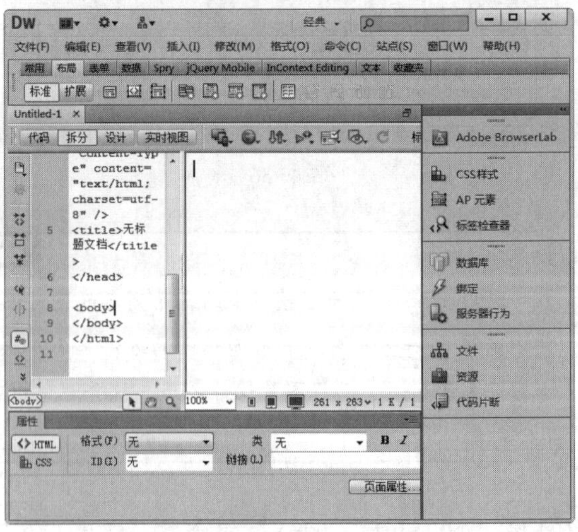

图4-43

⑱ 切换至图4-41所示的文件夹中，双击打开保存的HTML文件，单击鼠标右键，在弹出的快捷菜单中选择“查看源”命令（见图4-44），弹出图4-45所示的记事本。

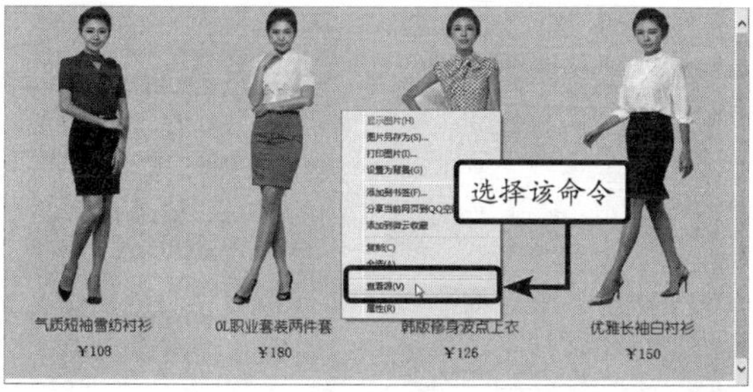

图4-44

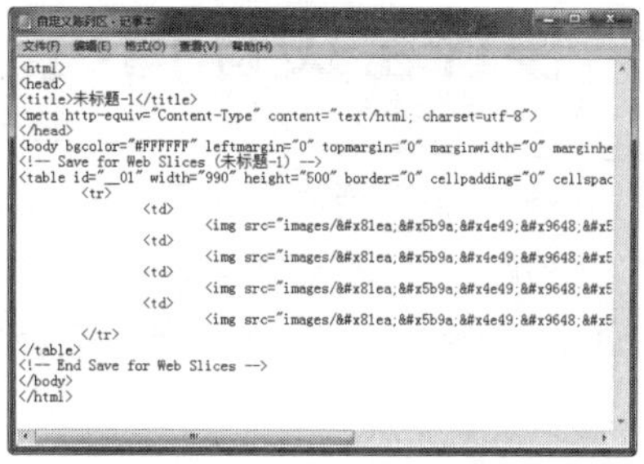

图4-45

⑲ 按“Ctrl+A”组合键选中记事本中的所有代码，然后将其复制。再切换回Dreamweaver软件中，将“拆分”选项卡下的左侧栏中的原有代码全部删除，粘贴刚复制的代码，如图4-46所示。

⑳ 单击第1个切片位置，在其下方“属性”面板中的“源文件”文本框中粘贴上从图片空间中复制的第1个商品图片的链接，即可显示出第1张图片；在“链接”文本框中粘贴上宝贝的链接，效果如图4-47所示。

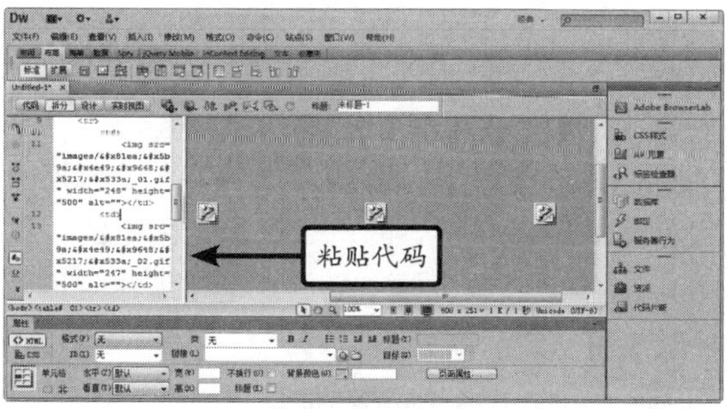

图4-46

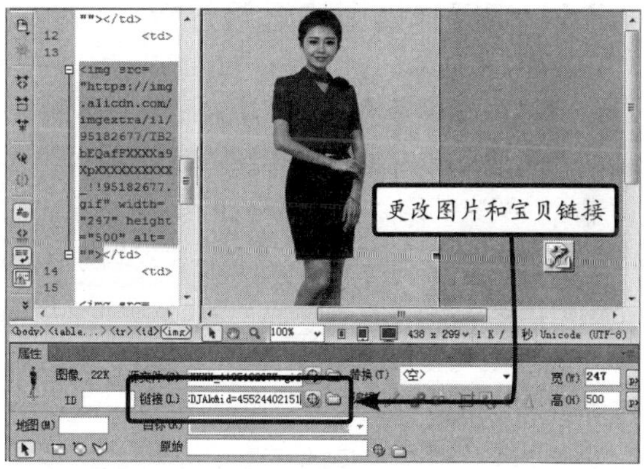

图4-47

㉑ 按相同的方法添加其他图片链接和宝贝链接，效果如图4-48所示。

㉒ 复制左侧栏中的所有代码，然后进入店铺装修页面，在自定义模块中粘贴该代码，即可看到自定义的商品陈列效果，如图4-49所示。

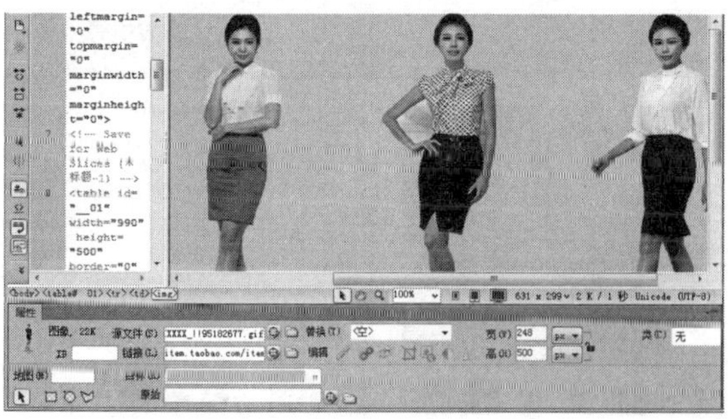

图4-48

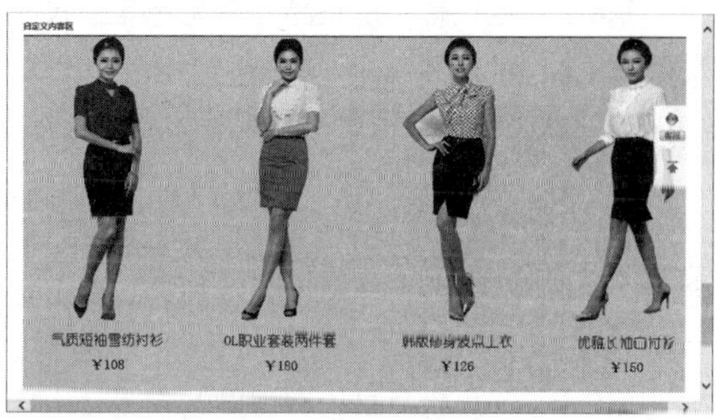

图4-49

提　示

除了商品陈列区，店铺首页还有其他一些重要的模块可以自定义设计，如导航条、商品分类区等，具体设计方法在第5章中会详细介绍。

4.3 设计宝贝详情页

店铺装修中除了首页，还有一个比较重要的页面，那就是宝贝详情页。该页面又称为宝贝描述页，是详细介绍和展示产品细节与优势的页面。

宝贝详情页是提高转化率的入口，可以激发买家的消费欲望。买家喜不喜欢这个宝贝、是否愿意在你的店里购买，关键取决于宝贝的详情页，绝大多数订单都是在看过宝贝详情页后生成的，可见宝贝详情页的重要性。

4.3.1 宝贝详情页的框架分析

在确定宝贝详情页的框架之前，要了解买家需要在该页面中了解到哪些信息。以女装店铺来看，买家的购物心理过程如下。

第1步：宝贝的风格、样式等是否喜欢？这是第一印象！

关注点：宝贝的整体展示（摆拍、模特展示等）

第2步：细看宝贝的质量好不好、功能全不全？

关注点：细节展示、功能展示、品牌展示

第3步：宝贝是否适合我？

关注点：功能展示、尺码规格

第4步：宝贝是不是正品？有无色差？尺码是否偏差？

关注点：品牌、销量、买家评论

第5步：宝贝价格有无优惠？

关注点：活动促销信息（打折、满减、组合价、会员价）、优惠信息（是否包邮、有无优惠券）

第6步：宝贝售后是否有保障？

关注点：售后保障（退换货、保修等）

根据以上6个步骤，可以按图4-50所示的框架来设计天猫店铺中的宝贝详情页。

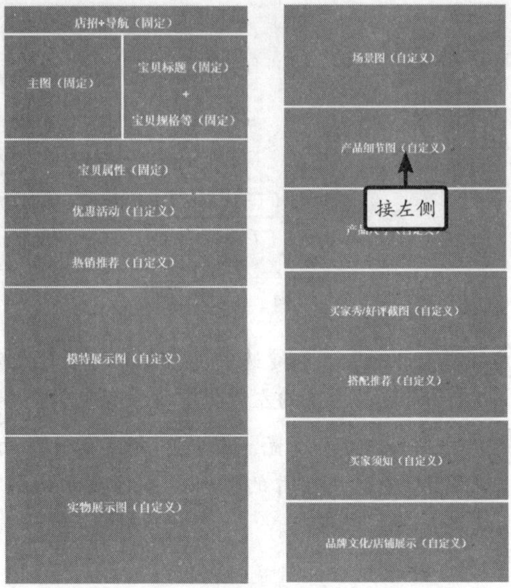

图4-50

（1）页头+主图+宝贝标题+宝贝规格+宝贝属性

该区域属于固定区域，是每个天猫店铺的宝贝详情页都必须有的，且位置是固定的，如图4-51所示（该区域中的信息是在编辑宝贝时按照系统给定的格式填写的）。

（2）优惠活动+热销推荐

在宝贝详情页中添加优惠活动，对浏览的访客来说具有很强的吸引力；而热销推荐，通过推荐店铺中一些销量较好的商品，有助于提升买家的信任度，增强其购买欲，如图4-52所示。

图4-51

图4-52

（3）模特展示图

模特展示图可以给买家一个好的客户体验，通过模特多方面的展示，买家可以在自己的脑海中想象一下自己穿上这件衣服的样子，从而了解自己对宝贝的风格、样式等是否喜欢。这就是前面所说的第一印象，如图4-53所示。

（4）实物展示图

实物展示图是将商品实物按照多个角度展示出来，如正面、侧面、背面，如图4-54所示。

图4-53

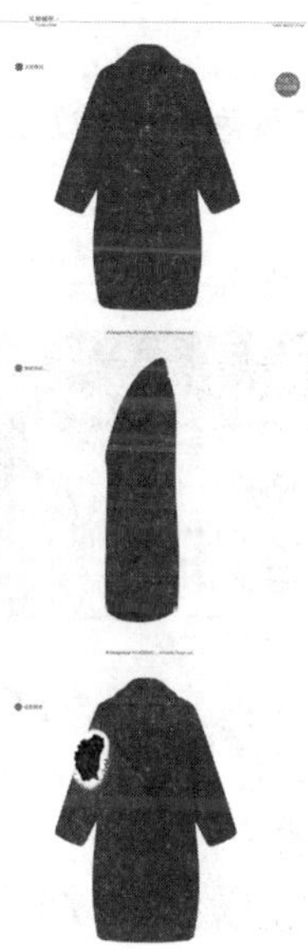

图4-54

（5）场景图

场景图就是在不同场景中展示的商品图片，其作用是引起视觉上的美感，让买家了解到自己在现实生活中是否适合，如图4-55所示。

（6）产品细节图

产品细节图的作用是展示商品的材料、做工、质量等细节之处，有助于买家更加了解商品，如图4-56所示。

（7）产品尺寸

在宝贝详情页里列出产品的尺寸信息是很有必要的，特别是女装店铺，买家可以针对列出的尺寸选择自己相应的尺码，这样会大大减小因尺寸不合适造成的后续不必要的麻烦，如图4-57所示。

图4-55

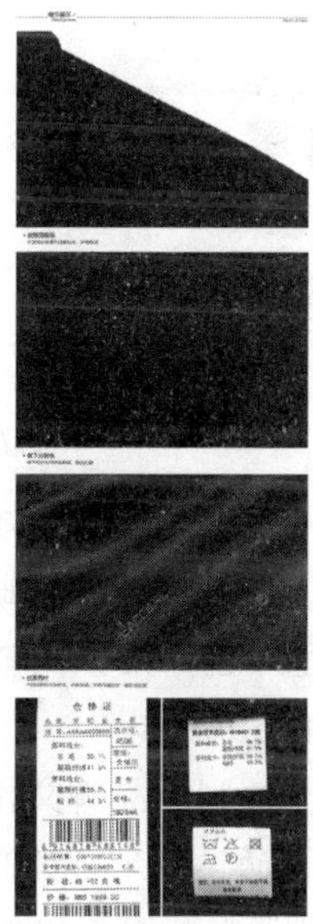

图4-56

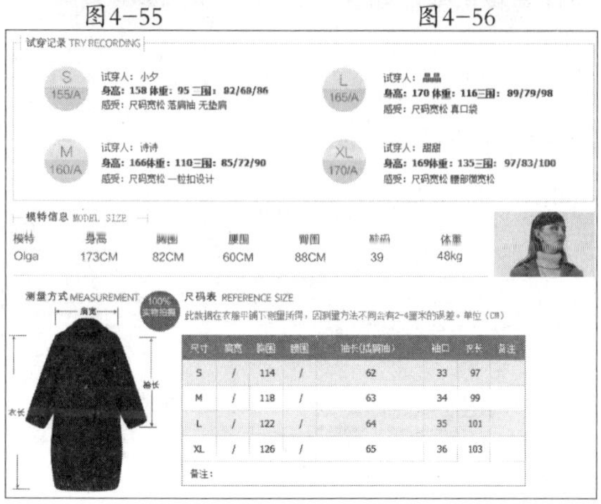

图4-57

（8）买家秀/好评截图

买家秀/好评截图是将买家购买商品后上传的图片以及给出的好评在宝贝详情页进行统一展示，有助于增强买家的好感和信任度，如图4-58所示。

（9）搭配推荐

通过搭配一些店里的其他商品，如裤子、打底衫等，既可以提高买家的体验度，还能够对其他产品起到关联销售的作用，如图4-59所示。

图4-58

图4-59

（10）买家须知

这里主要介绍邮费、发货、退换货、尺码、色差等容易造成纠纷的问题，在每个宝贝的详情页面中都添加该内容，是为了让买家在购买商品之前做好充分了解，从而降低店铺的差评率，如图4-60所示。

（11）品牌文化/店铺展示

通过展示店铺的品牌文化以及实体店面，可以提高买家对店铺及品牌的认可度和信任度，进而提高转化率，如图4-61所示。

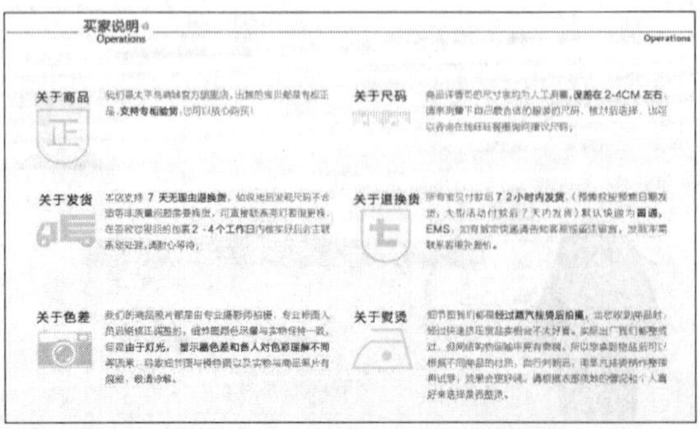

图4-60

图4-61

提 示

以上内容可以根据店铺的需要进行添加，除此以外，还可以添加“产品包装”“同类型商品对比”“联系方式”等内容。

注意：宝贝描述并非越长越好，重要的是要有吸引力！

4.3.2 设计宝贝描述模板第1步：制作模板JPEG图片

在上传宝贝的时候会发现，所有宝贝都可以使用同一个宝贝描述模板来描述。除了在官方模板市场中购买模板外，还可以根据需要自己设计一个独一无二的宝贝描述模板。具体可以通过Photoshop软件和Dreamweaver软件来设计，操作步骤如下。

1. 制作模板JPEG图片

01 启动Photoshop CS6软件，按“Ctrl+N”组合键，新建一个790×1000（像素）的名为“未标题-1”的文档，如图4-62所示。

02 按“Ctrl+O”组合键，打开素材图片，如图4-63所示。

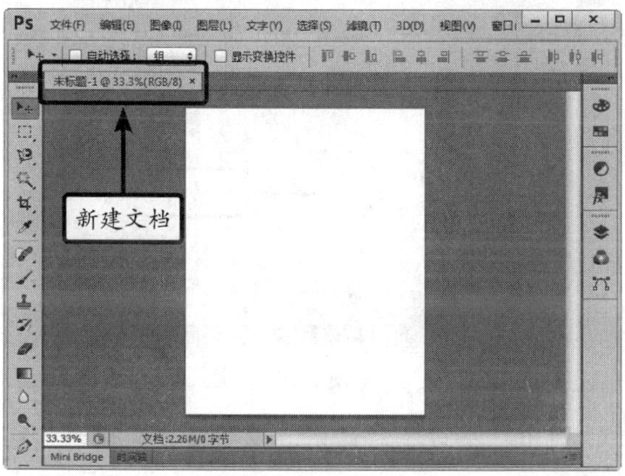

图4-62

图4-63

提 示

天猫店铺无侧栏时页面宽度为990像素，有侧栏则页面宽度为790像素，高度不限，根据实际需要来定（也不需要太长，下文会提到原因）。

03 按“V”键，启用矩形工具。将该素材图移至“未标题-1”的文档中，按“Ctrl+T”组合键，进行“自由变换”操作，将其调至合适的大小和位置，效果如图4-64所示。

04 切换至“背景”图层，按“Ctrl+A”组合键，选中整个背景图层。按“Shift+F5”组合键，进行“填充”操作，弹出“填充”对话框。在“使用”下拉列表中选择“颜色”选项，如图4-65所示。

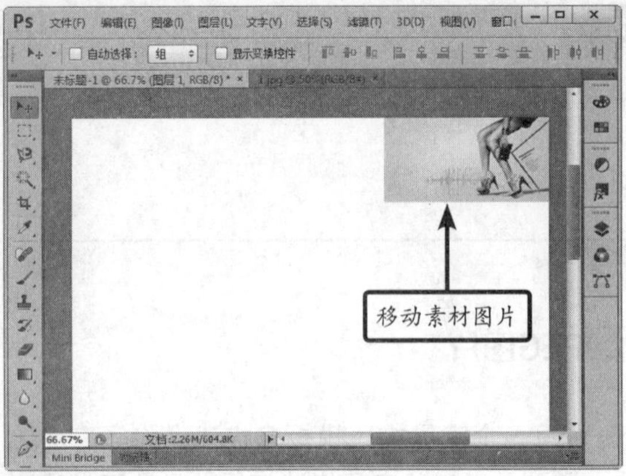

图4-64

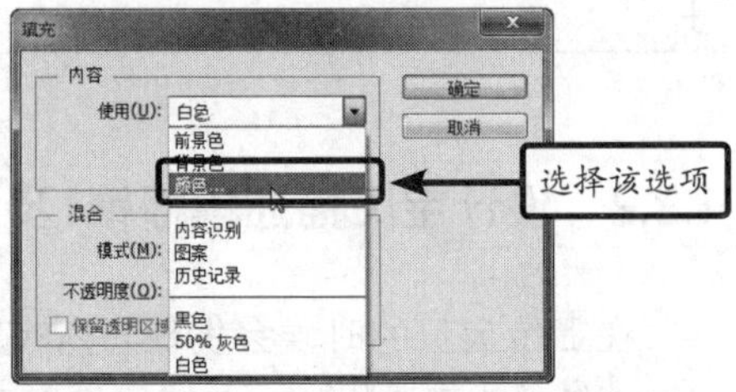

图4-65

05 弹出“拾色器（填充颜色）”对话框，将鼠标指针移至素材图片边缘吸取颜色作为背景填充颜色，如图4-66所示。

06 依次单击“确定”按钮，返回主界面，即可看到背景填充颜色的效果，如图4-67所示。

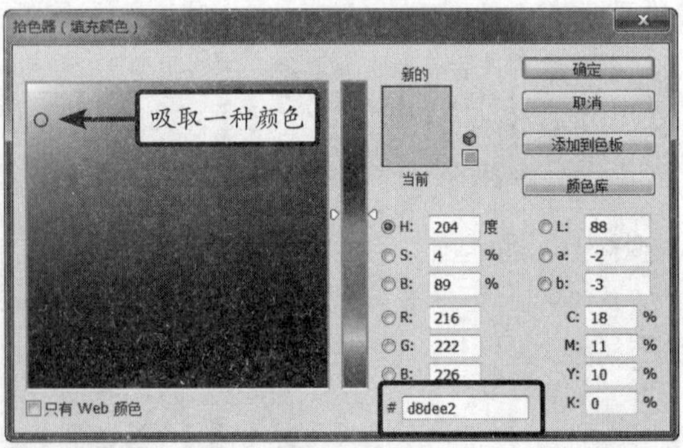

图4-66

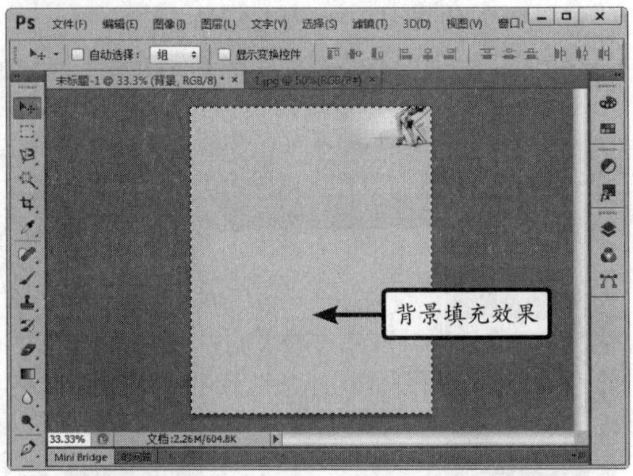

图4-67

07 选择“编辑”→“描边”菜单命令（见图4-68），弹出“描边”对话框，设置描边宽度为“10像素”、描边颜色为“白色”（#ffffff），如图4-69所示。

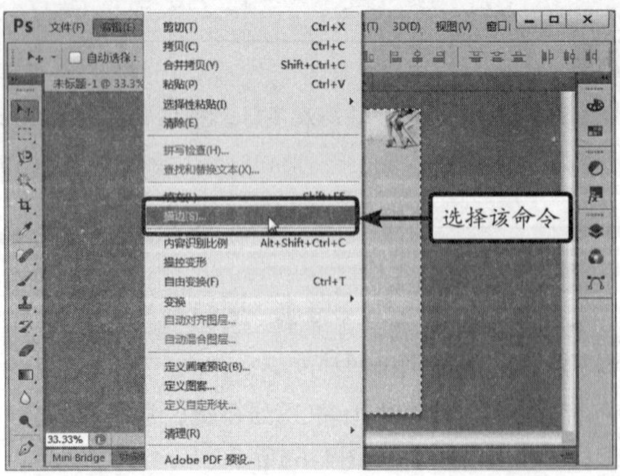

图4-68

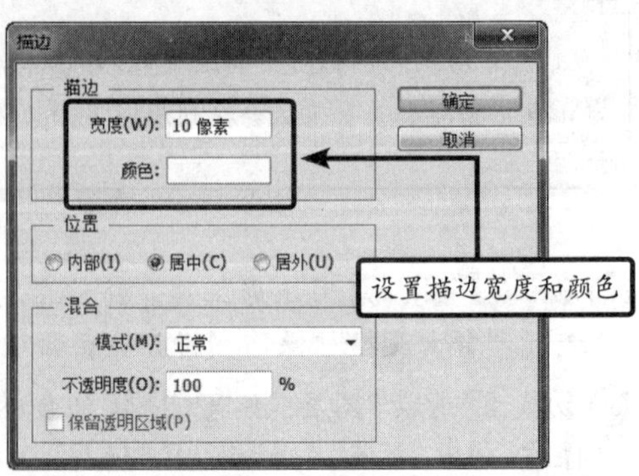

图4-69

08 切换至“图层1”图层，按“U”键，启用矩形工具。在文档的顶部绘制一个矩形，并设置其描边宽度为“5点”、描边颜色为“白色”，效果如图4-70所示。

09 按“T”键，启用横排文字工具。在矩形内输入文字，并设置其字体为“Engraves MT”、字号为“30点”、颜色为“75%灰色”（#626262），效果如图4-71所示。

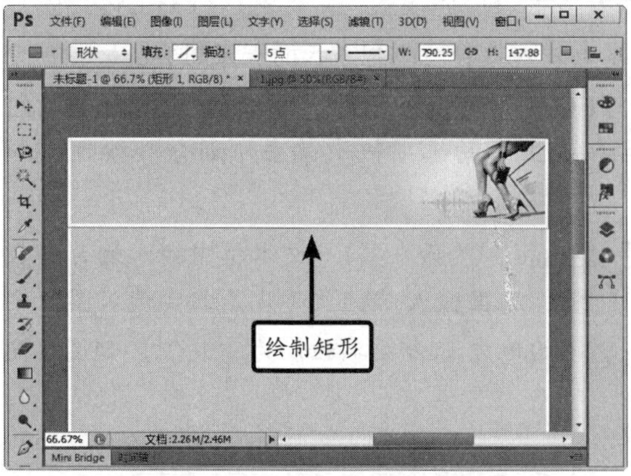

图4-70

图4-71

10 继续在矩形下方输入文字，并设置其字体为“微软雅黑”、字号为“24点”、颜色为“75%灰色”（#626262），效果如图4-72所示。

11 持续按“Shift+U”组合键，直到选中“直线工具”为止。然后在刚输入的文字左侧和右侧分别绘制一条直线，并设置填充颜色和描边颜色均为“75%灰色”、描边宽度“10点”，效果如图4-73所示。

图4-72

图4-73

12 按照同样的方法输入其他文字和形状，效果如图4-74所示。

13 按“Shift+Ctrl+S”组合键，将其存储为JPG或JPEG格式的图片。

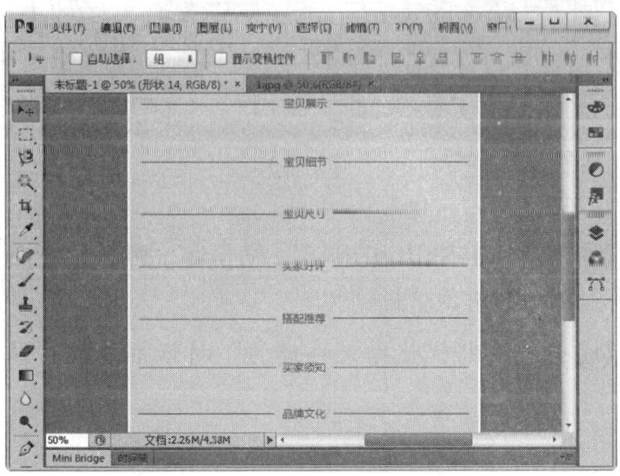

图4-74

4.3.3 设计宝贝描述模板第2步：模板切片

为了打开网页时加快模板显示出来的速度，需要将宝贝描述模版切片，然后分别上传到图片空间中，这样就会大大减少页面打开的时间，使买家不会因为等待时间太长而失去耐心。

01 重新在Photoshop CS6软件中打开刚才保存的JPEG格式的模板图片，持续按“Shift+C”组合键，直到选中“切片选择工具”为止。然后在左上角的选项板中单击“划分”按钮，如图4-75所示。

02 弹出“划分切片”对话框，选中“水平划分为”复选框，然后在第1个文本框中输入切片的数量，这里输入“15”（凡是需要放入图片文字的地方都必须单独切为一片），如图4-76所示。

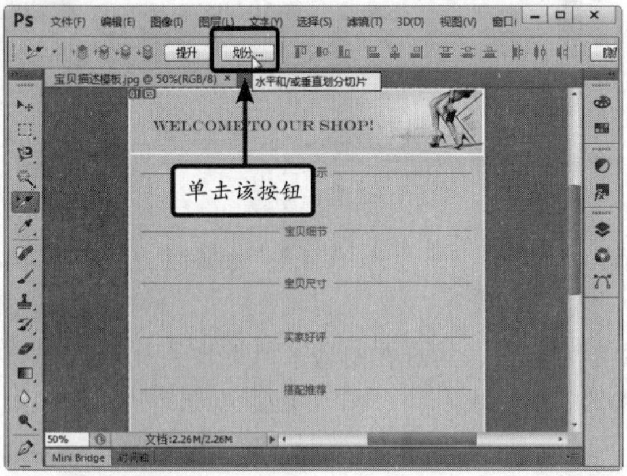

图4-75

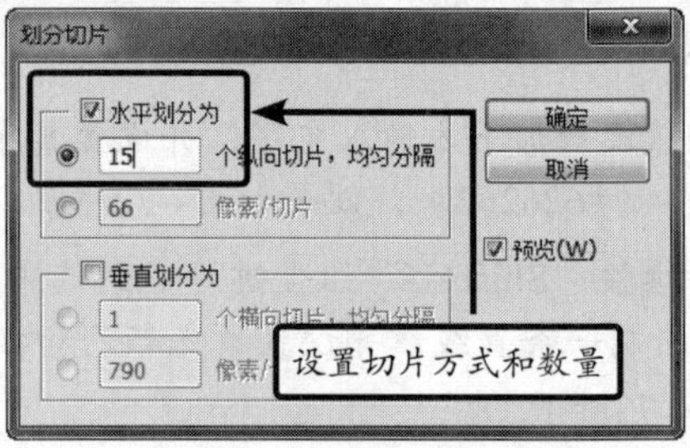

图4-76

03 单击“确定”按钮返回主界面，即可显示出指定数量的切片，如图4-77所示。

04 将鼠标指针指向切片处，即可显示出双向箭头。按住鼠标左键进行拖动，即可将切割线调整到适当的位置，效果如图4-78所示。

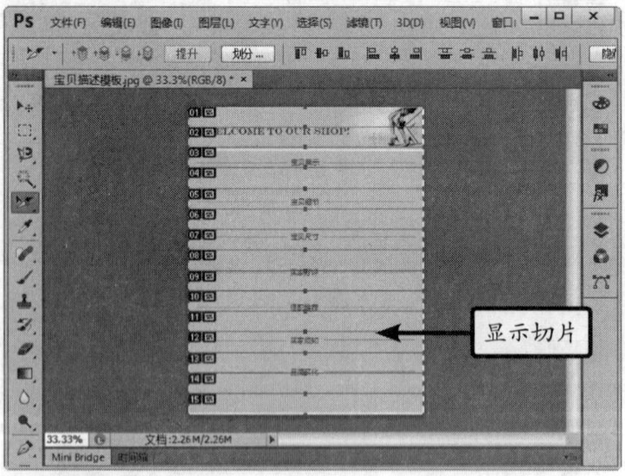

图4-77

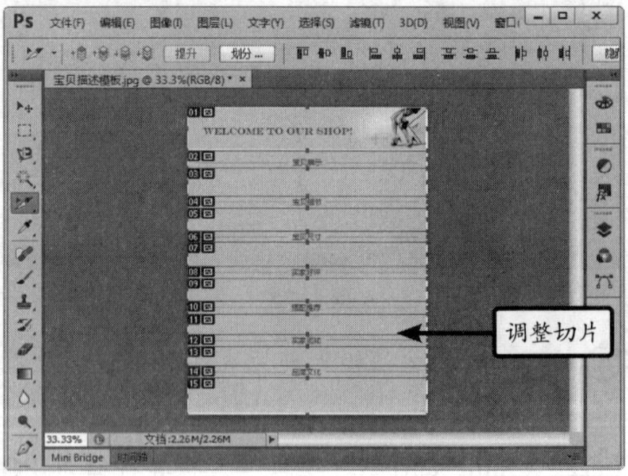

图4-78

05 按“Alt+Shift+Ctrl+S”组合键，弹出“存储为Web所用格式”对话框，单击“存储”按钮，如图4-79所示。

06 弹出“将优化结果存储为”对话框，设置保存路径、保存名称和格式，如图4-80所示。

图4-79

图4-80

07 单击“保存”按钮，弹出“‘Adobe存储为Web所用格式’警告”对话框，如图4-81所示。

08 单击“确定”按钮完成操作，打开保存路径的文件夹，即可看到得到的两个文件（见图4-82）。将“images”文件夹中的所有图片上传至图片空间中，后面需要复制这些图片的链接。

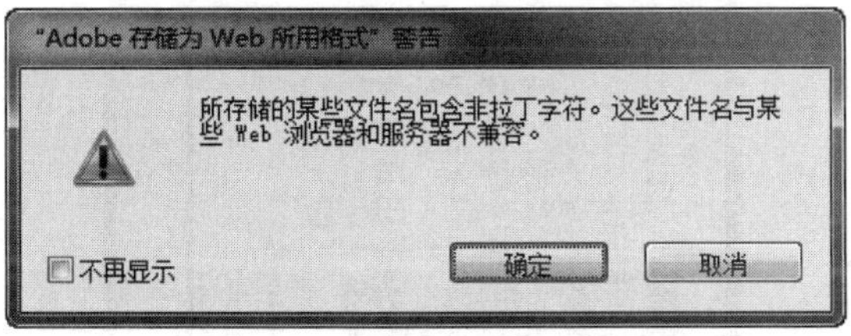

图4-81

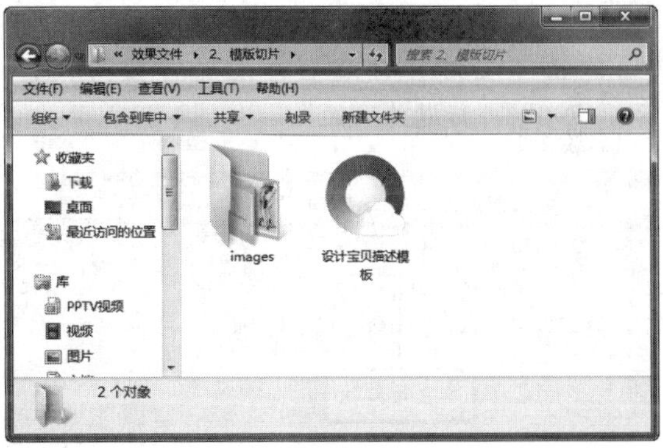

图4-82

4.3.4 设计宝贝描述模板第3步：将模板图片转换为代码

01 启动Dreamweaver软件，在“打开最近的项目”栏中单击“打开”按钮，如图4-83所示。

02 弹出“打开”对话框，找到并选中之前保存的html文件，如图4-84所示。

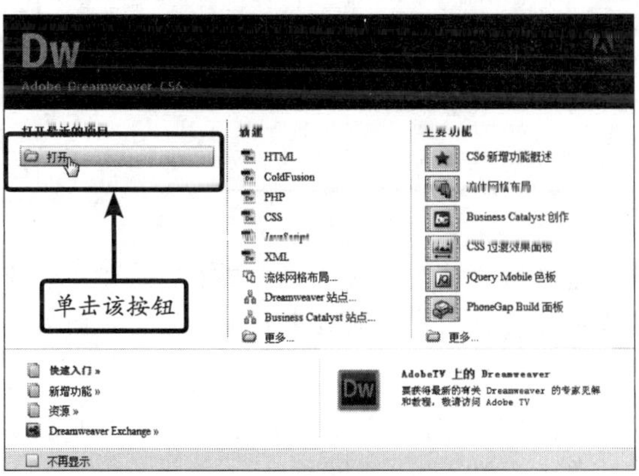

图4-83

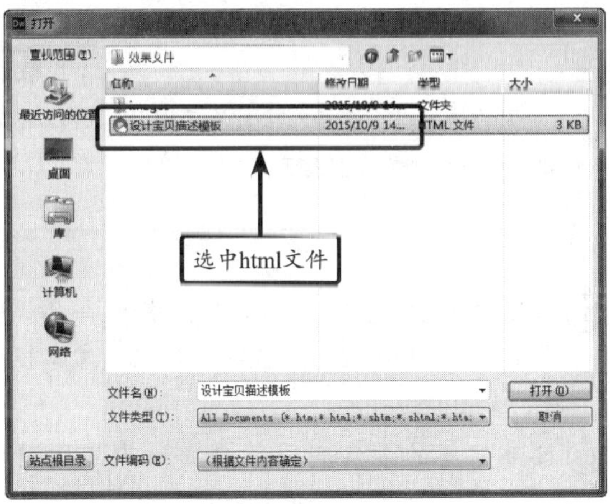

图4-84

03 单击“打开”按钮，将该文件打开，如图4-85所示。

04 切换至“设计”标签，单击“宝贝展示”下的切片图，记住界面下方“属性”选项板中的“宽”和“高”值，如图4-86所示。

图4-85

图4-86

05 按“Delete”键将切片图删除，然后在界面上方单击表格按钮，如图4-87所示。

06 弹出“表格”对话框，设置行数为“1”、列数为“1”、表格宽度为图4-86中的宽度“790”、标题为“无”，如图4-88所示。

图4-87

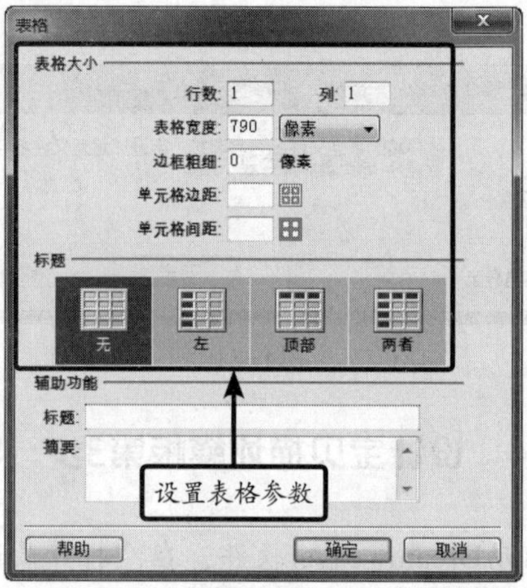

图4-88

提 示

因为这里以后要插入宝贝展示图片，所以需要将其转换成表格形式，这样不管插入的图片多大，表格都会像一张画布一样撑开。

07 单击“确定”按钮，即可插入表格。在“属性”选项板中设置“宽”为“790”、“高”为“88”（见图4-86），并在“链接”文本框中粘贴从图片空间中复制过来的相应的切片图的链接，如图4-89所示。

08 按照同样的方法删除“宝贝细节”“宝贝尺寸”“买家好评”“搭配推荐”“买家须知”“品牌文化”下的切片图，并插入相应尺寸的表格，效果如图4-90所示。

图4−89

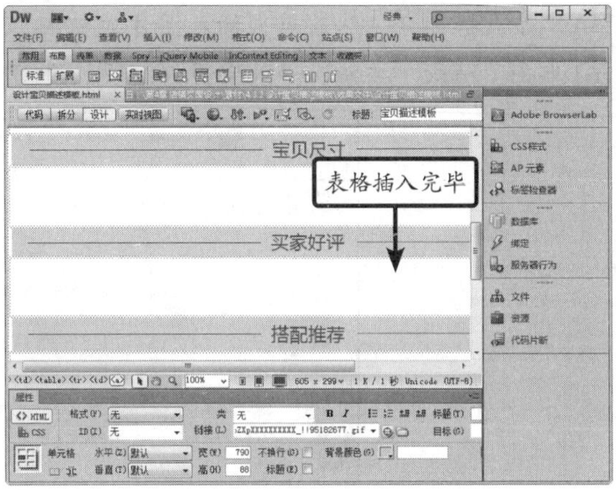

图4−90

09 将其余切片图的“源文件”全部换为图片空间中相应的切片图链接，效果如图4-91所示。

10 切换至“代码”标签，按“Ctrl+A”组合键选中所有代码，然后按“Ctrl+C”组合键将其复制，如图4-92所示。

图4−91

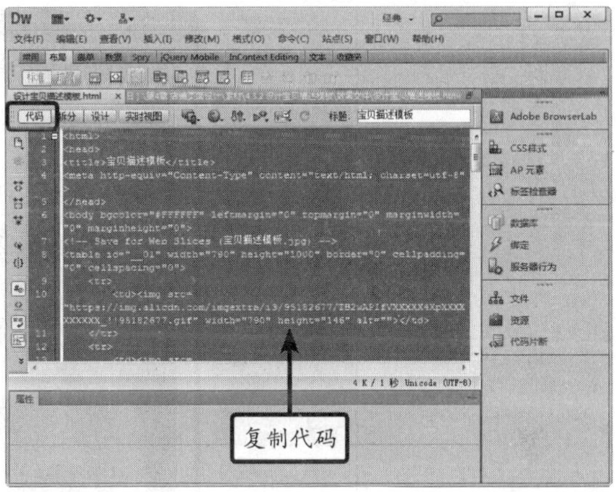

图4−92

11 进入发布宝贝页面，在“宝贝描述”命令列表框中单击源码按钮，然后按“Ctrl+V”组合键粘贴刚复制的代码，如图4-93所示。

12 再次单击源码按钮，即可看到切片图片，如图4-94所示。

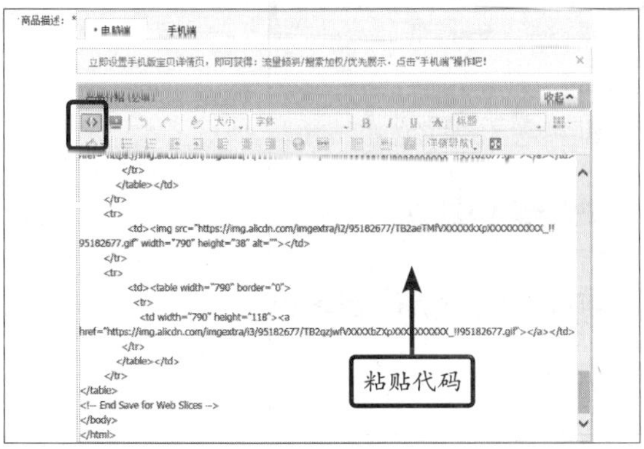

图4−93

图4−94

⑬ 单击表格部分，然后单击插入图片按钮，插入多张宝贝图片。

⑭ 单击“确认”按钮，进入宝贝详情页，即可看到宝贝描述模板的效果图，如图4-95所示。

图4-95

第5章　店铺细节设计

除了商品图片的处理和店铺整体页面布局的设计，店铺的细节设计也非常重要。如店标、店招、导航条、宝贝分类的设计等，不仅体现了一个店铺的专业性，也能够让买家感受到店主的用心。所以，店铺细节处理得好不好，也是决定买家对店铺印象好坏的关键。

5.1　店标设计

在网店装修中，店标设计也是相当重要的一部分。店标是一个网店的最基础标志，对于吸引买家有着关键的“第一印象”的作用。其作用是利用一种独特的设计，将店铺的名称、经营的商品类型，以及店铺的风格、经营理念等信息传达给买家。

买家在逛天猫商城时，可以在很多位置看到店铺的店标。如图5-1、图5-2所示，分别为搜索、收藏店铺时显示的店标。

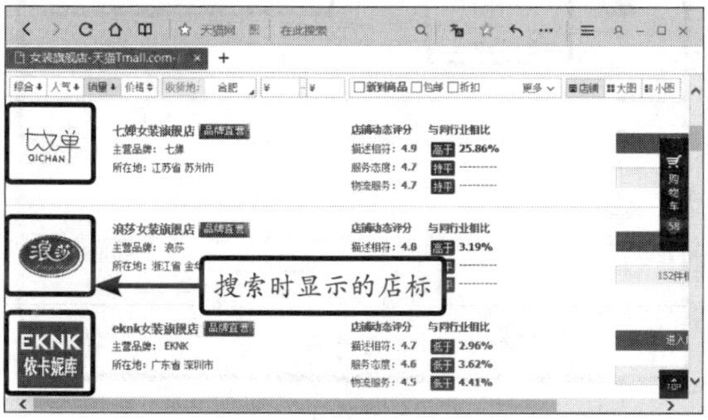

图5-1

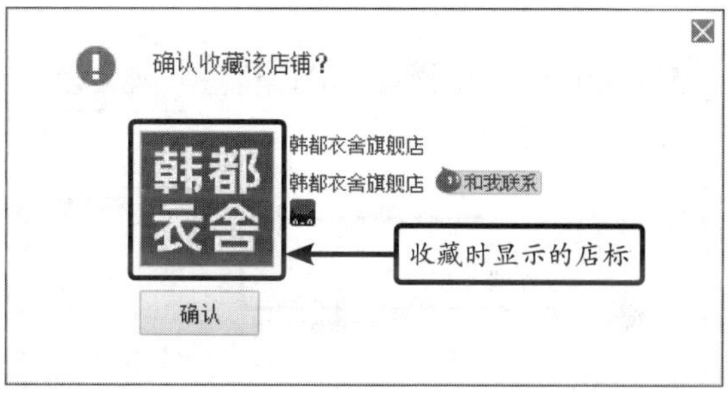

图5-2

5.1.1　设计静态店标

店标通常分为“静态店标”和“动态店标”两种。其中，静态店标一般由文字和图案构成，主要分为3种：文字标志、图案标志、组合标志。

文字标志：以文字、拼音或字母单独或者组合构成，比较简单明了，如图5-3所示。

图案标志：仅用图案构成，比较形象生动，且不受语言限制。但因为没有名称，因此表意又不如文字标志准确，如图5-4所示。

组合标志：就是把文字和图案组合而成的标志。这种标志发挥了文字及图案标志的优点，图文并茂，形象生动，又易于识别，如图5-5所示。

图5-3

图5-4

图5-5

下面使用Photoshop制作一个“组合标志”的静态网店店标，具体操作步骤如下。

01 启动Photoshop CS6软件，打开主界面，如图5-6所示。

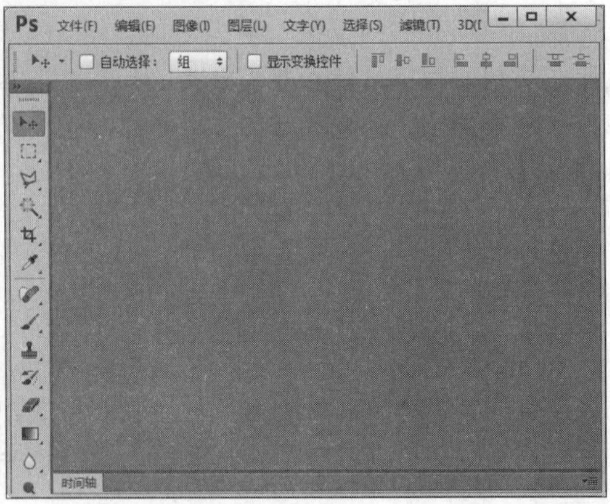

图5-6

02 按“Ctrl+N”组合键，打开“新建”窗口。在“宽度”和“高度”文本框中均输入“80”，如图5-7所示。

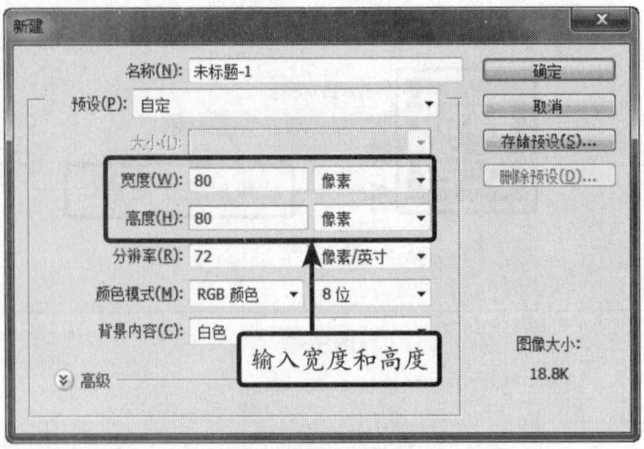

图5-7

提 示

因为官方规定店标的尺寸为80×80（像素），大小为80KB以内，支持的格式为GIF、JPG、JPEG和PNG。所以，在制作店标之前，需要先将店标图像的宽度和高度都设置成80像素。

03 输入完成后，单击“确定”按钮，即可新建一个80×80（像素）的文档“未标题-1”，如图5-8所示。

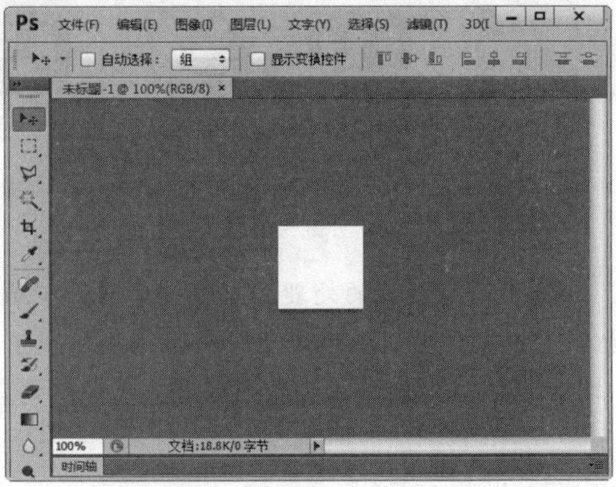

图5-8

04 按“Ctrl+O”组合键，弹出“打开”窗口，找到并选中用来制作店标的素材图片，如图5-9所示。

图5-9

05 单击“打开”按钮，即可打开素材图片，如图5-10所示。

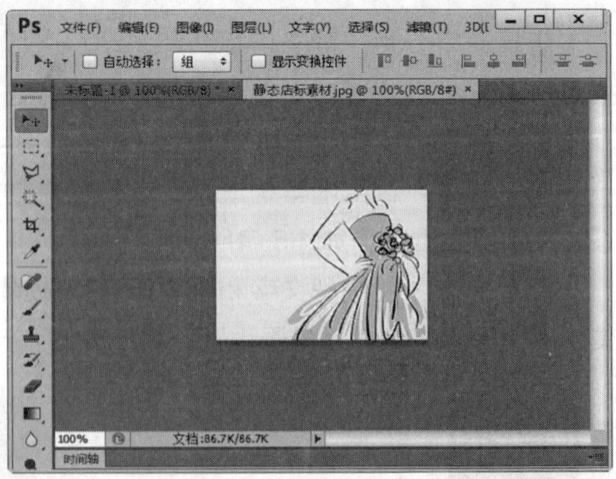

图5-10

06 按“V”键，启用“移动工具”。此时，鼠标指针变成形状。将其指向素材图片，按住鼠标左键不放，将其拖动至“未标题-1”文档中，然后释放鼠标，效果如图5-11所示。

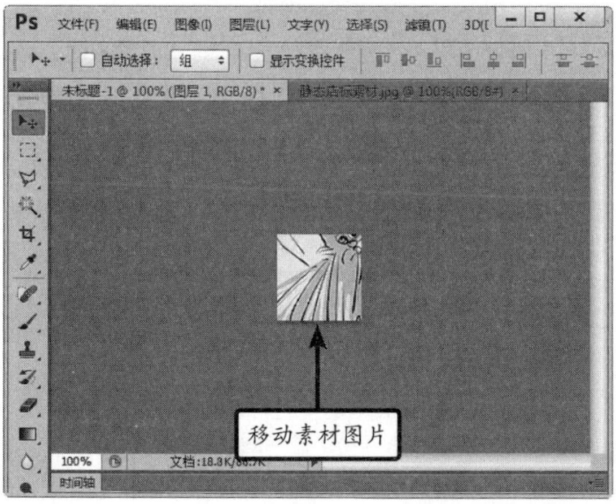

图5－11

07 为了更好地观察图片的设置效果，需要同时按下“Ctrl”键和“+”键，将图片放大，效果如图5-12所示。

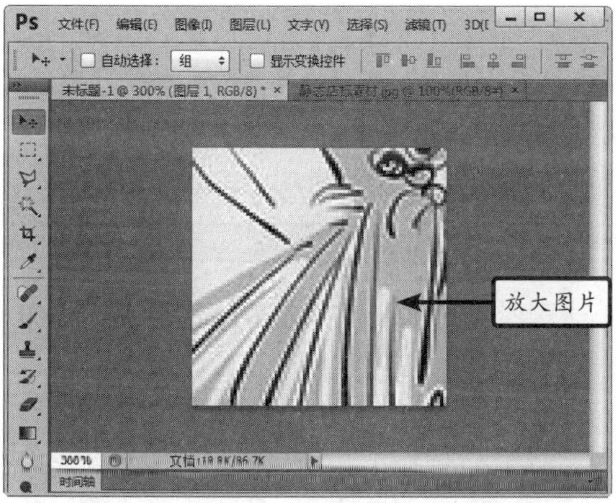

图5－12

08 按“Ctrl+T”组合键，进行“自由变换”操作。此时，素材图片四周会出现节点，如图5-13所示。

09 拖动节点将图片调整至合适大小，并将其拖动至合适的位置。然后按“Enter”键确认，效果如图5-14所示。

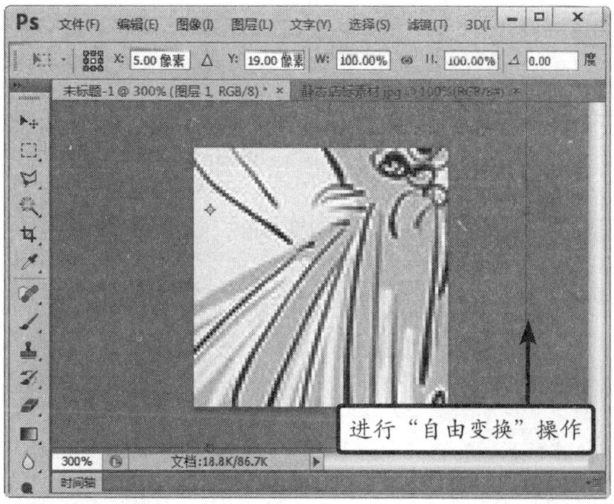

图5－13

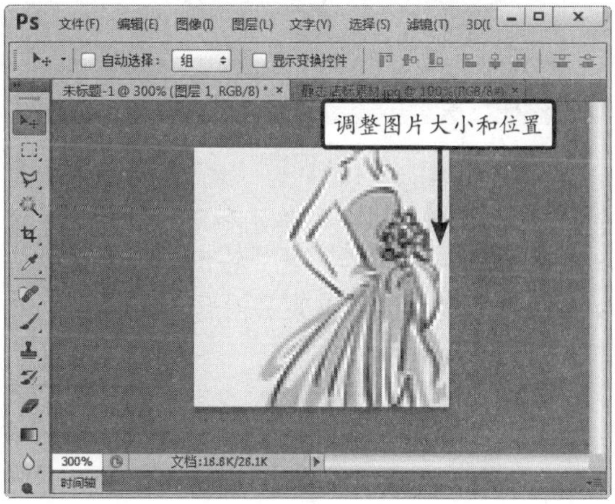

图5－14

10 按“T”键，启用“横排文字工具”。此时，鼠标变成形状。将鼠标指针移至图片左侧，按住鼠标左键进行拖动，拖动至合适大小后释放鼠标，效果如图5-15所示。

图5－15

11 在拖出来的文本框中输入店铺名称“S&M女装旗舰店”，并在界面上方的“选项”面板中设置字体为“微软雅黑”、样式为“Bold”、字号为“10点”，效果如图5-16所示。

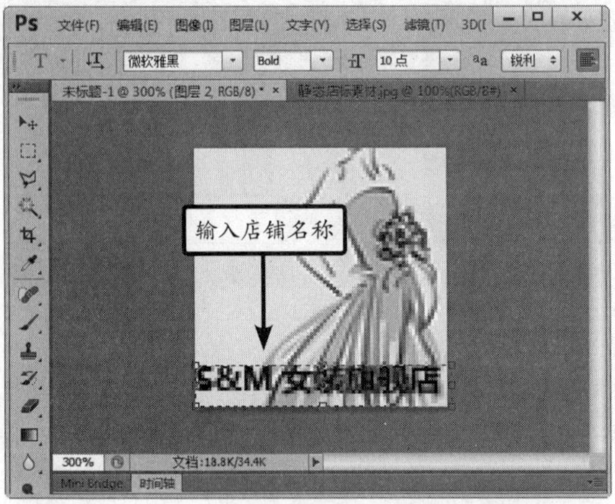

图5−16

12 最后，调整好文字的位置和角度，再同时按下“Ctrl”键和“-”键，将图片缩小至原来的大小即可，最终效果如图5-17所示。

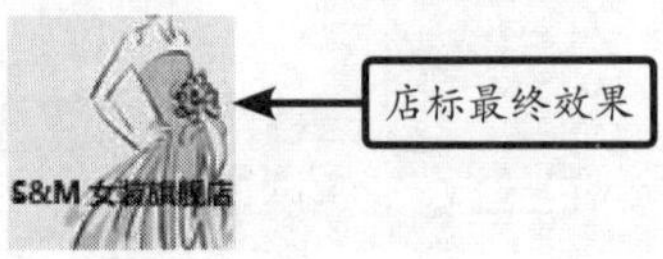

图5−17

13 按“Shift+Ctrl+S”组合键，将其存储为GIF、JPG、JPEG或PNG格式的图片。

提 示

除了上面介绍的方法，对于经营欧时力、ONLY、Zara等品牌商品的店主来说，还可以采用该品牌产品的标志作为自己的店标，这样店主只要把产品标志扫描下来即可。

5.1.2 设计动态店标

网上的店铺多不胜数，店标的数量可想而知。要想在众多店铺中显得独特，可以设计一个动态店标。相对于静态店标来说，动态店标无疑更能吸引买家的注意，具有更强的表现力。

下面将详细介绍如何制作一个吸引人的有个性的动态店标。

01 启动Photoshop CS6软件，打开主界面。按“Ctrl+O”组合键，弹出“打开”窗口。在指定保存路径下，按“Ctrl”键同时选中所有动态店标素材图片，如图5-18所示。

图5−18

02 单击“打开”按钮，打开所有素材图片，如图5-19所示。

图5−19

03 按“Alt+Ctrl+I”组合键，弹出“图像大小”对话框，如图5-20所示。

04 在该对话框中将宽度值改为80（因为选中了“约束比例”复选框，高度值会根据比例自动变更），如图5-21所示。

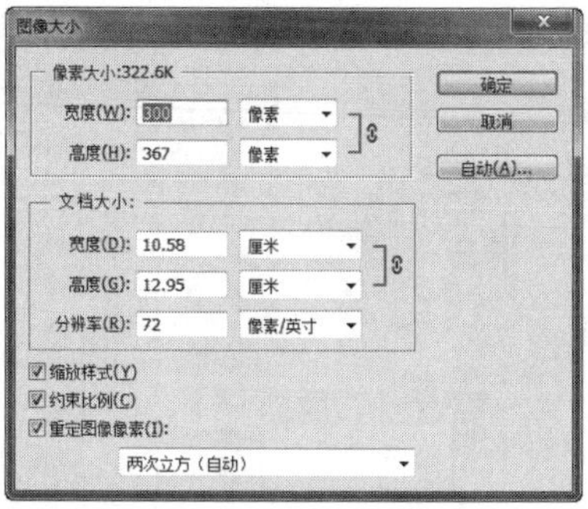

图5-20

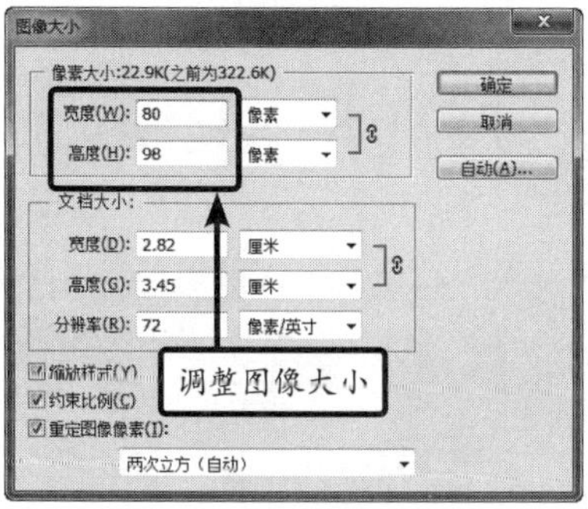

图5-21

提 示

图5-21所示的图片尺寸为80×98（像素），而并非淘宝规定的80×80（像素），但是这并不影响店标的设计。因为，在制作正式店标图片时，系统会自动隐藏在图片范围外的多余部分。

05 单击“确定”按钮，即可将指定的图片调整为80×98（像素），如图5-22所示。然后，按照同样的方法将其他素材图片的尺寸均调整为80像素左右。

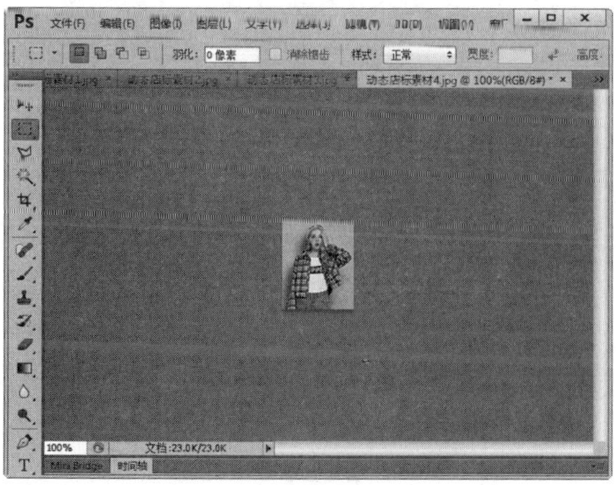

图5-22

06 按“Ctrl+N”组合键，打开“新建”窗口。在“宽度”和“高度”文本框中均输入“80”，新建一个名为“未标题-1”的80×80（像素）文档，如图5-23所示。

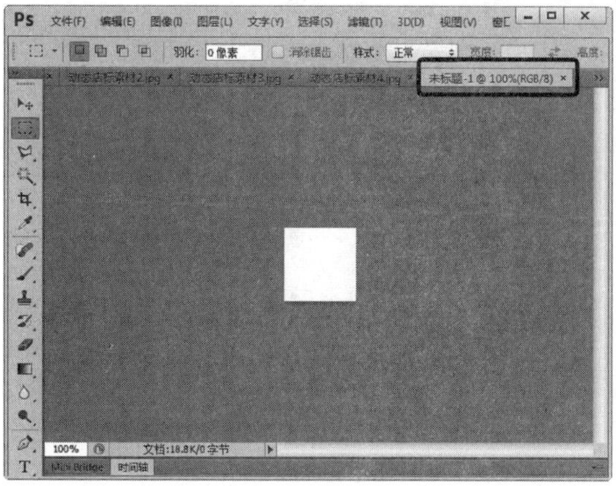

图5-23

07 按“V”键，启用“移动工具”。将之前调整好尺寸的图片均拖动至“未标题-1”文档中，然后利用“移动工具”调整好这些图片的位置，效果如图5-24所示（最后拖进来的图片将覆盖在其他图片之上）。

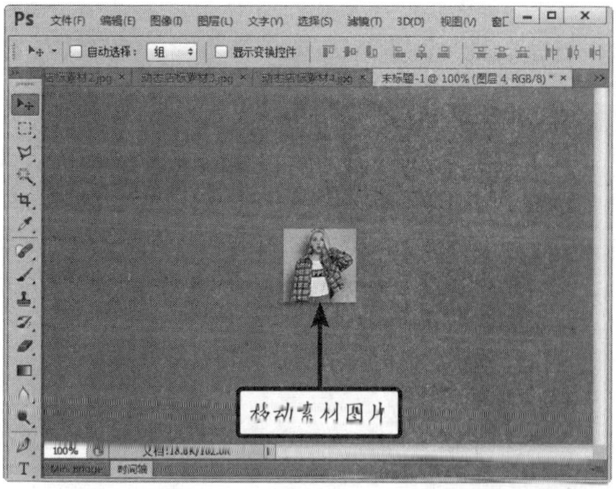

图5-24

08 按“F7”键，打开“图层”面板。可以看到其中按照拖动的先后顺序由下至上依次显示新的图层，效果如图5-25所示。

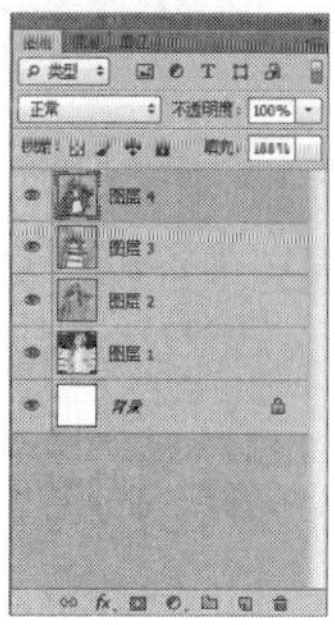

图5-25

09 为了更好地观察图片的设置效果，需要同时按下“Ctrl”键和“+”键，将图片放大，效果如图5-26所示。

图5−26

10 按“T”键，启用“横排文字工具”。将鼠标指针移至“未标题-1”窗口的图片中，按住鼠标左键进行拖动，至合适大小后释放鼠标。然后在拖动出来的文本框中输入店铺名称“S&M女装旗舰店”，并设置其字体为“微软雅黑”、样式为“Bold”、字号为“10点”、颜色为“洋红”，如图5-27所示。

图5−27

11 在PS界面的左下角单击“时间轴”选项卡，在打开的“时间轴”面板中单击“创建视频时间轴”下拉按钮，在其下拉列表中选择“创建帧动画”命令，如图5-28所示。

图5−28

12 单击“创建帧动画”按钮，创建第1帧，如图5-29所示。

图5−29

13 在“图层”面板中单击“图层1”“图层2”和“图层3”前的指示图层可见性按钮，暂时隐藏这些图层（再次单击即可重新显示），如图5-30所示。

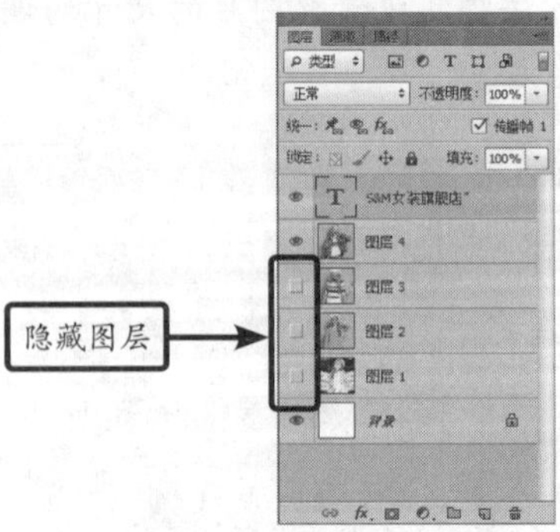

图5−30

14 在“时间轴”面板下方的工具栏中单击复制所选帧按钮，复制一个与第1帧相同的画面。然后在“图层”面板中隐藏“图层4”，并重新显示“图层3”，如图5-31所示。

图5-31

⑮ 再次复制第2帧，然后在“图层”面板中隐藏“图层3”，并重新显示“图层2”，效果如图5-32所示。

图5-32

⑯ 再次复制第3帧，然后在“图层”面板中隐藏“图层2”，并重新显示“图层1”，效果如图5-33所示。

图5-33

⑰ 按“Ctrl”键同时选中所有帧动画，单击“0秒”下拉按钮，在其下拉菜单中选择“1.0”选项，如图5-34所示。

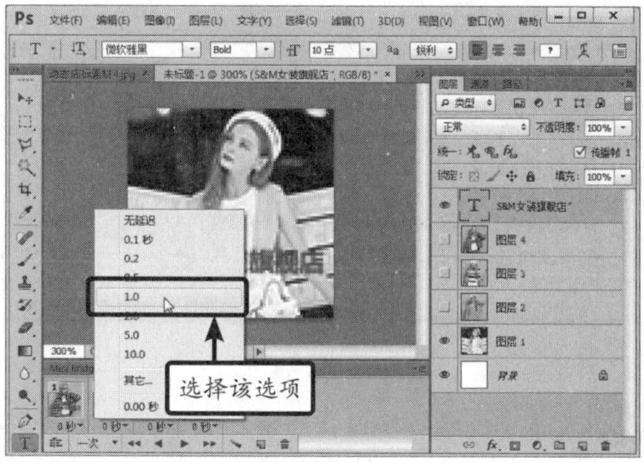

图5-34

⑱ 此时，即可将所有动画的延迟时间设置为“1.0”秒，如图5-35所示。

图5-35

⑲ 单击“时间轴”面板下方的 一次 ▾（选择循环选项）下拉按钮，在其下拉菜单中选择“永远”选项，如图5-36所示。

图5-36

⑳ 单击“时间轴”面板下方的 ▶（播放动画）按钮，即可进行动画效果的预览。

㉑ 按“Alt+Shift+Ctrl+S”组合键，弹出“存储为Web所用格式”对话框，如图5-37所示。

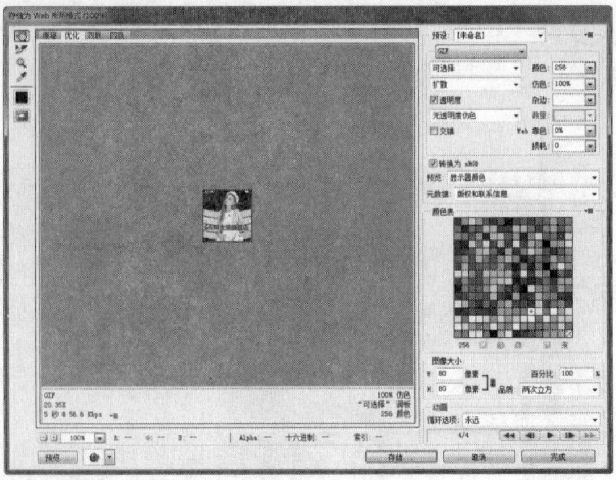

图5-37

22 单击“存储”按钮，弹出“将优化结果存储为”对话框。选择指定路径，然后在“文件名”文本框中输入名称，如图5-38所示。

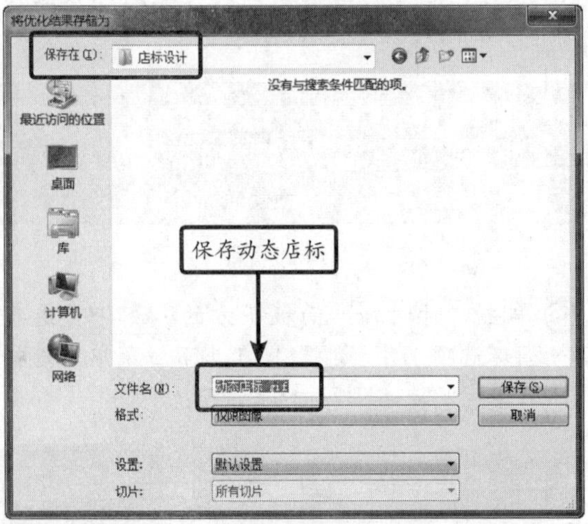

图5-38

23 单击“保存”按钮，弹出“‘Adobe存储为Web所用格式’警告”窗口，如图5-39所示。

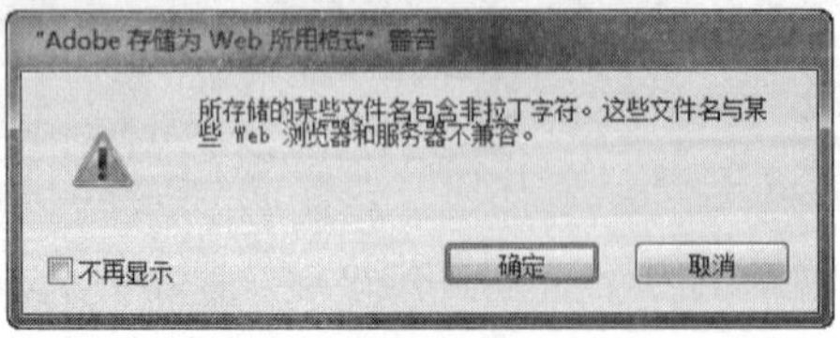

图5-39

24 单击“确定”按钮，完成动态店标的保存。

5.2 店招设计

店招，即店铺的招牌，是打造店铺品牌的最好阵地。一个好的店招不但能起到很好的宣传效果，还能传达店铺的经营理念、突出店铺的经营、彰显店铺的形象，如图5-40所示。

图5-40

天猫店铺店招的尺寸设置如下。

宽度：通常设置在990~1920像素之间。

（1）990像素。这是系统免费模板默认页面框架的宽度界限，所以，如果你用的是天猫提供的免费模板，店招的宽度最好不要超出990像素，否则其中的内容就有可能无法完全显示，如图5-41所示。

图5-41

（2）1920像素。如果你使用的是店铺装修市场中购买的模板，通常店招的宽度都是1920像素，这是天猫页面的全屏宽度，如图5-42所示。需要注意的是，在使用这个宽度值时，最好将店招内的内容集中放在中间部分，因为不同电脑的分辨率不同，将影响图片的显示效果。

图5-42

高度：天猫规定“店招”+“导航”的高度为150像素，其中店招为120像素、导航为30像素。

如果使用系统默认的导航，则店招高度设计为120像素，如图5-43所示。

图5-43

如果设置为150像素，则店招就会挤掉默认的导航，使其无法正常显示。针对这种情况，可以通过自己设计导航分类来解决，如图5-44所示。

图5-44

提 示

自定义设计导航，是通过一些美工软件（如Dreamweaver等），用里面的“热点”功能为店标中已添加的导航标签文字添加相应的链接，从而设计出个性的导航，详见5.3.3小节内容。

下面使用“美图秀秀”软件制作一个990×120（像素）的天猫店铺店招。

5.2.1 设置店招背景

一个好的店招，首先要有一个吸引人的背景。背景的风格有很多种，或清新、或时尚、或简洁、或优雅等（但是必须要和店铺的整体页面风格统一）。

01 打开“美图秀秀”软件，进入主界面。按“Ctrl+O”组合键，弹出“打开一张新图片”窗口，找到并选中用来制作店标的素材图片，如图5-45所示。

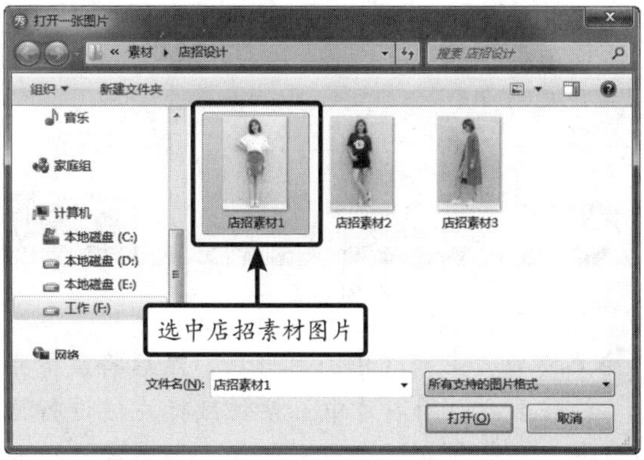

图5-45

02 单击“打开”按钮，即可打开第1张素材图片，如图5-46所示。

图5-46

03 在“美化”选项卡中页面的左下角单击“抠图笔”按钮，弹出“请选择一种抠图样式”窗口，如图5-47所示。

图5-47

04 单击“形状抠图”按钮，进入“形状抠图”窗口，如图5-48所示。

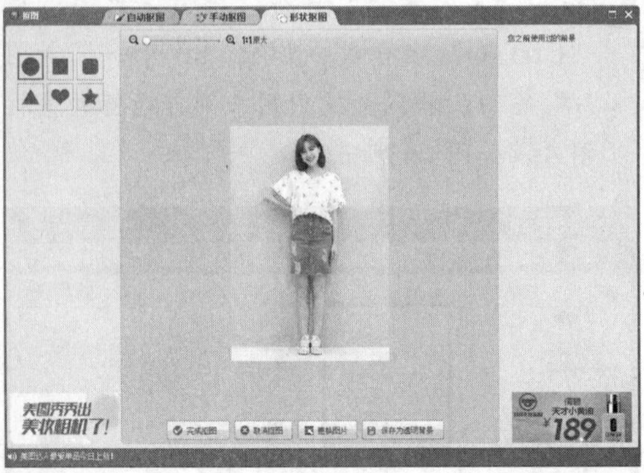

图5-48

05 在窗口左上角选中圆形形状，然后将鼠标指针移至右边的图片中，按住鼠标左键进行拖动，至合适大小后释放鼠标，抠出一个椭圆形的形状，如图5-49所示。

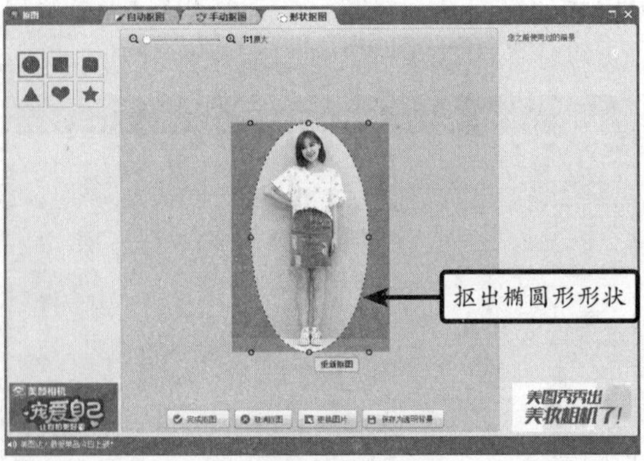

图5-49

06 单击“完成抠图”按钮，弹出“抠图换背景”窗口，如图5-50所示。

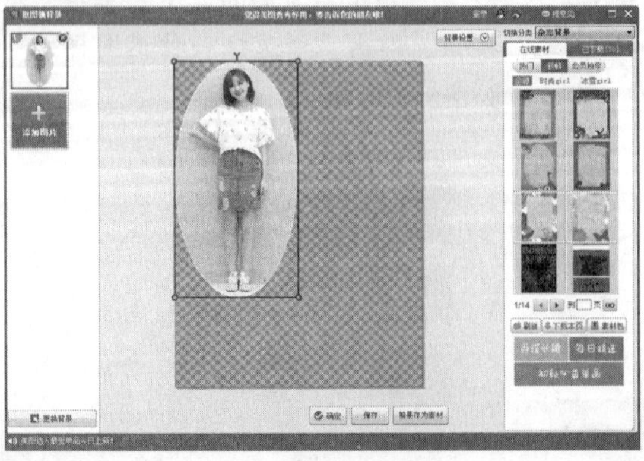

图5-50

07 单击“前景存为素材”按钮，弹出“温馨提示”窗口，如图5-51所示。

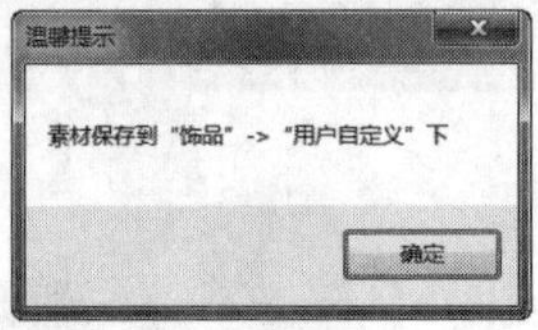

图5-51

08 单击“确定”按钮，返回“抠图换背景”窗口。单击右上角的 ✕（关闭）按钮，将该窗口关闭。

09 按照同样的方法将其他两张素材图片进行椭圆形形状的抠图，效果可以在“饰品”→“用户自定义”下查看，如图5-52所示。

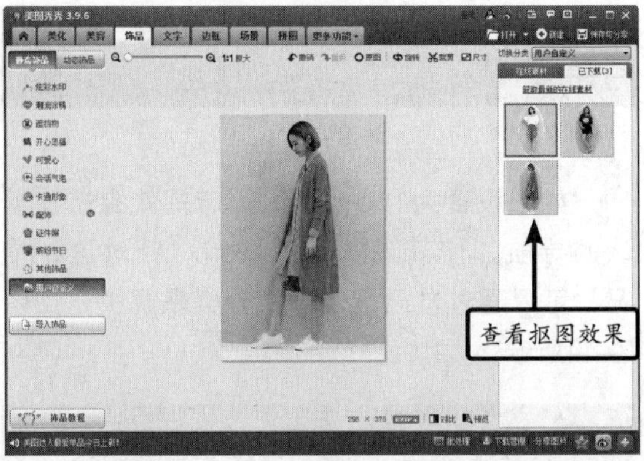

图5-52

10 按“Ctrl+N”组合键，弹出“新建画布”窗口。将宽度和高度分别设置为“990”“120”，如图5-53所示。

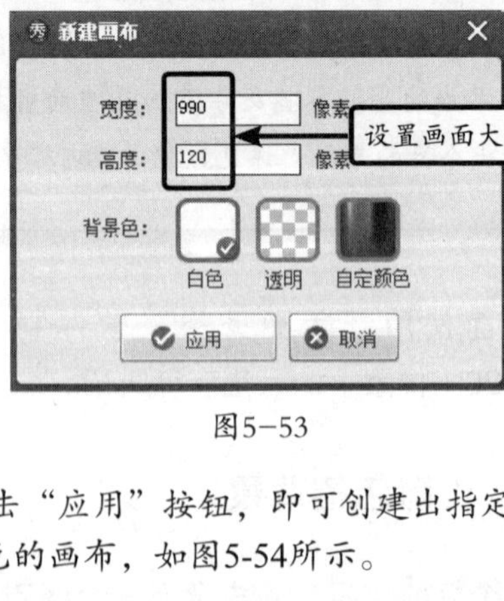

图5-53

11 单击“应用”按钮，即可创建出指定尺寸和颜色的画布，如图5-54所示。

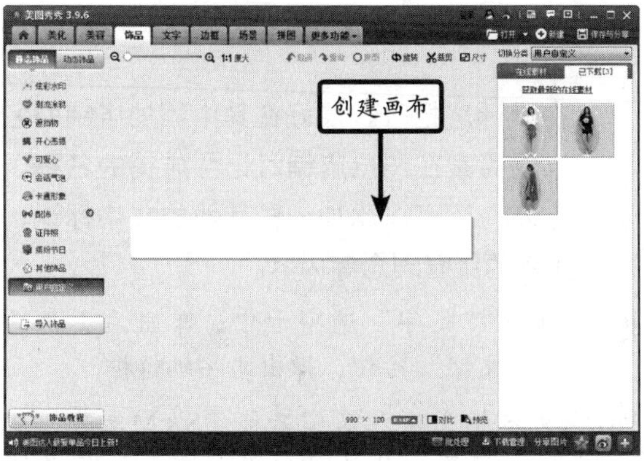

图5-54

⑫ 切换至“边框”选项卡，在默认的“简单边框”标签右侧选择一种边框（见图5-55），弹出“边框”窗口，如图5-56所示。

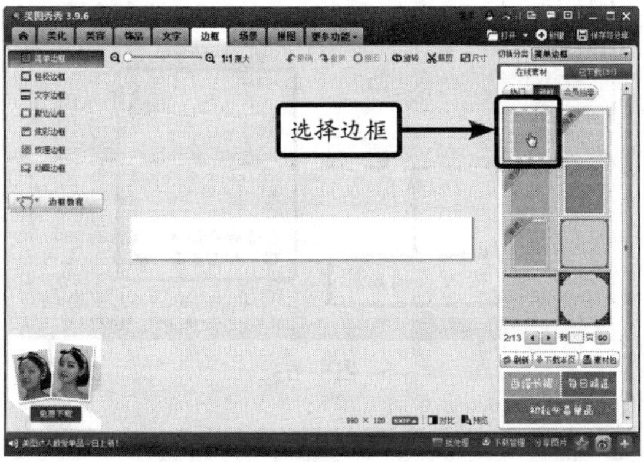

图5-55

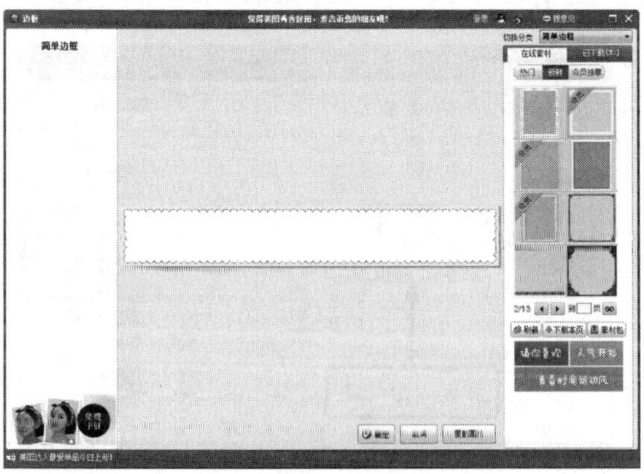

图5-56

⑬ 单击“确定”按钮，返回主界面，完成边框的添加。

⑭ 单击右上角的“尺寸”按钮（见图5-57），弹出“尺寸”窗口。取消选中“锁定长宽比例”复选框，将宽度和高度重新设置为“990”“120”（因为添加边框导致画布尺寸变大），如图5-58所示。

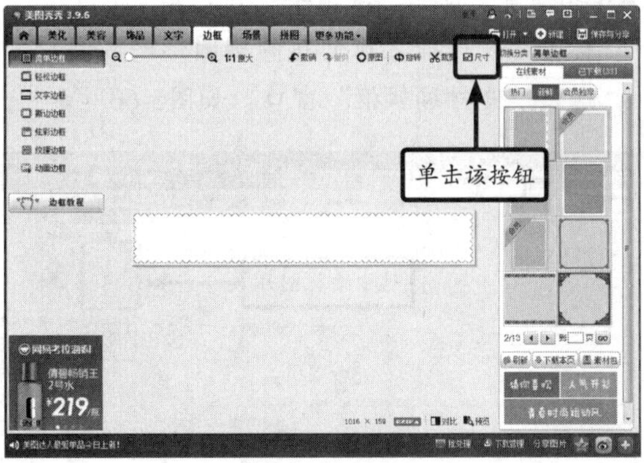

图5-57

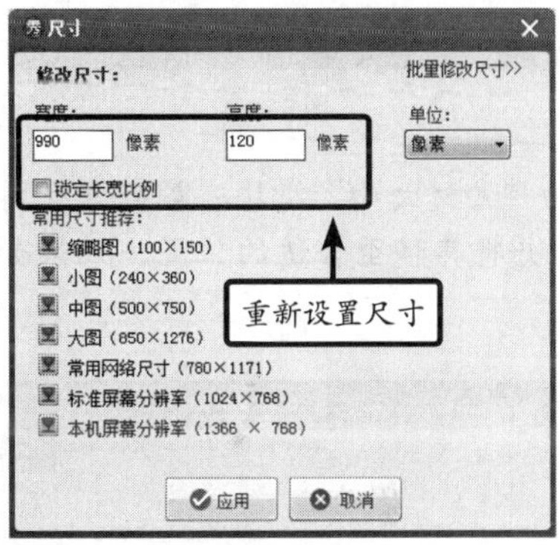

图5-58

⑮ 单击“应用”按钮返回主界面，将画布恢复为原来的尺寸，如图5-59所示。

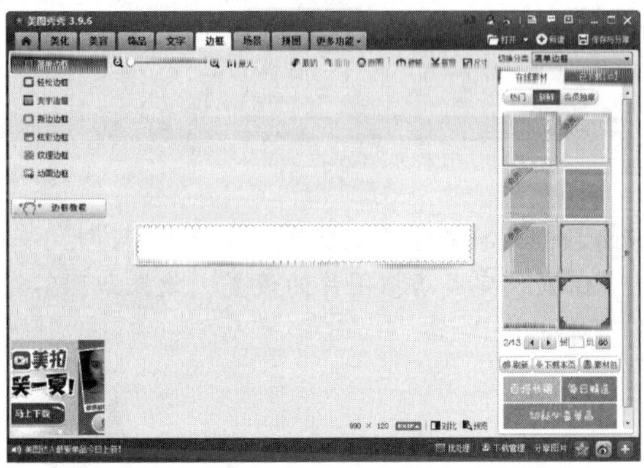

图5-59

5.2.2 设置店招图片

设置完店招的背景后，接下来在店招中添加商品图片。这样，就可以直观明确地告诉买家自己的店铺是卖什么的。

01 切换至“饰品”选项卡，在“用户自定义”标签右侧选择之前创建的椭圆形图片素材，弹出“素材编辑框”窗口，如图5-60所示。

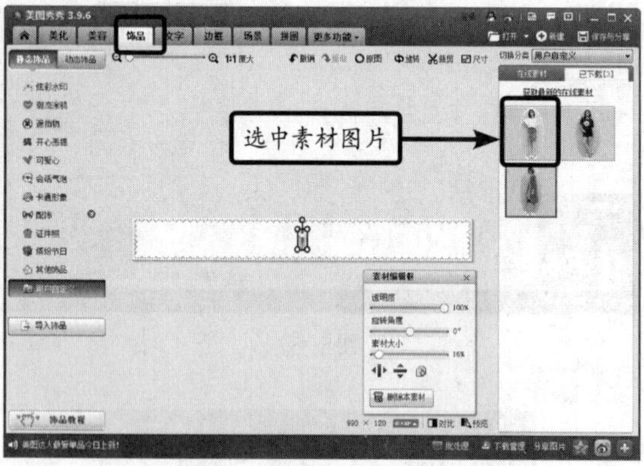

图5−60

02 拖动“素材大小”滑块，调整素材图片的大小，并将其移至合适的位置，效果如图5-61所示。

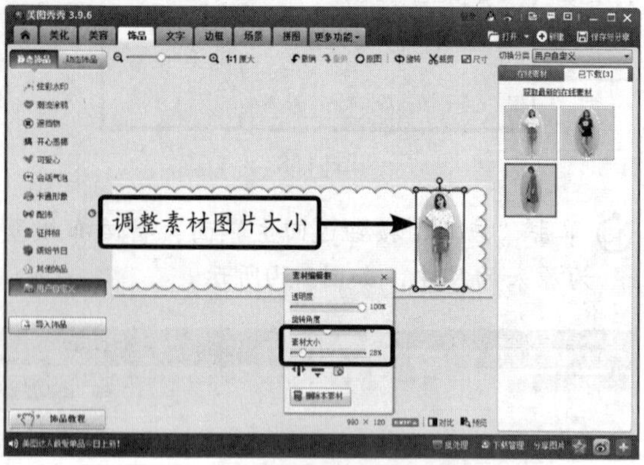

图5−61

03 按照同样的方法调整其他素材图片的大小和位置，完成店招图片的设置，效果如图5-62所示。

图5−62

5.2.3 设置店招文字

在设计店招时，最好在其中添加店铺的名称，以便买家在浏览店铺时记住店铺的名称。除此之外，还可以添加一些其他的文字标识，例如店铺的经营理念等内容。

01 切换至“文字”选项卡中，单击左上角的“输入文字”按钮，弹出文字编辑框。

02 在文本框中输入店铺名称“S&M女装旗舰店”，设置字体为“微软雅黑”、字号为“30”、颜色为玫红，然后调整至合适的位置，效果如图5-63所示。

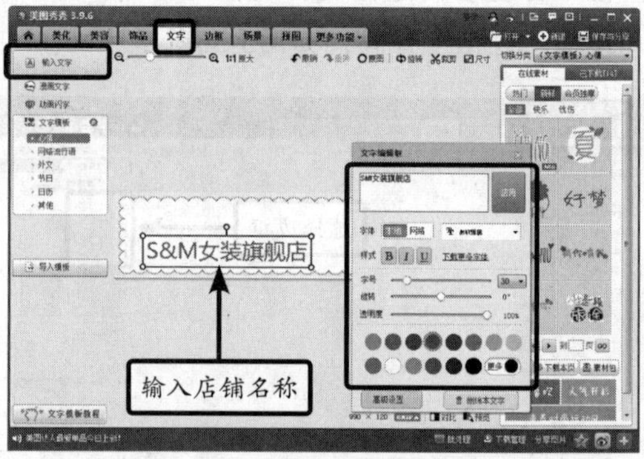

图5−63

03 关闭文字编辑框。切换至“饰品”选项卡，在“可爱心”标签右侧选择一种心形饰品，并调整合适的大小和位置，效果如图5-64所示。

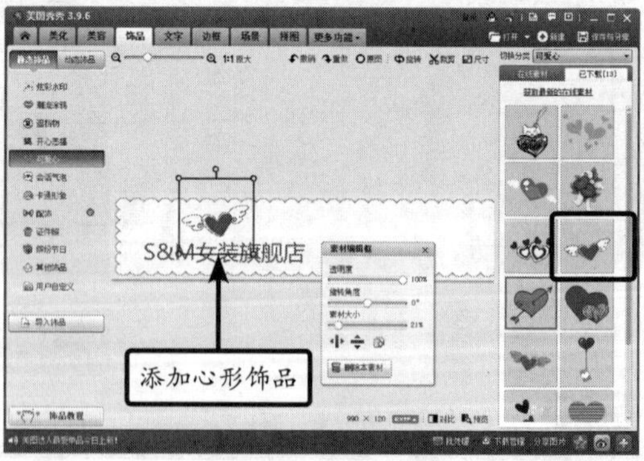

图5−64

04 关闭素材编辑框。切换至“美化”选项卡，在其左下角单击“涂鸦笔”按钮，如图5-65所示。

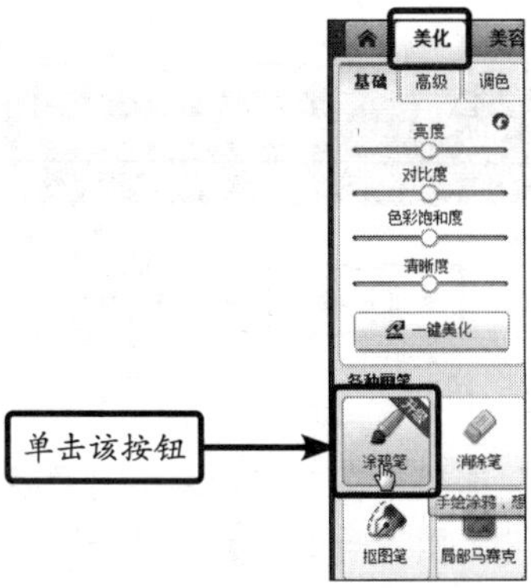

图5-65

05 弹出“涂鸦笔”窗口，在其左下角调整画笔大小为“3像素”，并拾取颜色为玫红色。然后在店铺名称的右侧绘制一条竖线，如图5-66所示。

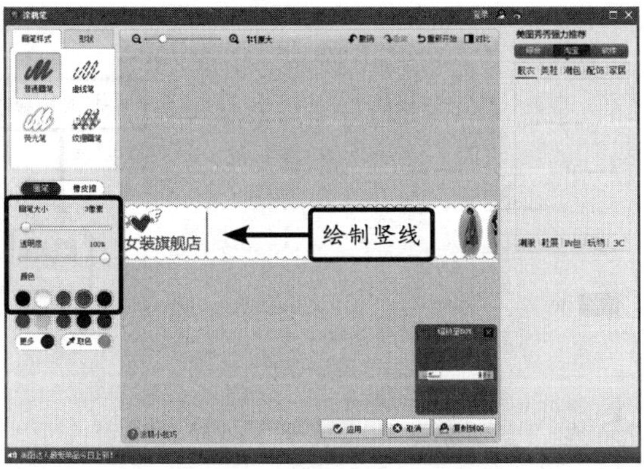

图5-66

06 单击“应用”按钮，返回主界面。继续在竖线的右侧输入店铺的理念文字“爱时尚·更爱生活”，并设置其字体为“方正喵呜体”、字号为“38”、旋转角度为“-12°”、文字颜色为玫红色，效果如图5-67所示。

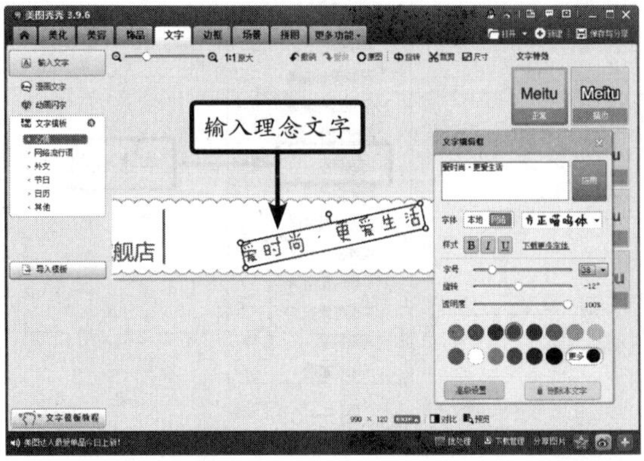

图5-67

07 调整好文字、图片和素材的位置，完成整个店招的设计，效果如图5-68所示。

图5-68

08 按“Shift+Ctrl+S”组合键，将其存储为GIF、JPG、JPEG或PNG格式的图片。

5.3 导航条设计

导航条是店铺装修设计中不可缺少的部分，通过它买家可以方便地从一个页面跳转到另一个页面，从而快速地访问想要浏览的内容（尤其是在很多天猫店铺都不在首页添加“宝贝分类”模块的情况下）。

因此，提供清晰的导航，能保证更多店铺页面被访问，使更多的商品、活动被发现。

5.3.1 添加导航栏目

在店铺装修中，可以根据系统的模板进行导航栏目的添加，如在导航中添加宝贝分类、自定义页面或者自定义链接。

1. 添加宝贝分类

01 进入天猫“我的工作台”页面，在其左侧的“店铺管理”下单击“店铺装修”链接（见图5-69），进入淘宝店铺管理平台。

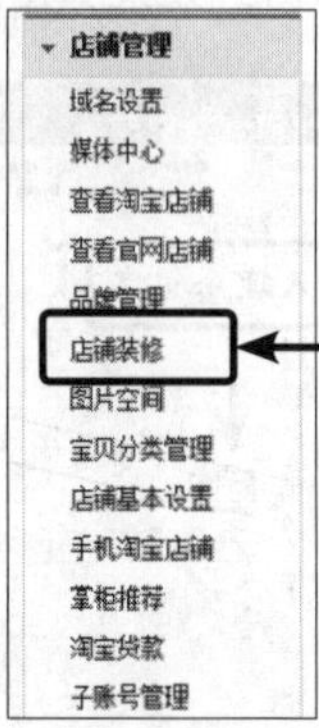

图5-69

02 单击“淘宝店铺”下的“装修”按钮（见图5-70），进入店铺装修页面。

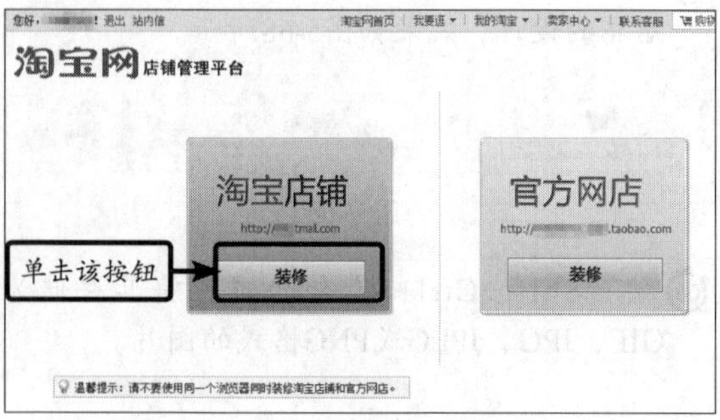

图5-70

提　示

官方网店为赠送的独立网站，在淘宝平台上是不能被搜索到的。等到店铺有了一定的规模之后，可以考虑用这个官网做一个独立网站，做成形象企业官网，实际就是省去企业自行申请开通企业官方的步骤和途径。

03 将鼠标指针指向在页面上方的导航条，单击上面显示出的“编辑”按钮（见图5-71），弹出“导航”窗口。

图5-71

04 在“导航设置”选项卡下可以看到当前导航条上只显示了“首页”一个标签。单击右下角的“添加”按钮（见图5-72），弹出“添加导航内容”窗口。

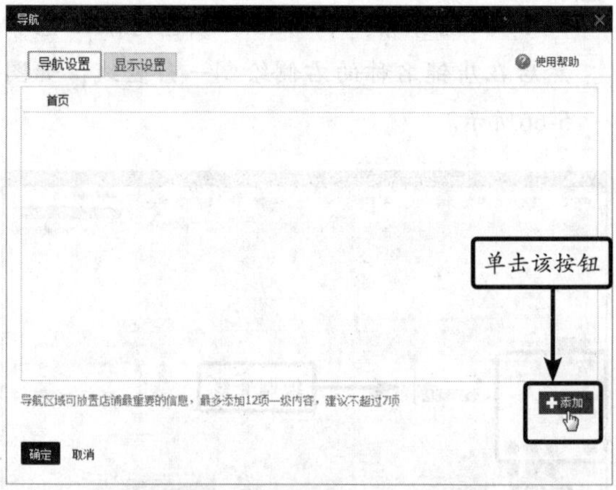

图5-72

05 在“宝贝分类”选项卡下的列表框中选中某个宝贝分类前的复选框，如图5-73所示。

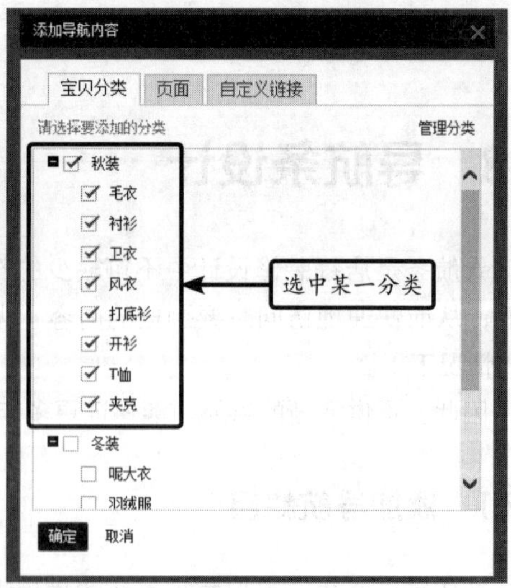

图5-73

06 依次单击“确定”按钮，返回“店铺装修”页面。单击右上角的“发布”按钮，完成导航条中的宝贝分类的添加，效果如图5-74所示。

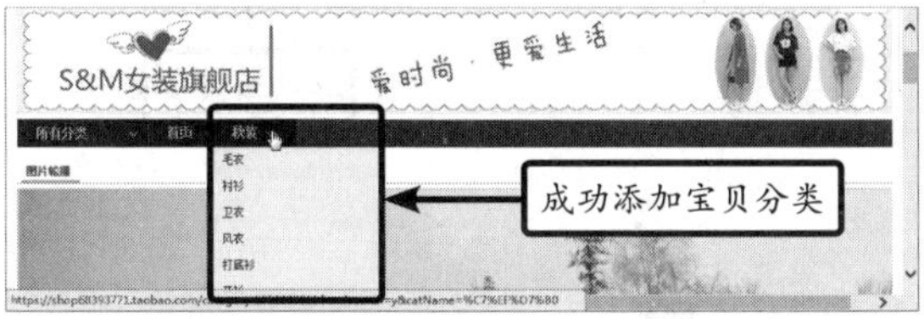

图5–74

2. 添加自定义页面

01 重复上面的操作，弹出“添加导航内容”窗口。切换至“页面”选项卡，单击“点击创建”或“添加自定义页面”链接（见图5-75），进入“新建页面”页面。

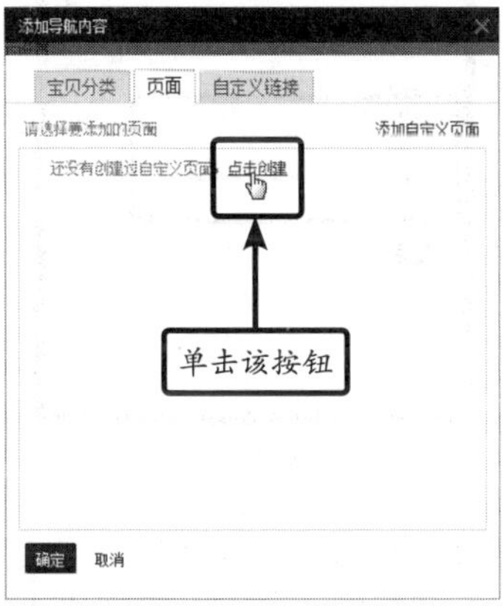

图5–75

02 在“页面名称”文本框中输入页面的名称（如“购物须知”），然后选中“页面内容”的格式为“通栏自定义页面”，如图5-76所示。

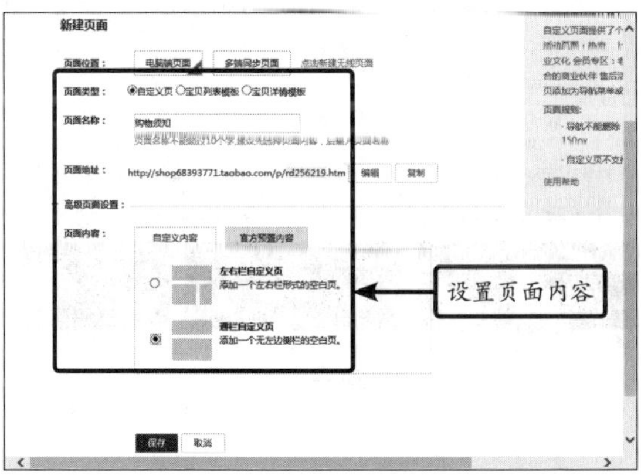

图5–76

03 单击“保存”按钮，进入“购物须知”装修页面。将鼠标指针指向“自定义内容”模块上，单击上面显示出的“编辑”按钮，如图5-77所示。

图5–77

04 弹出“自定义内容区”窗口。选中“不显示”单选项，然后在文本编辑框中输入购物须知的一些事项和内容，并设置其字体格式，如图5-78所示。

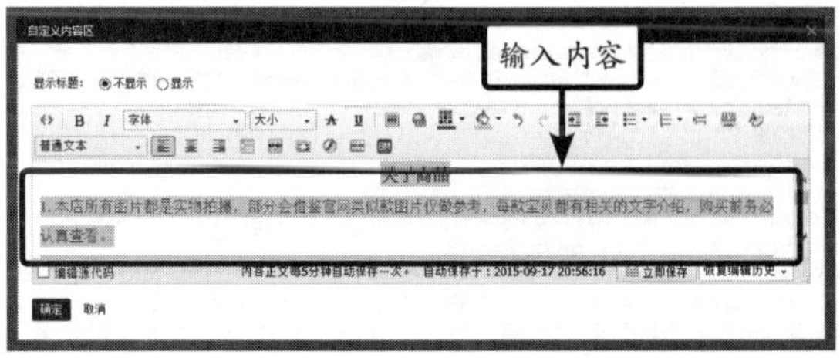

图5–78

05 单击“确定”按钮，返回“购物须知”装修页面，可以预览到“购物须知”的自定义内容，如图5-79所示。

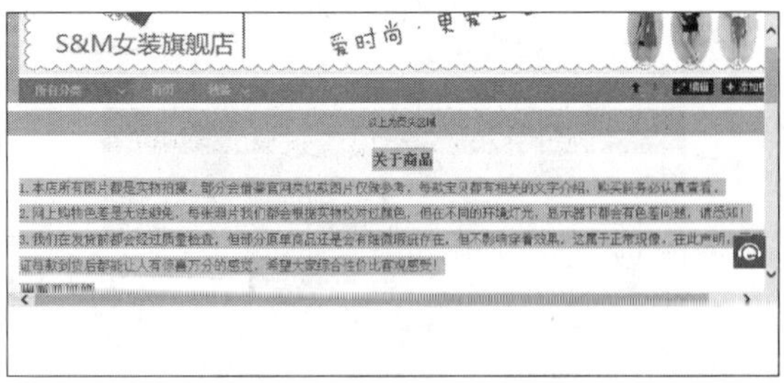

图5–79

06 将鼠标指针指向导航条，单击其中的“编辑”按钮，在弹出的“导航”窗口中单击右下角的“添加”按钮，然后在弹出的“添加导航内容”窗口的“页面”选项卡下，选中“购物须知”前的复选框，如图5-80所示。

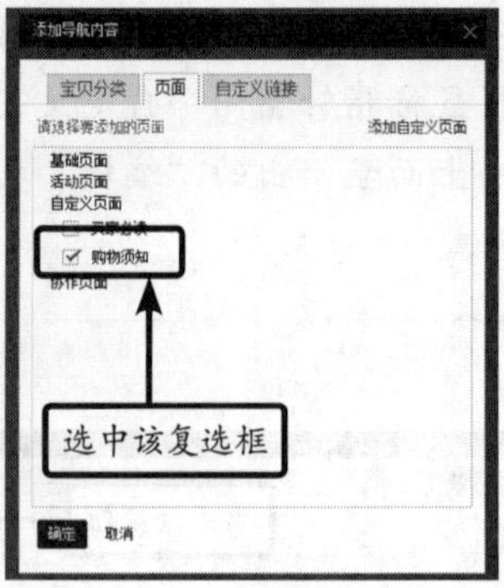

图5-80

07 依次单击“确定”按钮，返回“店铺装修”页面。单击右上角的“发布”按钮，完成导航条中的自定义页面“购物须知”的添加，效果如图5-81所示。

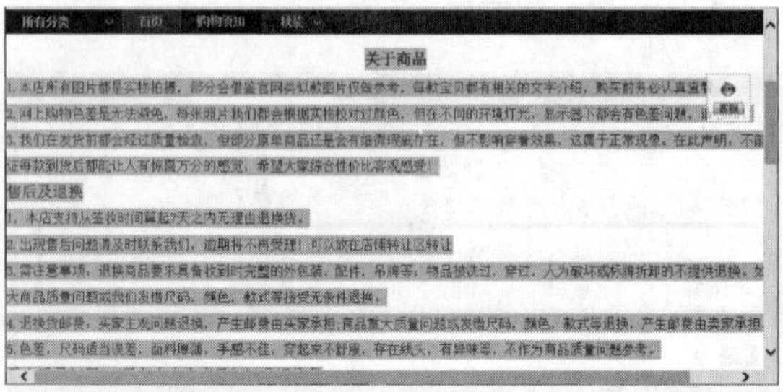

图5-81

3. 添加自定义链接

01 打开店铺的主页，在导航条中选择“所有分类”→“所有宝贝”→“按销量”菜单命令，如图5-82所示。

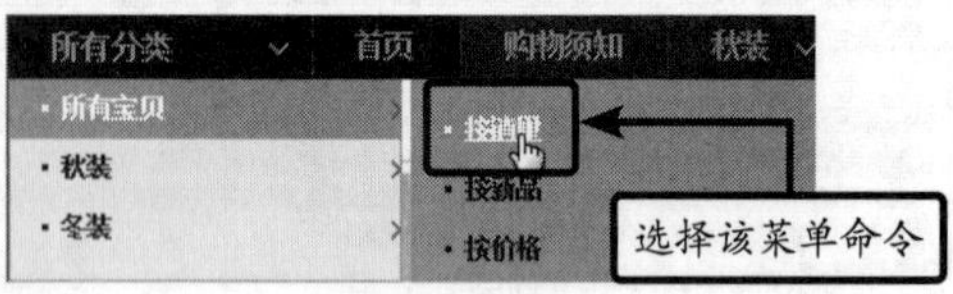

图5-82

02 在进入的“所有宝贝”页面上方将该页面的链接复制下来。

03 打开“添加导航内容”窗口，切换至“自定义链接”选项卡，单击“添加链接”按钮，如图5-83所示。

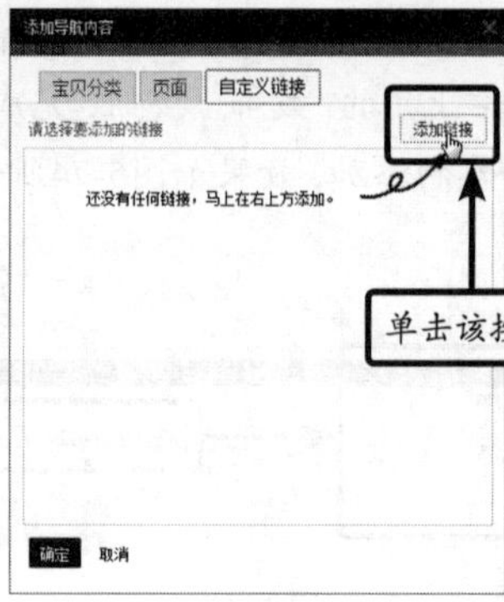

图5-83

04 此时，在选项卡下方出现“添加链接”栏。在其中的“链接名称”文本框中输入“热卖爆款”，在“链接地址”文本框中粘贴刚刚复制的链接，如图5-84所示。

图5-84

05 依次单击“保存”“确定”“确定”按钮，返回“店铺装修”页面。单击右上角的“发布”按钮，完成导航条中的自定义链接的添加，效果如图5-85所示。

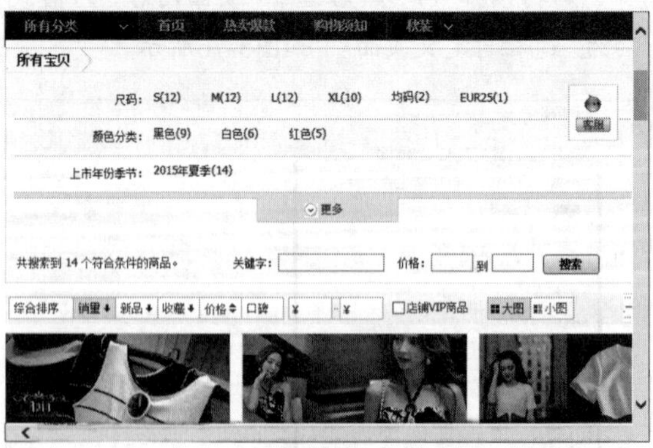

图5-85

5.3.2 设计导航CSS代码

CSS 也叫层叠样式表单，是用于（增强）控制网页样式并允许将样式信息与网页内容分离的一种标记性语言。

店铺导航开放CSS设定，是为了让卖家利用CSS代码来更换导航条的颜色和样式，从而设计出更加丰富个性、有自己特色的导航条。

具体方法是：进入店铺装修页面，单击“导航”模块右上角的“编辑”按钮，弹出“导航”窗口，在“显示设置”选项卡中的列表框中输入代码（见图5-86），即可完成导航样式的自定义。

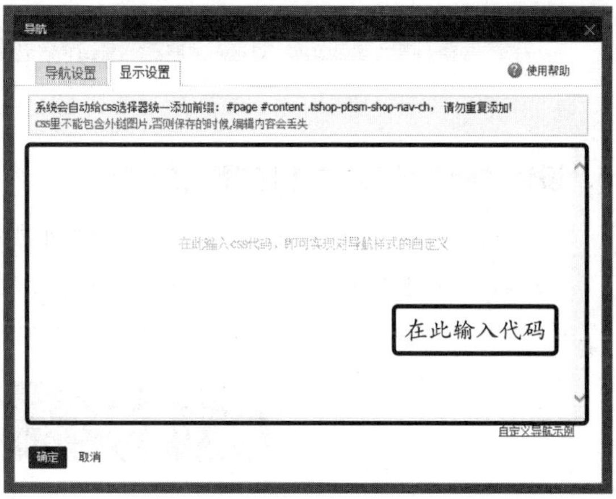

图5-86

下面介绍导航条样式设置的几个常用代码。

1. 设置导航条背景色

代码设置为：.skin-box bd .menu-list{background: none repeat scroll 0 0 #颜色代码;}

例如，要将该背景色设置成“蓝色”，则在列表框中输入“.skin-box-bd .menu-list{background: none repeat scroll 0 0 #0000FF;}”，效果如图5-87所示。

图5-87

2. 设置导航栏目的背景色

代码设置为：.skin-box-bd .link{background:#颜色代码;}

例如，要将该背景色设置成“红色”，则在列表框中输入“.skin-box-bd .link{background: #FF0000;}”，效果如图5-87所示。

图5-88

3. 设置“所有分类”栏目的背景色

代码设置为：.all-cats .link{background:#颜色代码;}

例如，要将该背景色设置成“绿色”，则在列表框中输入“.all-cats .link{background: #00FF00;}”，效果如图5-89所示。

图5-89

4. 设置“所有分类”栏目的文字

代码设置为：.all-cats .link .title{color:#颜色代码;font-size:字号px;}

例如，要将“所有分类”的文字颜色设置成“黑色”、字号设置为“20px”，则在列表框中输入“.all-cats .link .title{color:#000000;font-size:20px;}”，效果如图5-90所示。

图5-90

5. 设置“所有分类”栏目右侧的分割线

代码设置为：.all-cats .link{border-right:粗细px#颜色代码 solid;}

例如，要将“所有分类”栏目右侧的分割线设置为“1px”“白色”，则在列表框中输入“.all-cats .link{border-right:1px#FFFFFF solid;}”，效果如图5-91所示。

图5-91

6. 设置其他栏目的背景颜色

代码设置为：.menu-list .link{background:#颜色代码;}

例如，要将其他栏目的背景颜色设置成“黄色”，则在列表框中输入“.menu-list .link{background:#FFFF00;}”，效果如图5-92所示。

图5-92

7. 设置其他栏目的文字

代码设置为：.menu-list .menu .title{color: #颜色代码;font-size:字号px;}

例如，要将其他栏目的文字颜色设置成“深紫色”、字号为“20px”，则在列表框中输入“.menu-list .menu.title{color: #871F78;font-size:20px;}”，效果如图5-93所示。

图5-93

8. 设置其他栏目右侧的分割线

代码设置为：.menu-list .menu{border-right:1px#颜色代码 solid;}

例如，要将其他栏目右侧的分割线设置为“3px”“白色”，则在列表框中输入“.menu-list .menu{border-right:3px#FF0000 solid;}”，效果如图5-94所示。

图5-94

以上这些代码也可以组合起来运用。例如，将所有背景色设置为“紫色”，所有栏目文字设置为“白色”“20px”，右侧分割线设置为“白色”“1px”，则在列表框中输入图5-95所示代码，效果如图5-96所示。

图5-95

图5-96

提 示

如果要将导航条背景和文字的颜色设置为其他颜色，可以去网上搜索各个颜色相对应的颜色代码，然后进行替换。

5.3.3 设计个性导航条

除了以上两种设计导航条的方法，卖家还可以利用Dreamweaver软件（以下简称DW软件）来设计个性的导航条。

01 首先，利用PS软件或者美图秀秀软件设计出一个990×150（像素）的店招图片（记住要将导航的栏目文字添加进去），如图5-97所示，然后将做好的店招先存为JPG格式。

图5-97

02 进入店铺后台，将图片上传至图片空间中。将鼠标指针指向该图片，选择其中显示的“复制代码”按钮（见图5-98），复制图片的代码。

知识链接

如果读者忘记了如何将图片上传到图片空间，可翻阅本书2.4节。

图5-98

03 启动DW软件，在“新建”栏中单击“HTML”按钮（见图5-99），新建一个HTML，如图5-100所示。

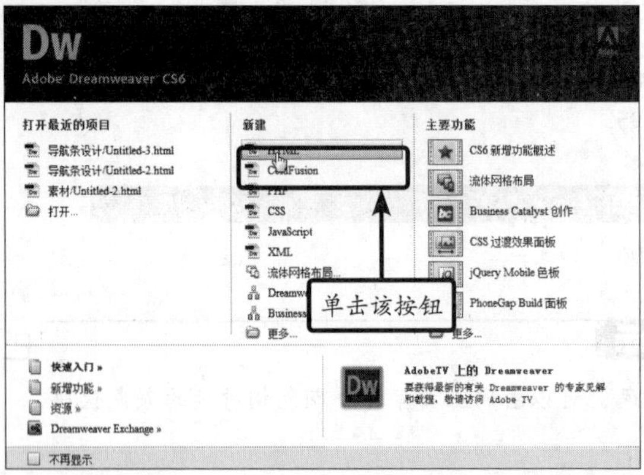

图5-99

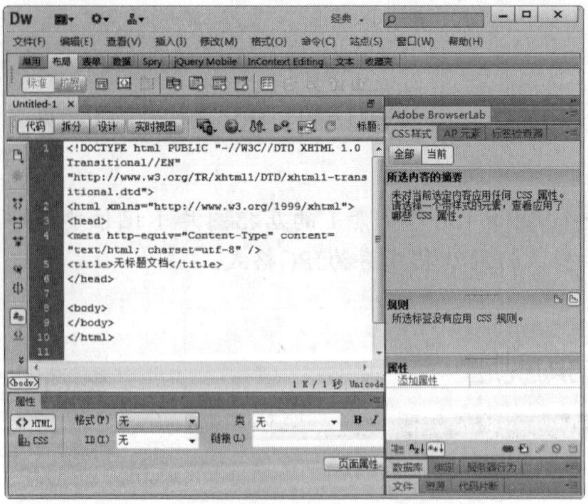

图5-100

04 在界面左上角单击“拆分”选项卡，将左侧栏中的原有代码全部删除，粘贴之前复制的图片代码，如图5-101所示。

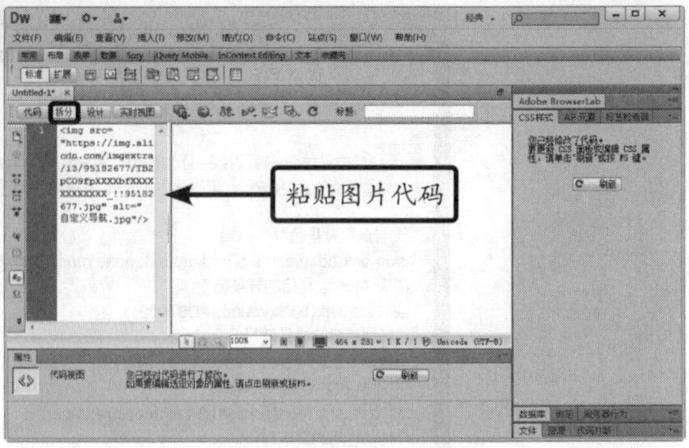

图5-101

05 在代码右侧的空白处单击鼠标左键，即可显示出店招图片，如图5-102所示。

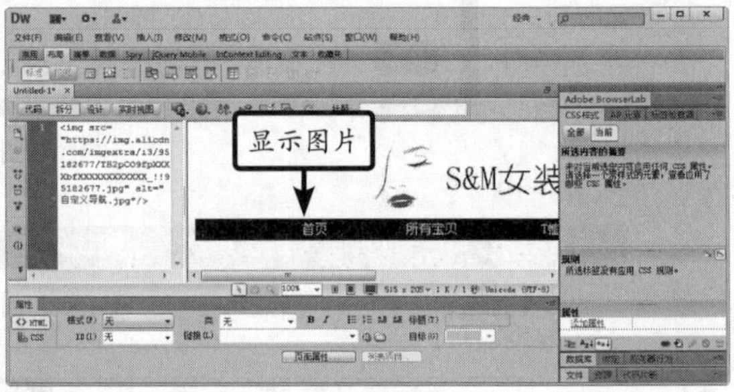

图5-102

06 单击图片，即可在其下方显示出“属性”标签组。单击左下角的（矩形热点工具）按钮，如图5-103所示。

图5-103

提 示

除了“矩形热点工具”之外，还有“圆形热点工具”、“多边形热点工具”两种热点工具，分别可以添加圆形热区和多边形热区。

07 拖动鼠标左键，在导航栏目“首页”上添加一个矩形的热区。然后去店铺首页复制链接，将其粘贴至“属性”标签组中的“链接”文本框中（其中的#不要），并在“目标”下拉列表中选择“_blank”选项（“新窗口打开”的意思），如图5-104所示。

图5-104

08 按照同样的方法为其他导航栏目添加热区，效果如图5-105所示。

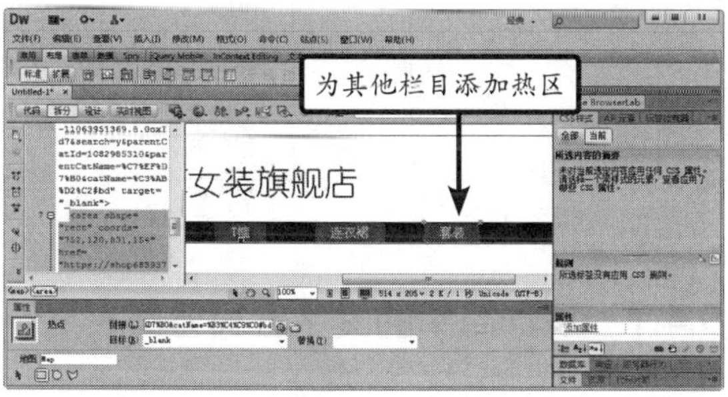

图5-105

09 复制界面左侧的代码，然后进入店铺首页装修页面。在“店招”模块右上角单击“编辑”按钮，弹出“店铺招牌”窗口。

10 选中招牌类型为“自定义招牌”，设置高度为“150px”，在“自定义内容”列表框中单击 ◇（源码）按钮，删除里面原有的代码，然后输入刚才复制的代码，效果如图5-106所示。

图5-106

11 单击“保存”按钮，返回店铺首页装修页面，再单击右上角的“发布”按钮，完成个性导航条的添加，效果如图5-107所示。

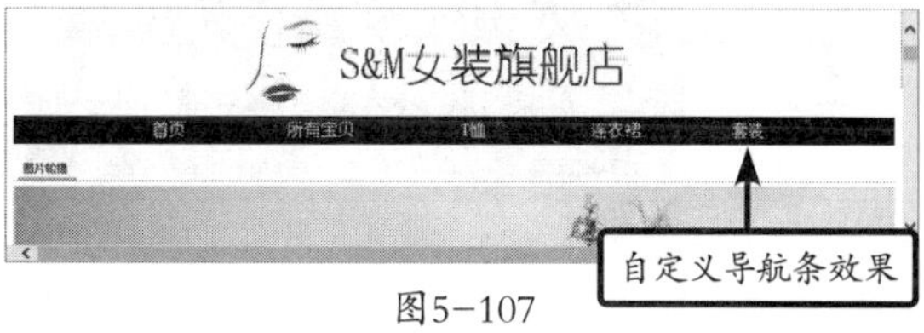

图5-107

12 单击其中的任意一个栏目标签，如“所有宝贝”，即可跳转至指定的链接页面，如图5-108所示。

图5-108

5.4 宝贝分类设计

和导航条一样，宝贝分类也是店铺装修的重要环节。其作用是将店铺内的商品进行各个类别的划分，从而方便买家根据不同的类别迅速找到想要的宝贝。

在天猫店铺中，宝贝分类区通常显示于店铺首页的左侧（见图5–109）、宝贝详情页的左侧（见图5–110），以及店铺首页的中间部分（见图5–111）。

图5–109

图5–110

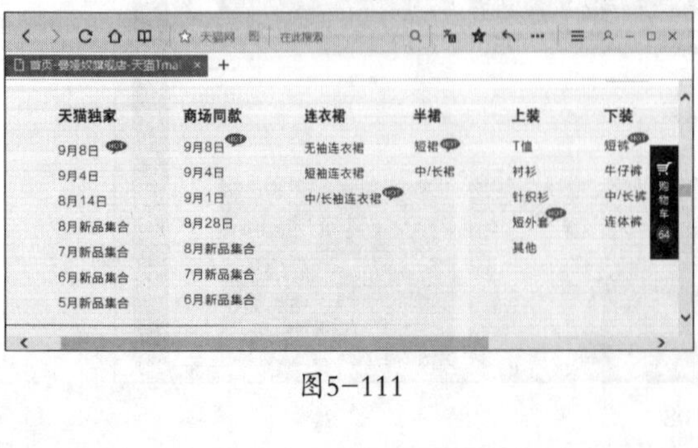

图5–111

宝贝分类的显示形式通常有以下两种。

文字形式：以这种形式显示的宝贝分类是最常见的，但往往也会显得单调，如图5–112所示。

图片形式：除了文字形式之外，宝贝分类区还可以通过添加图片的方式进行美化，如图5–113所示。

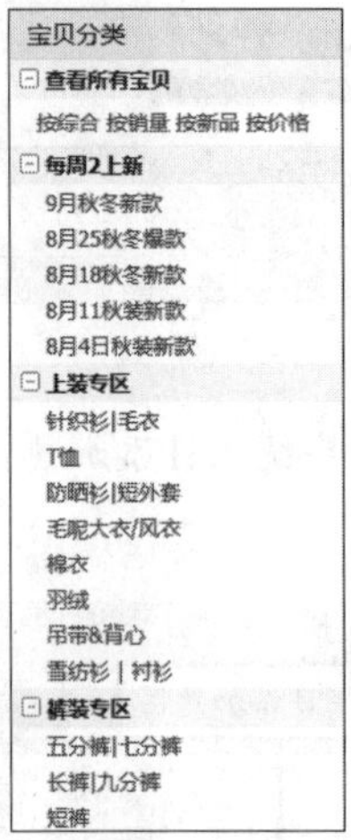

图5–112

图5–113

5.4.1 设计简单的文字宝贝分类

文字形式的宝贝分类是系统默认提供的，是最简单的宝贝分类显示形式。具体设计方法如下。

01 进入天猫“我的工作台”页面，在其左侧的“店铺管理”下单击“宝贝分类管理”链接（如图5-114所示），进入宝贝分类管理页面。

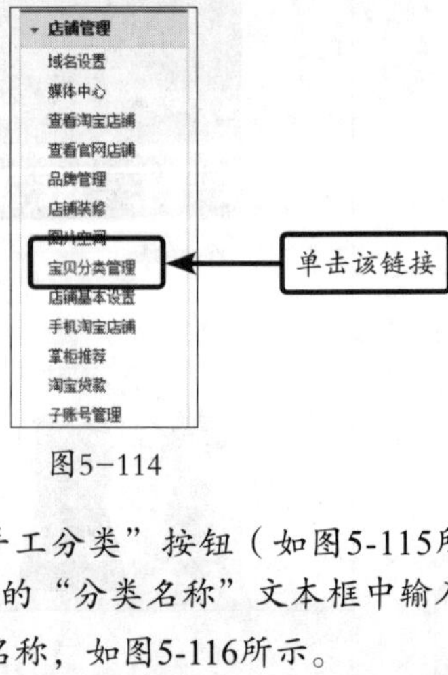

图5–114

02 单击“添加手工分类”按钮（如图5-115所示），在下方的“分类名称”文本框中输入第1个分类的名称，如图5-116所示。

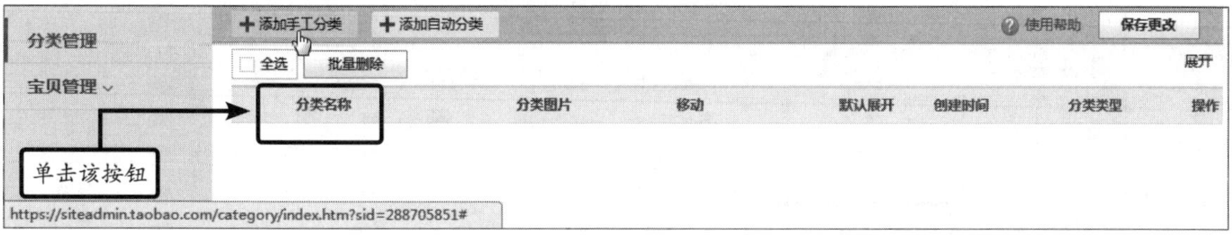

图5−115

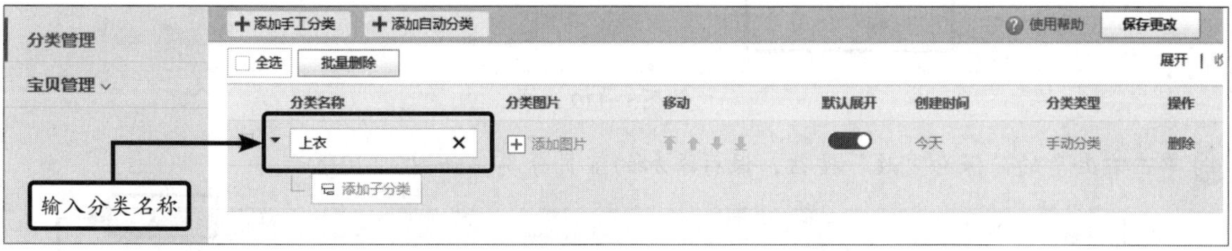

图5−116

提 示

在图5-115中单击“添加自动分类”按钮，系统会自动将店铺当前出售的所有宝贝进行分类，如图5-117所示。根据需要设置自动分类的条件，可以按照类目、属性、品牌以及时间价格进行自动分类。

图5−117

03 单击“添加子分类”按钮，然后在其下方的文本框中输入子分类的名称，如图5-118所示。

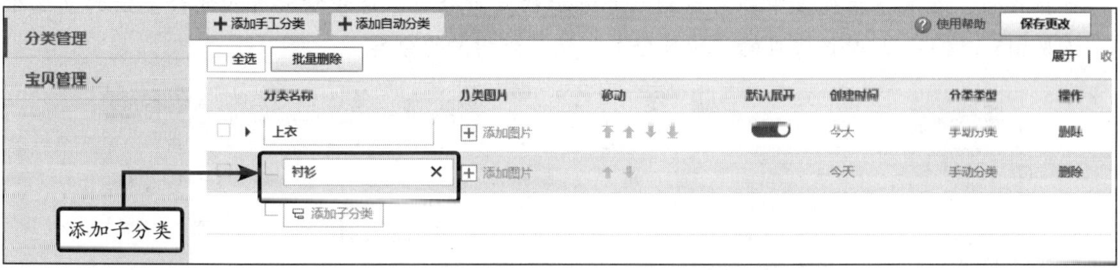

图5−118

04 按照同样的方法添加其他的宝贝分类及子分类，效果如图5-119所示。

图5−119

05 单击右上角的“保存更改”按钮，保存添加的宝贝分类，如图5-120所示。

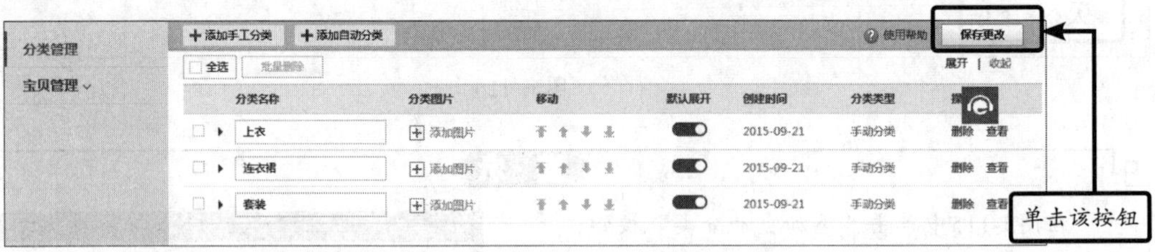

图5−120

06 单击任意一个分类后面的“查看”链接，进入“宝贝分类”页面，如图5-121所示。

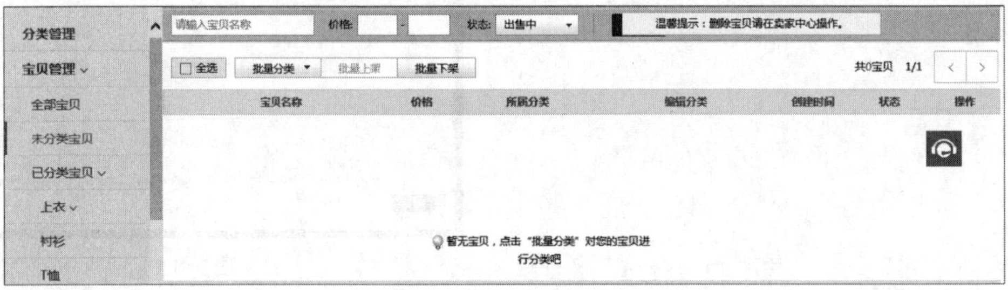

图5−121

07 在页面左侧切换至“全部宝贝”标签，显示出店铺中的所有商品。单击商品后的“添加分类”下拉按钮，在其下拉列表中即可看到刚才添加的宝贝分类，选中需要加入的分类前的复选框（见图5-122），此时该宝贝的“所属分类”显示为指定的分类。

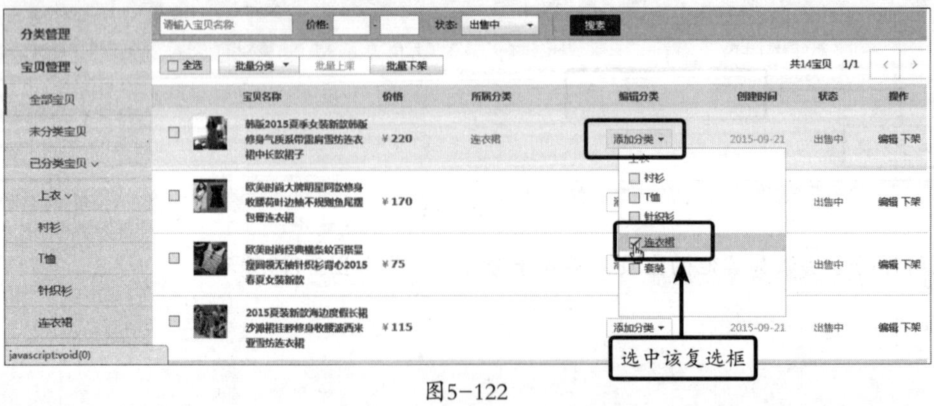

图5−122

08 也可以对同一类别的所有商品进行批量分类，方法是：选中同一类别所有商品前的复选框，然后单击“批量分类”下拉按钮，在其下拉列表中选中需要加入的分类前的复选框，如图5-123所示。

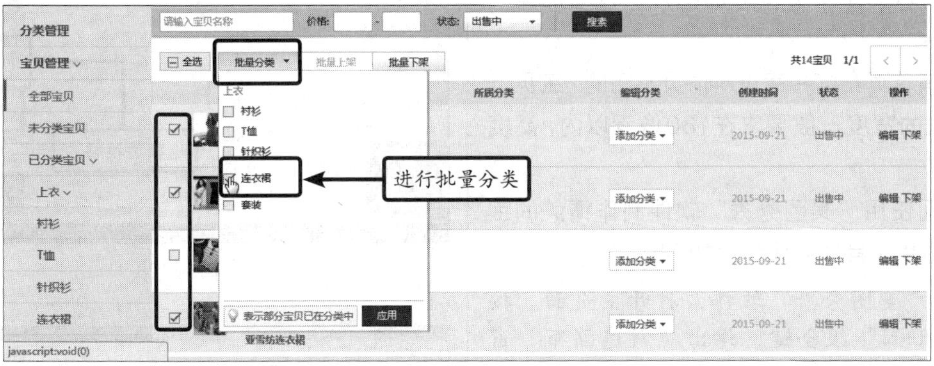

图5－123

09 单击下拉列表右下角的“应用”按钮，将所选宝贝添加至指定的分类，如图5-124所示。

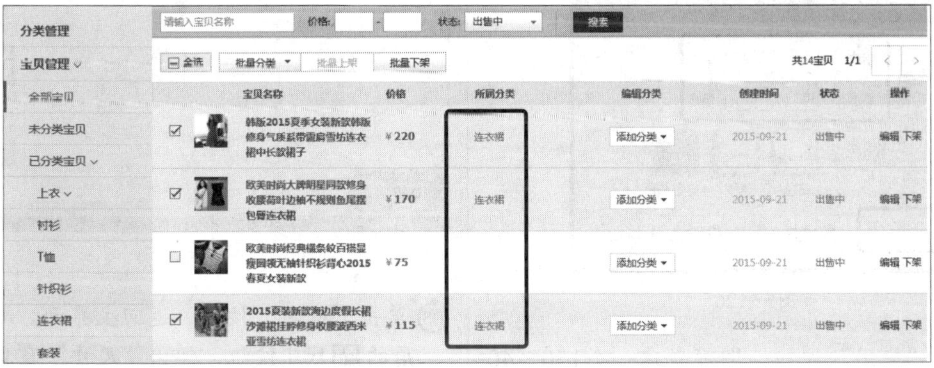

图5－124

10 打开店铺，进入“连衣裙”分类，即可看到添加的所有商品，如图5-125所示。

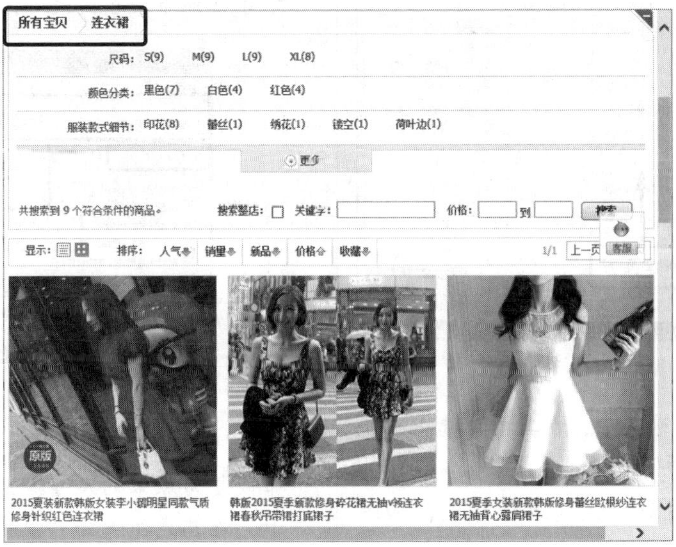

图5－125

5.4.2 设计宝贝分类图片

除了系统提供的纯文字形式的宝贝分类，还可以为宝贝分类添加图片，以增加美观效果。

店铺首页左侧和宝贝详情页左侧的“宝贝分类”模块的宽度一般要求在160像素以内，高度不限。

下面使用“美图秀秀”软件制作精美的宝贝分类图片，具体操作步骤如下。

01 启动“美图秀秀”软件，打开主页面。按“Ctrl+N”组合键，弹出“新建画布”窗口。在“宽度”和“高度”文本框中分别输入“150”和“40”，如图5-126所示。

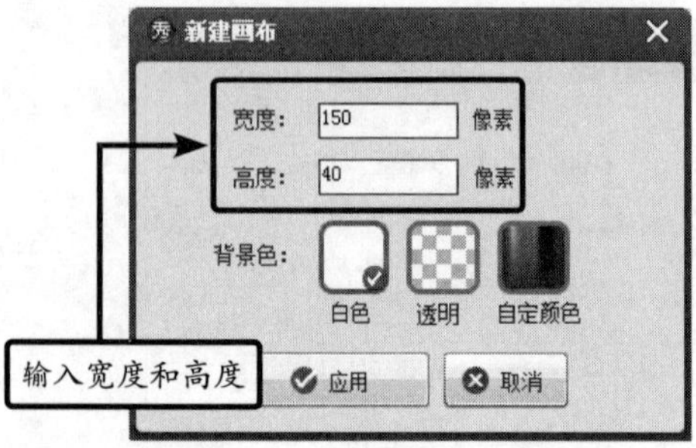

图5-126

02 单击“应用”按钮，即可新建一个150×40（像素）的画布，如图5-127所示。

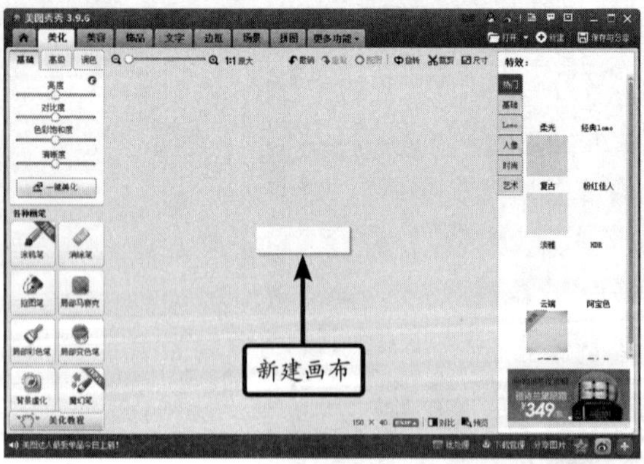

图5-127

03 切换至“边框”选项卡，在其右侧选中一款边框样式，如图5-128所示。

04 弹出“边框”窗口，预览边框样式，如图5-129所示。

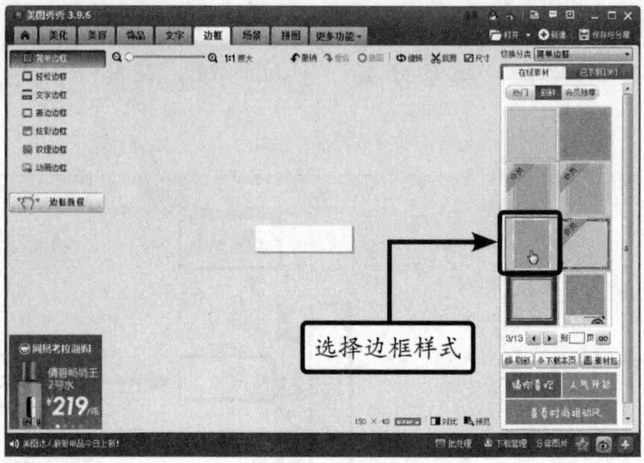

图5-128

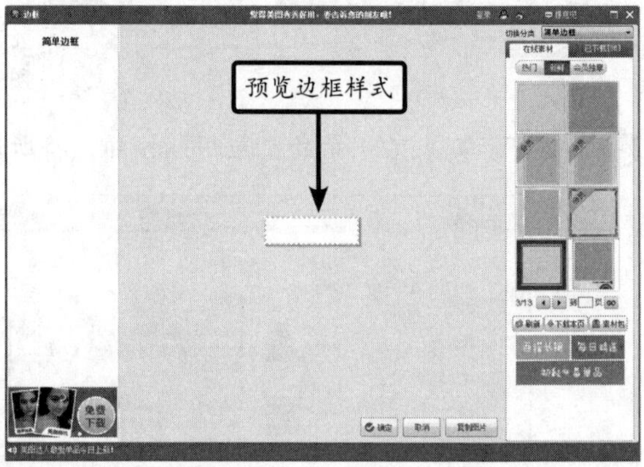

图5-129

05 单击“确定”按钮，返回主界面。单击右上角的“尺寸”按钮，弹出“尺寸”窗口。取消勾选“锁定长宽比例”复选框，将宽度和高度重新设置为“150”“40”（因为添加边框导致画布尺寸变大），如图5-130所示。

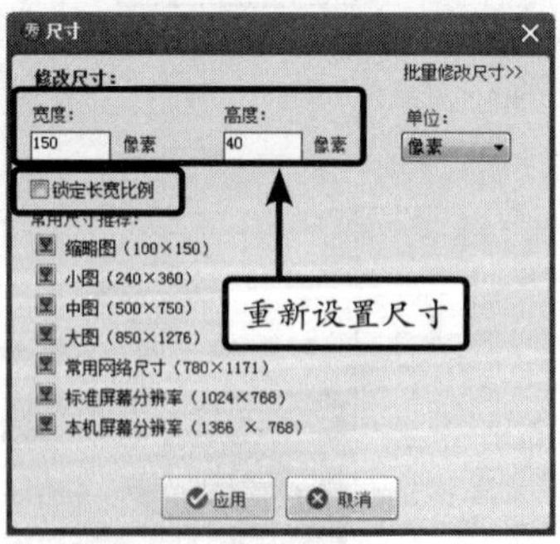

图5-130

06 单击“应用”按钮返回主界面，即可将画布恢复为原来的尺寸。切换至“饰品”选项卡，在其左侧选择“配饰”→“蝴蝶结”选项命令，然后在界面右侧选中一款蝴蝶结样式，在弹出的“素材编辑框”中设置合适的大小，效果如图5-131所示。

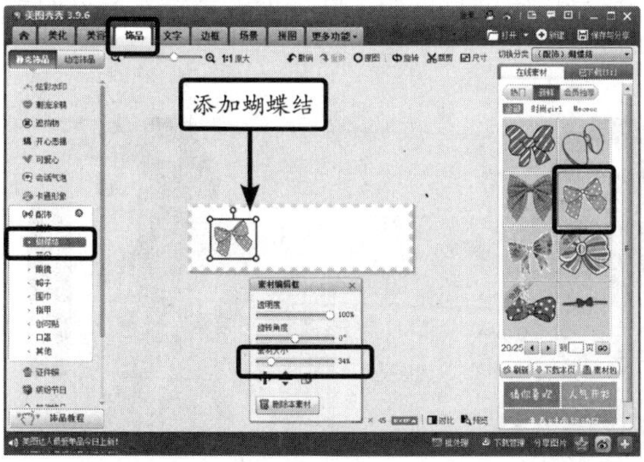

图5-131

07 切换至“文字”选项卡，单击左上角的“输入文字”按钮，弹出文字编辑框。在文本框中输入分类名称“连衣裙”，设置字体为“方正喵呜体”、字号为“25”、颜色为玫红，然后调整至蝴蝶结的右侧，效果如图5-132所示。

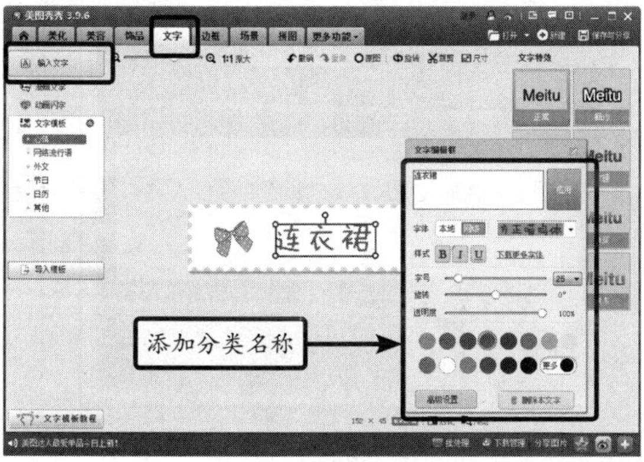

图5-132

08 此时，即可完成宝贝分类的图片设计，效果如图5-133所示。

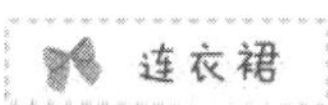

图5-133

09 按“Shift+Ctrl+S”组合键，将其存储为JPG、PNG或GIF格式。

10 更改宝贝分类的名称，设计出其他宝贝分类图片，效果如图5-134、图5-135所示。

图5-134

图5-135

11 将宝贝分类按钮的图片上传到图片空间中，然后进入“宝贝分类管理”页面。在分类名称后单击“添加图片”按钮，如图5-136所示。

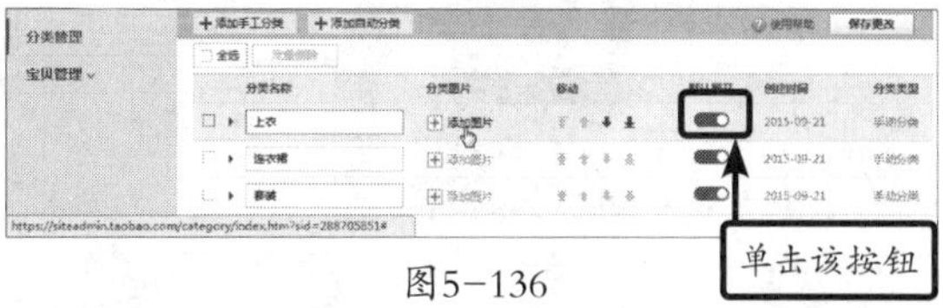

图5-136

12 弹出图片选择窗口，在图片空间中复制宝贝分类图片的链接，然后将其粘贴至“内部图片地址”文本框中，如图5-137所示。

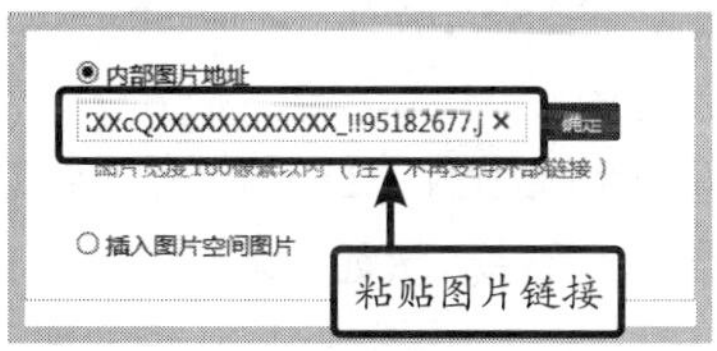

图5-137

13 单击“确定”按钮，为宝贝分类添加图片。按照同样的方法为其他分类添加图片，效果如图5-138所示。

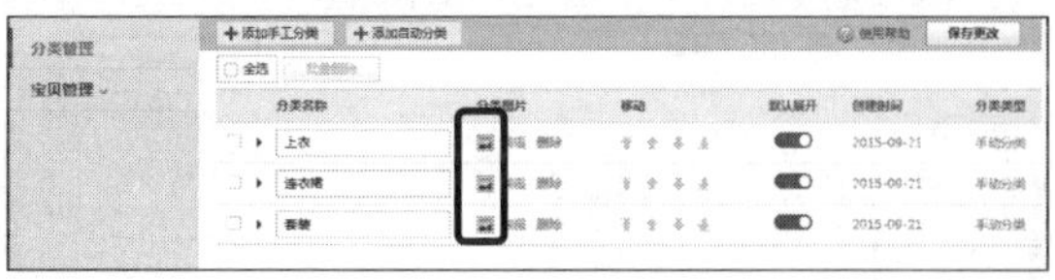

图5-138

14 单击右上角的“保存更改”按钮，然后打开店铺，即可看到添加图片后的宝贝分类效果，如图5-139所示。

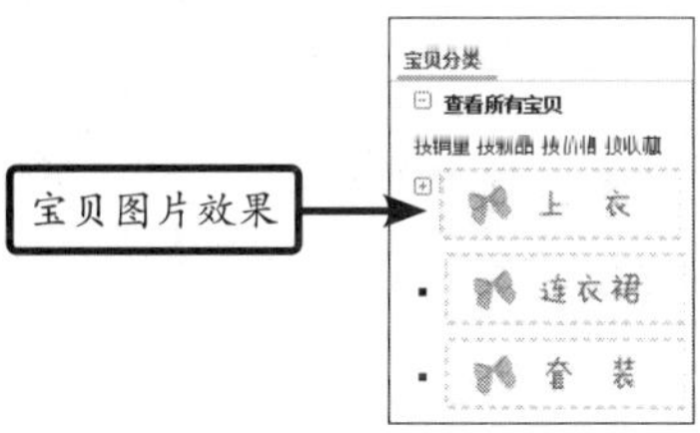

图5-139

5.4.3 设计个性的宝贝分类

很多天猫店铺为了页面的美观，都将宝贝分类放置在店铺首页的中间部分，这样显得页面更加简洁、大气，如图5-140所示。

图5-140

下面使用PS软件、Dreamweaver软件来完成这一操作，具体步骤如下。

01 启动Photoshop CS6软件，按“Ctrl+N”组合键，打开“新建”窗口。在“宽度”和“高度”文本框中分别输入“990”“300”，如图5-141所示。

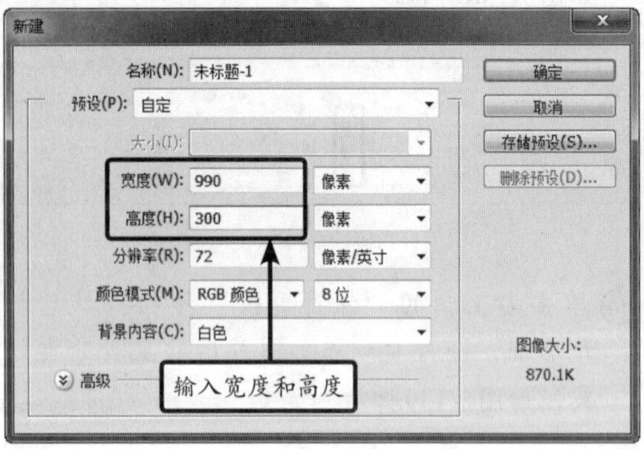

图5-141

02 单击“确定”按钮，即可新建一个990×300（像素）的文档“未标题-1”，如图5-142所示。

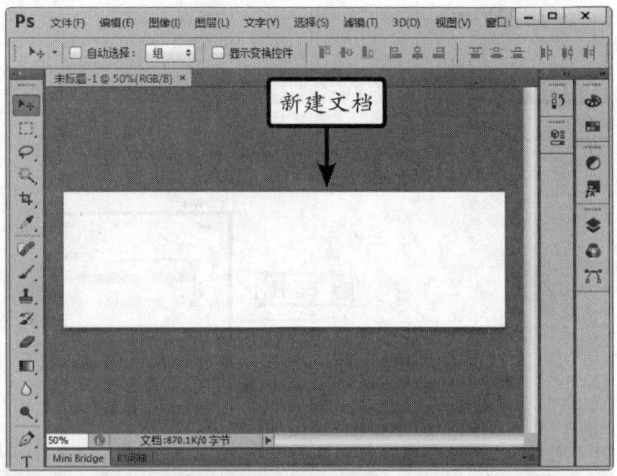

图5-142

03 按“Shift+F5”组合键，进行“填充”操作。弹出“填充”对话框，在“使用”下拉列表中选择“颜色”选项，如图5-143所示。

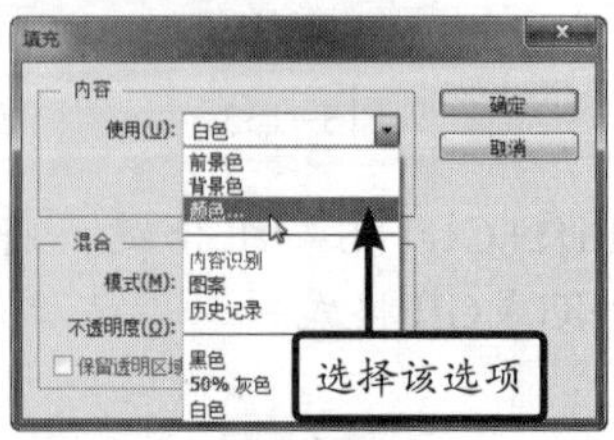

图5-143

04 弹出“拾色器（填充颜色）”对话框，拾取一种颜色，如图5-144所示。

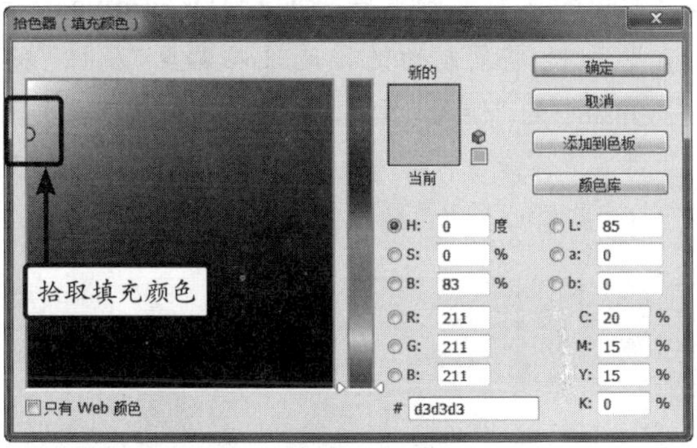

图5-144

05 单击“确定”按钮，返回“填充”对话框，再单击“确定”按钮，返回PS主界面，即可看到填充颜色后的效果，如图5-145所示。

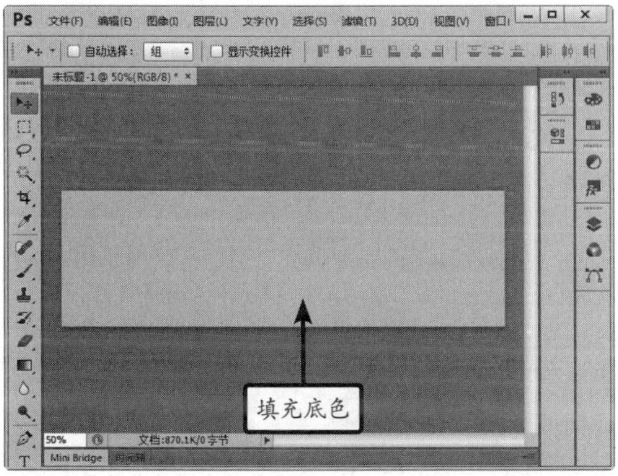

图5-145

06 打开所有素材图片（见图5-146），按“Shift+M”组合键两次，启用“椭圆选框工具”。然后同时按住Shift键和鼠标左键，在第1张素材图片上拖出一个圆形选框，如图5-147所示。

图5-146

图5-147

07 按“V”键，启用“移动工具”。将选中的图片移至“未标题-1”文档中，然后按“Ctrl+T”组合键，进行“自由变换”操作，将图片调整至合适的大小和位置，效果如图5-148所示。

图5-148

08 按“T”键，启用“横排文字工具”。在图片上输入分类的名称，并设置字体为“微软雅黑”、字体样式为“Bold”、字号为“36点”，效果如图5-149所示。

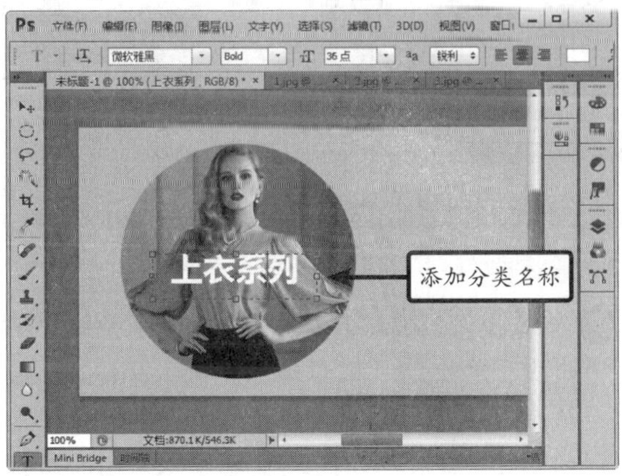

图5-149

09 按照同样的方法，添加其他分类图片及名称，效果如图5-150所示。

图5-150

10 按“Shift+Ctrl+S”组合键，将其存储为JPG、JPEG或PNG格式的图片。进入店铺后台，将图片上传至图片空间中，然后复制图片的代码。

知识链接

如果读者忘记了如何复制图片的代码，请参见本书第2章图2-40。

11 启动Dreamweaver软件，新建一个HTML。在界面左上角单击“拆分”按钮，将左侧栏中的原有代码全部删除，粘贴之前复制的图片代码，然后在右侧的空白栏中单击鼠标左键，即可显示出宝贝分类图片，如图5-151所示。

图5-151

12 单击图片，在其下方的“属性”标签组中单击左下角的 （圆形热点工具）按钮，拖动鼠标左键，在第1个分类图片上添加一个圆形的热区。然后打开IE浏览器进入自己的店铺的“上衣”分类页面中，将IE浏览器顶部地址栏中的链接复制下来，切换到Dreamweaver界面中，将复制的链接地址粘贴至“属性”标签组中的“链接”文本框中（其中的#不要），并在“目标”下拉列表中选择“_blank”选项（“新窗口打开”的意思），如图5-152所示。

图5-152

13 按照同样的方法为其他导航栏目添加热区，效果如图5-153所示。

图5-153

注 意

在店铺装修过程中，如果添加的第1张海报的热区代码命名为“Map”，那么之后添加的海报热区代码就不能再这样命名了，可以命为“Map1”“Map2”……（当然也可以命名为其他的），这样在店铺中添加热区代码之后，才不会出现链接不对或者不能点击的问题。

具体修改方法：如图5-153所示，如果要修改热区代码的命名，就要将代码中的"usemap="#Map" border="0"/>"更改为"usemap="#Map1" border="0"/>", "<map name="Map">"更改为"<map name="Map1">"。

⑭ 复制界面左侧的代码，然后进入店铺首页装修页面。在中间部分的模块右下角单击“添加模块”按钮，如图5-154所示。

图5−154

⑮ 将鼠标指针指向界面左侧的“基础模块”中的“自定义区”（如图5-155所示），然后按住鼠标左键将其拖至界面中，即可出现“自定义内容区”模块，单击其右上角的“编辑”按钮，如图5-156所示。

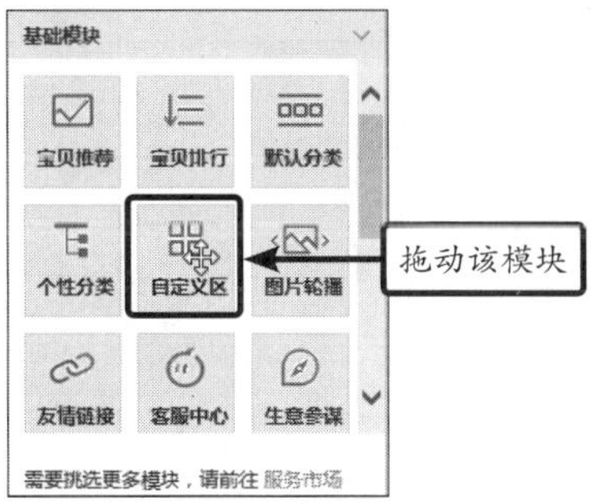

图5−155

图5−156

⑯ 弹出“自定义内容区”窗口，设置“不显示”标题，勾选左下角的“编辑源代码”复选框，然后在列表框中粘贴之前复制的代码，如图5 157所示。

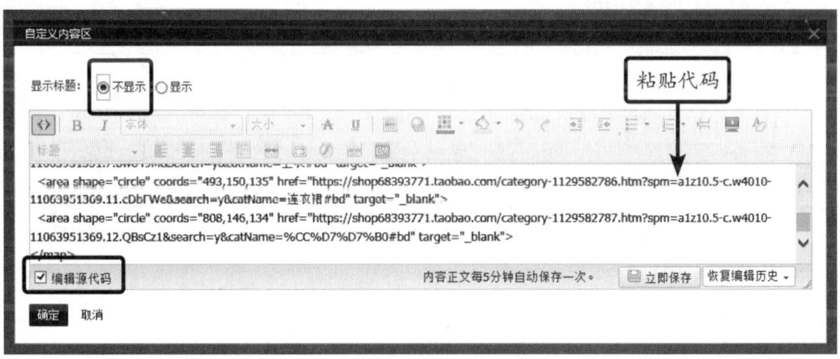

图5−157

⑰ 单击“确定”按钮，返回店铺首页装修页面，再单击右上角的“发布”按钮，完成个性宝贝分类的添加，效果如图5-158所示。

图5-158

⑱ 单击其中的任意一个分类图片，如“套装系列”，即可跳转至指定的链接页面，如图5-159所示。

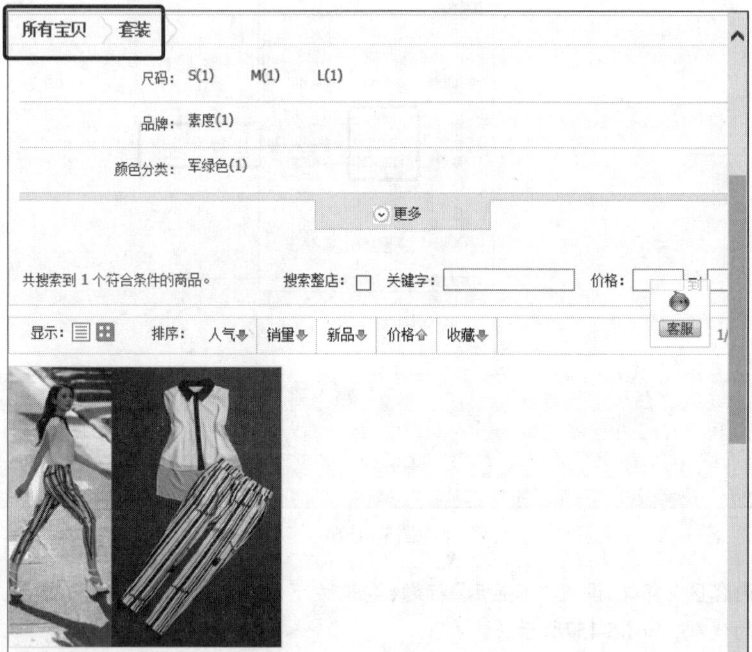

图5-159

第6章　店铺促销页设计

对于店铺举行的促销活动，卖家可以设计相应的促销广告，并将其展示于店铺的促销页面（如导航下方的图片轮播模块中）。

和店招一样，天猫店铺中轮播图片的宽度通常也要设置在990～1920像素之间，高度则在100～600像素之间，如图6-1、图6-2所示。

图6-1

图6-2

本章将介绍几种比较常见的促销活动设计方案。

6.1　设计特价促销广告

特价促销是指针对平时的一些正价商品进行降价的活动来吸引买家的光顾，这是提高商品销售量的常用促销方式。

下面介绍如何使用Photoshop软件设计特价商品的促销广告，具体操作步骤如下。

6.1.1　设计促销页背景

01 启动Photoshop CS6软件，按“Ctrl+N”组合键，新建一个1920×600（像素）的文档“未标题-1”，如图6-3所示。

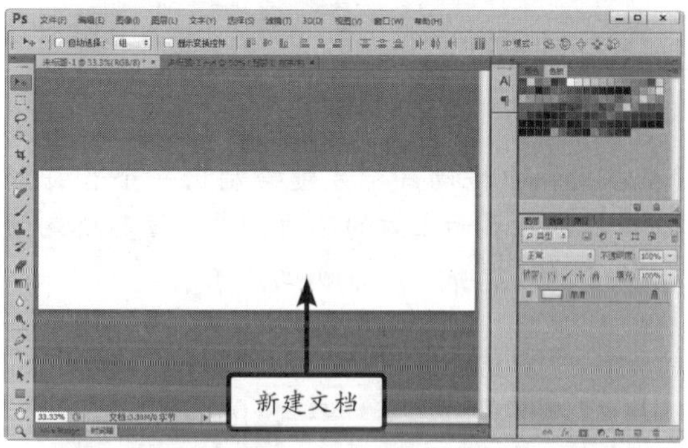

图6-3

02 在界面右侧的“色板”面板中拾取前景色为“蜡笔青”颜色，如图6-4所示。

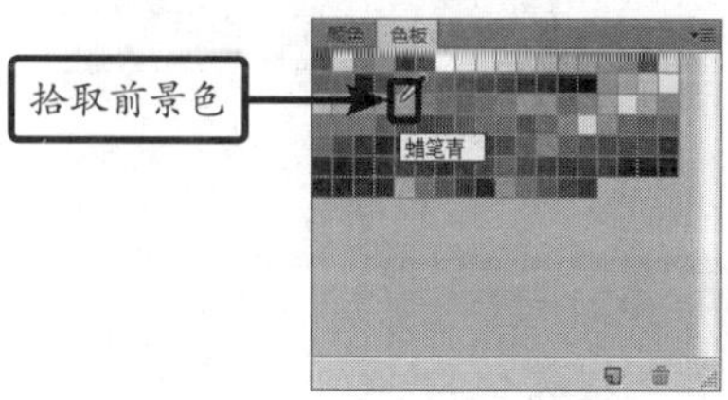

图6-4

03 按“G”键，启用渐变工具。按住鼠标左键，从文档的上方拖动至下方后释放鼠标，即可为文档填充渐变颜色，效果如图6-5所示。

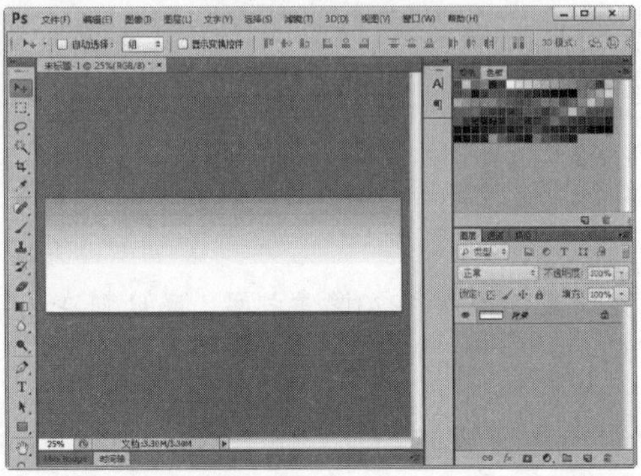

图6-5

04 持续按“Shift+U”组合键多次，直到切换至“自定形状工具”。在界面右上角单击“形状”下拉按钮，在其下拉列表中选择“八分音符”形状，如图6-6所示。

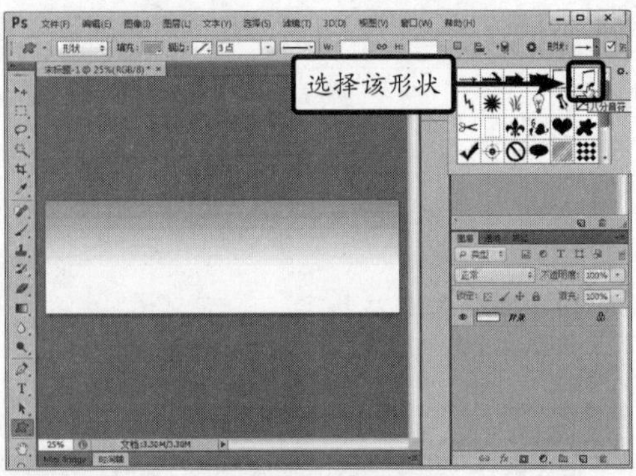

图6-6

05 在文档中拖动鼠标左键绘制出一个音符形状，并在界面上方的选项板中设置其填充颜色为“蜡笔青”，如图6-7所示。

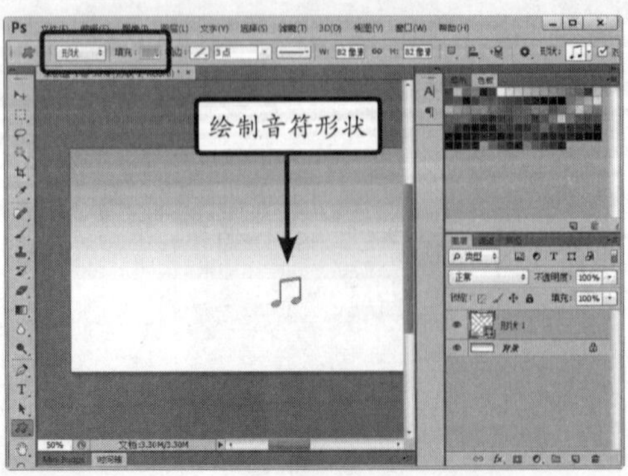

图6-7

06 按照同样的方法绘制多个音符形状，并调整至合适的位置，效果如图6-8所示。

图6-8

6.1.2 添加商品图片

01 按“Ctrl+O”组合键，打开第1张商品素材图片，如图6-9所示。

图6-9

02 按“W”键，启用魔棒工具。在界面上方的选项板中设置“容差”为“15”，然后按住“Shift”键，连续单击图片上的背景部分，将其全部选中，如图6-10所示。

图6-10

03 按“Shift+Ctrl+ I”组合键，进行“反向”操作，选中人物，如图6-11所示。

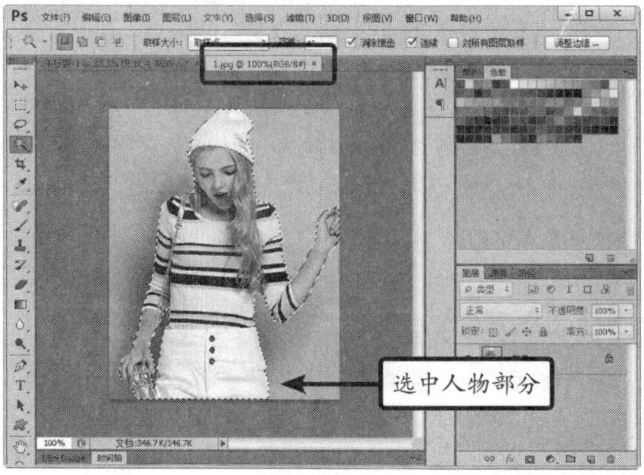

图6-11

04 按“V”键，启用移动工具。按住鼠标左键将其移动至“未标题-1”文档中，再释放鼠标，效果如图6-12所示。

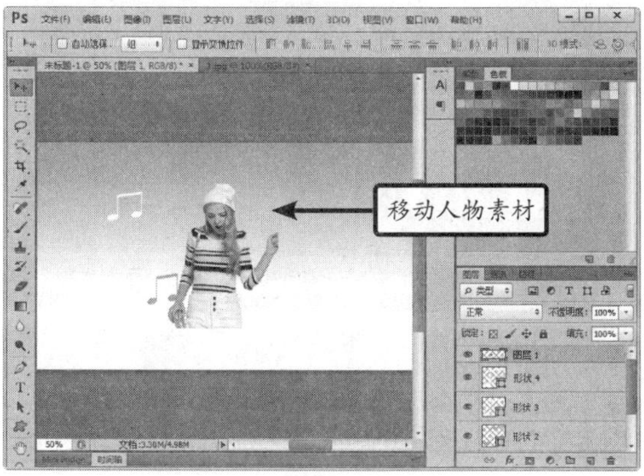

图6-12

05 按“Ctrl+T”组合键，进行自由变换。拖动节点，调整至合适的大小和位置，效果如图6-13所示。

图6-13

06 选择“编辑”→“描边”菜单命令（见图6-14），弹出“描边”对话框。单击“颜色”图标按钮，如图6-15所示。

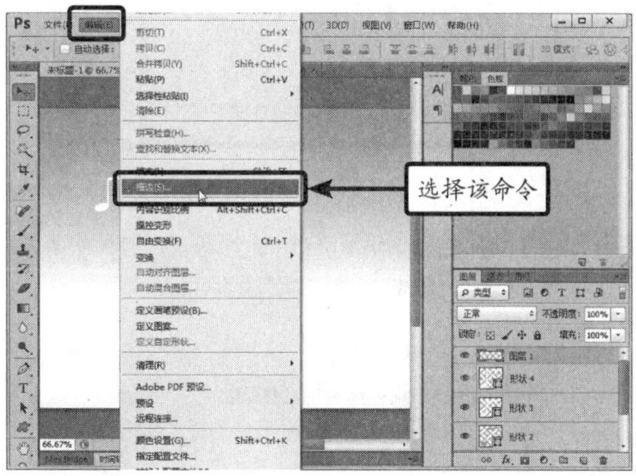

图6-14

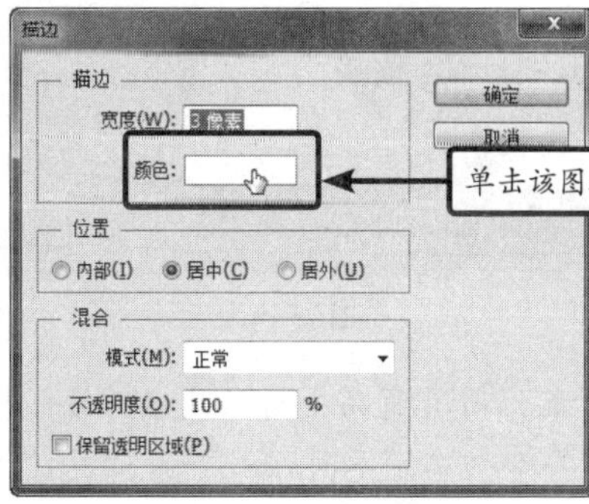

图6-15

07 弹出“拾色器（描边颜色）”窗口，拾取一种描边颜色，如图6-16所示。

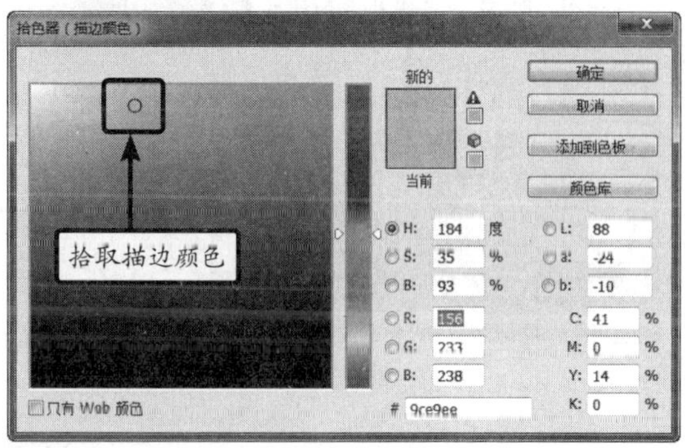

图6-16

08 单击“确定”按钮，返回“描边”对话框。设置描边的宽度为“5像素”，如图6-17所示。

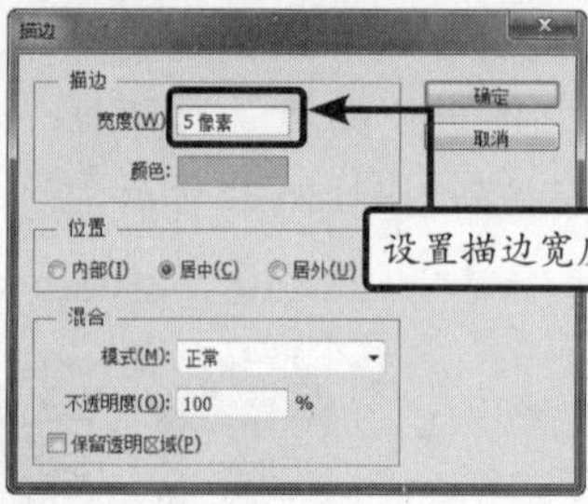

图6-17

09 单击“确定”按钮，返回主界面，即可看到设置的描边效果，如图6-18所示。

图6-18

10 打开其他所有商品素材图片，并按同样的方法将其添加至“未标题-1”文档中，并设置同样的描边效果，如图6-19所示。

图6-19

6.1.3 添加促销文字

01 按“T”键，启用横排文字工具。在商品图片上方添加促销主题的第1个字，设置字体为“微软雅黑”、字体样式为“Bold”、字号为“90点”、颜色为“白色”，并设置为一定的角度，效果如图6-20所示。

图6-20

02 按照同样的方法，继续输入其他文字，并设置一定的角度，效果如图6-21所示。

图6-21

03 按“U”键，启用“自定形状工具”。在界面右上角单击“形状”下拉按钮，在其下拉列表中选择“横幅3”形状，如图6-22所示。

图6-22

04 在促销主题文字下方拖动鼠标左键绘制出一个横幅形状，并在界面上方的选项板中设置其填充颜色为“白色”，如图6-23所示。

图6-23

05 按“T”键，启用横排文字工具。在横幅中添加促销时间，并设置字体为“微软雅黑”、字体样式为“Bold”、字号为“30点”、颜色为“浅红橙”，效果如图6-24所示。

图6-24

06 按“U”键，继续启用“自定形状工具”。在界面右上角单击“形状”下拉按钮，在其下拉列表中选择“会话1”形状，如图6-25所示。

图6-25

07 在促销主题文字下方绘制出一个会话形状，设置其填充颜色为“白色”、描边颜色为“浅红橙”、描边宽度为“5点”，并调整一定的角度，效果如图6-26所示。

图6-26

08 按“T”键，启用横排文字工具。在会话形状中添加特价折扣，并设置字体为“微软雅黑”、字体样式为“Bold”、字号为“40点”、颜色为“浅青”，效果如图6-27所示。

图6-27

09 此时，特价促销广告就已全部设计完毕了，最终效果如图6-28所示。

图6-28

10 按“Shift+Ctrl+S”组合键，将其存储为JPG、JPEG或PNG格式的图片。

6.2 设计新品促销广告

为了让买家在浏览店铺时可以快速了解店铺的新品信息，还可以设计新品促销广告，然后在店铺首页进行展示。

下面介绍如何使用“美图秀秀”软件设计新商品的促销广告，具体操作步骤如下。

6.2.1 设计促销页背景

01 启动“美图秀秀”软件，进入主界面。按“Ctrl+N”组合键，弹出“新建画布”窗口。在“宽度”和“高度”文本框中分别输入“990”和“500”，然后单击“自定义颜色”按钮，如图6-29所示。

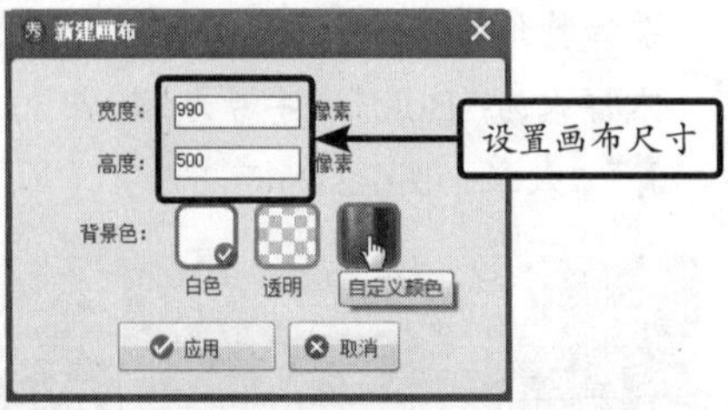

图6-29

02 弹出“颜色”对话框，拾取一种背景颜色，如图6-30所示。

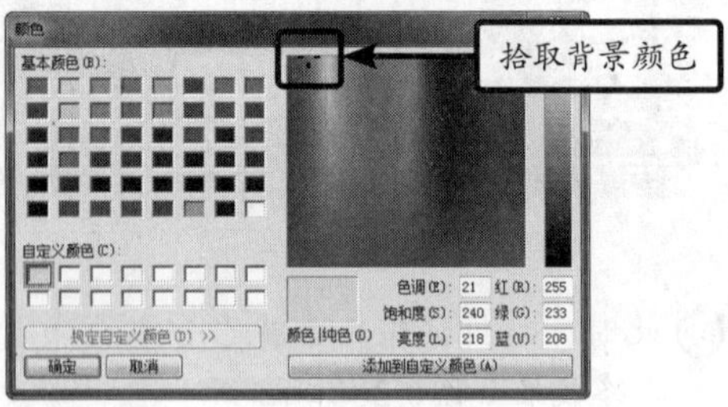

图6-30

03 单击“确定”按钮，返回“颜色”对话框。再单击“应用”按钮，创建指定大小和颜色的画布，效果如图6-31所示。

04 切换至“边框”选项卡，在其右侧选择一种边框样式，如图6-32所示。

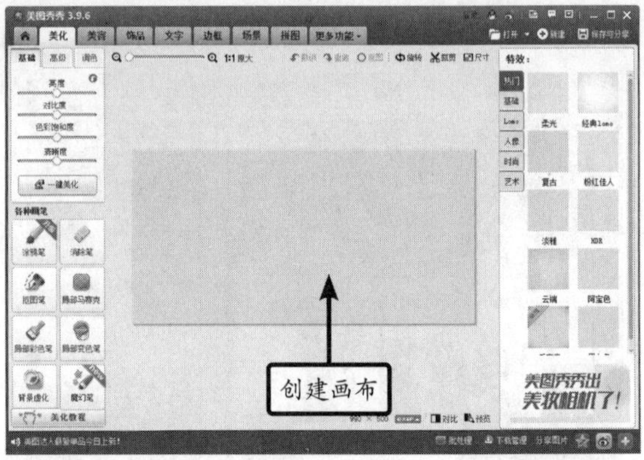

图6-31

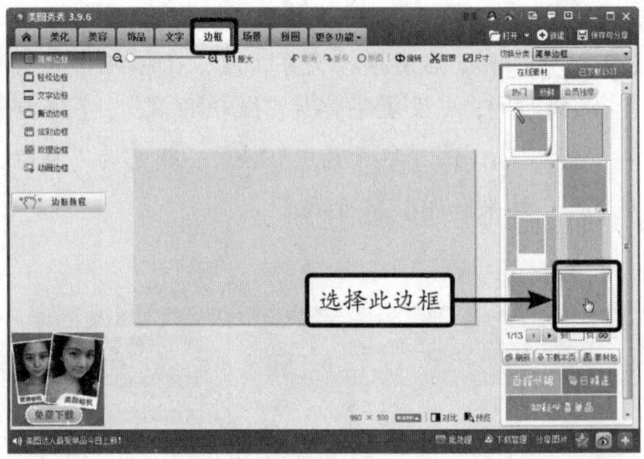

图6-32

05 弹出“边框”窗口，可以预览所选边框的效果，如图6-33所示。

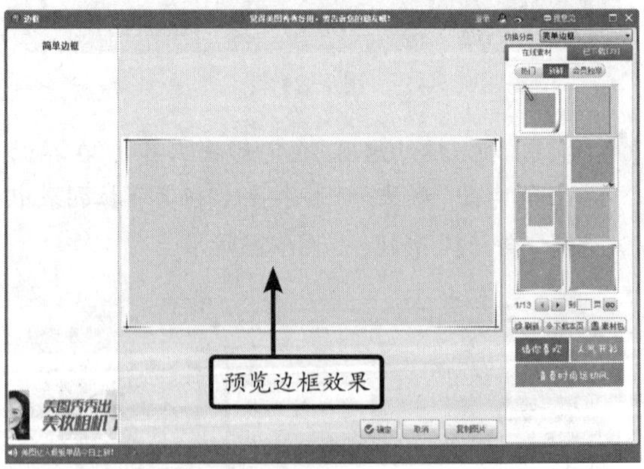

图6-33

06 单击“确定”按钮，完成边框的添加。

07 单击右上角的尺寸按钮，弹出“尺寸”窗口。取消勾选“锁定长宽比例”复选框，将宽度和高度重新设置为“990”和“500”（因为添加边框导致画布尺寸变大），如图6-34所示。

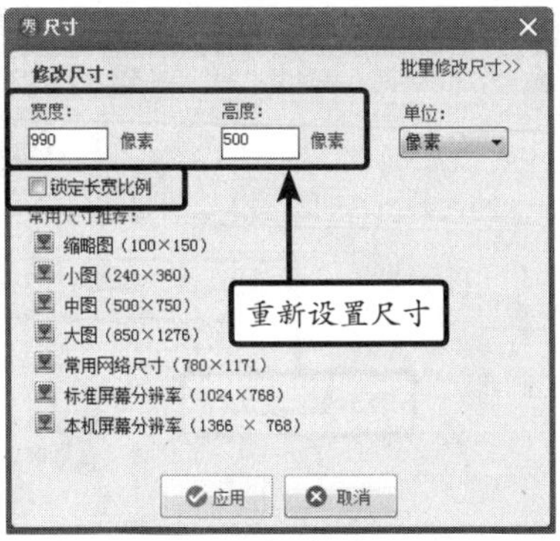

图6-34

08 单击“应用”按钮返回主界面，即可将画布恢复为原来的尺寸，如图6-35所示。

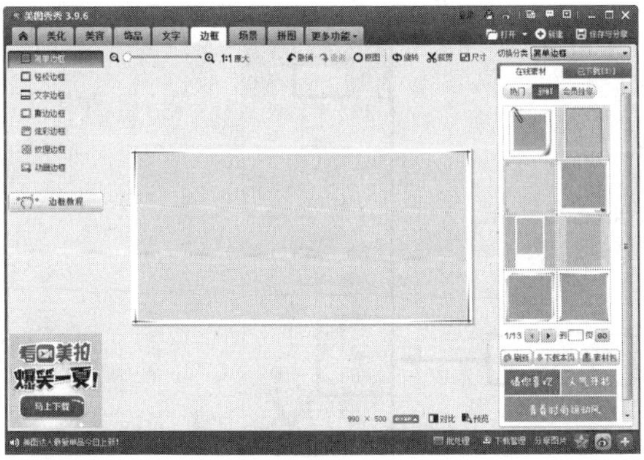

图6-35

6.2.2 添加商品图片

01 在画布中单击鼠标右键，在弹出的快捷菜单中选择“插入一张图片”命令，如图6-36所示。

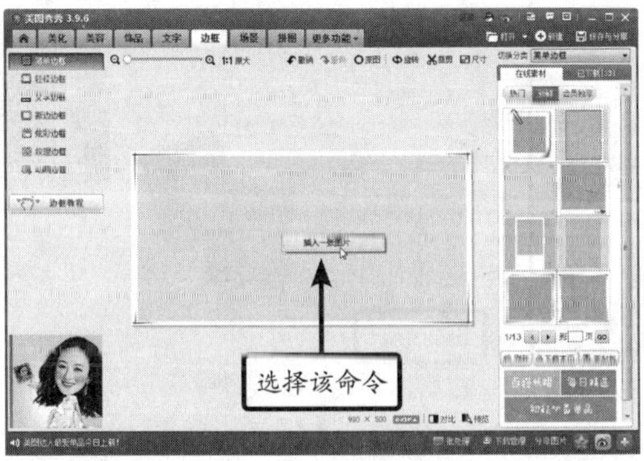

图6-36

02 弹出“打开一张图片”对话框，选中第1张商品素材图片，如图6-37所示。

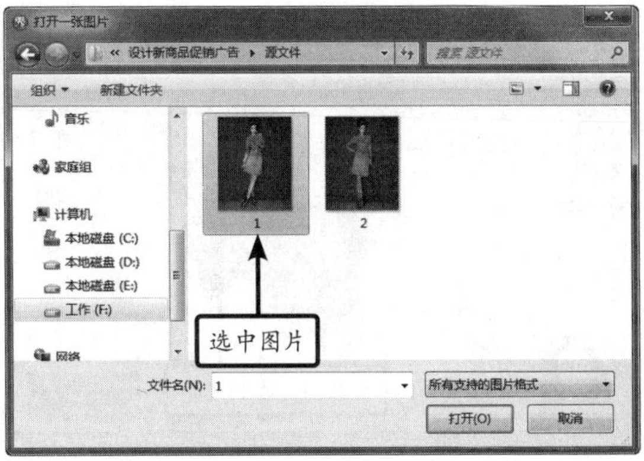

图6-37

03 单击“打开”按钮，将图片插入画布中，如图6-38所示。

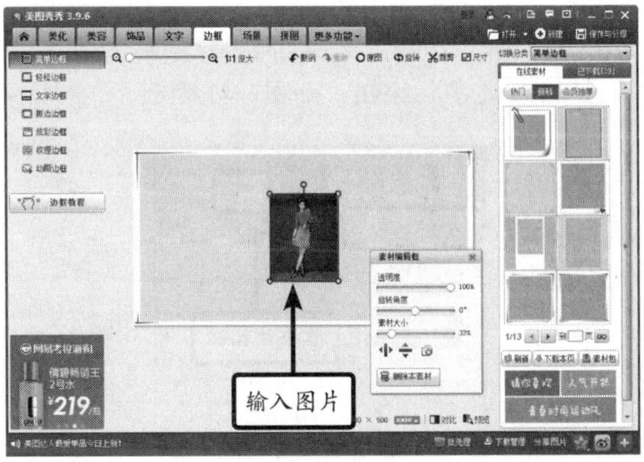

图6-38

04 在“素材编辑框”中设置图片的旋转角度和大小，并将其移至文档的右侧，效果如图6-39所示。

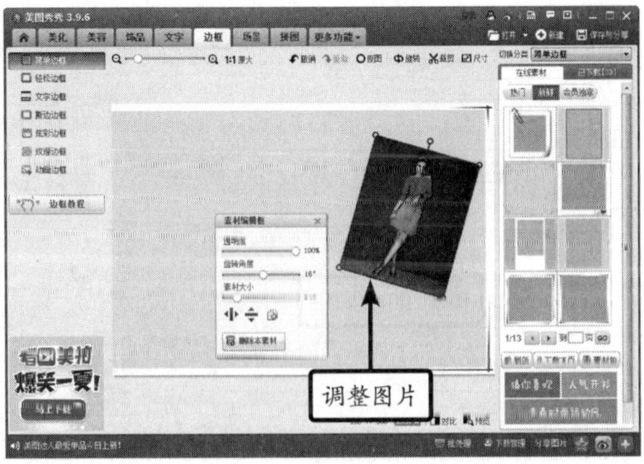

图6-39

05 按同样的方法在画布中插入第2张商品素材图片，并调整合适的大小、角度和位置等，效果如图6-40所示。

图6-40

6.2.3 添加促销文字

01 切换至“文字”选项卡，在其左上角单击“输入文字”按钮，如图6-41所示。

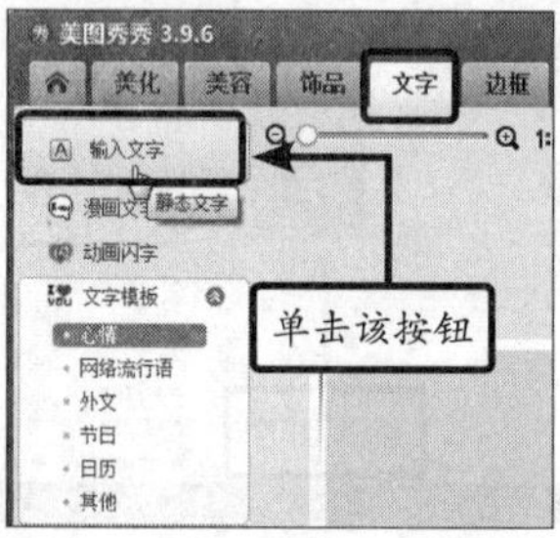

图6-41

02 在“文字编辑框”中文字内容、字体、样式、字号、颜色，并将其移至画布的左上角，效果如图6-42所示。

图6-42

03 继续在第1段文字下方输入第2段文字，并设置合适的字体、颜色等，效果如图6-43所示。

图6-43

04 切换至“美化”选项卡，在其左侧单击“涂鸦笔”按钮，如图6-44所示。

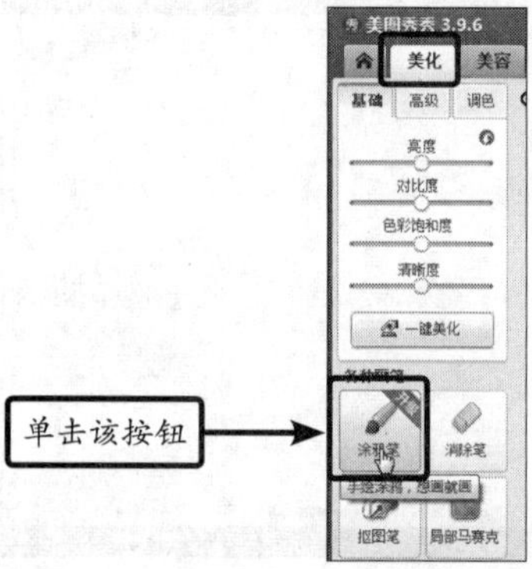

图6-44

05 弹出“涂鸦笔”窗口，在其左上角切换至“形状”选项卡，选择实心正方形图标，并设置颜色为灰色。然后在第2段文字下方，绘制出1个长方形，效果如图6-45所示。

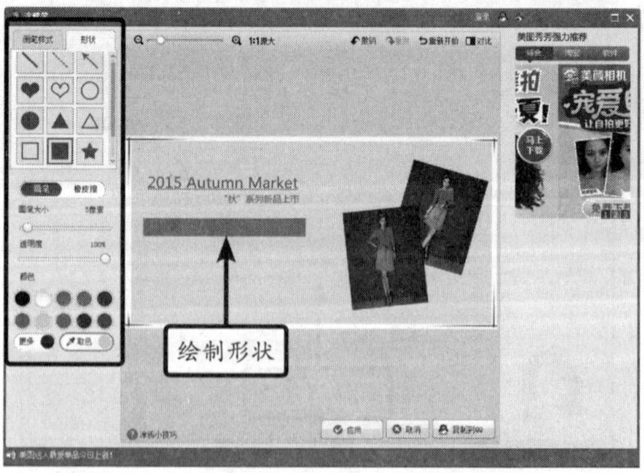

图6-45

06 单击“应用”按钮，返回主界面。切换至“文字”选项卡，输入文字，并设置文字格式，然后将其移动至长方形上，效果如图6-46所示。

图6−46

07 继续在第3段文字的下方输入第4段文字，效果如图6-47所示。

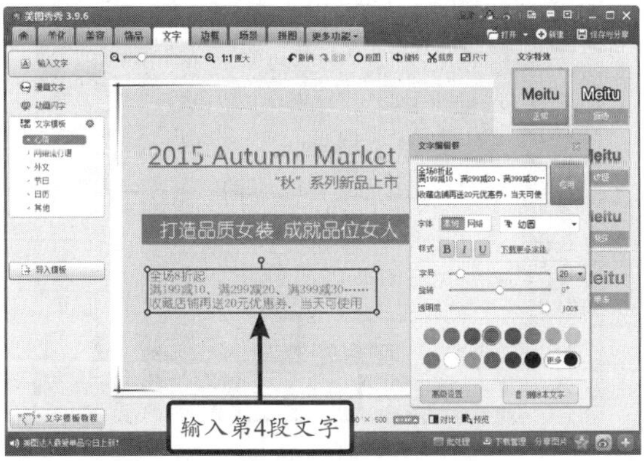

图6−47

08 切换至“美化”选项卡，在其左侧单击“魔幻笔”按钮，如图6-48所示。

图6−48

09 弹出“魔幻笔”窗口，在其左侧选中“光晕”画笔，然后在画布上绘制一些分散的光晕，如图6-49所示。

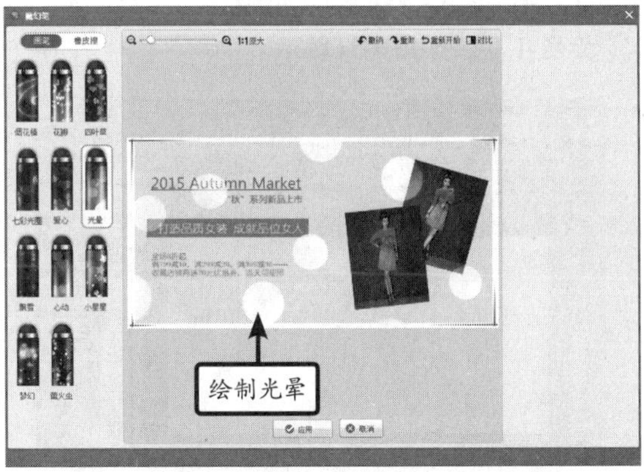

图6−49

10 单击“应用”按钮，返回主界面。此时，新商品促销广告就已全部设计完毕了，最终效果如图6-50所示。

图6−50

11 按“Shift+Ctrl+S”组合键，将其存储为JPG、JPEG或PNG格式的图片。

6.3 设计节日促销广告

与实体店铺一样，适逢每年的不同节日，天猫店铺的店主都会推出一些相应的促销活动，这样的活动是促进买家消费的常用手段之一。

下面介绍如何使用Photoshop软件设计中秋节的促销广告，具体操作步骤如下。

6.3.1 设计促销页背景

01 启动Photoshop CS6软件，按“Ctrl+N”组合键，新建一个990×500（像素）的文档“未标题-1”，如图6-51所示。

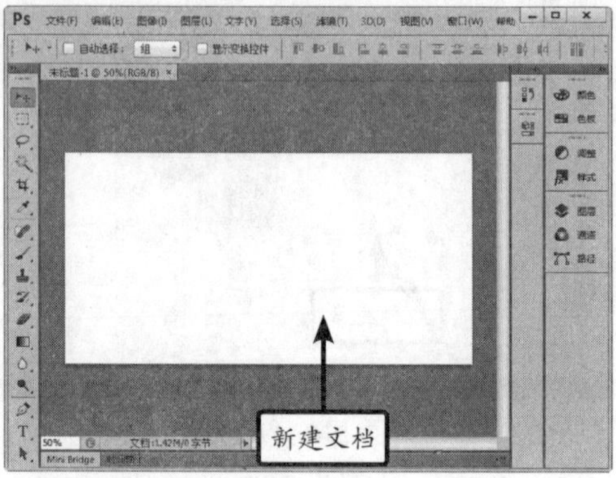

图6−51

02 按“Shift+F5”组合键，进行“填充”操作。弹出“颜色”对话框，单击“使用”下拉按钮，在其下拉菜单中选择“颜色”选项，如图6-52所示。

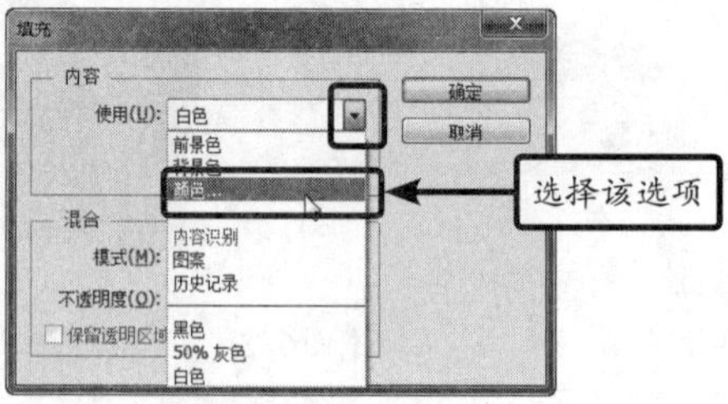

图6−52

03 弹出“拾色器（填充颜色）”对话框，拾取一种填充颜色，如图6-53所示。

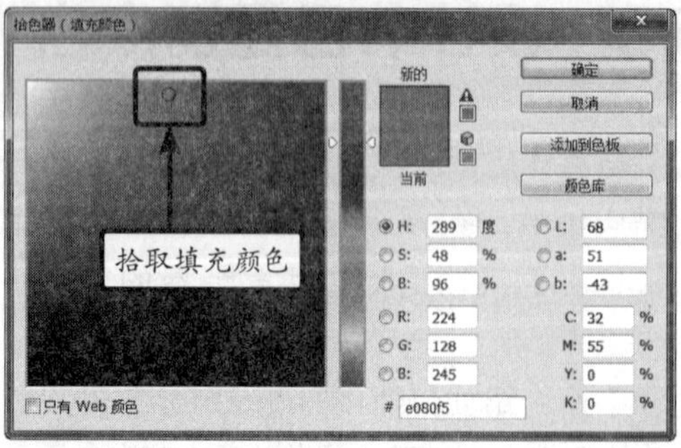

图6−53

04 单击“确定”按钮返回“颜色”对话框，再单击“确定”按钮返回主界面，即可看到填充的颜色效果，如图6-54所示。

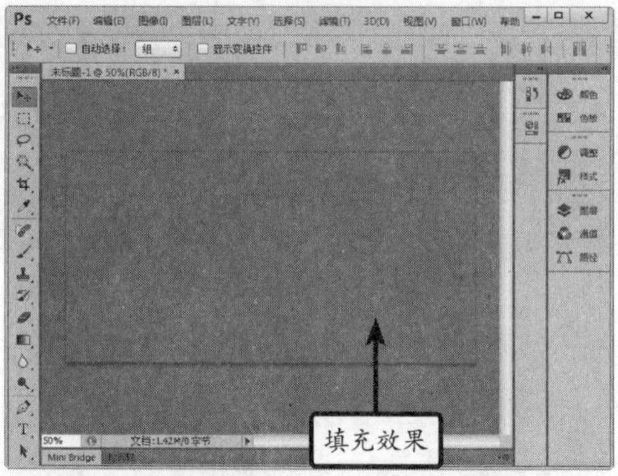

图6−54

05 按“Ctrl+O”组合键，打开第1张素材图片，如图6-55所示。

图6−55

06 按“V”键，启用移动工具。按住鼠标左键不放，将其拖动至“未标题-1”文档中，效果如图6-56所示。

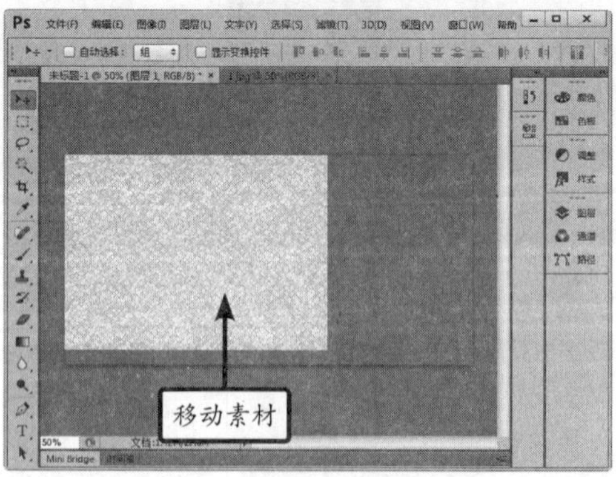

图6−56

07 按“Ctrl+T”组合键，进行“自由变换”操作。调整至合适的大小和位置，然后在界面右侧的“图层”面板中设置图层的混合模式为“柔光”，效果如图6-57所示。

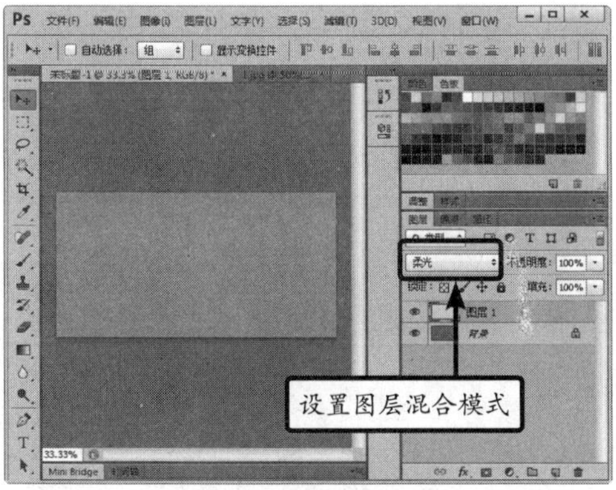

图6−57

08 打开第2张和第3张素材图片，将其移至“未标题-1”文档中，调整合适的大小和位置，并设置图层的混合模式均为“正片叠底”，效果如图6-58所示。

图6−58

09 在界面左侧“工具”面板中单击设置前景色按钮，弹出“拾色器（前景色）”对话框，拾取一种颜色作为前景色，如图6-59所示。

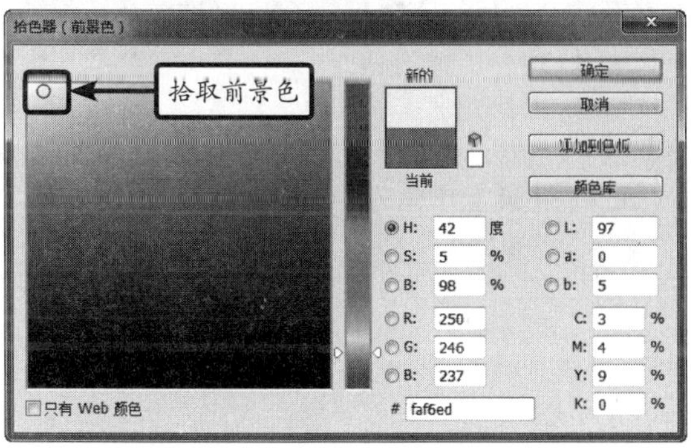

图6−59

10 单击“确定”按钮，返回主界面。切换至“图层2”图层，持续按“Shift+U”组合键多次，直到切换至“椭圆工具”。然后同时按下“Shift”键和鼠标左键，在文档右侧绘制出一个圆形月亮形状，效果如图6-60所示。

图6−60

11 双击“椭圆1”图层，打开“图层样式”对话框。选中“外发光”复选框，在其中设置发光颜色和前景色一样、像素为“80”，如图6-61所示。

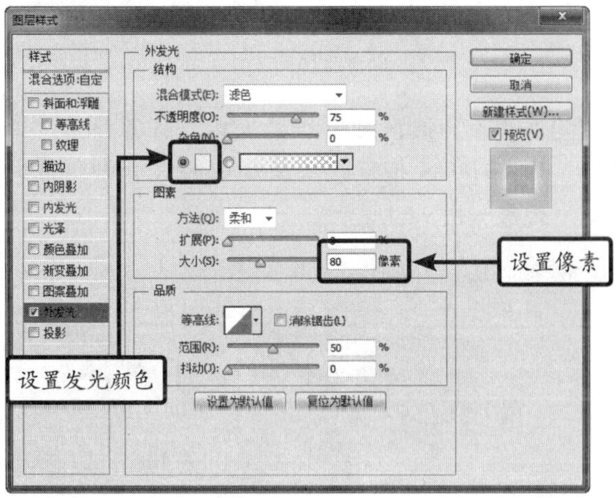

图6−61

12 单击“确定”按钮，返回主界面。即可看到制作的圆月效果，如图6-62所示。

13 打开第4张素材图片，按“W”键，启用魔棒工具。先选中图片的背景部分，然后按“Ctrl+Shift+I”组合键，进行“反向”操作，选中人物部分，如图6-63所示。

图6-62

图6-63

⑭ 按“V”键，启用移动工具，将其移至“未标题-1”文档中，调整合适的大小和位置，效果如图6-64所示。

图6-64

6.3.2 添加促销文字

01 打开第5张素材图片，将其移至“未标题-1”文档中，调整合适的大小和位置，并设置图层的混合模式均为“正片叠底”，效果如图6-65所示。

图6-65

02 持续按“Shift+U”组合键多次，直到切换至“矩形工具”。在文字下方绘制出一个矩形形状，并设置填充颜色为“蜡笔黄”，效果如图6-66所示。

图6-66

03 按“T”键，启用横排文字工具。在矩形上输入文字，并设置字体为“隶书”、字号为“30点”、颜色为“黑红”，效果如图6-67所示。

图6-67

04 按照同样的方法，继续在文档右下角输入其他文字，并设置字体为“微软雅黑”、字号为“14点”、颜色为“黑洋红红”，效果如图6-68所示。

图6-68

05 双击当前图层，打开“图层样式”对话框。选中“描边”复选框，然后在其中设置“描边颜色”为“白色”，如图6-69所示。

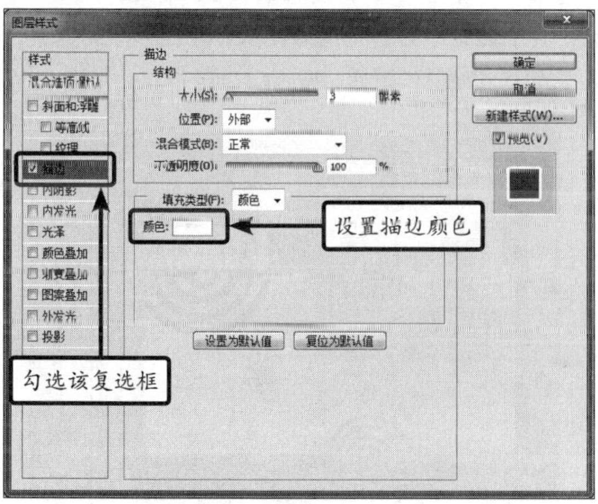

图6-69

06 单击“确定”按钮返回主界面，即可看到文字的描边效果，如图6-70所示。

图6-70

07 按“Shift+T”组合键，启用直排文字工具。在文档的左上角输入文字，并设置字体为“叶根友毛笔行书2.0版”、字号为“14点”、颜色为“CMYK黄”，效果如图6-71所示。

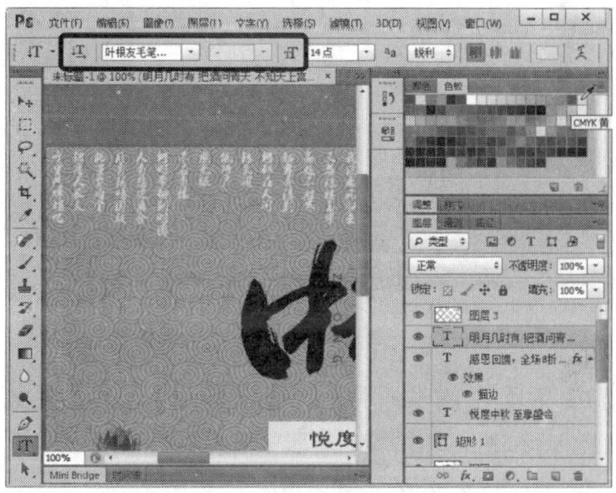

图6-71

08 此时，节日促销广告就已全部设计完毕了，最终效果如图6-72所示。

图6-72

09 按“Shift+Ctrl+S”组合键，将其存储为JPG、JPEG或PNG格式的图片。

6.4 设计店庆促销广告

针对店铺的周年庆，卖家还可以推出店庆主题促销，展开购物送礼等强力促销吸引客流，从而刺激店铺整体销售的提升。

下面介绍如何使用Photoshop软件设计店庆促销广告，具体操作步骤如下。

6.4.1 设计促销页背景

01 启动Photoshop CS6软件，按“Ctrl+N”组合键，新建一个990×500（像素）的文档“未标题-1”，如图6-73所示。

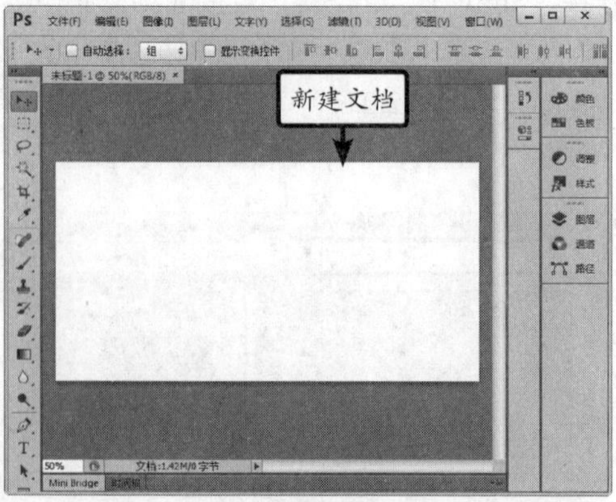

图6-73

02 在界面左侧“工具”面板中单击（设置前景色）按钮，弹出“拾色器（前景色）”对话框，拾取一种颜色作为前景色，如图6-74所示。

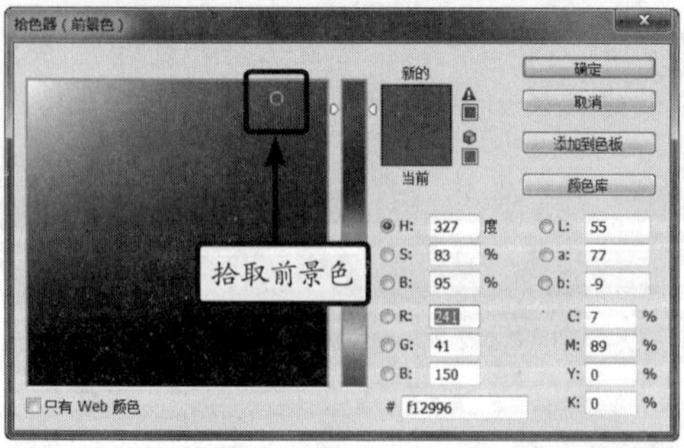

图6-74

03 单击“确定”按钮，返回主界面。按“G”键，启用渐变工具。在界面上方的选项板中单击（点按可打开“渐变”拾色器）下拉按钮，在其下拉菜单中选择“透明条纹渐变”选项，如图6-75所示。

图6-75

04 在文档中拖动鼠标左键绘制多个同心圆圈，效果如图6-76所示。

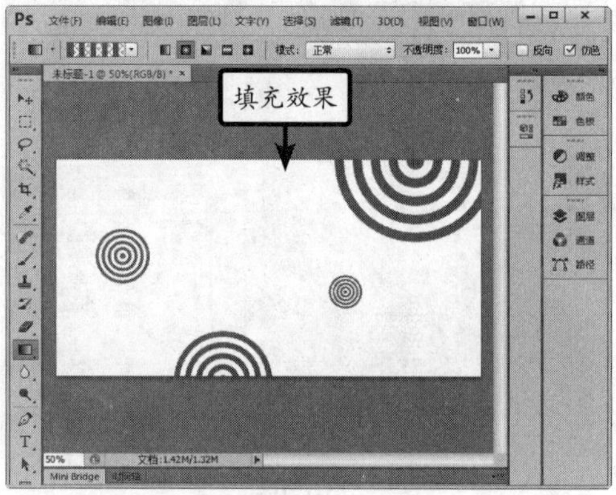

图6-76

05 按“U”键，启用矩形工具。在界面上方的选项板中单击设置形状填充类型下拉按钮，在其下拉菜单中单击图案图标按钮，然后在其中选择“灰色花岗岩花纹纸（128×128像素，灰度模式）”图案，如图6-77所示。

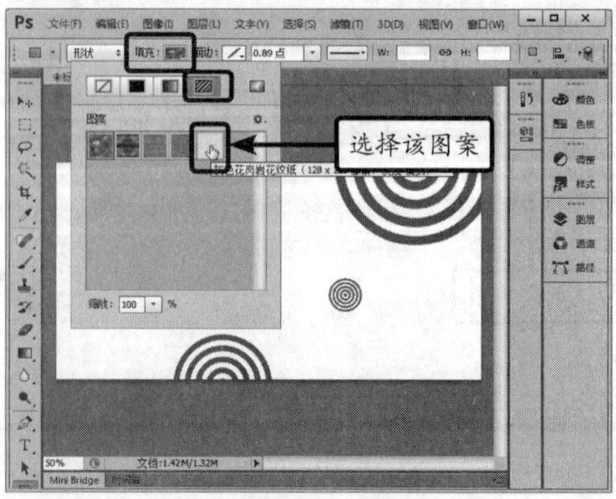

图6-77

06 在文档中间部分拖动鼠标左键，绘制出一个矩形，并设置其描边颜色为“30%灰色”、描边大小为“1点”，效果如图6-78所示。

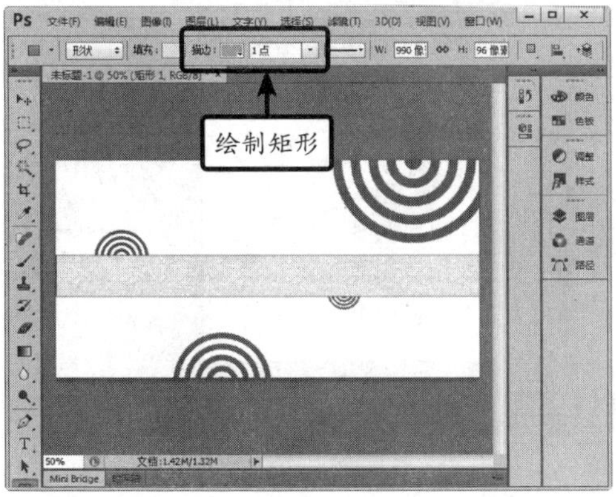

图6-78

6.4.2 添加促销文字

01 按“T”键，启用横排文字工具。输入店铺名称，并设置字体为“幼圆”、字号为“30点”、颜色为“黑色”，效果如图6-79所示。

图6-79

02 输入第2段文字，并设置字体为“宋体”、字号为“200点”、颜色为“#e4007f”，效果如图6-80所示。

03 双击当前图层，打开“图层样式”对话框。勾选“投影”复选框，如图6-81所示。

04 单击“确定”按钮，返回主界面，即可看到文字的投影效果，如图6-82所示。

05 继续输入第3段和第4段文字，并设置字体为“宋体”、字号为“30点”、颜色为“#eb6877”，效果如图6-83所示。

图6-80

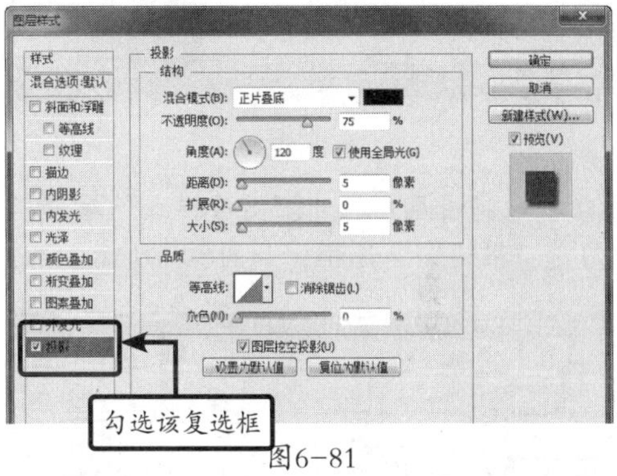

图6-81

图6-82

图6-83

06 继续输入最后1段文字，并设置字体为“宋体”、字号为“24点”、颜色为“#ffff00”，效果如图6-84所示。

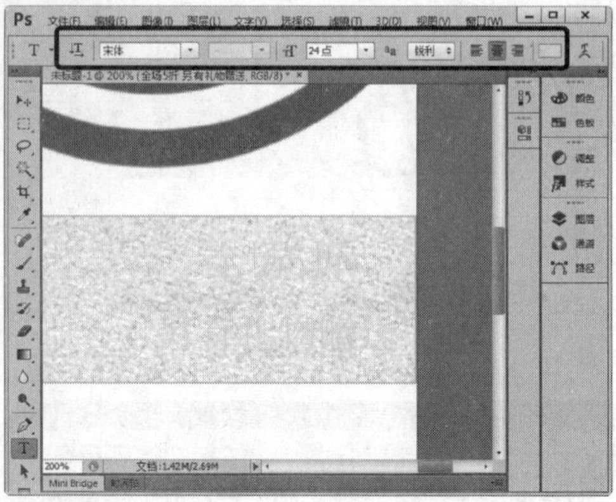

图6-84

07 双击当前图层，打开“图层样式”对话框。勾选“描边”复选框，如图6-85所示。

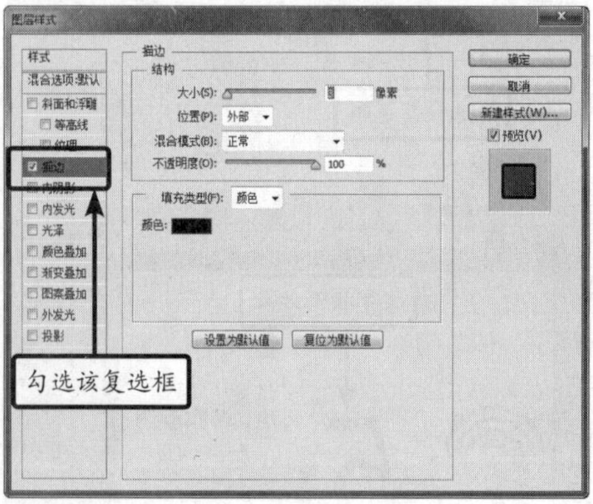

图6-85

08 单击“确定”按钮，返回主界面，即可看到文字的投影效果，如图6-86所示。

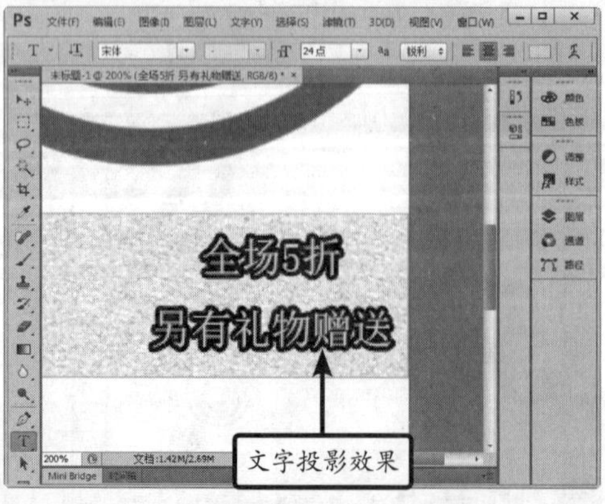

图6-86

09 打开素材图片，按“W”键，利用魔棒工具选中图片中的蝴蝶，如图6-87所示。

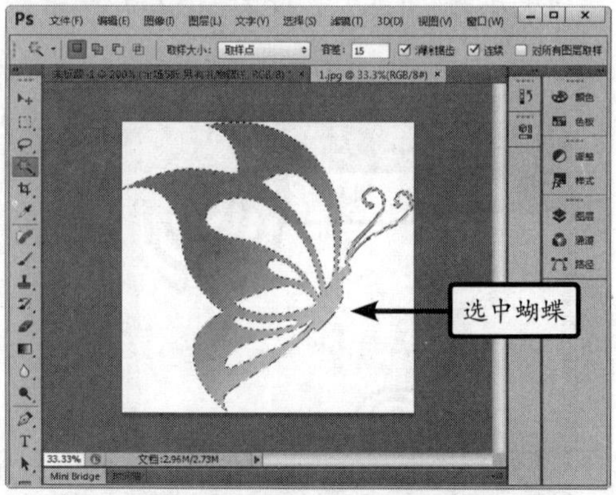

图6-87

10 按“V”键，启用移动工具。将其移至“未标题-1”文档中，调整合适的大小和位置，并设置图层的混合模式均为“正片叠底”，效果如图6-88所示。

图6-88

11 此时，店庆促销广告就已全部设计完毕了，最终效果如图6-89所示。

图6-89

12 按“Shift+Ctrl+S”组合键，将其存储为JPG、JPEG或PNG格式的图片。

第3篇

运营与管理

本篇通过天猫运营、生意参谋，和天猫后台管理几章介绍天猫开店之后的动作，包括运用千牛工作台与买家交流与交易，利用生意参谋掌握店铺交易数据，以及品牌和商铺保障管理。

◆第7章
天猫运营

◆第8章
生意参谋

◆第9章
天猫后台管理

第7章 天猫运营

在做天猫的运营与管理之前，需要组建图7-1所示的团队，这些团队的努力合作是运营好天猫店铺的前提。

本章介绍如何在千牛工作台管理交易模块、与买家在线交流（见图7-2）以及运用插件管理交易等（见图7-3），在千牛工作台还可以对店铺的物流、发货、退换货和退款进行管理。

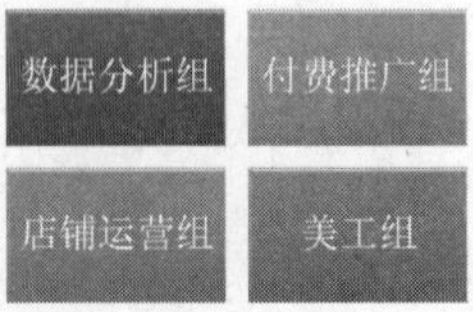

图7-1

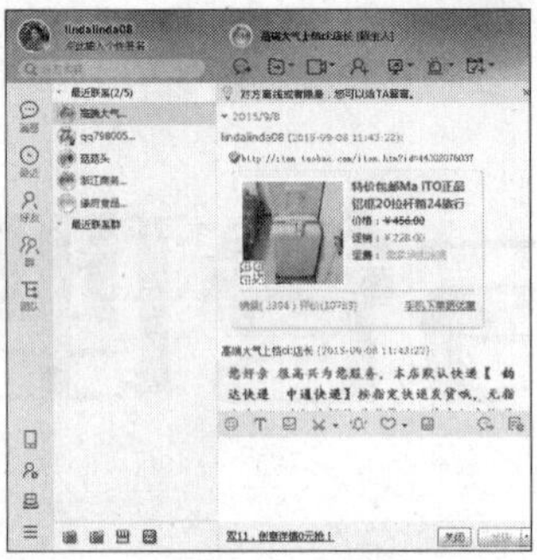

图7-2

图7-3

7.1 千牛工作台中交易模块设定

千牛是为卖家提供的一站式工作台，分为电脑和手机两个版本。卖家借此可以提升自己店铺的经营效率，促进彼此间的合作共赢。卖家可以更加便捷、高效地管理店铺，让生意游刃有余。千牛工作台相对以前的阿里旺旺老版本开发了更多功能，使用千牛卖家工作台可以实现图7-4所示5项新功能。

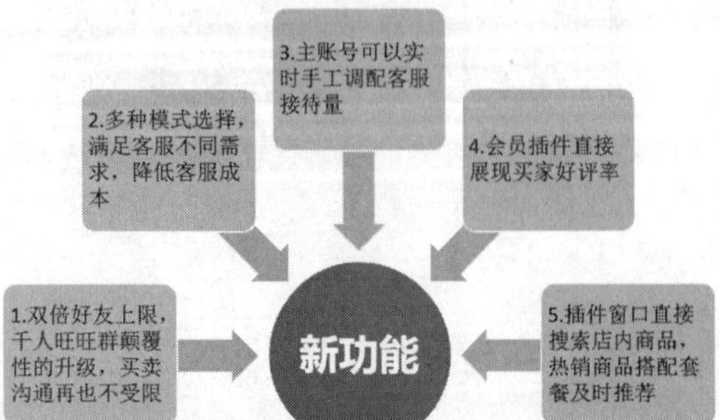

图7-4

7.1.1 千牛工作台下载与安装

卖家可以登录淘宝网在相关页面下载并安装千牛软件，具体步骤如下。

01 登录千牛下载页面（http://work.taobao.com/），单击右上角的“电脑版”，在下方可以选择下载“Windows版”或者“Mac Beta版”，如图7-5所示。直接单击图标下载。

图7-5

02 打开下载文件夹，双击打开安装页面（见图7-6），单击“快速安装”按钮，直至千牛工作台安装至最后一步（见图7-7）。最后单击“完成”按钮。

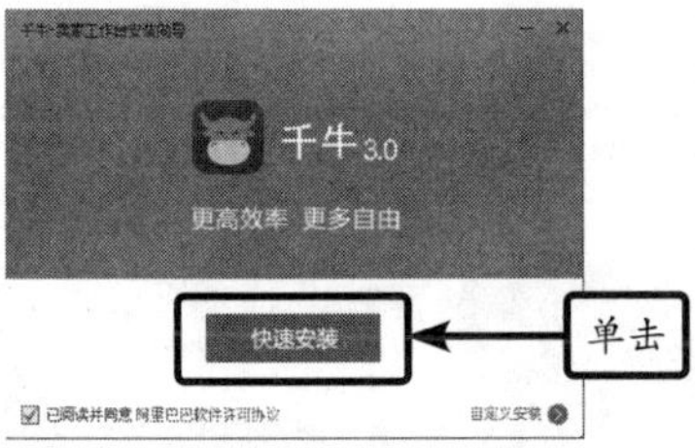

图7-6

图7-7

03 打开千牛工作台界面后（见图7-8），按要求输入账户名及密码，再单击“登录”按钮即可登录千牛工作台。

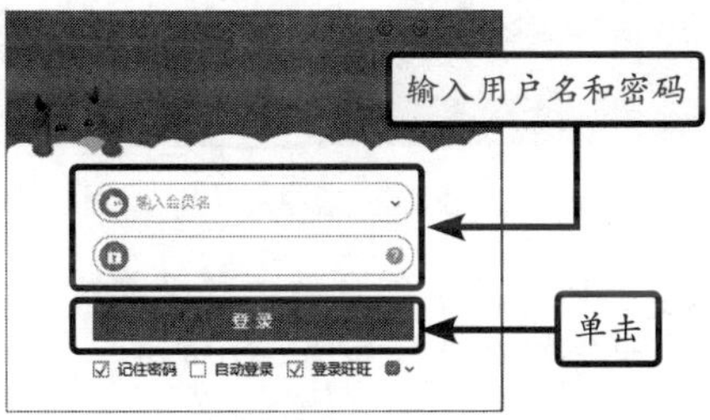

图7-8

7.1.2 主要交易模板设定

为了能够及时了解店铺访问量以及宝贝交易动态，用户可以在千牛工作平台上通过设置显示的模板掌握最新数据。下面介绍如何设置指定模板中只显示特定的数据。

01 登录至千牛工作台后，面板中间显示的是多个模板（见图7-9），将鼠标指针指向“今日总访客”模板右上方，会自动出现4个不同的按钮（见图7-10）。单击第一个“配置卡片”按钮打开下拉列表。

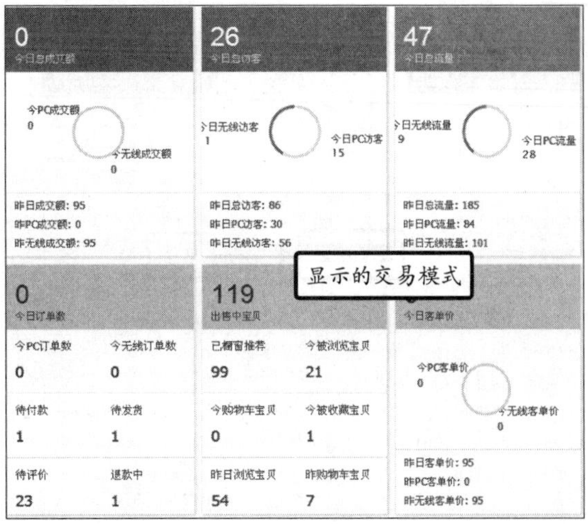

图7-9

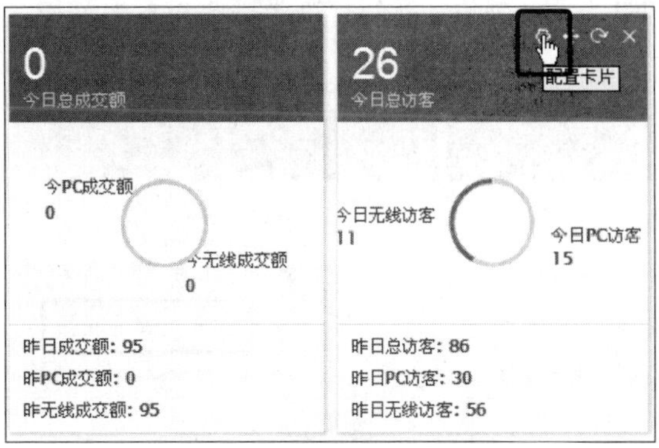

图7-10

02 在列表中有多个选项可供选择是否显示，如图7-11所示。勾选需要显示的名称前的复选框，如图7-12所示。

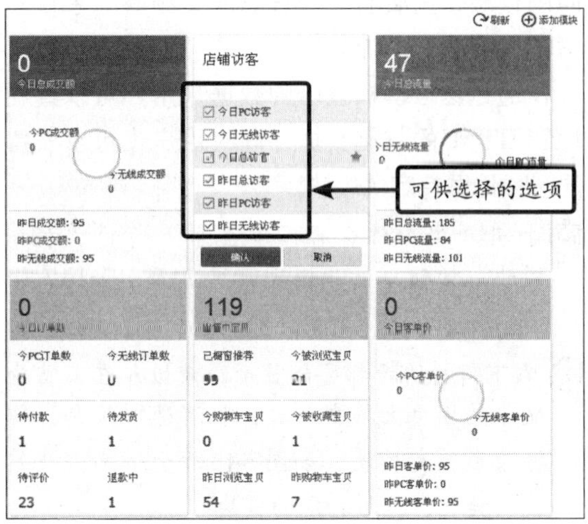

图7-11

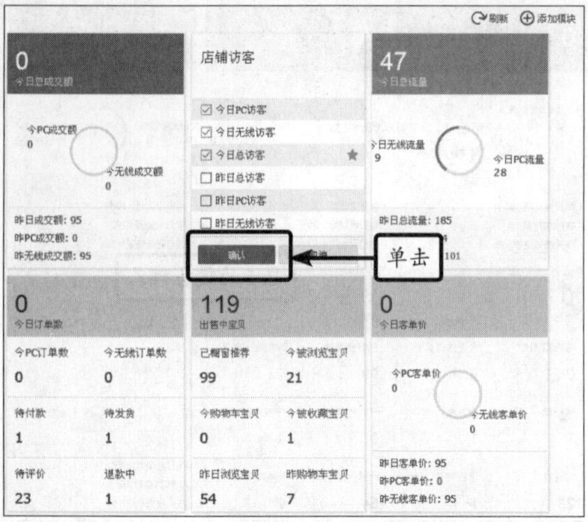

图7-12

03 单击“确认”按钮即可单独显示某项数据，效果如图7-13所示。

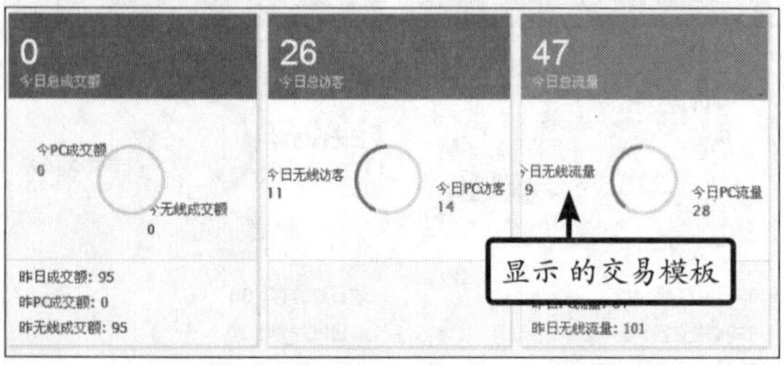

图7-13

7.1.3 添加其他交易模块

打开千牛工作台后会在页面显示多个不同的模板，主要有“今日总成交额”“今日总访客”“今日总流量”，以及“今日订单数”等，通过这些模板显示的数据，用户可以直观地查看需要的基础数据；同时用户也可以设置显示或隐藏特定的模块。

01 打开千牛工作台后，单击右上角的“添加模块”按钮，打开模块设置页面，如图7-14所示。

02 右下角打钩的都是会显示的模板，在不需要显示的模块上单击一次，取消选中状态，即可隐藏指定模块，如图7-15所示。单击“完成”按钮，隐藏指定的模块。

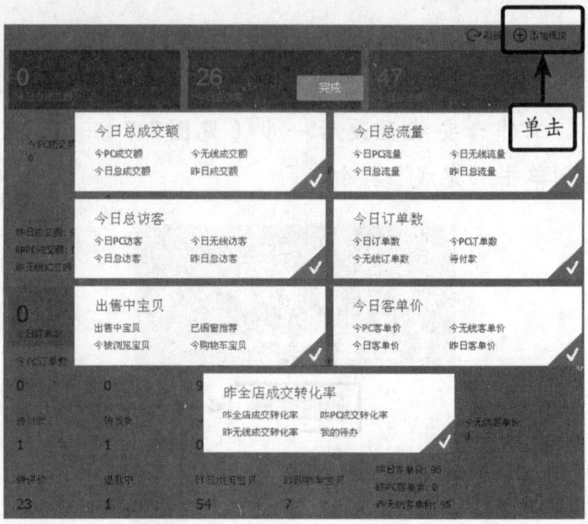

图7-14

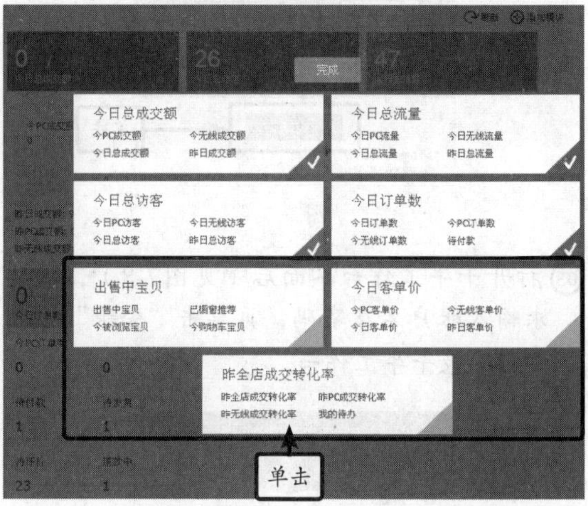

图7-15

03 返回千牛工作台后，可以看到只显示了指定模块的效果，如图7-16所示。

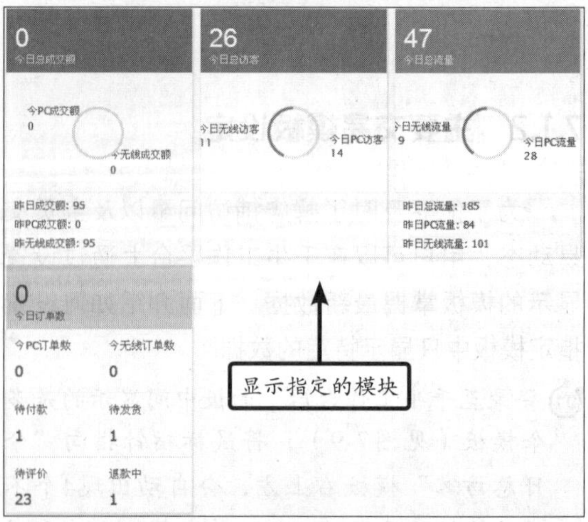

图7-16

7.2 与买家在线交流

卖家通过千牛工作台可以实现对交易的管理，也可以实现卖家与买家的随时随地沟通，更好地促成交易完成。

7.2.1 在线答复买家疑问

登录千牛工作台后，单击聊天悬浮窗口中的“聊天”按钮（见图7-17），打开聊天窗口后，单击左侧的好友列表找到需要联系的买家（见图7-18），直接单击即可在文本框中输入内容并发送，实现在线交流。

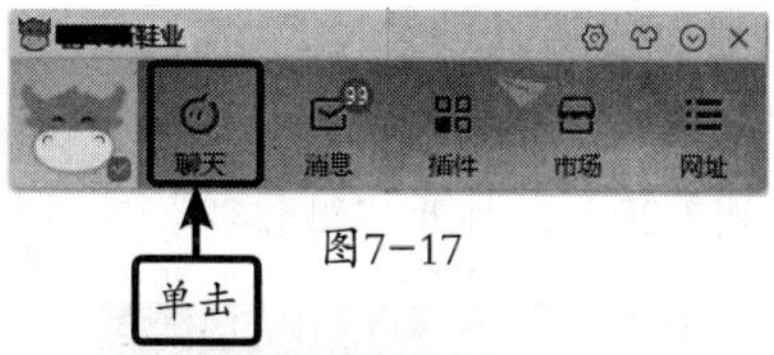

图7-17

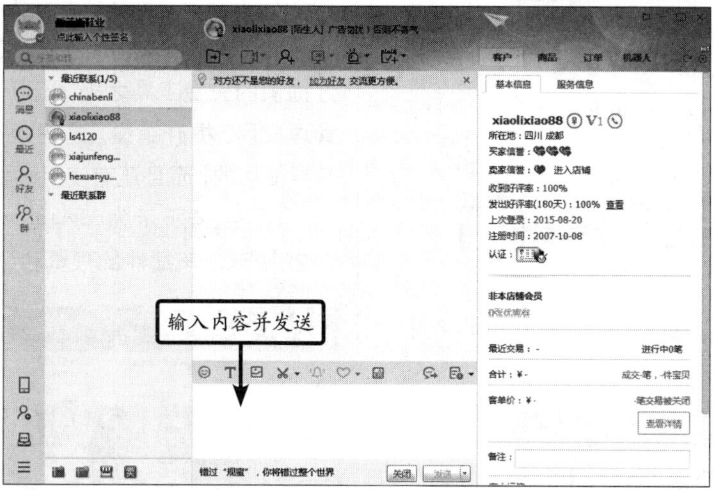

图7-18

7.2.2 通过群与老客户交流

单击聊天窗口切换至“我的群”标签，可以查看当前所有群名称（见图7-19）。单击指定群名称后，即可打开对应的对话框实现在线交流。

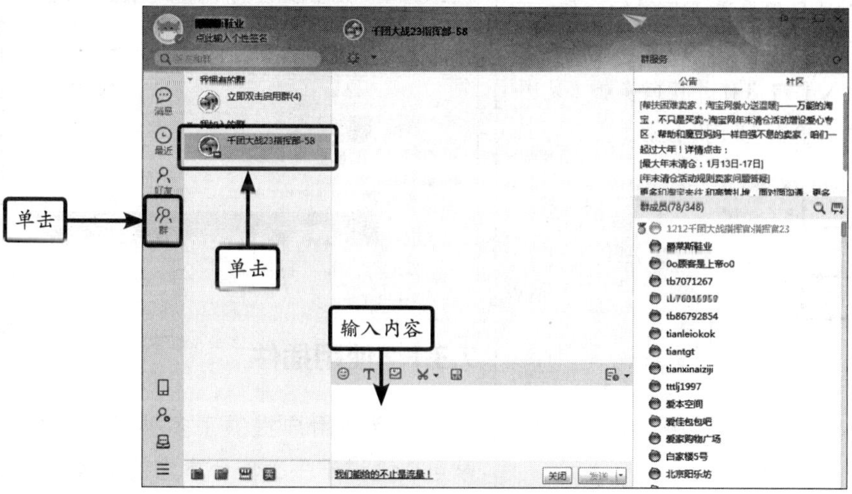

图7-19

7.2.3 分类管理买家

店铺开的时间长了，就会接触大量的新老买家，为了能够更好地为买家服务，卖家可以通过千牛工作台对买家进行分组，比如按照不同地区来分组，下面介绍具体操作。

01 打开聊天窗口后，在“淘宝好友”标签上单击鼠标右键，在右键菜单中单击“组管理”（见图7-20），打开“组管理”对话框。

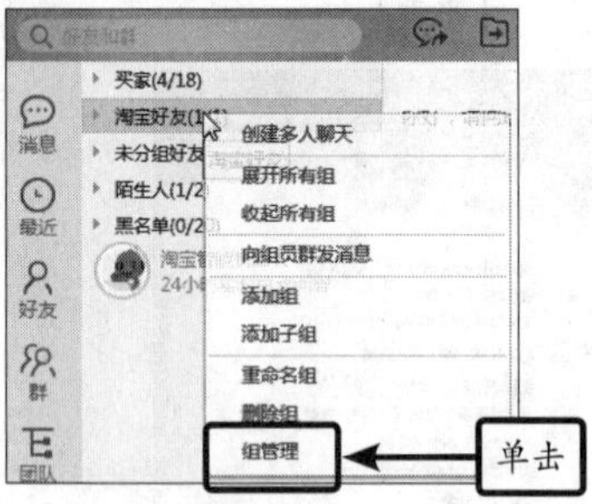

图7−20

02 单击“添加组”按钮，然后输入组的名称，如图7-21所示。

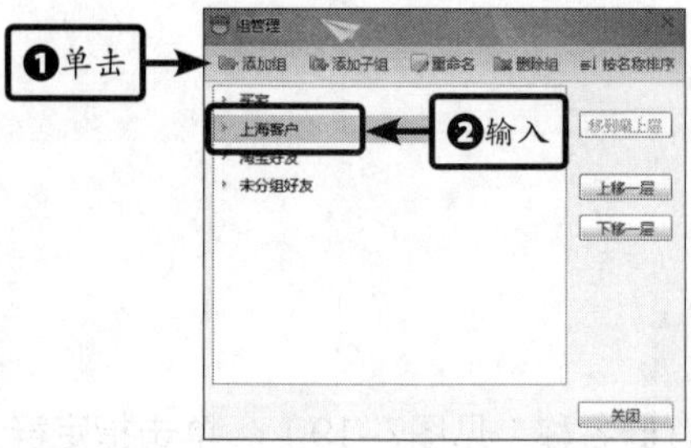

图7−21

03 如果想要实现对地区的更进一步详细分组，可以单击“添加子组”按钮（见图7-22），进入子组编辑状态。输入子组名称并按回车键（见图7-23）。设置完成后单击“关闭”按钮。

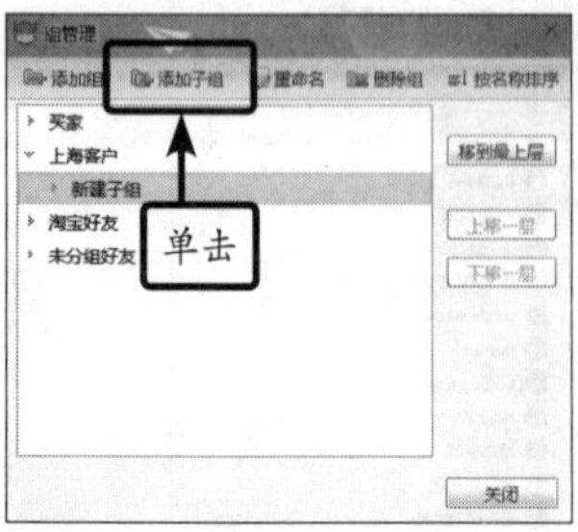

图7−22

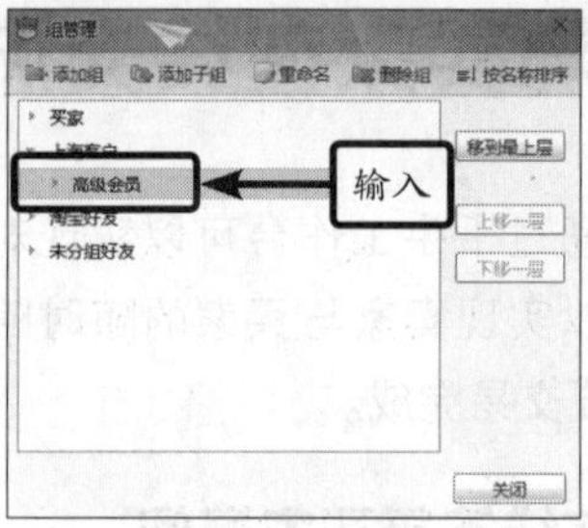

图7−23

7.3 火爆插件的使用与管理

为了提升天猫店铺宝贝交易量，除了使用官方提供的免费工具之外，还可以选择第三方插件管理交易、提升销量。这些第三方插件基本都是有偿使用的，而且还有使用时限的限制。

图7−24所示为“神笔”插件的页面；图7−25所示为该插件的预览和订购页面。

图7−24

图7−25

7.3.1 使用插件

淘宝为用户提供了多种类型的插件，商家可以通过千牛工作台事先搜索需要的插件类型，并在相关页面了解插件的使用详情以及价格等信息。下面介绍如何添加普云插件。

01 登录千牛工作台后，单击“插件中心”下方的“商家营销”按钮（见图7-26），打开插件订购页面，如图7-27所示。

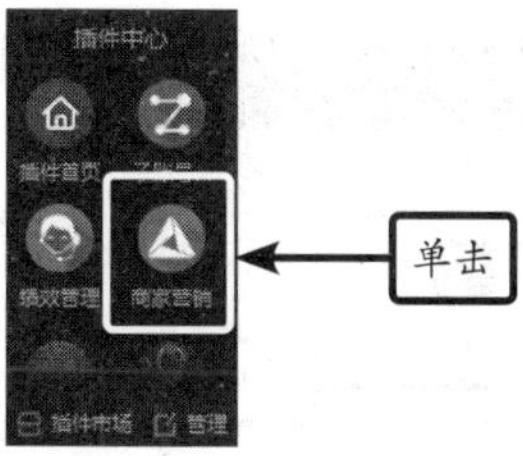

图7-26

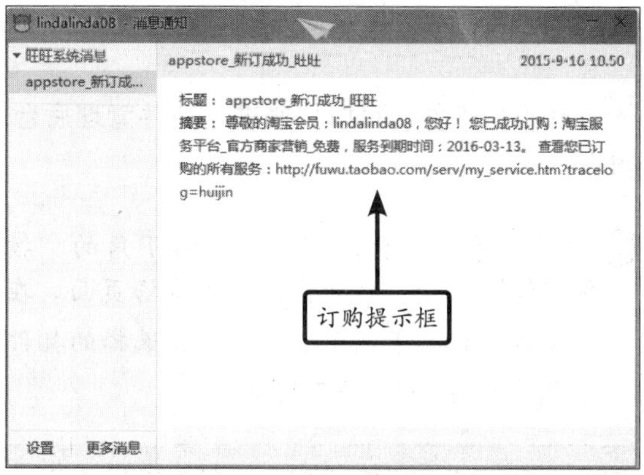

图7-27

02 进入插件介绍页面后，可以看到订购价格以及插件界面和具体介绍，如图7-28所示。

图7-28

03 单击“促销管理”下的“火牛促销”，打开“火牛促销-淘宝卖家服务”页面（见图7-29），这里详细介绍了该插件的价格、服务周期等内容，该插件需要付费才能使用。

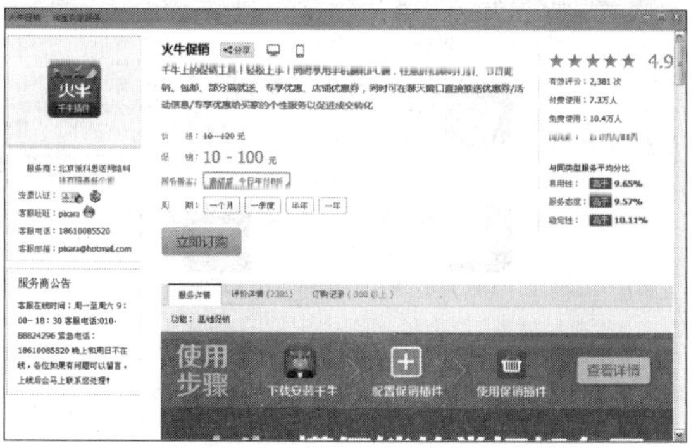

图7-29

04 单击“交易管理”下的“悟空交易”，打开“悟空交易-淘宝卖家服务”页面（见图7-30），这里详细介绍了该插件的价格、服务周期等内容。

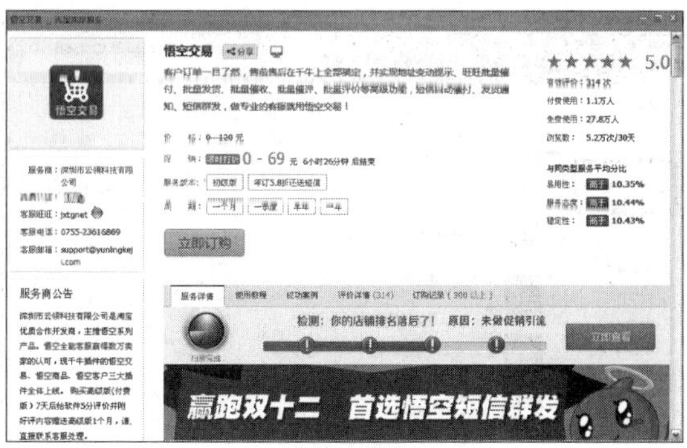

图7-30

7.3.2 插件管理

在千牛工作台可以快速进入插件管理后台，包括当前已经订购的插件，以及可供选择的套餐组合。

01 登录千牛工作台，单击页面右下角的“插件市场”按钮，打开插件服务市场页面。在“类目”标签下显示了多个可供选择的插件名称（见图7-31、图7-32）。

图7-31

图7-32

02 通过切换左侧的插件类型，可以查看不同的插件（见图7-33）。在“套餐”标签下可以查看不同组合的插件套餐，如图7-34所示。

图7-33

图7-34

03 单击插件页面中的设置标签，打开“插件中心”页面（见图7-35），在“工具栏插件”和“旺旺插件”（见图7-36）标签下可以选择开启或者停用某一项插件。

图7-35

图7-36

7.4 当前交易管理

为了方便了解店铺的交易动态，比如已下订单是否付款、退款是否处理，以及宝贝是否发货等，卖家可以按照下列步骤操作与查看。

7.4.1 查看当前订单

千牛工作台提供了免费和付费的交易管理插件，本例中利用常用的插件“普云交易”来管理当前店铺中的订单。

01 登录千牛工作台，单击工具栏中的“插件”按钮，在打开的对话框右侧单击“插件中心”下方的“普云交易”按钮（见图7-37）。打开插件窗口。

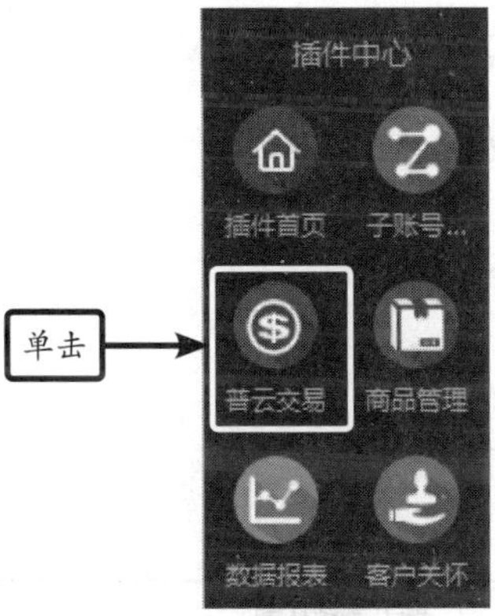

图7−37

02 在“交易管理”标签下可以查看近三个月的订单，包括已发货、退款中等订单的情况，如图7-38所示。

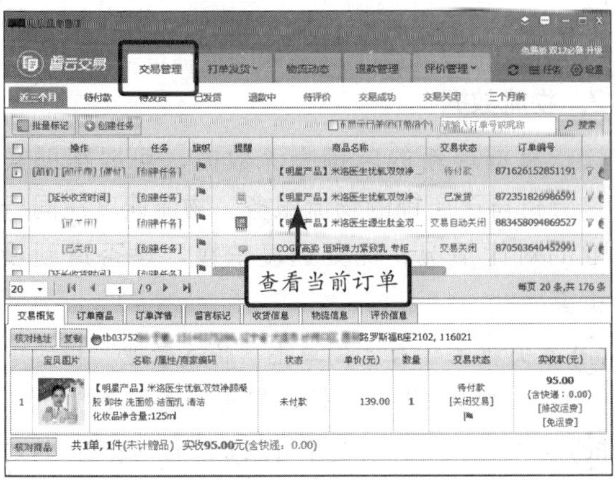

图7−38

03 切换至“评价管理”标签可以查看当前交易的评价情况，如图7-39所示。

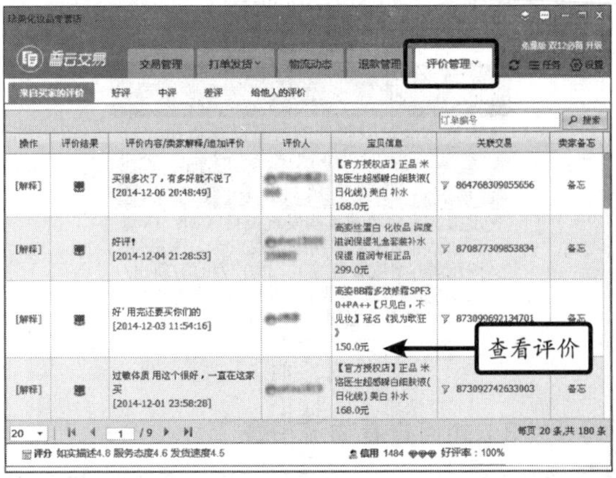

图7−39

7.4.2 物流管理

物流是否顺利是一笔订单是否成功的最后一步，也是最重要的一个环节。在天猫后台卖家可以随时了解物流动态，并了解物流数据以便管理。

1. 物流预警

（1）什么是物流预警

“物流预警”是指天猫物流与经过认证的物流公司合作，将物流运输过程中的异常信息披露给商家和消费者，提升消费者的购物体验。天猫物流提供相应的技术服务，通过包括但不限于“物流详情页”等渠道向消费者提供物流异常信息的服务。

使用物流预警可以帮助用户及时跟踪订单、及时获得异常件提醒通知，让卖家更好地掌握优先主动权。物流预警主要有图7−40所示的几种功能。

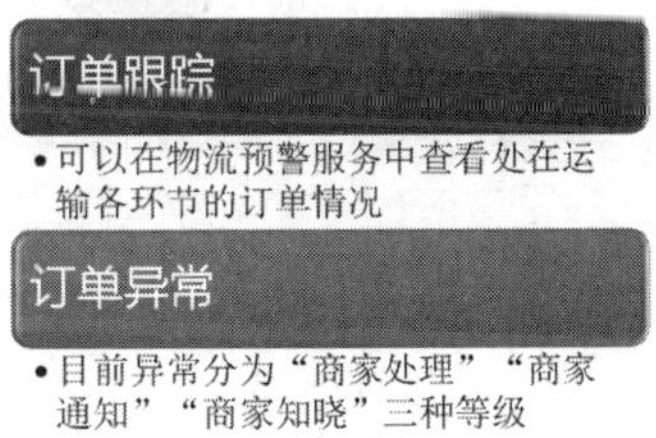

图7−40

（2）开通物流预警的条件

物流预警服务仅对有实际物流运输的订单开通，限制条件如图7–41所示。

商家限制

- 天猫除类目限制外的所有商家可用

类目限制

- 虚拟、充值等非真实发货类目（如：移动/联通/电信充值、网络游戏点卡、手机号码/套餐/增值服务等）、房产/租房/新房/二手房/委托服务类目、司法拍卖品等不能使用物流预警服务

图7–41

（3）如何查看物流预警

01 在天猫工作台左侧单击“物流管理”标签下的“物流预警”链接（见图7-42），打开物流预警页面。

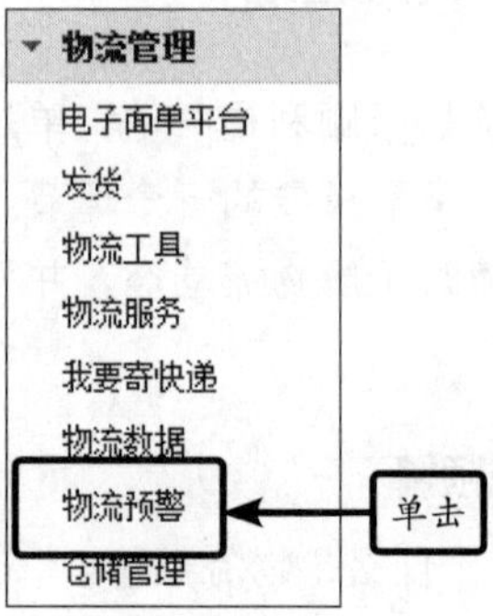

图7–42

02 在“异常监控”标签下可以查看异常的物流订单信息，如图7-43所示。

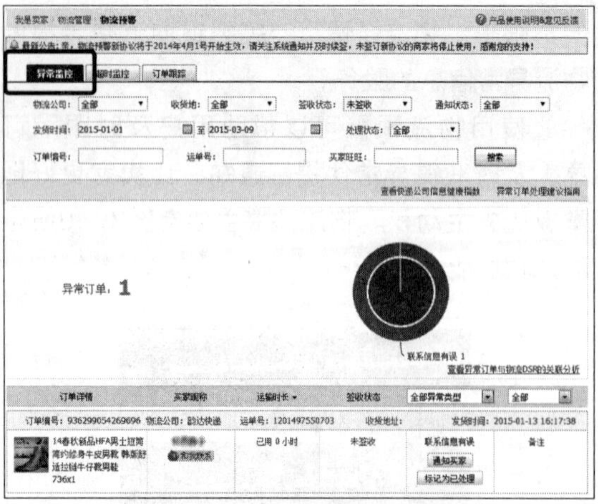

图7–43

03 在“全部异常类型”列表可以选择查看哪种异常类型的订单状态，如图7-44所示。

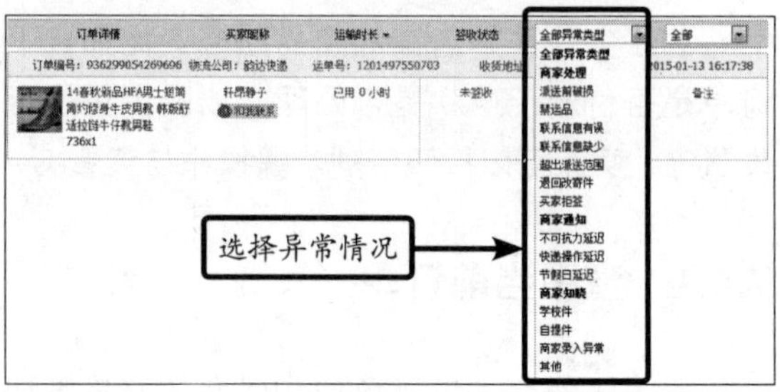

图7–44

04 切换至“订单跟踪”标签，可以查看待发货、已发货，以及已揽收和已签收的订单情况，如图7-45所示。

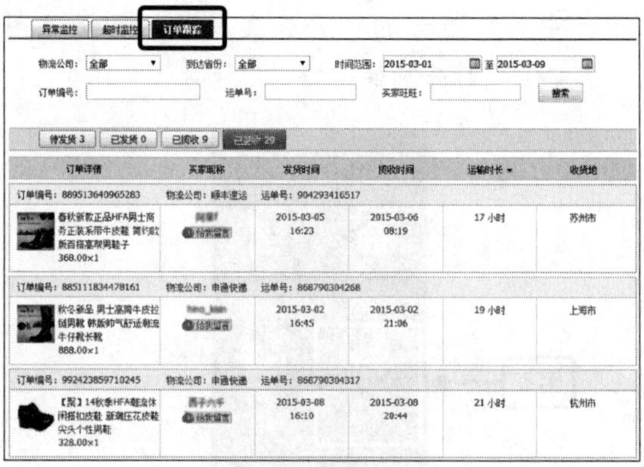

图7–45

提 示

物流预警一期上线的快递公司有7家（申通快递、中通快递、韵达快递、百世汇通、天天快递、宅急送、EMS），只要您签约合作的快递公司在以上7家的名单中，就可以使用物流预警服务。

2. 物流数据

掌握最新的店铺物流数据，可以帮助卖家分析自己店铺的物流服务、物流速度在同行业的对比情况，比如速度快慢，是否遭到投诉等。

01 在天猫工作台左侧单击“物流管理”标签下的“物流数据”链接，打开物流数据页面。

02 在“店铺分析”标签下可以查看订单类型、指定发货地下的物流情况，如图7-46所示。

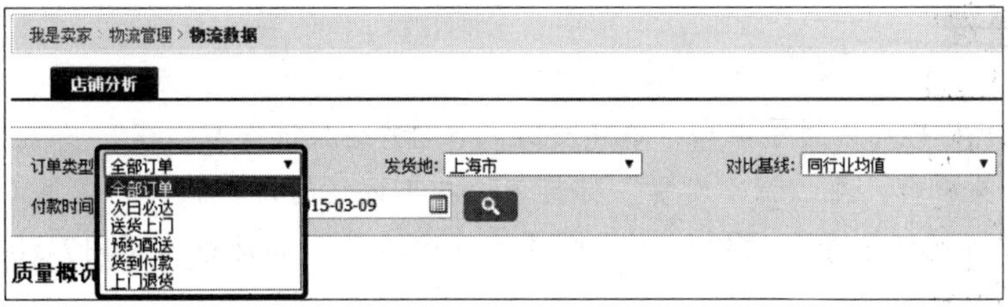

图7-46

03 向下拖动页面可以查看物流质量和统计分析数据（见图7-47），还可以查看各地区的物流速度比较、物流投诉率，以及物流退货率，如图7-48所示。

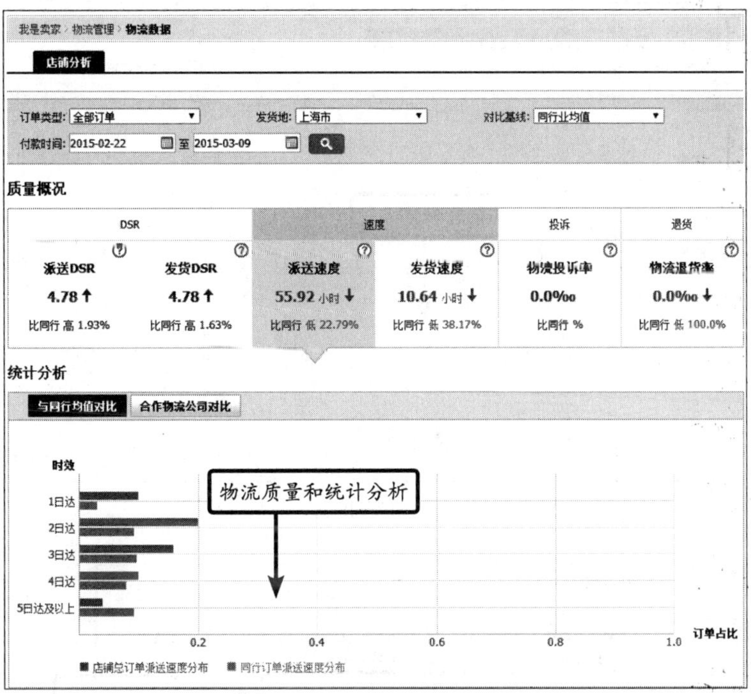

图7-47

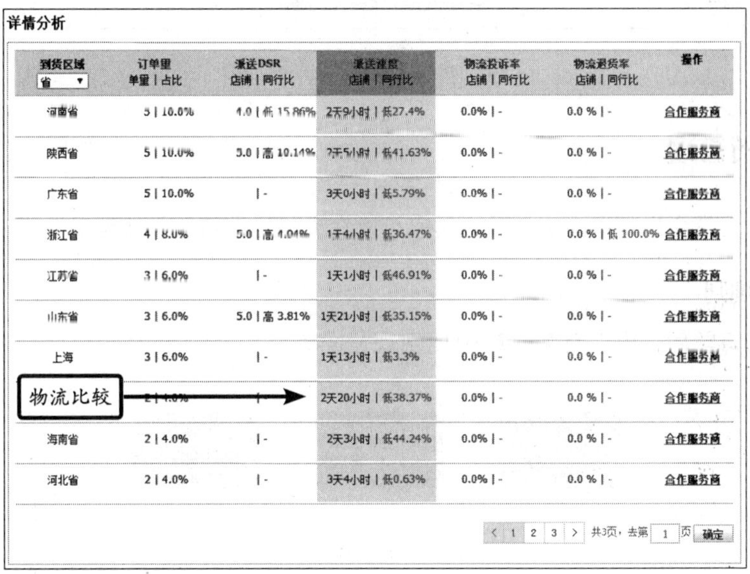

图7-48

7.4.3 发货管理

通过普云交易模板可以批量填写订单并发货，下面介绍具体设置步骤。

进入普云交易后台，在“打单发货”标签下，在下方填写订单的收货信息（见图7-49）。再单击左上角的“填充运单号”按钮打开“批量填充运单号”对话框（见图7-50），依次输入运单号。

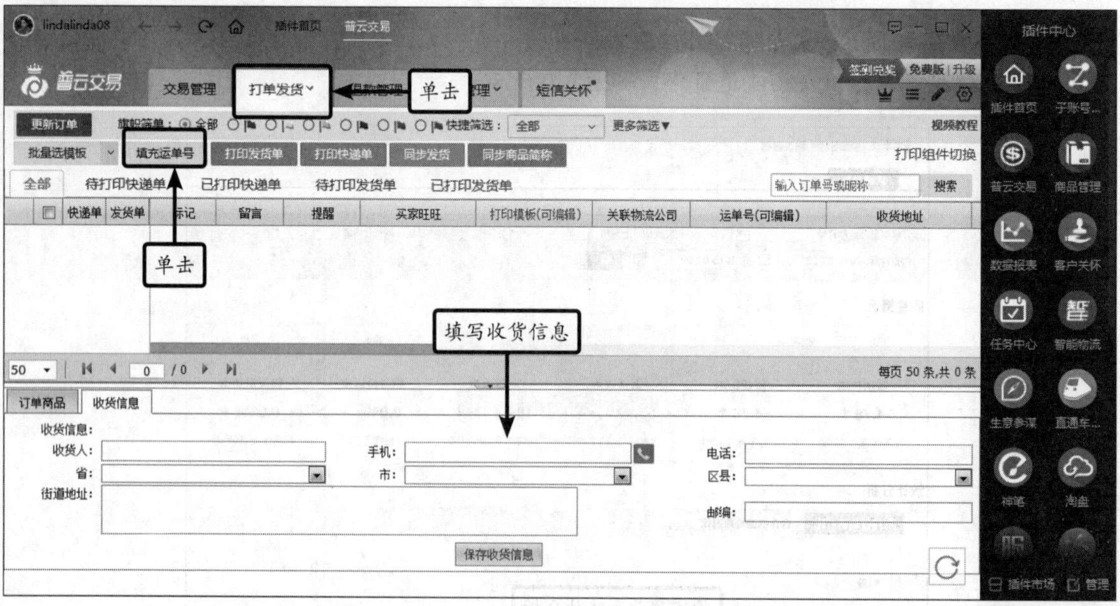

图7-49

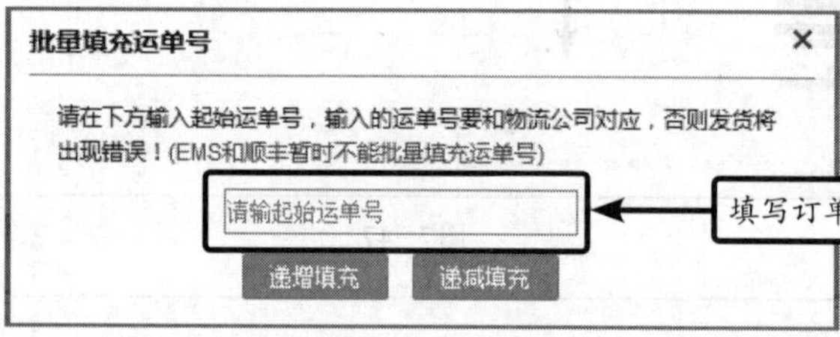

图7-50

7.4.4 退换货管理

交易过程中经常会出现退换货情况，卖家可以在天猫后台查看并处理退换货。

1. 无忧退换货规则

商家在接到订单后，应当遵循图7-51所示规范发货。

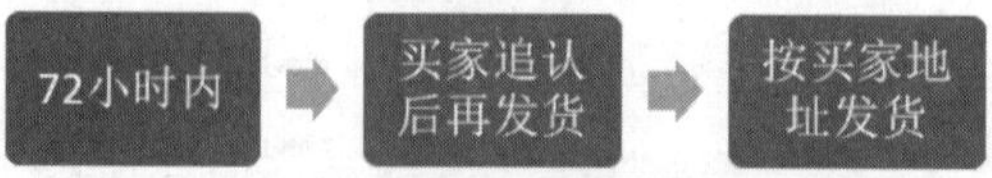

图7-51

（1）商家首次发货应当在买家付款后的72小时内或与买家约定时间内，但有特殊规定的除外。

（2）买家申请退款时商家尚未发货的，商家应当征得买家同意后再发货。商家逾期发货，或者未经买家同意在买家申请退款后发货，商家应当追回已经发出的商品，但买家已经签收并确认收货的除外。

（3）除非买卖双方另有约定，商家应当负责将货物送达到买家收货地址。商品需要买家到指定地点提取的，应当在发货前告知买家并征得买家同意。商家违反前述规定的，买家有权拒绝签收商品。

2. 七天无理由退换货

天猫为买家提供了七天无理由退换货保障，根据最新信息：天猫调整了《天猫预售业务管理规范》中关于退换货的规定，第十六条“退换货说明”，由“天猫预售商品不支持七天无理由退换货服务”，变更为“天猫预售商品中的定制类商品不支持七天无理由退换货服务，其他商品适用天猫七天无理由退换货服务的规定”。

预售期间买家支付的定金，按照《天猫预售业务管理规范》的规定，支付定金后，买家未如期支付尾款，或买家申请退款且根据《天猫规则》《淘宝争议处理规范》等相关规则判定为非卖家责任的，定金均不退还。图7-52所示为卖家义务及相应的违规处理方法。

卖家义务及违规处理

1、天猫支持或卖家自行承诺提供“七天无理由退换货”服务的商品，就必须提供售后服务，并严格遵守；

2、若买家向卖家提出“七天无理由退换货”，卖家需积极响应，并主动协商，根据天猫要求提供相关证明，以期双方自愿友好地达成退货退款协议；

3、当天猫使用保证金强制卖家履行其“七天无理由退换货”服务，即视为卖家违规。天猫有权给予卖家相应处罚，对于天猫商家有权立即终止《天猫服务协议》，停止提供相应的服务；

4、如买家提出“七天无理由退换货”的申请发生于买家在收到货后申请退货的退款过程中（以买家在退款协议中选择“已经收到货”且“我需要退货”的选项为准），卖家必须做好售后服务，并自动达成退款协议；在卖家拒绝履行“七天无理由退换货”承诺的情况下，天猫有完全的权利按照协议约定和天猫规则进行处理

5、如买家提出“七天无理由退换货”的申请发生于买家已点击交易成功付款完毕后，或发生于货款因支付宝服务付款流程中的到期强制打款规定而被强制打款后，在卖家拒绝履行“七天无理由退换货”的承诺的情况下，天猫有完全的权利依其独立判断使用保证金强制卖家履行其“七天无理由退换货”的承诺。

6、买家自收到商品之日起七天内根据卖家或系统提供的退货地址进行无理由退货的，卖家收到所退商品之日起七天内未有异议且未退款的，天猫介入后有权退款买家。

图7-52

注 意

原则上关于退换货的邮费是谁的责任谁承担。比如由商品质量问题、实物与描述不符等卖家责任导致的，邮费卖家承担；而由于买家大小没选合适或者不喜欢需要退货的，则邮费由买家承担。

天猫七天无理由退换货需要遵循以下几个条件。

（1）买家在签收商品之日起七天内（按照物流签收后的第二天零时起计算时间，满168小时为七天）发起申请；买家在七天内已要求卖家提供“七天无理由退换货”服务而被卖家拒绝，或无法联系到该卖家，或卖家中断其经营或服务；

（2）买家的申请在形式上符合相关法律法规的规定；

（3）申请金额仅以买家实际支付的商品价款为限；

（4）买家提出“七天无理由退换货”服务申请的商品需满足相关条件。

以下商品类目不支持七天无理由退换货服务（见图7-53）。

类目名称	购物提货券/蛋糕面包
特价酒店/特色客栈/公寓旅馆	数字阅读
度假线路/签证送关/旅游服务	服务市场
电影/演出/体育赛事	外卖/外送/订餐服务
休闲娱乐	TP服务商大类
本地化生活服务	数字娱乐
腾讯QQ专区	网游垂直市场根类目
网络游戏点卡	外卖/外送/订餐服务（垂直市场）
网游装备/游戏币/帐号/代练	网络店铺代金/优惠券

图7–53

3. 争议处理规范

如果对退换货双方有争议，可以按照图7–54所示流程向天猫提交凭证并做出处理。

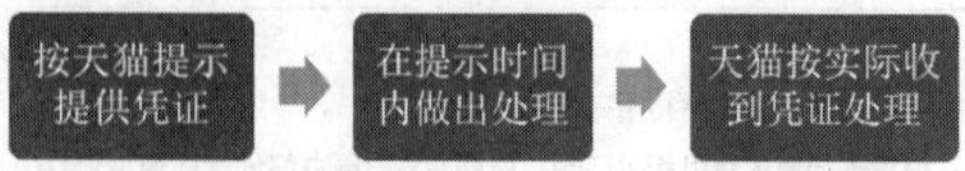

图7–54

（1）天猫处理争议期间，买卖双方应当按照天猫系统的提示和（或）天猫发送的短信、电话或邮件通知及时提供凭证。

（2）天猫收集到双方提供的凭证后，将在天猫系统提示的时间内，按照本规范对相应争议做出处理；本规范没有明确规定的，由天猫依其独立判断做出处理。

任何一方无正当理由，未按照前款规定提供凭证的，天猫有权按照实际收集到的凭证做出处理。

4. 退换货管理

01 进入天猫工作台，在“客户服务”标签下单击“退款售后管理”（见图7-55），进入售后管理页面。在该页面可以查看所有发生退货的订单情况，如图7-56所示。

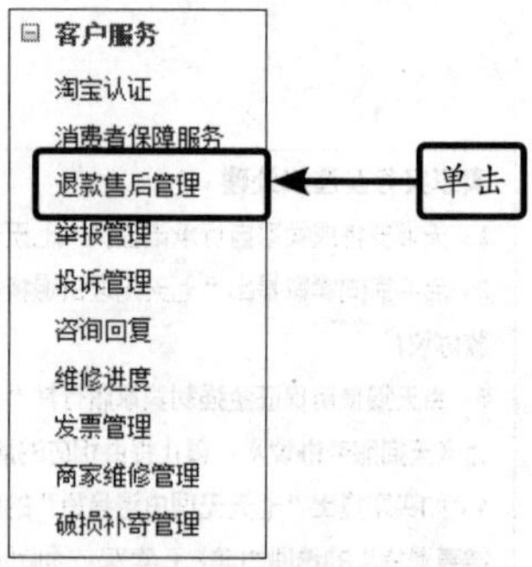

图7–55

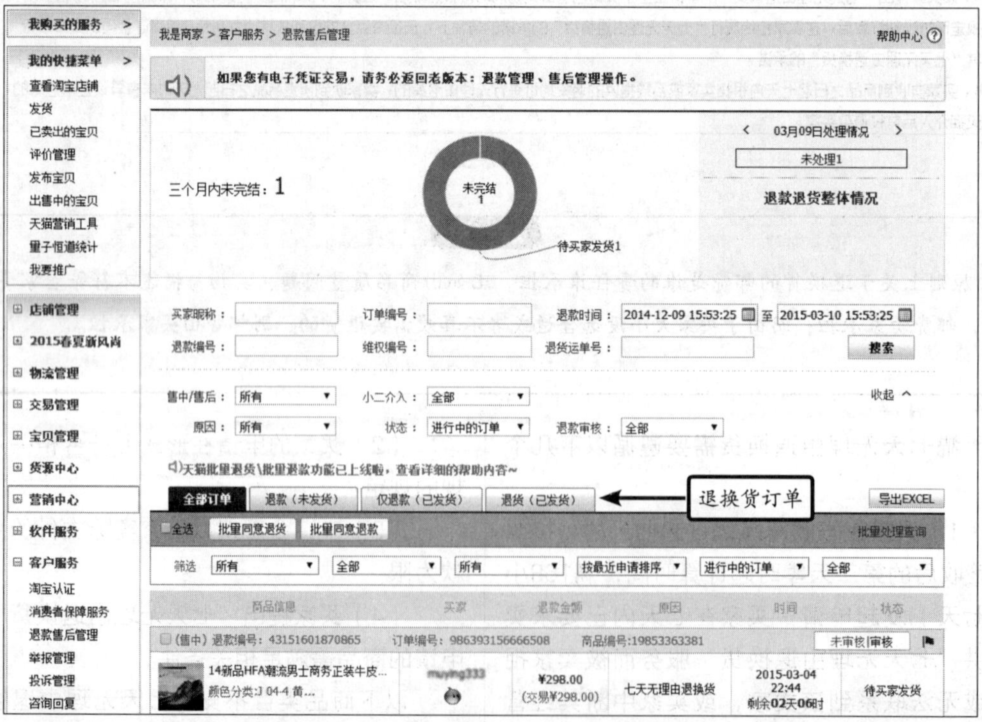

图7–56

02 切换至“退货”标签下可以查看当前产生退货的订单，如图7-57所示。

图7-57

7.4.5 退款管理

为了方便了解店铺的交易动态，比如已下订单是否付款、退款是否处理，以及宝贝是否发货等，卖家可以按照下列步骤操作与查看。

01 进入天猫工作台，在“客户服务”标签下单击“退款售后管理”，进入售后管理页面。在该页面可以查看所有发生退款的订单情况。

02 切换至“退款（未发货）”标签下可以查看所有产生退款的订单，如图7-58所示。

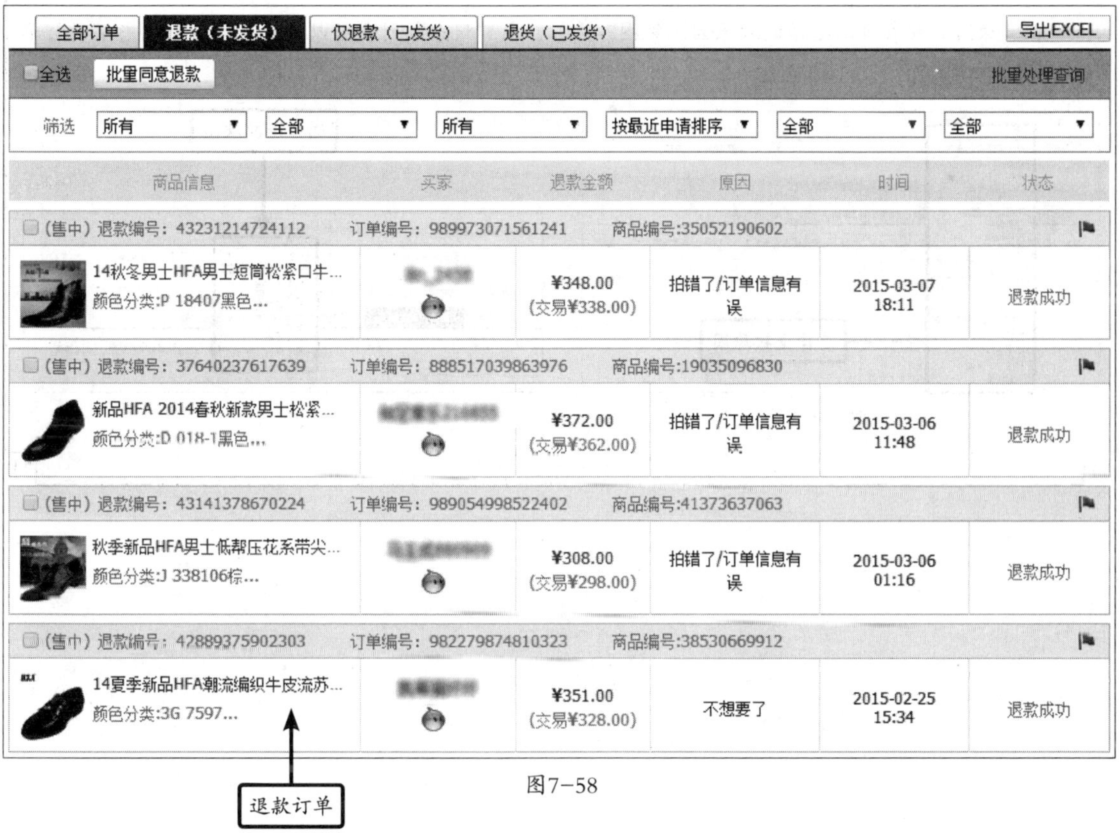

图7-58

提 示

在退货管理页面上方可以查找指定时间、指定订单编号的订单情况（见图7−59）。

图7−59

在“原因”列表可以选择退款原因（见图7-60）、在“状态”列表可以查看不同退款状态下的订单情况（见图7-61）。

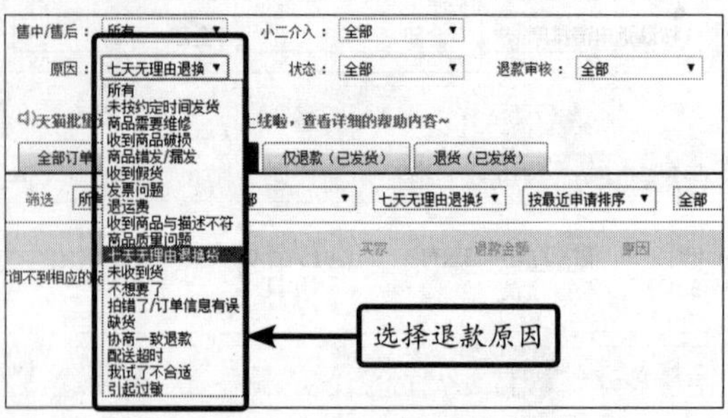

图7−60

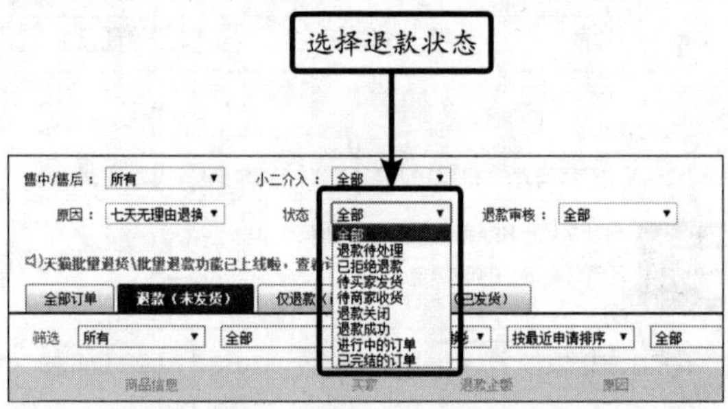

图7−61

第8章 生意参谋

生意参谋是一款专业的一站式数据分析工具，它可以帮助卖家及时掌握客户点击情况，进而了解市场动态。它按照数据分析、问题诊断，优化提高等环环紧扣的逻辑设计，帮助用户分析曝光、点击，反馈等效果，针对性地给出诊断结果、提供解决方案，更好地帮助卖家提升店铺经营效果。

卖家不但可以利用生意参谋掌握自己店铺的整体情况、每条信息的排名位置，还可以通过生意参谋来对比了解整个行业内的推广情况。根据各个商家不同的推广情况，生意参谋会为商家提供具体的优化建议，帮助商家更好地推广自己的商品，为生意决策做好参谋工作。

本章介绍生意参谋的各项指标，以及如何使用其核心功能分析数据。

8.1 了解各项指标

卖家可以在生意参谋平台中查看很多有价值的数据，下面给出部分常见指标的解释，帮助大家在利用生意参谋时能够更好地理解各项指标数据的含义。本节从流量、首页、公用和实时直播这几方面来介绍。

8.1.1 流量类

店铺浏览量是一项很重要的指标，浏览量的来源路径有很多，卖家为了了解推广是否有效果，可以查看指定日期的浏览量以及流量来源，表8-1给出了几种不同类别的店铺浏览量说明。

表8-1

店铺浏览量分类		
序号	浏览量	店铺或商品详情页被访问的次数，一个人在统计时间内访问多次记为多次。所有终端的浏览量等于PC端浏览量和无线端浏览量之和
1	PC端浏览量	店铺或商品详情页在电脑浏览器上被访问的次数，一个人在统计时间内访问多次记为多次
2	无线端浏览量	店铺或商品详情页在无线设备（手机或Pad）的浏览器上被访问的次数，称为无线WAP的浏览量；在无线设备的APP（目前包括手机淘宝、天猫APP、聚划算APP）上被访问的次数，称为无线APP浏览量，无线端浏览量等于无线WAP和无线APP浏览量之和
3	访客数	店铺页面或商品详情页被访问的去重人数，一个人在统计时间内访问多次只记为一个。所有终端访客数为PC端访客 数和无线端访客数直接相加之和
4	页面离开浏览量	根据所选的页面，从这个页面离开店铺的次数。同一个人一个会话内通过多个页面离开店铺，仅将离开浏览量计入该会话中最后一次离开的页面，同一个人多个会话通过多个页面离开店铺，浏览量计入各个离开的页面
5	点击数	店铺页面被用户点击的次数，一个人在统计时间范围内多次点击该页面会被计算为多次
6	点击转化率	统计时间内，店铺页面点击数/店铺页面浏览量，即所查看的页面平均被点击的比率。该值越高越好

8.1.2 首页

表8-2展示了首页的各项指标名称，并解释了各类指标的含义。

表8-2

实时直播	访客数	访问你店铺页面或宝贝详情页的去重人数，一个人在统计时间范围内访问多次只记为一个。所有终端访客数为PC端访客数和无线端访客数直接相加之和。实时计算过程中，店铺流量高峰时，可能会出现交易数据处理快于浏览数据，导致访客数小于支付买家数，请知晓
店铺排名	支付金额排名	商家最近30天的支付金额在对应层级的排名
	分层级支付金额	最近30天商家所在层级的最高支付金额
流量	访客数	访问你店铺页面或宝贝详情页的去重人数，一个人在统计时间范围内访问多次只记为一个。所有终端访客数为PC端访客数和无线端访客数直接相加之和。实时计算过程中，店铺流量高峰时，可能会出现交易数据处理快于浏览数据，导致访客数小于支付买家数，请知晓
	浏览量	店铺所有页面被访问的次数，一个人在统计时间内访问多次记为多次。所有终端的浏览量等于PC端浏览量和无线端浏览量之和
	跳失率	一天内，来访您店铺浏览量为1的访客数/店铺总访客数，即访客数中，只有一个浏览量的访客数占比。该值越低表示流量的质量越好。多天的跳失率为各天跳失率的日均值
商品	被访商品数	统计周期内，被访问UV数〉0的店铺在线商品数总和
	被下单商品数	统计周期内，被下单数数〉0的店铺在线商品数总和
	被支付商品数	统计周期内，被支付订单数字〉0的店铺在线商品数总和
	下单转换率	统计时间内，下单买家数/访客数，即来访客户转化为下单买家的比例
支付	支付金额	买家拍下后通过支付宝支付给您的金额，未剔除事后退款金额，预售阶段付款再付清当天才计入内。所有终端的支付金额为PC端支付金额和无线端支付金额之和
	客单价	统计时间内，支付金额/支付买家数，即平均每个支付买家的支付金额
	支付转换率	统计时间内，支付买家数/访客数，即来访客户转化为支付买家的比例

8.1.3 公用

公用浏览量主要包括淘内免费访客、访客地域以及访客来源关键词搜索等，流量描述如表8-3所示。

表8-3

名 称	说 明
淘内免费访客	根据所选终端统计的，淘内免费来源渠道的访客数/(淘内免费渠道来源的访客数+淘内付费渠道来源的访客数)，所有终端淘内免费来源访客数等于PC端和无线端淘内免费的访客数直接相加之和。淘内免费和淘内付费来源的定义规则详见流量地图
访客地域	根据访问者访问时候的IP地址进行计算，如果一个访问者一天通过多个不同省份的IP地址访问，会同时计入多个省份
访客来源关键词	访客户入店前搜索的关键词，如果访客通过多个关键词进入店铺，同时计入多个关键词

8.1.4 实时直播

生意参谋中的实时直播主要包括PC端支付金额、无线端支付金额、访客数、PC端支付买家数以及无线端支付买家数等，具体描述见表8-4。

表8-4

名　称	说　明
PC端支付金额	买家在电脑上拍下后，在统计时间范围内完成付款的支付宝金额，未剔除事后退款金额，预售分阶段付款在付清当天才计入内。特别说明，支付渠道不论是电脑上还是手机上，拍下为电脑上，就将后续的支付金额计入PC端
无线端支付金额	买家在无线终端上拍下后，在统计时间范围内完成付款的支付宝金额，未剔除事后退款金额，预售分阶段付款在付清当天才计入内。特别说明，支付渠道不论是电脑上还是手机上，拍下为手机或Pad上，就将后续的支付金额计入无线端
访客数	访问您店铺页面或宝贝详情页的去重人数，一个人在统计时间范围内访问多次只记为一个。所有终端访客数为PC端访客数和无线端访客数直接相加之和。实时计算过程中，店铺流量高峰时，可能会出现交易数据处理快于浏览数据，导致访客数小于支付买家数
PC端支付买家数	在电脑上拍下后，统计时间内，完成付款的去重买家人数。特别说明，不论支付渠道是电脑还是手机，拍下为电脑上，就将该买家数计入PC端支付买家数
无线端支付买家数	在手机或Pad上拍下后，统计时间内，完成付款的去重买家人数。特别说明，不论支付渠道是电脑还是手机，拍下为手机或Pad上，就将该买家数计入无线端支付买家数

注　意

生意参谋平台中的数据指标按照终端分为PC端、无线端、所有终端。PC端数据是指在电脑上产生的交易、流量等相关数据，无线端数据是指在手机或Pad等无线设备的浏览器或应用APP上产生的交易、流量等相关数据，所有终端则是不论终端渠道的所有交易、流量等相关数据。目前比较多的工具提供的是PC端的数据，所以和其他工具比对数据的时候，卖家应当注意选择的终端类型和统计周期。

8.2 进入生意参谋

了解了生意参谋的各项指标之后，卖家就可以直接通过天猫工作台，进入店铺的生意参谋工具，来简单了解实时直播和店铺概况数据。

01 进入天猫“我的工作台”，单击右侧“营销中心”下方的“生意参谋”链接（见图8-1），打开生意参谋页面，如图8-2所示。

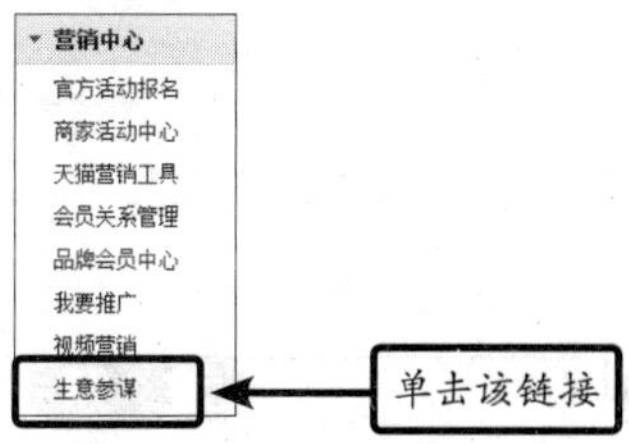

图8-1

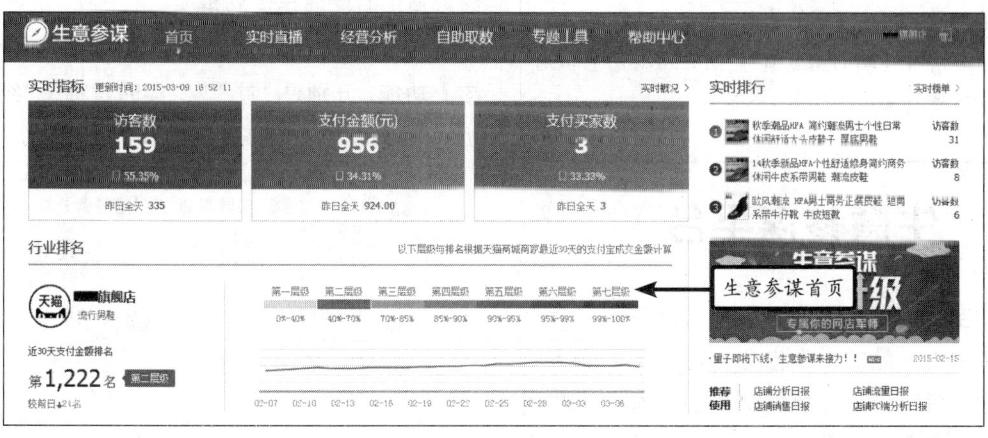

图8-2

02 在“首页”选项下可以看到访客数、浏览量、流量分析以及商品分析等数据，如图8-3所示。

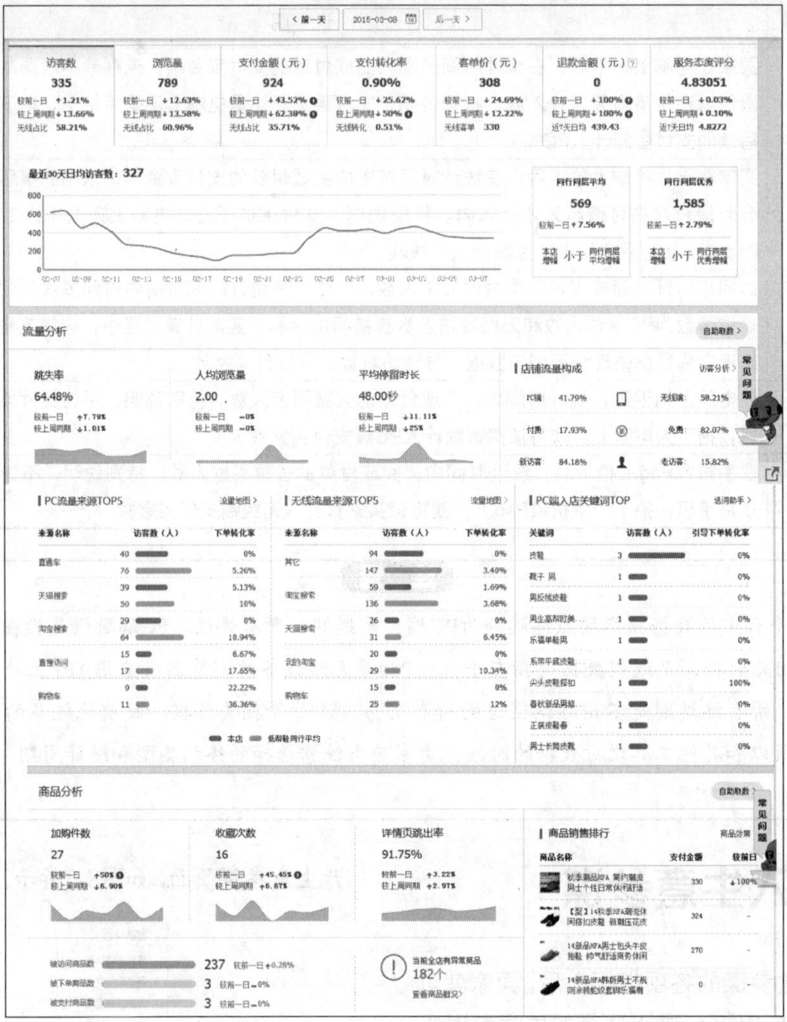

图8-3

> **注 意**
>
> 1. 店铺或商品详情页被访问的次数，即一个人在统计时间内访问的次数。
>
> 2. 所有终端的浏览量等于PC端浏览量和无线端浏览量之和。

8.3 生意参谋平台

淘宝致力于将生意参谋平台打造成“为全体商家提供一站式、个性化、可定制的商务决策体验平台”，从而更好地帮助商家做好数据化运营，真正实现数据商业。卖家通过天猫工作台进入生意参谋平台后，还可以查看具体的生意参谋数据，包括实时概况、实时来源、实时榜单以及实时访客数据等。

生意参谋为卖家提供了图8-4所示的6项核心功能，分别是“首页”“实时直播”“经营分析”“自助取数”“专题工具”和“帮助中心”。

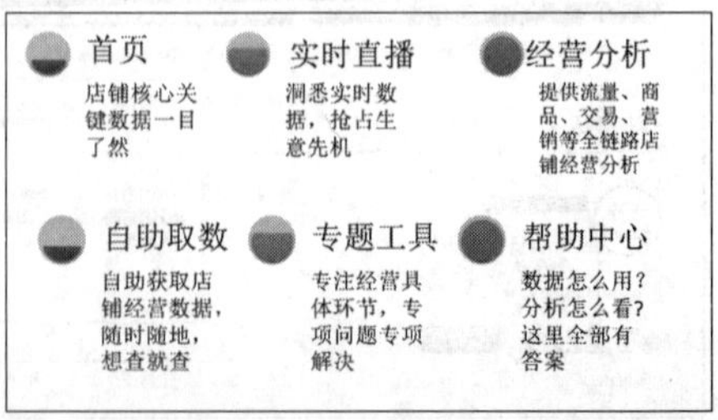

图8-4

注 意

生意参谋平台是生意参谋产品和量子恒道的升级版本，也是阿里官方统一的数据门户，卖家需要以生意参谋平台的数据为准。量子恒道将会下线，建议商家提前升级到生意参谋平台。

8.3.1 首页

通过首页功能可以让卖家及时掌握店铺的核心数据，打造专属卖家的数据工作台，对流量、商品、交易、服务等一系列经营环节进行360° 无死角分析。图8-5中统计了店铺各类目的交易比例以及下单和支付的情况。

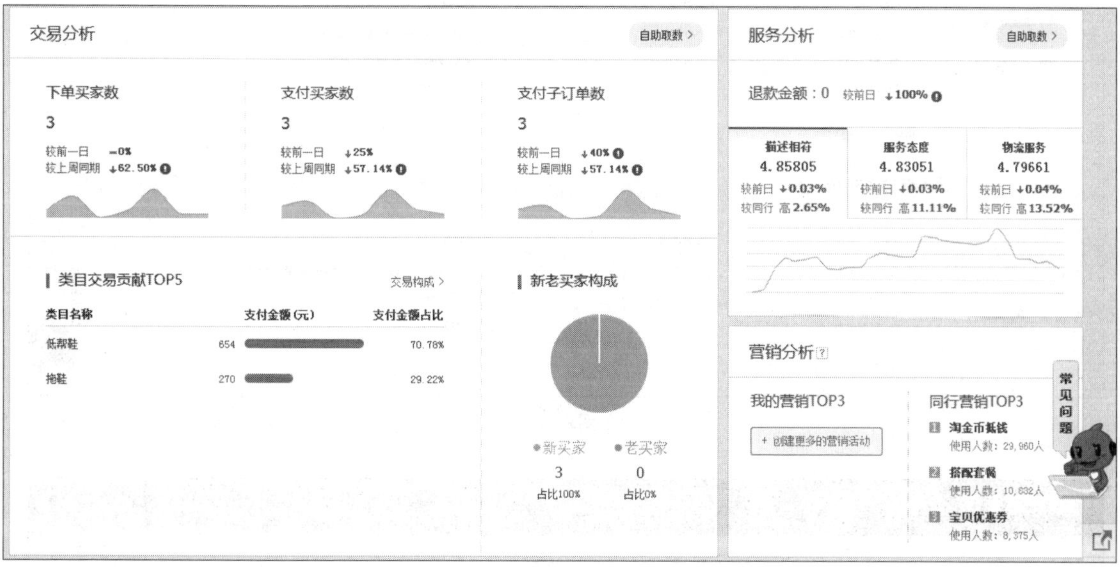

图8-5

图8-6根据店铺所属行业统计了行业店铺流量排行、商品交易排行，以及行业热门搜索词排行。

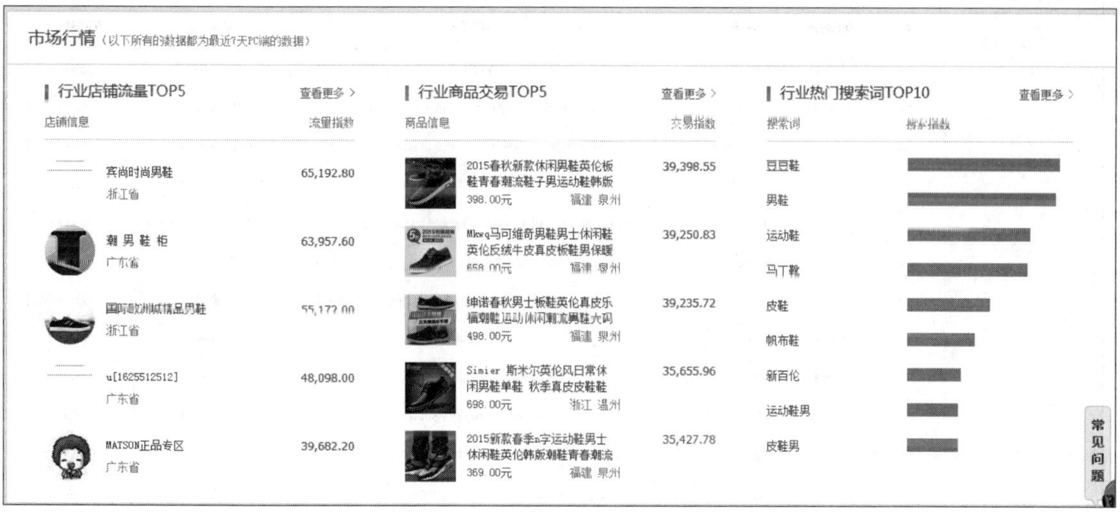

图8-6

8.3.2 实时直播

要想抢占生意先机就需要卖家能够实时洞悉重要数据，用户可以在生意参谋中查看店铺实时流量交易数据、实时地域分布及流量来源分布数据（见图8–7）、实时热门宝贝排行榜、实时催付榜单、实时客户访问功能（见图8–8），还有超炫的实时直播大屏模式。

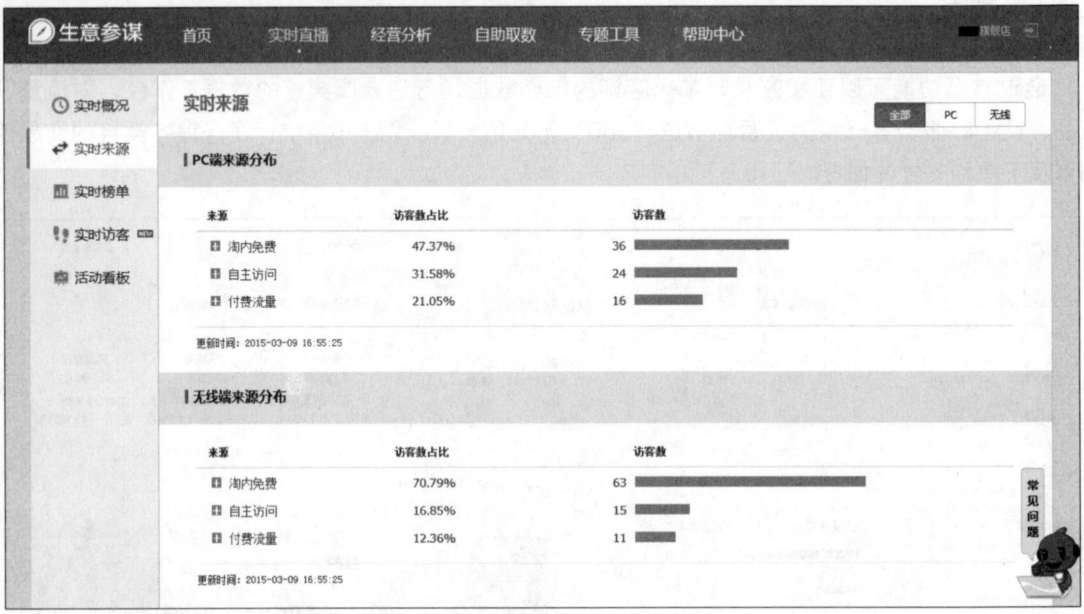

图8–7

图8–8

8.3.3 经营分析

经营分析中包括流量分析和商品分析，它们之间的区别见图8-9。

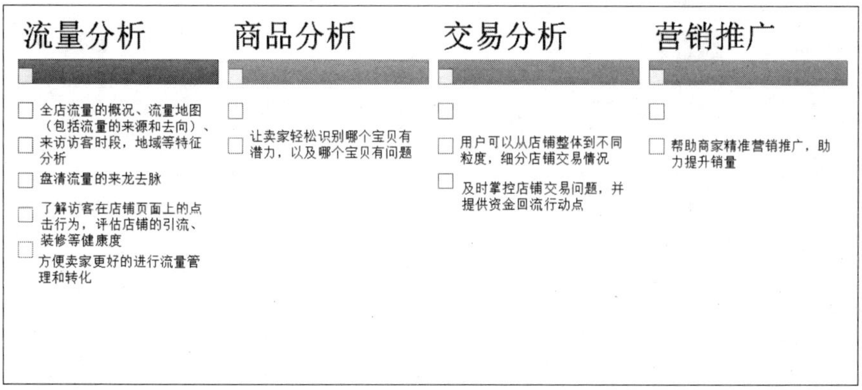

图8-9

流量分析为用户提供了全店流量的概况（见图8-10）、流量的来源和去向、访客时段地域等特征分析、店铺装修的趋势和页面点击分布分析。

图8-10

流量地图中展示了流量来源、店内路径和流量去向（见图8-11～图8-13）。

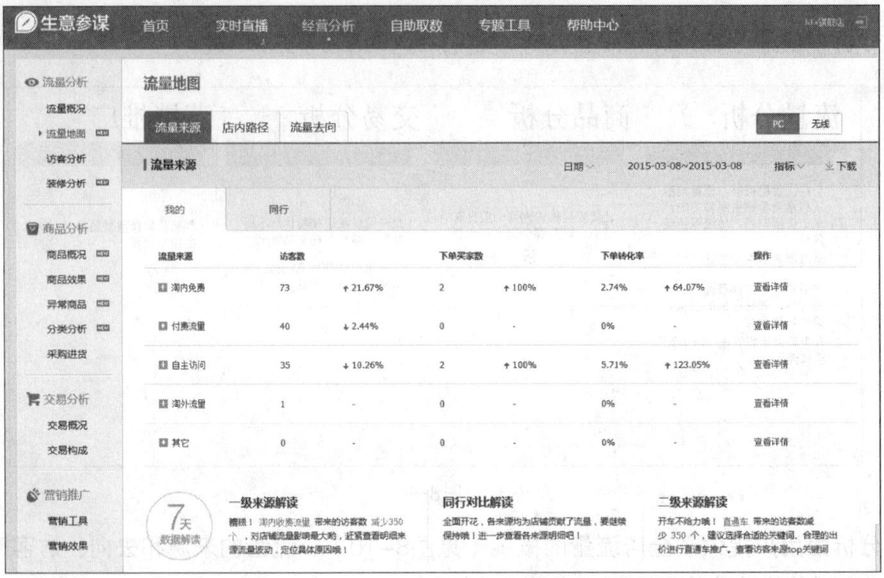

图8-11

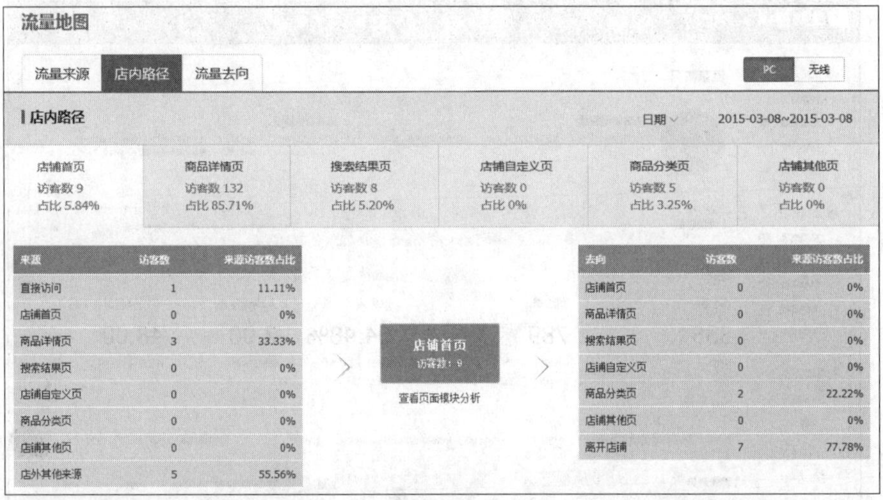

图8-12

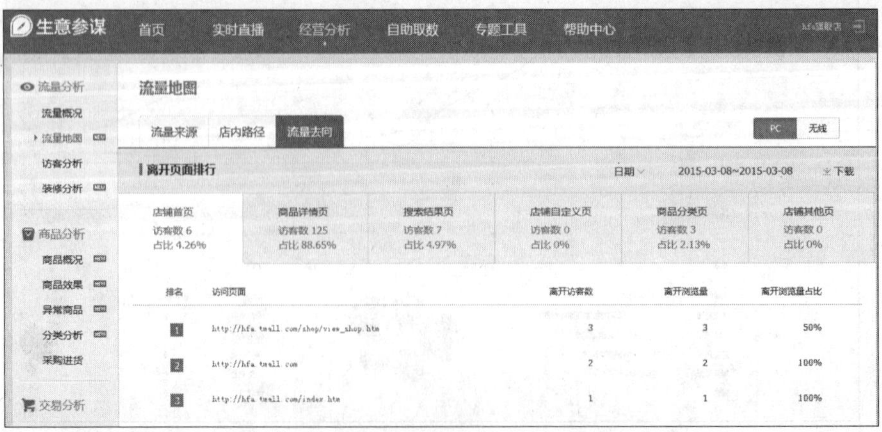

图8-13

在“生意参谋”页面单击左侧的商品分析，打开的列表可以选择查看商品概况（见图8–14）、商品效果（见图8–15）、异常商品（见图8–16）、分类分析和采购进货选项。

图8–14

图8–15

图8-16

图8-17为某天猫店铺的终端构成和类目构成分析图表和数据。

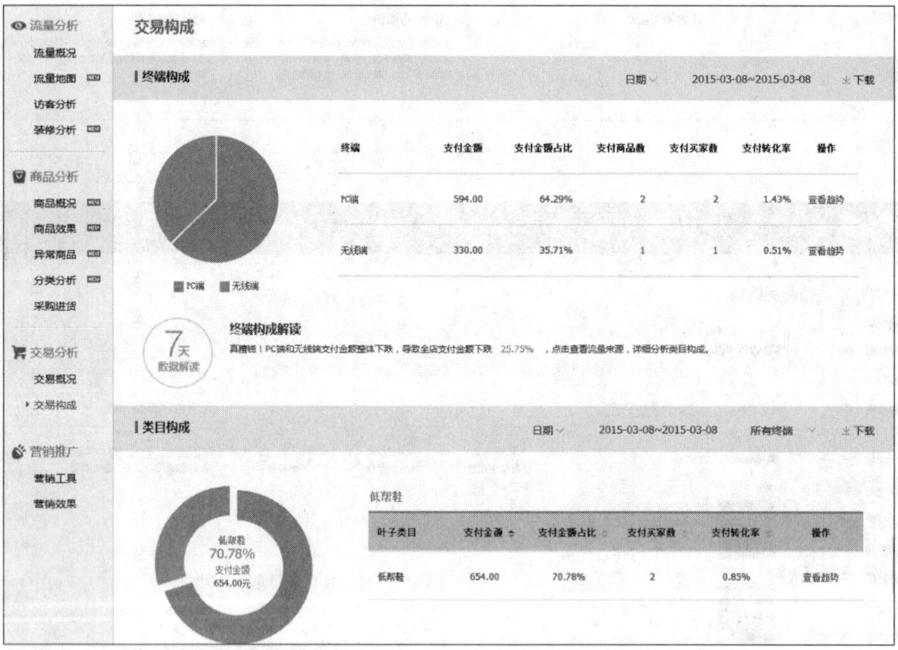

图8-17

8.3.4 自助数据

商家可以在生意参谋中实现自由提取数据，自助取数拥有丰富的店铺和商品维度的指标数据，为商家提供不同时间段的数据查询服务，对自己店铺的数据可自由选择自然天、自然周、自然月的汇总周期进行查询。自助取数主要包括“我要取数”“我的报表”“推荐报表”三项功能，具体含义如图8-18所示。

我要取数

- 为用户提供从店铺/宝贝维度（目前只支持店铺维度的查询）的各种指标的自由日期的查询与保存为报表的功能服务

我的报表

- 为用户展示已经加入报表的取数模板，提供已有查询模板的快速查询服务

推荐报表

- 由官方推荐的一些常用的取数查询模板，提供对预设指标的快捷查询入口

图8-18

01 在“生意参谋”页面单击上方的“自助数据”选项，打开“我要取数”页面，如图8-19所示。

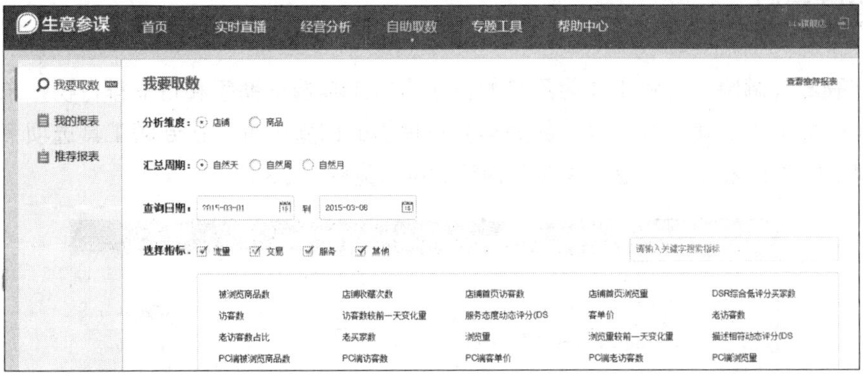

图8-19

02 分别选择分析维度、汇总周期、查询日期以及指标数据，并单击“预览数据”按钮，如图8-20所示。

图8-20

03 打开报表数据预览对话框后，可以查看指定日期下的访客数、浏览量等（见图8-21）。单击“下载全部数据”按钮，还可以下载自助取数数据表。

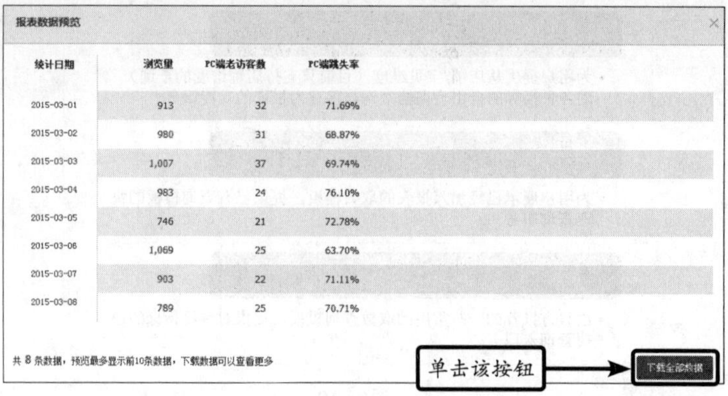

统计日期	浏览量	PC端老访客数	PC端跳失率
2015-03-01	913	32	71.69%
2015-03-02	980	31	68.87%
2015-03-03	1,007	37	69.74%
2015-03-04	983	24	76.10%
2015-03-05	746	21	72.78%
2015-03-06	1,069	25	63.70%
2015-03-07	903	22	71.11%
2015-03-08	789	25	70.71%

图8-21

8.3.5 专题工具

专项问题专项解决，专题工具为用户提供了官方工具选词助手和行业排行榜，未来还会引入第三方服务商提供的专项工具，以及数据实验室提供的创新工具。在专题工具选项下，可以查看引流搜索词（见图8-22）、行业相关搜索词等数据（见图8-23）。

图8-22

图8-23

第9章 天猫后台管理

在天猫后台可以对店铺的品牌、商家保障以及店铺品质进行管理，任何店铺的操作都是以这几个大方面稳定为前提的。天猫目前有很多自创品牌（见图9-1、图9-2），有自己的品牌理念和品牌故事（见图9-3、图9-4）。和线下店铺一样，商家也需要花时间和精力去管理好品牌和商品品质，做好商家保障，吸引消费者。

图9-1

图9-3

图9-2

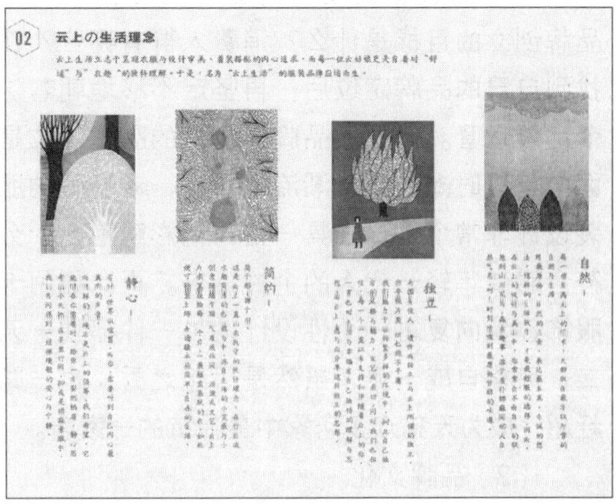

图9-4

9.1 品牌管理

做好网店的品牌管理非常重要，品牌是消费者对于某商品产生的最直接的主观印象，消费者购物时也有自己独特的品牌嗜好。网店的品牌管理是网店营销的一个重要前提。在互联网飞速发展的今天，消费者需求增加，也变得更加挑剔；在网购时选择性更多，产品的可替代性也日益增强，而品牌是保证质量的一个标志，这就说明没有品牌的产品或服务是很难有长久生存空间的。因此只有成功的品牌管理才能让网店在茫茫淘海中屹立不倒。做好品牌管理对于天猫商家来说至关重要。

1. 如何进行品牌管理

商家在做品牌管理时需要做到图9–5所示几点。

图9–5

（1）品牌定位

一个品牌首先要求有自己的定位，比如品牌创立的目标是什么？消费人群有哪些？在找到自己的品牌定位后，再坚定不移地朝着这个定位运营。比如淘品牌七格格的品牌定位是面向年轻时尚、热爱潮流的姑娘，该品牌的服装设计非常个性、独具一格，色彩鲜艳，十分符合时尚年轻一代人的个性诉求。再比如阿卡服饰，偏向复古、个性设计，每一件都独一无二，风格自成一派，虽然是后起之秀，也一路赶超，成为天猫众多店家中最独特的一家店。

（2）品牌文化

品牌文化是一个品牌的灵魂。它像消费人群展示的是其独一无二的定位和宣传信息。好的品牌文化自然能够提高用户的认可度以及品牌忠诚度，让其成为铁杆粉丝。

（3）品牌的培育和长期护养

对于网店品牌来说，形成容易维护确很难。如果没有很好的品牌关怀战略，品牌是无法成长的。很多网店会花巨额资金做直通车和钻展来帮助品牌宣传，但由于缺乏品牌管理的科学理论过程，在创建了知名度后，不再关注客户需求的变化；也不能提供最初承诺的一流服务，导致客户“喜新厌旧”，致使花掉大把的钱后，得到的品牌效应却是昙花一现。所以品牌管理的重点是品牌的维持，这就要求网店需要做到图9–6所示两点来培育品牌的成长。

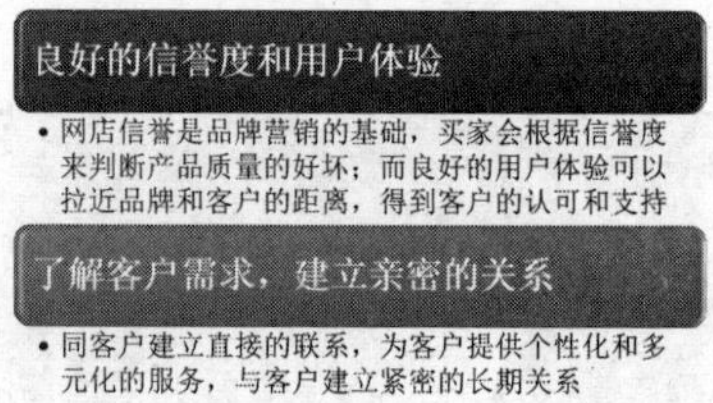

图9–6

2. 如何做自己的品牌

在决定做自己的电商品牌之前，需要了解目前天猫存在的品牌现状，然后根据自己的情况选择合适的品牌。

（1）定义自己的角色

淘宝很多是做散货，而天猫基本都是做品牌的，很多店铺也有自己的实体店，当然也有专门做线上品牌的。如传统的品牌七匹狼、耐克，因为它们自己是一个品牌，等于在最热门的地方开了一个专卖店。像裂帛就是从最初的集市店铺转至天猫，是天猫建立后首批邀请入驻的商家。

其次是一些淘品牌，淘品牌主要分三种（见图9–7）。

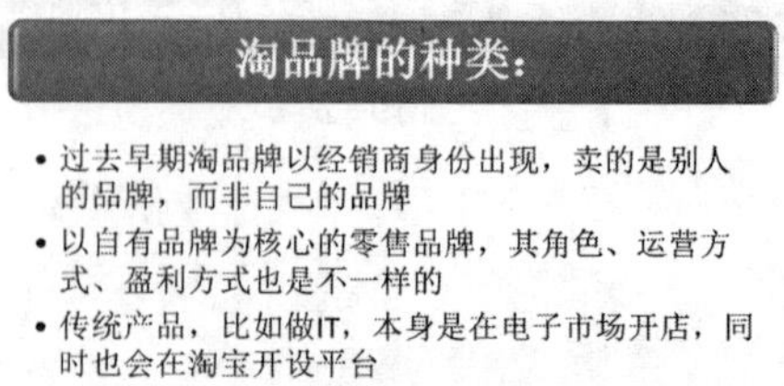

图9–7

（2）把握好构建品牌的因素

现在很多商家把生意建构在低价或者是会员营销上，这个营销手段在电商上前所未有的得到了展示。成功的关键是把品牌建构在哪个层面上，如果只是建构在促销营销上的话那肯定是没有竞争力的，得建立在品牌上。比如自有品牌，这个品牌优势就是我有而别人没有；或者是买断了某一个品牌；或者是只做买手。做品牌需要把握图9–8所示的几个重要关键点。

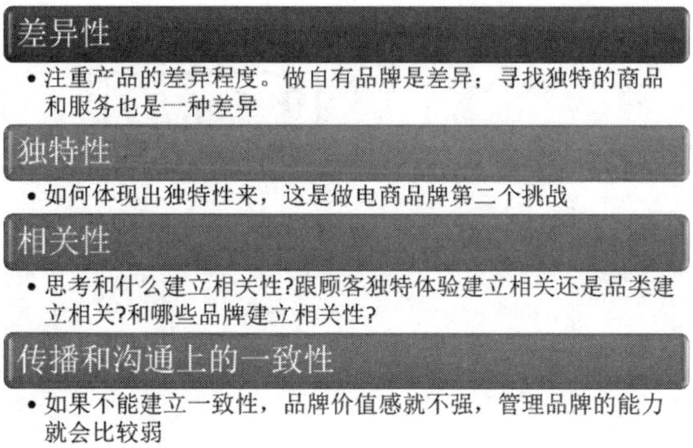

图9–8

3. 品牌管理后台

进入天猫后台后，可以通过品牌管理查看修改我的品牌，或者查看更新上传的所有资质文件。

01 登录天猫“我的工作台”，单击“店铺管理”下的“品牌管理”，打开品牌管理页面（见图9-9），在“我的品牌”下单击右侧的“品牌信息维护”链接，打开品牌信息页面。

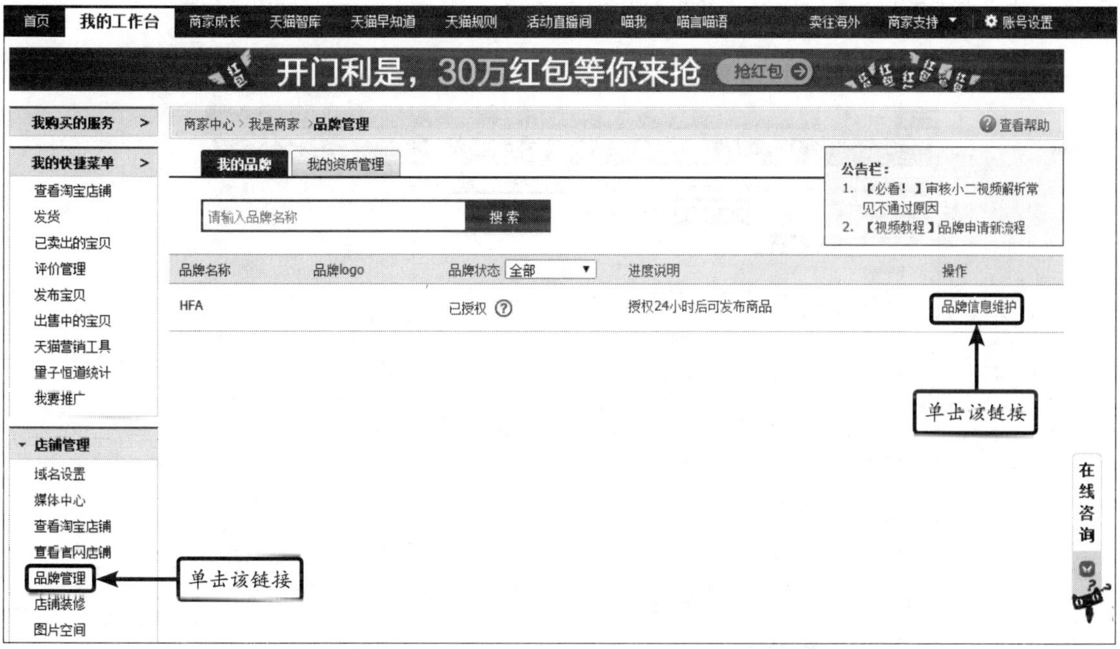

图9–9

02 在该页面可以重新设置品牌名称、品牌LOGO，以及品牌介绍等信息（见图9-10）。单击“确定修改”按钮即可。

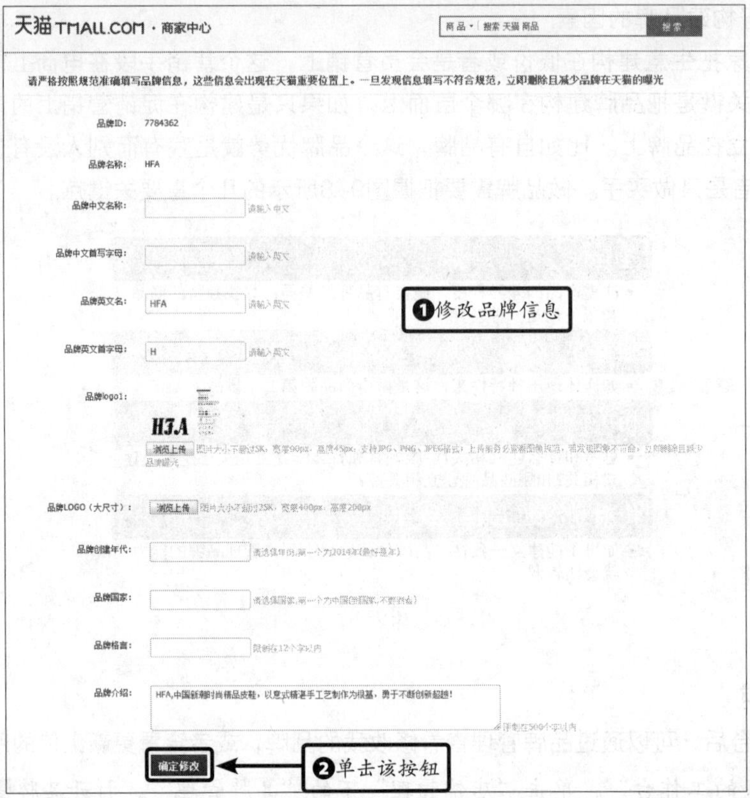

图9-10

03 在品牌管理页面切换至“我的资质管理”（见图9-11），可以管理上传的所有资质。

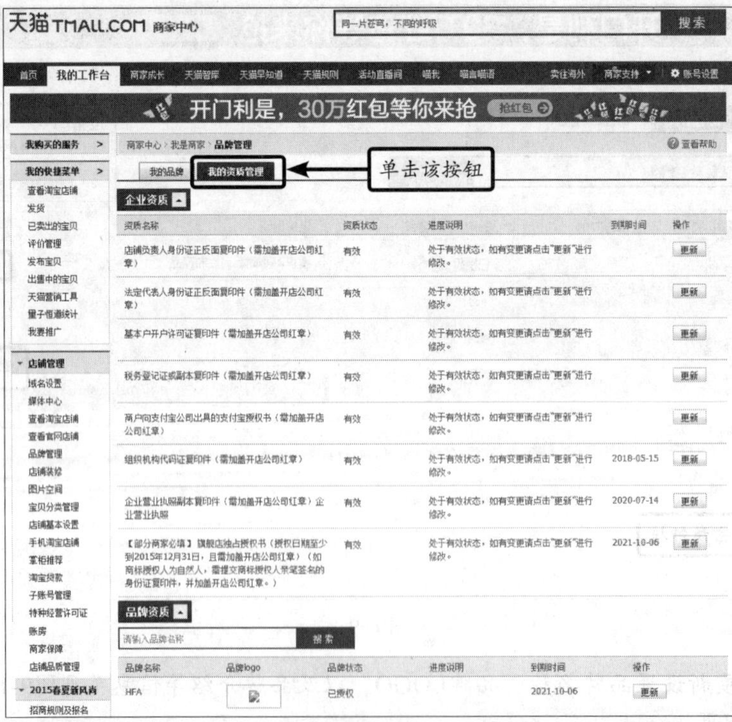

图9-11

9.2 安全设置

为了保护卖家账号安全，需要在使用千牛工作台之前设置安全保护，比如防骚扰信息设置、添加好友、群验证，以及登录密码的修改等。对于网店店主和天猫管理者来说，不管是淘宝账号还是支付宝账号，保护措施都是很有必要的，与其事后才补救，不如开店之前就掌握一些基本的电脑安全防护知识，做到万无一失。

1. 系统安全设置

01 登录千牛工作台后，单击右上角的“功能盒子”按钮（见图9-12），打开“系统设置”对话框，如图9-13所示。

02 在“安全设置”标签下的“防骚扰”子标签下，可以进行各种防骚扰信息设置。

图9-12

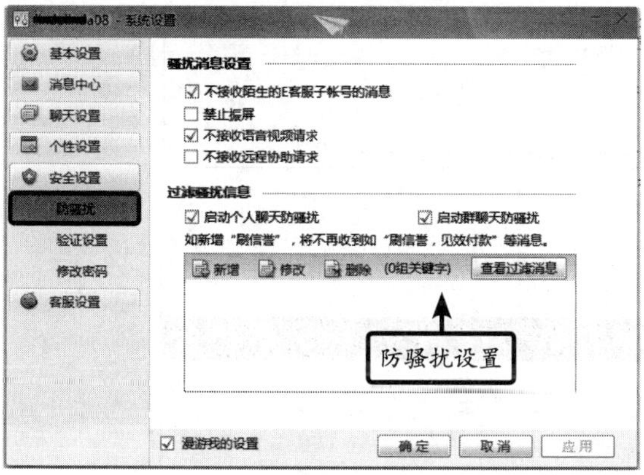

图9-13

03 切换至“验证设置”标签，可以设置各种验证信息，如图9-14所示。

04 在“修改密码”标签下可以重新设置登录密码，如图9-15所示。

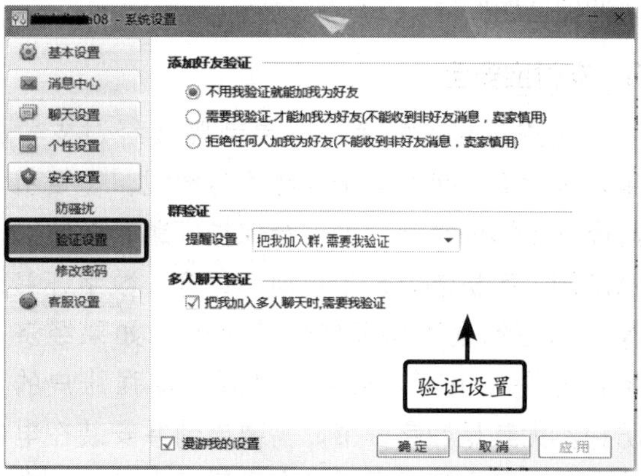

图9-14

图9-15

2. 电脑安全防护

电脑联网后免不了要遭受各类病毒、木马的侵袭，开网店的店主并非都是计算机专业人士，所以事先一定要做足安全准备工作。安装杀毒软件是必不可少的一步，而且一定要能正常升级，否则装了也是白装，这些软件电脑城都可以买到。如果不想花钱，现在的免费杀毒软件也很多，比如360杀毒、可牛杀毒等。还有360安全卫士、金山卫士、QQ电脑管家等安全防护软件，也可以查杀木马。这里建议大家安装一个杀毒软件，再辅以一个安全防护软件，并注意开启自动升级功能，同时保持良好的上网习惯，不胡乱访问不知名的网站，不乱点不熟悉的链接，基本就不会被盗号了。

除此之外还要选择一款合适的浏览器，开网店选择浏览器主要是为了快速和兼容性好，比如淘宝浏览器、IE浏览器等。

3. 支付宝安全

天猫与买家的金钱交易都需要经过支付宝，因此支付宝的安全问题不容忽视，需要引起商家足够的重视。如安全保护问题、系统消息定制、手机绑定、手机动态口令、数字证书等，这些都是不需要任何费用的，如果经济条件允许，也可以买个支付盾，加强账户的防护。尤其是数字证书，需要申请并安装在电脑上，安装了证书后，只有通过证书验证，支付宝才能够正常付款。这个证书是安装在本地的，而且安装时需要手机短信验证，这样就算盗号者有被盗者的支付密码，但由于没有手机无法接收验证短信而无法安装证书，也是无法完成付款的。

通过支付宝安全中心可以为账户安全保驾护航，比如使用安全工具、学习安全知识等，下面介绍如何在支付宝安全中心设置。

01 登录支付宝页面，单击右上角的“安全中心”选项，在支付宝安全中心页面会自动打开安全管家，在这里可以查看账户安全等级（见图9-16）。单击页面左侧的“数字证书”按钮，打开数字证书详情页面。

02 单击“申请数字证书”按钮（见图9-17），按照步骤提示分别填写信息、接收短信校验码、安装证书即可成功申请（见图9-18）。

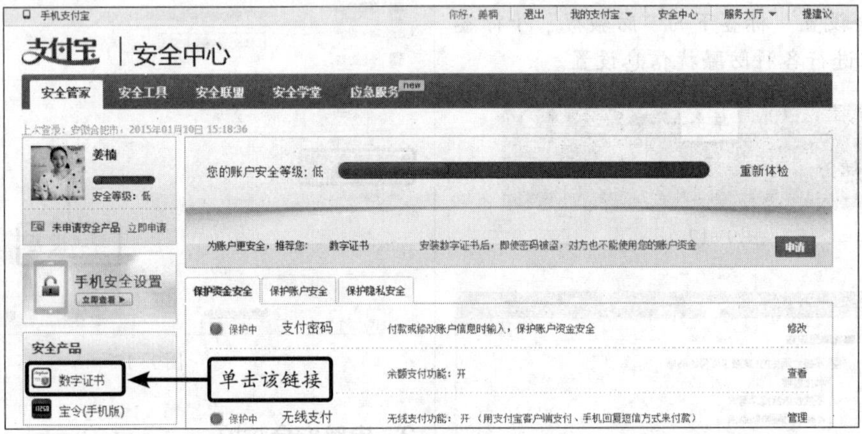

图9-16

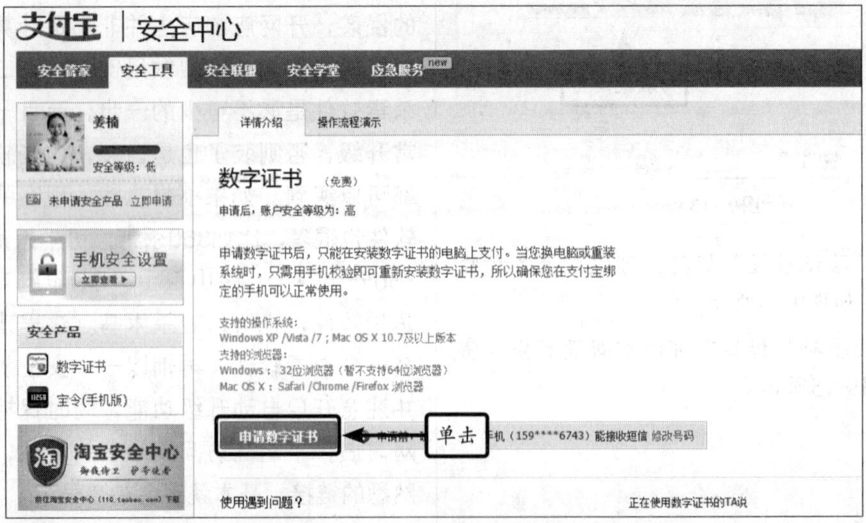

图9-17

图9-18

03 安全工具选项页面（见图9-19）还提供了数字证书、宝令、短信校验服务，以及支付盾等免费和收费服务，如图9-20、图9-21所示。

图9-19

图9-20

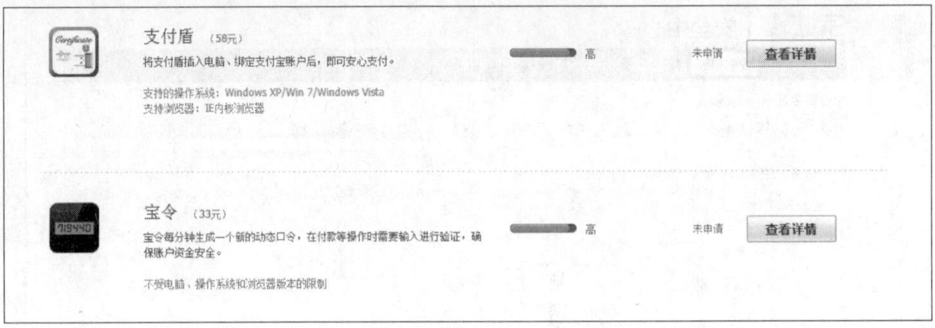

图9-21

04 在客户端安全产品选项下，还可以选择安装安全控件，如图9-22所示。

05 切换至“安全联盟”选项，可以查看与支付宝合作的浏览器详情，如图9-23所示。

06 图9-24所示为当前合作的所有浏览器。

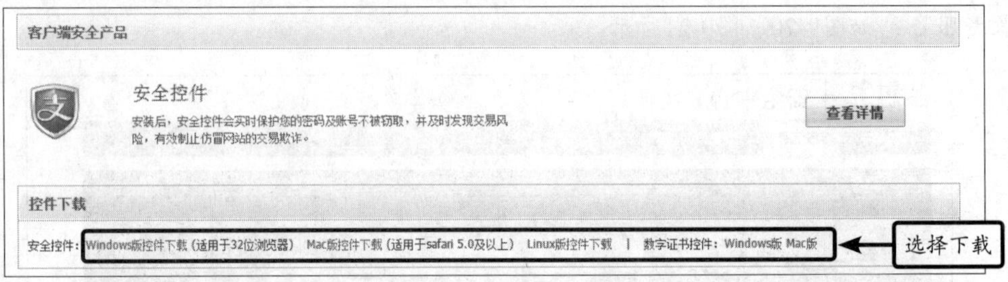

图9-22

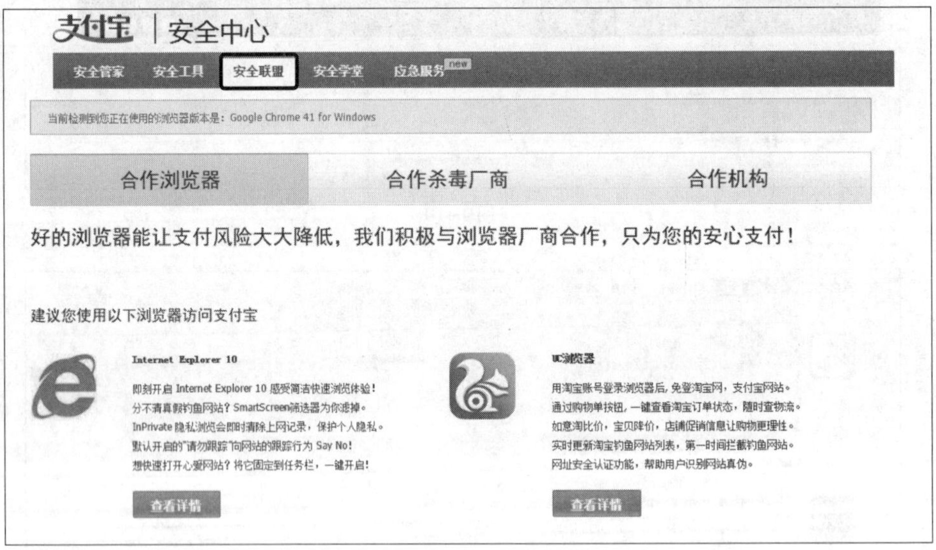

图9-23

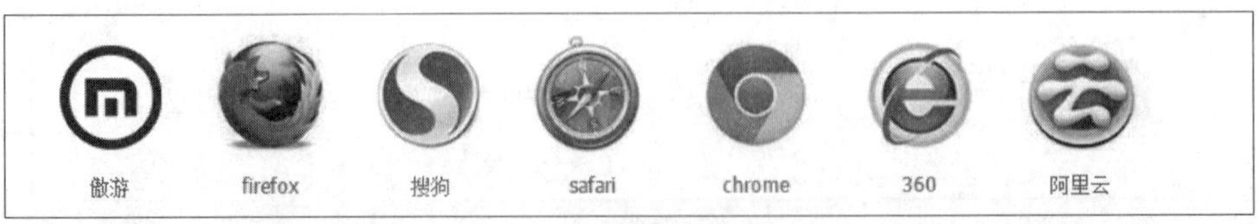

图9-24

07 切换至“安全学堂”选项（见图9-25），可以通过相关测试掌握各种安全知识。

图9-25

08 如果账号丢失，可以切换至“应急服务”选项（见图9-26），再选择挂失类型。比如单击“账户风险”选项下的“快速挂失”按钮，进入快速挂失页面，根据提示输入支付宝支付密码，再单击“快速挂失”按钮即可（见图9-27）。

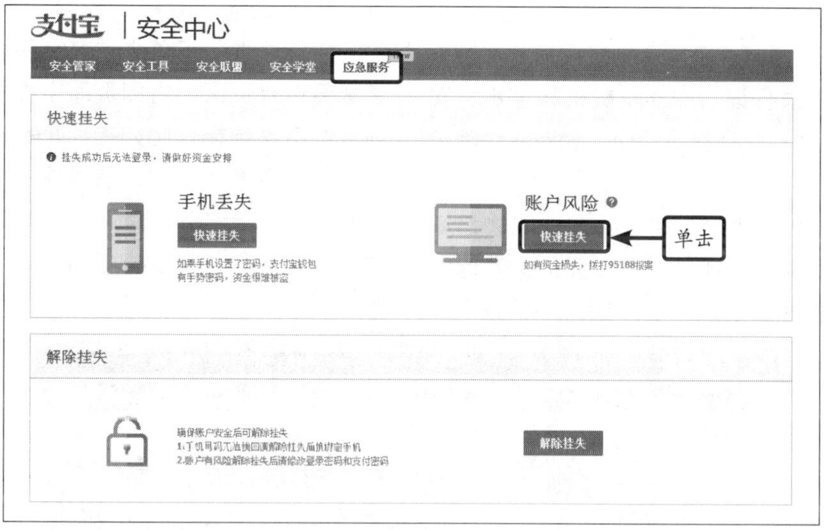

图9-26

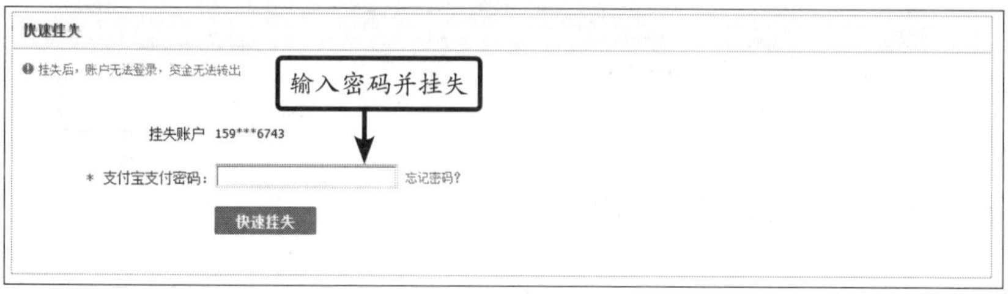

图9-27

9.3 商家保障管理

天猫购物首要事情就是保障消费者权益，为了完善购物体系也为商家提供了保障管理服务，这样才能更好地实现买与卖，下面介绍具体操作步骤。

1. 商家保障产品介绍

商家在做品牌管理时需要做到图9-5所示几点。

（1）乐业保：为小微企业的员工提供健康保障，能有效提升员工满意度和归属感，让爱心卖家享受淘宝贷款折扣和优先贷款机会。收费和理赔规则如图9-28所示。

收费规则

- 按购买保障份数收费
- 签署支付宝协议后按月代扣费用
- 员工离职，可随时终止保障，终止后不再扣费

理赔规则

- 全程在线理赔，可实时跟踪受理进度
- 资料提交后，最快24小时完成赔付

图9-28

（2）商品质量保证险：针对家纺和男装类目的卖家，品质保证，专业权威机构鉴定，买家购物更放心，产品销售更轻松。收费和保障范围如图9-29所示。

（3）卖家运费险：增强买家的购物信心提升成交转化率，为店铺带来专属的运费险流量，75%的卖家在加入运费险后店铺销量平均上涨了47%。收费和理赔规则如图9-30所示。

收费标准

- 按笔收费，每笔订单发货时按订单金额的0.3%扣取保费。保费不足0.10元按0.10元收取
- 保费从您绑定的支付宝账户中自动扣取

理赔规则

- 当发生材质问题的维权纠纷时，由保险公司提供第三方权威机构鉴定并承担相关费用
- 对检测结果为符合卖家描述的商品，对买家进行相应补偿

图9-29

收费规则

- 按单收费，每笔实物订单发货时根据风险率扣取保费。如未发货，则不收取保费
- 保费将从您绑定的支付宝账户中自动扣取

理赔规则

- 当发生退货时，在退货退款完成后3天内系统将自动赔付到买家账户
- 如您同时又加入了上门退货服务，使用上门退货时则赔付到卖家账户

图9-30

2. 进入保障管理后台

进入天猫“我的工作台”，在页面左侧的“店铺管理”下单击“商家保障”，打开商家保障设置页面，右侧页面中提供了多种保障项目供商家选择。比如在“卖家运费险”保障项目后向右拖动滑块，使滑块左侧呈现绿色显示状态，表示该保障项目被选择，同时原先的“未加入”更改为“已加入”，如图9-31所示。

图9-31

9.4 店铺品质管理

为促进开放、透明、分享、责任的新商业文明，保障所有天猫用户的合法权益，维护天猫正常的经营秩序，针对天猫商品制定品质管理规则，图9-32为天猫品控官方培训页面，商家可以根据自己的经营类目选择培训课程。

图9-32

评价实体店的商品品质是否合格，可以通过图9-33中的几点去衡量。

在天猫店铺中系统可以根据近一个月商品的销售情况，对其退货率进行统计，比如和当月的销售额对比计算出退款占比并以图表形式呈现，如图9-34所示。退货比较多的话一定程度上可以说明店铺内的产品质量有问题。

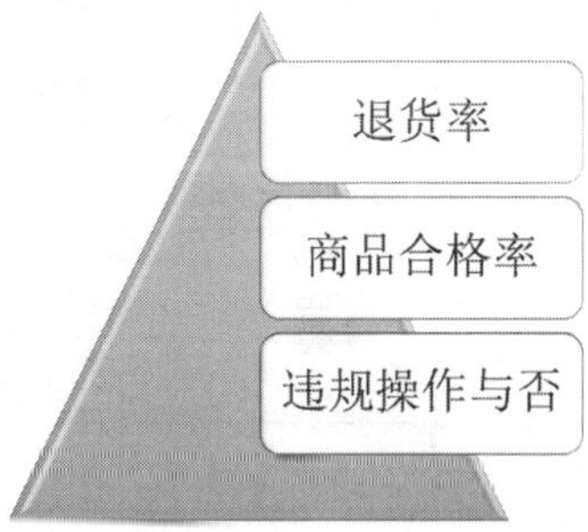

图9-33

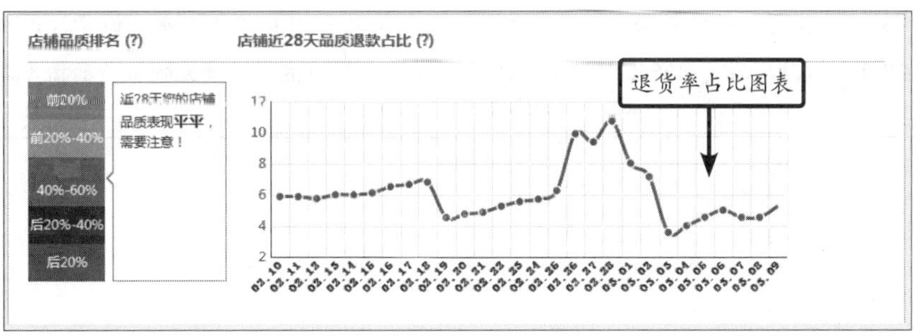

图9-34

1. 了解相关规则

假冒材质成分，是指商家对商品全部材质或成分信息的描述与买家收到的商品完全不符的。天猫对假冒产品的惩罚措施如图9-35所示，对于描述不符的欺骗消费者的商家按照图9-36所示的规则进行处罚。

假冒材质成分的处罚规则

- 商家首次假冒材质成份的，扣6分
- 再次及以上假冒材质成份的，每次扣12分
- 特定类目商家假冒材质成份的，不论是否首次，每次扣12分
- 商家被扣12分累计达3次，扣48分
- 假冒材质成份的，天猫删除会员所发布的假冒材质成份的商品

图9-35

- 商家对商品材质、成份等信息的描述与买家收到的商品严重不符，或导致买家无法正常使用的，天猫删除该描述不符的商品，首次扣6分，再次及以上每次扣12分，商家被扣分累计达3次，则自第4次起，每次扣严重违规行为12分
- 商家未对商品瑕疵等信息进行披露或对商品的描述与买家收到的商品不相符，且影响买家正常使用的，天猫下架该描述不符的商品，每次扣6分，商家被扣分累计达4次，则自第5次起，每次扣严重违规行为6分
- 商家未对商品瑕疵等信息进行披露或对商品的描述与买家收到的商品不相符，但未对买家正常使用造成实质性影响的，每次扣3分
- 被抽检商品描述不符情形特别轻微的，只删除商品信息不扣分

图9-36

2. 查看店铺品质数据

01 进入天猫“我的工作台”，单击“店铺管理”下方的“店铺品质管理”，打开店铺品质管理页面。

02 页面中显示了店铺的品质违规明细、店铺品质排名，以及退款数据和退款商品统计，如图9-37所示。

图9-37

提 示

符合天猫商城退款规则主要包括：七天无条件退款、实物与图片严重不符、假货，以及质量不合格等。如果在近28天中，因为品质问题出现退款率高于同行业的平均值，则被天猫抽检的概率就会增加。

第4篇

营销与推广

本篇主要从免费流量、付费流量、天猫平台营销活动、微营销等几方面介绍如何推广宝贝和店铺，具体分类如下表所示。

<table>
<tr><td rowspan="3">免费流量</td><td>宝贝标题图片</td><td>吸引买家点击，增加流量</td></tr>
<tr><td>上下架时间</td><td>合理安排时间达到搜索排名靠前</td></tr>
<tr><td>促销活动</td><td>给买家优惠，促进销量</td></tr>
<tr><td rowspan="3">付费流量</td><td>直通车</td><td>靠点击率收费</td></tr>
<tr><td>钻石展位</td><td>按展现收费</td></tr>
<tr><td>淘宝客</td><td>按成交与否收取佣金</td></tr>
<tr><td rowspan="2">提升转换率</td><td>满就送</td><td>增强客户购买欲</td></tr>
<tr><td>店铺会员关系管理</td><td>管理新老会员，提升转换率</td></tr>
<tr><td rowspan="3">天猫平台</td><td>双11</td><td>全场五折，走量更走质</td></tr>
<tr><td>双12品牌盛典</td><td>有利增加商家的品牌效应</td></tr>
<tr><td>聚划算</td><td>聚名品、生活汇、单品团、品牌团</td></tr>
</table>

◆第10章 做好基本功，流量自然来（免费）

◆第11章 “淘宝客”，按成交量支付推广费用

◆第12章 用“直通车”主推单品

◆第13章 “钻石展位”提升店铺整体销量

◆第14章 “满就送”，赚人气也赚钱

◆第15章 “聚划算”，最聚人气的团购

◆第16章 会员关系管理

◆第17章 跟着马云搞盛典

◆第18章 微营销

第10章
做好基本功，流量自然来（免费）

天猫主要分为付费流量和免费流量。依转化率的高低可以对流量来源进行排序，依次是活动流量（部分活动如聚划算）、直接访问（老顾客或收藏）、自然流量、直通车流量、硬广流量等，商家可以根据店铺的实际情况，选择各自的重点流量来源。

本章主要介绍免费流量，要想获得流量，关键在于店铺和宝贝的设置，主要包括商品标题、商品描述、商品图片、数据分析、店铺装修、商品的各类促销活动等。

图10-1、图10-2所示为宝贝详情页的页面设计效果。图10-3、图10-4显示了宝贝的款式、尺寸等详细信息。图10-5、图10-6通过宝贝图片和文案结合更好地表现产品外观。

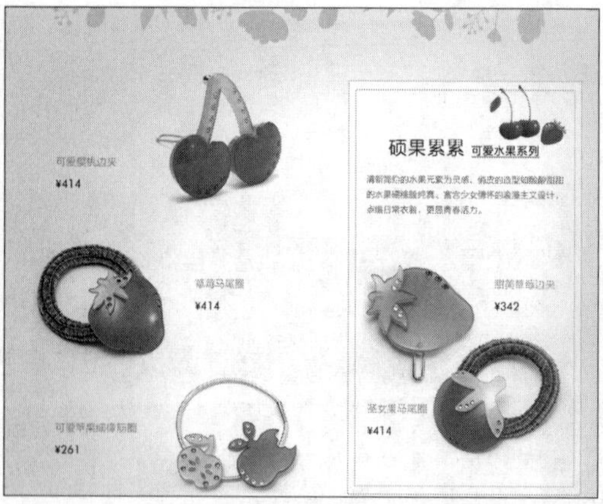

图10-1

图10-2

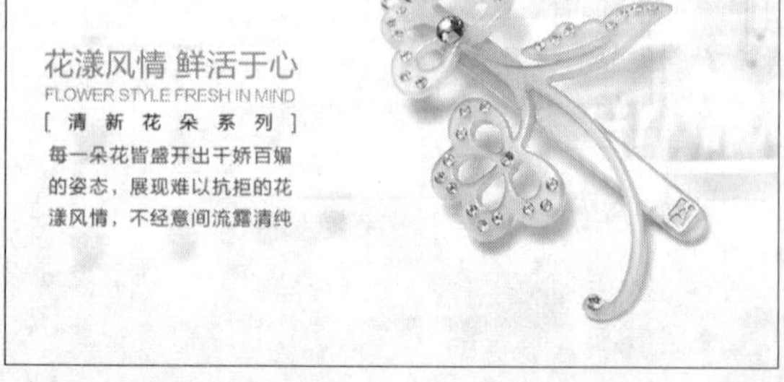

图10-3

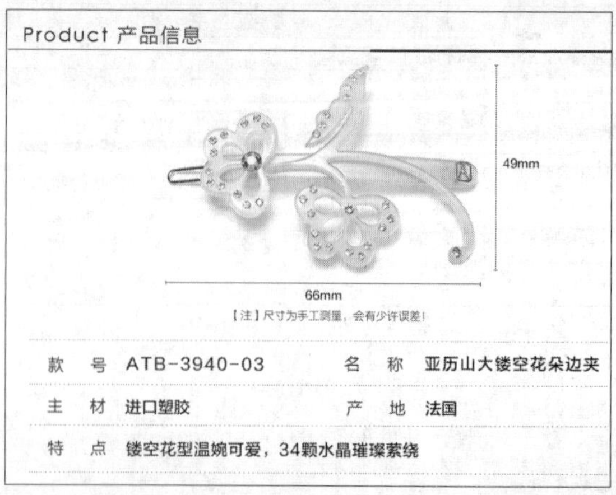

图10-4

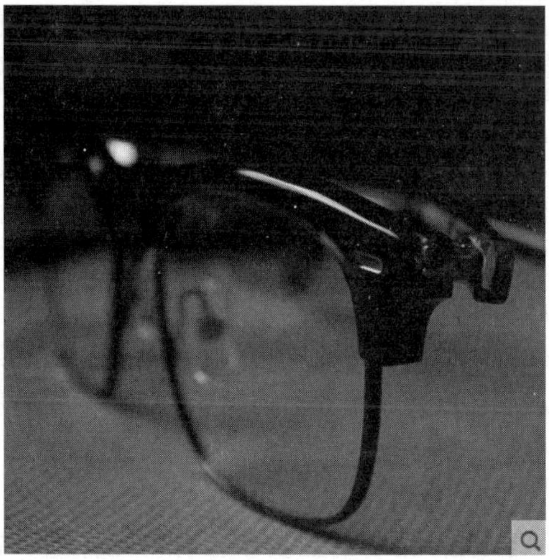

图10-5

图10-6

10.1 了解天猫搜索规则、排名规则

天猫搜索占流量体系的总体比例是非常大的，在www.tmall.com（天猫）中搜索的关键词是根据产品关键词出现的。目前新的排序规则为消保优先、相关性、橱窗推荐的三大前提下，在一定时间范围内，按照店铺服务质量权重排序。目前影响店铺服务质量参考的因素有很多，包括是否违规、是否作弊、退款率、超时退款率、发货速度、旺旺响应速度、滞销商品率等。

淘宝目前有很多扶持新店的政策规则，而且新店权重越来越高，并非新店在排名里就没有一席之地，影响天猫商品排名的因素主要有图10-7所示几种。

图10-7

1. 了解规则

在提高店铺流量之前，首先需要了解影响天猫店铺搜索排名的规则，知此知彼，才能百战百胜。

（1）默认综合排名=人气+销量+信誉+价格，其中人气=浏览量+收藏量。人气高的产品会排在前面。

（2）标题中采用空格，标点分开，不同关键词排名权重会提高，一个标题采用一个空格或一个标点。

（3）新品排名靠前，新品就是不存在同款并且第一次上架的产品。新品标志会保留21天，这21天就是扶持期，排名会靠前。

（4）公益宝贝排名靠前。

（5）橱窗产品排名靠前。

（6）越到下架时间的产品排名越靠前。

（7）收藏人气高，浏览高的产品排名越靠前。

（8）转化率高的产品排名靠前，转化高说明产品受欢迎，淘宝系统会自动默认靠前。

（9）销量高的宝贝排名靠前。

（10）排名前后不受店铺的信誉高低影响。

在其他因素几乎差不多的情况下，新店排名会靠前。

2. 怎样提高排名

提高排名简单的就是说提高四率，即点击率、跳出率、转化率和好评率。可以按照以下几点说明来提高排名。

（1）提高点击率

控制好点击率的方案主要有合理优化标题，以及增加图片吸引力。在编辑标题的时候，不要为了优化关键词而拼凑标题，这样的标题往往是曝光度上来了，展现量有了，但是点击率却不一定高。在优化标题时一定要考虑其合理性，不要为了优化标题而优化。

同时图片也要做的合理一些，多关注排名好的图片是如何设计的。

（2）降低跳出率

一个好的商品描述，自然会吸引客户预留更多的时间去阅读，产品描述要能够吸引人，不要一上来就搞长篇大论，让客户没有耐心去看，卖家可以把客户最想要看到的内容放到最显眼的地方。

控制页面停留因素也和很多固有因素有关，例如销量、客户评价、成交记录等。页面停留时间和跳出率关系很密切，一般来说页面停留时间越长，跳出率越低。跳出率越低，说明产品描述越好，比如客户进来的时候，觉得产品不错的话，可能就会继续浏览店铺内的其他产品。所以跳出率高的产品，其排名机会就越小。

（3）提高转换率

影响转化率的主要原因有商品描述、销量、客户评价、营销文案。这些基础的东西一定要做好，这样才能奠定以后的优化基础。

（4）提高好评率

提高好评率主要取决于产品和客户服务。首选的产品质量要好，并尽量和描述相符（见图10-8），如果客户服务态度良好，产品描述相符度良好，物流发货速度良好，自然会提高店铺内产品的好评率。

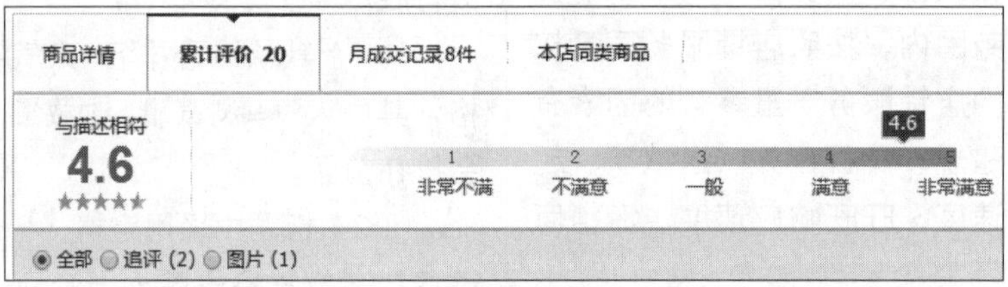

图10-8

10.2 优化商品标题——组合搜索主流关键字

众所周知，自然搜索排名对一款宝贝或者一个店铺来说是很重要的，排名的前后会直接影响宝贝的流量，只有宝贝的排名靠前，获取的展现机会才多，进而流量也会更多。淘宝搜索是自然流量的一个重要入口，买家的每一次搜索都是有购买意向的，只有被搜索到了才有可能有被购买的机会。而一个好的标题决定了宝贝被搜索到的机率。

一个好的标题就好比是一张又大又密的网，覆盖面要广且精确精密才无漏网之鱼。标题优化的过程，一定要注重关键词的热搜度和关键词与宝贝的相关性。好的标题可以为店铺争取到很大一部分的自然流量，流量是一个店铺的根本，而优化标题是提升自然流量的重要方法之一。除此之外，在天猫首页搜索宝贝时，买家会根据图10-9所示左上角的人气、新品、销量和价格来搜索排名后的宝贝。

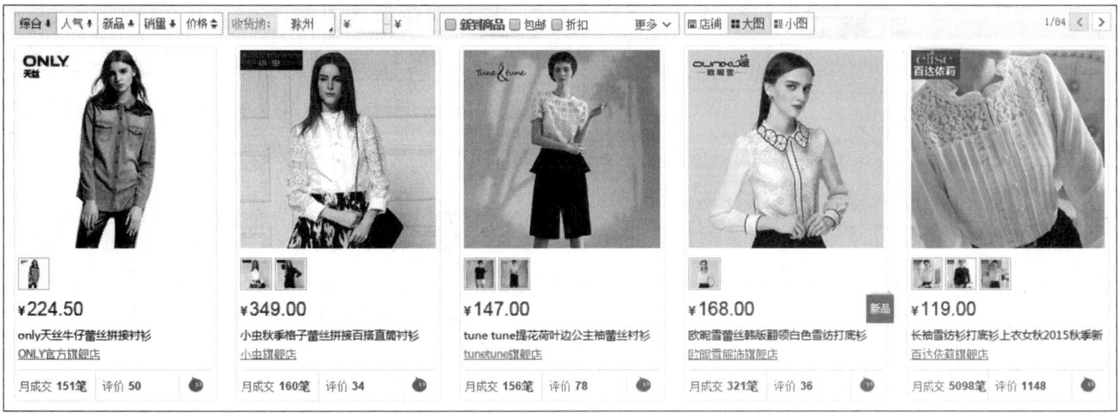

图10-9

1. 了解关键词种类

在为宝贝设置商品标题时，都会使用到关键词。图10-10所示介绍了三种关键词类型，通过不同的关键词组合标题可以达到不同的优化效果。

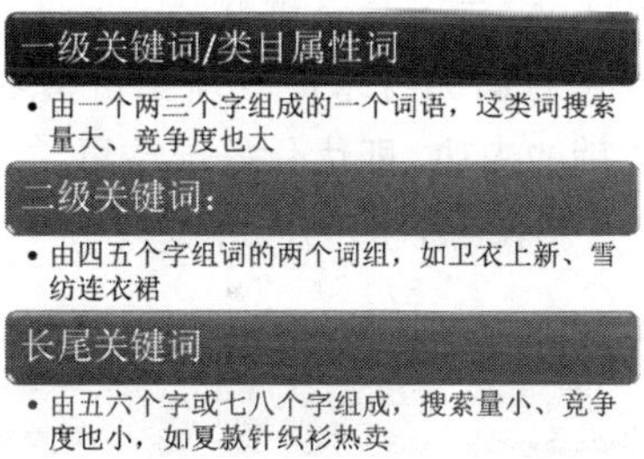

图10-10

2. 标题优化的重要性

卖家都知道宝贝标题关键词设置的重要性，它在给店铺带来免费流量的同时，也是决定是否会提高转化的关键点。图10-11所示说明了标题优化的重要性。

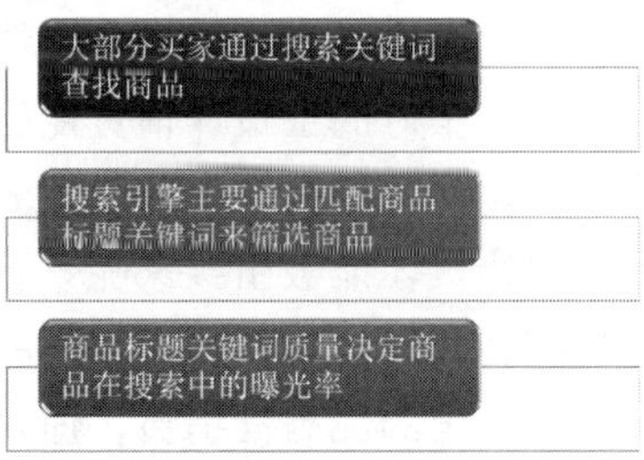

图10-11

3. 不同时期标题的优化策略

店铺里的商品都会经历不同的时期，比如一开始是新品期，时间久了以后进入成长期，最后再进入爆款期。图10-12所示给出了不同时期宝贝标题优化的策略。

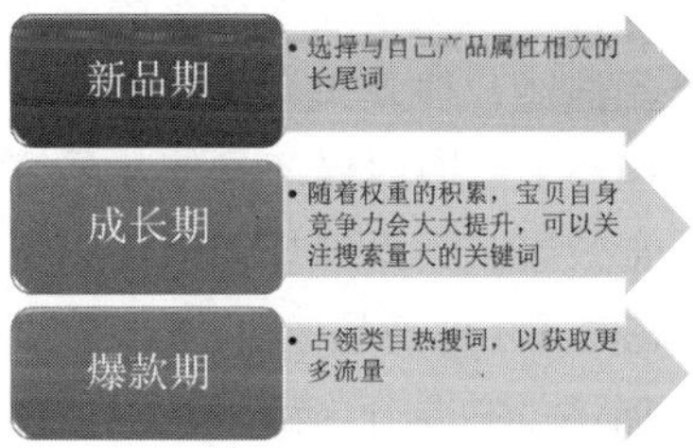

图10-12

4. 关键词组合布局

通过不同的关键词组合可以得到意想不到的效果，在设置之前需要了解图10-13所示的几个要求，避免造成关键词组合布局的无效。

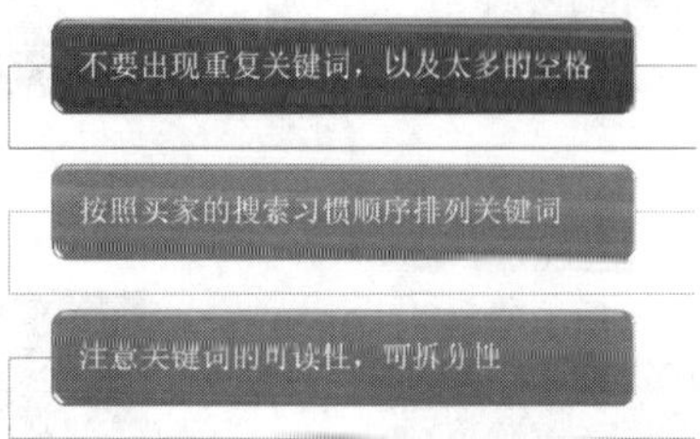

图10-13

提　示

1. 可读性是指将关键词排序组合以后读起来一定要流畅通顺；

2. 可拆分性是指一个关键词可以拆分为两个甚至更多的关键词，比如搜索“韩版连衣裙”关键字后，会在显示出的宝贝标题中看到这个词是可以分为两个词展示的（见图10-14），这就是可拆分的关键词。

图10-14

5. 标题优化注意事项

在进行宝贝标题优化时，需要注意图10-15所示的几个事项，避免在付出大量的精力后，反而没有任何效果。

标题优化注意事项：

- 每个标题限30个字符，要充分利用好资源增加关键词到标题中
- 不要盲目对已经是爆款的宝贝进行标题优化
- 不要频繁操作标题关键词优化，宝贝容易搜索降权。七天为周期，每次优化不超过六个字符
- 不要在宝贝标题滥用符号
- 同类宝贝标题不要完全相同
- 不要堆砌关键词
- 不使用与宝贝不相关的关键词
- 慎用品牌、不用违规词、不用侵权词
- 不要把自己的店铺名称写到标题上去（大卖家除外）

图10-15

10.3　优化商品描述——呈现更多的商品细节

众所周知影响买家是否购买的一个重要因素就是商品描述，很多卖家也会花费大量的心思在商品描述上，有时候商品信息是表达完全了，但视觉效果却不太理想，这样必然会导致买家不会花时间了解商品详情。

商品描述页主要分为宝贝详情页、头图、铺垫、正文几个部分。图10-16所示为某商品宝贝详情页中的头图、细节图等。

图10-16

1. 宝贝详情页

流量对于店铺发展来说至关重要，而有流量不一定有成交，但没有流量就一定没有成交。那么如何利用店铺优势来体现流量价值呢？这就要做好店铺的内功，即优化好详情页。宝贝详情页主要包含图10-17所示几项内容。

图10-17

无论是新手卖家还是久经战场的老卖家都懂得宝贝详情页的重要性，相信没有一个消费者在浏览宝贝的时候不去了解宝贝详情页就直接购买宝贝，一个好的宝贝详情页能够激起顾客的消费欲望，并促使顾客下单购买。那么什么样的宝贝详情页才能吸引买家呢？首先宝贝详情页是提高转化率的首要入口，好的宝贝详情页就像专卖店里的优秀推销员，面对各式各样的客户，一个是用视觉传达来表现商品的特性，一个是用语言打动消费者，因此宝贝详情对提高宝贝转换率是至关重要的。下面从几点

来说明宝贝详情页应该如何设计。

（1）副标题的作用是辅助主标题，用更完善的文字来对商品的性价比或当前的促销力度做描述。副标题要将商品的卖点放大，材质、价格、发货速度等都可以结合来做；也可加入促销折扣文字说明，来刺激买家积极下单付款。

（2）属性栏是买家了解产品细节的第一道门。属性的完整性和真实性需要引起卖家的足够重视。完整的产品属性说明（见图10-18），可以让买家更细致地了解商品，也可以为客服省下很多答疑的麻烦。真实性方面，卖家不能以无充有，以次充好，真实不虚夸的描述才能建立信任感。

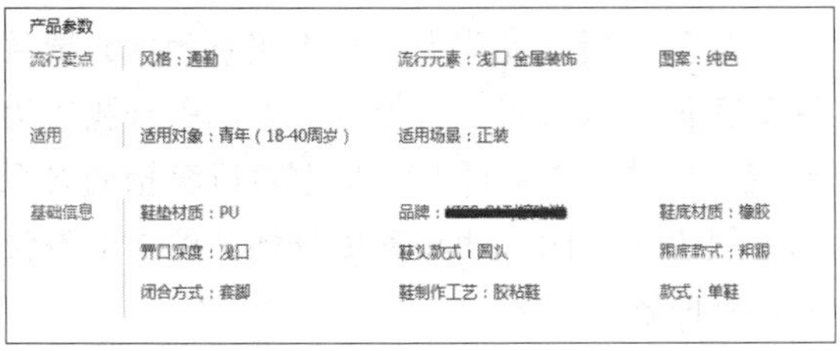

图10-18

（3）在商品关联方面，不要主观放置，而需要用数据分析来做好关联，比如生e经、数据魔方等。建议放置的宝贝在6款左右（见图10-19），放置过多买家注意力会分散，易造成跳失；而占据的篇幅太大，也不利于买家的浏览体验。

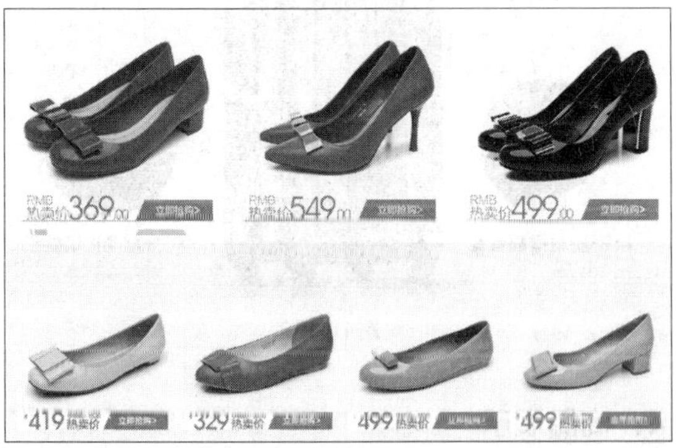

图10-19

（4）用更加贴合宝贝属性的文字来描述（见图10-20），并搭配图片、强调商品质量的优越性；也可以加入商品的视频描述，对产品的性能和使用等情况进行具体说明（见图10-21）。

图10-20

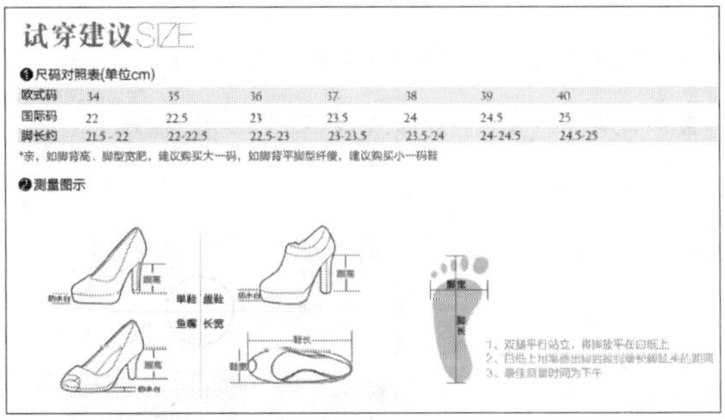

图10-21

（5）买家进入店铺，第一眼会看到两个信息，一是店招；二是导航（见图10-22）。这两个信息起到的作用很简单，就是引导买家继续浏览下面的内容。在店招和导航设计中，应该放入店铺核心卖点和核心信息，比如打折、促销、秒杀。同时，收藏和关注按钮也可以放入店招中。

图10-22

（6）在对商品信息大体了解后，要继续强化买家的信任感。这时要注重对宝贝质量和店铺品牌做标榜说明，这样可以更好地强化买家的信任感（见图10-23、图10-24）。

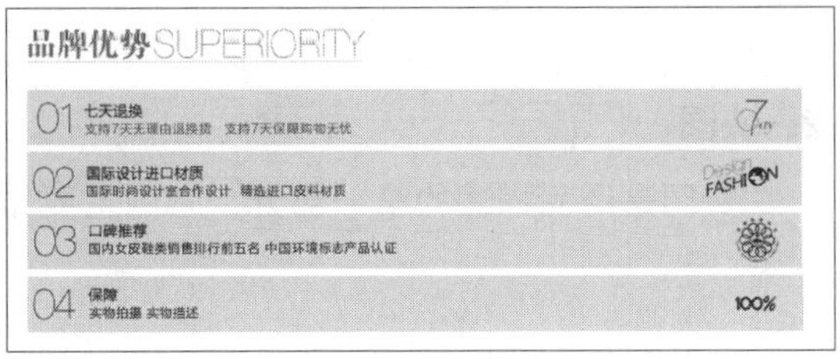

图10-23

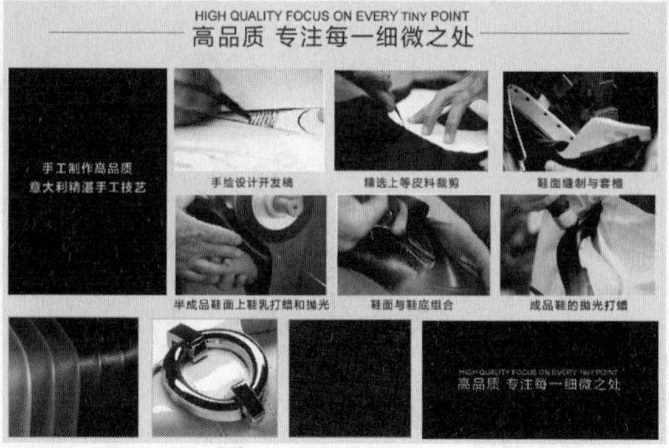

图10-24

（7）建议加上包装材料的配图（见图10-25），给买家一个简单的画面，让买家对包装更放心。关于物流、合作的快递、发货时间、运送区域及到达时间等，要做到条理分明的阐述。

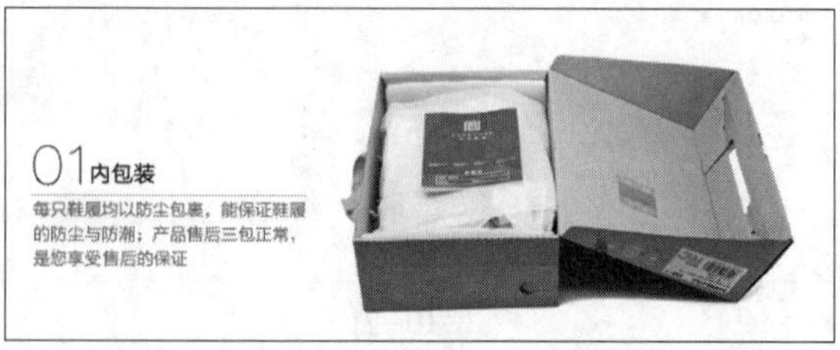

图10-25

（8）买家在购买商品时，除了对商品质量和细节有疑虑外，还会关心卖家的售后服务，即购买商品后货品出问题，是否能够得到及时解决，以及通过什么方式解决。这需要卖家在详情页中把售后服务尽量说清楚，比如退换货需知、退换货流程等，如图10-26所示。

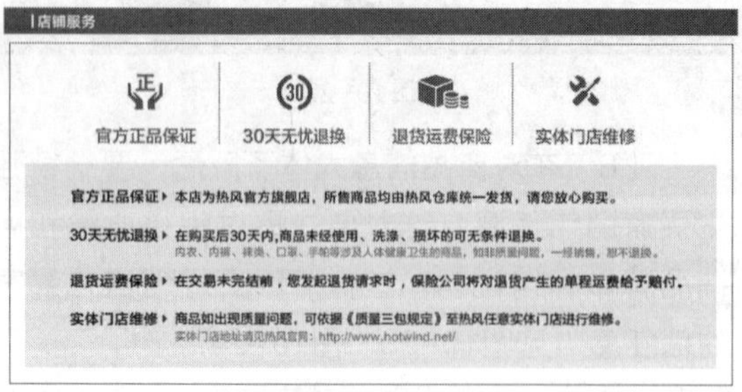

图10-26

2. 头图

头图是商品描述的第一部分，它的主要作用是给予买家强烈的视觉冲击，使买家产生继续浏览的欲望。一般这种图片不需要太多文字上的信息描述（见图10-27），而是着重在于表现商品的整体感。

图10-27

3. 卖点一目了然

认真分析商品卖点，告诉买家为什么要买这款宝贝，以及买了有什么好处。引导买家进行下一步的浏览。图10-28中对行李箱的各个部件引出了小图，让买家更好地了解对应部位的详细描述。

图10-28

4. 商品展示

该页面通常要将商品多方位展示出来。通过各种细节描述，让买家能立体地感受到此款宝贝。图10-29所示为某品牌女鞋对其产品全方位的详细描述与介绍。

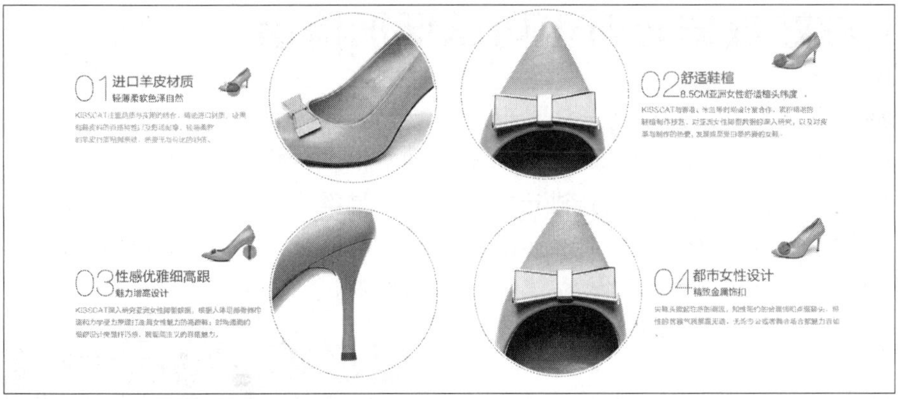

图10-29

10.4 优化商品图片——让商品更真实化

网店产品的图片是网店的核心灵魂，设计出一张具有视觉冲击力的宝贝图片，不但能让自己的宝贝在众多竞争者中脱颖而出，还能为网店获得更多的流量和点击率。因此宝贝图片的优化是卖家们的必修课程。下面从几个方面介绍如何优化宝贝图片。

1. 提高图片清晰度

想要图片吸引人并提高消费者的购买欲，就要保证图片一定要清晰。清晰的宝贝图片不仅能体现出产品的细节和各种相关信息，还大大提高了宝贝的视觉冲击力。而朦胧模糊的图片则只会降低消费者的体验感和购买欲，甚至有些消费者还会觉得是盗图，从而对产品失去信心。图10-30中左图较为模糊，右图清晰有视觉冲击力。

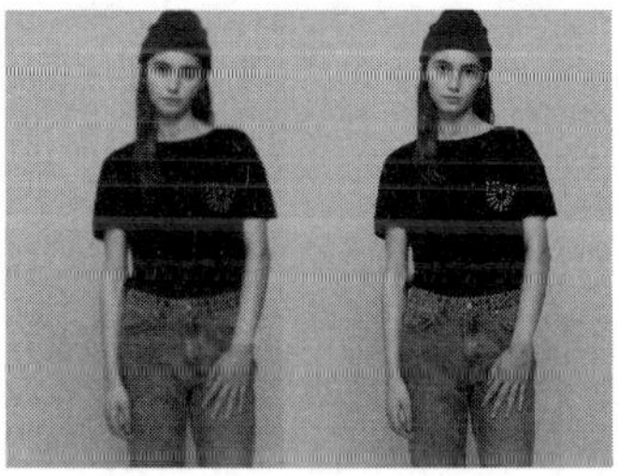

图10-30

2. 突出重点

很多卖家在设计宝贝图片的时候，会忽略了要突出宝贝重点这个细节。往往在体现宝贝效果的时候，分不清主次，容易造成视觉混乱。

比如当拍摄家具产品时，如果将众多家具摆放在一起，就容易忽略重点。比如要表现四件套，可以只拍摄床部位以及部分床头柜，不要在图片里摆放其他物件，造成重点不突出，让买家无法找到产品。

3. 美观度

美观度是宝贝图片的一个重点优化步骤。很多卖家想要突出自己的产品优势和特点，都会选择在宝贝图片上添加文案，如真材实料、正品甩卖、爆款促销等。切忌不要把所有的文字都添加在图片上，否则就会造成图片混乱，缺乏美感，甚至是本末倒置的感觉。

如图10-31中左图表现了沙发这一物件，整体简洁大方，构图合理清晰，使买家能够快速找到诉求点，比如款式、颜色、大小等。右图中添加了活动文案、特价促销等文字，文字较多，使得图片混乱不清，影响消费者的视觉感官，造成视觉疲劳，不易促成交易。这种情况只需在边角处适当添加一些简单的促销说明即可。

图10-31

10.5 做好数据分析也可以增加流量

要想经营好一家网店并不是一件易事，卖家都希望自己的宝贝大卖。所谓知己知彼才能百战百胜，卖家需要花精力对网店进行数据分析，只有这样才可以帮助店铺引入更多的流量，并针对顾客的心理做好营销工作。

1. 行业分析

行业的最近流量状况，访问的访客地区、人群、年龄、爱好、顾客等级、消费层级等，是通过对行业的精准分析得来的。

同类目行业的消费人群、性别、地域、消费层级等是商家需要掌握的要点。了解在某行业里的热卖产品以及款式、同类目价位中行业产品的价格定位和热卖产品价位，并分析好这些数据，才可以帮助商家找准自己能承受的市场价位。

2. 网店分析

商家可以根据网店、行业情况的分析来制定出合适的推广计划，比如哪些产品适合做直通车推广，并进一步做好对竞争对手的分析，特别是类似网店的分析，来制定出合适的钻展推广。网店的分析主要包括图10-32所示的几点要求。

网店首页

- 网店的导航部分、海报和宝贝分类，针对网店的重点产品来进行分类展示出来，有没有相应的促销或者搭配信息来促进转化

宝贝详情页

- 产品的标题、产品的属性、产品搭配、产品促销信息、宝贝细节展示、物流快递、发货情况等等是否合适市场网店的情况

网店后台数据分析

- 网店目前的动态、店铺流量、转化、网店主推的产品、利润款、产品的应急性、产品的评价等情况

图10-32

图10-33所示为生意参谋展示的店铺流量概况，通过页面可以了解访客来源等数据，从而进一步分析流量来源于付费还是免费，PC端还是无线端等。

图10-33

3. 直通车数据分析

直通车是通过点击率来收取费用的，图10-34所示统计了总展现量中吸引了多少点击率，并计算出点击率所需的花费，按照日期对展现量进行了统计。网店的有效推广需要通过选择合适的产品推广来实现，通过网店后台的搜索关键词，再加入一些转化率高的词，针对适合网店的地域、消费人群、年龄、天气等来重点展示出来。

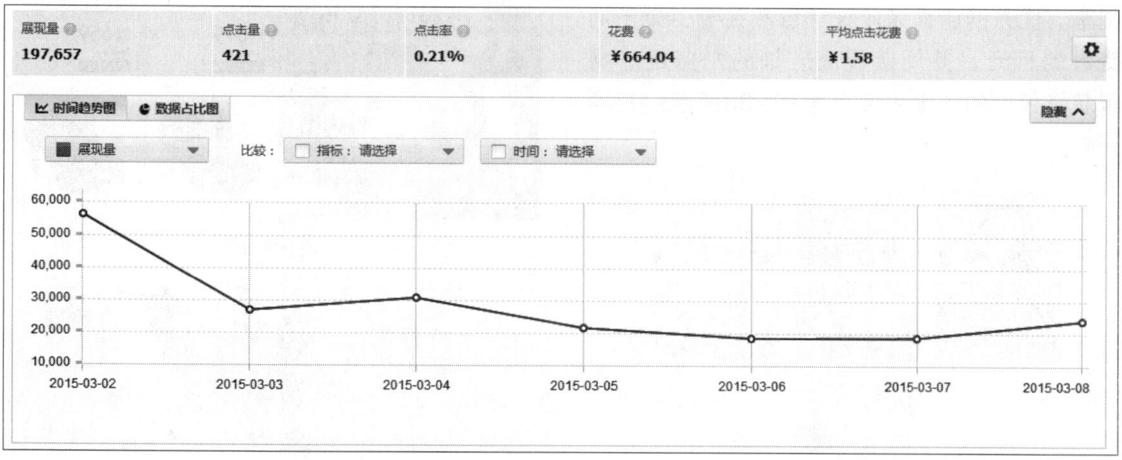

图10-34

4. 老客户的维护

在天猫后台对会员关系的管理中，针对网店的老顾客可以设置会员卡、送淘金币、送积分等优惠活动，还可以对老顾客会员卡进行定期管理和维护，这样可以促进老顾客再次光顾本店，留住老顾客。图10-35所示为“客户关系管理”后台显示的有过交易的顾客列表。在后面的章节会为大家介绍“客户关系管理”工具的使用。

图10-35

10.6 提高店铺装修环境

网店店铺首页作为一个店铺形象展示窗口，其装修的好坏，可以直接影响到店铺品牌宣传以及买家的购物体验，最终影响店铺的转化率。优秀的店面装修设计自然会吸引更多消费者的目光，并间接提高店铺的浏览量。网店装修包括的内容主要有图10-36所示的几项分类。

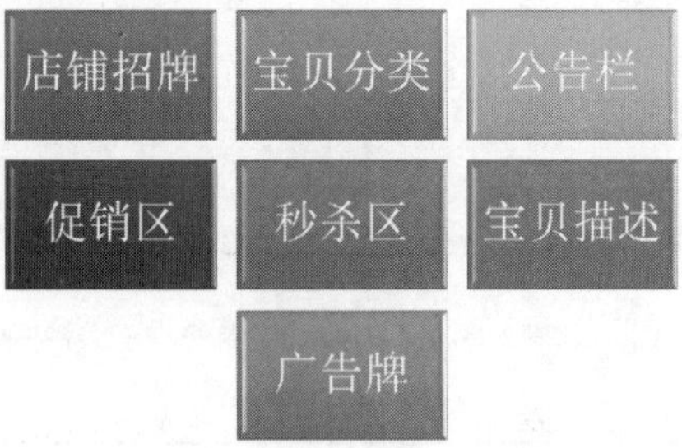

图10-36

网店的店铺装修与实体店装修的目的是一样的，都是让店铺变的更加吸引人。对于网店来说，一个好的店铺设计尤为重要，因为买家只能从网上的文字和图片来了解店内的产品，所以做好店铺装修更能增加用户的信任感，甚至还能对自己店铺品牌的树立起到关键作用。

例如图10-37所示为某品牌女鞋的首页页面装修效果，图10-38所示为分类宝贝的展示页面，图10-39所示为秋靴类产品页面，图10-40所示为详细宝贝分类介绍页面。

很多卖家对于店铺装修都非常关注，因为好的视觉效果能提升买家对店铺以及商品的关注度，提高成交率。

图10-37

图10-38

图10-39

图10-40

但是对于网店装修需要保持理性。适当的装修可以提高店铺浏览量和商品成交量，而装修过度和一些装修的误区反而会起到适得其反的作用。下面介绍几种卖家初次装修店铺时容易进入的误区，大家应当尽量避免。

（1）过于花哨

天猫店铺装修应当大气、简洁，突出重点。使用过多的大图、闪图、轮播效果以及过多的颜色设计都会起到适得其反的作用，导致买家的目光不在商品本身，从而丧失流量。如

图10-41所示为某品牌在天猫的官方旗舰店，店铺装修十分简洁但不失品位，也不会引起消费者的视觉疲劳。

图10-41

（2）导航栏混乱

导航栏是引导目标消费者进入相应版块的重要环节。在天猫店铺的装修上，导航栏显得尤其重要，因为此处是店铺给客户的第一个视觉感受。在顶部的导航中，卖家应该充分运用宝贝的分类、搜索栏、自定义页面、品牌故事、会员专区这些词语，来引导目标消费者快速进入到对应的板块中。所以导航栏应当设置清晰并起到明显的引导作用（见图10-42、图10-43）。

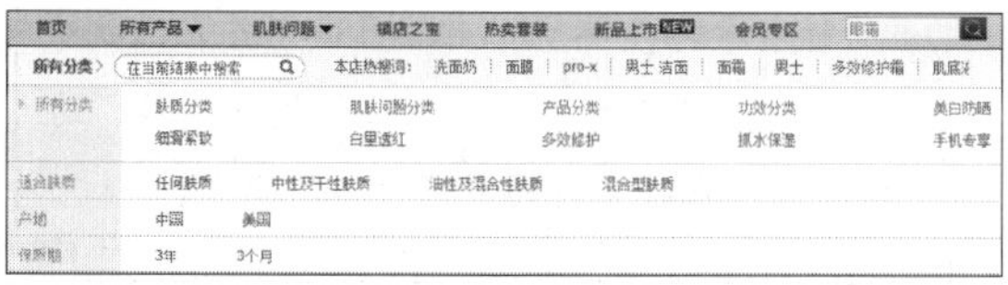

图10-42

图10-43

（3）首页搜索

天猫店铺应当在首页设置搜索功能，方便买家快速在众多宝贝中找到合适的颜色、尺码、款式等。

（4）宝贝详情页

宝贝详情的设计排版是否能让客户下订单，就要看宝贝详情页的设计是否深入人心。产品实拍是最基本的，这样才能让客户明白这是商家的直销产品，质量是可以信得过的，并且都是由商家一手发出。宝贝详情页的文案与设计尤为重要，再好的产品，没有漂亮的文案与精致的设计，也无法打动客户的心。

通过设计师的设计排版，可以让宝贝详情更加美观，并展示出更多的宝贝性能信息。同时还可以在推广的产品里做些促销信息或者促销图片信息，这样可以让客户更直观地看到店铺内的其他优惠打折信息（见图10-44）。

（5）自定义产品推荐

在设置自定义产品推荐区域时，容易进入的误区就是放置的图片过多，导致消费者没有耐心看完，并且觉得店铺设计过于杂乱无章。所以应当尽量优化自定义模块，以突出店铺产品、优惠价格、款式为主；品牌诉求应当简单、清晰、直接、一目了然。如图10-45所示为自定义产品推荐区设计效果，图10-46展示了自定义模块的设置方法。

图10-44

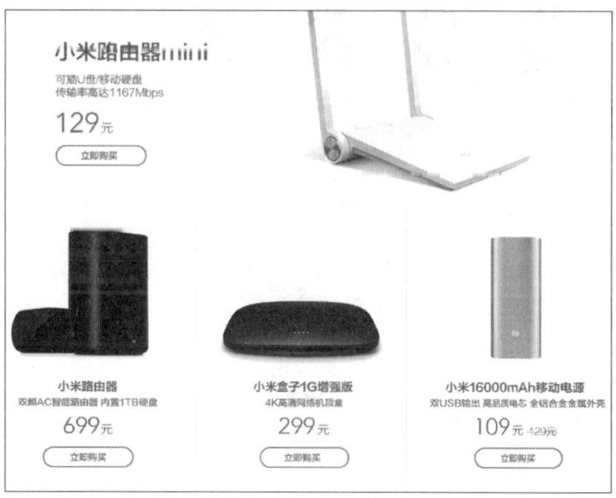

图10-45

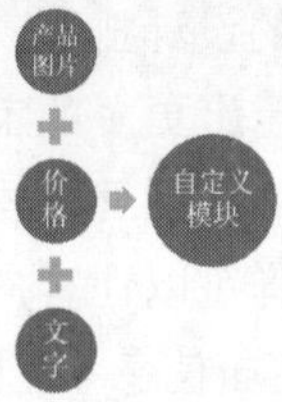

图10-46

（6）系统推荐模块

对于系统推荐模块应当避免只显示价格，而忽略对图片的修饰和设计，还需要避免页面设计过于简洁，忽略了产品核心信息的传达。所以应当事先优化系统推荐模块，商家可以使用淘宝系统自带的推荐模块，这些模块中的价格、销售数、星级、整体等都可以一目了然，还可以给买家一个很好的引导，效果如图10-47所示。

（7）宝贝分类过度

很多新手卖家在设置宝贝分类时，为了让买家可以更好地搜索到需要的商品，将宝贝过度分类（有些店铺的商品分类高达三四十个）。宝贝分类过于繁杂，就会失去分类的意义，买家还是无法快速地找到自己想要的商品，自然就降低了店铺的浏览量和商品成交率。在给店铺宝贝分类时应当注意图10-48所示的几个要点。

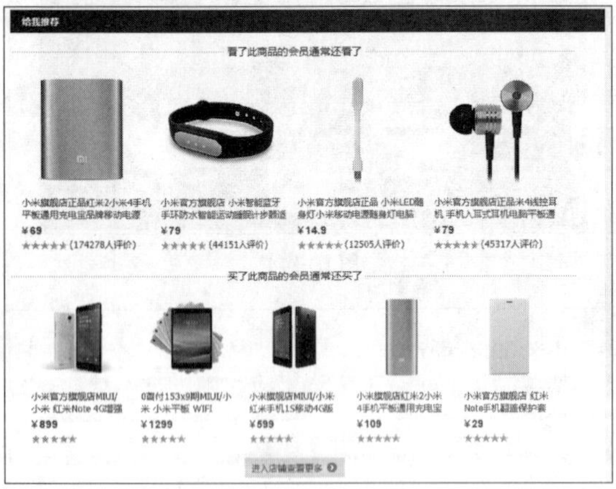

图10-47

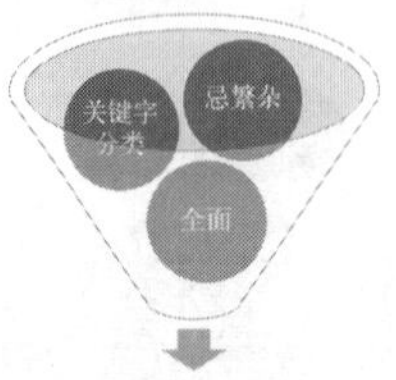

图10-48

10.7　用好橱窗推荐

橱窗推荐是指每位商家根据店铺实际经营情况，将店铺内最有竞争力的宝贝设置成橱窗推荐的一种方式。在淘宝搜索排序中，其他条件相同的情况下，橱窗推荐宝贝会获得优先展示机会。

每个商家根据销售情况可以获得不同数量的橱窗推荐位，根据天猫商家每个月的销售金额，共分设七个层级，每个层级有不同的橱窗推荐位数量，具体如表10-1所示。

表10-1

月销售金额（M）	橱窗推荐位（个）
M<1.5万	60
1.5万≤M<10万	100
10万≤M<30万	200
30万≤M<100万	300
100万≤M<300万	500
300万≤M<500万	1000
M≥500万	2000

注意

月销售金额是指上个自然月成交并且已成功的交易。建议选择优质宝贝来设置橱窗推荐，这样可以提升其在搜索时的引流和转化能力。

1. 哪些宝贝适合橱窗推荐

如何让有限的橱窗位发挥最大的作用，不浪费橱窗位，给店铺带来更多的流量和销量呢？卖家可以按照图10-49所示的方法来选择宝贝。商家应该擅于利用橱窗推荐，不要随便选择一个宝贝推荐就了事。

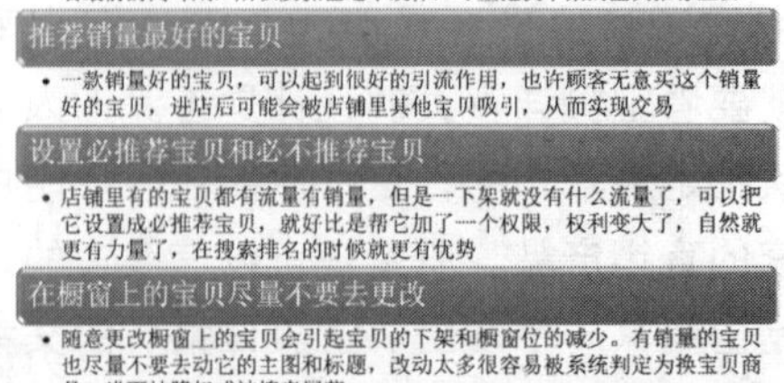

图10-49

2. 设置橱窗推荐

了解了橱窗推荐规则之后，下面介绍如何在天猫商铺中设置橱窗推荐。

01 进入天猫“我的工作台”，在页面左侧的“宝贝管理”下单击“橱窗推荐”（见图10-50），打开橱窗推荐设置页面。

02 勾选下方的“全选”复选框，再单击“推荐”按钮（见图10-51），将所有宝贝添加至橱窗推荐。

图10-50

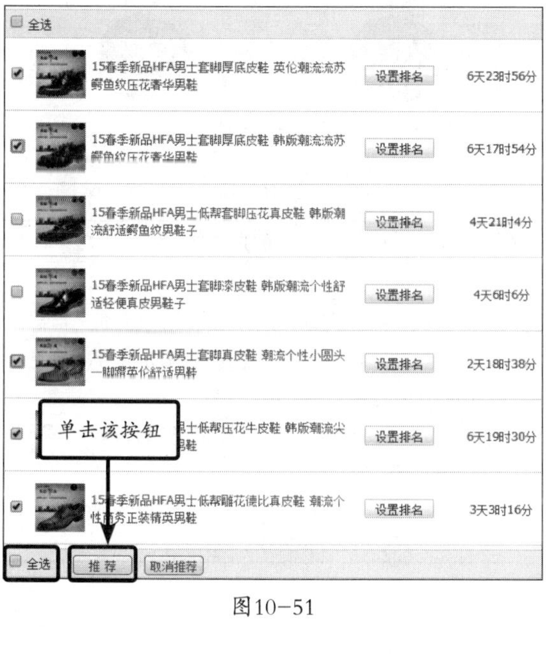

图10-51

3. 合理设置宝贝上下架

商品上下架排名是淘宝综合排名中一项至关重要的影响因素。面对越来越高的流量成本，很多商家望而却步。目前最重要的流量资源就是站内的免费资源，其中含金量最大的就是搜索带来的流量。如果能合理优化宝贝的上下架，让自己的宝贝排名靠前，就有可能获取更多的免费流量。

（1）了解上下架原理（见图10-52）

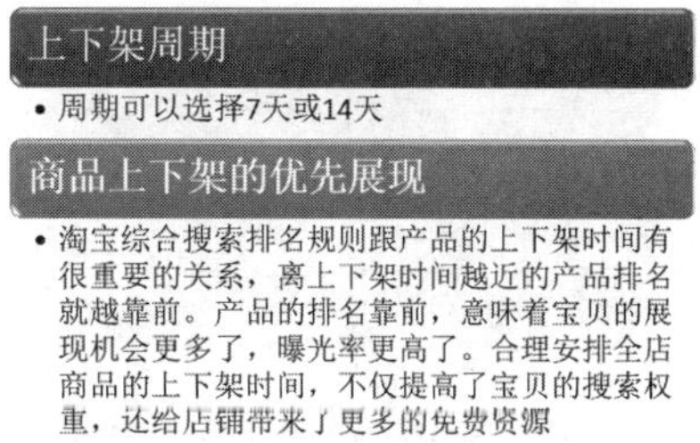

图10-52

（2）合理安排上下架

通常情况下，周末的流量较少。所以在商品上下架安排上，周一到周五安排比较多一点，周六日相对较少。在购买高峰期上下架，将可能获取更多的展现，同时可能得到更多的销售额。

关于下架的时间，一般情况下是9:00～11:00、15:00～17:00、20:00～22:00 这些时间的节点是全网的一个高峰均值。具体情况也要根据自己店铺的类目产品的交易习惯进行确定，最好跟踪两周的数据然后确定一个适合自己的下架时间。

（3）商品上下架的关键点（见图10-53）

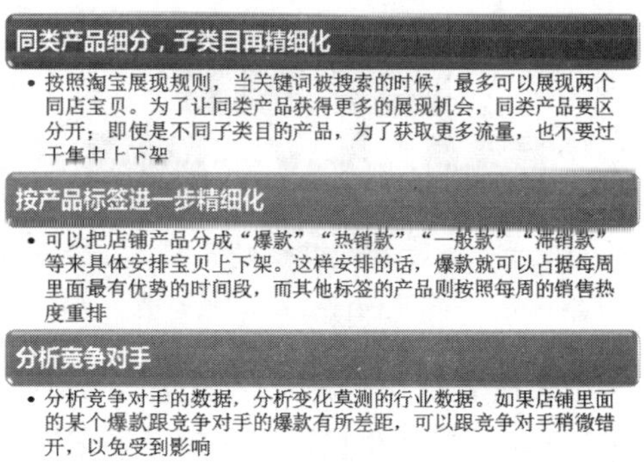

图10-53

10.8 友情链接可相互增长流量

友情链接是一种网站之间的简单合作形式，即分别在自己的网站上以文字、图片或其他形式的载体链接到对方的网站。

1. 友情链接的好处

使用友情链接是为了能够互相增长流量，图10–54所示介绍了几种使用友情链接的优势。

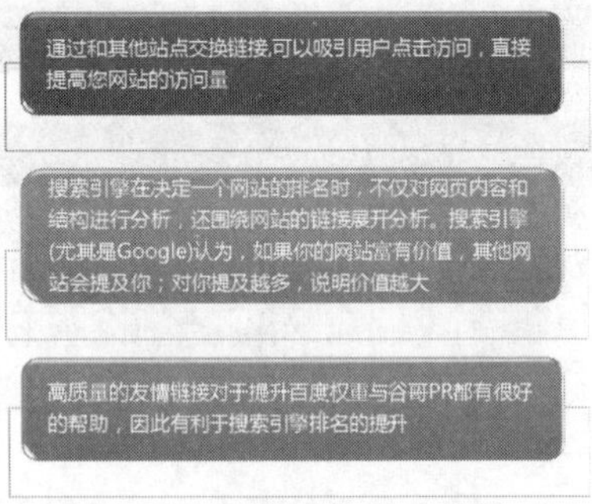

图10–54

2. 友情链接的方式

了解友情链接的好处后，接下来就需要研究如何通过有效的友情链接来提高店铺流量。图10–55所示介绍了几种店铺发布换取友情链接的方式。

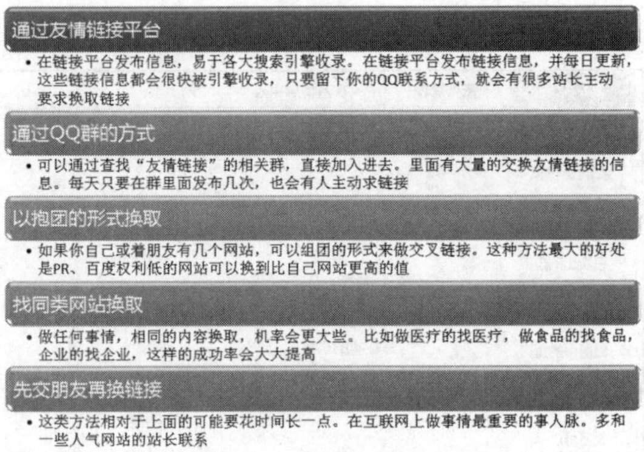

图10–55

10.9 免费试用让店铺流量涨不停

淘宝试用中心是一个专业的试客分享和营销导购平台（见图10–56），为数百万商家提升了品牌价值与影响力。试用中心聚集了上百万个试用机会，以及亿万消费者对各类商品最全面真实客观的试用体验报告，为消费者提供购买决策。参加免费试用活动会给店铺带来巨大的流量，谁会拒绝免费的好东西呢？

图10–56

商家报名试用品总价值及单价要求如图10–57所示。参加免费试用商家必须要满足表10–2所示的资质要求。

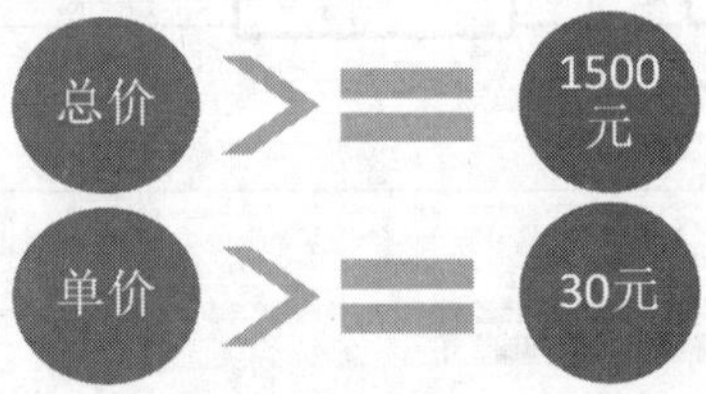

图10–57

表10–2

序号	资质要求
1	商城（良品）店铺：店铺综合评分4.6分以上
2	商家确保报名的所有试用产品必须为原厂商出产的合格、全新产品，在良好保质期内，谢绝分装、DIY自制、无商标无品牌
3	食品商家必须填写“食品生产许可证编号（QS编号）”属性
4	美容、彩妆及日化洗护类商品必须有假一赔三资质或分销平台品牌授权标识

1. 免费试用

实体店铺里的食品可以试吃、化妆品可以试用、衣服可以试穿，这些都是商家的促销推广活动。天猫店铺商家也可以报名参加免费试用活动（见图10–58、图10–59），招揽顾客申请试用并反馈优质的试用报告，可以间接提升商品的知名度。

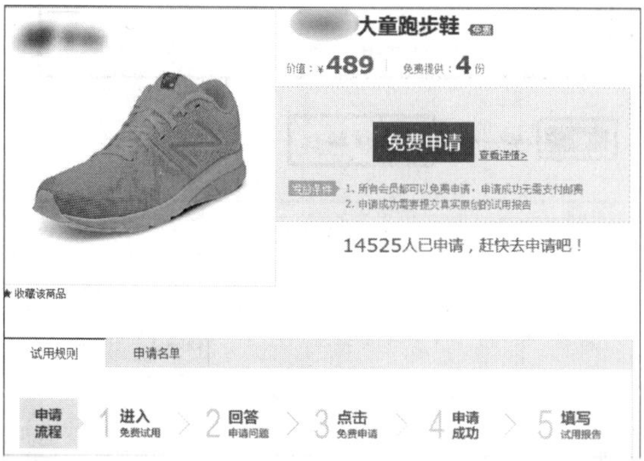

图10–58

图10–59

2. 试用报告

试用中心主要提供免费试用和试用报告两种业务。

试客在成功申请到免费试用品后，需要提交试用报告。试用报告是会员对商品品质、性能等试用体验后做出的客观真实的试用感受。试用报告支持文字、图片、视频等多种呈现方式，富有真实的场景感，它可以为其他消费者提供购物参考，找到真正适合自己的商品，如图10–60所示。

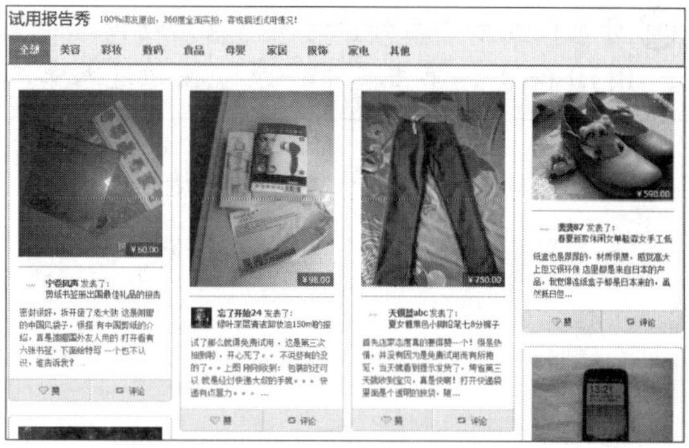

图10–60

3. 如何报名

下面介绍天猫商家报名参加免费试用的设置步骤。

01 登录天猫"我的工作台"，单击左侧"营销中心"下的"我要推广"，打开营销入口页面，如图10-61所示，单击"免费试用报名"图标。

图10–61

02 打开"免费试用"报名入口。单击"设置店铺免费试用"按钮打开创建活动页面，如图10-62所示。

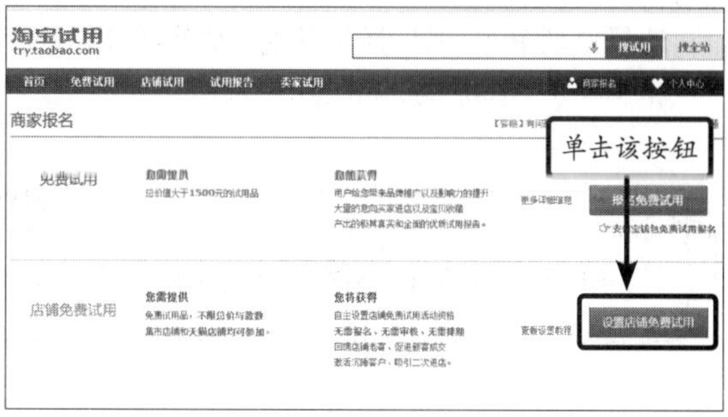

图10–62

03 分别设置活动名称、时间以及活动内容（见图10-63），单击“下一步”按钮进入第二步设置页面。单击下方的“选择活动商品”按钮，如图10-64所示，打开对话框。

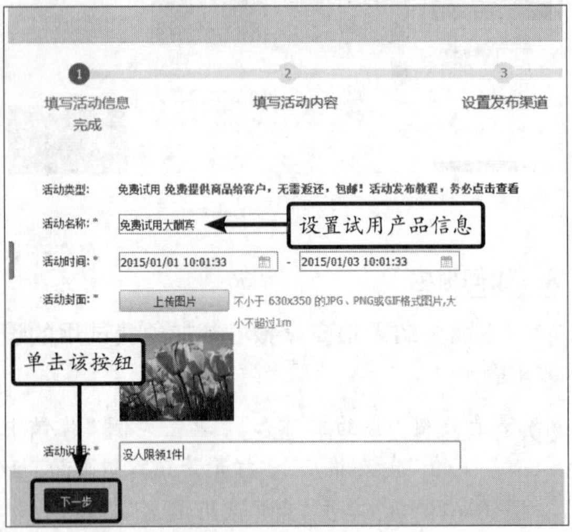

图10-63

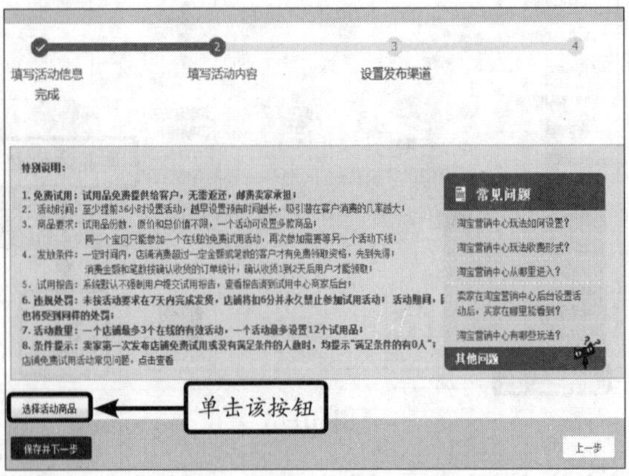

图10-64

04 在对话框中选择参加活动的商品，单击“确定”按钮（见图10-65），即可在添加至活动的宝贝中设置份数和发放人群等信息，继续单击“保存并下一步”按钮，如图10-66所示。

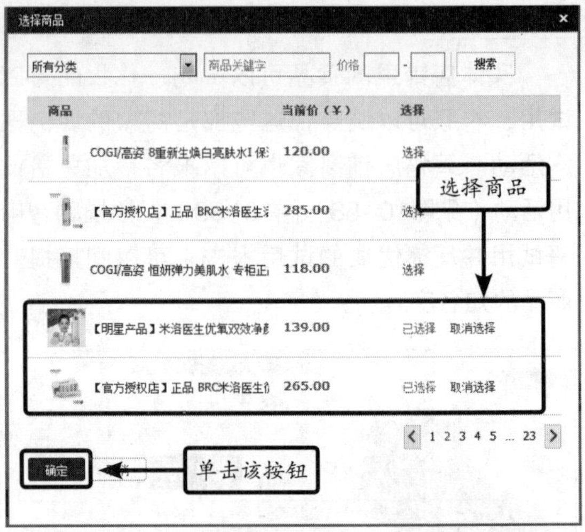

图10-65

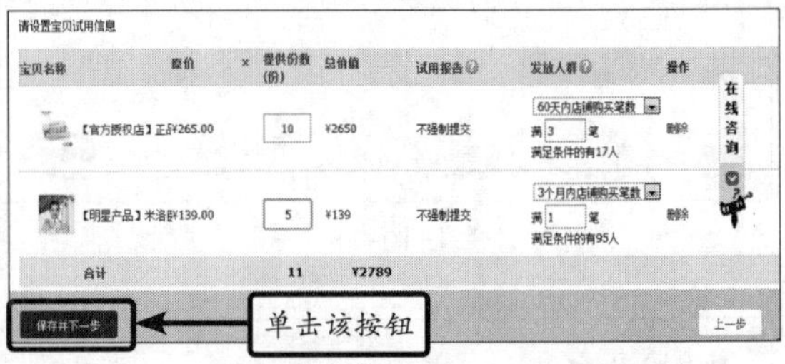

图10-66

05 在第三步页面中设置发布渠道，并单击“发布”按钮完成商品试用设置，如图10-67所示。

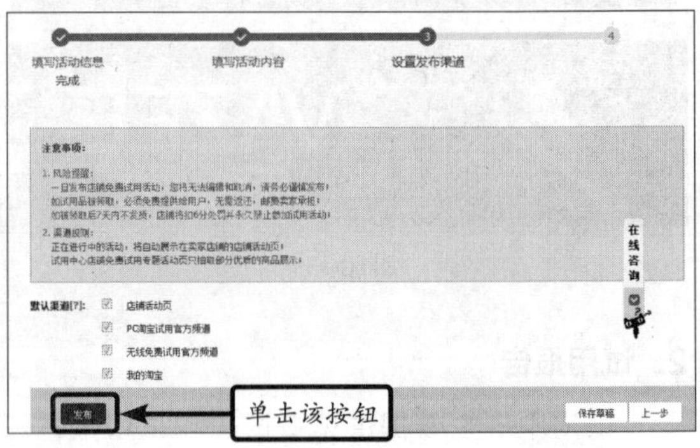

图10-67

注 意

双11当天活动商家和非活动商家都不能生效付邮试用和免费试用活动。

10.10 优惠券、商品促销也可以增长流量

买家在搜索浏览宝贝时，往往对设置了店铺优惠券和有商品促销的店铺更加青睐。巨大的优惠往往会为店铺带来额外的流量。下面介绍如何在天猫后台设置店铺卡券和限时打折活动。

1. 淘宝卡券

淘宝卡券即店铺优惠券，卖家可以设置店铺和商品优惠券，比如买多少就送多少面额的店铺优惠券，或者买多少就能享受包邮。

01 进入天猫“我的工作台”，在页面左侧的“营销中心”下单击“天猫营销中心”，在“天猫官方营销工具”选项下单击“促销管理”（见图10-68），打开商家营销中心页面。

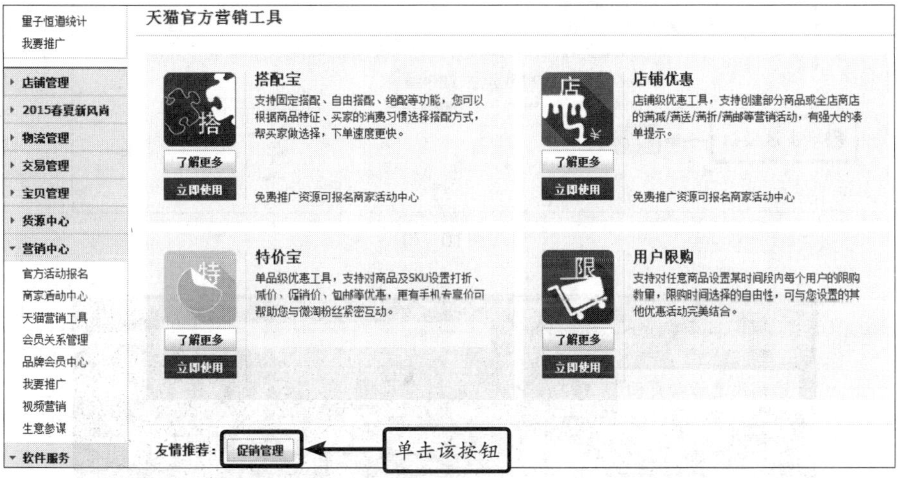

图10-68

02 单击“店铺优惠券”下方的“立即创建”按钮（见图10-69），打开店铺优惠券创建页面。

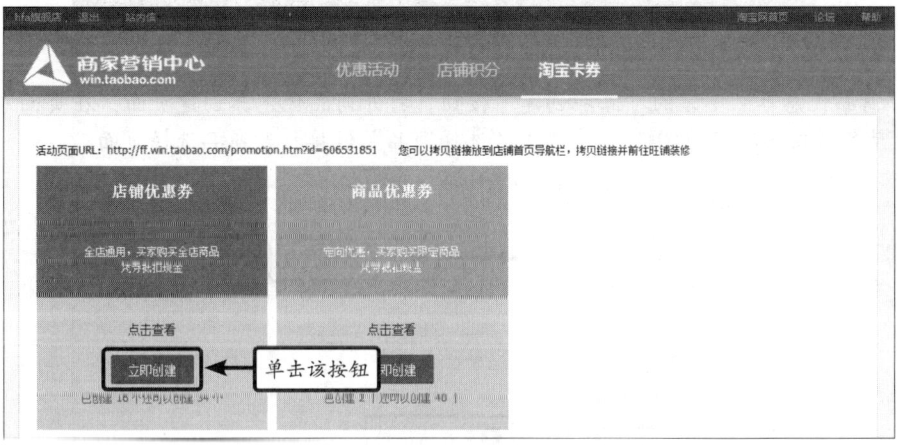

图10-69

03 设置活动名称等信息后，单击“保存”按钮（见图10-70），返回天猫相关页面，即可查看优惠券的领取页面，如图10-71所示。

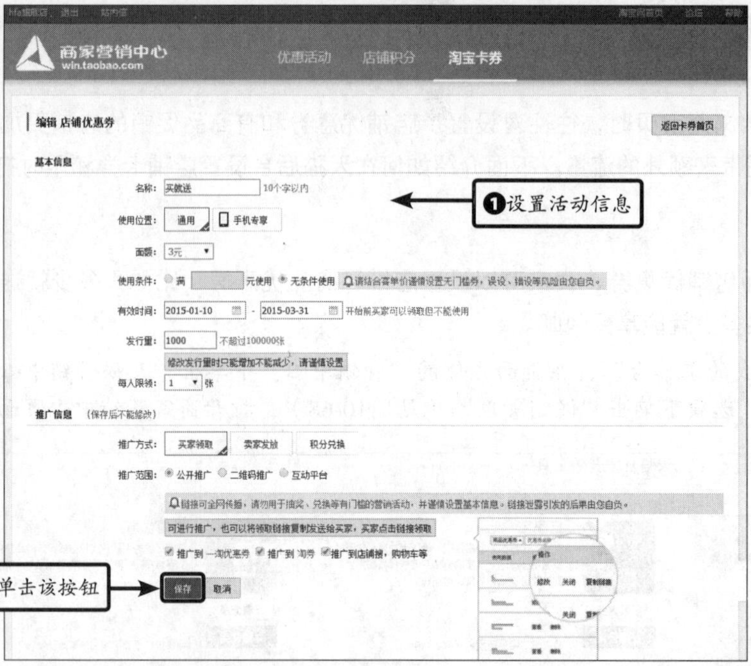

图10-70

图10-71

04 单击“商品优惠券”下方的“立即创建”按钮，打开商品优惠券创建页面，在页面中设置商品优惠活动各项信息（见图10-72），单击“选择商品”链接打开商品选择页面。

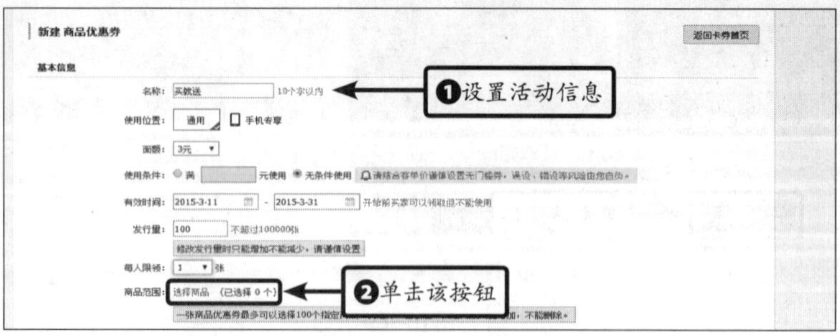

图10-72

05 在“选择商品”页中勾选上参加活动的商品复选框（见图10-73），再单击“保存”按钮即可。返回商品优惠券设置页面后，继续设置推广信息，并单击“保存”按钮，如图10-74所示。

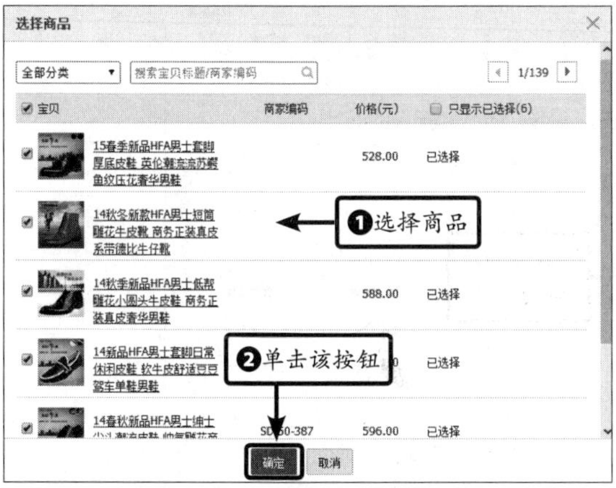

图10-73

图10-74

2. 限时打折

为店铺内的宝贝设置限时打折，过时返回原价，也可以吸引消费者的眼光，无形中为店铺带来流量。

01 进入天猫“我的工作台”，在页面左侧的“营销中心”下单击“天猫营销中心”，在“天猫官方营销工具”选项下单击“促销管理”，打开商家营销中心页面。在“优惠活动”标签下切换至“限时打折”，并单击“创建活动”按钮，如图10-75所示。

图10-75

02 设置活动名称和促销时段后（见图10-76），打开“选择宝贝”列表。选择参加活动的宝贝后，单击“完成选择”按钮，如图10-77所示。

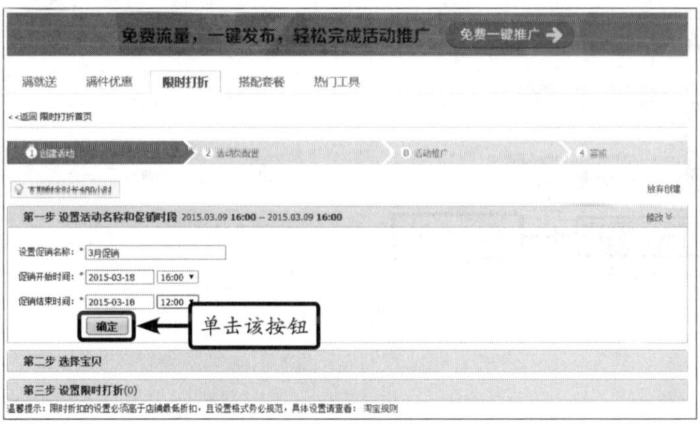

图10-76

图10−77

03 进入第三步“设置限时打折”，设置宝贝的折扣，并单击“完成活动设置，去推广”按钮（见图10-78），完成限时打折活动推广的设置，如图10-79所示。

图10−78

图10-79

3. 搭配宝

完成商品的发布之后，就好比实体店一样，需要通过一些促销手法去提升店铺销售业绩、提高店铺购买转化率、提升销售笔数、增加商品曝光力度，以及节约人力成本。在天猫店铺促销手段中，卖家可以将几种商品组合在一起设置成套餐来销售，通过促销套餐可以让买家一次性购买更多的商品。

搭配宝是为天猫卖家研发的全新的商品搭配工具，它具有图10-80所示的几个特点。

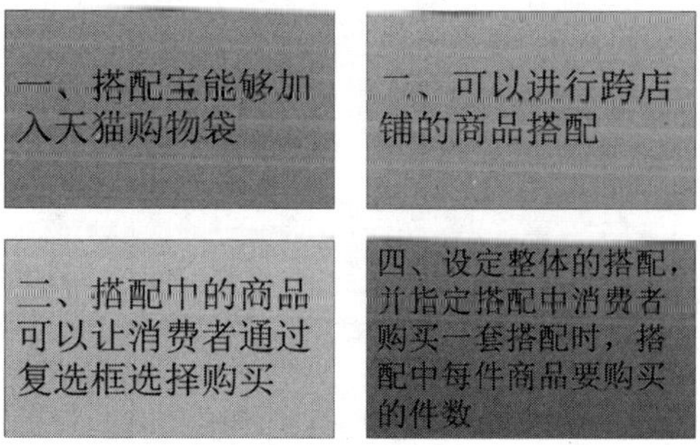

图10-80

下面介绍使用搭配宝设置宝贝搭配组合的操作步骤。

01 进入天猫“我的工作台”，在页面左侧的“营销中心”下单击“天猫营销工具”，如图10-81所示。

图10-81

02 在“天猫官方营销工具”选项下单击“搭配宝”图标下的“立即使用”按钮，如图10-82所示。

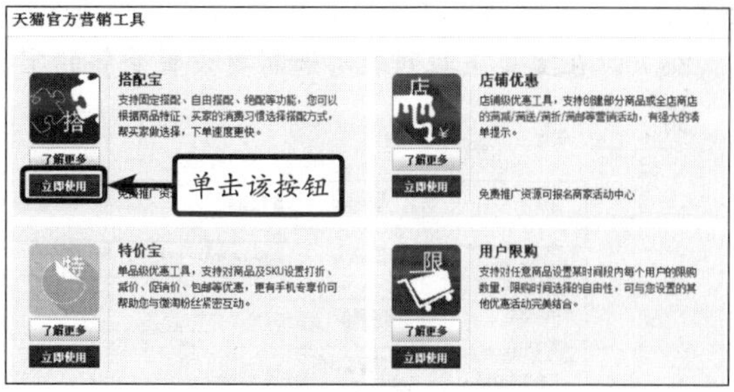

图10-82

注 意

当前不能在搭配宝中同时使用的优惠方式有聚划算、秒杀、拍卖、跨店铺满减/满折，并且目前搭配套餐最多可以同时搭配5个商品。而附属商品最多只可以添加8个。

03 打开“搭配宝”页面后，在“普通搭配”选项下找到需要创建搭配套餐的宝贝后，单击右侧的“创建套餐”按钮（见图10-83），打开新的搭配宝设置页面（见图10-84）。

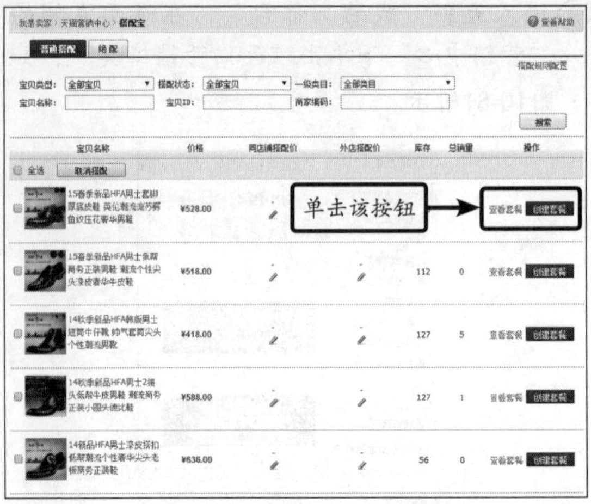

图10-83

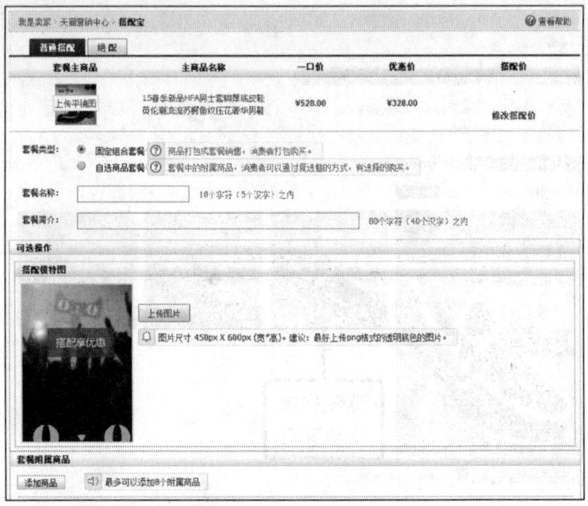

图10-84

04 首先选择“套餐类型”为“固定组合套餐”，再输入套餐名称和套餐简介文字。

注 意

固定组合套餐是指商品打包成套餐销售，消费者再打包购买。而自选商品套餐是指套餐中的附属品，消费者可以通过复选框的方式有选择性的购买。

05 继续下拉滚动条，并单击下方的“添加商品”按钮（见图10-85），打开新的设置对话框（见图10-86），在宝贝下拉列表勾选需要设置套餐的宝贝复选框。单击“完成添加”按钮返回“搭配宝”页面。

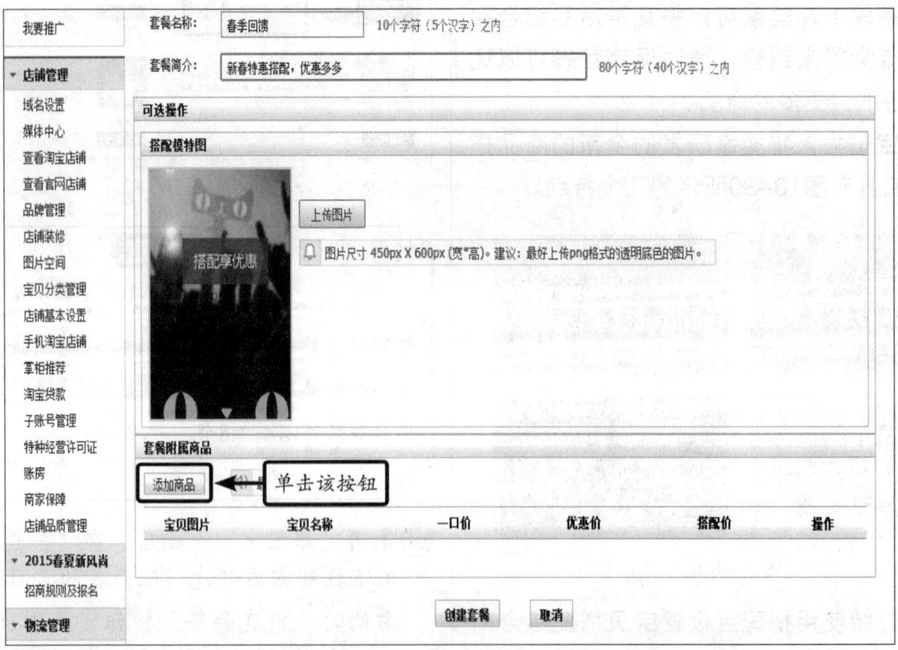

图10-85

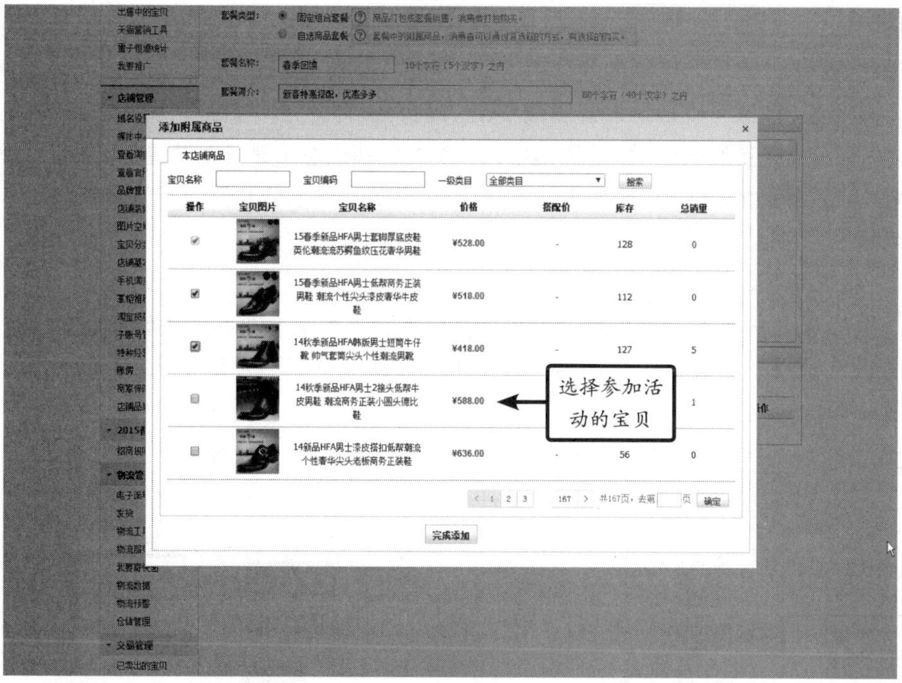

图10−86

06 这时可以看到计算出的搭配价格以及搭配商品，如图10-87所示。单击“创建套餐”按钮，完成套餐的搭配设置。

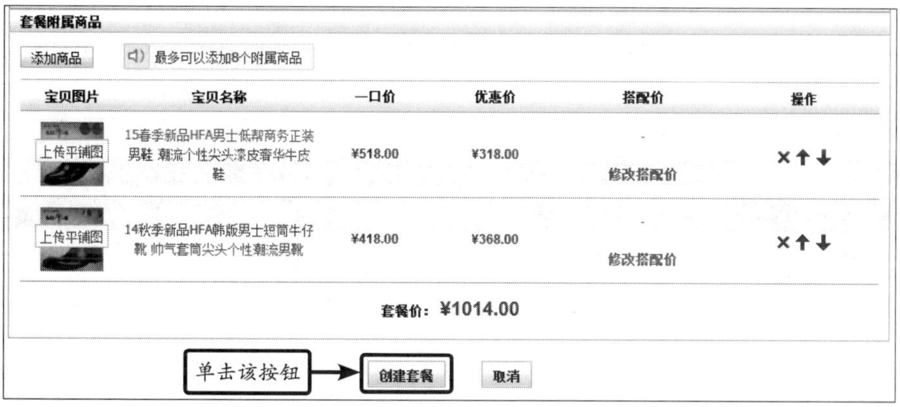

图10−87

07 此时页面会显示“新建搭配套餐成功”提示文字，如图10-88所示。

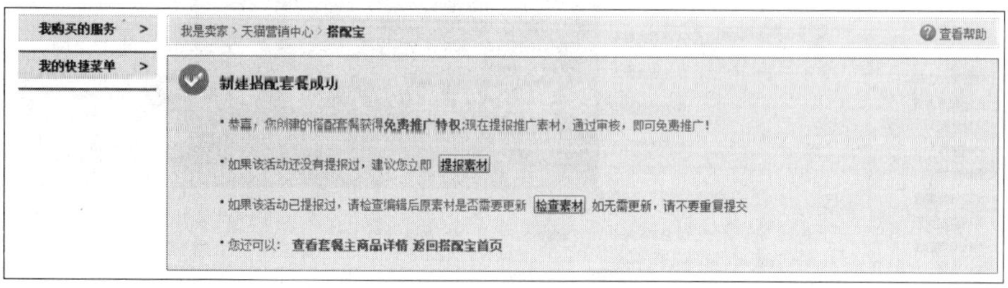

图10−88

4. 店铺优惠

“店铺优惠”是一款发起店铺内的营销活动、设置店铺优惠的营销工具，它由天猫商家独享，并仅服务于天猫商家。商家可以轻易设置满减/满送/满折，并限定活动范围，比如是全店商品，还是商家精挑细选的部分商品参加优惠活动。通过使用免费的店铺优惠工具可以设置全场商品优惠活动，也可以指定某些商品设置优惠活动，比如满就送优惠券、满几件商品就享受几折优惠等。

店铺优惠设置包括店铺活动和商品活动，下面介绍具体设置过程。

（1）新建店铺活动

01 进入天猫“我的工作台”，在页面左侧的“营销中心”下单击“天猫营销中心”，在“天猫官方营销工具”选项下单击“店铺优惠”图标下的“立即使用”按钮（见图10-89），打开天猫优惠设置页面。

02 单击该页面中的“新建店铺活动”按钮（见图10-90），打开设置页面。

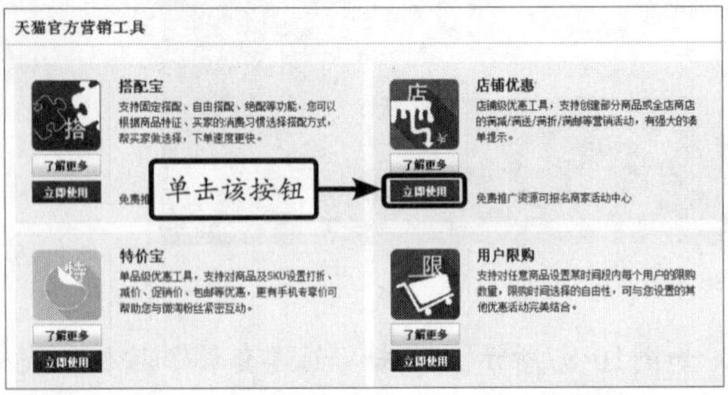

图10-89

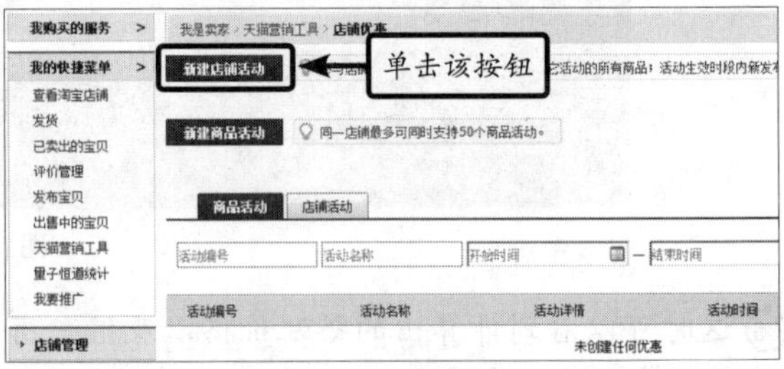

图10-90

03 设置店铺活动基本信息，包括活动名称、活动时间以及活动页面版头（见图10-91）。

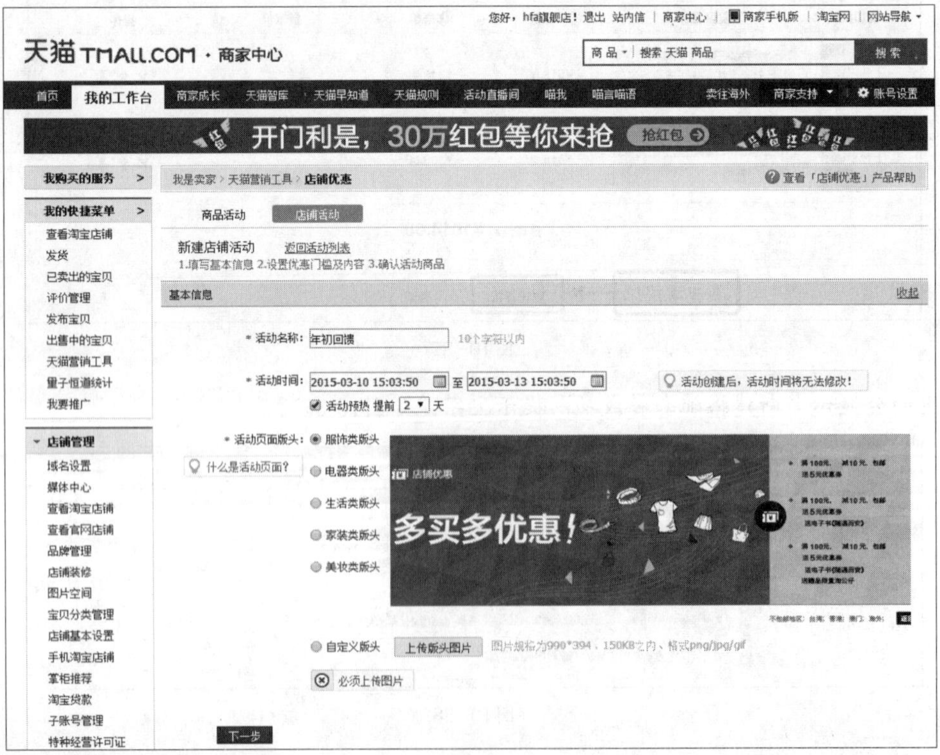

图10-91

04 继续下拉右侧的滚动条，手动设置不同层级的优惠门槛以及优惠方式（见图10-92、图10-93）。设置完成后单击“下一步”按钮即可。

图10-92

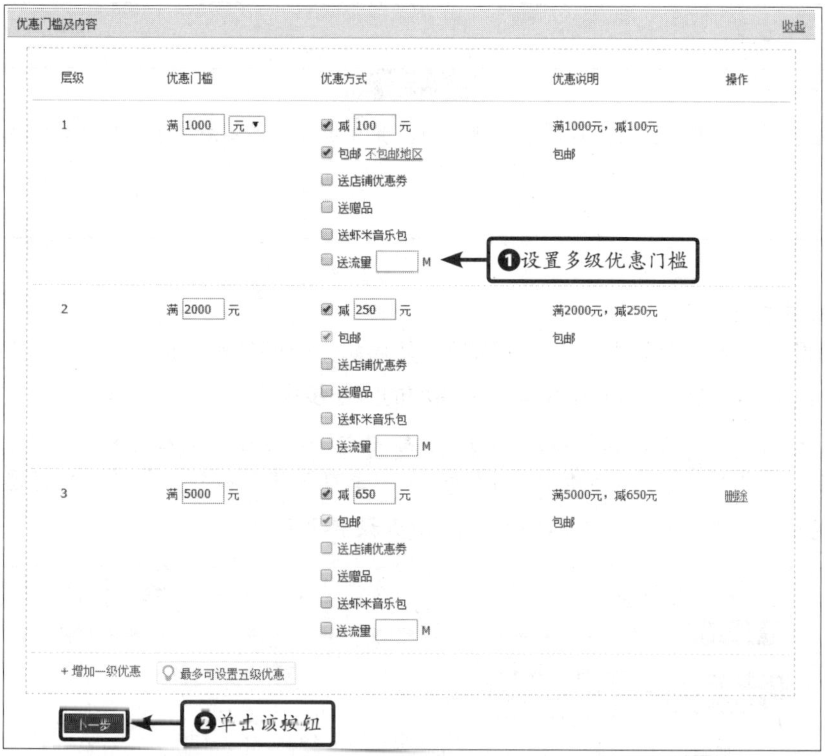

图10-93

05 返回天猫店铺相关页面，即可看到设置的店铺优惠活动说明，效果如图10-94所示。

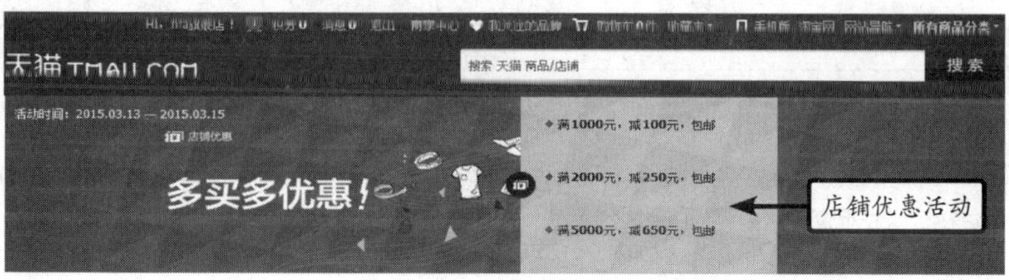

图10-94

注 意

勾选包邮复选框后，可以单击右侧的“不包邮地区”链接，在打开的“不包邮地区”对话框中设置不参加包邮的地区，如图10-95所示。

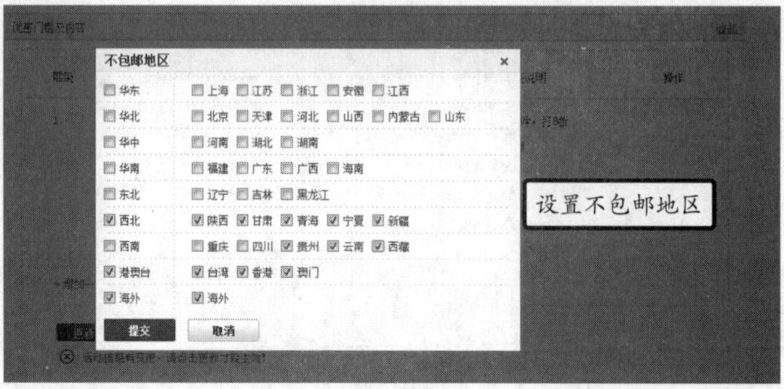

图10-95

注 意

“店铺优惠”与“聚划算”是可以叠加使用的，并且店铺优惠活动最长可以持续90天。活动创建后，活动起止时间无法修改。

（2）新建商品活动

店铺活动是针对所有宝贝建立的优惠活动，如果卖家想要只对店铺内的若干宝贝设置优惠活动，就可以建立商品活动，下面介绍新建商品活动的操作步骤。

01 进入天猫“我的工作台”，在页面左侧的“营销中心”下单击“天猫营销中心”，在“天猫官方营销工具”选项下单击“店铺优惠”图标下的“立即使用”按钮，打开天猫优惠设置页面。

02 单击“新建商品活动”按钮（见图10-96），打开设置页面。

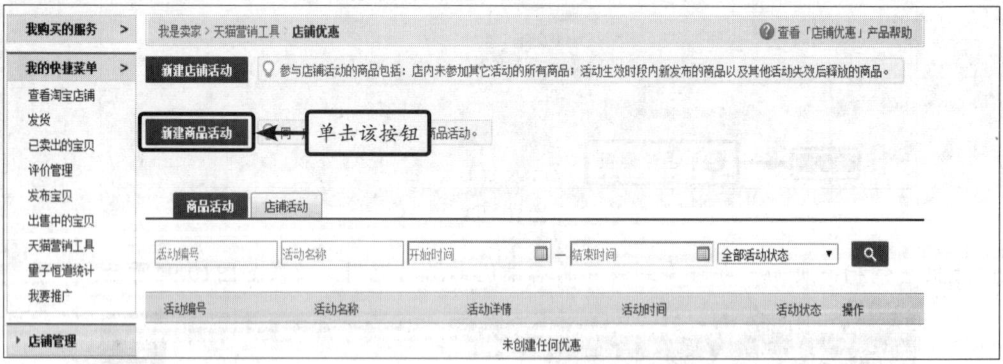

图10-96

03 在基本信息栏下分别手工输入活动名称、活动时间（见图10-97），以及活动页面版头。单击“下一步”按钮，打开新的设置页面。

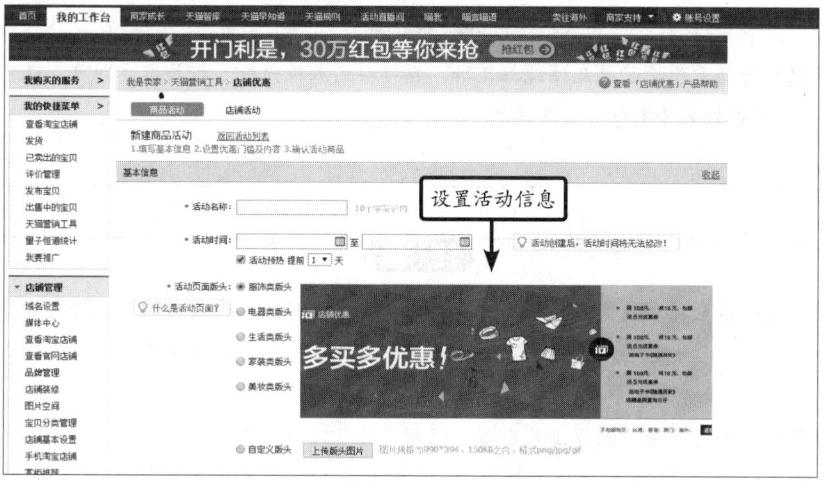

图10–97

04 在“优惠门槛及内容”对话框中设置优惠门槛、优惠方式。单击下方的“增加一级优惠”链接新建优惠门槛（最多只能设置五级），如图10-98所示。

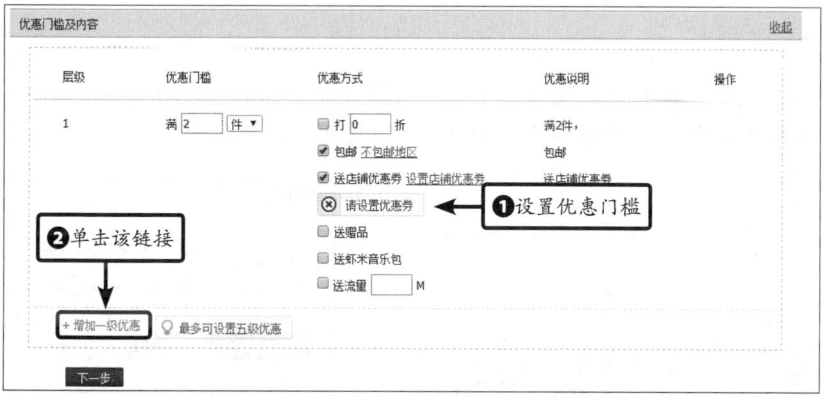

图10–98

05 再次设置优惠门槛以及优惠方式，单击“下一步”按钮打开商品活动选择页面，如图10-99所示。

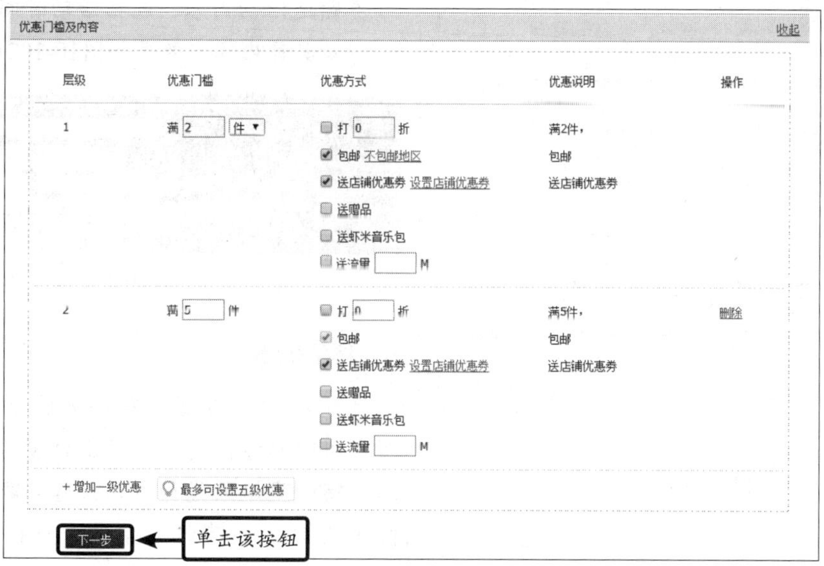

图10–99

提 示

这里可以根据活动需要设置满几件就打几折，直接在文本框内输入折扣数字即可。还可以设置是否有赠品、送电子书或者虾米音乐包，以及包邮。

注 意

本活动将创建一张全新店铺优惠券，支持设置面额、生效时间与失效时间。无发行数量限制，只要消费者满足下单条件，就会发送，直到活动时间结束。优惠券将在确认收货后（即交易完成后），由系统自动、立即发送到消费者账户中。

店铺优惠券适合全店通用，只要满足自身的限制条件就可以使用，也就是说可以和其他优惠同时使用，如限时折扣。

例如，满200元可使用20元的优惠券，那么只要在购买中的实际付款金额（不包含邮费）达到200元，就可以选择优惠券，系统自动扣除相应金额。需注意的是，10元无使用条件的优惠券是指实际付款金额达10.01元（不包含邮费），并以此类推。

06 在需要添加的商品后单击“参加活动”按钮，如图10-100所示。选择完毕后，单击“完成”按钮。

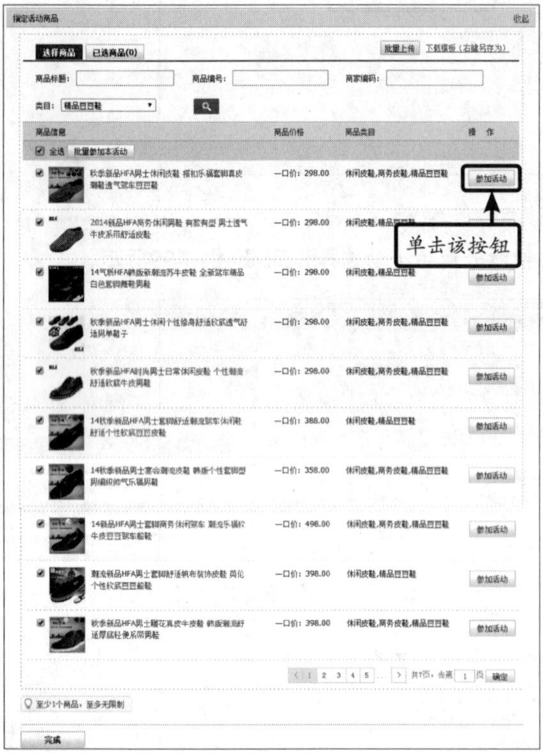

图10-100

07 此时弹出图10-101所示提示框，提示已经完成商品活动的创建。

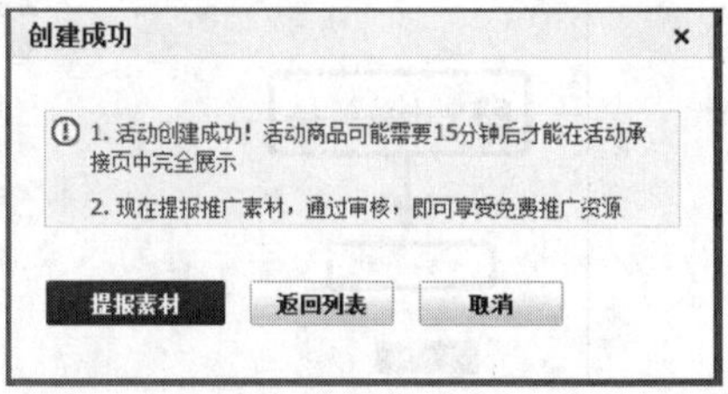

图10-101

08 进入店铺活动页后可以看到设置的店铺优惠券赠送活动内容，包括活动时间、活动名称以及具体内容，效果如图10-102所示。

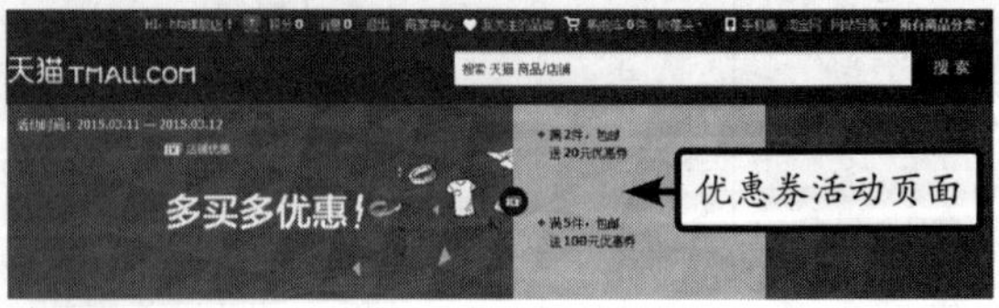

图10-102

5. 特价优惠

在双11大促或者年终大促活动中，天猫卖家可以通过特价宝促销工具设置特价优惠活动，特价宝是天猫官方为天猫商家开发的单品优惠工具，支持对商品进行打折、减价、促销价、包邮等优惠方式，仅供天猫商家免费使用。

特价宝主要有图10-103所示的几项功能。

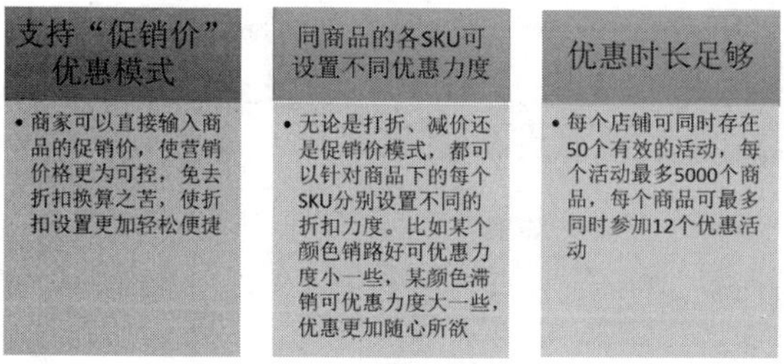

图10-103

01 进入天猫“我的工作台”后，在页面左侧的“营销中心”下单击“天猫营销中心”，在“天猫官方营销工具”选项下单击“特价宝”图标下的“立即使用”按钮（如图10-104所示），打开天猫活动管理页面（如图10-105所示）。

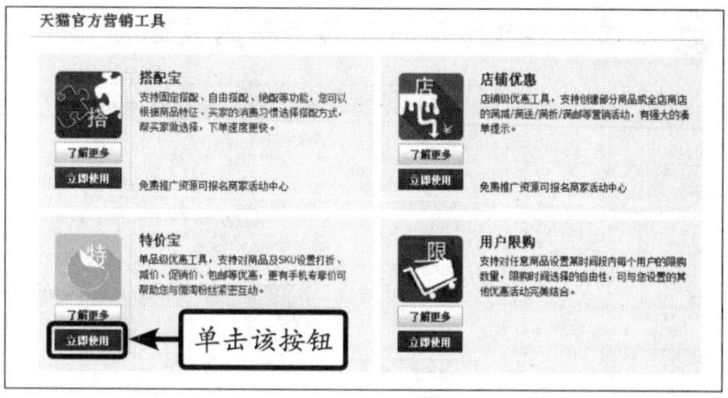

图10-104

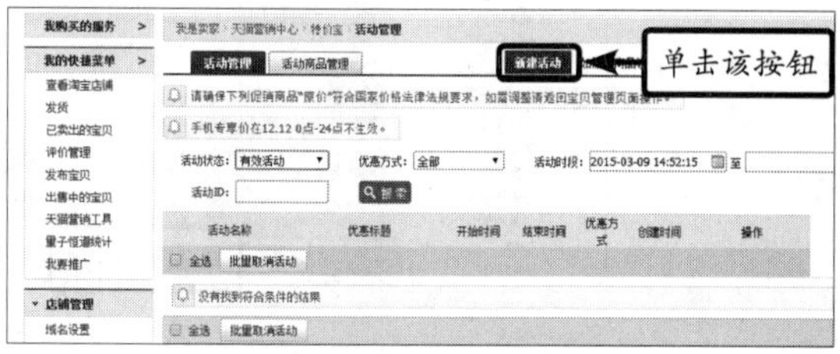

图10-105

注 意

使用特价宝设置打折、减价，折后优惠价将自动默认为抹零取整。

02 在“活动管理”选项下单击“新建活动”按钮，打开设置新建优惠活动页面第一步（如图10-106所示）。设置活动名称、优惠标题、活动时段，优惠方式等。勾选“包邮”复选框，并单击“下一步”按钮。

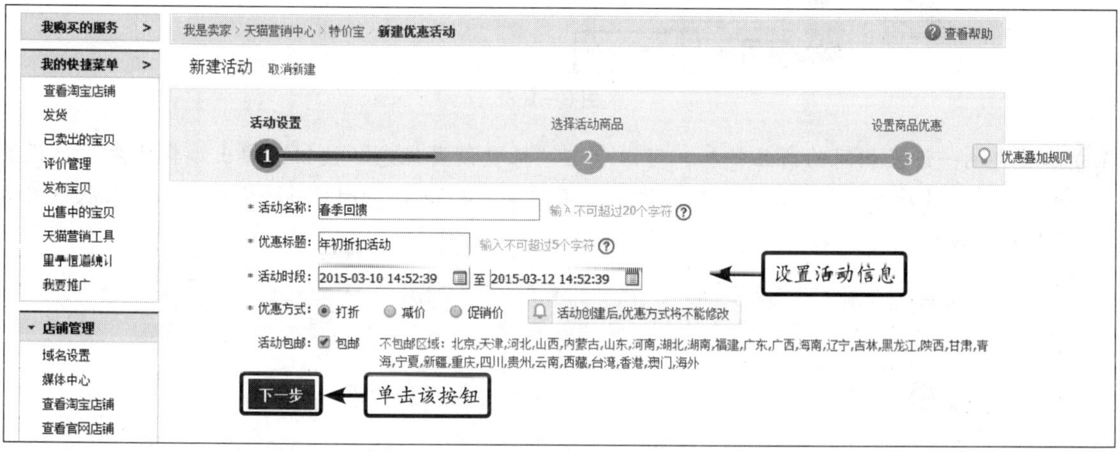

图10-106

提 示

如果商家是在双11参加优惠活动，可以将活动名称设置为诸如“双11惊爆价”“1111最低价”等类似活动标题。

03 在需要参加活动的商品前勾选复选框并单击“下一步”按钮，如图10-107所示。

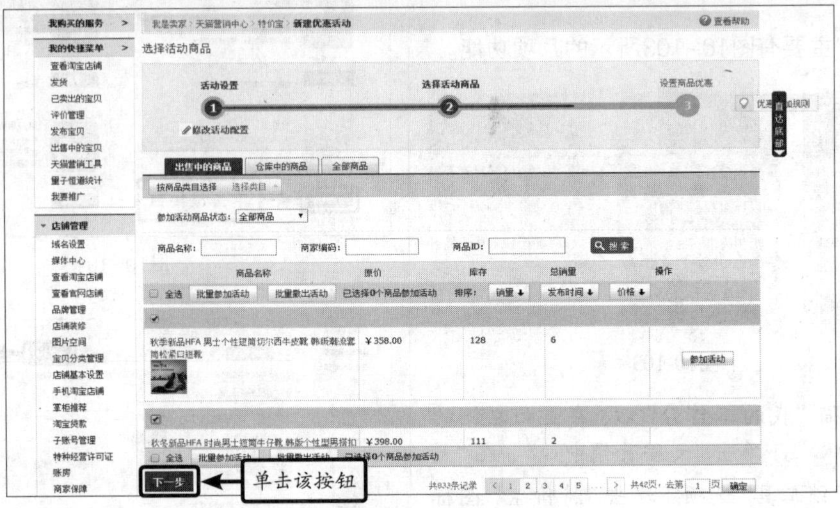

图10-107

04 进入“设置商品优惠”设置步骤（如图10-108所示）。在商品后的文本框内输入折扣值。

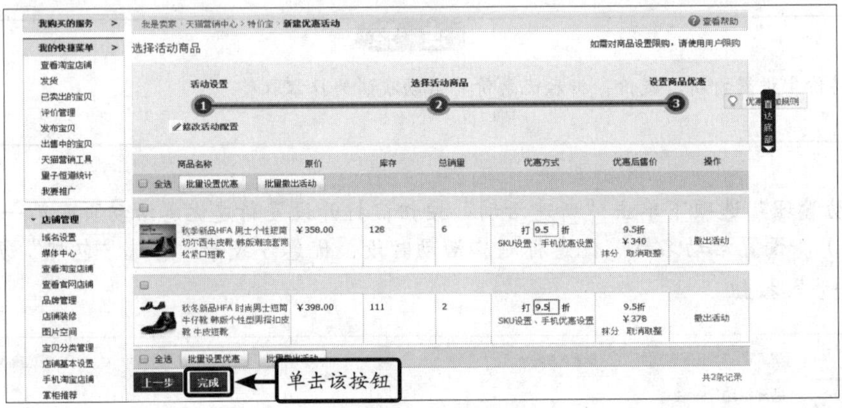

图10-108

05 如果要统一设置相同的商品折扣，可以单击“批量设置优惠”按钮，弹出编辑优惠力度设置框（如图10-109所示）。在文本框内输入打折额度为8.8折，如图10-110所示。设置完成后单击“确定”按钮。

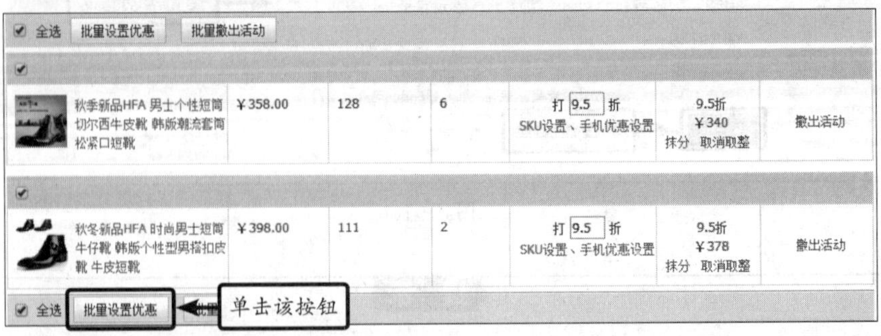

图10-109

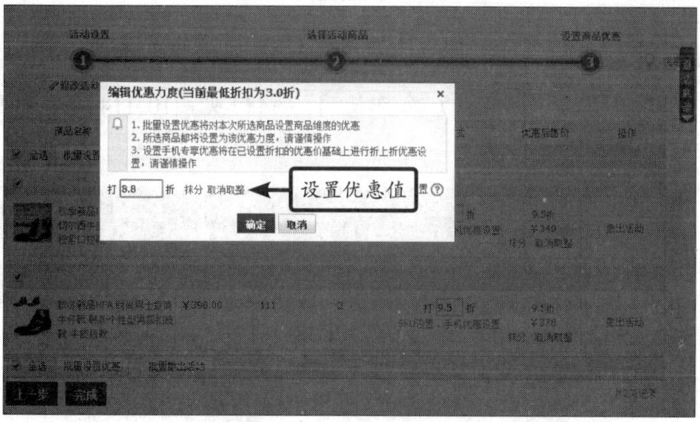

图10-110

06 在弹出的提示框中，再次单击“确定”按钮返回活动管理页面，如图10-111所示。

07 在页面中可以查看与编辑刚才设置的打折促销活动，如图10-112所示。

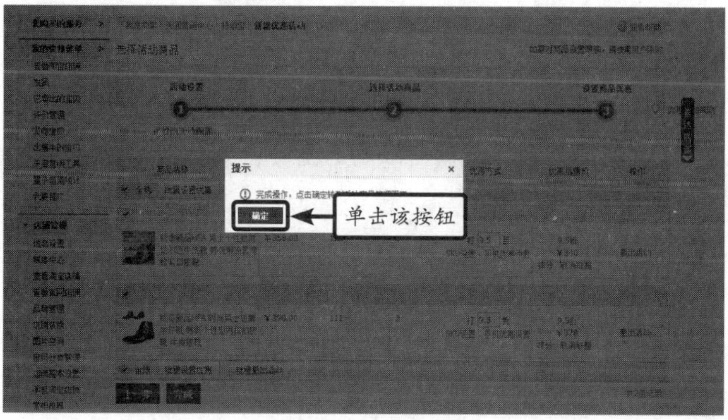

图10-111

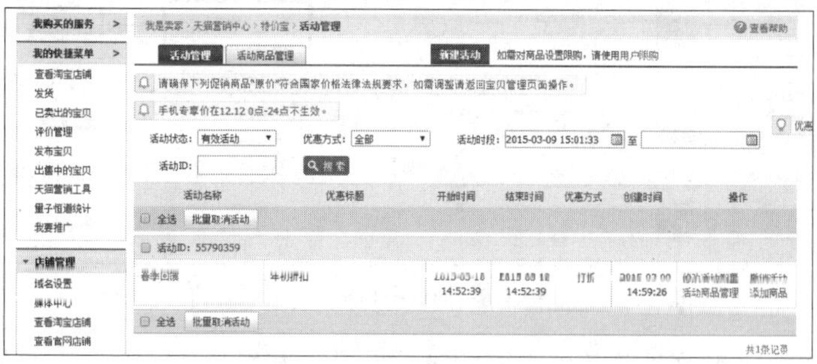

图10-112

6. 限购管理

用户限购是天猫官方为天猫商家开发的，对买家限制特定商品购买数量的工具。用户限购主要有图10-113所示的几项功能。

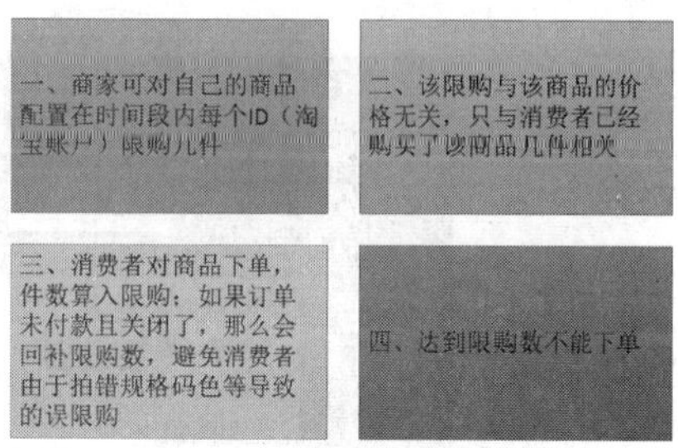

图10-113

下面介绍设置用户限购的操作步骤。

01 进入天猫“我的工作台”，在页面左侧的“营销中心”下单击“天猫营销中心”，在“天猫官方营销工具”选项下单击“用户限购”图标下的“立即使用”按钮（见图10-114），打开天猫活动管理页面。

图10-114

02 在限购管理页面中，在商品列表找到需要限购的宝贝，并单击右侧的“新增限购”按钮（见图10-115），弹出“限购设置”对话框。

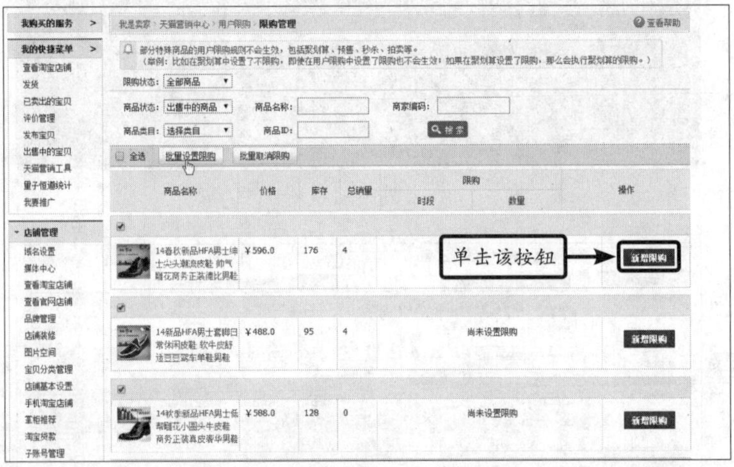

图10-115

03 在对话框中设置每个账户限购的件数以及限购时段，如图10-116所示。单击“确定”按钮完成限购的添加。

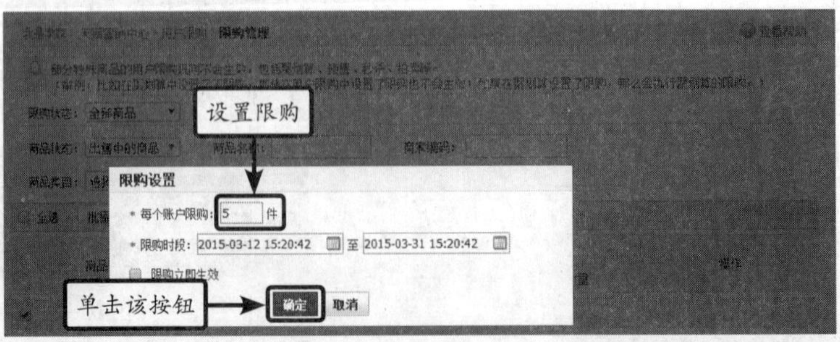

图10-116

第11章
“淘宝客”，按成交量支付推广费用

商家不但可以花钱自己利用天猫营销工具为店铺做宣传，还可以花钱请别人为自己的店铺做推广，这里的别人就是指“淘宝客”。商家可以将需要推广的商品设置佣金，然后将其交给“淘宝客”，“淘宝客”可以通过自己掌握的途径来宣传推广卖家的商品，并最终从卖家那里获得推广成功的佣金。本章将为大家介绍淘宝客的推广经验、设置推广计划、选择最佳淘宝客等，帮助大家更好地使用“淘宝客”来推广商品。

图11-1所示为淘宝客的简要说明，图11-2所示为加入淘宝客的两个优势。

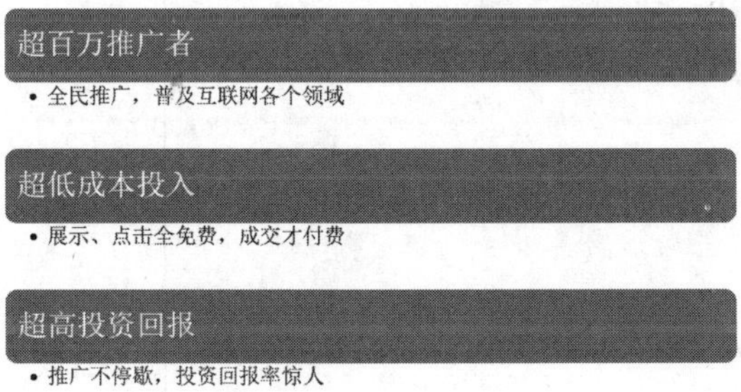

图11-1

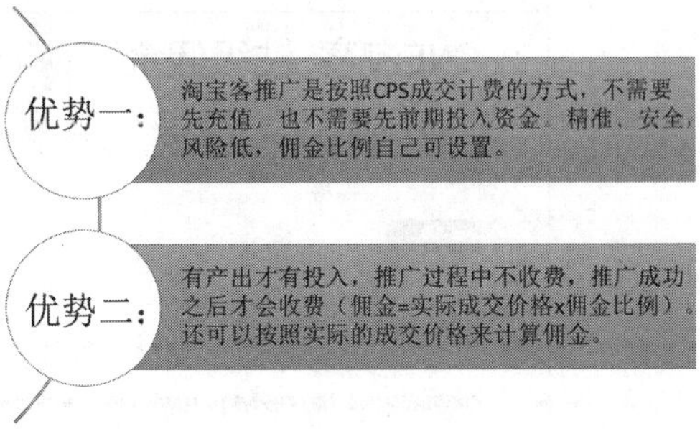

图11-2

淘宝客的具体推广流程如图11-3所示。

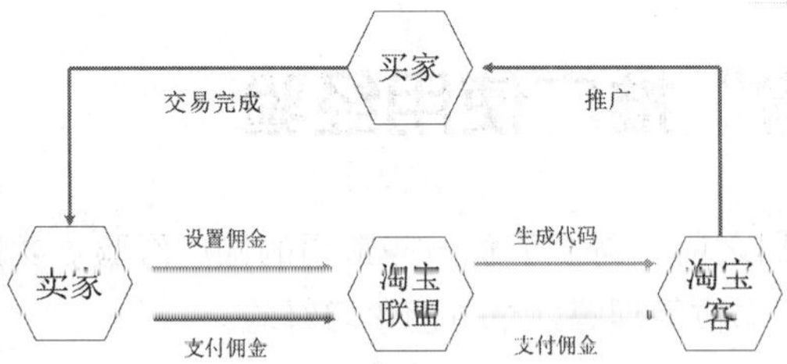

图11-3

提 示

淘宝联盟：是天猫官方推广平台。用来帮助卖家推广产品、帮助淘宝客赚取利润。从每笔因推广产生的交易中抽取相应的服务费用。

淘宝客：佣金的获得者。每个淘宝客都会有一个唯一的淘宝客代码。他们在淘宝联盟中找到卖家发布的商品，并将商品的代码复制到网站、博客或社区中进行推广。当有买家通过该推广链接进入卖家的店铺并完成商品的购买后，淘宝客就可得到由卖家支付的佣金（其中一部分需要作为淘宝联盟的服务费）。

图11-4所示为某商家发布的寻找淘客计划，图11-5为某推广计划的详细内容，包括佣金计划、联系方式等。

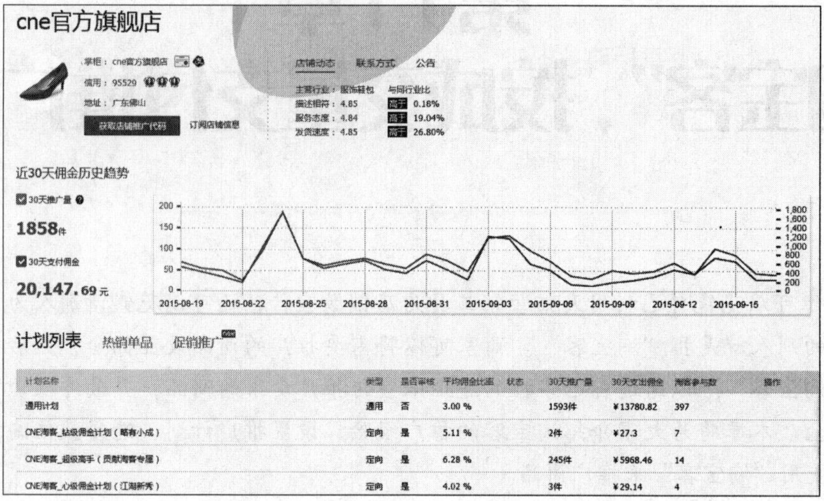

图11-4

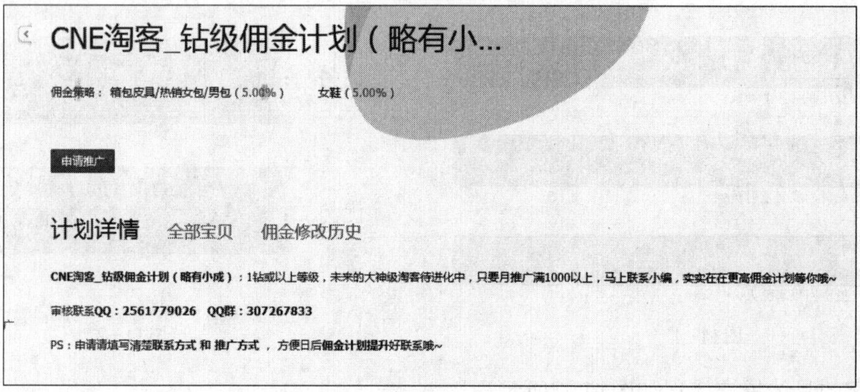

图11-5

11.1 “淘宝客”推广使用经验

在设置淘宝客推广计划之前，需要了解一些常用的推广经验。卖家可以从店铺信誉、商品描述、佣金设置、搜索排名、岗位管理等几个方面学习经验。

1. 增加店铺信用度

淘宝客对卖家的信誉度是相当重视的，信誉度高的店铺才会吸引淘宝客， 如果商品设置了佣金，而商品原本没有销量和评价，是很难吸引淘宝客来推广的。

2. 注重对商品的描述

网店需要通过文字和图片来表现产品，一般销售火爆的宝贝都有顾客好评、交易记录等图片来衬托产品的优势。淘宝客在选择推广商品时，不但要求店家信誉高、货源充足，也需要清晰的照片和详细的宝贝描述。

3. 合理设置佣金

设置合理的佣金也是吸引淘客帮助推广的一个重要因素，一般默认的最低佣金为1.5%。设置很低的佣金是不会被推广的，因此卖家可以将佣金设置在1.5%～50%之间。

4. 了解“淘宝客”青睐哪些商品

选择好的商品推广是成交的关键，卖家可以根据图11-6所示的淘宝客选择的推广商品，来对自己店铺需要使用淘宝客的商品进行润色，更好地吸引淘宝客。

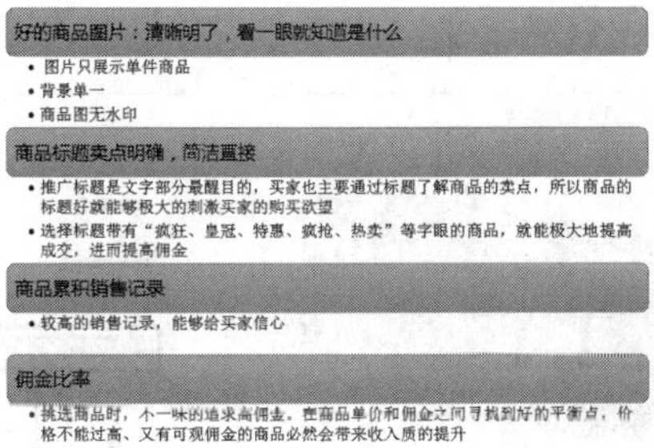

图11-6

5. 避免推广的商品搜索不到

导致推广商品无法被搜索到的原因主要有表11-1所示的几种，商家应当尽力避免这类情况的发生，并逐一排查使商品能够重新被搜索到。

表11-1

1	店铺被违规处罚
2	商品所在类目不满足要求，若其中有一项不合要求，也会导致搜索不到
3	商品被降权处罚
4	商品状态不正常，比如下架的宝贝是无法被搜索到的
5	涉及违规词或夸大虚假宣传

6. 获取自己店铺的忠实淘宝客

为了将给自己做推广的淘宝客转化为长期为自己服务的淘宝客，需要了解以下几点。

（1）为什么要在活动的时候推广你的店铺。这主要是因为店铺在做营销活动的时候转化率高。相对来说，店铺本身曝光就有一定优势，为了多赚钱，很多淘宝客采用广撒网的形式去提高自己的产品覆盖量，提高自己整体的推广点击转化率，而活动期间淘客自己的流量也会相对较大。

（2）结合在活动中推广的具体情况去和给自己店铺带来转化的淘宝客进行交流沟通，用佣金、转化、奖励政策以及素材支持等方面去支持淘宝客的推广获得后期的合作。获取自己店铺的忠实淘宝客是个长期的过程，商家为自己积累的这些淘宝客将是自身拥有的一笔财富。

商家可以建立淘客群慢慢积累自己的淘客资源，具体参考方式如图11-7所示。

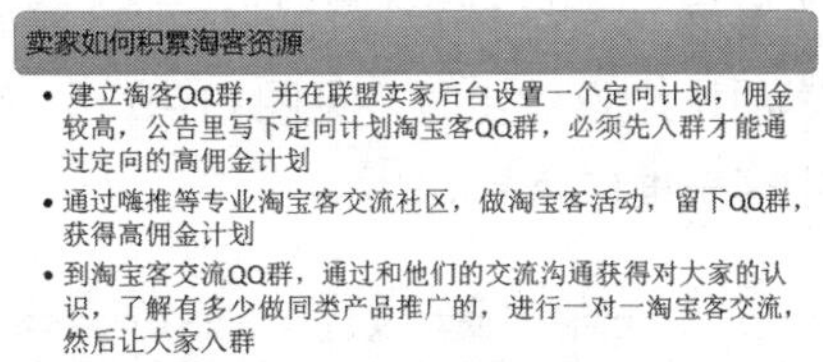

图11-7

7. 建立岗位管理淘客

目前有不少店铺都有专门的淘宝客运营专员，做的比较不错的有韩都衣舍、安都等。越来越多的商家认识到淘宝客带来的巨大的站外流量，并建立专门的岗位来进行站外资源的搜集、淘宝客的管理和维护，先人一步获得更好的资源和优势。

11.2 使用“淘宝客”推广

了解了淘宝客和相关推广使用经验后，接下来可以通过后台登录淘宝客来设置店铺推广。并非所有的商品和店铺都可以加入淘宝客，图11-8所示为加入淘宝客的标准要求。表11-2为天猫店铺被处罚扣分应当满足的条件。

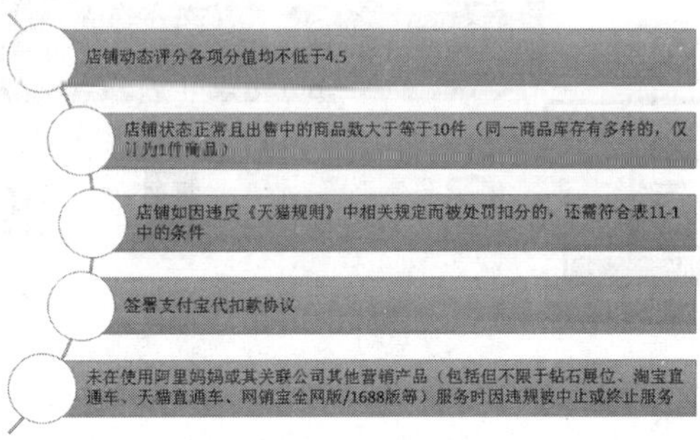

图11-8

表11-2

违规类型	当前累计扣分分值	距离最近一次处罚扣分的时间
出售假冒商品	6分及以上	满365天
严重违规行为（出售假冒商品除外）	大于等于6分，小于12分	满30天
	12分	满90天
	大于12分，小于48分	满365天
虚假交易（严重违规虚假交易除外）	大于等于48分	满365天

在登录淘宝客并设置计划之前，需要了解淘宝客的推广设置步骤（见图11-9），然后等待淘宝客来推广商品。

首次加入淘宝客推广的卖家，需要先将通用计划里的佣金比例设置好。建议主打的商品佣金比例设置的高一些；其他非主推的，按照类目佣金的方式设置的相对低些。商家可以在自己可接受的范围内设置好佣金比例，可以视自己的成本情况提高佣金比例或降低佣金比例

其次，可以根据自身店铺情况设置开通如意投计划

还可以设置定向计划，定向计划只针对部分淘宝客，其佣金比例相比通用计划要高，淘宝客还可以进行筛选，促进选择优质的淘宝客吸引加入来帮助推广商品

图11-9

11.2.1 登录“淘宝客”推广

01 登录天猫“我的工作台”，单击左侧“营销中心”下的“我要推广”，打开营销入口，如图11-10所示。

图11-10

02 单击“淘宝客推广”打开阿里妈妈登录页面（见图11-11），输入账号和密码并单击“登录”按钮。

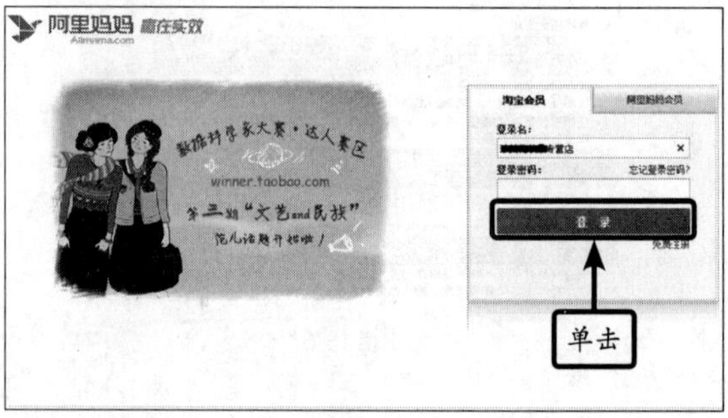

图11-11

03 登录后即可进入淘宝客页面（见图11-12），签订使用淘宝客推广软件产品协议。

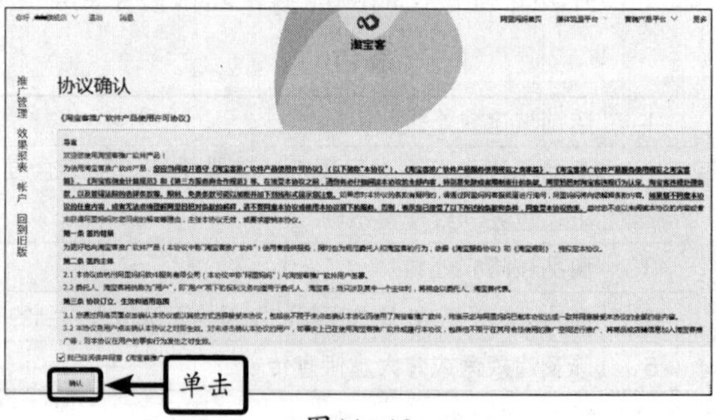

图11-12

注 意

卖家可以自己随时操作退出淘宝客推广，但是退出了之后不能马上再加入，需要15天之后才可以再次加入推广。

11.2.2 掌柜如何写好推广计划

淘宝客的竞争十分激烈，卖家很有必要花心思写好推广计划，淘宝客推广计划主要有图11-13所示几种。下面具体介绍各个不同推广计划的含义、特点、流程等，帮助用户更好地撰写推广计划。

图11-13

1. 了解各类推广计划

（1）通用计划

通用计划是掌柜开通淘宝客推广后默认开启的计划，主要方便淘宝客及时获取推广链接帮助掌柜推广，而且所有的淘宝客都能够推广。

通用计划内可以包括整个店铺的商品，或者单独对某几个特定商品设置佣金比例，单独设置过的商品推广成功后，会按照单独设置的佣金比例计算佣金，没有设置过的商品按照类目下设置的佣金比例计算。

注 意

加入淘宝客推广默认执行的就是通用计划，所以通用计划是无法删除的。不能只执行其他计划而不使用通用计划。如果不想使用通用计划，就需要退出淘宝客推广。

（2）如意投计划

如意投是系统根据如意投的设置来挑选优质报表进行推广的服务，卖家可以将店铺内的优质报表加入如意投计划，设置佣金比率进行推广。如意投有图11-14所示的几个优势。

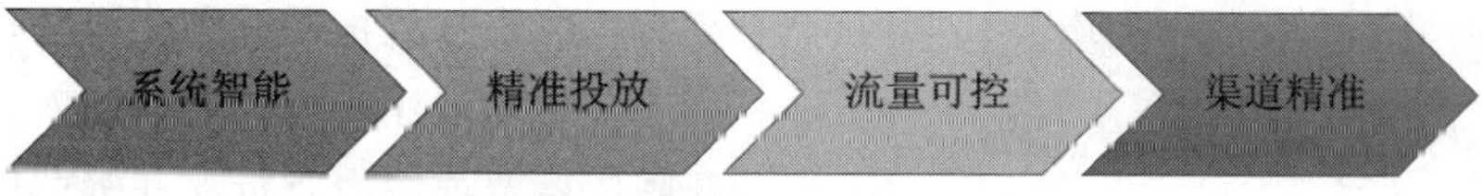

图11-14

系统对参加如意投的宝贝进行打分，根据综合得分进行排名。淘宝客通过各种形式进行如意投宝贝的展示。如意投的工作原理如图11-15所示。

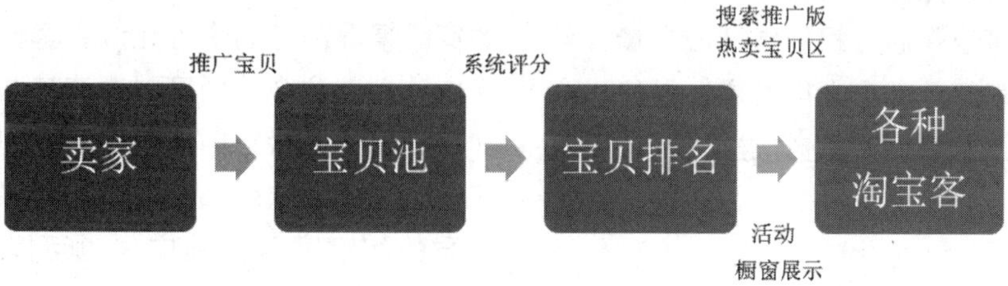

图11-15

各淘宝客对如意投的推广形式多样，在淘宝展现的位置主要有热卖搜索推广、热卖宝贝区推广（见图11–16）、S8搜索推广，以及活动推广。

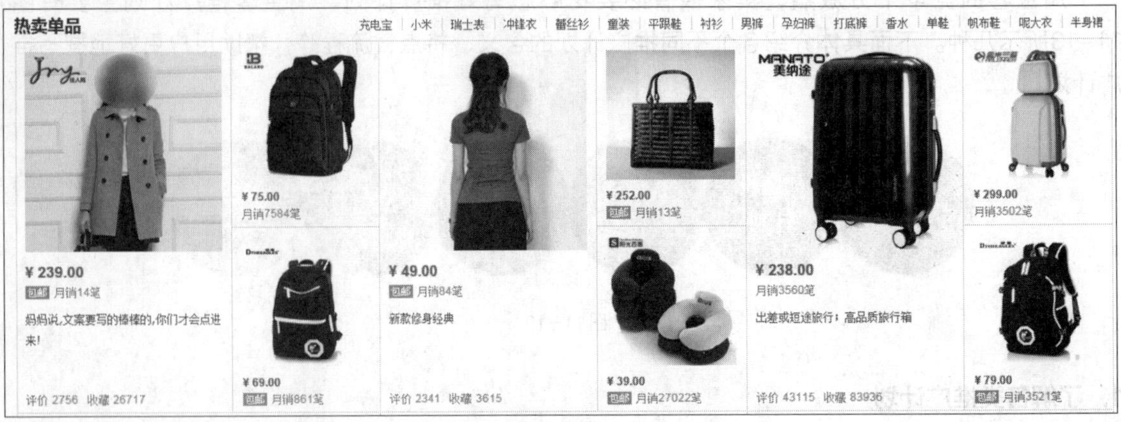

图11–16

注 意

系统会根据宝贝的综合情况和佣金比例进行选择投放，宝贝的综合情况包括宝贝展现量、点击数、引入付款笔数 点击转化率等。

（3）淘客群计划

目前淘宝客群开放天天9.9元群和精品服饰群，两个群都有相应的准入条件，店铺和宝贝都必须符合主题群的准入条件才可加入（见图11–17）。

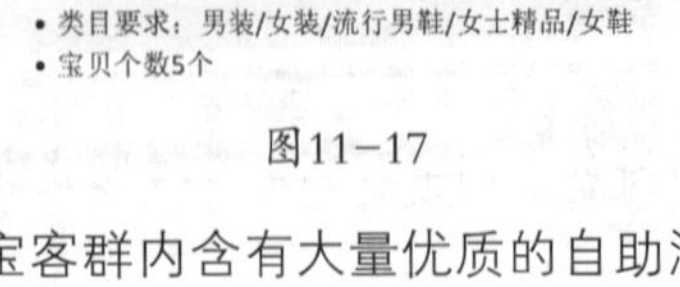

图11–17

淘宝客群内含有大量优质的自助淘客，加入大淘客群后可以免去商家自主招募淘宝客的精力。淘宝客可以在后台根据累计成交量、佣金比例等条件来筛选商家进行推广，最终推广哪件商品，淘宝客可以自主选择进行推广。

提 示

淘客群相当于淘宝联盟在阿里妈妈后台为商家搭建的一个定向计划，商家可自主选择是否加入，淘客群对商家而言是不存在限制条件的。

（4）定向计划

定向推广计划是卖家为了淘客中某一个细分群体设置的推广计划。卖家可以选择淘客加入，也可以让淘客来申请加入。可以让淘客在阿里妈妈前端看到推广并吸引广大淘客来参加；也可以由卖家不公开跟某些大网站协商好，以让卖家获取较大的流量、让淘客获取较高的佣金。

新建自选淘客计划是卖家根据自己店铺的实际情况制定的个性化淘宝客计划，一般叫定向计划。这个计划可以邀请某些淘宝客来参加，设置的佣金比例比通用的计划要高，比如某些店铺的爆款商品要推广，如果想筛选一些优质的淘宝客帮忙推广，也可以设定这个计划。下面介绍如何新建推广计划。

01 进入淘宝客卖家平台后，在"推广计划"下单击"新建自选淘宝客计划"按钮（见图11-18），打开新建推广计划页面。

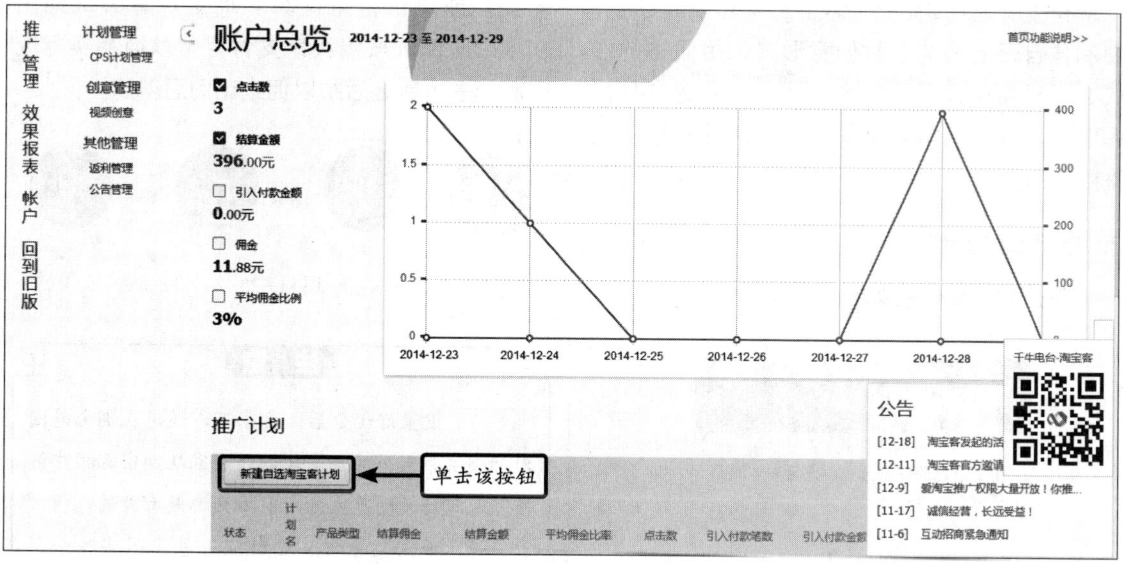

图11-18

02 分别设置计划名称、计划类型、审核方式、起止日期等，如图11-19所示。

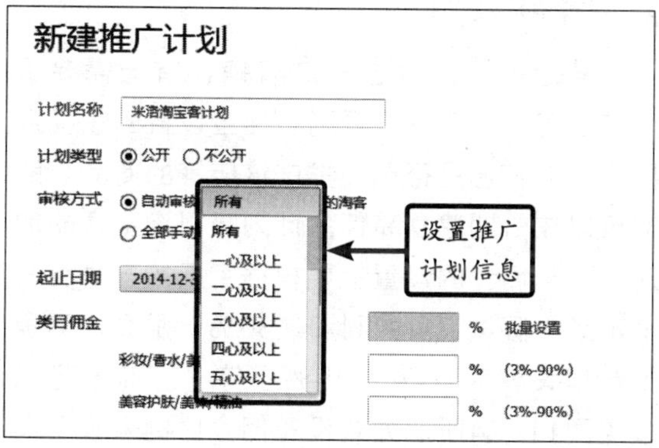

图11-19

03 输入类目佣金并单击"创建完成"按钮（见图11-20），完成淘宝客计划创建。

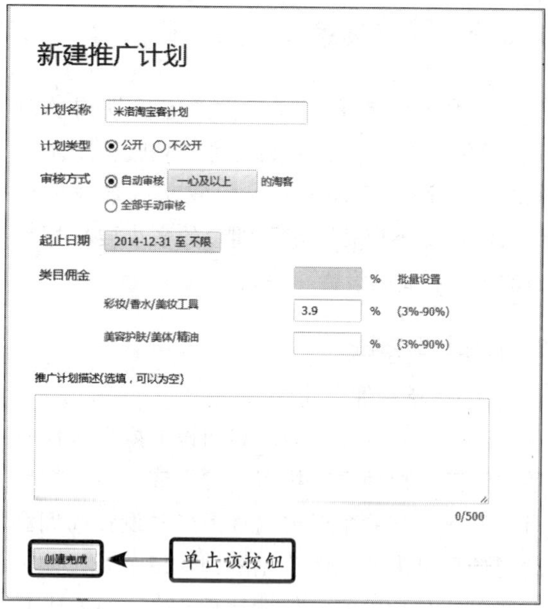

图11-20

注 意

1. 定向计划最多只能设置10个。

2. 定向计划当天删除，第2天生效。但是之前已经推广这个计划的淘宝客，15天内推广还有效，还是按照原来的佣金比例执行。15天之后失效。之后的佣金按照通用计划里的佣金比例执行。

3. 掌柜新建定向计划后，第2天系统自动生效，所以在建立的当天在该新建计划处会显示计划待执行。

（5）A计划管理

A计划是阿里妈妈推出的全新推广形式，基于卖家和消费者的互动。目前针对无线端的场景和流量进入试运行阶段。商家可以通过A计划制作自己专属的素材创意形式，用问答的形式在手机端媒体上更好地向消费者介绍产品，和消费者互动，消费者答题成功后计算相应的推广费用。

2. 撰写推广计划

推广计划的内容如图11-21所示。

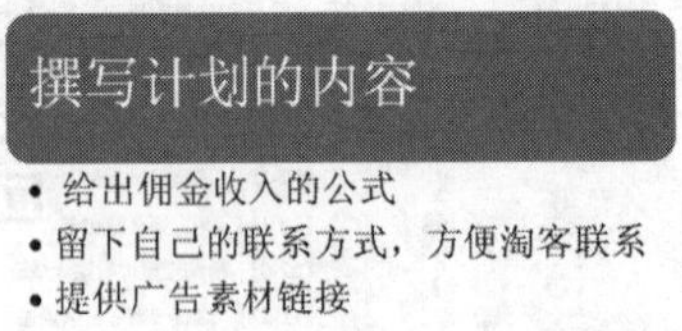

图11-21

11.2.3 设置佣金

佣金是淘宝客为卖家推广宝贝获得的酬劳，卖家前期可以建立高佣金计划吸引淘宝客的加入，淘宝客是按照实际成交订单收取佣金，不成交不计费，至于佣金的多少要根据宝贝的自身利润来设置。

1. 佣金计算方法

（1）单品佣金计算

佣金是掌柜根据商品利润设置好佣金比例后，淘宝客帮助卖家将商品推广成功后，按照商品实际成交的金额乘以掌柜当时设置的佣金比例计算出来的数值（见图11-22）。比如说某商品标价100元，佣金比例5%。买家支付宝实际付款60元，其中运费10元。则佣金是（60-10）×5%=2.5元，将按照减去邮费后的50元再乘以佣金比例来计算佣金。

图11-22

（2）套餐佣金计算

系统自动分摊到优惠后每件商品的实际成交金额后，再按每件商品的佣金比例×商品的实际成交价格来计算。佣金计算公式如图11-23所示，按照买家支付宝付款商品实际成交额减去运费之后乘以佣金比例后得到。

图11-23

注 意

1. 设置好佣金后，卖家可以随时在佣金范围内调整主推宝贝的佣金比例，买家从淘宝客推广链接进入起15天内产生的所有成交都是有效的。

2. 使用集分宝、支付宝红包、商城积分、天猫点券等付款的，也会计算佣金。

2. 佣金设置规则

若想利用淘宝客推广店铺，首先需要了解淘宝客的佣金设置规则。佣金设置的额度直接决定淘宝客是否选择推广该店铺的商品。商家可以在前期建立高佣金计划吸引淘宝客的加入，至于佣金的设置就要根据宝贝的自身利润来定了（假设宝贝的利润是30%，那么，佣金就可以设置为10%～25%不等）。商家可以按照图11-24所示方式设置佣金比例来吸引淘宝客。

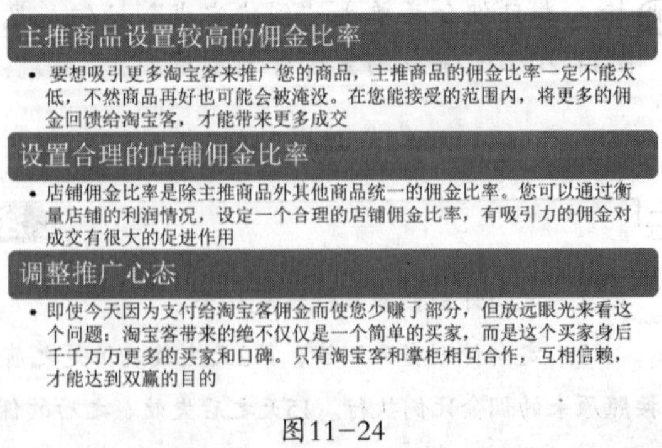

图11-24

（1）卖家可以随时在佣金范围内调整主推商品佣金比率。

（2）卖家可以随时在佣金范围内调整店铺各类目的佣金比率。

（3）如果掌柜退出淘宝客推广，退出后15天内推广链接仍有效，用户在此期间点击推广链接拍下商品后仍旧计算佣金。

（4）佣金根据支付宝实际成交金额（不包含邮费）乘以佣金比率计算。

（5）如果买家通过淘宝客推广链接直接购买了这件商品，按照该商品对应的佣金比率结算佣金。即如果买家通过淘宝客推广链接购买了店铺内主推商品中的某一件商品，按照该商品对应的佣金比率结算佣金给淘宝客；如果买家通过淘宝客推广链接购买了店铺内非主推的商品中的其他商品，按照店铺各类目统一的类目佣金比率结算佣金给淘宝客。

注 意

1. 一般情况下，每月20日结算上个自然月的淘宝客佣金。

2. 如当月20日为休息日或法定节假日的，将改为当月20日之前最近的工作日结算上个自然月的淘宝客佣金。

3. 如遇重大事件或不可控因素影响结算日期的，将提前另行通知。

3. 佣金设置步骤

佣金是在淘宝客推广成功后，买家购买商品确认收货之后，卖家需要支付给淘宝客的报酬。交易在没有确认收货之前，是不收费的。下面介绍设置佣金的操作步骤。

01 在"推广计划"下单击"通用计划"链接（见图11-25）。在打开的"佣金管理"页面显示了主推商品列表，将鼠标指针指向商品右侧区域，单击"编辑佣金比"重新更改佣金数据（见图11-26）。

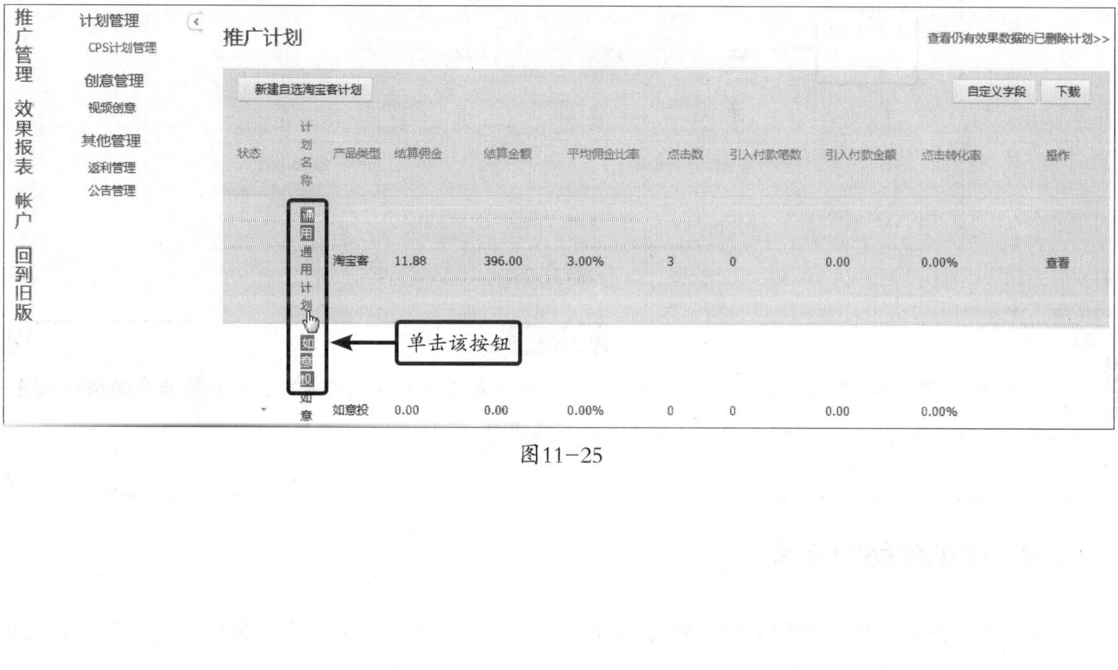

图11－25

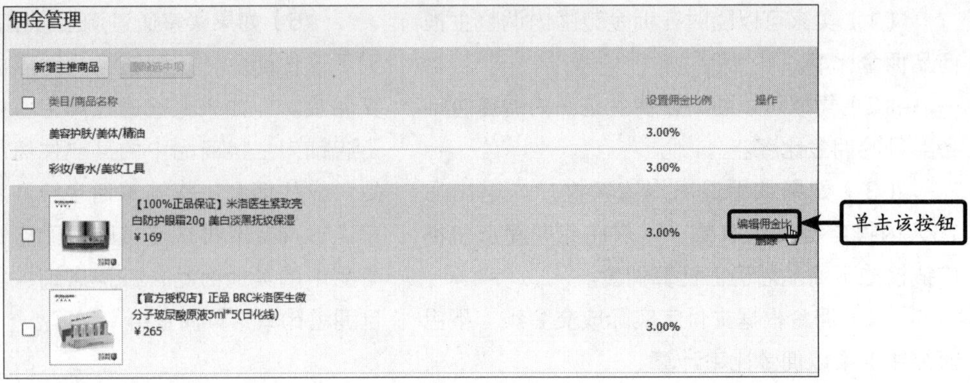

图11-26

02 重新输入佣金比（见图11-27）。单击“新增主推商品”按钮打开“选择主推商品”窗口，可以在商品列表添加其他宝贝，如图11-28所示。

图11-27

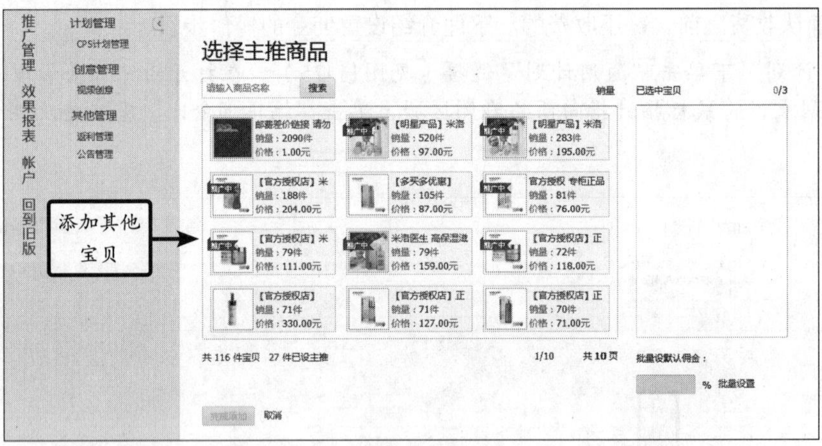

图11-28

注　意

掌柜加入淘宝客推广之后，不需要先缴纳费用。佣金是在淘宝客推广成功，买家购买商品确认收货之后才支付给淘宝客的。交易没有确认收货之前是不收费的。

11.2.4 主推商品的选择

掌柜参加淘宝客推广是默认整店商品都参加推广的，无法指定某件商品参加或者不参加。如果设置了主推商品，则按照主推商品的佣金；没有设置主推商品，则默认按照类目佣金来计算。参加淘宝客推广的卖家在自己的店铺中可最多选择30件商品展示在淘宝客推广专区供淘宝客选择，淘宝客选择推广后即可展示在淘宝客的推广页面上，这些商品称为主推商品。

店铺主推商品并不是胡乱选择的，卖家可以按照图11-29所示的几点来选择店铺主推商品。

选择店铺热卖商品

- 淘宝客推广绝对不应该成为滞销品的仓库，只有诱人的销售记录才能带给淘宝客和买家信心。选择您店铺中最热卖的商品作为主推商品，将买家引入店铺后才能进一步带动其他商品的销售

选择有一定利润空间的商品

- 要想吸引更多淘宝客来推广您的商品，主推商品的佣金比率一定不能太低，不然商品再好也可能会被淹没。因此尽量选择有一定利润空间的商品，在您能接受的范围内，将更多的佣金回馈给淘宝客

选择当季、合适的商品

- 秋天快到了都到了，您还在推广短裙和T恤吗？任凭宝贝多吸引人，也是卖不出去的！将淘宝客推广当作您的第二间店铺，而且是一间面向全互联网的店铺，常换常新，根据效果来调整您的商品和设置，才是好销量的保证

图11-29

注 意

淘宝客推广是整个店铺均参加推广，推广单件商品的时候，通过这件商品也有可能为别的商品带来成交，所以购买其他商品也需要支付佣金，若该成交的商品没有设置主推商品，则按照商品所在的类目佣金计算。没有设置的按照类目的最低佣金比例计算。主推商品也并不会获得优先推广。

提 示

淘宝客获取推广代码后，将其布置到网站、空间等进行推广即可，在推广过程中淘宝联盟不会显示已经推广的商品。若获取了自助推广单品的店铺推广代码，买家通过推广代码进入拍下后，可以在效果报表淘宝客推广明细中进行查看，还可以看到推广成功的商品是哪些，而没有拍下的商品则不会显示。

11.3 如何选择最佳"淘宝客"

淘宝客虽然也是需要付费的，但其相对于直通车、钻展等较昂贵的付费工具来说，还是相对比较便宜的。淘宝客也不是随便选择的，商家需要花时间和精力去寻找合适的、能给自己带来利益的淘宝客。

11.3.1 关于卖家的心态调整

淘宝客想要赚取更多的佣金，而卖家想要通过最少的投入得到最大的产出。在淘宝客推广的过程中切忌急功近利，要想实现卖家与淘宝客互利共存，需要调整好以下两种常见的心态问题。

（1）在能力承受范围内，给淘宝客最大的利益，才能发动淘宝客无限量的推广力量。所谓"舍不得孩子套不着狼"，卖家应当以更长远的目光看待这个问题，淘宝客给卖家带来的不仅是一个买家，而是这个买家身后隐藏的更多潜在买家和好口碑，不但带来了利润无形中还做了推广。

（2）卖家要调整好心态，淘宝客推广本来就是一个长期投入的过程，不可能一开始就会立竿见影达到效果，卖家应当用心学习总结，多泡论坛观摩有经验的帖子，吸取他人成功的经验与失败的教训，并最终找到最适合自己的推广方式。

11.3.2 如何寻找"淘宝客"

淘宝客希望找到有推广潜力的商品，而商家也希望找到合适的淘宝客，图11-30给出了常见的寻找淘宝客的地方，商家也可以自主寻

找最佳淘宝客。这些资源是淘宝客聚会交流的重要平台，有了淘客后再设置一个合理的佣金模式，就可以坐等收益了。

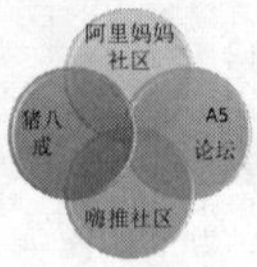

图11-30

1. 阿里妈妈社区

目前招募淘宝客主要是以论坛发帖的方式，没有单独购买的广告位来进行淘宝客的招募。用户可以在社区中发帖找淘宝客（见图11-31），目前论坛发帖需要账号在论坛中的等级为小学二年级以上，用户可以通过回帖将自己的积分提高到40分才能发帖。

招募淘宝客帖子中的标题应该设置得有吸引力，这样淘客才会去看里面的具体内容，淘客在乎的是高佣金、高转化率的商品。在淘宝联盟社区中可以看到很多淘宝客的招募贴，卖家应当坚持经常发质量高的招募帖。

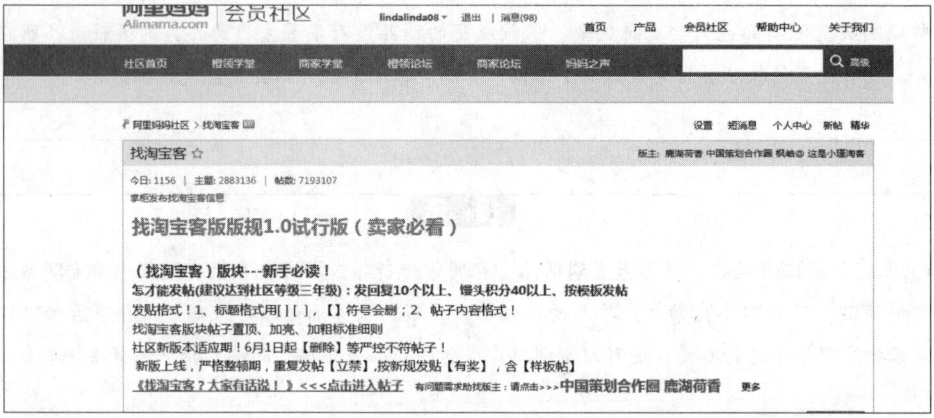

图11-31

01 在阿里妈妈社区的“找淘宝客”版块中单击右上角的“发帖”按钮（见图11-32），发布淘宝客的招募帖。

图11-32

02 在“新手必读”帖子中可以看到招募淘宝客的帖子格式、内容要求（见图11-33），以及其他格式要求，如图11-34所示。

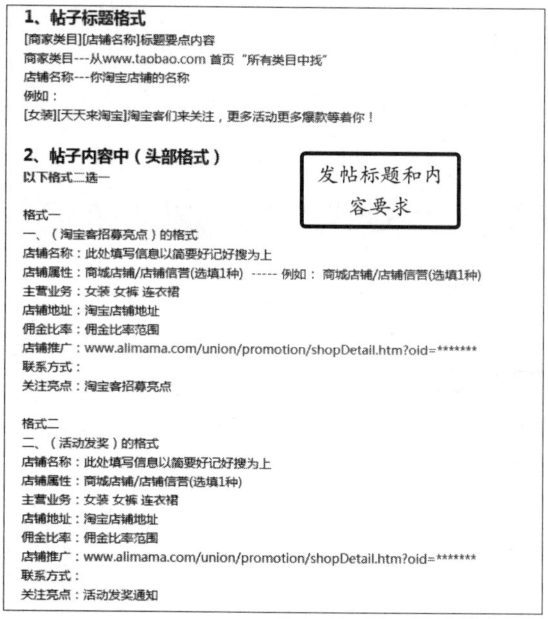
1、帖子标题格式
[商家类目][店铺名称]标题要点内容
商家类目---从www.taobao.com 首页“所有类目中找”
店铺名称---你淘宝店铺的名称
例如：
[女装][天天来淘宝]淘宝客们来关注，更多活动更多爆款等着你！

2、帖子内容中（头部格式）
以下格式二选一

格式一
一、（淘宝客招募亮点）的格式
店铺名称：此处填写信息以简要好记好搜为上
店铺属性：商城店铺/店铺信营(选填1种) ----- 例如： 商城店铺/店铺信营(选填1种)
主营业务：女装 女裤 连衣裙
店铺地址：淘宝店铺地址
佣金比率：佣金比率范围
店铺推广：www.alimama.com/union/promotion/shopDetail.htm?oid=*******
联系方式：
关注亮点：淘宝客招募亮点

格式二
二、（活动发奖）的格式
店铺名称：此处填写信息以简要好记好搜为上
店铺属性：商城店铺/店铺信营(选填1种)
主营业务：女装 女裤 连衣裙
店铺地址：淘宝店铺地址
佣金比率：佣金比率范围
店铺推广：www.alimama.com/union/promotion/shopDetail.htm?oid=*******
联系方式：
关注亮点：活动发奖通知

图11-33

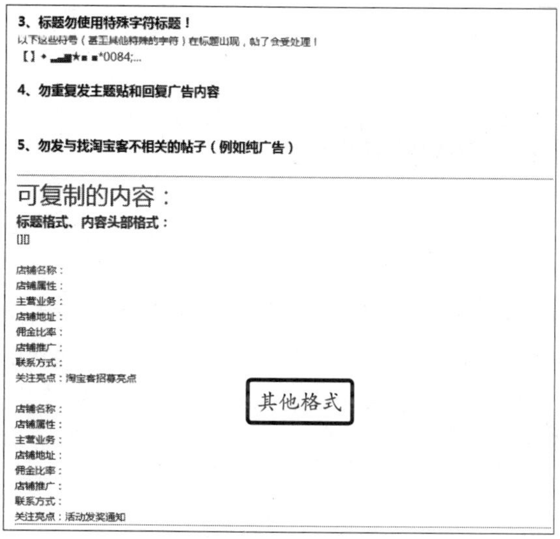
3、标题勿使用特殊字符标题！
以下这些符号（甚至其他特殊的字符）在标题出现，帖子会受处理！
【】• ★ *0084;...

4、勿重复发主题贴和回复广告内容

5、勿发与找淘宝客不相关的帖子（例如纯广告）

可复制的内容：
标题格式、内容头部格式：
[][]

店铺名称：
店铺属性：
主营业务：
店铺地址：
佣金比率：
店铺推广：
联系方式：
关注亮点：淘宝客招募亮点

店铺名称：
店铺属性：
主营业务：
店铺地址：
佣金比率：
店铺推广：
联系方式：
关注亮点：活动发奖通知

图11-34

2. A5论坛

A5论坛是目前国内最大的站长创业论坛及淘客集散地，早先是网站站长必看的网站之一，现在主要以网站交易为主要盈利点，所以就吸引了众多的淘宝客加入，如图11-35所示。

图11-35

3. 嗨推社区

嗨推社区是专业的淘宝客交流社区（见图11-36）。卖家可以在这里发布招募信息，也可以通过论坛学习各种推广知识。

图11-36

4. 猪八戒网

网友在猪八戒网站可以发布任意形式的需求，比如设计、写作、手工等，卖家也可以发布悬赏招募淘宝客的信息，发布之后就会有大量淘宝客前来应征，如图11-37、图11-38所示。

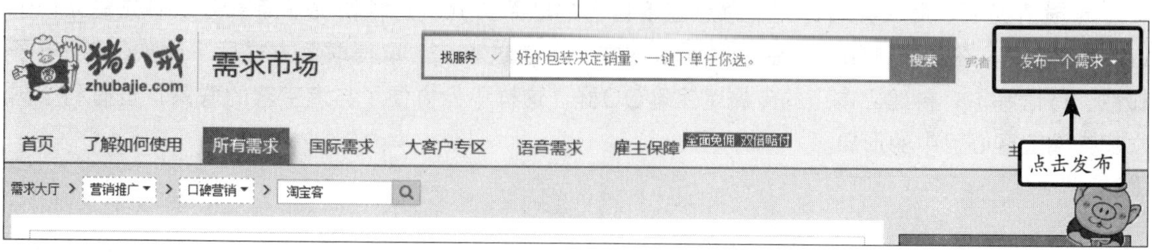

图11-37

图11-38

11.4 如何让“淘宝客”来推广你的商品

1. 主动寻找淘宝客

只要佣金高的话，自然会有一部分淘客主动为商家做推广，但最终的效果可能不是很理想。既然想要做淘客推广，就需要自己主动到各大站长网、淘客论坛的对应版块发布招募贴，比如A5论坛、站长之家论坛、阿里妈妈淘客官方论坛等。商家可以通过搜索产品的相关关键字，在搜索引擎中找出和网店产品相关的网站，并联系站长进行合作。

2. 建立诱人的额外佣金制度

单纯的将淘客佣金设置的比同行高，也不一定会得到很好的推广效果。如果设置了额外的推广佣金，那么当淘客促成的成交率达到某一程度后，就可以享受更加诱人的奖励。这样一来，淘客们将会以额外奖励为目标，加大推广产品的力度。

3. 与淘宝客建立长期联系

一般情况下，淘宝客站长都不愿意留下自己的联系方式，这种情况下商家可以事先建立一个VIP审核计划，在里面说明必须留下联系方式方，可通过审核。取得联系方式后（比如QQ、电子邮件、微信等），再建立本店的专属淘宝客QQ群。这样不但方便了与淘宝客的联系，也有利于树立起在淘宝客心目中的形象。

第12章 用“直通车”主推单品

天猫直通车主要是针对单个产品的推广，通过单品点击的方式达到推广产品和店铺的目的，进而获得客户订单。直通车是一款按点击付费的营销工具，可以帮助商家实现宝贝的精准推广。

12.1 哪类产品和店铺最适合做“直通车”推广

天猫直通车是一款帮助商家做推广的营销工具。它通过买家搜索关键词展现匹配宝贝的方式，将宝贝展现在高流量的直通车展位上，并精准地展现到潜在买家眼前，使得宝贝在众多同类商品中脱颖而出，为宝贝带来高曝光率。参加直通车推广的天猫店铺动态评分各项分值均不得低于4.4分，如因违反《天猫规则》中相关规定而被处罚扣分的，还需符合表11-2中的条件。

买家通过搜索关键词后，可以在直通车展位上看到对应的推广信息（图片、标题、宝贝售价与宝贝成交笔数）。买家在看到感兴趣的推广信息后，直接点击即可进入宝贝详情页面，在搜索框输入宝贝分类名称后，会在页面右侧显示宝贝推广页面（见图12-1），这里的宝贝都是参加直通车向卖家推广的同类宝贝。

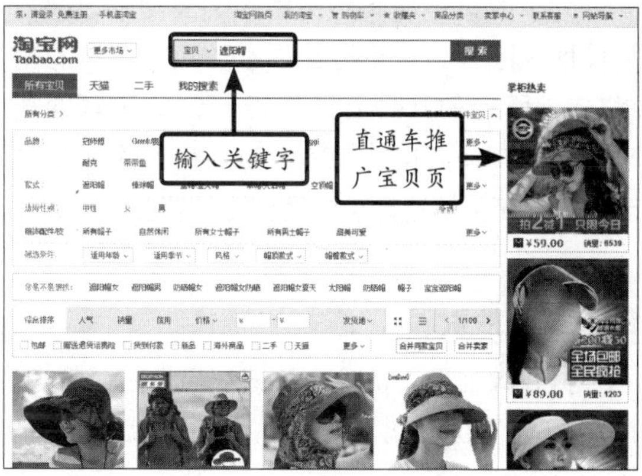

图12-1

直通车是一项应用非常广泛的店铺推广手段。但是也并非所有的商铺和商品都适合使用直通车，表12-1为适合开通直通车的店铺和商品。直通车能给商户带来图12-2所示的几点优势。

表12-1

1	推广的商品在同类商品中具有一定的竞争力，会更有优势
2	商品性价比高、宝贝描述与实物相符，有很好的消费者口碑
3	店铺应当有一个好的信用评价和良好信誉，才能吸引买家
4	商品的库存量应当充足，有稳定的货源，确保及时快速的供货
5	直通车推广花出去钱有的达不到推广效果，而有的店铺就能收到立竿见影的效果。所有商家需要确保有一定的信心和经济实力，完成这项长期投资推广活动

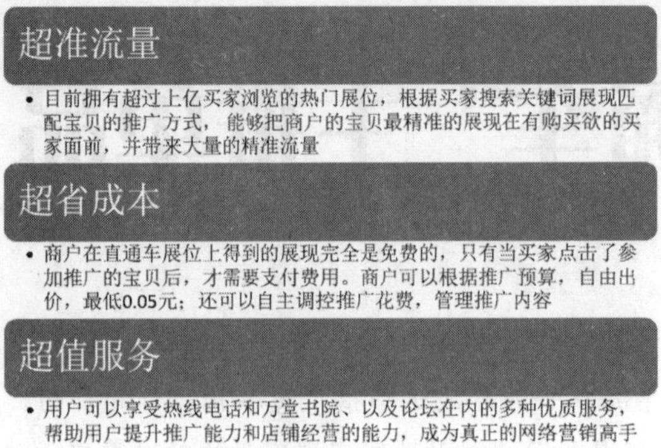

图12-2

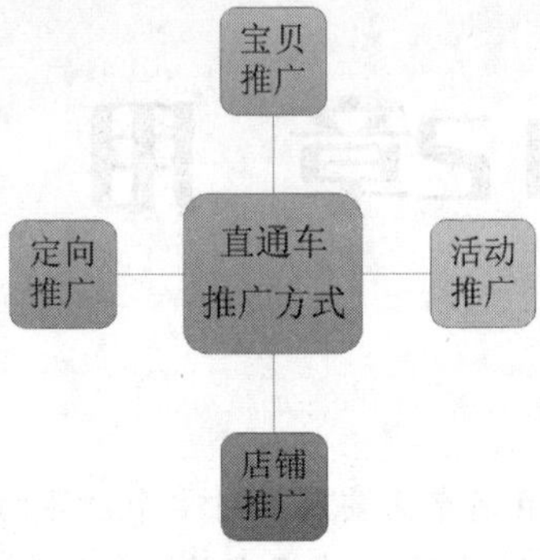

图12-3

12.2　直通车推广方式

为了能更好地满足买家的购买需求，并将宝贝推广覆盖到更多潜在买家，卖家可以利用图12-3所示的几种直通车推广方式来辅助推广。它们具备各自特有的优势，商家可以根据自己的需求灵活选择组合这些营销产品。

12.2.1　宝贝推广

宝贝推广是天猫直通车最基础的一个推广方式。使用宝贝推广，用户除了可以获得精准的搜索流量之外，还可以通过对不同人群加价，以及对不同展现位置竞价来获取更丰富的定向流量。

1. 关键词搜索

打开淘宝页面，输入关键词后点击“搜索”按钮进入搜索结果页面。图12-4所示右侧的一个和下方5个展位位置，就是使用直通车后宝贝推广的展示位置。

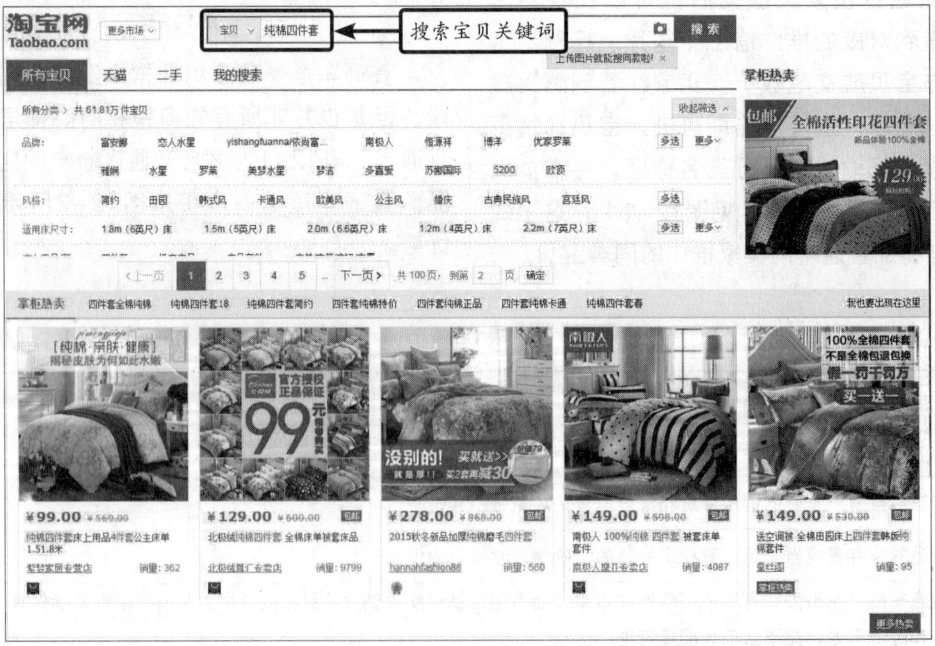

图12-4

淘宝搜索关键词结果页增加了淘宝/天猫直通车单品展示位，即带“掌柜热卖”标签的位置，搜索结果如图12-5所示。

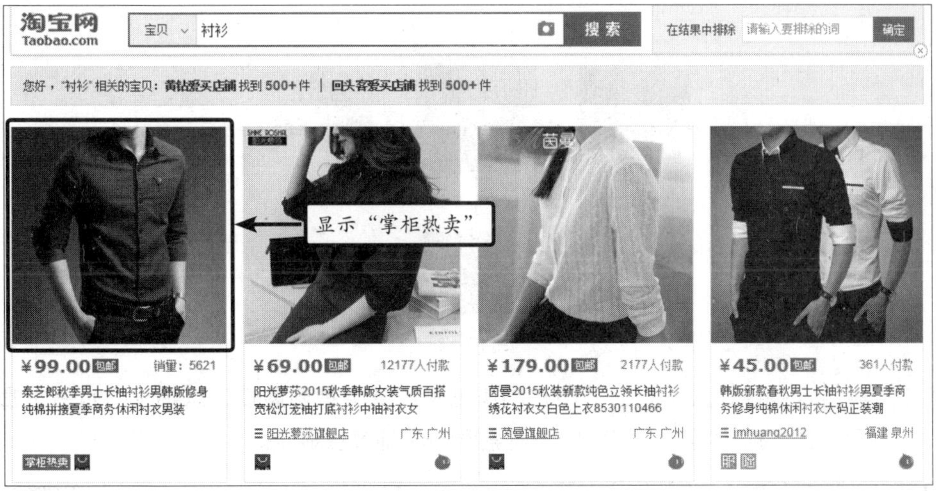

图12-5

2. 类目搜索

类目搜索是通过类目导航选择进入的页面。展现位置为搜索页面的右侧2个和下方4个“掌柜热卖”（见图12-6）的位置。

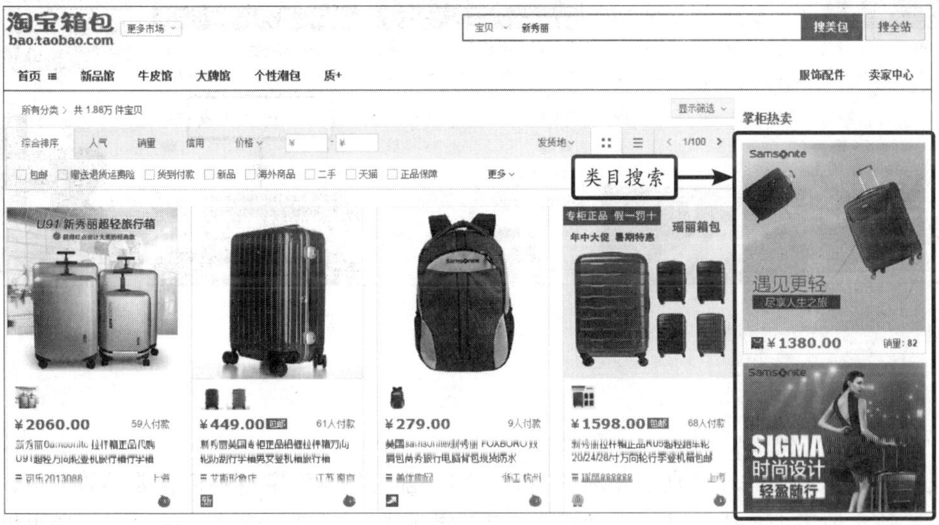

图12-6

12.2.2 店铺推广

店铺推广是基于宝贝推广的一种新的通用推广方式。用户可以对店铺页面（首页或分类集合页）进行精准推广，设置与推广页面相关的关键词和出价。当买家搜索关键词时即可获得展现与流量，它满足用户同时推广多个同类型宝贝、传递店铺独特品牌形象的需求。店铺推广的展现资源如图12-7所示。

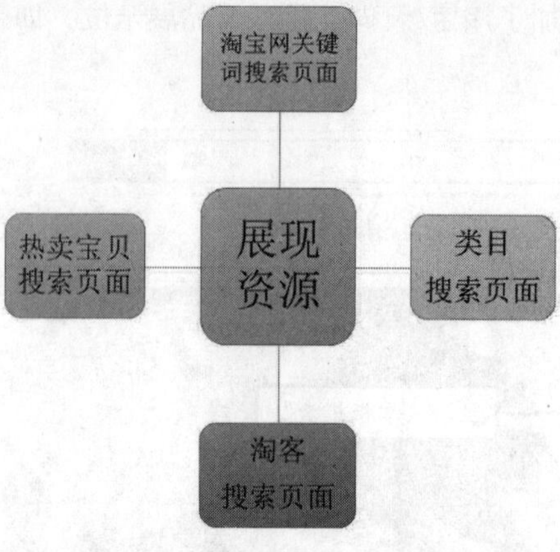

图12-7

当买家搜索特定关键词或类目时，用户的店铺推广就会得到展现，店铺推广也有丰富的展现位置，图12-8所示的“店家精选区域”即为搜索到的店铺展位显示。

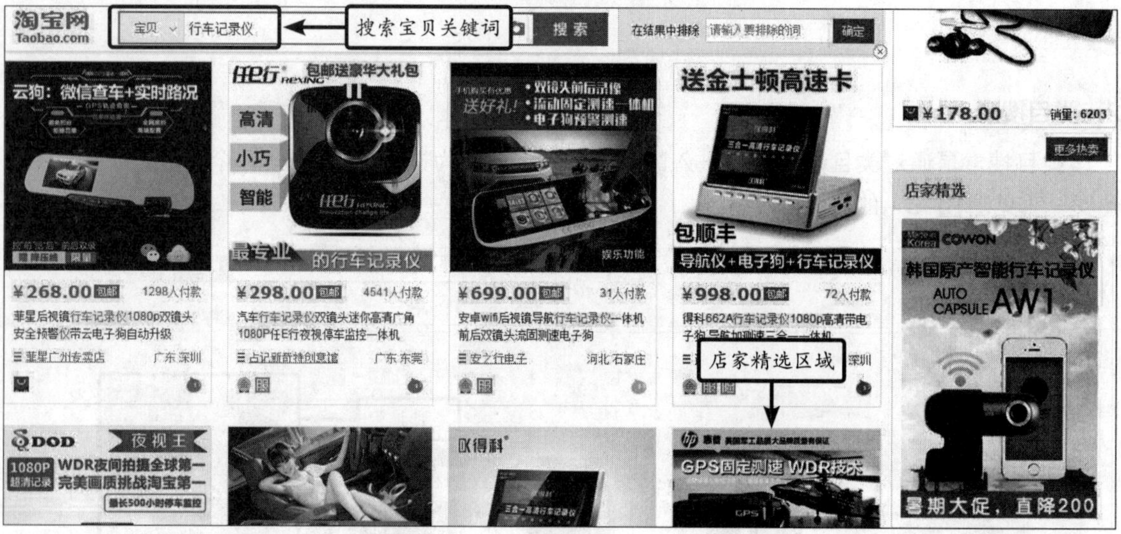

图12-8

12.2.3 活动推广

活动推广采取直通车用户自主报名的方式，将一部分符合淘宝特别运营要求的宝贝，在某一段时间，在特定位置上集中展现。活动推广会不定期举行，并选择最合适的时间，最火爆的推广位，给卖家带来目标客户。

12.2.4 定向推广

定向推广依靠淘宝网庞大的数据库，构建出买家的兴趣模型。它能从细分类目中抓取宝贝特征与买家兴趣点匹配的宝贝，并将其展现到旺旺焦点图，图12-9所示为买家浏览的常用热门展位。卖家可以通过这些投放位置锁定潜在买家，实现精准营销。

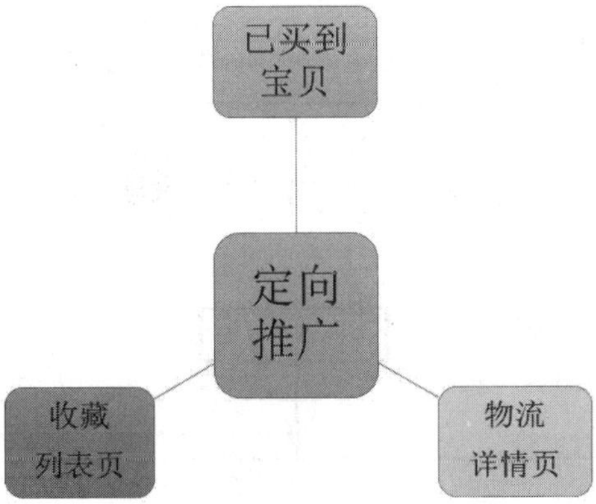

图12-9

1. 站内资源位

淘宝会根据买家已买到的宝贝，定向推荐与其同类型的热卖宝贝单品轮播页面（见图12-10）。图12-11所示为在物流详情页显示的宝贝定向推广。

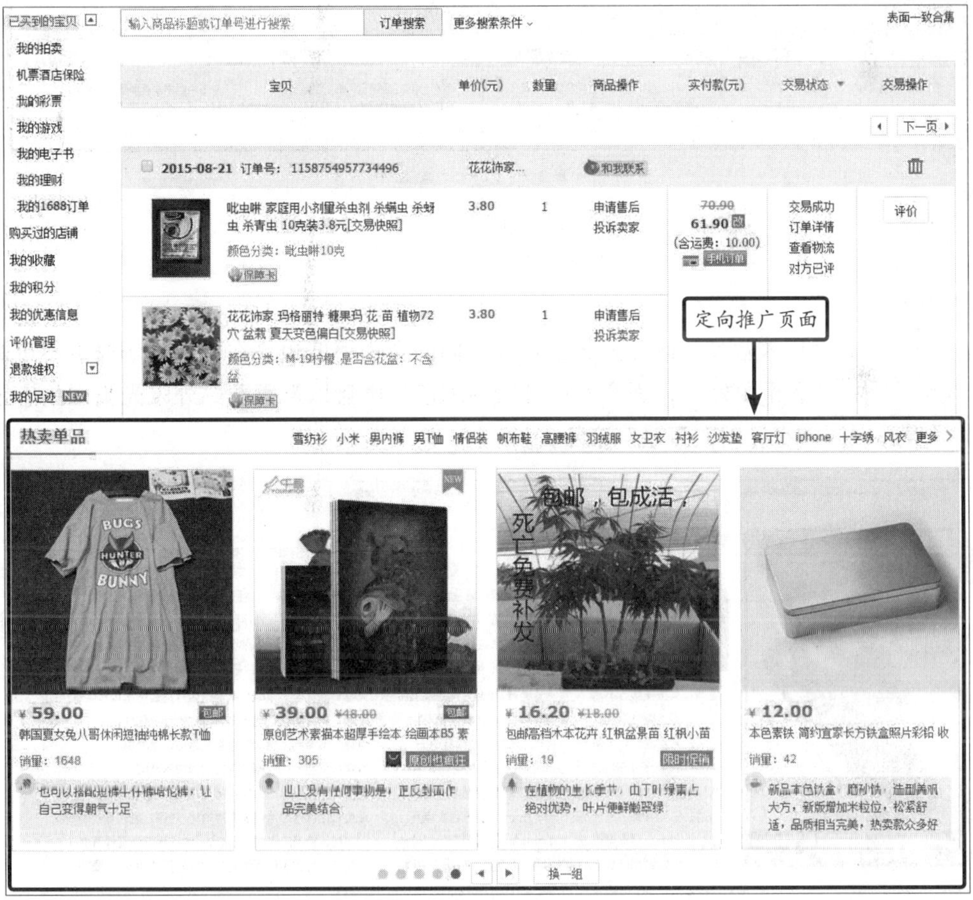

图12-10

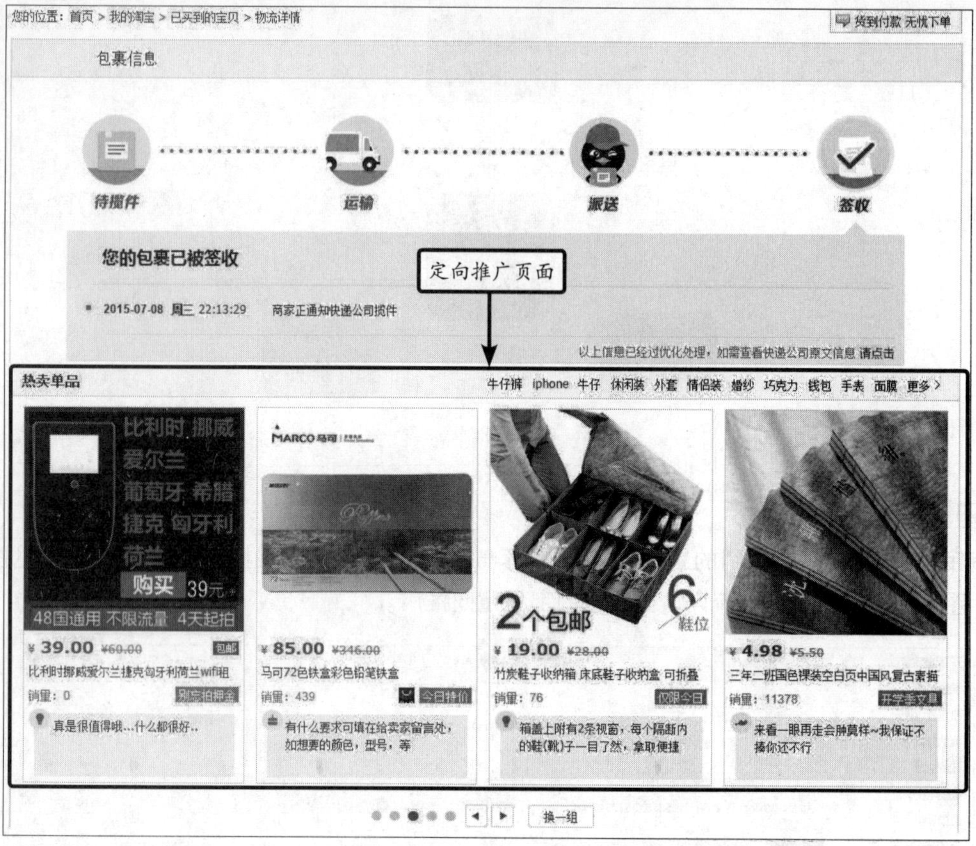

图12-11

2. 站外资源位

站外资源具有使用人数少，曝光量大的特点，同时点击率低也是在非购物场景下不可避免的（部分类目站外投放效果更好），适合有站外投放基因的类目以及需要站外曝光需求的店铺。图12-12为天猫商品投放在站外的直通车广告。

图12-12

直通车站外投放分布在站外大量优质的资源位，投入产出比高于站内，但是量级较少，且无法看到效果的卖家需要查看长期数据效果后，再决定是否投放在站外。

提 示

常用的站外资源包括腾讯、新浪、人民网、凤凰网、微博以及小说类、视频类网站等。

3. 无线资源位

无线的流量优势是点击单价低、流量扩张趋势强；劣势是转化率低。它适合需要扩展展现版图（曝光价值），或自己的商品本身具有无线投放高转化基因（能高效利用流量）的卖家。无线资源位除了分布在手机版网页上（见图12-13），还分布在一些常见的工具类、社交类等APP上（见图12-14）。

图12-13

图12-14

12.3 开通直通车推广

了解直通车的几种推广方式，并具备加入直通车的条件之后，卖家就可以利用天猫账号登录直通车工具，登录后首先利用支付宝账户充值，然后再依次建立推广计划并设置宝贝推广。

12.3.1 加入直通车

商家登录天猫工作台后，单击左侧“营销中心”下的“我要推广”（见图12-15），打开推广页面。单击右侧页面中的“天猫直通车”图标（见图12-16），打开直通车页面。

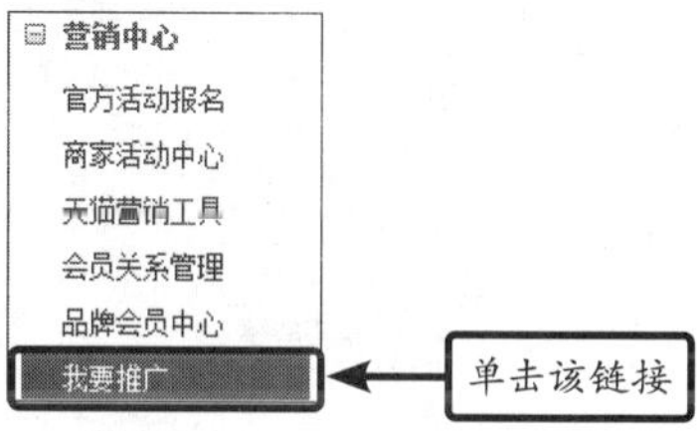

图12-15

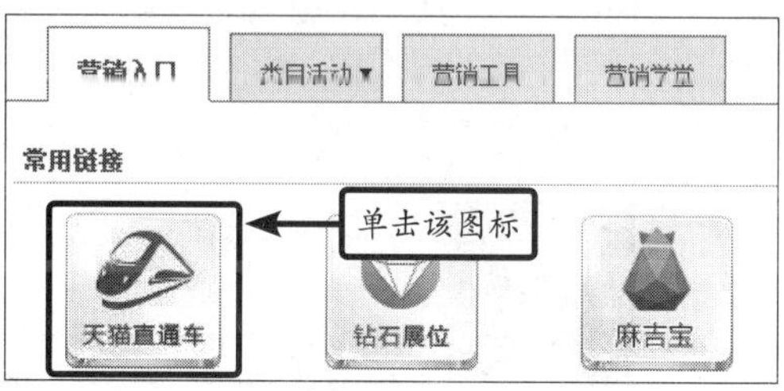

图12-16

新客户可以点击左上角“我要充值”按钮。第一次充值预存500元推广费用（见图12-17），续费最低续费金额200元起续，按照提示充值成功之后，则表示用户已开通天猫直通车服务或者续费成功，接下来就可以为店铺设置推广内容了。

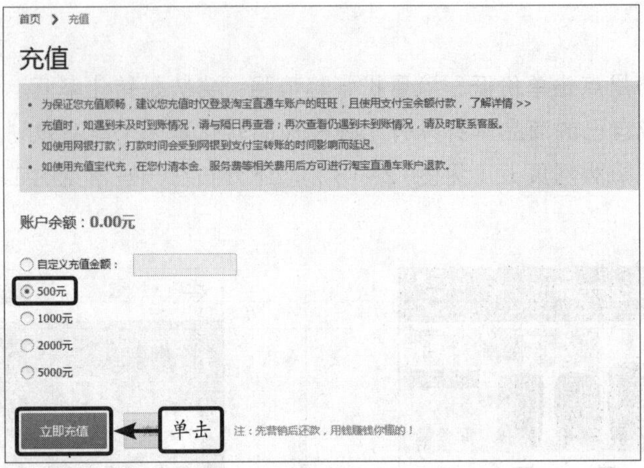

图12-17

提 示

天猫直通车是和天猫用户名直接绑定的，不需要重新注册即可加入直通车。

充值时需要使用支付宝余额付款，不能够使用网银、汇款等其他方式。如果付款过程中提示安装数字证书，请根据提示进行安装。

12.3.2 新建推广计划

进入直通车页面后，接下来可以设置相关的店铺推广计划，比如为计划设置一个名称。

01 图12-18所示为打开的直通车设置页面。

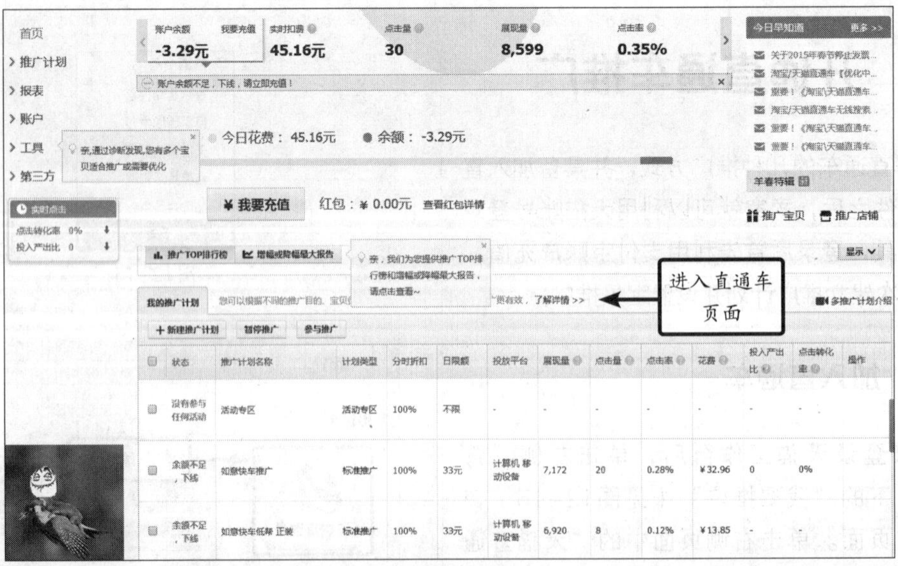

图12-18

02 单击“推广计划”下的“标准推广”，在标准推广计划下可以看到店铺当前已经设置的推广活动，单击“新建推广计划”按钮（见图12-19），打开“新建标准推广计划”页面。

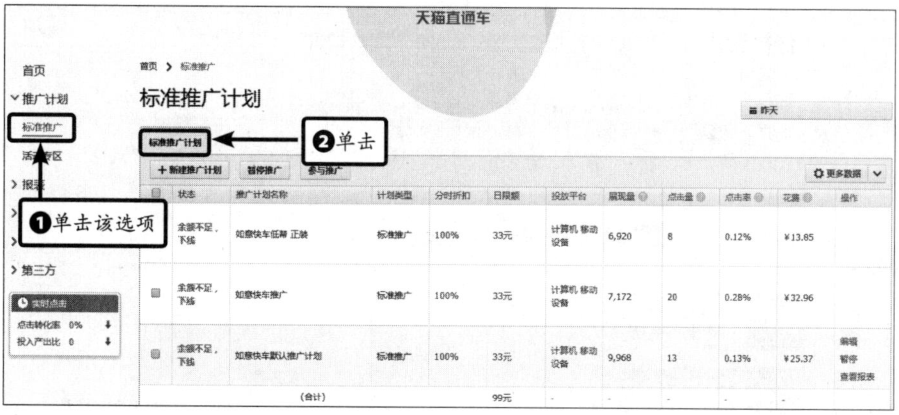

图12−19

03 输入推广计划名称，并单击“提交”按钮（见图12-20），完成推广计划的创建。

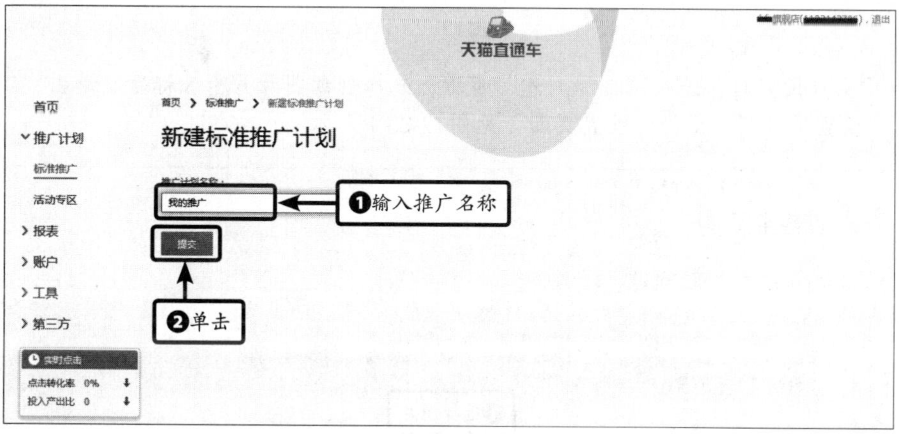

图12−20

12.3.3 推广新宝贝

新建推广计划后，可以在该页面指定作为推广计划中的宝贝，并添加创意和设置关键词与出价。

1. 添加推广宝贝

01 单击页面下方第三点中的“宝贝推广”链接（见图12-21），打开新建宝贝推广页面（见图12-22），将鼠标指针指向宝贝，会在右侧显示“推广”链接，直接单击即可推广该宝贝。

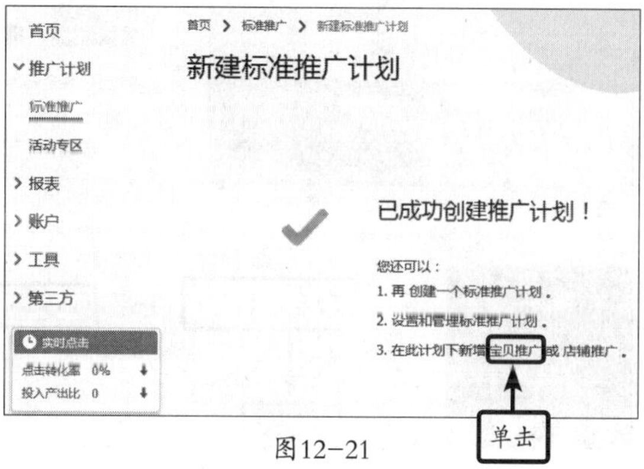

图12−21

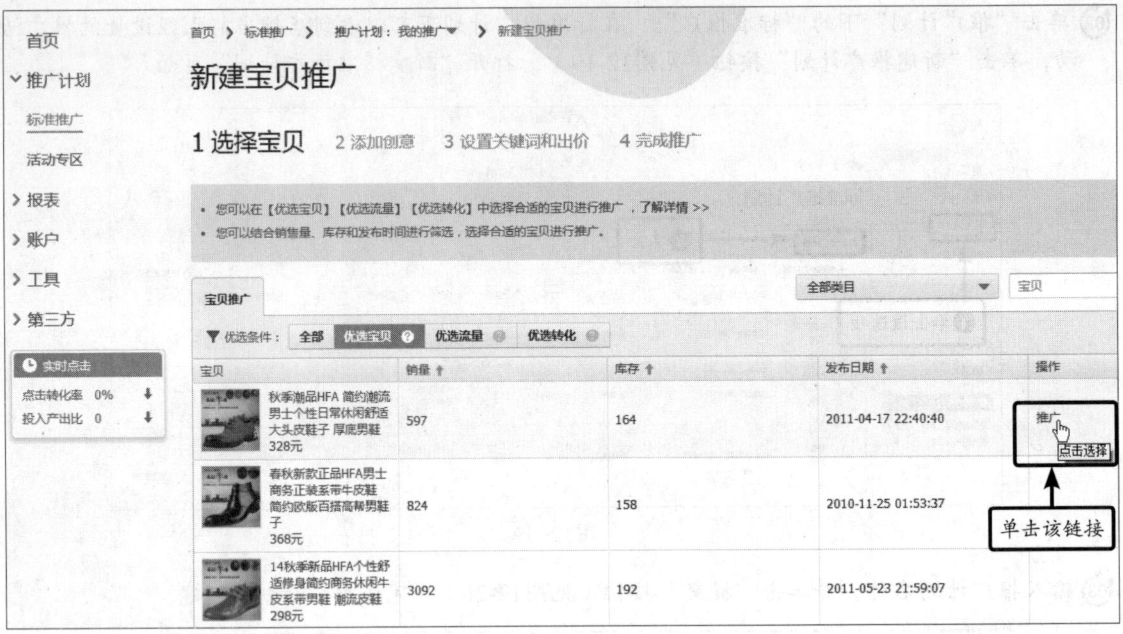

图12-22

02 完成推广宝贝设置后，进入“添加创意”步骤，选择创意图片并输入标题。单击“下一步”按钮进入“设置关键词和出价”设置页面（见图12-23）。

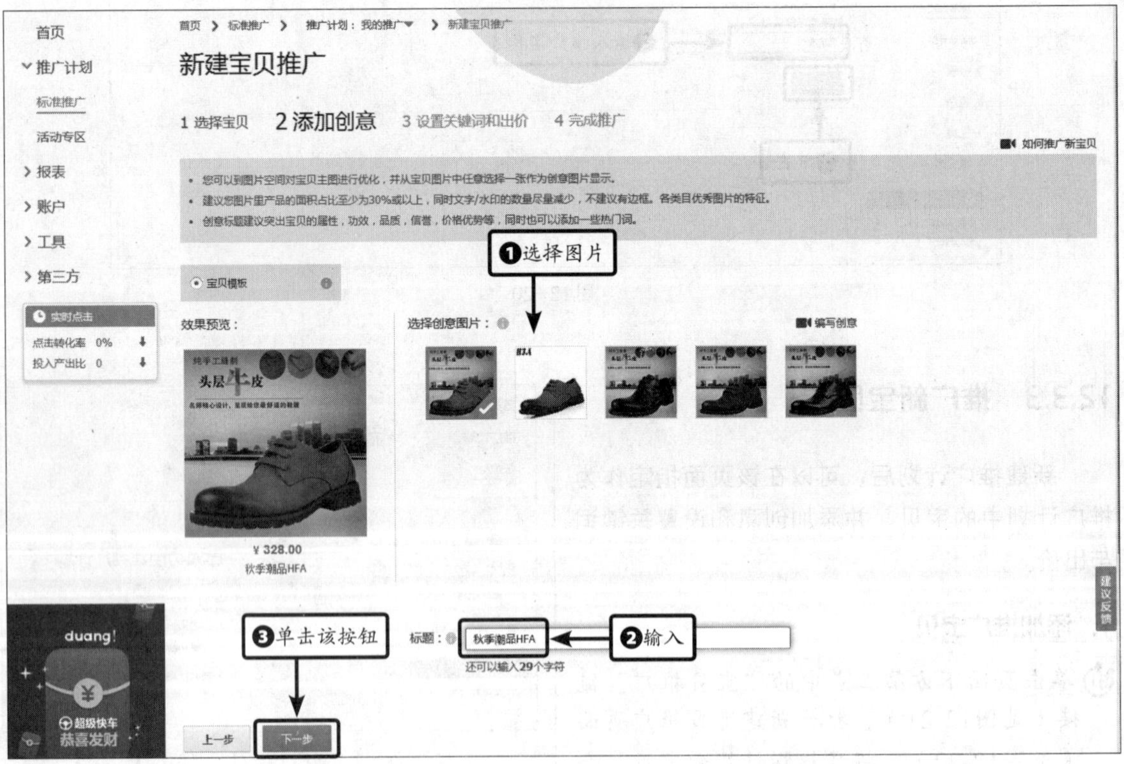

图12-23

03 在“宝贝匹配关键词”选项卡下会显示众多关键词，单击下方的“添加当前页”链接，即可添加至左侧的关键词列表。单击“完成”按钮添加宝贝推广（见图12-24）。

图12–24

2. 查看宝贝推广状态

添加了宝贝推广之后，卖家可以通过查看管理推广页面中具体宝贝的状态列，了解参加推广宝贝是否处于已暂停、已删除或无资格投放的状态。

选择相应的推广计划后，单击"编辑"进入宝贝推广页面。单击"状态"列右侧的倒三角形标志（见图12–25），可以看到每个推广宝贝的旁边都会显示其当前的状态。

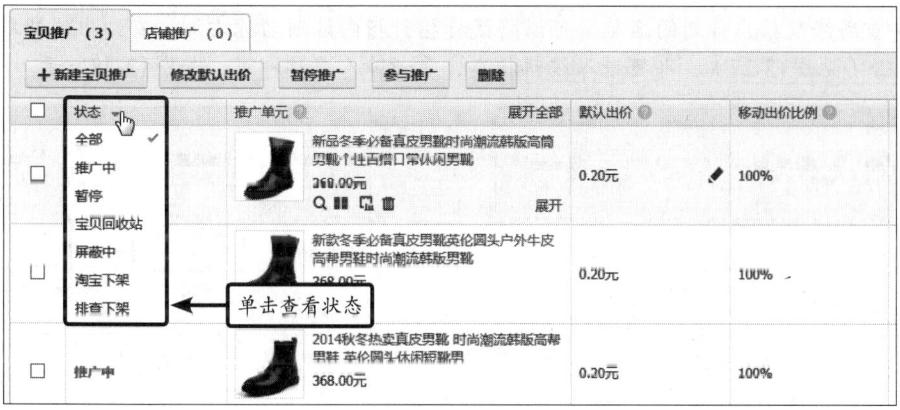

图12–25

宝贝推广的状态有很多种，如果显示没有投放，通常是由于卖家人工停用了推广的宝贝或其所属的推广计划，例如已将其暂停或删除；或者是因为卖家推广需要满足某个条件才能投放，例如解决日限额问题或投放时间设置问题。不同的投放状态概念解释如表12–2所示。

表12-2

状 态	含 义
推广中	宝贝在淘宝（天猫）直通车自助系统中处于上线的状态
暂停	宝贝在淘宝（天猫）直通车自助系统中处于下线的状态
屏蔽中	宝贝存在虚假交易或换宝贝的违规行为时，淘宝（天猫）直通车会进行屏蔽展现的处理措施，宝贝状态则会显示屏蔽中
排查下架	如果淘宝（天猫）直通车上推广的宝贝或者关键词不符合直通车的推广规则或者淘宝（天猫）网商品发布规则，会显示排查拒绝或者排查下架状态
淘宝下架	当前宝贝在店铺中是不正常出售状态，淘宝（天猫）直通车无法将宝贝同步到直通车内。显示淘宝下架的宝贝不会在直通车展示位上展示，因此也不会产生点击

12.3.4 设置推广计划

创建多个推广计划之后，还可以通过修改推广计划名称，来更好地分类管理各个参加推广的宝贝，比如根据推广的策略将推广计划分别改名"爆款主推""辅助推广"等。

01 进入推广页面后，可以看到多个设置好的计划，将鼠标指针指向需要设置的计划名称，可以在右侧显示"编辑""暂停"和"查看报表"三个选项（见图12-26），单击某个选项实现推广计划的设置。

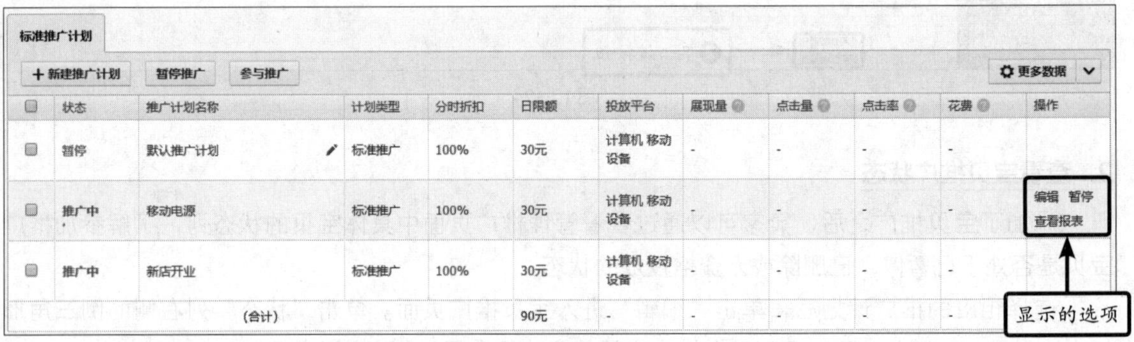

图12-26

02 如果要重新修改推广计划的名称，可以将鼠标指针指向计划名称右侧，直到出现铅笔形状后，直接单击（见图12-27），即可进入编辑状态，重新输入名称即可，如图12-28所示。

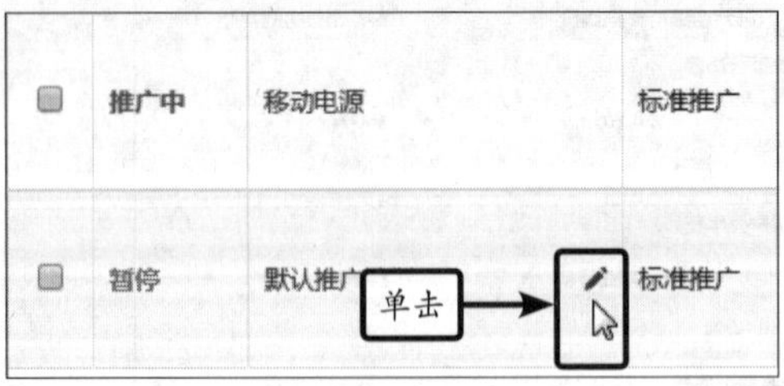

图12-27

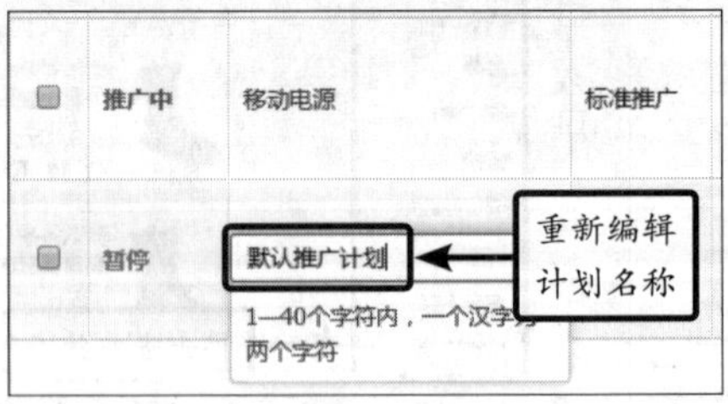

图12-28

12.4 质量得分优化

直通车里最重要的一个属性就是质量得分。只有质量得分高了，才可能用低出价排到高的名次，为店铺增加流量。本节会分别介绍质量得分的含义，以及如果通过优化质量得分来辅助直通车推广。

12.4.1 什么是质量得分

1. 质量得分的作用

质量得分是系统估算的一种相对值，用于衡量关键词与宝贝推广信息和淘宝网用户搜索意向三者之间的相关性。质量得分有图12-29所示的几种作用。商家可以查看任意关键字的质量得分，还可以通过多种方法来提高质量得分。

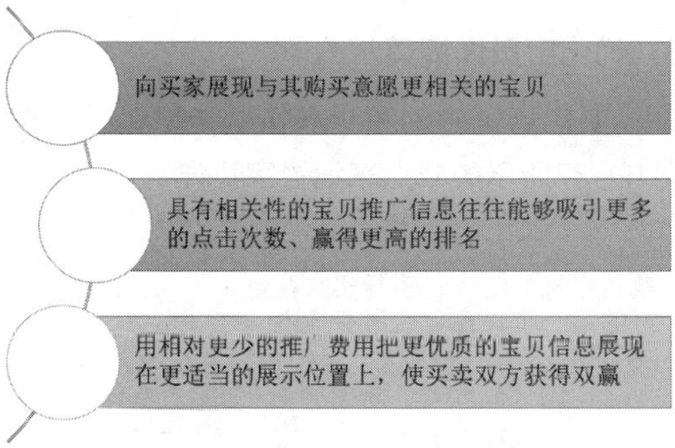

图12-29

2. 影响质量得分的因素

系统会对每个关键词或类目出价计算出一个质量得分，初始分值会有所不同，然后会根据买家的浏览反馈等信息更新分值。质量得分主要由图12-30所示的几个因素决定。在同等条件下，店铺关键词的质量得分越高，商家为每次点击所支付的费用也就越低。

图12-30

其中关键词与类目、宝贝属性之间的具体相关性如图12-31所示。

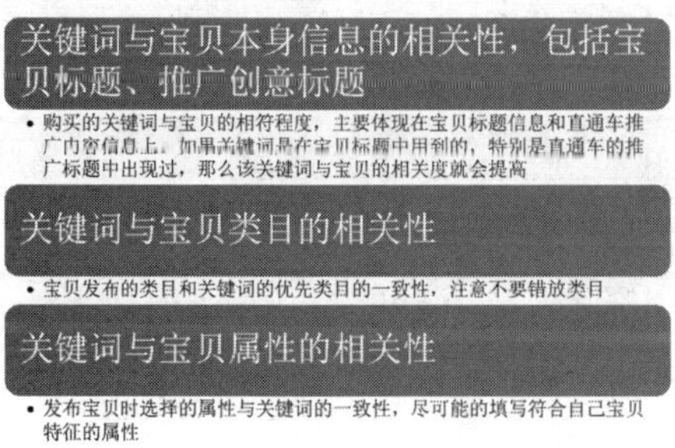

图12-31

> **提 示**
>
> 质量得分和质量得分详情会全天随时更新，但质量得分的某些元素（比如目标网页质量）的评估频率会低一些。如果商家的推广暂停了一段时间，或者删除一段时间后重新推广，那么推广的质量得分会重新计算。

12.4.2 如何优化质量得分

在优化质量得分时，需要了解相关的三个维度概念，具体如图12-32所示。

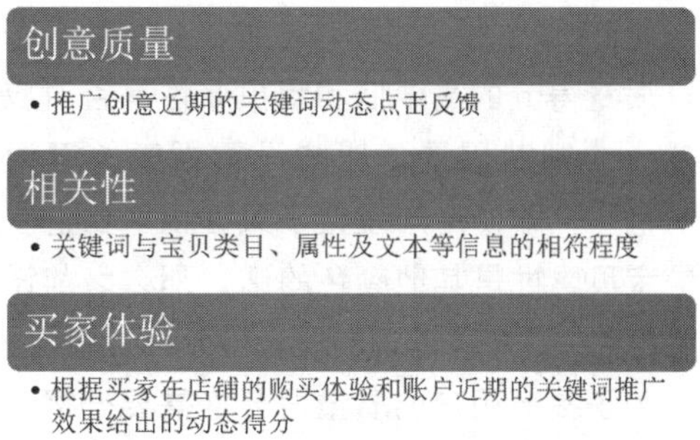

图12-32

优化质量得分主要有图12-33所示的几种方式。

图12-33

1. 提升关键词的相关性

提升关键词相关性主要有图12-34所示的两种方法。

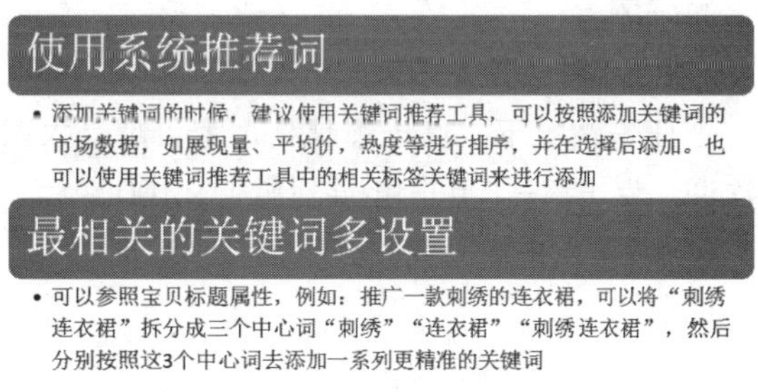

图12-34

2. 提升类目属性的相关性

（1）类目相关性

通过买家的搜索购买行为习惯，可以归纳总结出大部分买家期望看到的宝贝所属的类目和属性，直通车会优先展示这些类目属性下的宝贝，如图12-35所示。

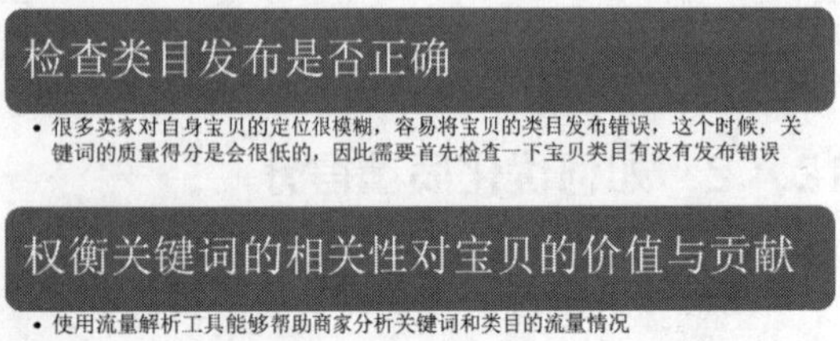

图12-35

（2）属性相关性

质量得分的高中低和宝贝属性是否对应，也是一个判断因素。比如设置搜索关键词为“粉色”，即使用户设置了关键词“粉色”，但是宝贝属性是其他颜色的话，那么之前设置的“粉色”这个关键词的质量得分也会偏低。

为了提高用户的质量得分，需要严格遵守淘宝网宝贝发布规则，正确并且完整地填写宝贝属性。比如当系统给出的属性相关性为“–”的时候，代表该关键词没有预测的属性信息，这个时候店铺宝贝的质量得分就不受属性的影响了。

3. 优化标题图片宝贝

店铺宝贝的主图片应当按照图12-36所示的规则设置，这样就可以更加吸引买家从而间接提高点击率。

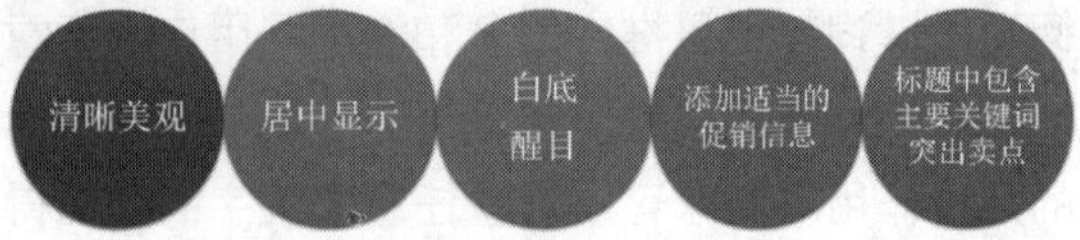

图12-36

4. 优化宝贝详情页

要想店铺内的宝贝获得点击率，可以按照图12-37所示的几点来设置宝贝详情页。

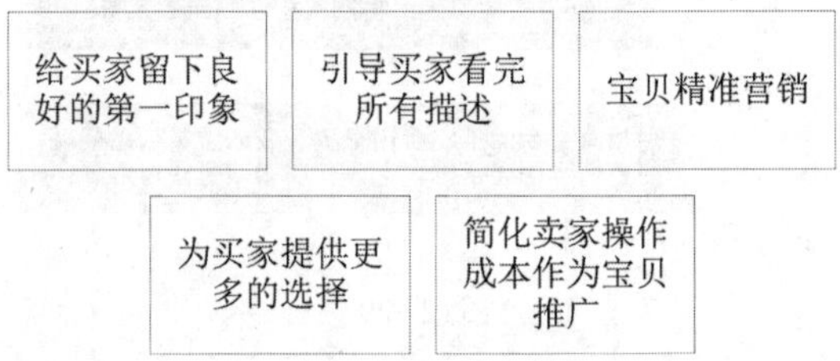

图12-37

5. 其他

比如一定要加入消保，检查是否有违规处罚，是否有假一赔三等，并努力把店铺经营管理、产品质量和服务这一块做好。

12.5 如何提升“直通车”的点击率

点击率是评定产品对于客户群体吸引力度、产品市场受欢迎程度的重要指标之一，点击率的高低在一定程度上影响了直通车推广效果的好坏。

（1）什么是点击率

正常情况下，点击率越高，宝贝越受大家欢迎。点击率=（点击量/展现量）×100%。

（2）点击率的意义如图12-38所示。

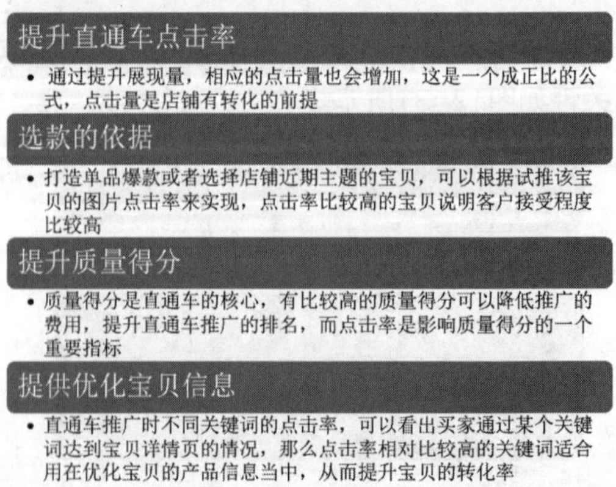

图12-38

直通车的收费是通过点击率实现的，推广的宝贝展现在买家面前时，必须有点击才能带动买家购买，因此如何提升直通车的点击率是非常重要的工作，下面分别从商品选择、直通车主图、推广标题、宝贝数量、排名位置和关键词优化几个方面来介绍提升点击率的方法。

12.5.1　选择关键商品

一般店铺内热销（见图12–39）和特价的商品都可以称之为关键商品。有销售记录的商品更是关键商品，因为不管是热销的还是特价的，只代表部分人的选择；商家要面对的是无限广大的网购群，对于买家来说，只有有销售记录的商品才更能引起大家的关注，因此选择关键商品应当尽可能选择有销售记录的商品。

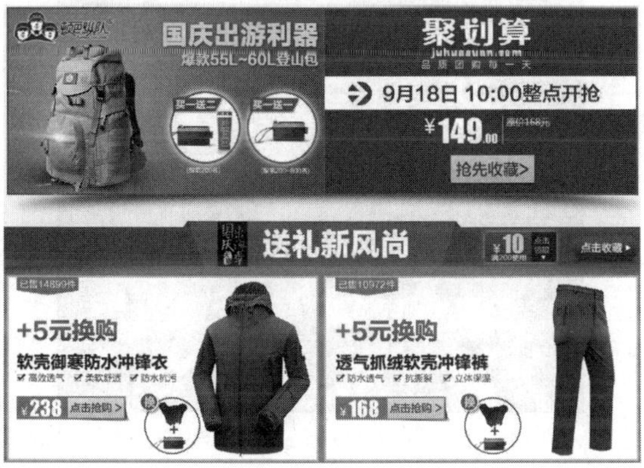

图12–39

店铺内拥有众多形色各异的产品，商家可以集中资源去打造最有潜力的产品（主推单品），以该产品的销售提升，帮助店铺其他产品及店铺流量的提升。选款规则可以参照图12–40所示。

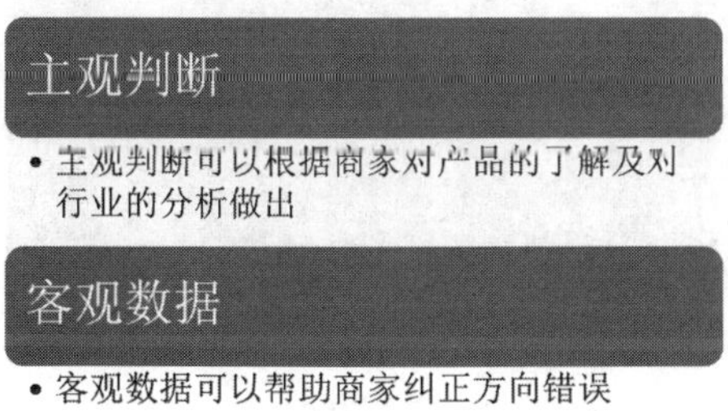

图12–40

12.5.2　直通车主图

买家在搜索栏输入宝贝的关键词后，会在页面出现眼花缭乱的各种相关宝贝（见图12–41），有些图片可以直观看到宝贝的款式和功能，而有些就无法确切表现宝贝的特征。在同一个页面中，点开一个可能会喜欢的宝贝后，展示在眼前的除了销量、价格这两个因素外，主图就是吸引买家进店的一个重要因素。

图12–41

优化直通车主图也可以提高宝贝的点击率，直通车推广图片的核心作用就是传递信息，刺激点击，下面从三个方面来介绍如何优化直通车主图。

1. 分析宝贝的卖点

不同类目产品的主图设计要有其对应的卖点，图12–42所示为六种产品卖点形式的提炼。图12–43是通过利益引诱（特价），图12–44是展现材料功能（实木），图12–45是通过款式吸引。

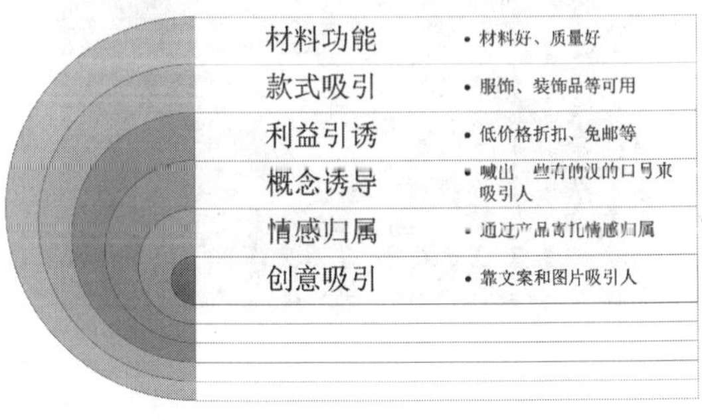

图12–42

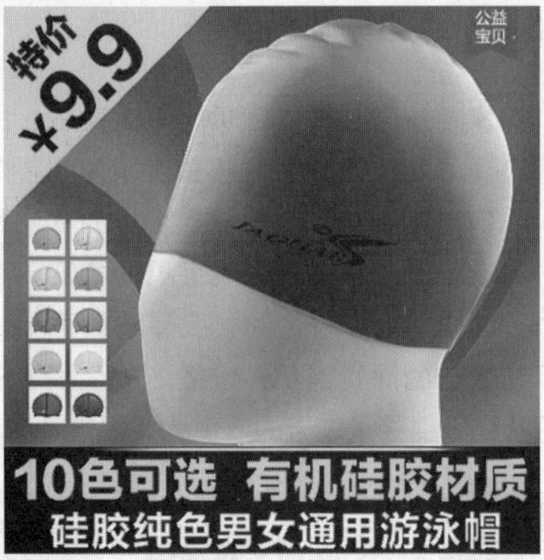

图12-43

图12-44

图12-45

2. 通过形式传达信息

明确了产品的卖点之后，接下来需要选择合适的形式直观表达需要传达给消费者的信息，让消费者产生共鸣并产生点击。直通车主图常见的几种形式如图12-46所示。图12-47为文案加产品，图12-48为产品展示图，图12-49为创意文案加产品主图。

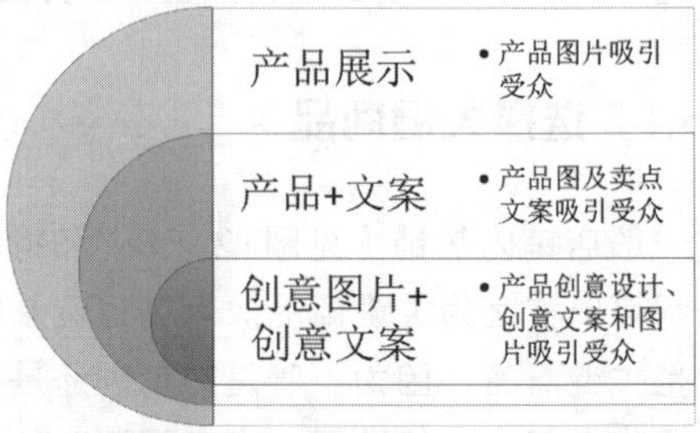

图12-46

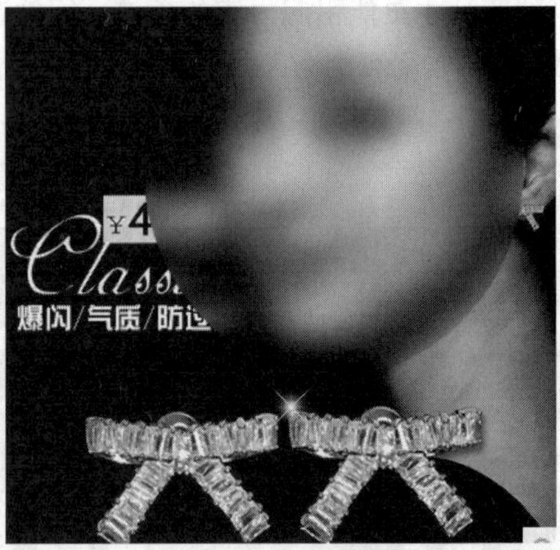

图12-47

图12-48

图12-49

3. 主图设计要领

影响直通车图片点击率的因素有很多，其中一项是图片的设计效果，图12-50所示为直通车主图设计的几个要领。直通车图片通常不止一张，商家可以用不同的卖点、设计形式来多设计几张直通车图片，以此来测试直通车带来的点击率情况。图12-51所示为根据主图设计要领设计的图片效果。

图12-50

图12-51

12.5.3 推广标题

直通车推广计划名称的作用就是对推广的宝贝进行一个分类，以便买家能快速找到推广的宝贝，还可以对同类的宝贝按照时间、地域投放。如果参加推广的宝贝比较多，就需要首先进行一个合理的分类，比如主推宝贝、辅推宝贝、培养宝贝等。直通车推广标题应当遵循卖点明确、简练直接，一望即知的原则，让买家快速掌握到商品的特点。

（1）标题应介绍产品，而不是说明店铺。买家在看到广告时，通常是在需要搜寻某商品的时候，如果在此时出现介绍店铺的信息，是无法吸引买家点击进去查看的。

（2）一个广告只需要突出一种商品卖点，而不需要罗列出众多的商品名，即“1个商品名+1个卖点”，加入标题误导了买家都点击进去查看又无法达成成交的话，必然会造成费用的浪费。

（3）将文字的信息点归类，并注意断句，让买家能轻松地读懂标题。可以适当使用标点符号或空格，让标题读起来更加通顺流畅。

（4）最重要的卖点一定要在标题里突出，而且要确保表达清晰。如果一个宝贝的卖点有好几个，无法在20字的标题里写全，可以在标题里突出最重要的某个卖点，再将次要的卖点放在描述里面。

12.5.4 适量的宝贝数量

按照一般的思维，在一开始使用直通车时，商家都希望能够一次性推广多个宝贝，并认为数量多就等于流量多，甚至将整个店铺的所有商品都推广出去。这两种做法都是十分不妥当的。

加入直通车一般每次推2~3个就足够了，将这几个商品推出去之后，淘宝搜索时基本上就是按照流量和信用人气来排名，而这几个商品通过直通车推出流量和人气之后，就可以放弃这几个商品，不再使用直通车。这是因为搜索的时候这几个商品已经排在前面了，并拥有了一个很好的广告位置。接下来就可以换另一个商品来做直通车推广，这样不但省钱，而且效果也很好。

12.5.5 排名位置

天猫对于不同产品的排名规则是不同的，但核心影响因素基本一致。影响直通车推广排名最主要的两个因素是推广出价和质量得分。一般情况下，商家设置的推广价格越高，并且质量得分越好，那么推广的商品就越有机会展现在靠前的直通车展位。

12.5.6 关键词优化

要想获得持续不断的大流量，需要不断探索研究如何设置宝贝的关键词，并不是完成一次设置就结束了，而是要不断思考并设置新的关键词。即使当时的关键词设置带来了巨大的效果，但是由于天猫的流量变化是瞬时瞬息的，此时的关键词效果并不适用于彼时的关键词应用效果。因此只有掌握关键词优化的方式，才能保持店铺流量。图12-52所示为优化关键词的基本步骤，这一过程是不断循环不断探索的。

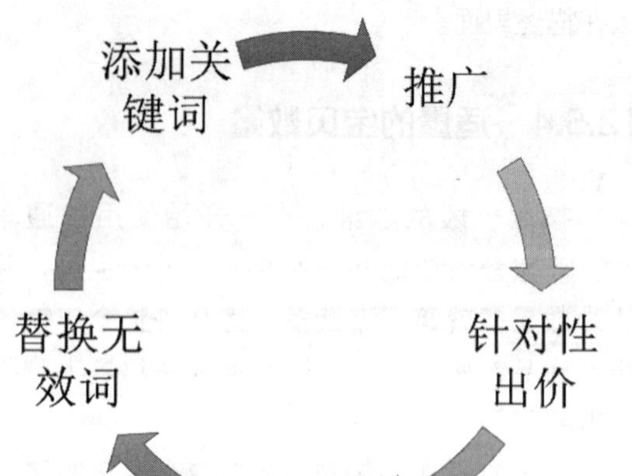

图12-52

除此之外，商家还可以利用直通车报表的数据去分析关键词，比如在实行宝贝推广后仔细观察账户的点击数据，利用市场数据来检验关键词等（见图12-53）。

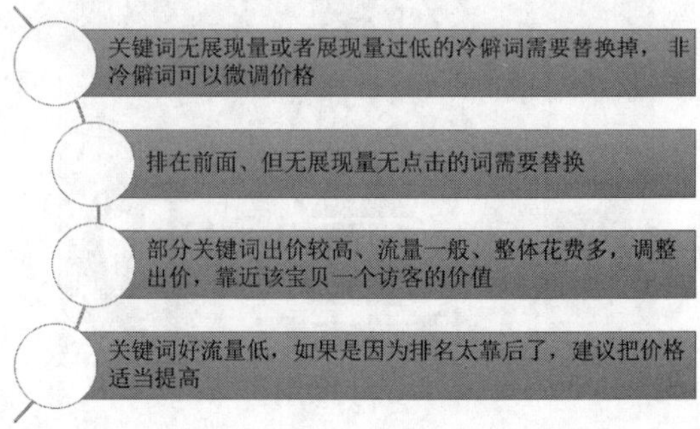

图12-53

下面介绍关键词优化的三个阶段。

1. 按宝贝主要名称+属性词提交海量关键词

想要保证既有广泛的来源又不浪费推广费，就要保证关键词必须跟宝贝名称相关，这样价格会相对低一些。跟宝贝属性无关的词，质量得分不仅非常低，而且会让后期的优化工作无从下手。

2. 培养有点击量和点击率高的词

商家可以通过点击测试，着重培养点击量、点击率比较高的词。也就是像养鱼一样蓄养自己的关键词。运行过一段时间后，至少是七天以上的数据才有意义，要着重培养质量得分、点击率、转化率都很高的词。

3. 提高关键词质量得分，锁定成交关键词的主要位置

质量得分是衡量开车（直通车）水平的一项重要数据。影响关键词质量得分的主要因素与宝贝标题中包含的关键词、当前推广计划中标题包含关键词、宝贝编辑页面各属性、宝贝所在主要类目属性、宝贝详情页综合描述、推广宝贝的点击、收藏、成交转化率、当前关键词在账户中养词时间、当前关键词参与竞争数量等有关。

12.6 “直通车”优化让销量涨起来

直通车优化可以降低其推广成本，提升投入产出比，没有经过优化的直通车使用起来是很不划算的。本节从宝贝挑选、关键词选取、关键词合理定价、推广效果最大化几个方面介绍如何增长直通车的销量。

12.6.1 挑选合适的宝贝推广

在店铺窗口中推广宝贝，对于整个店铺的人气提升有着非常大的帮助。商家在选取店铺的宝贝参与直通车推广时，可以考虑图12-54所示的几点要求。

宝贝应季性和前瞻性

- 如在夏季重点推广T恤时，要及早为秋款打底衫、薄款外套等做预热

宝贝符合当前潮流趋势和社会主流价值需求

- 如夏天销售的T恤，具有莱卡、泡泡袖、人头像等今年大热的时尚元素，则更容易被大众接受，对成交也有促进作用

宝贝具有一定的成交记录和客户评价

- 由于网购无法看到实物，用户除了通过图片和文字介绍来了解宝贝外，历史购买记录和客户的评价也是用户是否会产生购买的重要依据

宝贝货源充足

- 推广对宝贝的销量有推进作用，同时，也会产生滞后购买效应，所以库存量充足也是推广中不可忽视的一点

宝贝市场需求量大，目标购买人群规模较大

- 重点推广的宝贝最好是市场大、目标用户群的范围较广的，将新奇或个性的宝贝作为人气宝贝的推广也是可以采纳的方式

宝贝在货源渠道和销售价格上具有优势

- 推广为宝贝争取了更多的展示机会，如果产品有价格优势，对成交的推动和成本的控制都会有一定的推动作用；如市面上T恤衫，大部分价格集中在20~90元，如果自己的产品成本可以在20元以下，则相比推广优势会更大

宝贝颜色尺码等齐全

- 由于客户需求不同，店铺中常备多种颜色的宝贝、且常用尺码都备货充足的话，对销售也会起到一定的促进作用

图片背景清晰、宝贝突出，宝贝价格有竞争优势

图12-54

12.6.2 如何正确选取关键词

添加关键词是开好直通车的第一步，想要直通车有流量、有转化，选词的多少就决定了目标买家的覆盖度，选词的精准程度决定了潜在客户的转化率。打开天猫商城首页后，在搜索栏输入关键词，就可以看到图12-55所示的热卖宝贝推荐页面。

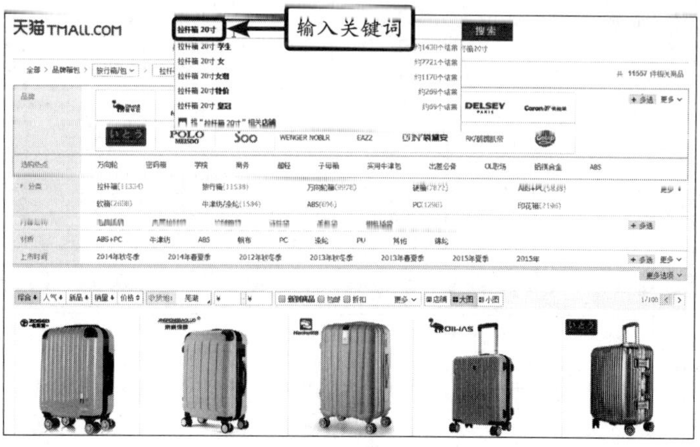

图12-55

1. 关键词的匹配方式

添加关键词后商家需要为关键词设定一种匹配的方法。买家输入的词与商家设置的关键词之间的匹配度决定了其推广是否有机会得到展现，目前关键词匹配方式有：精确匹配、中心词匹配、广泛匹配三种，选择一种合适的匹配方式，可以帮助商家获取更优质的流量，从而有利扩展潜在的买家。

三者覆盖的范围和相互之间的关系如图12-56所示，即广泛匹配的展现流量范围包含中心词匹配和精确匹配，中心词匹配的展现流量范围包含精确匹配。

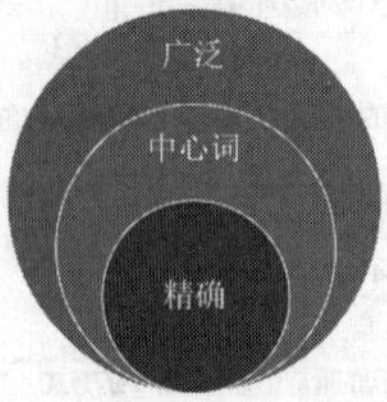

图12-56

为了更好地运用直通车，下面详细介绍这几种关键词的匹配方式。

（1）精确匹配

买家搜索词与所设关键词完全相同（或是同义词）时，推广宝贝才有机会展现。这类词通常会非常精确地体现买家的购买意图，但是搜索量非常少。比如英伦格子衬衫、韩版仿制雪地靴，这样的词转化率一般都比较高，也是需要重点去维护的。

（2）中心词匹配

买家搜索词包含了所设关键词时，推广宝贝就有机会展现。假如商家设置了关键词为保温水杯，那么买家需要搜索诸如“星巴克 保温水杯”“手绘 保温水杯”“情侣 手绘 保温水杯”，才能有机会将自己的宝贝展现在买家面前。

（3）广泛匹配

当买家搜索词包含了所设关键词或与其相关时，推广宝贝就有机会展现。那么买家需要搜索诸如“星巴克 保温水杯” “手绘 保温水杯” “情侣 手绘 保温水杯”“手绘水杯、可爱水杯” “卡通水杯”等都有机会将自己的宝贝展现在买家面前。广泛词的应用范围非常的广，可以用于各个类目。

图12-57所示为男鞋类目下系统自动推荐的上百条关键词，一般情况下可以找到80%～90%需要的关键词。在添加推广内容时，第一个标题内容最好以中心词、属性词为主。

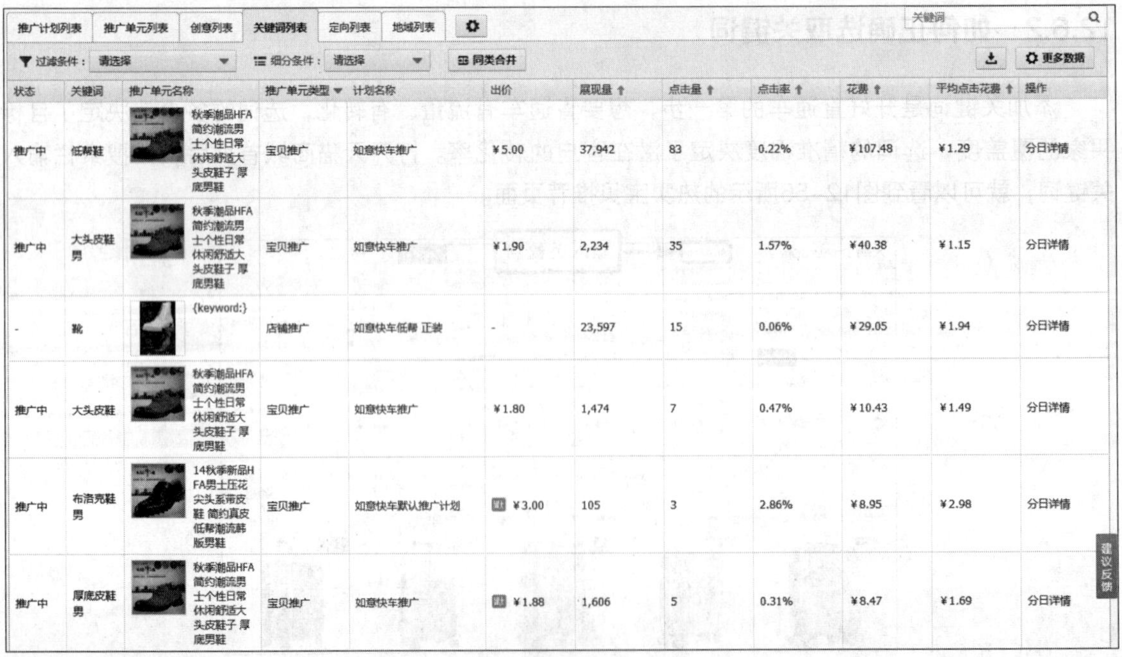
推广计划列表 推广单元列表 创意列表 关键词列表 定向列表 地域列表 关键词
过滤条件：请选择 细分条件：请选择 同类合并 更多数据

状态	关键词	推广单元名称	推广单元类型	计划名称	出价	展现量	点击量	点击率	花费	平均点击花费	操作
推广中	低帮鞋	秋季潮品HFA简约潮流男士个性日常休闲舒适大头皮鞋子 厚底男鞋	宝贝推广	如意快车推广	¥5.00	37,942	83	0.22%	¥107.48	¥1.29	分日详情
推广中	大头皮鞋男	秋季潮品HFA简约潮流男士个性日常休闲舒适大头皮鞋子 厚底男鞋	宝贝推广	如意快车推广	¥1.90	2,234	35	1.57%	¥40.38	¥1.15	分日详情
-	靴	{keyword:}	店铺推广	如意快车低帮 正装	-	23,597	15	0.06%	¥29.05	¥1.94	分日详情
推广中	大头皮鞋	秋季潮品HFA简约潮流男士个性日常休闲舒适大头皮鞋子 厚底男鞋	宝贝推广	如意快车推广	¥1.80	1,474	7	0.47%	¥10.43	¥1.49	分日详情
推广中	布洛克鞋男	14秋季新品HFA男士压花尖头系带皮鞋 简约真皮低帮潮流韩版男鞋	宝贝推广	如意快车默认推广计划	¥3.00	105	3	2.86%	¥8.95	¥2.98	分日详情
推广中	厚底皮鞋男	秋季潮品HFA简约潮流男士个性日常休闲舒适大头皮鞋子 厚底男鞋	宝贝推广	如意快车推广	¥1.88	1,606	5	0.31%	¥8.47	¥1.69	分日详情

建议反馈

图12-57

2. 关键词选词方法

在选取关键词之前，需要了解关键词的选取规则，具体如图12-58所示。

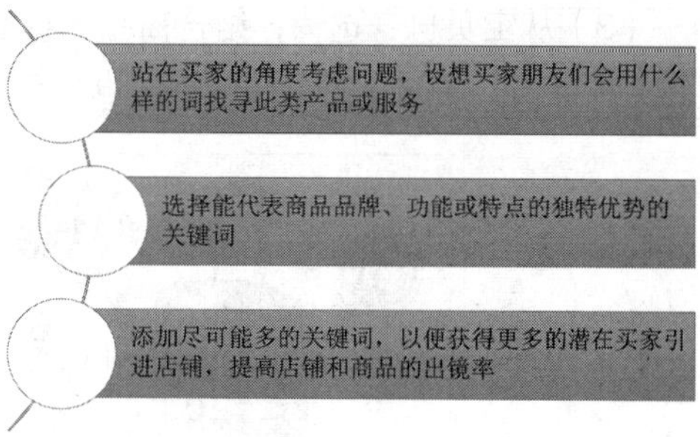

图12-58

下面介绍几种关键词的选词方法。

（1）从直通车自助系统中选取

从“宝贝匹配的关键词”“相关词查询”等获取到选取关键词，如图12-59所示。

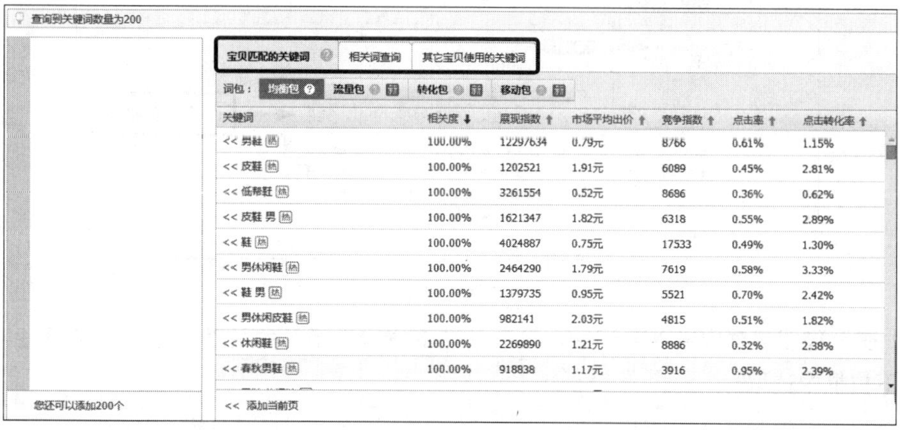

图12-59

（2）从流量解析中选取关键词词表

在流量解析工具中用户可以下载搜索到的关键词表格，在流量解析工具页面输入相关关键词后单击“查询”按钮，即可看到关键词或者类目相关词表下载页面，单击“下载”按钮，下载Excel词表，如图12-60所示。

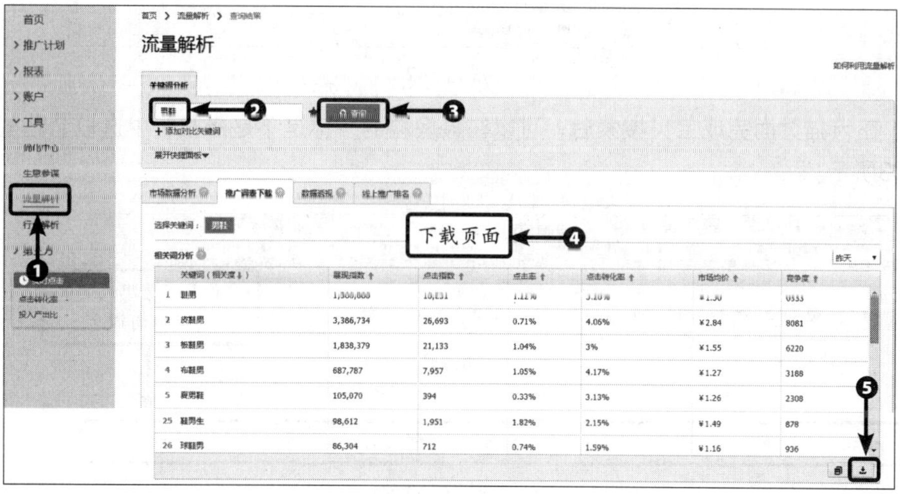

图12-60

（3）从宝贝自身选词，结合商品的特征。图12-61所示页面中的宝贝标题包含多个可能被搜索到的关键词，同时在宝贝详情页面也显示了若干关键词。

图12-61

（4）在天猫搜索框内输入字词后，会自动在下方显示相关的关键词列表（见图12-62），可以直接在下拉框中选取。

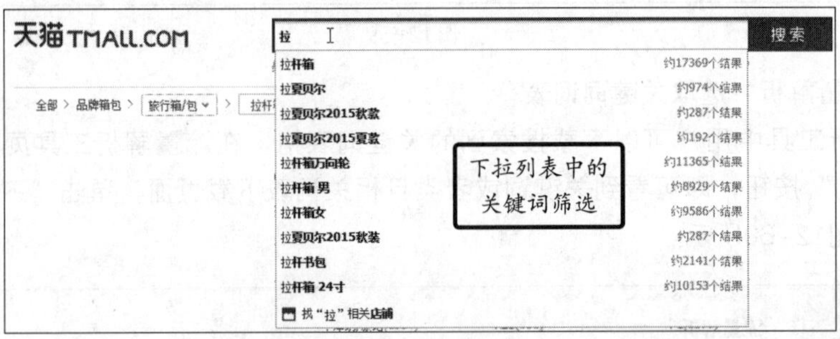

图12-62

（5）在天猫页面完成宝贝搜索后，可以在最底端的"你是不是想找"中选取合适的关键词，如图12-63所示。

图12-63

12.6.3 为关键词合理定价

出价就是指商家愿意为每次点击所支付的最高金额。出价越高意味着排名越靠前，即被展现的机率越多，带来的流量也就越多。那么关键词到底该如何出价呢？一般来说用户可以根据自己的推广预算、预测排名、关键词报表去设置。第一次出价建议参考流量价值（见图12-64），然后再根据报表不断优化。

图12-64

1. 关键词出价依据

使用流量价值可以帮助商家合理出价，因为每一个用户都是一个个体，每个用户开店的需求和目的不一样。有些用户是为了长期的品牌打造，而有些用户是为了短期的利润和效果。根据目的不同，推广和预算都不同。因此从个人角度出发设置一个合理的出价，才是最科学的。

关键词出价优化建议对跟宝贝匹配度高、点击量、点击率还不错的优质词单独调整价格，只要保证平均点击价格不超过流量价值即可，买家购买意向越精准的词则越值得投入。

2. 如何修改出价

卖家推广时可以根据自己的推广策略随时调整对应的关键词出价，通过管理出价可以影响推广的宝贝获得的流量。修改出价的方法图12-65所示。

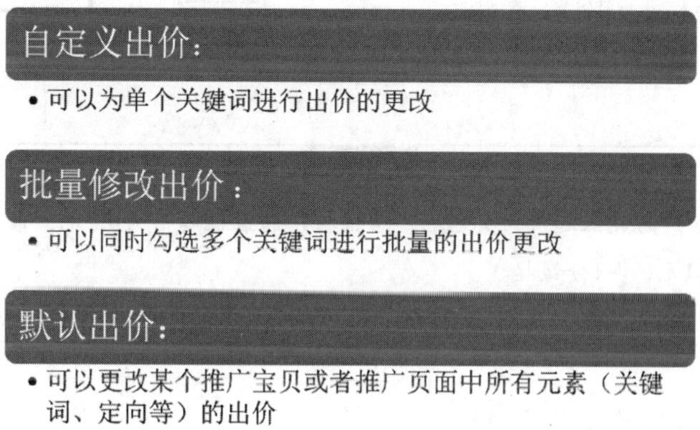

图12-65

直通车按点击收取费用，商家设置的出价就是当买家点击设置的推广时，商家愿意支付的最高金额，下面具体介绍这三种出价方式的设置步骤。

（1）自定义单独出价

01 在直通车页面中选择相应的推广计划后，找到对应的宝贝或者其他推广单元，单击“编辑”按钮进入关键词设置页面。

02 选择某个需要修改价格的关键词，单击修改出价按钮或者直接单击价格附近的小编辑按钮，如图12-66所示。

图12-66

03 在弹出的价格修改框中选择“自定义出价”，并修改关键词的价格后，单击“确定”按钮完成出价的修改，如图12-67所示。

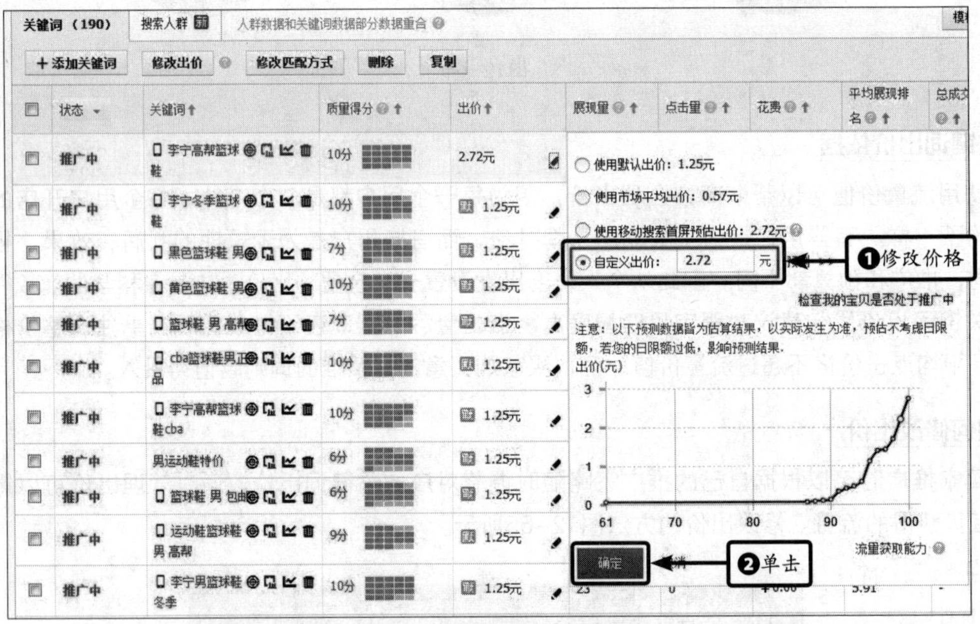

图12-67

注 意

目前直通车宝贝推广的最低起价为0.05元，店铺推广的最低起价为0.2元，最高出价不能超过99.99元，加价幅度至少为0.01元，即1分钱起。

（2）批量修改关键词价格

01 首先找到对应的宝贝或者其他推广单元，点击“编辑”按钮进入关键词设置页面。在状态栏前的小方框中批量勾选多个关键词（见图12-68），单击“修改出价”按钮。

02 在弹出的“批量修改出价”页面，为选中的关键词设置一个出价，还可以在关键词原有的价格上选择平均增加或者减少的一个幅度价格，单击“确定”按钮完成出价的批量修改，如图12-69所示。

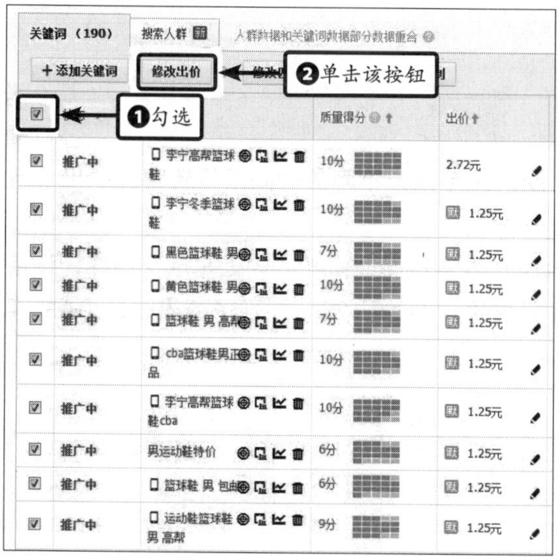

图12-68

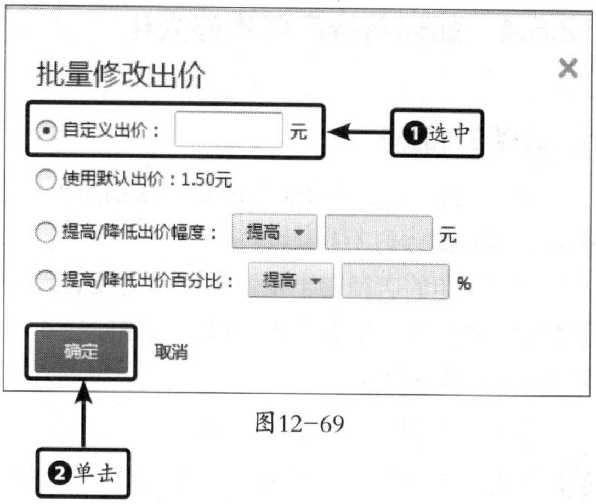

图12-69

（3）修改默认出价

在推广新的宝贝或者新页面时，卖家需要首先设置一个默认的出价。通过设置默认出价，可以轻松管理这个推广组下的所有关键词、定向推广的出价，并对它们进行统一出价。卖家也可以进入关键词管理页面针对某个关键词、定向推广等的价格再单独调整，这样该关键词将使用自定义出价取代之前的默认出价。

首页选择相应的推广计划以及对应的宝贝，进入关键词管理页面。再将鼠标移至默认出价附近，此时会出现铅笔图标，单击该图标（见图12-70），此时进入编辑状态，直接输入新的出价即可，如图12-71所示。

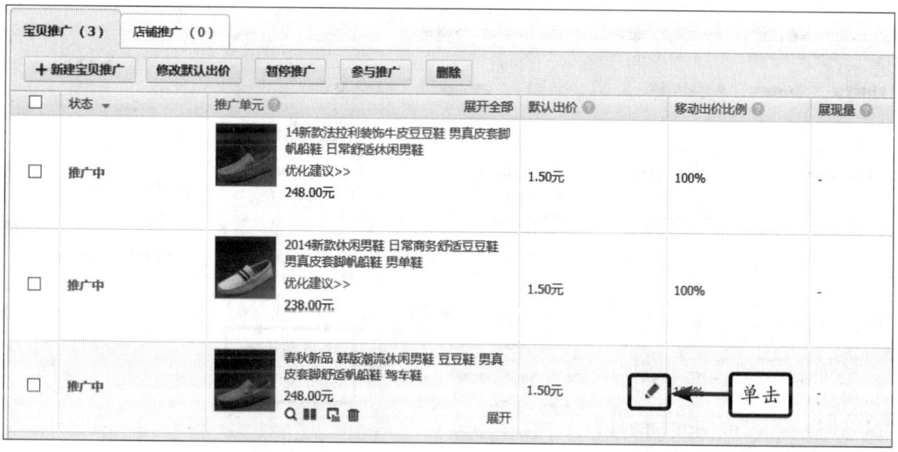

图12-70

图12-71

12.6.4 如何将推广效果最大化

1. 选择投放时间

商家可以为自己的推广计划设置指定的投放时间，还可以为不同的时间段设置对应的出价百分比，也就是分时折扣。

比如小A的店铺在半夜的转化率比较低，他选择80%左右的分时折扣。晚上是成交高峰，设定了120%的折扣。那么在晚上成交高峰时，小A的实际出价=出价×120%，到了半夜时，小A的实际出价=出价×80%。

下面介绍如何设置投放时间。

01 登录直通车后台，在标准推广标签下选择一个需要设置投放时间的计划，并点击进入。单击上方的“设置投放时间”按钮（见图12-72），进入投放时间设置页面。

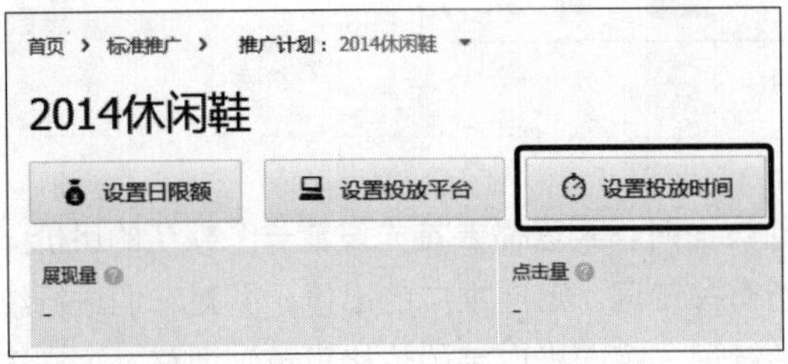

图12-72

02 拖拽鼠标选中所要投放的时间段，在弹出的工具栏中选择“自定义”“无折扣”或者“不投放”（见图12-73）。设置完成后单击“确定”按钮。

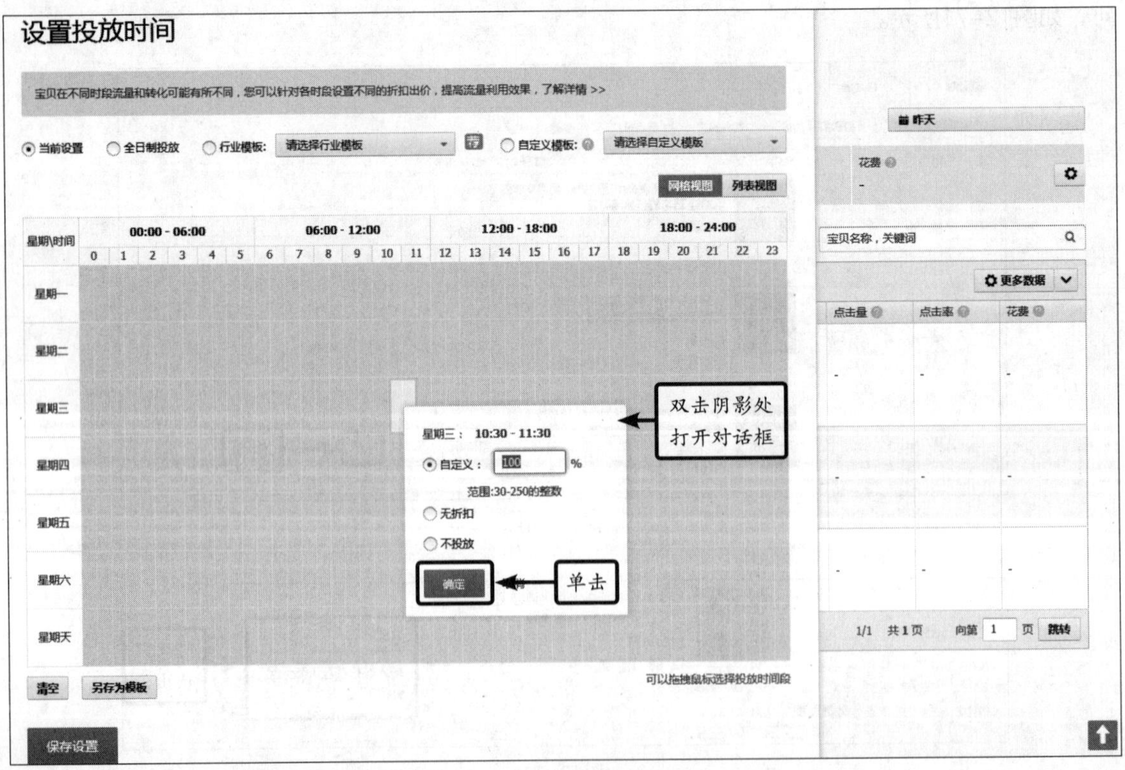

图12-73

注 意

1. 自定义：选择这个标签，您将对选中的时间段设置出价“折扣”。在这些时间段内，该推广计划下的推广出价为原先设置的价格×折扣后的排名推广。折扣范围为30%～250%，排名价格（折扣后出价）最低为0.05元。

2. 无折扣：即无折扣投放，选择这个标签，就代表您选中的这个时间段内，推广出价将按照原来设置的价格排名推广。

3. 不投放：选择这个标签，您将对选中的时间段不进行投放。在这些时间段内，该推广计划下的宝贝处于下线的状态，不在直通车展示位上展现。

2. 选择投放地域

网络虽然是无区域限制的，但是一个地区的经济条件会限制当地的网购发展，因此在使用直通车推广时需要考虑哪个地区人多、购买力足，哪些地区人少、购买力较弱。

（1）设置地域投放时需要考虑的因素

在设置地域投放时，可以根据商品的属性和特点，从物流、气候季节、促销活动、代理区域等因素分析，将宝贝投放到合适的地域，尽可能实现精准营销，降低推广成本。具体考虑因素如图12–74所示。

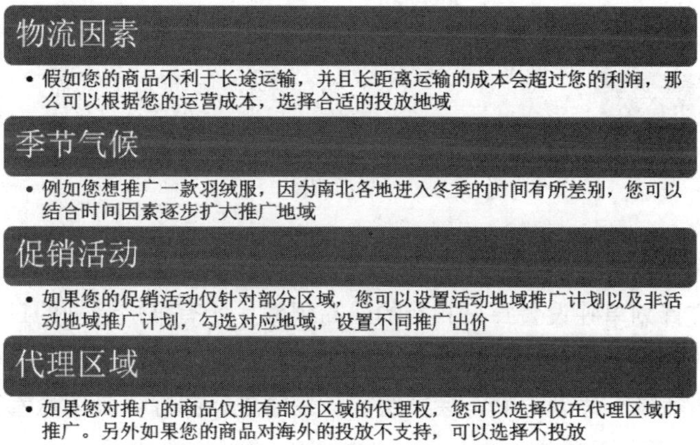

图12–74

（2）设置地域投放

01 登录直通车后台，在标准推广标签下选择一个需要设置投放时间的计划，并点击进入。单击上方的“设置投放地域”按钮（见图12-75），进入投放地域设置页面。

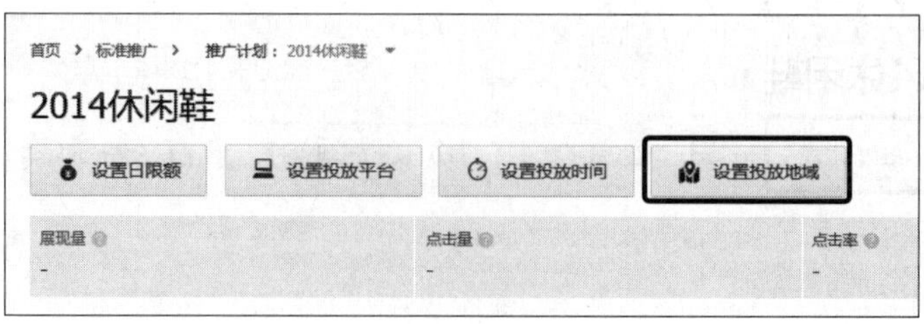

图12–75

02 在弹出的对话框中勾选需要投放的地域前的复选框（见图12-76）。

图12-76

3. 控制每日最高限额

商家可以为推广计划单独设置每日扣费的最高限额，所有推广计划的日限额加起来就是账户的日限额。当推广计划的总消耗达到限额时，这个推广计划下的所有推广宝贝都会下线，第二天再自动上线。如果消耗没有达到限额，会按照实际金额进行扣除。具体查看第二天的财务记录以及通过基础数据查看真实消耗情况。

（1）如何设置日限额

01 登录直通车后台，在标准推广标签下选择一个需要设置投放时间的计划，并点击进入。单击上方的"设置日限额"按钮（见图12-77），进入日限额设置页面。

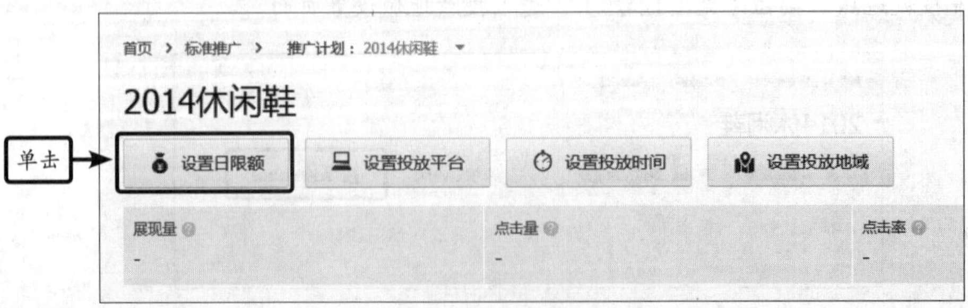

图12-77

02 选择"设置日限额"后，可以为推广计划设置每日扣费的最高日限金额（见图12-78），系统默认的最低设置是30元。

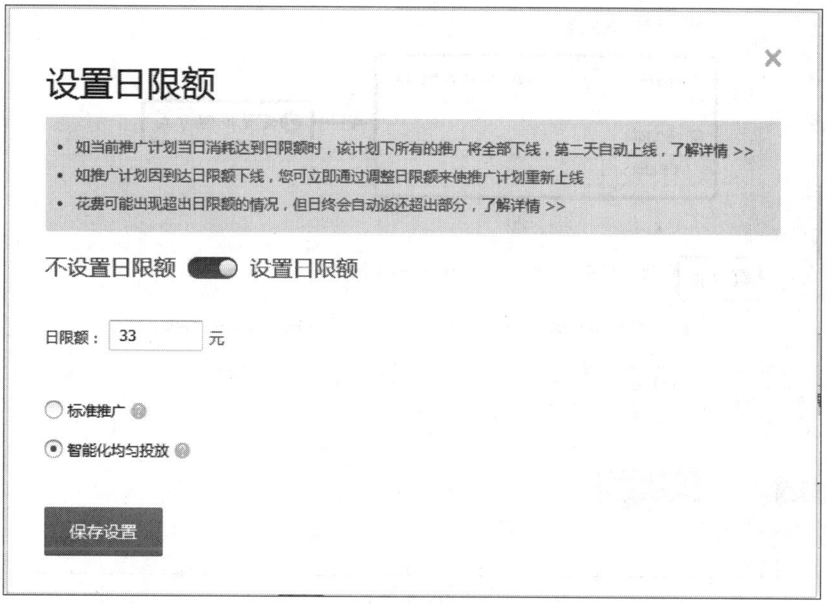

图12-78

提 示

1. 标准投放：系统会根据您的投放设置正常展现您的推广，但您可能会因为过早到达日限额而提前下线。

2. 智能化均匀投放：根据网站的流量变化及您的日限额，系统会在设置的投放时间内均匀展现您的推广，尽可能避免因为过早到达日限额而错过晚些时候的流量。

3. 一天内多次设置日限额，以最后一次的设置为准。花费可能会有超出日限额的情况（不要调高日限额），日终系统结算后会自动返还超出部分。

（2）避免用尽每日限额

如果商家的推广计划因为到达日限额而过早的下线，会导致错过晚些时候的优质流量，也就意味着推广的宝贝可能错过大量潜在买家，下面介绍如何设置提醒来避免因为过早到达日限额导致的推广下线。

登录直通车后台，在左侧导航选择"账户"标签下的"提醒设置"，设置当推广计划日限额余额小于多少元时，让系统以旺旺或者手机短信的方式提醒自己，方便及时对日限额做调整，如图12-79所示。

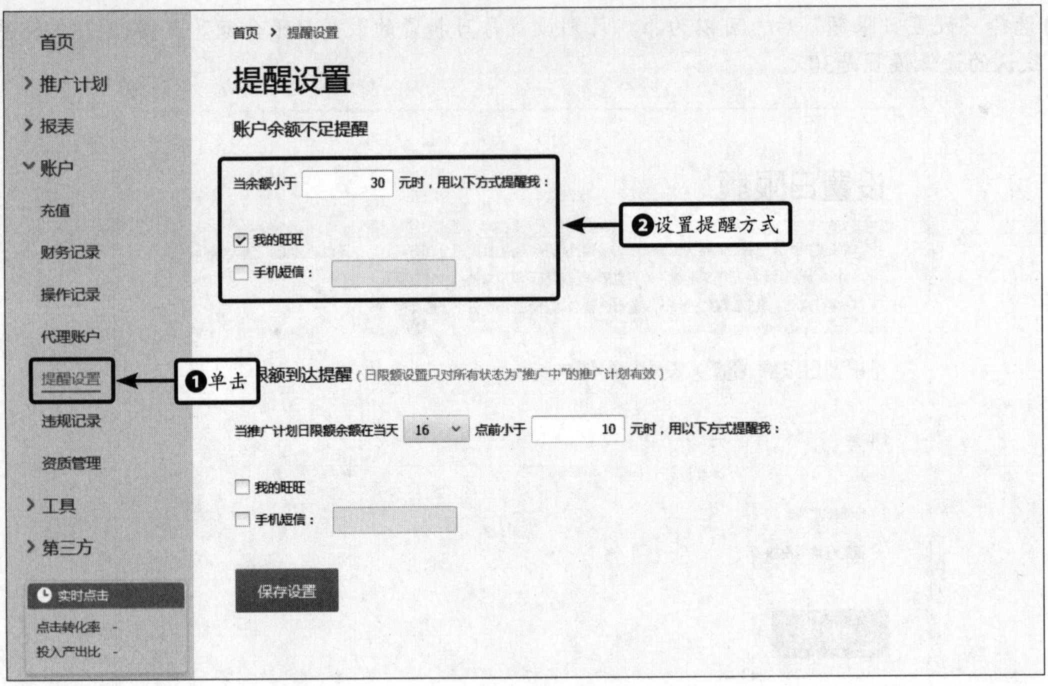
首页 > 提醒设置
提醒设置
账户余额不足提醒
当余额小于 30 元时，用以下方式提醒我：
我的旺旺
手机短信：
❷设置提醒方式
首页
推广计划
报表
账户
充值
财务记录
操作记录
代理账户
提醒设置
违规记录
资质管理
工具
第三方
❶单击
限额到达提醒（日限额设置只对所有状态为"推广中"的推广计划有效）
当推广计划日限额余额在当天 16 点前小于 10 元时，用以下方式提醒我：
我的旺旺
手机短信：
保存设置
实时点击
点击转化率 -
投入产出比 -

图12-79

第13章
“钻石展位”提升店铺整体销量

数以万计的网友每天打开淘宝网、天猫、社交网、新闻网、娱乐网，页面都充斥着大字标题、美轮美奂的图片，以及各色各异的广告。可想而知这些首页的浏览量是非常惊人的，人人都挤破脑袋想要自己的产品在这些网站中获得一席之地，吸引网友点击。这些站内站外的广告展位价格不菲，淘宝网针对卖家的需求，提供了钻石展位服务，在站内投放图片广告，并通过展现次数来收取费用，即使没有点击进去查看，达到一定的展现量之后也会收取费用。

在淘宝网站内投放钻展的位置有很多，比如首页、已买到的宝贝页面、支付宝支付后的页面等，如果有足够的资金，还可以投放在其他站外网站。本章会为大家介绍如何投放钻石展位、如何设计图片，以及如何用钻石展位来省钱。

13.1 “钻石展位”与“直通车”有什么不同

1. 特点不同

直通车是为天猫（淘宝）卖家量身定制的，它是按点击付费的效果营销工具，用于实现宝贝的精准推广。淘宝直通车推广用一个点击，让买家进入卖家的店铺，产生一次甚至多次的店铺内跳转流量，这种以点带面的关联效应可以降低整体推广的成本，并提高整店的关联营销效果。

而钻石展位具有图13-1所示的几个特点，钻石展位是按展现来收费的。

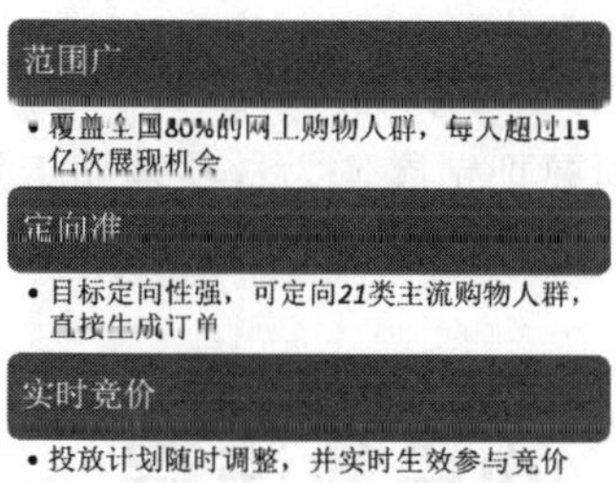

图13-1

2. 展示位置不同

钻石展位一般在首页比较醒目的地方（见图13-2），钻石展位可以迅速打响品牌，但它的转化并没有直通车高。参加直通车的商品一般会显示在宝贝推广展示位，比如关键词或类目搜索展示位。在搜索页面右边和最下面页面右侧，有8个竖着展示位，页面底端横着的5个展示位（见图13-3）。

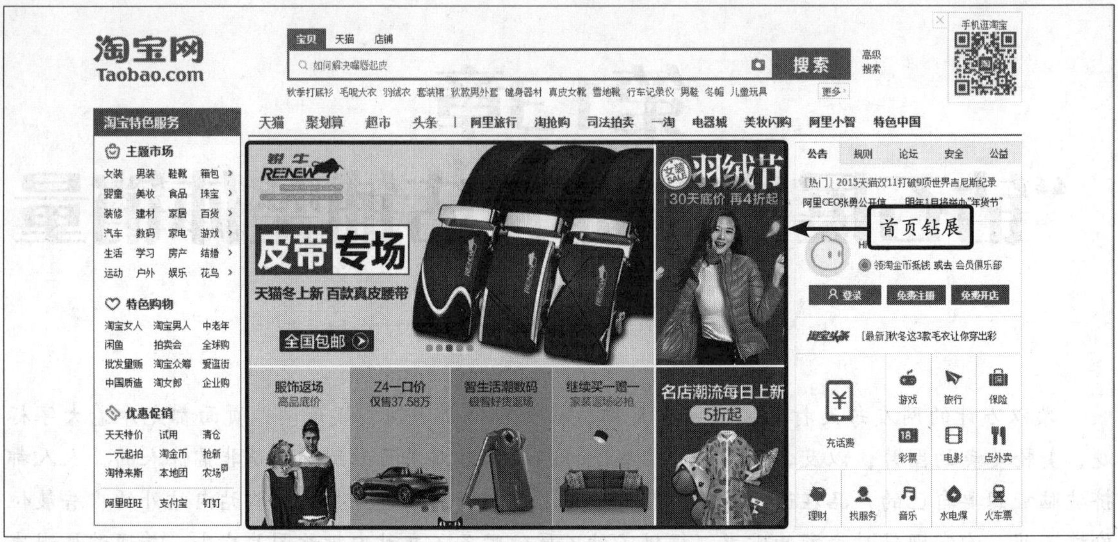

图13-2

图13-3

3. 使用目的不同

直通车的精准性是很多中小卖家都喜欢使用的主要原因，但使用直通车会有一个流量瓶颈。如果想提高店铺的销售额，就必须要把钻展作为一项辅助工具。因此，直通车是第一选择的工具，钻展是第二选择的工具。

13.2 “钻石展位”的投放流程

“钻石展位”（以下统称钻展）是图片类、文字类、视频类实时竞价营销平台。按照展现流量竞价售卖的推广位，按展现计费，计费单位为CPM（每千次展现单价），即创意被展现1000次所需收取的费用。天猫商家准备好创意图片后，可以通过钻展系统圈定目标客户人群，并通过实时竞价来投放。

比如，商家花一块钱竞得了1个CPM，就意味着其推广图片将被展现一千次，展现后，将需要支付1元钱。点击率高的位置相应的CPM出价也会高点，钻展的投入与产出是成正比的。好的钻展位置犹如一个高地，占领一个制高点就能获得能多的浏览点击量，对店铺及产品宣传也就更有利。

钻展浏览量到点击的换算方法如图13–4所示。

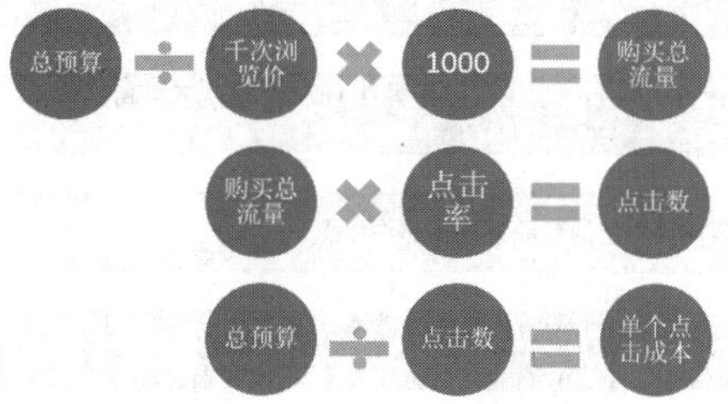

图13–4

注 意

钻石展位毕竟只是通过一张图去吸引买家点击从而增加流量，所以应当设计一些吸引眼球的图片，比如给予较大的折扣、设计一些创意十足的图片等。

钻石展位目前有上百个资源位，分布在各大知名门户网站。钻石展位依靠图片创意吸引买家点击，获取巨大流量，图13–5所示为天猫商城页面中的钻石展位。图13–6所示为收藏夹页面底端显示的钻石展位。

图13–5

图13–6

1. 钻展准入规则

钻石展位对于淘宝和天猫的准入规则是不同的，图13–7所示为天猫商家加入钻展的要求，表13–1为因违反《淘宝规则》中相关规定而被处罚扣分情况对应下的条件。

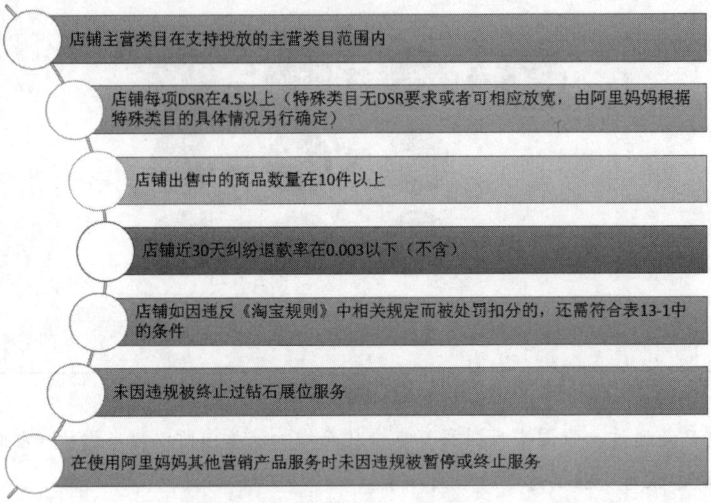

图13–7

表13–1

违规类型	当前累计扣分分值	距离最近一次处罚扣分的时间
出售假冒商品	6分及以上	满365天
严重违规行为（出售假冒商品除外）	大于等于6分，小于12分	满30天
	12分	满90天
	大于12分，小于48分	满365天
虚假交易（严重违规虚假交易除外）	大于等于48分	满365天

2. 图片设计规则

在相关媒体页面投放钻展图片需要遵循表13–2所示规则，比如图片的像素大小、颜色、图文设计编排等。

表13–2

1	广告图片图片及文案必须高精度（含LOGO），清晰可读，无锯齿无噪点，排版合理，不凌乱不变形
2	创意图片严禁出现拼接效果（拼接定义：不会让人误以为两个或多个Banner）
3	严禁出现无设计感的边框
4	严禁使用高饱和度撞色文案或者背景色；背景色建议浅色底或渐变底纹。如果是深色底，要保证图片质感和色彩饱和度，符合积极向上的淘宝整体网站氛围
5	首页焦点图右下角存在轮播号，应避免被轮播号遮挡
6	淘宝首页以及各频道首页、天猫资源位、会员登录页，创意图片不得使用GIF跳帧、闪烁、Flash等动态效果，只能以静态平面图展示；其他位置如需闪动，帧率不能小于一秒，同一图片上闪动位置不能超2个
7	创意图片要求图文并茂，不能仅有文字或仅有图片

除此之外，对于一些特殊广告位图片也有相对比较复杂的标准，比如天猫首页焦点图（见图13–8）；淘宝网首页焦点图；淘金币首页广告位（见图13–9）；卖家服务平台广告位（见图13–10）；名店促销页广告位；淘宝网首页通栏；视频类广告素材要求；淘宝首页天猫精选大图；阿里旅行首页焦点图（见图13–11）。

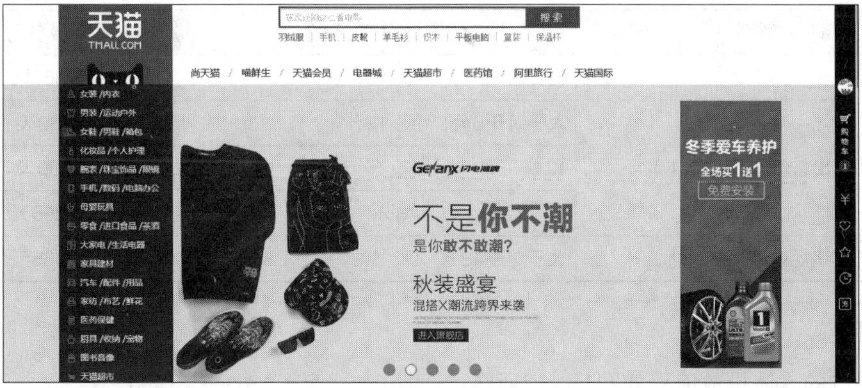

图13–8

图13–9

图13–10

图13–11

3. 中止钻展规则

用户如果是因违反《天猫规则》被处罚的，阿里妈妈有权依违规类型与扣分累计分值区间，按表13–3中止用户的钻石展位服务。

表13–3

违规类型	扣分累计分值区间	暂停服务时间
出售假冒商品	6分及以上	满365天
严重违规行为（出售假冒商品除外）	大于等于6分，小于12分	满30天
	12分	满90天
	大于12分，小于48分	满365天
虚假交易（严重违规虚假交易除外）	大于等于48分	满365天

4. 投放流程

钻石展位的具体投放流程如图13–12所示。

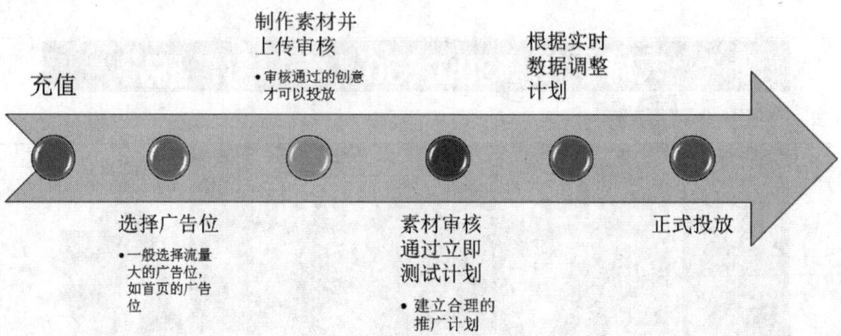

图13–12

（1）第一步：充值

钻展的充值都是实时到账的，可以选择支付宝和网银进行充值。天猫店铺需要使用关联支付宝账户充值或者网银充值。

01 商家登录天猫工作台，单击左侧“营销中心”下的“我要推广”，打开推广页面。单击右侧页面中的“钻石展位”图标，进入钻展营销平台页面并单击“我要加入”按钮（见图13-13）。

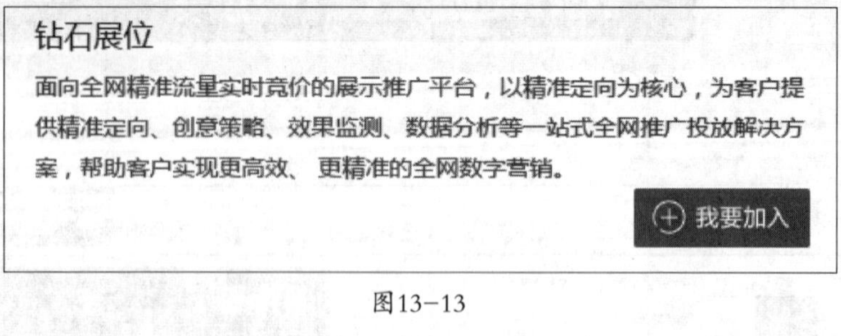

图13–13

02 如果店铺符合开通要求，在开通钻展之前需要完成测试（见图13-14），依次回答每个题目直至最后一题（见图13-15），再单击“完成测试”按钮。

我要加入
为了规范钻石展位广告服务的使用，参加钻石展位的用户必须遵守《钻石展位广告服务使用规范》
您的店铺符合钻石展位报名要求，完成下面4道小测验题，即可完成报名哦！
回答所有试题
测试题1:
钻石展位创意图片不仅要求图文并茂、图片及文案必须高精度（含logo），清晰可读，无锯齿无噪点，排版合理，不凌乱不变形;而且部分广告位的图片有特殊规范的格式要求。以下哪张图片是符合钻石展位制图要求的：
A
B
节能
LED
进来
看看
特价
开车神器
颠
覆
传
统
C
3D速火技术
D
回收旧烤箱
不限品牌，不限新旧，不限地域
小提示
如不符合要求的案例举例，钻石展位创意图片不能允许仅有文字、仅有图片以及拼接效果，需要按照钻石展位制图要求制作图片。
查看详情>
下一题

图13-14

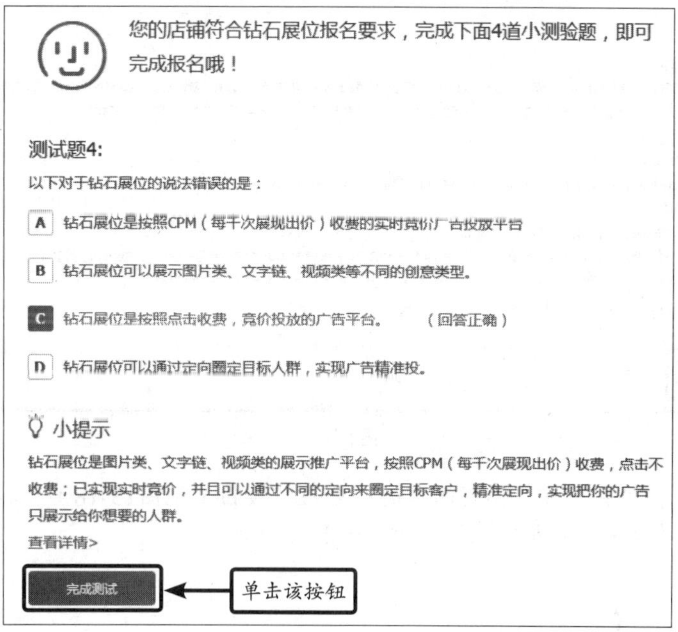
您的店铺符合钻石展位报名要求，完成下面4道小测验题，即可完成报名哦！
测试题4:
以下对于钻石展位的说法错误的是：
A 钻石展位是按照CPM（每千次展现出价）收费的实时竞价广告投放平台
B 钻石展位可以展示图片类、文字链、视频类等不同的创意类型。
C 钻石展位是按照点击收费，竞价投放的广告平台。 （回答正确）
D 钻石展位可以通过定向圈定目标人群，实现广告精准投。
小提示
钻石展位是图片类、文字链、视频类的展示推广平台，按照CPM（每千次展现出价）收费，点击不收费；已实现实时竞价，并且可以通过不同的定向来圈定目标客户，精准定向，实现把你的广告只展示给你想要的人群。
查看详情>
完成测试
单击该按钮

图13-15

03 在最后一步页面中单击“进入钻石展位”按钮（见图13-16），进入钻展服务协议页面。仔细阅读后单击“确定”按钮（见图13-17），进入钻展页面。

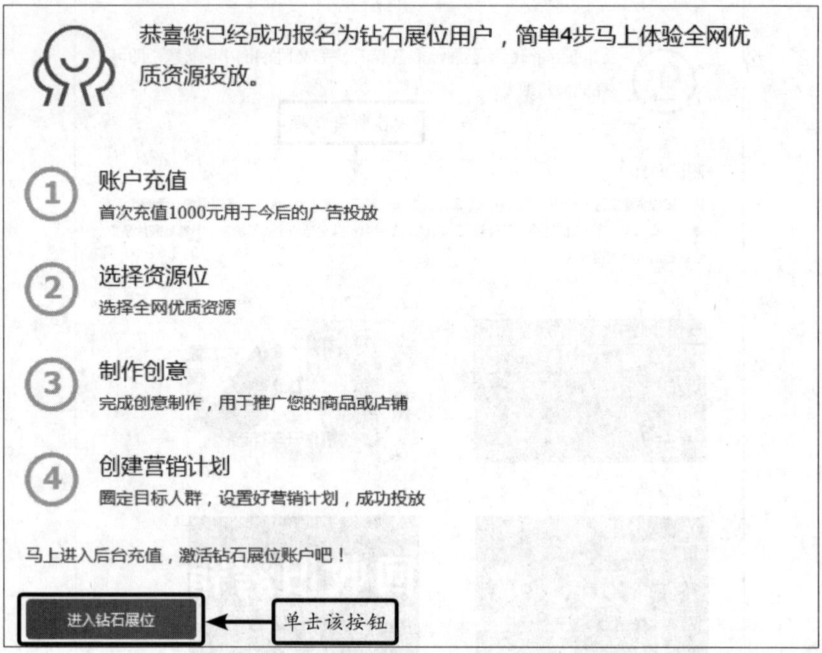

图13-16

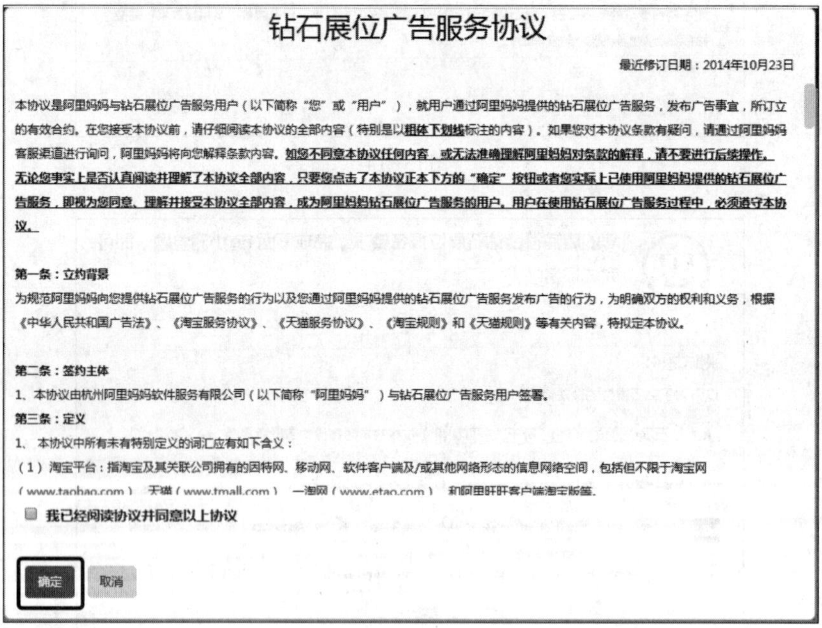

图13-17

04 在设置钻展之前，单击首页左侧页面中的“充值”按钮（见图13-18），打开账户充值页面，输入充值金额，并单击“立即充值”按钮，如图13-19所示。

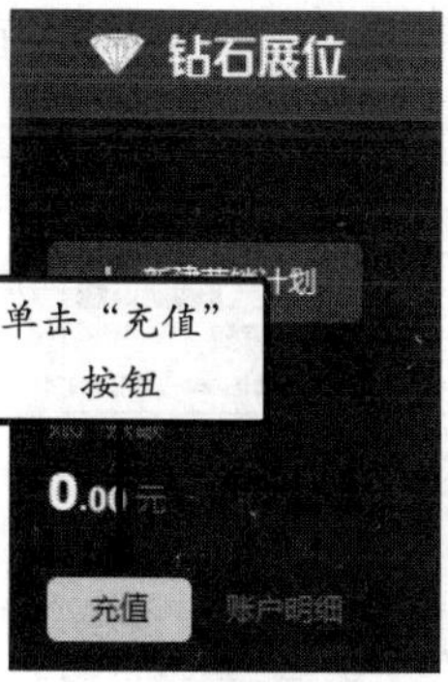

图13-18

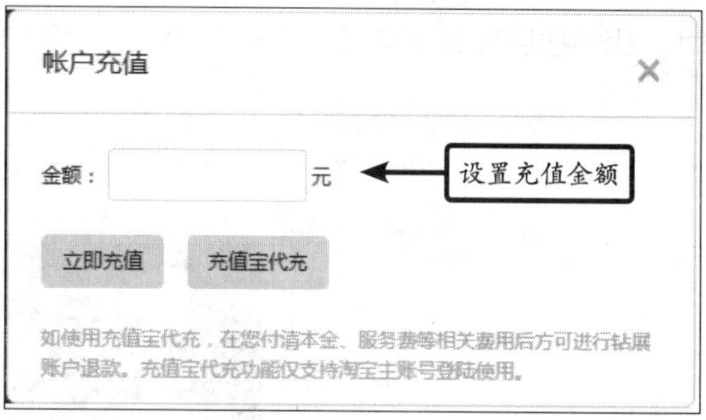

图13-19

（2）第二步：选择广告位，钻展的广告资源位如图13-20所示。

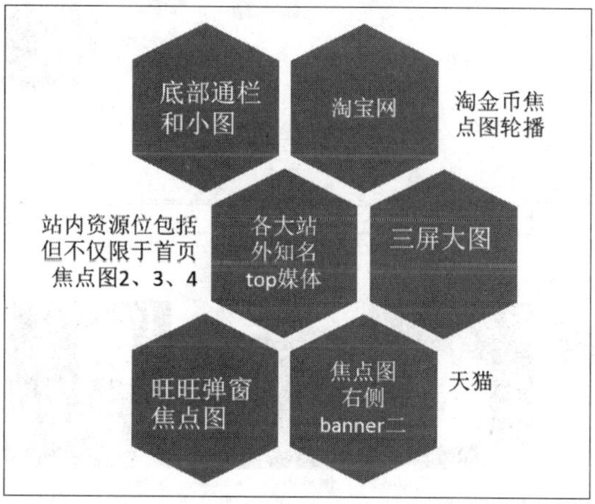

图13-20

（a）天猫商家在参加钻石展位之前，除了需要了解一些规则，还需要了解影响广告展位投放的因素（见图13-21）。主要可供选择的广告位如图13-22所示。

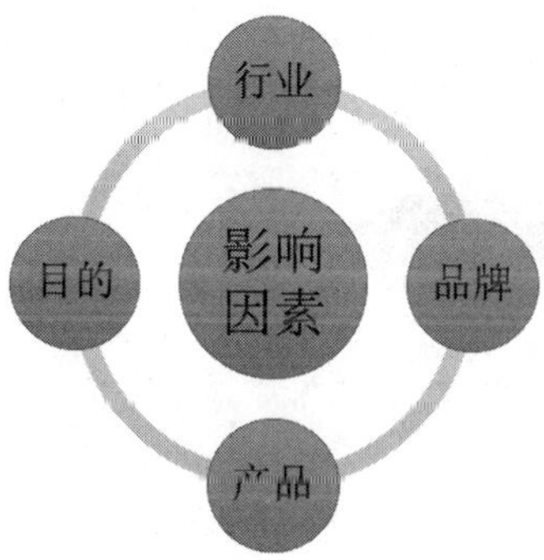

图13-21

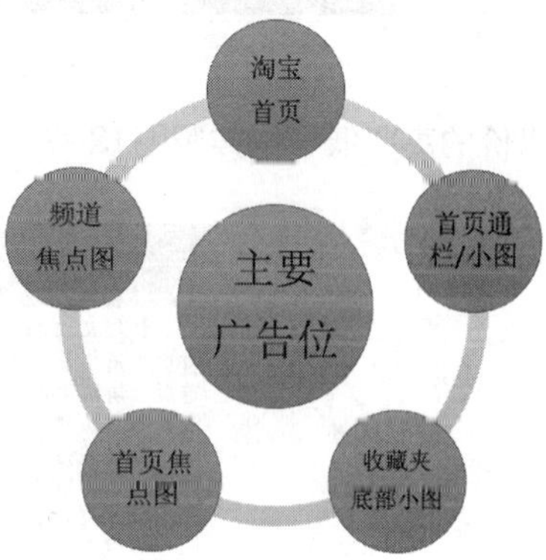

图13-22

（b）按广告性质来选择广告位，广告的五大性质主要是流量、预算、展现页面、出价和尺寸。比如按展现页面可以投放在图13-23、图13-24所示位置。

图13-23

图13-24

按出价的高中低可以按照图13-25所示选择投放位置。

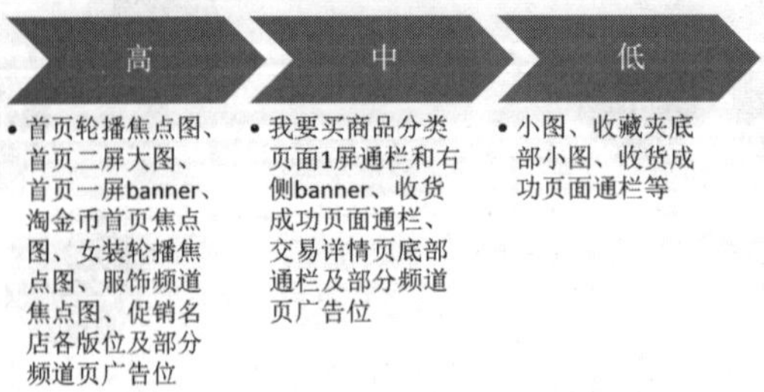

图13-25

（c）按推广目的选择广告位：如果是推广品牌广告位可以投放在首页三屏通栏和小图、收藏夹底部小图、收货成功页面通栏（见图13-26）；如果是推荐单品，则可以投放在类目listing页面右侧小图、收藏夹底部小图、我要买商品分类页面1屏通栏、各频道页焦点图（见图13-27）。

图13-26

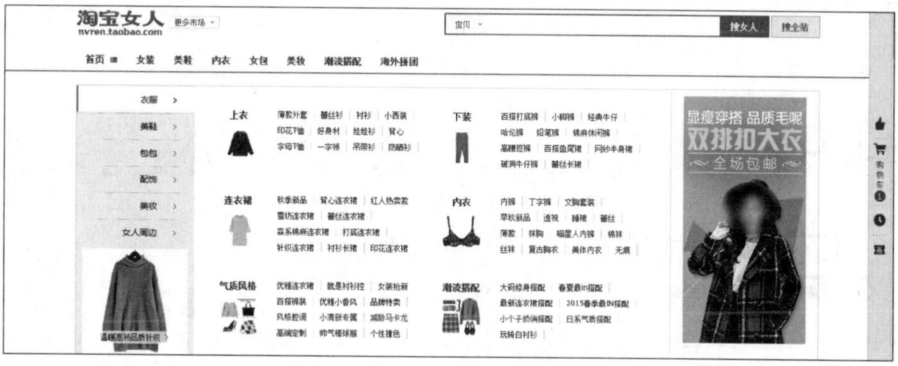

图13-27

（3）第三步：上传创意并接受审核，钻石展位目前共支持3种创意形式，分别是静态图片、动态创意以及文字链。除了旺旺有文字链资源形式外，淘宝站内资源位均以静态图片呈现（见图13-28）。而站外媒体资源位基本都支持flash或轮播等动态创意的投放（见图13-29）。

图13-28

图13-29

（4）第四步：建立推广计划（具体步骤见13.3节）。

13.3 如何开通“钻石展位”

要想通过参加钻展获得精确流量，就要定向精准，按照广告发布者的要求，更精准地找到潜在客户。根据提供的展位资源，对应的店铺定向功能也需要提供对应的策略，下面简要说明如何创建钻展计划。

01 报名参加钻展之后，会进入钻石展位计划设置页面，单击左侧的“计划”选项，打开计划管理设置页面，单击“新建营销计划”按钮，如图13-30所示。

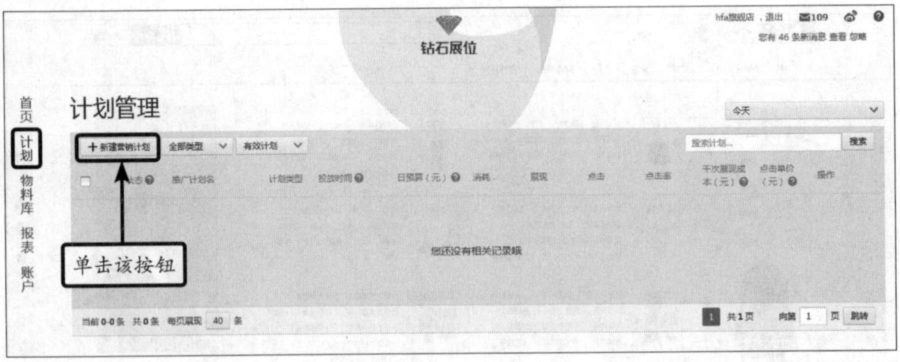

图13-30

02 打开“历史计划创建提示”对话框，单击“新建一个计划”按钮，如图13-31所示。

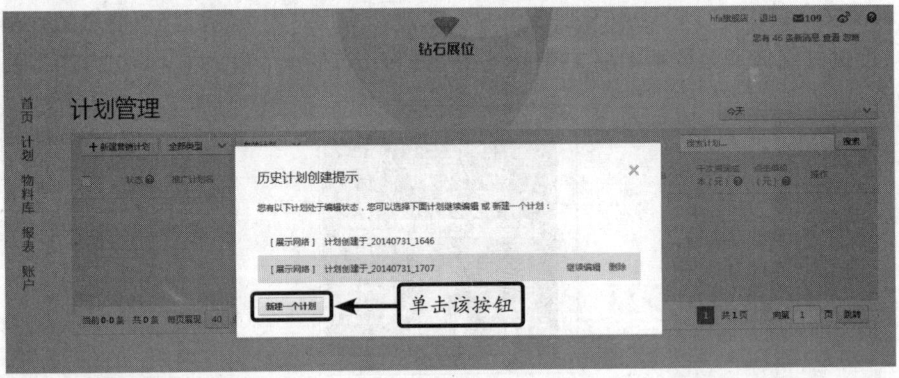

图13-31

03 打开“请选择新建营销计划”对话框（见图13-32），选择一个计划类型并单击下方的“立即创建”按钮，进入新建计划页面。

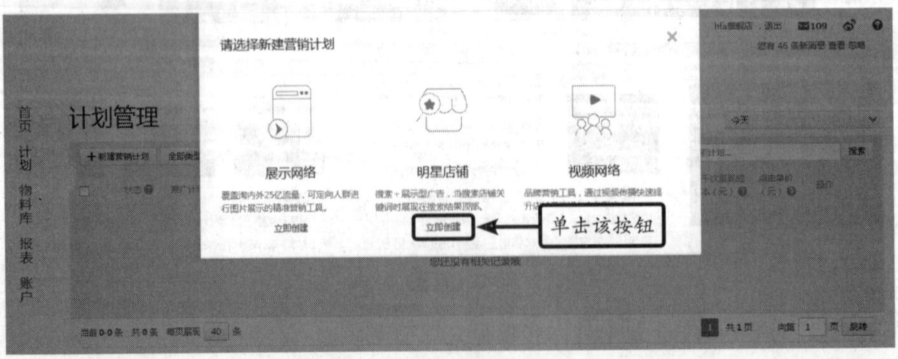

图13-32

04 设置该计划的各项基本信息后，单击“高级设置”右侧的“设置”按钮（见图13-33），打开投放地域和时段设置页面。分别选择投放地域和投放时段以及方式后，单击“确定”按钮，如图13-34所示。

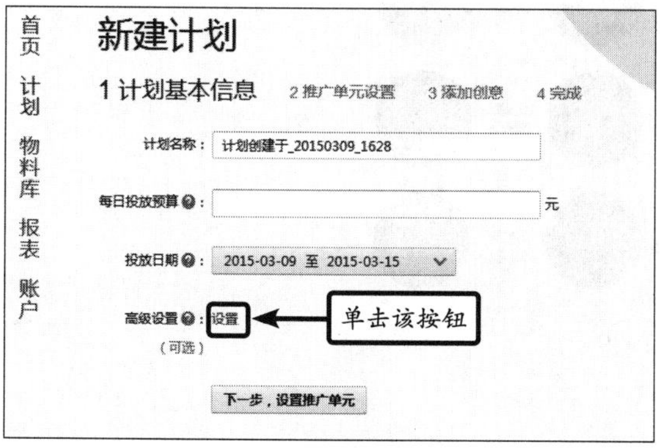

图13-33

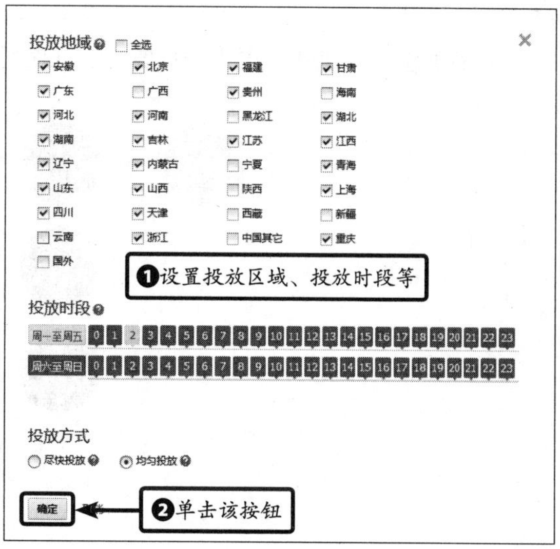

图13-34

05 返回“新建计划”页面，单击“下一步，设置推广单元”按钮（见图13-35），进入推广单元设置页面。设置各项信息之后，单击“下一步，添加创意”按钮，如图13-36所示。

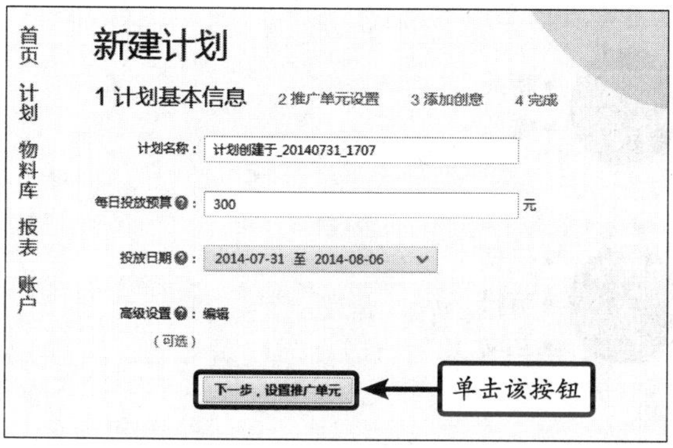

图13-35

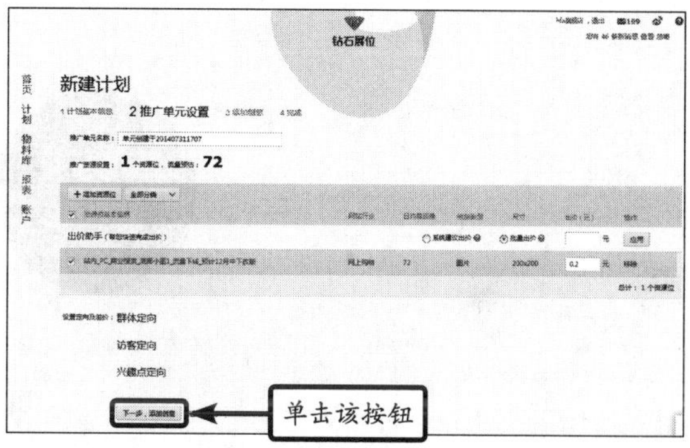

图13-36

06 单击“本地上传”按钮（见图13-37），打开“添加创意”对话框，设置好各项创意信息后，单击“确定”按钮（见图13-38）。

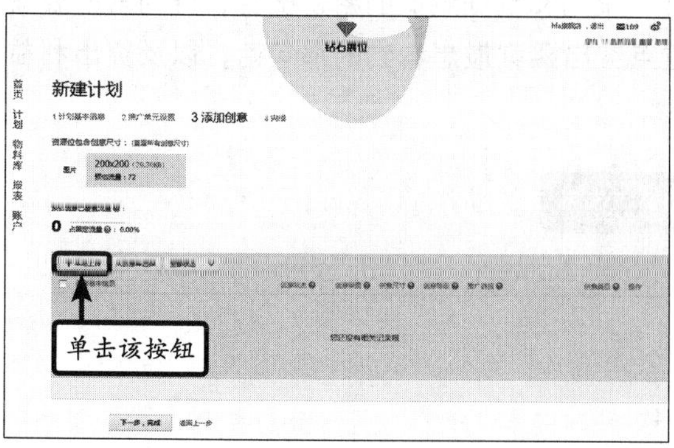

图13-37

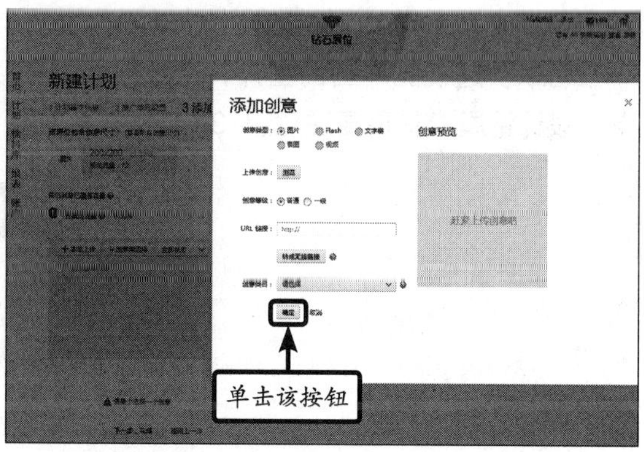

图13-38

07 完成前面三步操作后，单击“下一步，完成”按钮完成计划创建。

13.4 如何用好“钻石展位”来省钱

钻石展位的浏览量到点击的换算方法如图13-39所示。

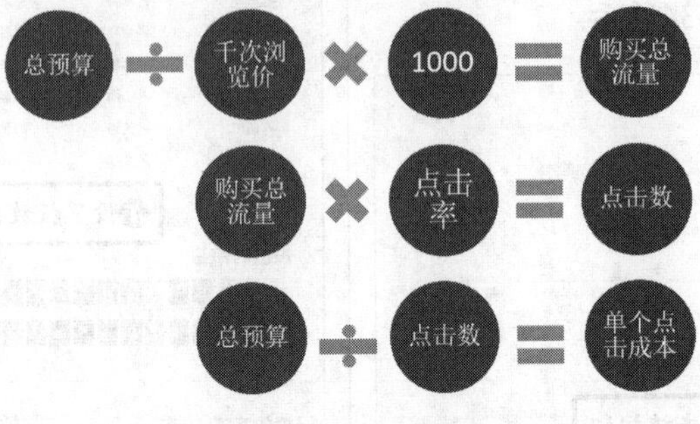

图13-39

13.4.1 推广目的

一般我们使用钻展来推单品或爆款，也可以在一些节日或天猫平台有活动的时间做钻展，如图13-40所示。

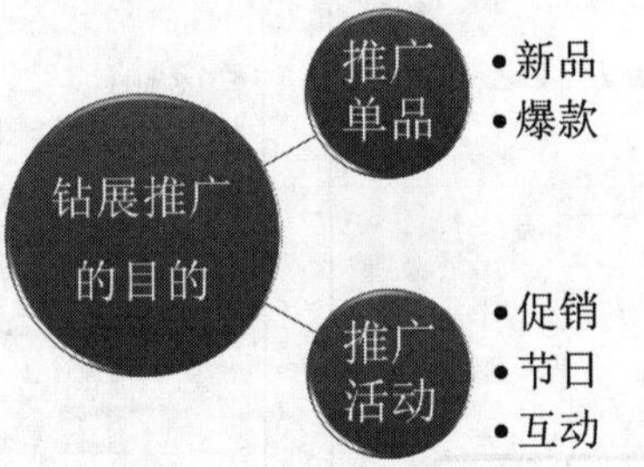

图13-40

13.4.2 准备好素材是关键

高点击率的钻展素材来自于文案、创意、设计、策划和数据测试的密切配合，好的素材要有一个可以引起视觉冲击的图片，文案排版上可以重点突出买家最想看到的那句话，以及突出利益点。设计钻展素材需要注意图13-41所示的几个要点。

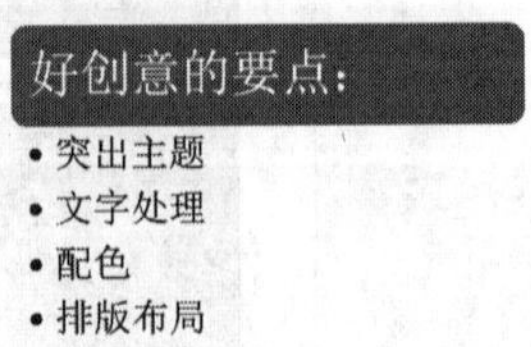

图13-41

图13-42、图13-43分别是男装的商品钻展素材和店铺钻展素材，一个是表现秋冬温馨简洁质感，另一个是走幽默调侃路线。

图13-42

图13-43

13.4.3 竞价步骤

钻石展位的竞价决定了是否可以获得足够的流量，以及流量是否精准。了解钻石展位投放技巧以及钻石展位竞价技巧，能够让卖家更容易获得想要的流量。竞价的展示规则为竞价高者优先展示，同等出价的，先出价者优先展示。钻展的竞价步骤如图13-44所示。

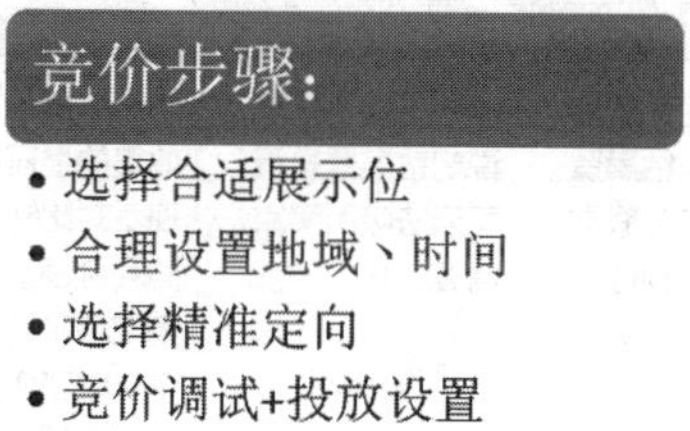

图13-44

13.4.4 “钻石展位”使用误区

1. 误区一：用“点击数”“点击率”来考量钻展效果

一般商家使用钻展后都会考量“点击数”“点击率”这两个指标（见图13-45）。

日期	PV(展现量)	UV(独立访客)	点击数	平均点击率
2012年01月09日	23261	19380	553	2.38%
2012年01月08日	20574	17001	701	3.41%
2012年01月07日	30601	22175	801	2.62%
2012年01月06日	41265	36580	1086	2.63%

图13-45

但是仅凭点击数并不能解答所有问题，比如买家通过钻展进入店铺之后，有多少人最终下单，以及带来多少成交额等。事实上，并不是高点击率就一定能带来高成交额，因此考量钻展的指标，应该是钻展的投入产出比，即ROI（见图13-46），也就是投入了多少广告费，并最终赚来了多少钱。

图13-46

2. 误区二：只看钻展投放当天的成交金额

钻展存在着延续性效果，商家应该要考量钻展投放后7天的延续性效果，这样最终的统计才更全面。比如买家通过钻展进入店铺后，对推广的宝贝产生了兴趣，但由于种种原因并没有立即完成支付，这时候买家可能会将宝贝加入收藏夹或者是购物车中，或者拍下未付款，直到若干天后才决定下单购买，并完成支付。

这样来看这部分买家带来的成交金额也是应该被计入钻展带来的效果的，而不是只看钻展当天的成交金额。

3. 应该关注什么

商家应主要关注以下几方面，如图13-47所示。

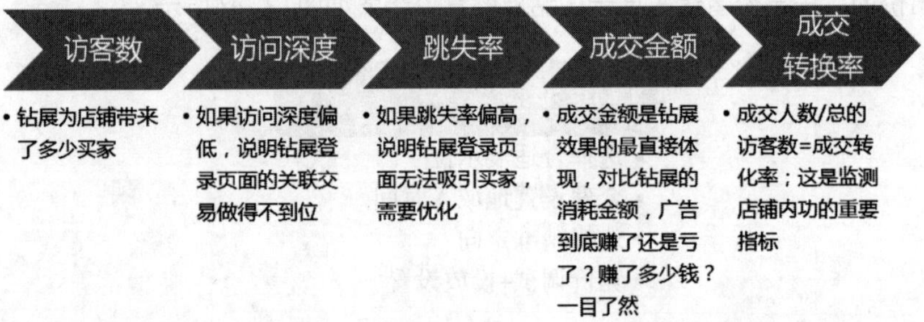

图13-47

第14章
“满就送”，赚人气也赚钱

满就送（满就减，满就送礼，满就送积分，满就免邮费）是基于旺铺，给卖家提供的一个店铺营销平台，通过这个营销平台可以给卖家更多的流量，让卖家的店铺促销活动可以面向全网推广，将优惠的店铺促销活动推广到买家寻找店铺的购物路径当中，缩减买家购物途径的购物成本。图14-1为满就送优惠券的宝贝详情页面，图14-2为满就送活动促销页面，图14-3为满就送具体内容页面。

图14-1

图14-2

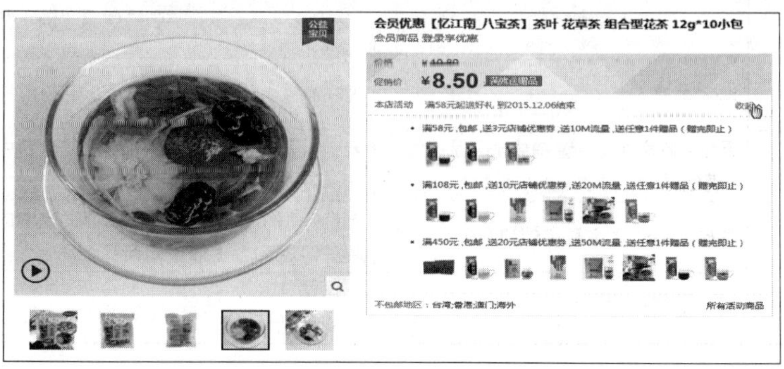

图14-3

14.1 “满就送（减）”推广规则

“满就送”一般会设置满足一定“金额”或者是满足“件数”。如满100元减10元，满2件8折。满就送主要可以分为赠送物品、减价、包邮三种方式，具体如图14-4所示。

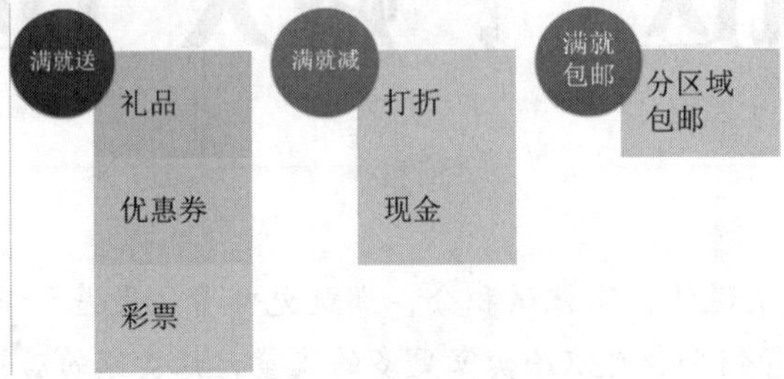

图14-4

满就送一般包括图14-5所示的几种玩法。

图14-5

设置满就送需要注意以下两点。

（1）活动设置开始时间不能晚于结束时间。

（2）当显示活动已到期时，商家可以根据需要延长活动时间。

14.2 “满就送（减）”与“店铺优惠”的区别

由于“满就送（减）”与“店铺优惠”的功能相似，且“店铺优惠”的优先级高于“满就送”，在设置“店铺优惠”后“满就送”将失效。

表14-1所示为“店铺优惠”和“满就送”的区别。

表14-1

名称 \ 优惠活动	满就送	店铺优惠（新）
目标用户	淘宝卖家	天猫商家
使用入口	天猫–商家中心–营销中心–促销管理–满就送	天猫–商家中心–营销中心–天猫营销中心 注：该入口只有天猫商家可见
创建活动	支持，每个卖家最多创建1个	支持，每个商家最多创建1个生效中的店铺活动，并同时最多创建50个生效中的商品活动
活动类型	无类型区分	1. 店铺活动 2. 商品活动

续表

优惠活动 / 名称	满就送	店铺优惠（新）
商品范围	必须是全店商品	可以是全店商品，也可以是商家指定的部分商品（至少1个，至多无限制）
多个优惠层级	支持5层	支持5层
层级间的关系	没有明确要求	明确要求，下一个层级必须比上一个层级的优惠门槛更高，且优惠力度更大
满减	支持	支持
满折	不支持	支持
满送	支持 1. 店铺优惠券 2. 赠品 3. 天猫积分 4. 彩票	支持 支持 1. 店铺优惠券 2. 赠品
包邮	支持	支持
设置不包邮地区	支持，对于一个活动的每个层级可以不一致	支持，对于一个活动的每个层级，必须一致
与其他优惠如何计算	1. 与单品级别优惠叠加 2. 与店铺优惠券叠加，但不能与商品优惠券叠加，每个订单最多允许一张优惠券。计算时，先计算满就送，再计算优惠券 3. 支持店铺级别优惠（含ISV工具），订单中谁最优惠，默认选中谁。消费者可以手动选择一个优惠	1. 与单品级别优惠叠加 2. 与店铺优惠券或商品优惠券叠加，每个订单最多允许一张优惠券。计算时，先计算店铺优惠，再计算优惠券 3. 使用本工具后，淘宝官方的“满就送”则无法生效。即两者是2选一的。此外，“满就送”预计在双11之后不再支持天猫商家 4. 支持ISV工具，但“店铺优惠”的优先级高于”第三方工具”。若同时设置，则下单时包含店铺优惠活动的商品，只计算店铺优惠，不计算第三方工具
活动页面披露	不支持	支持，商家任选一个：标准版或豪华版
detail横幅披露	支持，在商品详情下方	支持，在商品详情上方
天猫迷你购物车披露	不支持	支持，按活动维度分组，并有凑单提示
淘宝迷你购物车披露	不支持	不支持
大购物车披露	支持，在天猫购物车左上角	支持，按活动维度分组，并有凑单提示
子账号权限	支持	支持

14.3 使用“满就送（减）”

使用满就送可以给予买家巨大的优惠，并吸引买家购买商品，下面介绍如何开通满就送以及设置方法。

14.3.1 开通“满就送（减）”

01 进入天猫“我的工作台”，在页面左侧的“营销中心”下单击“天猫营销中心”，在“天猫官方营销工具”选项下单击“促销管理”按钮，进入促销管理页面。

02 如果事先没有订购满就送工具，会弹出图14-6所示页面，要求订购该产品。单击“马上订购”按钮，打开订购页面。

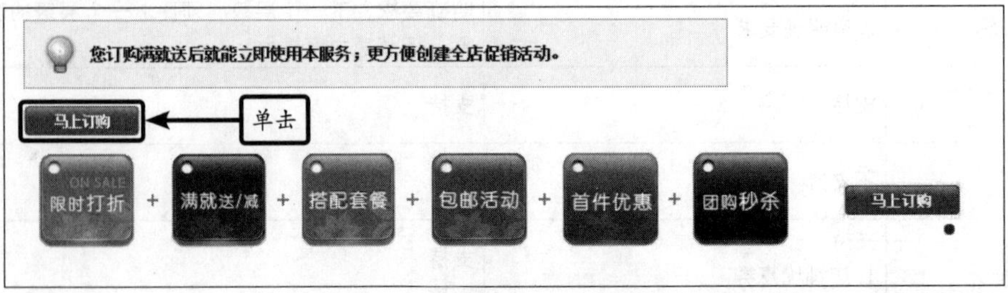

图14-6

03 选择订购年限后单击下方的“立即订购”按钮，如图14-7所示。

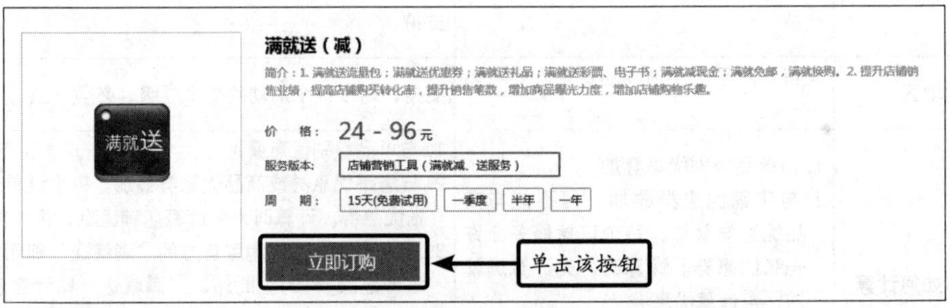

图14-7

04 在打开的协议确认页面中单击“同意协议并付款”按钮，如图14-8所示。

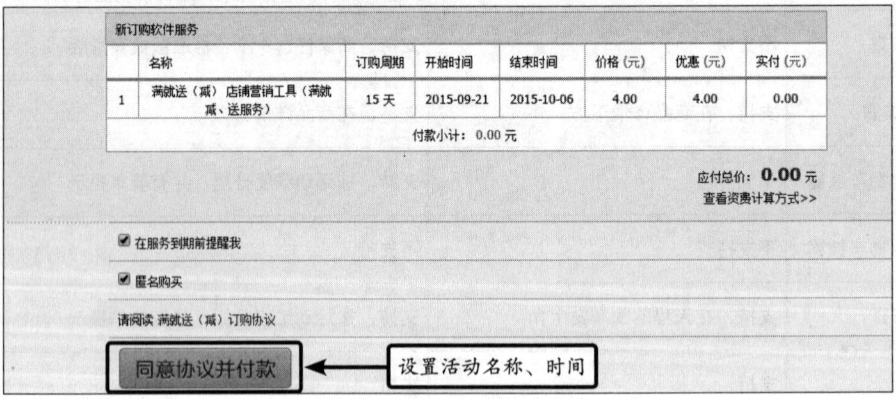

图14-8

05 此时弹出订购成功提示框（见图14-9），同时千牛工作台弹出提示框，提示已经订购了该产品，如图14-10所示。

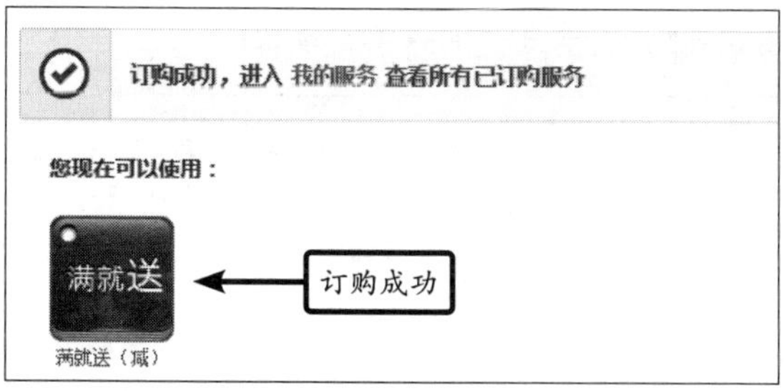

图14-9

图14-10

14.3.2 设置"满就送（减）"

使用满就送营销工具可以设置包邮、送赠品、满多少送多少的优惠活动，也可以设置满几件送多少的活动，下面介绍具体设置步骤。

1. 设置满就送

01 进入满就送设置页面后，切换至"满就送"标签下。第一步：创建活动页面中设置活动名称、时间、优惠条件以及优惠内容。设置完成后，单击"完成活动设置，去推广"按钮（见图14-11），进入第二步。

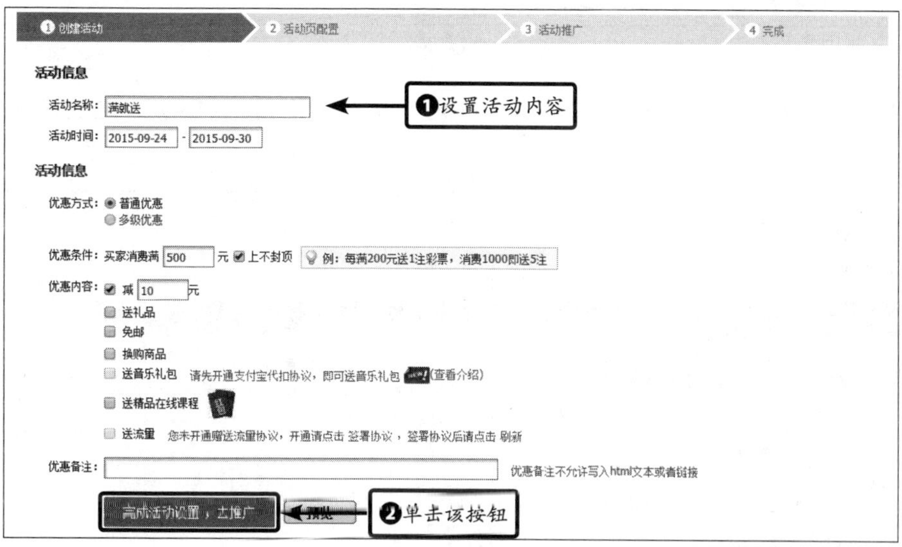

图14-11

注 意

满就送上不封顶必须是单级优惠，多级优惠的满就送不支持上不封顶。其次，卖家必须勾选优惠条件中的上不封顶选项方能生效。

02 在“活动页配置”步骤中设置页面效果后（见图14-12），单击“下一步”按钮。

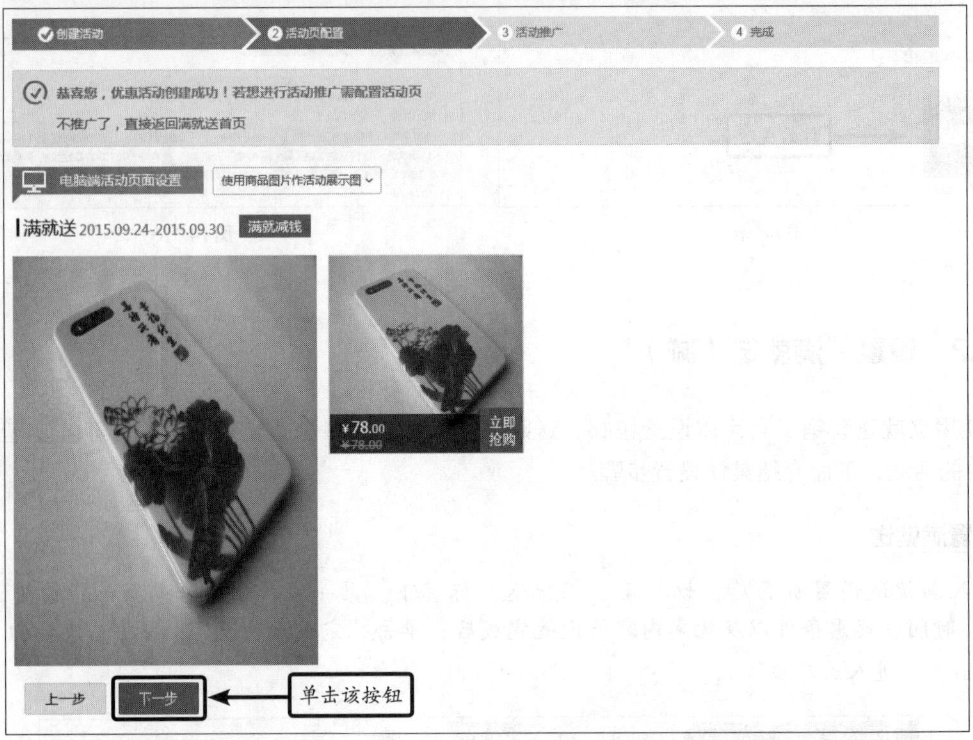

图14−12

03 进入“活动推广”设置页面后，单击“确定”按钮（见图14-13），完成满就送活动的设置。

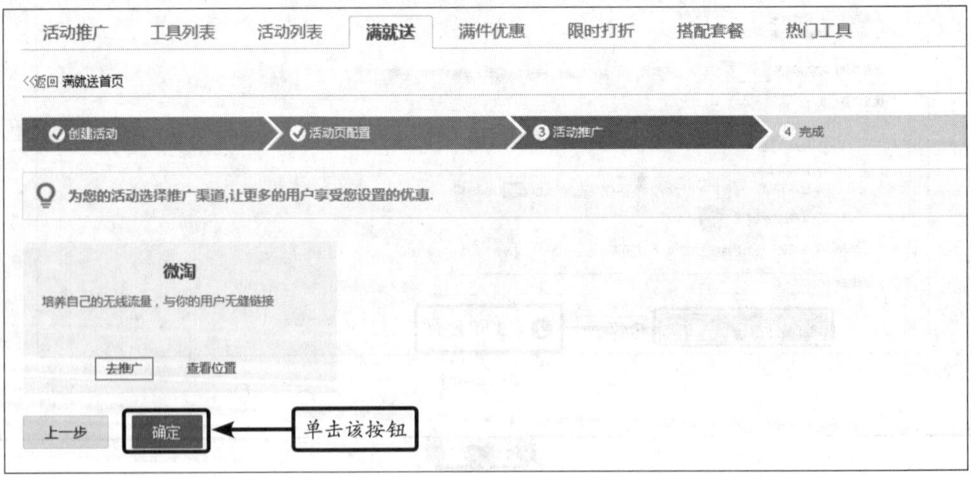

图14−13

2. 满件优惠

01 进入优惠活动中心后，切换至“满件优惠”标签下，创建优惠活动名称、时间、优惠条件和优惠内容。设置完成后单击“完成设置”按钮，如图14-14所示。

图14-14

02 在第二步中选择活动商品后，单击“保存设置”按钮，如图14-15所示。

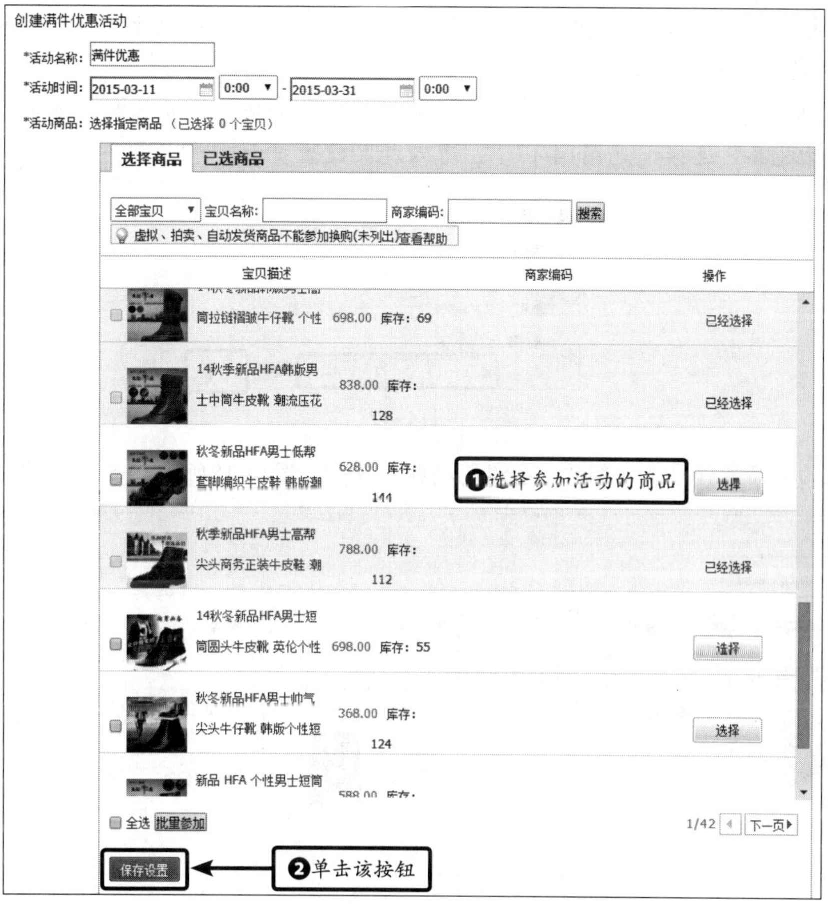

图14-15

03 此时即可看到创建完毕的“满件优惠”活动页面，如图14-16所示。

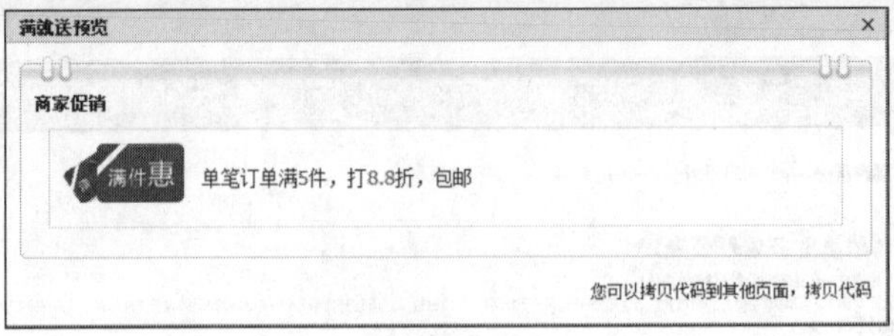

图14-16

注　意

1. 满就送是店铺级的，设置好之后店铺所有商品都会参与活动，满件优惠可以设置商品级的，最多可以设置50个单品的满件优惠。

2. 在满就送活动设置时选择送优惠券后，当买家订单满足该满就送的条件并交易成功后，系统会自动发送该优惠券至买家账户，无需买家领取。

14.3.3　选择买家心仪的赠送商品

在满就送活动创建页面中，可以设置店铺内的任意宝贝作为赠品，当买家消费达到一定额度后，就赠送店内的小礼品。

01 在满就送设置页面的第一步中，勾选“优惠内容”下方的“送礼品”复选框，然后单击右侧的“选择礼品”连接（见图14-17），进入礼品设置页面。

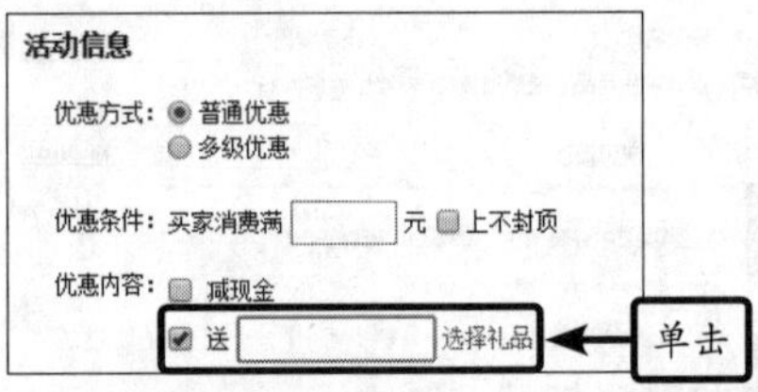

图14-17

02 选择合适的礼品后，单击右侧的“赠送”按钮即可，如图14-18所示。

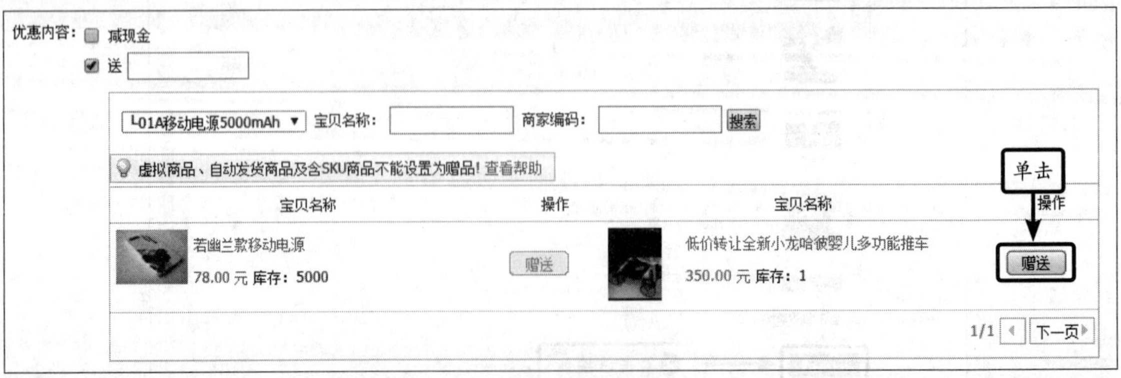

图14-18

注 意

满就送赠品设置时，虚拟商品、自动发货商品及多SKU（即颜色、尺码等属性）商品是不支持设置为满就送的赠品的。

14.4 使用“满就送（减）”促销更给力

“满就送”是一种变相的减价方式。它不单是通过直接的折扣促使买家进行消费，还可以通过满足一定的条件来促使买家下单，甚至购买其他商品。设置满就送可以达到图14-19所示的几种效果。

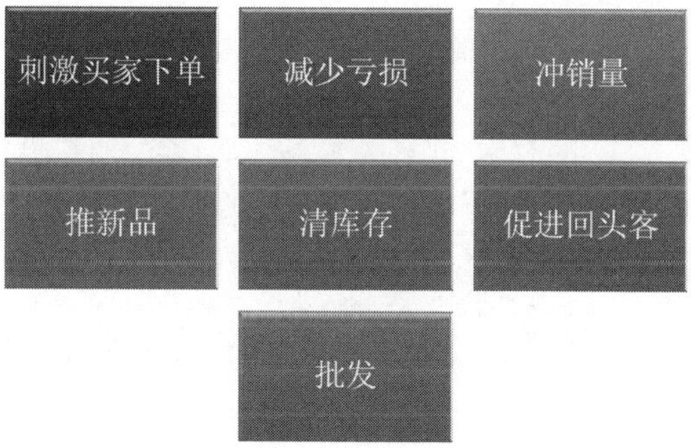

图14-19

为了刺激买家下单可以参照如下所示的几种方式设置满就送。

（1）设置高折扣，如满100减20，2件3折等。

（2）限定时间，不可过长。

（3）在主要节日、店庆等时间段进行。

（4）少量单品为主，不需设置全店活动。

（5）在所有宝贝的详情页推广活动。

（6）建立单独的活动分类。

卖家可以参照以下几个原则设置满就送，以便减少亏损。

（1）配合淘金币、聚划算等活动。

（2）关联推荐高利润商品。

（3）以套餐形式展现。

（4）设置满2件送优惠券、彩票、减价等方式。

（5）优惠券设置不可当天使用。

卖家为了冲销量，可以参照以下几个原则设置满就送。

（1）宝贝详情建立关联推荐商品。

（2）设置折扣力度逐渐加大，如满100减20、200减40。

（3）设置1件不打折、2件8折。

（4）在节日促销中使用。

（5）在某一单件宝贝上设置。

店铺出新品时，为了扩大销量，让买家第一时间购买，可以参照以下几个原则设置满就送活动，刺激消费。

（1）所有宝贝中建立关联推荐。

（2）设置2件包邮、减价等方式。

（3）单独购买一件新品时给予一定折扣，关联折扣可以加大力度。

（4）成交为原价可以保护价格策略。

回头客是商家需要动心思保持的一个客户群，这些回头客不但可以巩固销量，还可以间接带来潜在客户，卖家可以参照以下几个原则设置满就送。

（1）设置满额赠送优惠券。

（2）优惠券不可当日使用，期限可以根据店铺内平均回头客访问频率略长。

（3）注意低价商品的多重折扣。

第15章 “聚划算”，最聚人气的团购

“聚划算，每日十点上新”（见图15-1），是淘宝为卖家提供的一个团购平台，网友可以在这里购买到品质优良价格便宜的宝贝。

图15-1

15.1 了解“聚划算”规则

聚划算活动规则，是聚划算报名之前必须了解的内容，本节从商家准入资质要求、商品参聚条件、收费规则以及保证金几个方面来介绍聚划算最新规则要求。

1. 招商规则（见图15-2）

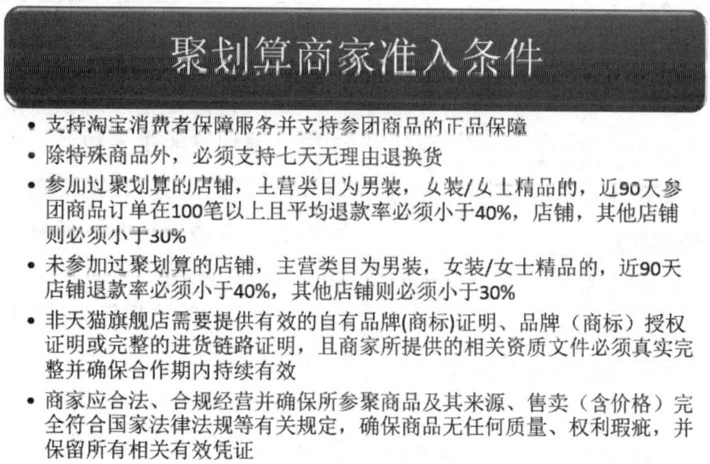

图15-2

除了对商家有一系列的报名要求，对参加聚划算的商品也有一定要求（见图15-3）。

聚划算商品报名要求

- 报名商品的价格不得高于此商品在淘宝网/天猫的近30天历史最低价
- 品牌（商标）商品应提供该品牌（商标）的《商标注册证》或品牌（商标）授权书
- 部分高危材质和特定类目的商品必须提供质检报告，特殊行业的商品应提供相应行业资质
- 商品的报名信息应清晰、规整，商品标题和图片符合特定的格式要求
- 报名商品必须设置商品限购数量，限购数量最高为5个（特殊类目除外）
- 除特殊类目支持包物流外，其他报名商品必须支持包邮
- 报名商品必须设置为拍下减库存
- 除符合本标准相关要求外，报名商品还需符合所报具体业务活动的招商标准

图15-3

2. 保证金

（1）保证金的形式

为了更好地维护消费者权益，进一步保障商家所提供的商品或服务的品质，聚划算实行保证金制度。即商家参加聚划算活动，需要将一定的款项支付至卖家店铺绑定的支付宝账户作为保证金，或通过购买参聚险，即由商家缴纳一定的保费至保险公司并由保险公司对卖家参团商品进行品质及服务保障。卖家在参聚后需要保证一定的服务质量，否则官方有权延长解冻时间。聚划算保证金有图15-4所示的几种方式。

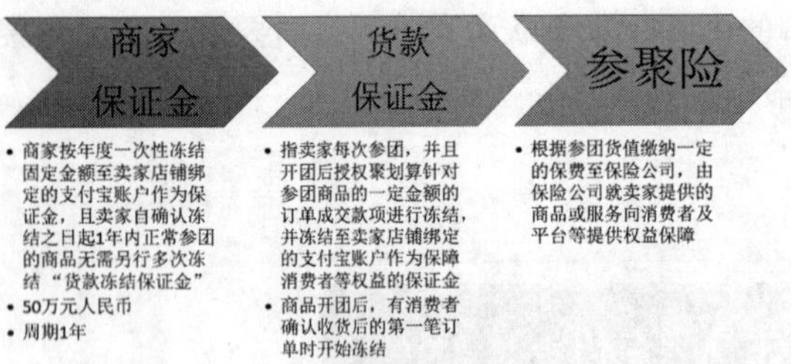

图15-4

参团期间，卖家的商品出现如下所示特殊情况时，为有效保障消费者权益，聚划算有权延长保证金解除支付的期限。

①商品出现严重质量问题。

②实物与描述严重不符。

③出售假冒伪劣商品等其他侵犯消费者权益的行为。

④其他可能眼中影响消费者权益保障等的行为。

（2）了解“参聚险”

“参聚险”是由聚划算联合众安保险专为聚划算卖家量身打造、用于替代保证金缴纳而推出的一款保险服务产品。

参加聚划算活动通常要求缴纳相对高额的保证金，这笔保证金通常在参团结束后的15～30天内是被支付且无法使用的；而加入“参聚险”保险服务后商家无需再进行保证金支付，只需支付少额保费（单次参团最高额保费1500元）即可代替缴纳高额保证金来参团。

3. 收费规则

聚划算主要的收费模式如图15-5所示。

基础收费

- 基础技术服务费、费率佣金、封顶技术服务费组成

特殊收费

- 佣金收费模式
- 固定费用收费模式
- 竞拍费用收费模式

图15-5

注 意

1. 系统会在买家确认收货后，从买家付给您的货款中扣除应付的佣金金额至聚划算收费账户。

2. 佣金是商业活动中的一种劳务报酬，是具有独立地位和经营资格的聚划算平台在商业活动中为卖家提供平台服务所得到的报酬。

3. 聚划算佣金按每次聚划算活动商品最终的实际成交额×佣金费率收取。

4. 违规处理规则

违规行为是指涉嫌损害消费者、经营者或淘宝及聚划算的正当权益，以及涉嫌违反国家法律法规的行为。根据严重程度分为一般违规行为及严重违规行为，两者分别扣分、分别累计、分别执行。

（1）一般违规行为是指除严重违规行为外的违规行为。

（2）严重违规行为是指严重破坏淘宝经营秩序并涉嫌违反国家法律法规的行为。

（3）出售假冒商品是指出售假冒、盗版商品的行为。聚划算对出售假冒商品行为的处罚措施见下表。

①参团商品若经核实为假货的，聚划算将永久终止与违规商家的合作。

②淘宝或天猫对店铺处以“出售假冒商品”的处罚但未到48分的，在违规分数未被清零前，均不得参团聚划算下的任一活动。

③若店铺存在“出售假冒商品”处罚48分及以上的，聚划算有权永久终止与之的合作。

15.2 参加“聚划算”

了解报名参加聚划算的相关规则后，接下来可以登录相关页面填写商家信息（名称、联系方式等），设置划扣佣金费用的支付宝账户，并选择一种聚划算业务，再按照图15-6所示流程操作即可。

图15-6

15.2.1 “聚划算”业务分类

在报名聚划算活动之前，需要了解聚划算多个业务类型的含义以及参加条件，然后再根据自身实际情况选择合适的团购活动。图15-7所示为几种聚划算业务类型。

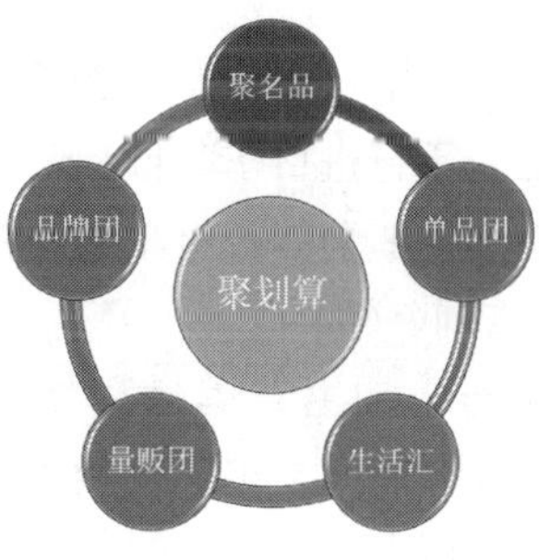

图15-7

1. 聚名品

聚划算聚名品（见图15-8）以汇集国际高端、知名品牌商品（聚名品品牌库内的品牌）为目标，致力于打造成为时尚人士购买品牌商品的首选团购聚集地，从而更好地实现为消费者挑选具备更高性价比的商品。

图15-8

（1）天猫卖家报名聚名品的资质条件如下。

①除天猫旗舰店天猫国际旗舰店外，其他天猫店铺开店时长：≥30天。

②店铺近半年动态有效评分：≥50个。

③实物交易占比：≥95%及以上。

④宝贝与描述相符(DSR)：≥4.7。

⑤卖家服务态度(DSR)：≥4.7。

⑥卖家发货的速度(DSR)：≥4.6。

⑦店铺每个自然季度名品品牌累计支付宝交易金额≥50万元（天猫旗舰店以及天猫国际旗舰店除外）。

⑧旗舰店指定的专门折扣专营店，需要签署聚名品所要求的相应协议（小二核对信息）。

（2）参加聚名品的商品条件如下。

①同商家同款商品必须间隔15天以上方可报名。

②聚名品商品报名时，不强制提供质检报告。

③美容美妆类目商品必须支持30天包退，包括开封使用后。

④天猫店铺报名商品的“宝贝与描述相符”评分达4.7分及以上。

⑤展现形式为频道单品以及品牌团。

⑥商品描述要求：

a主图左上角必须有品牌LOGO，LOGO不得有底色；

b图片中不得文字（除特别活动要求之外），不得有拼接图；

c图片如果引用官网、其他网站或人物肖像的，需获得版权所有者同意，否则因此引起的纠纷投诉一旦成立，除立即取消商品的活动资格外，还将取消该商家在当季的聚名品商家资格；

d商品描述中必须有品牌故事的内容；

e商品主图的款式在开团前必须有库存；

f商品主图为960×640（像素）。

2. 品牌团

品牌团（见图15-9）是指汇集国际、国内知名品牌（含知名淘品牌），满足中高端消费者对品牌的追求，以单个店铺单个品牌的多款商品同时参团的活动形式。

图15-9

品牌团包括品牌团及主题团等活动形式，具体见图15-10。

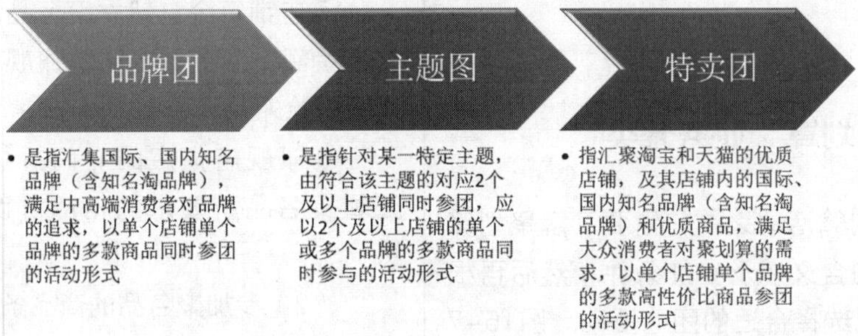

图15-10

天猫卖家报名品牌团的资质条件如下。

①开店时长在30天及以上。

②除特殊店铺主营类目外，淘宝网店铺信用等级必须在1皇冠及以上方。

③店铺近半年“宝贝与描述相符DSR”评分须达4.6分及以上，平行进口车类目及新车/二手车下的新车定金、新车全款、新车整车销售（新）叶子类目的店铺除外。

④店铺近半年“服务态度DSR”评分须达4.6分及以上，平行进口车类目及新车/二手车下的新车定金、新车全款、新车整车销售（新）叶子类目的店铺除外。

⑤除特殊店铺主营类目和特殊类型商家外，其他报名店铺近半年“发货速度DSR”评分须达4.6分及以上。

⑥除特殊主营类目及特殊行业外，其他店铺近半年的有效店铺评分数量，应满足天猫店铺必须在300个及以上，集市店铺必须在200个及以上。

⑦除主营类目为移动/联通/电信充值中心，手机号码/套餐/增值业务,网络游戏点卡,腾讯QQ专区，装修设计/施工/监理类目的卖家，主营类目为手机的天猫旗舰店外，其他天猫店铺的实物交易占比必须在80%，其他集市店铺必须95%及以上。

⑧报名店铺的品牌要求都必须是为国际、国内知名品牌（含知名淘品牌），汽车/用品/配件/改装类目为区域知名品牌，但主题拼团、特卖团的活动形式除外。

⑨针对新车/二手车、平行进口车类目的商家，参与聚划算必须支持售中未使用退款和过期自动退款。

3. 量贩团

量贩团（见图15-11）是指汇聚淘宝和天猫的优质单个商品，针对生活必需品为消费者提供周期性、适合多件打包（同件商品多件销售）或套餐组合（不同商品组合售卖）商品的活动形式。

图15-11

（1）天猫卖家报名量贩团资质要求如下。

①天猫旗舰店、天猫国际店铺要求开店时长在30天及以上，其他店铺的开店时长必须在90天及以上开店时长在30天及以上。

②除特殊店铺主营类目外，淘宝网店铺信用等级必须在1皇冠及以上。

③店铺近半年“宝贝与描述相符DSR”评分须达4.6分及以上。

④店铺近半年“服务态度DSR”评分须达4.6分及以上。

⑤除特殊店铺主营类目和特殊类型商家外，其他报名店铺近半年“发货速度DSR”评分须达4.6分及以上。

⑥除特殊主营类目及特殊行业外（新车/二手车类目），其他主营类目的集市店铺近半年的有效评分数量必须在200个及以上，天猫店铺近半年的有效评分数量必须在300个及以上。

⑦除主营类目为移动/联通/电信充值中心、手机号码/套餐/增值业务、网络游戏点卡、腾讯QQ专区、装修设计/施工/监理类目的卖家，主营类目为手机的天猫旗舰店外，其他店铺实物交易占比必须在80%及以上。

⑧除特殊主营类目外，所有报名店铺的近30天纠纷退款率必须小于0.1%。

（2）报名量贩团的商品条件如下。

①报名参团价格100元以下的商品，库存数量须1000件及以上。

②天猫店铺报名商品的“宝贝与描述相符”评分达4.6分及以上。

4. 生活汇

聚划算生活汇一般用于生活团日常报名，比如旅游团和定制团，如图15-12所示。

图15-12

天猫卖家报名生活汇的资质条件如下。

①为生活汇对外合作伙伴类型。

②提供合格的公司资质证明文件，且所有资质必须加盖公司红章。

③公司注册（实收）资本20万元以上。

④有固定的经营场所及相应证明，租赁场所需提供有效房屋租赁合同。

⑤具备一定的运营能力及线下资源的获取渠道、数量、质量，运营能力及线下资源要求。

a业务、采编、运营、客服、消保各业务模块须符合相应的人员数量和经验要求，总人数不得低于15人。

b各业务模块间协作能力良好，各岗位有清晰职责定位、具备合理的工作流程和业务规划。

c具备一定的消费者保障服务能力，包括消费者保障控制流程、投诉解决机制等。

d至少能提供5家以上的品牌授权书。

⑥能够提供相应的市场分析评估报告。

运营商卖家如果出现下述所示任意情形的，将被生活汇清退。

①在运营考核期限内未完成运营考核指标的。

②被其合作商家投诉未按时结款，经核实后属实且经通知后7天内未结清的。

③运营商卖家将其店铺转让给其他运营商或卖家，或委托其他运营商或卖家代运营的。

④其他根据法律法规、聚划算平台规则或《聚划算生活汇平台活动协议》中终止服务协议的情形。

备注：因第1种情形被清退的，中止合作间隔期为1个月；因第2至4种情形被清退的，永久终止合作。

5. 聚划算单品团

单品团是指汇聚淘宝和天猫的优质单个商品，降低消费者挑选商品的时间，满足大众消费者对聚划算优质单品需求的团购活动形式。

（1）天猫卖家报名聚划算单品团的资质条件如下。

①天猫旗舰店、天猫国际、淘宝旅行店铺要求开店时长在30天及以上，其他店铺要求开店时长在90天及以上。

②除特殊店铺主营类目外，淘宝网店铺信用等级必须在1皇冠及以上。

③报名店铺近半年“宝贝与描述相符DSR”评分须达4.6分及以上，平行进口车类目及新车/二手车下的新车定金、新车全款、新车整车销售（新）叶子类目的店铺除外。

④报名店铺近半年“服务态度DSR”评分须达4.6分及以上，平行进口车类目及新车/二手车下的新车定金、新车全款、新车整车销售（新）叶子类目的店铺除外。

⑤除特殊店铺主营类目和特殊类型商家外，其他报名店铺近半年“发货速度DSR”评分须达4.6分及以上。

⑥除特殊主营类目及特殊行业外，其他店铺近半年的有效店铺评分数量，应满足天猫店铺必须在300个及以上，集市店铺必须在200个及以上。

⑦除主营类目为移动/联通/电信充值中心、手机号码/套餐/增值业务、网络游戏点卡、腾讯QQ专区、装修设计/施工/监理类目的卖家，主营类目为手机的天猫旗舰店，以及景点门票/实

景演出/主题乐园、特价酒店/特色客栈/公寓旅馆、度假线路/签证送关/旅游服务类目的淘宝旅行卖家外，其他店铺实物交易占比必须在80%及以上。

⑧除特殊主营类目外，所有报名店铺的近30天纠纷退款率必须小于0.1%。

⑨针对新车/二手车、平行进口车类目的商家，参与聚划算必须支持售中未使用退款和过期自动退款。

（2）参团商品必须要满足如下所示条件。

	报名商品的库存数量须1000件及以上，商品报名参团价格100元及以上不做强制要求；淘宝旅行卖家报名商品的货值至少需要30万元及以上（货值=参团价格×报名库存）	
	除淘宝旅行卖家，平行进口车类目及新车/二手车下的新车定金、新车全款、新车整车销售（新）叶子类目针对单个商品不要求有历史销售记录外，其他活动报名商品原价必须符合聚划算对商品历史销售记录的要求	商品原价在500元（不含）以下的，报名商品近30天的历史销售记录必须在20笔及以上
		商品原价在500元（含）以上，3000元（不含）以下的，报名商品近30天的历史销售记录必须在10笔及以上
		商品原价在3000元（含）以上的，报名商品近30天的历史销售记录必须在5笔及以上
	天猫店铺报名商品的“宝贝与描述相符”评分达4.6分及以上，平行进口车类目及新车/二手车下的新车定金、新车全款、新车整车销售（新）叶子类目的商品除外	

15.2.2 参加“聚划算”

为了让大家参聚报名更加简单高效，时间成本更低，报名时只需提供商品价格、库存等关键信息即可，审核通过后再进行参聚商品详情优化。下面介绍如何报名聚划算活动。

01 登录天猫卖家工作台，单击左侧“营销中心”下的“我要推广”，打开营销入口页面。单击“报名聚划算”图标，打开“聚划算”报名入口。

02 单击“我要报名”按钮（见图15-13），在打开的新页面中单击“现在入驻”链接（见图15-14），进入商家资料填写页面。

图15-13

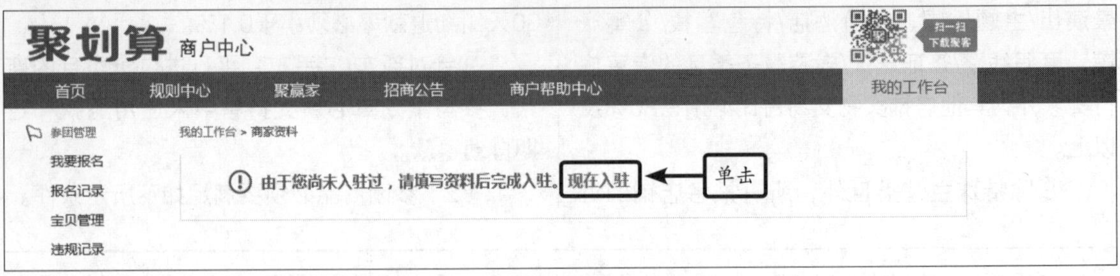

图15-14

03 填写店铺信息并输入联系方式，单击“保存”按钮，如图15-15所示。

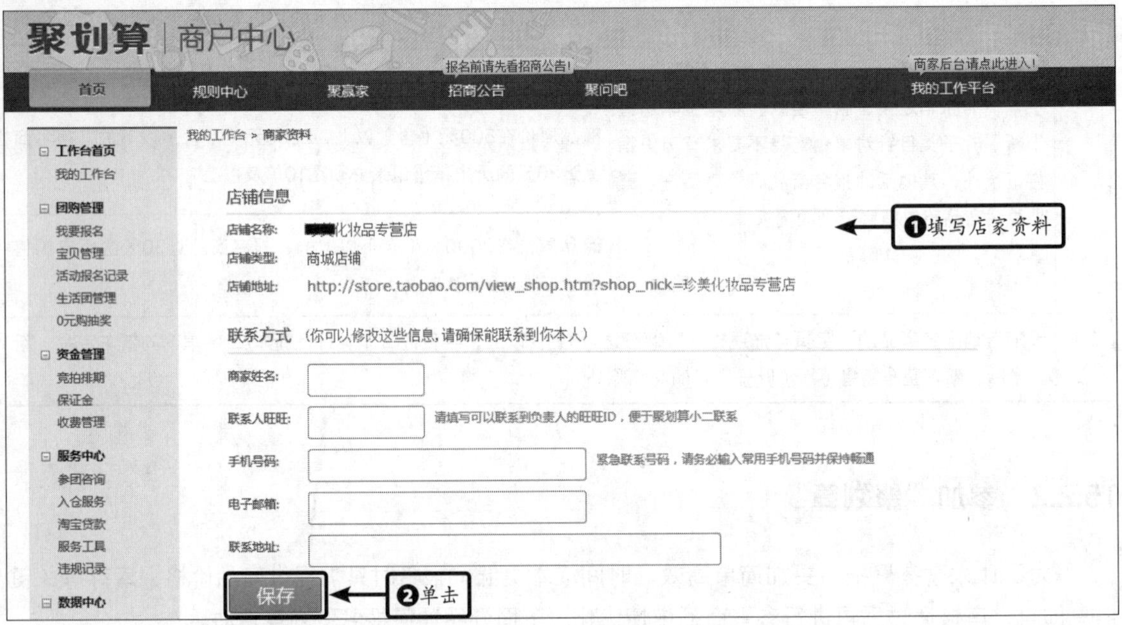

图15-15

04 进入协议签署页面，阅读后单击“提交”按钮，如图15-16所示。

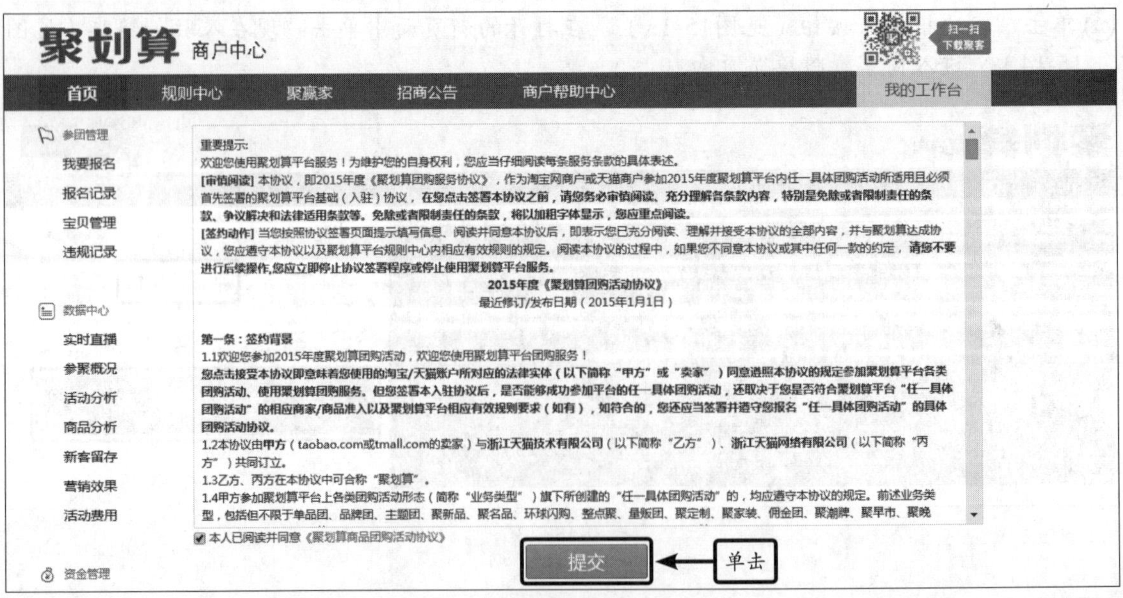

图15-16

注 意

1. 聚划算特别为平台购物的消费者推出购物即可享受免邮费的服务体验。从卖家处发货到买家处的大陆地区首次发货的运费，买家只需支付所挑选商品的相应价格即可。

2. 商家须在买家订单付款后的72小时内完成发货（预售、大家电、家具等特殊商品除外）。

3. 除特殊情形外，延迟发货的商家需向买家支付该商品实际成交金额的百分之三十作为违约金，且金额最高不超过五百元，该违约金将以天猫积分形式支付。

15.3 “聚划算”主图规范

为了让商品能更好地展示给消费者，同时降低商家的制图成本，聚划算拟定了关于标题及图片的规范。主要优化点是将产品图片与标签、产品营销利益点分离；各商家仅需考虑画面主体、元素、色彩、氛围等构成是否和谐；构图形式、元素的取舍及构成、画面品质感等方面。图15–17 ~ 图15–20所示为参加聚划算使用的主图效果。

图15–17

图15–18

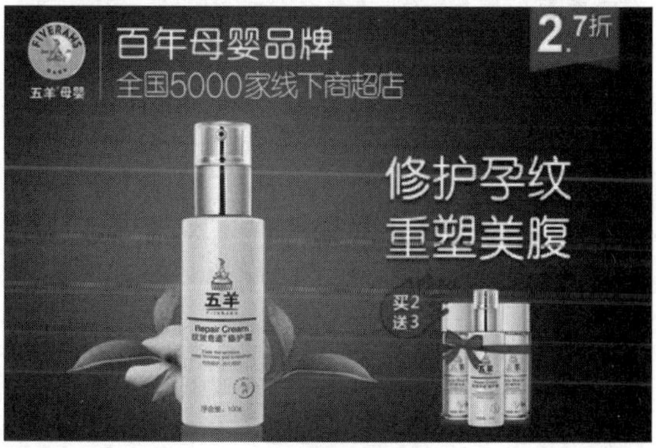

图15–19

图15–20

1. 图片规则

规则一：上传的产品图片中不得出现任何形式的自制标签以及产品特点、营销利益点等文字信息。如果需要填写，必须在聚划算商品发布后台完成填写。

规则二：LOGO统一放置在画面左上角，不得添加底色，显示大小最宽不超过180像素，最高不超过120像素。LOGO最左侧及最上侧均离产品图片左侧及上侧20像素（见图15–21 ~ 图15–24）。

图15-21

图15-22

图15-23

图15-24

2. 卖点规则

主图内容为“品牌名+商品属性功能+商品名称（包括几件装，几件套等）+货号”（见图15-25～图15-28），规定内容的字数控制在60个字节或30个汉字字符以内；括号、加号等标点符号都不得添加，包括品牌名称上不得加各种括号，现价原价不得添加，荣誉等不得添加，限购数量不需要添加，购买页面会提示。

图15-25

图15-26

图15-27

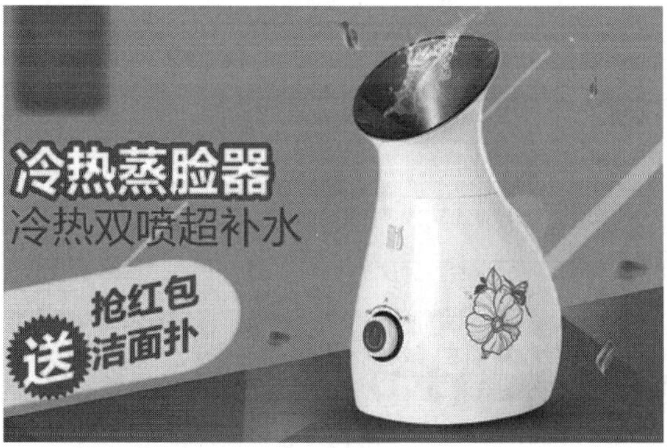

图15-28

建议在规定内容之后添加一些营销性文案来补充信息，营造购物氛围，但一定要在规定内容之后显示；建议内容中的营销文案中不要包含“之最”“跳楼”“放血”“史上”等夸大描述，也不要使用“专供”“特供”“最佳”等容易产生误导的字眼（见图15-29～图15-32）。

图15-29

图15-30

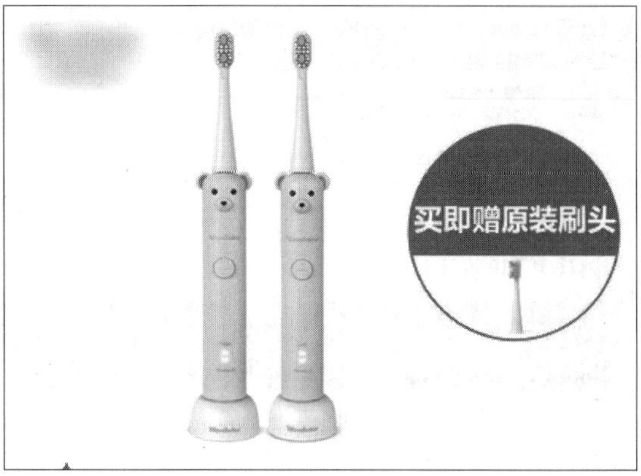

图15-31

图15-32

3. 商品标题

标题应当由“品牌名+商品名称“组成（见图15-33～图15-36），规定内容字数控制在24个字节或12个汉字字符以内，尽量在语义明确的前提下简化对商品名称的描述。规定内容中可以省略品牌名，不得省略商品名称，不得同时使用中英文品牌名。

图15-33

图15-34

图15-36

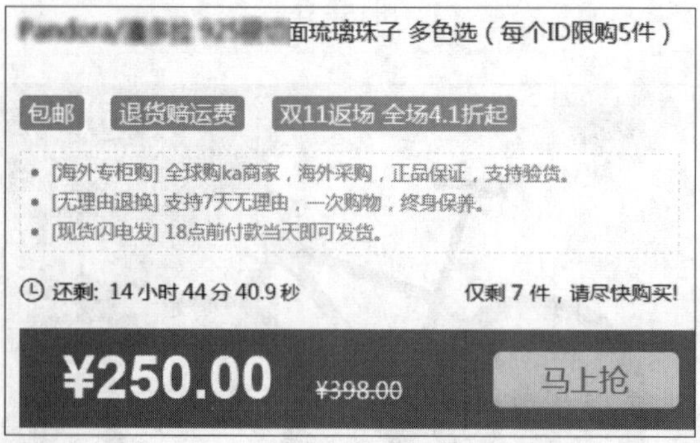

图15-35

15.4 “聚划算”消费者保障业务

为了保障消费者权益，聚划算提供了先行赔付、质检保障、聚无忧三项业务。让买家买到实惠品质优的产品后，没有后顾之忧。

1. 概念

先行赔付：指买家与卖家通过支付宝服务进行交易后，如因卖家未履行消费者保障承诺义务而导致买家权益受损的情况下，聚划算有权以普通或非专业人员的知识水平标准，根据相关证据材料和规则判定卖家是否应履行赔付义务。

聚无忧：聚无忧是一项为购买电子凭证类目（以验证二维码为消费方式的商品）指定商品的消费者提供的退款赔付类的消费保障服务。

2. 保障范围（见图15-37）

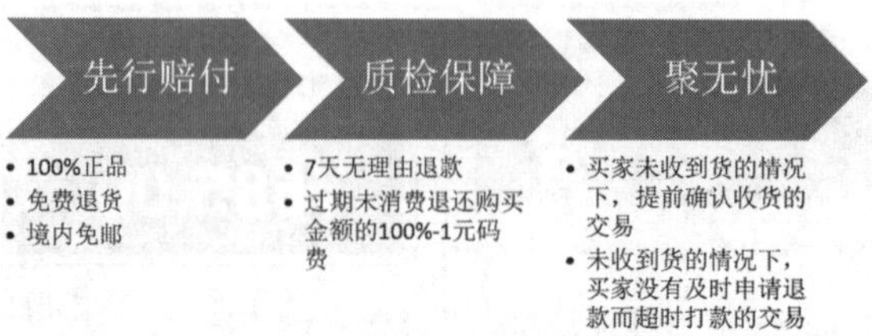

图15-37

第16章　会员关系管理

会员管理是对有过购买记录的淘宝会员基本资料、消费、积分、储值、促销和优惠政策通过信息管理，使商家和客户随时保持良好的联系，从而让客户重复消费，提高客户忠诚度，实现业绩增长的目的。商家设置了会员等级制度之后，买家需要登录才可以查看自己的优惠价格（见图16–1）。

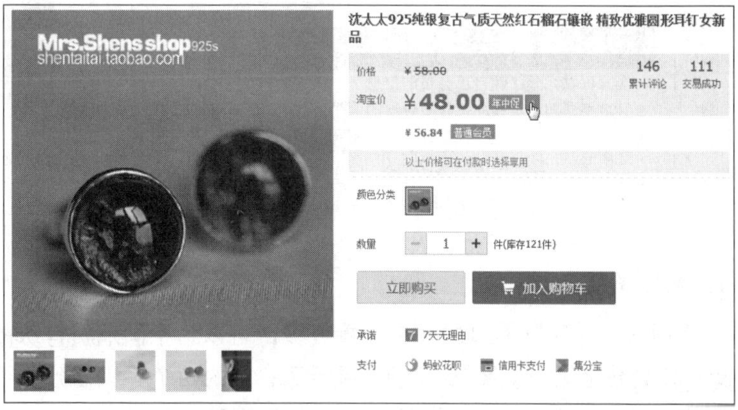

图16–1

在天猫店铺首页一般会有“会员中心”导航栏（见图16–2）点击后可以看到店铺设置的会员等级制度，根据不同的消费额度划分，消费越高，折扣越多（见图16–3）。除此之外，店铺首页会展示卖家通过会员关系管理设置的店铺优惠券，如图16–4所示。

图16–2

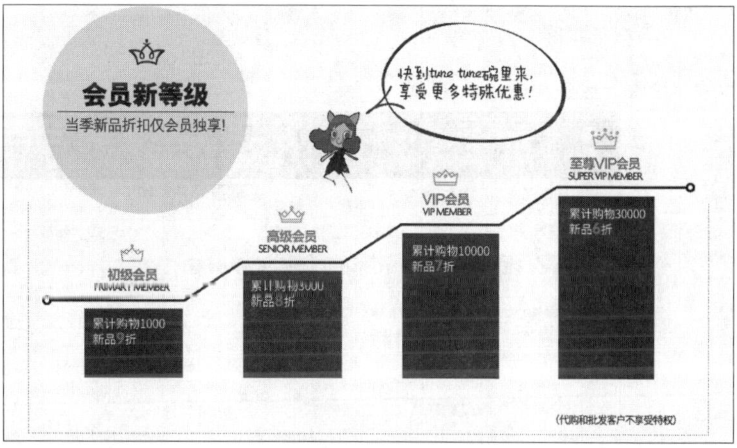

图16–3

图16–4

16.1 会员关系管理

会员关系管理工具是帮助卖家管理自己会员的工具，它是实现对客户关系进行精细化、个性化管理，是积累客户、拉开与竞争对手差异的必不可少的手段。会员关系管理有图16-5所示的几个作用。

会员关系管理主要有图16-6所示的几项功能。

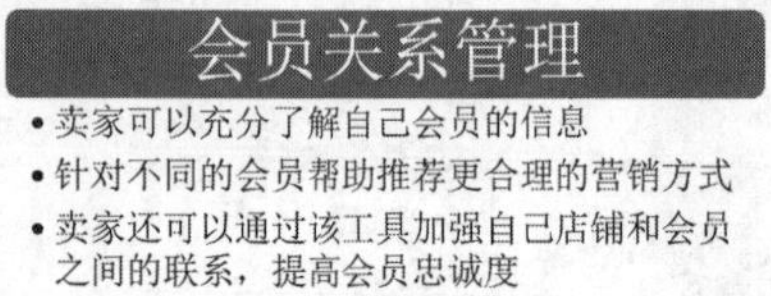

图16-5

图16-6

1. 会员关系等级划分

通过为进店交易过的客户设置等级，可以为不同消费等级的客户设置特定的优惠力度，方便更好地留住老客户。图16-7所示展示了会员的四个等级划分。图16-8所示为在会员关系管理页面中的“设置”标签下设置的不同会员消费额度和对应的折扣值。

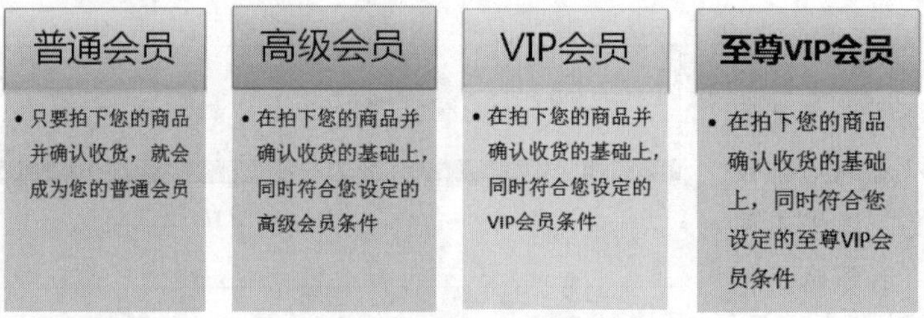

图16-7

图16-8

注 意

如果您在会员关系管理中设置的会员等级是在买家的最后一笔交易时间之后，那么买家需要在您设置会员等级之后再进行一笔交易，软件的数据才会随设定的等级更新。

2. 合理设置会员体系

卖家都想以最少的成本得到最大的收益，这就需要卖家善于把握住每一个流量，把握住每一个客户，特别是老客户。开发一个新用户的成本要比维护一个老客户的成本高得多，因此电商们在营销的时候就需要注意老客户的维系。其中会员体系在整个客户管理营销当中尤为重要，它是整个体系的基础，所以更应当合理设置会员体系。

一个好的会员体系能够和顾客产生良好的互动，其核心应该是凸显会员在店铺的特权，让顾客感觉到被重视和被特殊对待。 个有效的会员体系规则一般可以包括图16-9所示的几点要求。

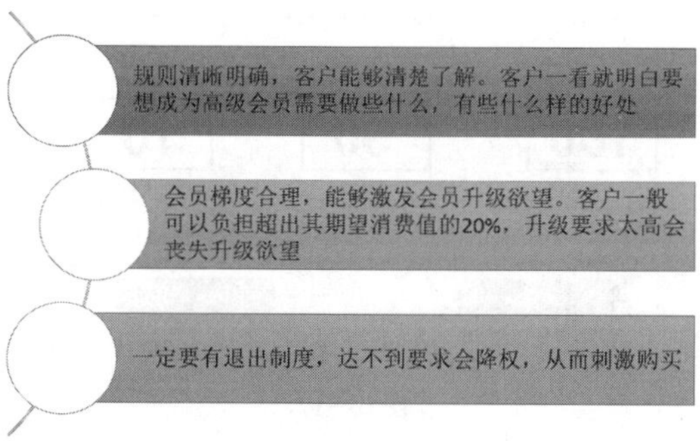

图16-9

目前天猫店铺的会员制度主要包括：会员折扣、包邮、价格保护、生日特权、积分，专属VIP客服等。图16-10所示为某服饰天猫旗舰店的会员专项服务内容。除此之外还为会员专门推出会员独享日（见图16-11），鼓励会员在这一天的消费活动。

图16-10

图16-11

若想将会员体系做到恰到好处，就需要结合自己店铺的定位、产品特点，顾客群体进行设计。比如售卖家电用品，最吸引会员的制度一般是产品的更新优惠和售后保障服务，折扣和积分可能并不是最有效的方式。

卖家充分结合店铺内的产品特点，找出最适合自己客户群体的会员制度才是最重要的；另外折扣和积分都是最直接、最吸引人的会员制度（见图16-12）。买家只要在天猫购物后，都会有积分，卖家可以设置多倍积分吸引买家，扩大销量。会员积分使用率高，也会促成该批会员是否决定留下。

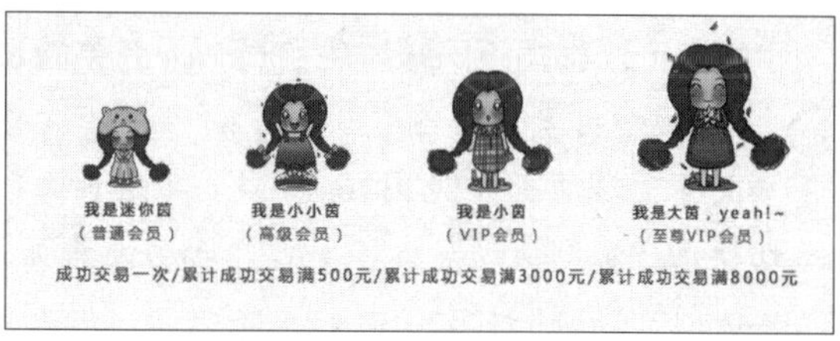

图16-12

积分制度可以培养客户的忠诚度，而且玩法也比较多，比如抽奖、换购、抵现金等（见图16-13～图16-15），这些活动都会充分调动客户的新鲜感和互动热情。

图16-13

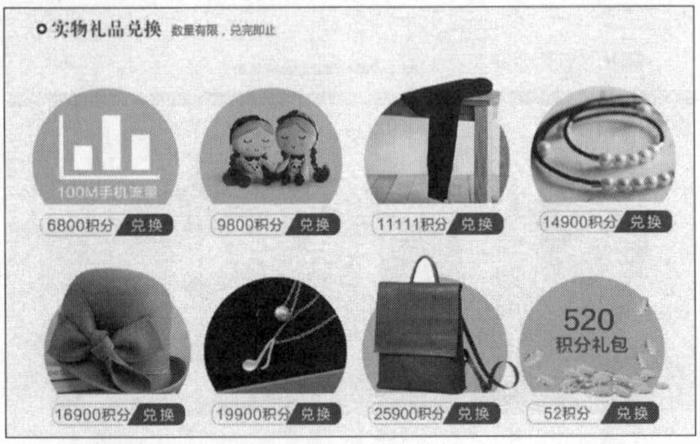

图16-14

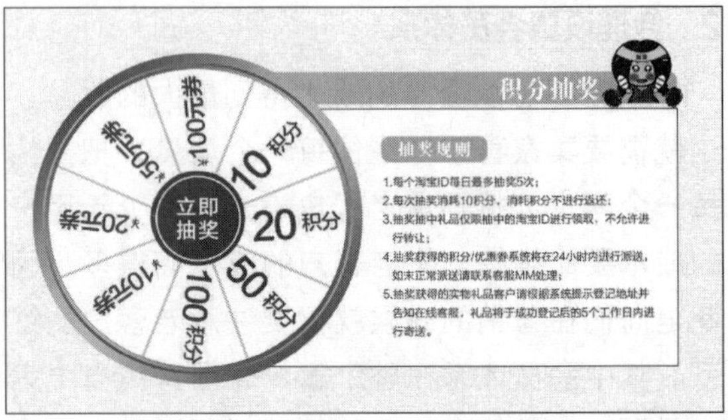

图16-15

图16-16、图16-17所示为会员专享折扣规则和会员生日特权。这里的会员划分是按照消费额度设置的，不同等级会员之间的消费额度需要合理设置，不能间隔过大，否则容易打击消费者的购买欲和信心。

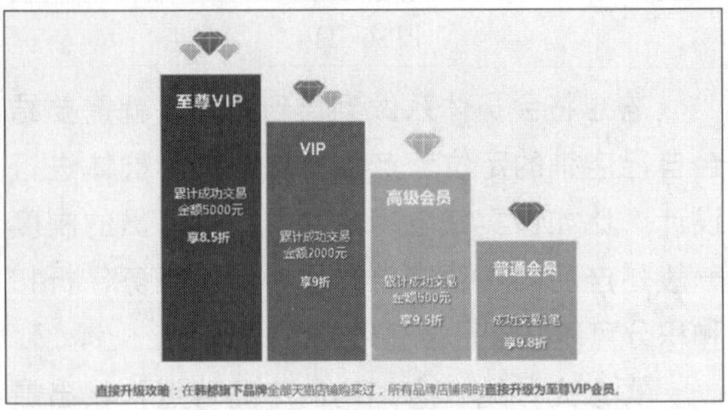

图16-16

图16-17

16.2 设置会员包邮

卖家可以根据不同级别的会员，为其单独设置不同的折扣，具体设置方法如下。

01 登录天猫卖家工作台，单击左侧“营销中心”下的“会员关系管理”（见图16-18），打开客户关系管理页面（见图16-19）。在该页面可以看到会员数、新增会员以及客户转换率数据。切换至“营销活动”标签下打开活动设置页面。

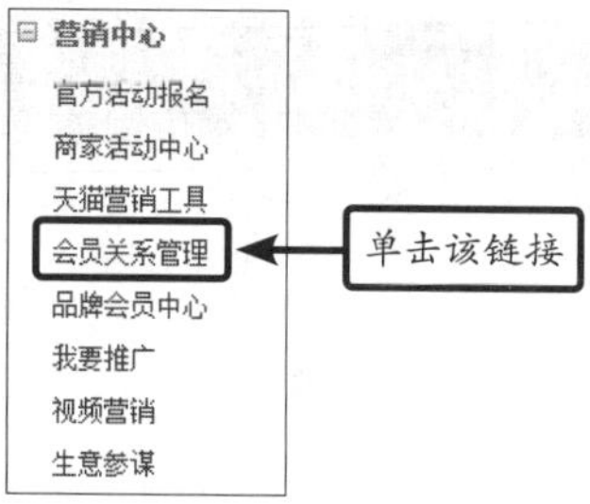

图16-18

图16-19

02 单击“包邮”下的“创建活动”按钮，如图16-20所示。

图16-20

03 单击“店铺VIP客户”单选按钮，在右侧选择一种客户等级即可后单击“下一步”按钮，如图16-21所示。

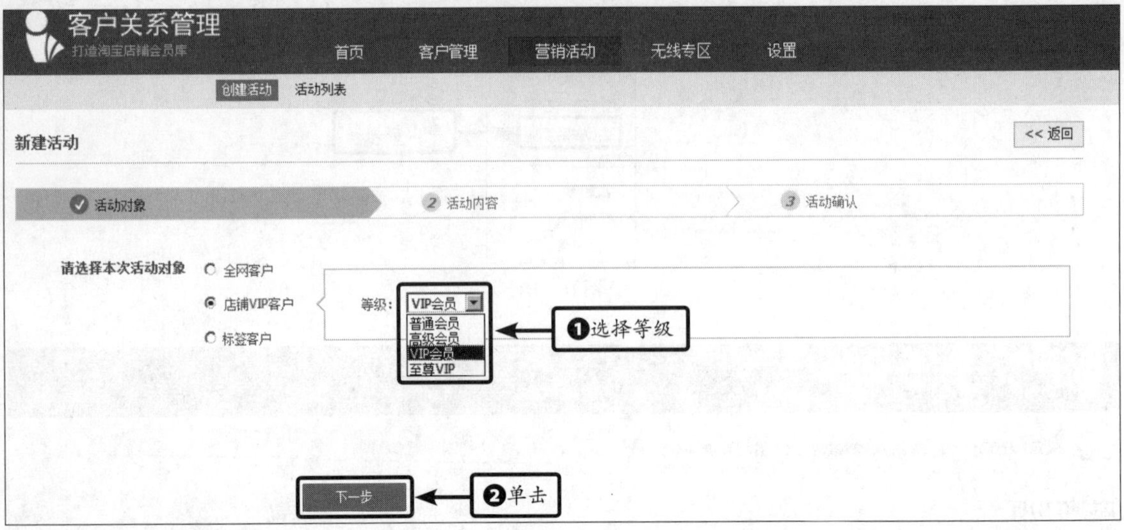

图16-21

(04) 分别设置包邮活动名称、时间、活动宝贝和促销方式即可（见图16-22），单击“确定提交”按钮完成会员包邮优惠活动的设置。

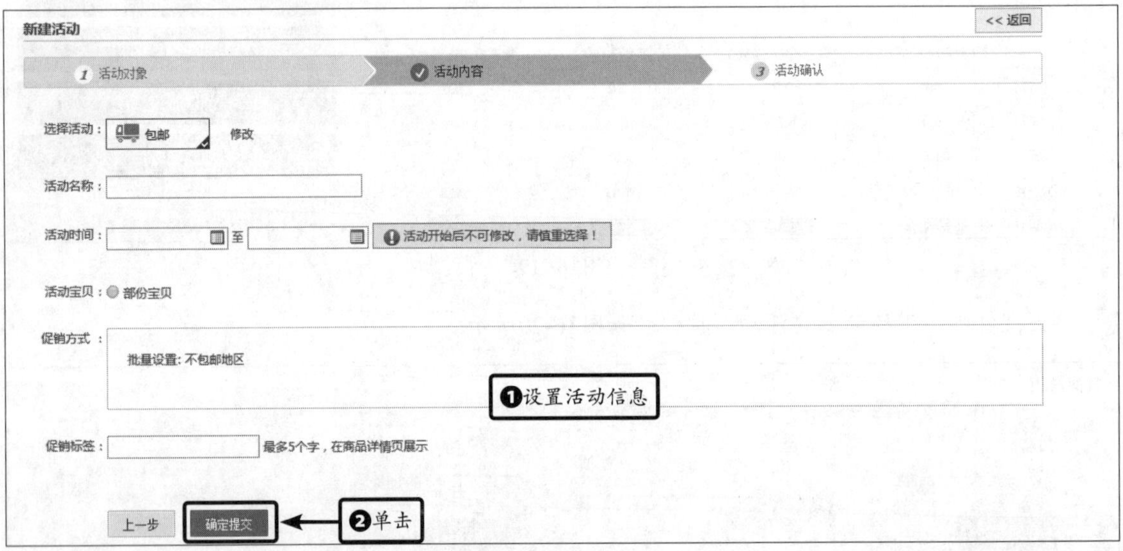

图16-22

16.3 设置减现活动

(01) 进入会员关系管理页面后，单击右侧的“创建减现”按钮（见图16-23），打开活动设置页面。

(02) 选择活动对象为普通客户并单击“下一步”按钮，如图16-24所示。

(03) 在第二步中分别设置活动名称、时间、促销方式后，单击“确定提交”按钮完成活动的创建，如图16-25所示。

图16-23

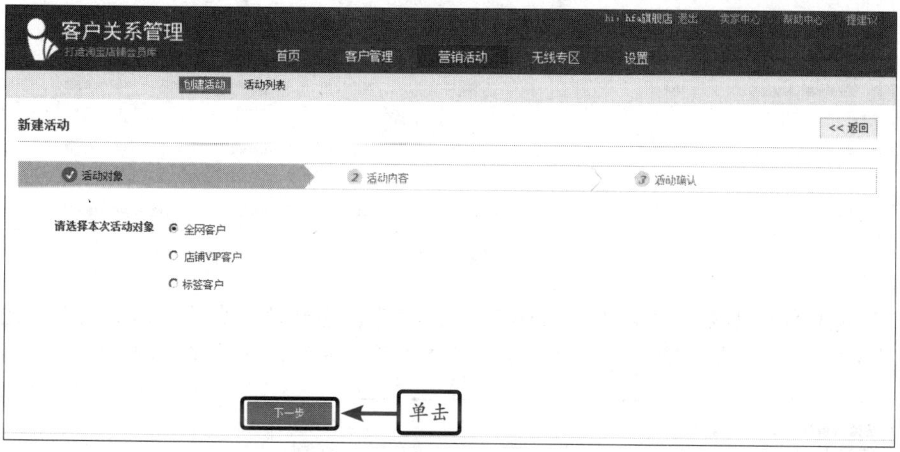

图16-24

图16-25

16.4 设置优惠券

为了回报老客户，吸引老客户二次交易或者更多次交易，可以专门为指定的客户发放店铺优惠券，下面介绍如何通过会员关系管理设置店铺优惠券。

01 在客户关系管理页面的客户管理选项下，单击“成交客户”，即可显示所有有过交易的客户列表（见图16-26）。单击“发优惠券”标签按钮，打开店铺优惠券设置页面。

图16-26

02 单击“创建店铺优惠券”链接（见图16-27），打开优惠券设置页面。依次设置优惠券名称、时间和发行量后，单击“保存”按钮给指定客户发放优惠券，如图16-28所示。

图16-27

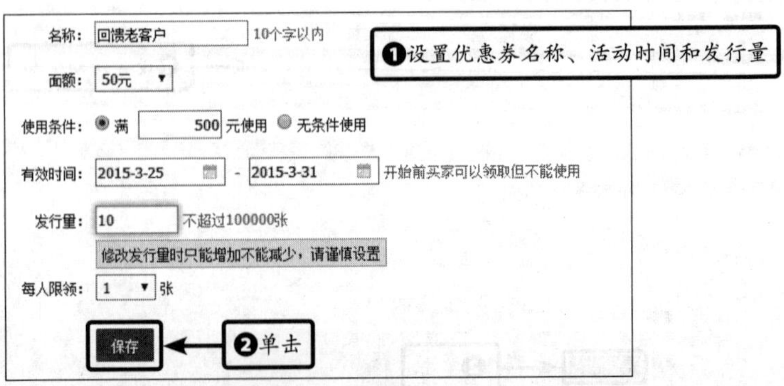

图16-28

注意

会员关系管理里的优惠券需要单独设置，它和营销工具里的店铺优惠券是不一样的，而且也毫无关联。

16.5 创建新人礼包

01 在客户关系管理页面的“营销活动”标签下，单击“新人礼包”下的“创建礼包”按钮，进入礼包创建页面，如图16-29所示。单击“优惠券”激活礼券一设置框，如图16-30所示。

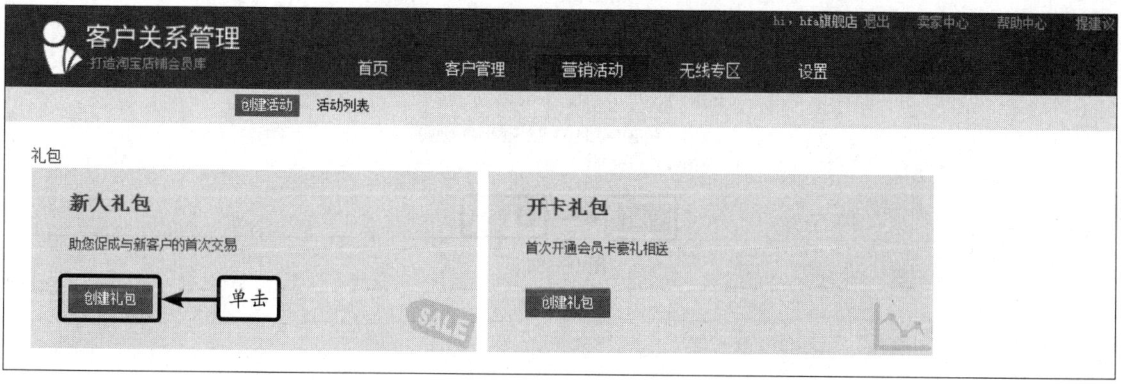

图16-29

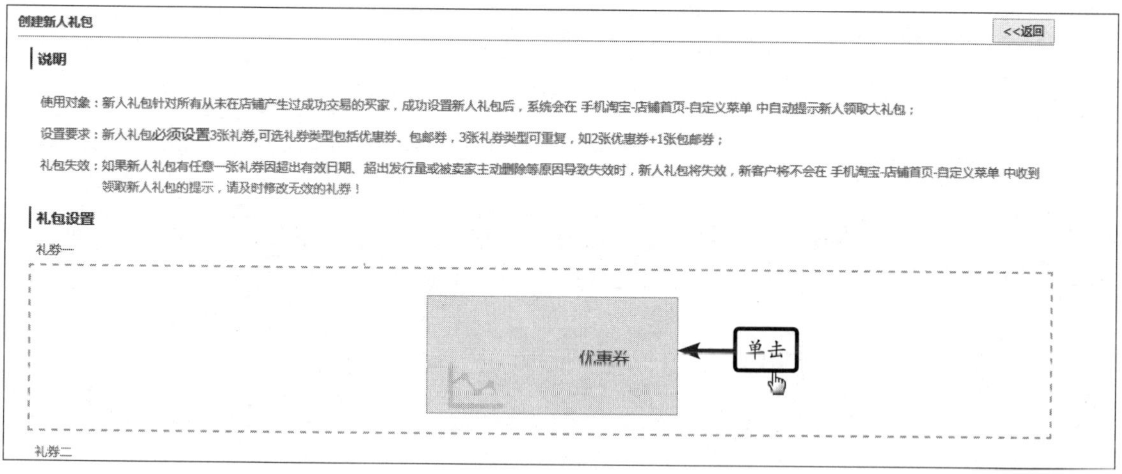

图16-30

02 依次设置礼包名称、面额、使用条件、有效时间以及发行量（见图16-31），单击“保存”按钮完成新人礼包的创建。

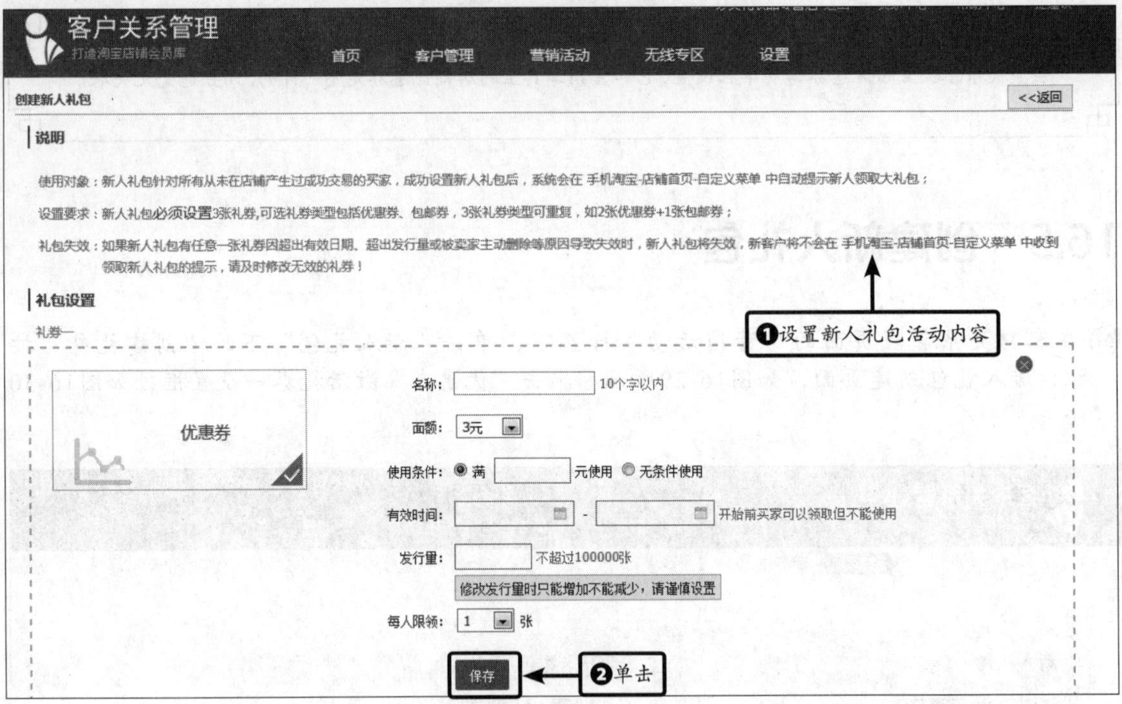
客户关系管理
打造淘宝店铺会员库
首页
客户管理
营销活动
无线专区
设置
创建新人礼包
<<返回
说明
使用对象：新人礼包针对所有从未在店铺产生过成功交易的买家，成功设置新人礼包后，系统会在 手机淘宝-店铺首页-自定义菜单 中自动提示新人领取大礼包；
设置要求：新人礼包必须设置3张礼券,可选礼券类型包括优惠券、包邮券，3张礼券类型可重复，如2张优惠券+1张包邮券；
礼包失效：如果新人礼包有任意一张礼券因超出有效日期、超出发行量或被卖家主动删除等原因导致失效时，新人礼包将失效，新客户将不会在 手机淘宝-店铺首页-自定义菜单 中收到领取新人礼包的提示，请及时修改无效的礼券！
礼包设置
礼券一
❶设置新人礼包活动内容
优惠券
名称：
10个字以内
面额：
3元
使用条件：
满
元使用
无条件使用
有效时间：
开始前买家可以领取但不能使用
发行量：
不超过100000张
修改发行量时只能增加不能减少，请谨慎设置
每人限领：
1
张
保存
❷单击

图16-31

第17章　跟着马云搞盛典

天猫在每年都会举行两个盛大的折扣狂欢节，即“双11”和“1212品牌盛宴”，商家可以在后台报名并参加。通过这两个官方平台带来的店铺销量也是非常惊人的。

17.1　参加双11营销

双11是天猫商城举行的一年一度的大型购物节，参加双11的天猫商品价格都会降至平时的五折，折扣力度很大，当天的天猫商城销量也是很惊人的。图17–1所示为历年天猫双11的销售额，可以看到销售额是呈直线上升的。

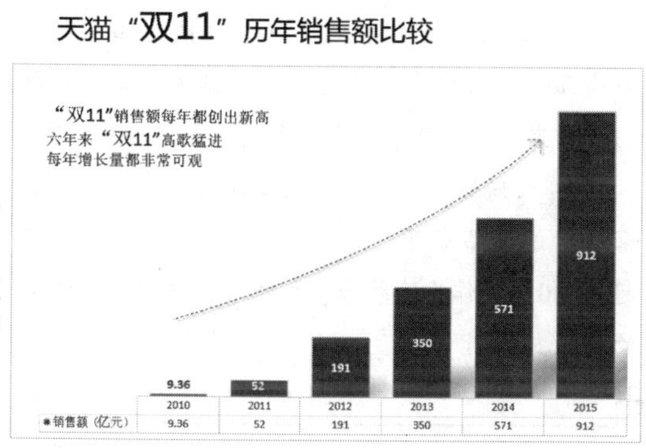

图17–1

商家在进行双11大战以前，需要做好充分的准备工作。双11不仅仅是商品价格高低的对决，也是物流、人员与硬件、品牌等的各项对决。

（1）充足的库存

双11的交易量是非常惊人的，因此商家需要提前准备充足的库存，以使不时之需。商家可以根据最近一个月的销售情况和预售情况来备货。有些天猫商城会提前预售，买家需要缴纳一定的定金确定购买宝贝，等到双11来临后就可以全款下单，卖家也可以根据预售情况准备库存。商家需要及时清点库存，避免出现库存不足或者超卖现象。

（2）人员培训及硬件要求

双11期间大量的客流必然会增加工作量，无论是从客服还是硬件要求来说都是一个极大的考验。所以需要提前对员工进行培训，避免期间出现不必要的工作失误。

（3）引导买家

在活动开始之前，可以提前做一些营销推广活动，增加买家对商品的了解和信心度，比如参加免费试用活动并与买家及时有效地沟通（见图17–2）。在了解买家需要后，可以发放一些店铺优惠券、折扣券等来吸引买家购买（见图17–3）。也可以借机抓住老客户进行预热推广。

图17–2

图17–3

（4）品牌传播

商家还可以提前在微博、帮派，社区等平台加强店铺品牌宣传，无形中加大店铺商品在双11的销量。

（5）物流

双11大促最后一个环节就是物流，发货这一环节至关重要。比如及时向客户发送发货提醒和配送延迟等短信通知。

17.1.1 了解双11营销规则

天猫每一年的双11营销规则基本都会有一些小小的改动，下面从几个方面来介绍今年的双11营销规则。

提 示

1. 天猫会根据一定的会场规则，圈定一定数量的会场商家。不是仅根据全店5折或非5折进行安排，所以不保证选择全店5折就一定能上会场。

2. 双11全店5折是指双11当天店铺内所有商品价格均为专柜价5折及以下，如果出现大于5折以上的商品活动当天11月11日0点系统自动作下架处理，活动期间无法上架，活动结束后需商家操作上架。

3. 一旦选择全店5折后无法修改；非全店5折是指双11当天店铺里的商品不需要全店5折（指价格均为专柜价5折及以下），若出现5折商品不会做下架处理，一旦选择无法修改。

1. 发货规则

表17-1所示为2015年双11对于发货的最新规则要求。

表17-1

最晚在10日之内将大促当天的订单发出，否则将接受天猫的处罚	两点必须同时满足
发货后，商家需及时点击发货更改状态，天猫将以此作为发货评判依据，不接受物流红章凭证	

11月11日00:00:00—11月17日23:59:59期间买家付款的订单，商家（虚拟类目除外）须最晚在11月20日23:59:59前发货并交由物流公司揽件，并确保最晚在2015年11月25日23:59:59前可在物流公司系统内查看到订单的物流状态（揽件、中转、派送、签收等），否则将按照延迟发货违规处理。

部分商品可放宽发货时间要求，具体如表17-2所示。

表17-2

家居建材类商品应自买家付款之日起20日内完成发货
生鲜类可在11月25日23:59:59前发货并能查到物流状态
定制、预售、家居建材设置预约发货时间的商品应以商品详情页的描述为准
其他特殊情况双方自行协商而定

提 示

活动商家使用营销工具与日常使用和设置方式一样，但是双11当天所有天猫商家只能使用以下5个天猫官方营销工具（包括大促商品和非大促商品）：搭配宝、特价宝、店铺优惠、用户限购、淘宝卡券（店铺优惠券和商品优惠券）。

《天猫规则》规定，延迟发货的商家需向买家支付该商品实际成交金额的30%（金额最高不超过500元）作为违约金，该违约金将以天猫积分的形式支付。

2. 食品类目招商规则

本小节以食品类为例介绍双11的招商规则，商家需要符合表17-3所示条件，才算具备了基础门槛。

表17-3

DSR的分数要4.6以上
店铺要达到1钻以上
店铺内产品的食品占比要高于50%
其他特殊情况双方自行协商而定

除此之外，进入食品会场的商品还需要满足表17-4中的条件。

表17-4

食品类目，除生鲜外，要满足全国包邮（海外港澳台、偏远地区除外）的条件
双11当天的活动价格是30天拍下的最低价
库存数量在N件以上
最近30天商品成交件数在10件以上

3. 五折狂欢

双11活动从2009年到2015年，在这7年间越做越有规模，网购狂欢的激情从中国市场蔓延到全球。从今年的双11招商政策看，5折狂欢仍然是一大亮点。

2015年天猫双11全球狂欢节招商政策中的利益点描述为“主会场全场5折”（见图17-4）。

图17-4

为了让这场狂欢盛宴更真实、有意义，天猫要求参加双11活动的商品正式活动价格必须在该商品2015年9月15日至11月10日期间在天猫平台达成的最低真实成交价的基础上让利至少10%。图17-5中的特殊类目除外。相对去年双11来说，食品类目也出现在这个特殊类目的名单中。

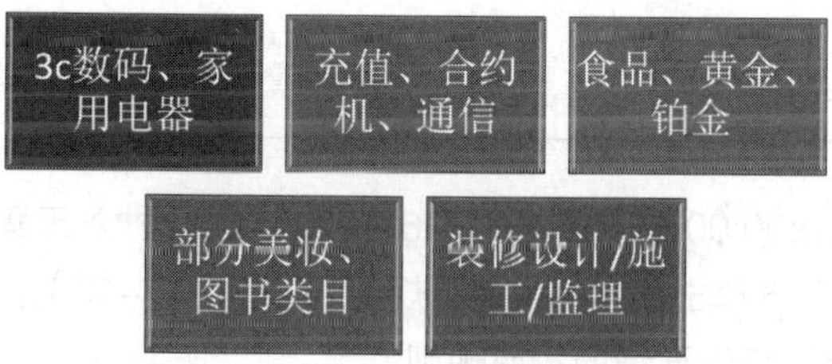

图17-5

天猫不会强制商家设置活动商品价格，商家应当确保所有的价格真实有效，所有的销售价格真实有效，专柜价真实并有客观出处，商家不得在双11活动期间擅自提价、或者擅自提前结束活动，如商家的活动商品有数量限制，还必须在报名时及活动商品详情页中明示商品数量。

4. 购物券全场花

和往年的双11不同，2015的双11将推出“11.11”购物券。这是专为天猫消费者开发的产品，双11期间消费者可以通过购物券享受消费优惠。购物券有效期为2015年11月11日0时至2015年11月12日0时。

报名参加2015年“天猫双11全球狂欢节”的商家，店铺全店商品均需支持使用天猫购物券。这意味着商家需要在已经折扣让利的基础上再次让利，消费者可以享受到更加实在的优惠。

从往年的红包大战到今年的购物券登场，主要有图17-6所示几个目的。

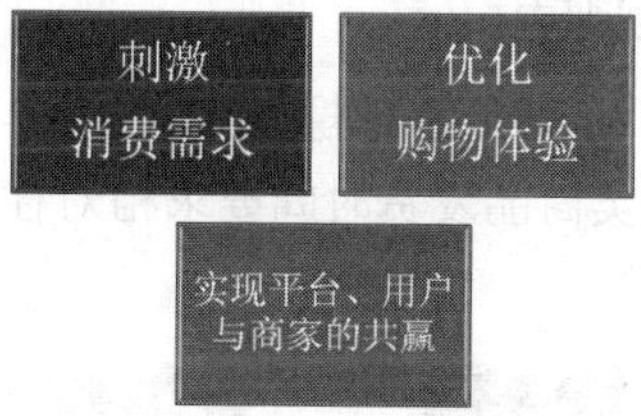

图17-6

5. 活动流量支持

双11期间，商家可以获得的资源如图17-7所示。此外还包括主要城市地铁、候车亭、楼宇等的线下媒体，以及覆盖央视与省级卫视的广告资源。

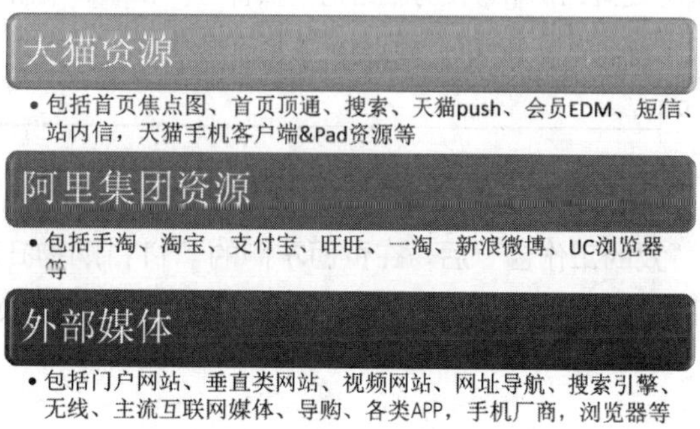

图17-7

6. 资金支持

网商银行携手淘宝贷款，助跑双11第三季“无微不至”助力商家备战，具体如图17-8所示。

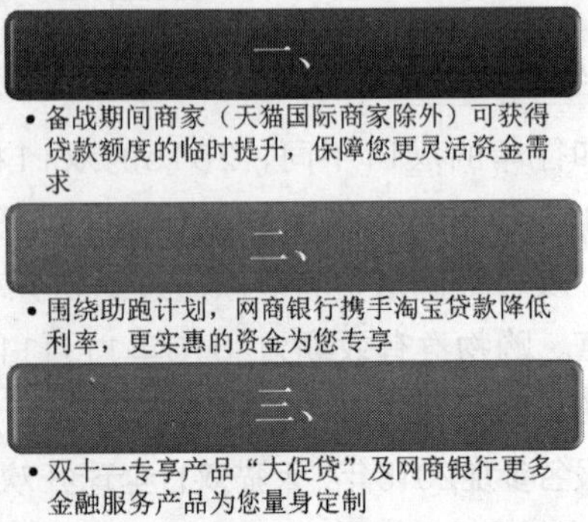

图17-8

备战期间，除天猫国际以外的商家，都可获得贷款额度的临时提升；网商银行还会携手淘宝贷款降低利率，为商家提供更实惠的资金。

7. 招商规则更灵活

今年的一些招商规则也更加灵活，比如一些生鲜类商品发货时间要求相对往年有所推迟。其他商家需要在11月20日之前完成发货，生鲜商家则可以在11月25日前发货并可查询订单信息即可。这对生鲜类商家来说无疑是一个好消息。随着生鲜电商的发力，该类产品线上销量不断上升。延长发货时间对该类商家来讲，不但可以减轻发货压力，同时也可以提高用户体验。

17.1.2 报名及招商要求

表17-5给出了正式商品和预售商品的报名时间。

表17-5

预售商品	2015年9月21日10:00:00 2015年9月30日22:00:00
正式商品	2015年10月14日10:00:00 2015年10月29日22:00:00

1. 如何报名

图17-9所示为2015年双11的报名流程。

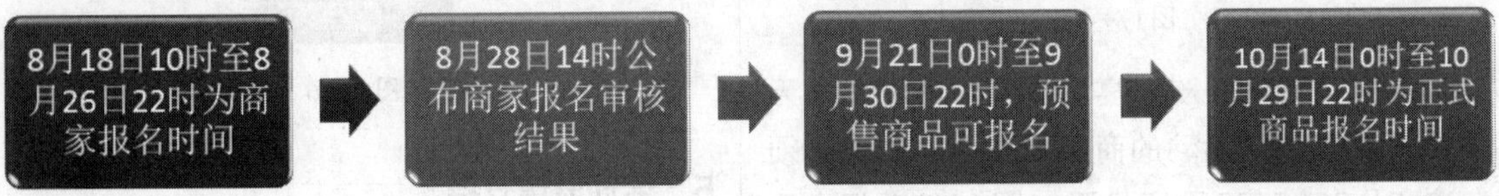

图17-9

注 意

参加双11的商品可同时参加同期的聚划算，但正式活动的商品售价与聚划算价必须保持一致，否则将被同时强制修改为报名的最低价格。但参加聚划算秒杀活动的商品，无法同时报名参加双11活动，即使同时报名参加双11，也会被系统自动清退出招商名单。

2015年双11的商家报名时间为2015年8月18日10:00:00—2015年8月26日22:00:00。进入天猫“我的工作台”后，在页面左侧的“1111购物狂欢节”下单击“商品报名及规则”（见图17-10），即可进入双11报名页面（见图17-11），在该页面可以查看详细的招商规则。

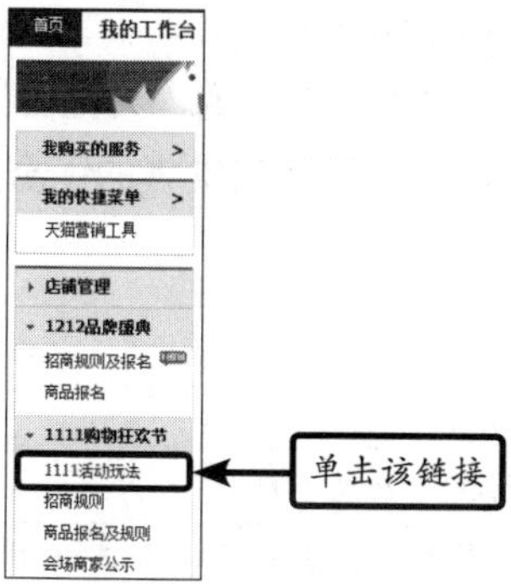

图17-10

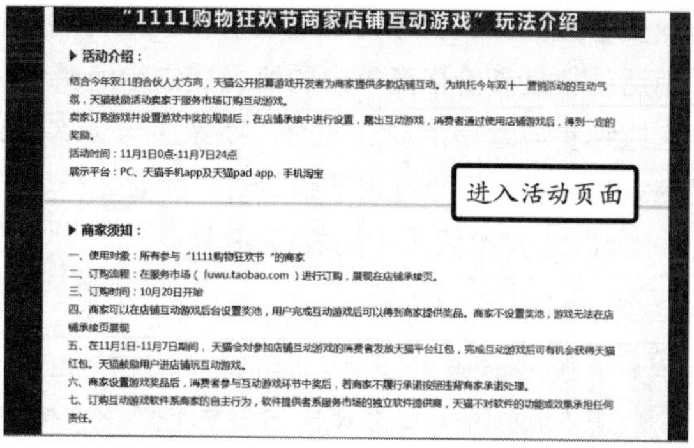

图17-11

2. 招商规则

参加天猫双11之前必须要详细了解招商规则后再报名，下面截取2015年双11的部分招商规则供大家参考。

（1）商品价格条件（见表17-6）

表17-6

1	参加2015年“天猫双十一全球狂欢节”的商品正式活动的销售价格，必须在该商品2015年9月15日00:00:00-2015年11月10日23:59:59期间于天猫平台达成的最低真实成交价的基础上让利至少10%，部分类目（3C数码、家用电器、充值、合约机、通信、食品、黄金、铂金、部分美妆、图书类目、装修设计/施工/监理）除外
2	同时参加2015年“天猫双十一全球狂欢节”的预售商品，该商品的正式活动价格不得低于预售价格。否则：如买家已支付了定金，有权无条件要求商家双倍返还定金；如买家已支付定金并如期支付了尾款，消费者有权无条件要求商家补偿预售价与正式活动价格之间的双倍差价
3	为确保活动的公正性、履行对消费者的商品价格承诺、提升消费者的购物体验，2015年“天猫双十一全球狂欢节”正式活动结束后15天（2015年11月12日00:00:00-2015年11月26日23:59:59）为“天猫双十一全球狂欢节”活动商品价格保护期；在此期间，参加过2015年“天猫双十一全球狂欢节”的活动商品，其销售价格不得低于正式活动价格或预售价格（二者以价格较低者为准），部分类目（3C数码、充值、合约机、通信、黄金、铂金、部分美妆、图书类目、装修设计/施工/监理）除外

（2）准入规则

天猫商家参加天猫官方发起的营销活动，必须遵守以下五项规则。

（a）如商家违反《天猫规则》规定，且在处罚期内或未通过考试，限制活动报名。

（b）以下两点（见表17-7）视同违反天猫举办的“大型官方活动”要求，按照违反“违背承诺”规定，予以扣一般违规6分。

表17-7

1	凡通过天猫举办的“大型官方活动”商家报名的商家，在商品提报阶段或活动期间（含预热和正式活动）退出的
2	商家违反“大型官方活动”价格约定，活动结束后15个自然日内商品售价低于活动期间活动价的。销售个别商品的商家除外（比如3C数码、珠宝贵金属（金、银、铂金）制品、应季清仓等）

（c）商家店铺的综合排名较低时，商家不得报名参与天猫营销活动。

（d）商家的报名经天猫审核通过后，如在营销活动前或活动进行过程中发现商家店铺在交易、维权、营销等各环节存在异常的数据现象（包括但不限于交易账号异常、交易资金异常等情形），天猫将中止或终止商家继续参与营销活动。

（e）为确保消费者在天猫营销活动中享受到切实的优惠，天猫要求参与营销活动的商家应向消费者提供更具竞争力的商品价格，不得对消费者有价格欺诈行为。若商家并未通过其参加的营销活动将最具价格竞争力的商品提供给消费者，一经天猫发现并核实，天猫有权中止及/或终止商家继续参与营销活动。同时，商家参与历次天猫营销活动时给到消费者的优惠力度，将作为考量商家能否参加天猫重大营销活动的标准之一。

（3）其他要求（见表17-8）

表17-8

1	活动期间成功付款的活动商品支持七天无理由退换货，但天猫部分类目的商品及天猫国际的商品除外
2	参加2015年“天猫双十一全球狂欢节”的商品可同时参加同期的聚划算，但正式活动的商品售价和聚划算价必须一致；二者不一致时价格将会被同时强制修改为报名的最低价格；同时参加聚划算的商品，请商家同时遵循聚划算规则。
3	正在参加聚划算秒杀活动的商品（如主题团/品牌团1元特价等，无法同时报名参加2015年“天猫双十一全球狂欢节”活动。即使同时报名2015年“天猫双十一全球狂欢节”，也将会被系统从天猫招商报名中清退出“天猫双十一全球狂欢节”活动。
4	正在参加淘宝官方秒杀活动商品无法报名参加2015年“天猫双十一全球狂欢节”。
5	为确保消费者在活动期间能快速收到活动商品，提高商家的交易效率，活动期间活动商品不支持货到付款，提醒商家注意。
6	“11.11购物券”是专为天猫消费者开发的产品，消费者可以通过购物券享受到消费优惠。为更贴合活动主旨，报名参加2015年“天猫双十一全球狂欢节”的商家，店铺全店商品均须支持使用“11.11购物券”。
7	为提升活动商家及消费者的互动程度，参加2015年“天猫双十一全球狂欢节”的商家，活动期间（含预热）的活动商品详情页将会增设商品所在类目的2015年“天猫双十一全球狂欢节”活动会场入口服务，提醒商家对页面合理布局，提高消费者的购物体验

17.2 1212品牌盛典营销

1212品牌盛典，是天猫在年终举办的营销活动之一，天猫在当天会邀请众多品牌和实力商家共同参与，在PC及无线多个平台，为消费者打造一场年终品牌盛宴，如图17-12所示。

图17-12

买家在购物的过程中，不再是分门别类的按照类目标签进行枯燥的搜索和挑选，而是能够进入一个个具体的场景。它打破了以往传统的促销模式，通过1212品牌盛典活动，卖家能了解用户需求，建立自身影响力。图17-13所示为参加1212品牌盛宴的报名流程。

图17-13

17.2.1 了解1212品牌盛典营销规则

在报名参加1212品牌盛宴之前，需要花时间了解营销规则。图17-14给出了商家的操作权限，比如具体时段中哪些操作可以执行，而哪些操作是禁止的。

商家操作权限

天猫1212品牌盛典优惠设定系统分时段操作

		商品自由申报期	商品新增关闭期	商品补报期	禁止调整期	活动中	活动结束
		2014.11.25 14:00:00-2014.11.30 23：59：59	2014.12.1 00：00：00-2014.12.4 23：59.59	2014.12.5 00：00：00-至2014.12.9 23:59:59	2014.12.10：00：00：00-至活动开始2014.12.12 01:59:59前	2014.12.12 02:00:00至2014.12.12 23:59:59	活动次日00:00:00
官方活动商品——商家操作	单个/批量删除已设定的商品	可以	禁止	禁止	禁止	禁止	入口关闭
	已设定商品调整专柜价	可以	禁止	禁止	禁止	禁止	
	已设定商品向上调整活动价	可以	禁止	禁止	禁止	禁止	
	已设定商品向下调整活动价	可以	可以	可以	禁止	可以	
	批量导入官方商品	可以	禁止	可以，导入后是待设定	禁止	可以，导入后是待设定	
	待设定的商品价格设定	可以	可以	可以	禁止	可以	
	异常商品（小二清退除外）价格修改	可以	可以	可以	禁止	可以	

图17-14

图17-15给出了在指定优惠设定分时段内各项禁止和允许的操作。在活动的前中后期，对于商品的价格修改、上下架设置，以及商品SKU也明确给出了禁止和允许的操作，如图17-16所示。

1212品牌盛典优惠设定系统分时段操作

		活动周期					
		商品自由申报期	商品新增关闭期	商品补报期	禁止调整期	活动中	活动结束
		2014.11.25 14:00:00-2014.11.30 23：59：59	2014.12.1 00：00：00-2014.12.4 23：59.59	2014.12.5 00：00：00-至2014.12.9 23:59:59	2014.12.10：00：00：00-至活动开始2014.12.12 01:59:59前	2014.12.12 02:00:00至2014.12.12 23:59:59	活动次日00:00:00
官方活动商品——商家操作笔记本、平板电脑黄金、铂金类目特例	单个/批量删除已设定的商品	可以	禁止	禁止	禁止	禁止	入口关闭
	已设定商品调整专柜价	可以	可以	可以	可以	禁止	
	已设定商品向上调整活动价	可以	可以	可以	可以	禁止	
	已设定商品向下调整活动价	可以	可以	可以	可以	可以	
	批量导入官方商品	可以	禁止	可以，导入后是待设定	禁止	可以，导入后是待设定	
	待设定的商品价格设定	可以	可以	可以	禁止	可以	
	异常商品（小二清退除外）价格修改	可以	可以	可以	禁止	可以	

图17-15

1212品牌盛典编辑操作时段说明

		活动前	活动中（预热+正式）	活动后
		2014.11.25 14:00:00-12.7 23：59：59	2014.12.8 00:00:00 至2014.12.12 23：59：59	活动次日 00：00：00
商品编辑	一口价修改	可以	禁止	可以
	下架	可以	禁止	
	商品SKU	禁止增加、删除		
	上架	可以		

1212品牌盛典商品库存操作时段说明

	商品状态	库存操作	时间周期			
			12.8 00:00:00至12.11 23:59:59	12.12 00:00:00至12.12 03:59:59	12.12 04:00:00至12.12 23:59:59	2014.12.13 00:00:00
1212官方活动商品——商家操作	上架、下架	全量修改	不可以	不可以	不可以	可以
	上架状态	补货	可以	不可以	可以	可以
	下架状态	补货	可以	不可以	可以	可以
	上架状态	改小	不可以	不可以	不可以	可以

图17-16

其他招商要求如图17-17所示。

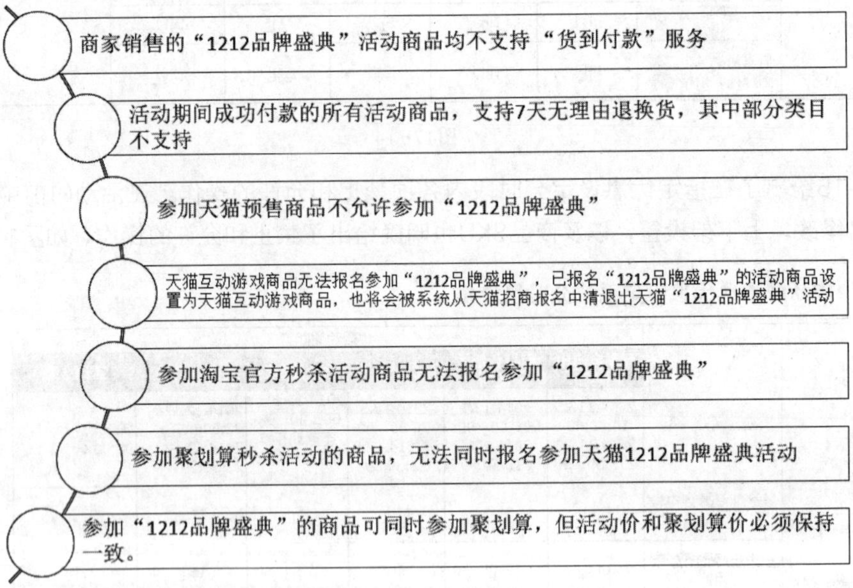

图17-17

17.2.2 商家报名及要求

进入天猫我的工作台后，在页面左侧的“1212品牌盛宴”下单击“商品报名”（见图17-18），即可进入1212报名页面（见图17-19），在该页面可以查看活动介绍。图17-20显示了参加活动的招商要求，单击上方的“商品报名链接”按钮即可报名。

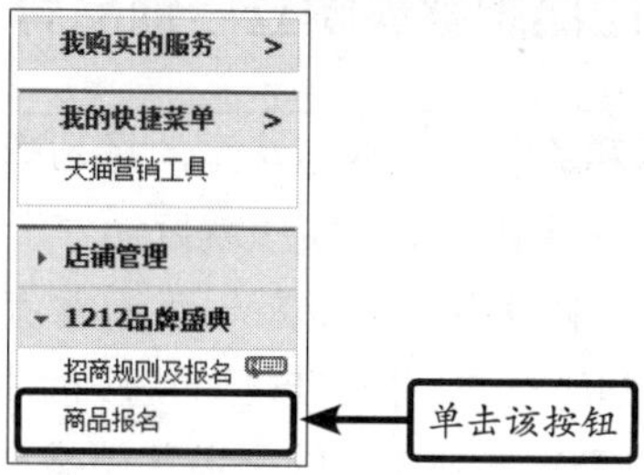

图17-18

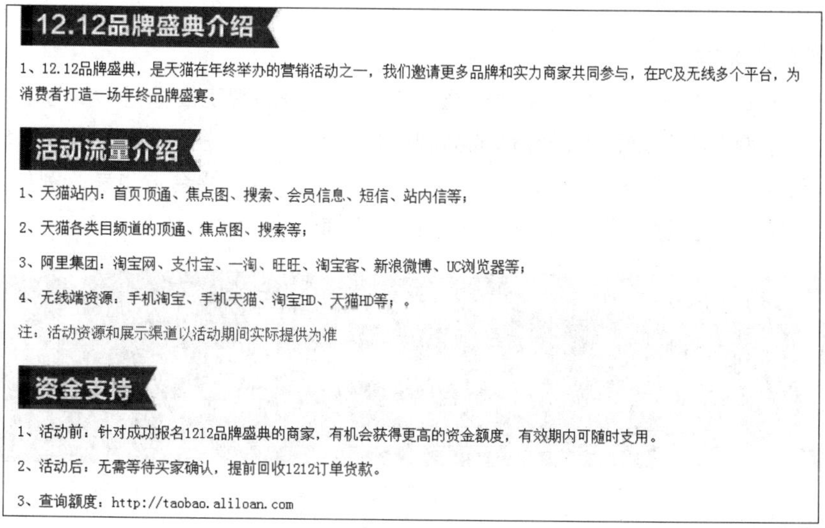

12.12品牌盛典介绍

1、12.12品牌盛典，是天猫在年终举办的营销活动之一，我们邀请更多品牌和实力商家共同参与，在PC及无线多个平台，为消费者打造一场年终品牌盛宴。

活动流量介绍

1、天猫站内：首页顶通、焦点图、搜索、会员信息、短信、站内信等；

2、天猫各类目频道的顶通、焦点图、搜索等；

3、阿里集团：淘宝网、支付宝、一淘、旺旺、淘宝客、新浪微博、UC浏览器等；

4、无线端资源：手机淘宝、手机天猫、淘宝HD、天猫HD等；。

注：活动资源和展示渠道以活动期间实际提供为准

资金支持

1、活动前：针对成功报名1212品牌盛典的商家，有机会获得更高的资金额度，有效期内可随时支用。

2、活动后：无需等待买家确认，提前回收1212订单货款。

3、查询额度：http://taobao.aliloan.com

图17-19

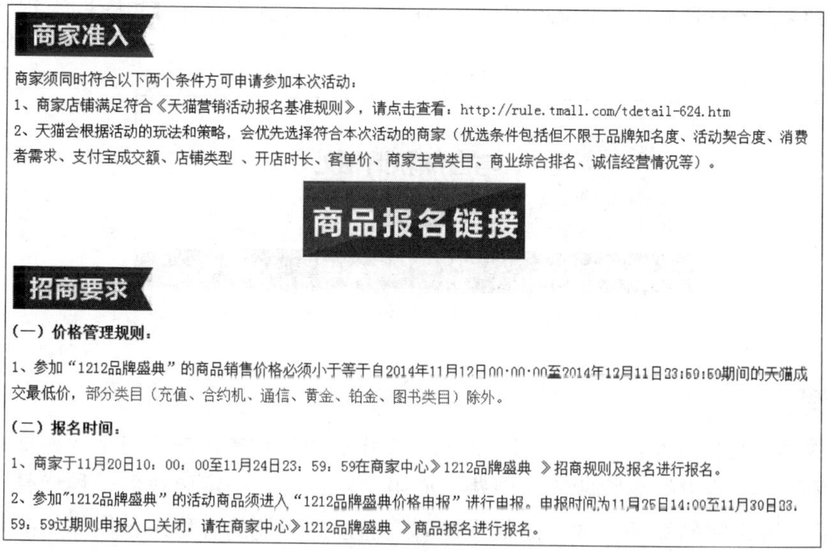

商家准入

商家须同时符合以下两个条件方可申请参加本次活动：
1、商家店铺满足符合《天猫营销活动报名基准规则》，请点击查看：http://rule.tmall.com/tdetail-624.htm
2、天猫会根据活动的玩法和策略，会优先选择符合本次活动的商家（优选条件包括但不限于品牌知名度、活动契合度、消费者需求、支付宝成交额、店铺类型 、开店时长、客单价、商家主营类目、商业综合排名、诚信经营情况等）。

商品报名链接

招商要求

（一）价格管理规则：

1、参加"1212品牌盛典"的商品销售价格必须小于等于自2014年11月12日00:00:00至2014年12月11日23:59:59期间的天猫成交最低价，部分类目（充值、合约机、通信、黄金、铂金、图书类目）除外。

（二）报名时间：

1、商家于11月20日10：00：00至11月24日23：59：59在商家中心》1212品牌盛典 》招商规则及报名进行报名。

2、参加"1212品牌盛典"的活动商品须进入"1212品牌盛典价格申报"进行申报。申报时间为11月25日14:00至11月30日23：59：59过期则申报入口关闭，请在商家中心》1212品牌盛典 》商品报名进行报名。

图17-20

提 示

1212当天，天猫官方5大营销工具，包括搭配宝、店铺优惠、特价宝、用户限购、优惠券、淘宝官方工具（排除搭配套餐）等和第三方营销工具都可以使用并生效。

17.2.3 如何利用1212品牌盛典树立店铺品牌

小网店注重的是销量和流量，大网店注重的是品牌，而品牌的重要性主要体现在一些已经发展起来的网店。很多网店发展到一定的阶段就开始停滞不前，如果不去进行突破的话，最终就会导致店铺走向下坡路。很多网店从一开始就一直围着流量在打转，却忽略了品牌的打造，这是非常不可取的。下面将介绍如何打造、推广自己的店铺品牌。

1212品牌盛宴是针对天猫品牌店铺的一场营销盛宴，这也是商家宣传自己店铺品牌的一个展现平台和机会。

1. 树立自己的品牌标语

如果想要客户记住自己的品牌，需要注意两点：首先是品牌定位标语（口号）；其次是粉丝群体标签定位。这两个点可以帮助店铺形成品牌标识，有利于在消费群体中形成口碑传播。现在大部分成功的天猫店铺都有这样的品牌定位（见图17-21），对于平台方也是，例如天猫的“尚天猫，就购了”，让消费者可以通过定位来认识自己的店铺。

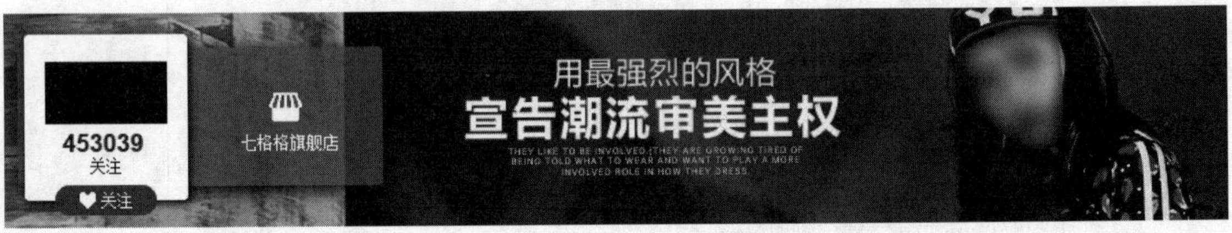

图17-21

品牌口号有了之后，一定要在店铺首页将口号展示出来（见图17-22）。这种品牌口号会给消费者一种潜移默化的影响，尤其是一些经常浏览店铺的老客户，这样也有助于提升老客户流量的转化率。

图17-22

2. 个性化服务

1212品牌盛宴无疑是一场买卖狂欢，客服的工作量也会加大。所以对于店铺而言，要想真正做到个性化服务，要让你的品牌能够在消费中心中停留传播，一定要找到一种代替“亲”的词，“亲”只能是一种正常的称呼方式，而很难让客户通过你对他的尊称来记住你的品牌。所以对于店铺而言要找到一种更好的方式来称呼你的客户。

第18章　微营销

在这个网络信息时代，微营销无处不在。商家在建立的官方微博定时发送信息，靠粉丝的力量传播。微信公众号也是宣传产品的一个平台，商家定时推送商品信息和折扣优惠信息，向粉丝发送红包等。

微电影营销不同于商业化的影视大片，也不同于大众言论的视频短片，它是介于两者之间的一种新媒体网络化的营销手段。微电影是指以互联网、手机、移动视频浏览器等这类“新媒体平台”为主要播放渠道，具有完整故事情节 ，超小规模投资的“类”电影视频。一个企业能讲好故事，就可以花很少的钱达到更好的营销效果。

18.1　了解微营销的优势

如今是以市场需求为主导的经济时代，消费者的需求呈现出精细化和多样化的特点，细分市场日渐成熟，同时在互联网技术快速进步和应用的刺激下，整体市场的发展节奏也在不断加快。因此企业需要建立一套灵活的管理思维，不断优化企业结构和相关服务，轻装上阵，以自如应对不可预知的市场变化。随着整个互联网经济的快速发展，以网络为传播平台的营销行业如雨后春笋般迅速壮大，其整体服务水平也呈现出阶梯式的增长，并诞生了以网络技术为基础的精准营销模式。在这种大环境中，“微营销”的概念应运而生，企业需要一种更为快捷高效的营销途径。

微营销实际就是一个移动网络微系统，微营销的途径如图18-1所示。微营销就是将线上线下营销整合起来，线下引流到线上支付，线上引流到线下（实体店面）浏览。

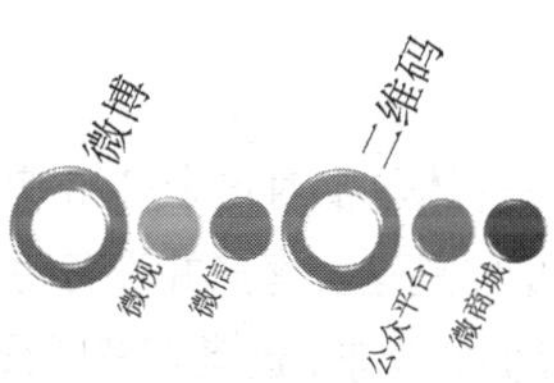

图18-1

1. 微营销的特点

微营销的别称主要有微信营销、微商营销、微营销。微营销并非单指微信营销，微信营销只是微营销的一个组成部分。微博、微信、微信公众平台、微网站、APP同时组合在一起也不是微营销，它们都只是实现微营销的工具和方法。

移动微营销主要有如图18-2所示的几个特点。

微营销的特点

- 长周期
- 传播的内容量大且形式多样
- 每时每刻都处在营销状态、与消费者的互动状态，强调内容性与互动技巧
- 需要对营销过程进行实时监测、分析、总结与管理
- 需要根据市场与消费者的实时反馈调整营销目标

图18-2

2. 优势

移动终端的便利性增加了微信营销的高效性。相对于PC电脑而言，未来的智能手机不仅能够拥有PC电脑所能拥有的任何功能，而且携带方便，用户可以随时随地获取信息，这也会给商家的营销带来极大的方便。微营销有如下几项优势。

（1）社会化媒体可以精准定向目标客户

社交网络掌握了用户大量的信息，通过对

用户发布和分享内容的分析，可以有效地判断出用户的喜好、消费习惯及购买能力等信息。社交用户使用移动终端的比例越来越高，移动互联网基于地理位置的特性也将给营销带来极大的变革。这样通过对目标用户的精准人群定向以及地理位置定向，在社交网络投放广告自然能收到比在传统网络媒体更好的效果。

（2）社会化媒体的互动特性可以拉近企业跟用户的距离

社交网络使商家有了企业的官方微博，先天的平等性和社交网络的沟通便利特性使得企业和顾客能更好地互动，帮助形成良好的企业品牌形象。此外，微博等社交媒体是一个天然的客户关系管理系统，通过寻找用户对企业品牌或产品的讨论或者批评，可以迅速做出反馈，解决用户的问题。如果企业官方账号能与顾客或者潜在顾客形成良好的关系，让顾客把企业账号作为一个朋友的账号来对待，那企业获得的价值是难以估量的。

（3）社会化媒体的大数据特性可以帮助商家以较低成本进行舆论监控和市场调查

随着社交网络的普及，社交网络的大数据特性得到很好的体现。而企业如果能做好社交网络的数据分析与处理，也能从中获得很大的好处。通过对社交平台大量数据的分析，或者进行市场调查，企业能有效地挖掘出用户的需求，为产品设计开发提供很好的市场依据，只要拿出些小礼品，在社交媒体做一个活动，就会收到海量的用户反馈。

（4）社会化媒体让企业获得了低成本组织的力量

通过社交网络，企业可以以很低的成本组织起一个庞大的粉丝宣传团队，利用粉丝的力量给自己带来更多的价值。此外，社会化媒体的公开信息也可以使我们有效地寻找到意见领袖，通过对意见领袖的宣传攻势，自然可以收获比大面积撒网更好的效果。

18.2 分析微营销与客户群体

要想迈入微营销，了解其优势之后，还需要对客户群体进行分析。将大部分精力聚焦服务这些理想的客户，和客户产生互动，让他们相信你，认可你。产品要能够给客户带来愉悦的体验感。下面介绍几种客户群体类型。

1. 核心客户

核心需求客户是指最容易转化的客户群体，聪明的兔子要学会吃窝边草，生意应该是从熟人开始做的，只要自己的产品足够好，性价比足够高，就可以在朋友圈中大力推荐。比如亲戚、同学、同事，以及有共同爱好的群体等。

2. 目标客户

第一波生意基本都是杀熟，搞定核心需求人群后发现业绩增长遇到了瓶颈，解决这个问题的办法是将目标客户群体锁定在同城客户，通过当面的交流沟通进一步加强信任甚至转化为核心需求客户，而且同城客户能够做到快速收发货。

3. 意向客户

意向群体是指对商家产品或服务有意向或有兴趣的客户群体，这个层级才是真正的广撒网阶段，在论坛、贴吧、QQ群等地方都可以寻找到这些志同道合的人，再获取到他们的数据，导入到微信好友里面，通过朋友圈鱼塘慢慢培养信任导向成交，这类客户群体来自全国各地，这样也在无形中扩大了客户群。

4. 潜在客户

潜在客户群体是指对这个产品或者服务有潜在需求的客户，但是这类客户并没有明确表现出来对这种产品服务的需求，这类客户成交周期长，成交率相对比较低，这类客户是很有培养价值的。

18.3 利用微信与微博来宣传店铺与商品

天猫微营销常用的方式为微博营销和微信营销，下面具体介绍这两种方法的基本知识。

1. 微博营销

商家官方微博不但会经常发布新品（见图18–3），还会和网友粉丝互动，比如转发有惊喜等，可以间接提高人气，让大家口口相传，如图18–4所示。

图18–3

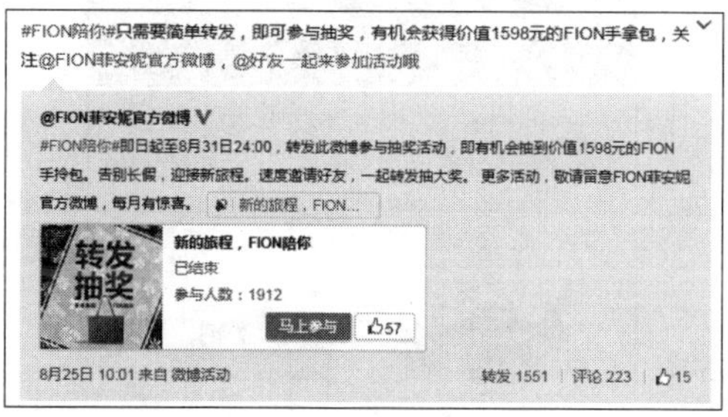

图18–4

在微博平台上，用户是真实存在的。微博可以通过对海量用户信息进行精确分析，洞察消费者最真实的需求；它以方便消费者为出发点，使得微博不仅仅是信息交流的平台，更是持续营销的平台，它还通过对消费者进行精准式与方便式的针对性营销，使营销更具广度、深度和效率。

下面介绍微博营销的几个常用技巧。

①若希望网络营销提高转化率，首要的因素是信任，在推广中需要完善头像以及个人详细基本信息。

②微博营销的推广内容大多会在微博中做推广，但是并非所有的推广都是为了流量，在微博中应当尽可能设计出网友感兴趣的内容，从而更好地与网友互动。

③由于在微博上发布的内容，都会被粉丝看到，所以为了提高推广效果，首先就要提高粉丝的数量，可以先多关注别人，成为别人的粉丝，在别人关注自己微博时，也要同时关注别人，多发一些有价值的内容进行分享，对于别人的话题多转发和评论。

④在有些微博中可以绑定MSN和手机等来进行更新，这样会更方便、快捷地进行相关的推广，就算没有打开微博网站，或身边没有电脑，也可以实现随时随地的更新和推广。

⑤微博的排名是按昵称的关键词来进行排序的；在搜索话题中的排名，是按时间来进行排名；搜索标签的排名，是按照粉丝的数量来进行排名。如果要提高推广效果，首先在昵称的选择上就要注意。

⑥不管做什么网络推广，首于都需要有一个有效的推广目标，微博的主题应围绕推广的核心进行，在关注别人或吸引粉丝时也要有针对性。

2. 微信营销

微信营销主要体现在以安卓系统、苹果系统、Windows phone 8.1系统的手机或者平板电脑中的移动客户端进行的区域定位营销，商家通过微信公众平台二次开发系统展示图18–5所示的各类营销方式，已经形成了一种主流的线上线下微信互动营销方式。

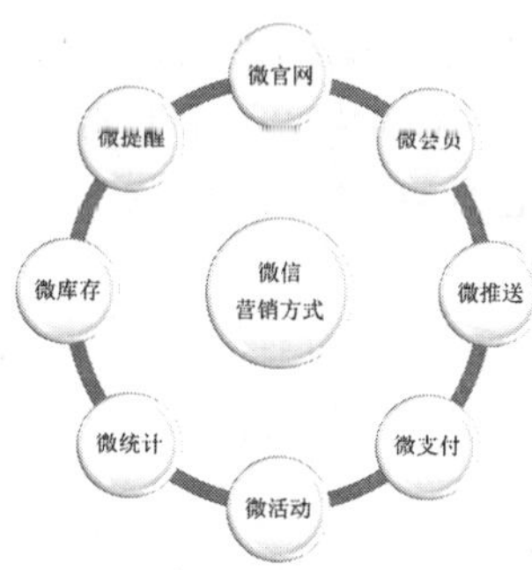

图18–5

微信公众平台是商家的必争之地。微信公众平台上有许多客户资源，它能够带动企业和商家的经营。然而如何才能玩转微信公众平台，这不是一个简单的问题。不同用户的关注点是不一样的，比如一部分用户关注优惠折扣（见图18-6），而另一部分用户则关注微信福利，剩下一部分用户关注订阅号的附属价值，而这三点之间又不是完全独立分隔的，譬如A用户今天想看产品折扣，明天想看专业知识，所以这种需求是不断变化的。

图18-6

虽然说微博在社会热点时爆发力很大，而微信则具有朋友圈效应优势。微博通过粉丝转发一个商品产生的转化率是非常低的，而且还没有考虑僵尸粉的数量。而微信则是没有僵尸粉的，它是通过真实的朋友圈进行营销。图18-7、图18-8所示为某品牌官网店利用微信营销的手机界面效果。

图18-7

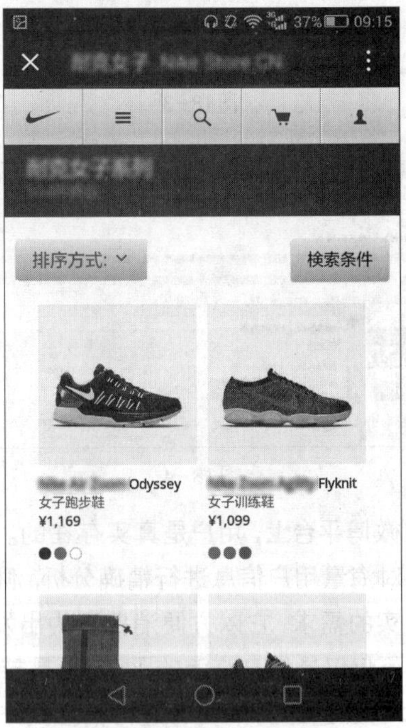

图18-8

首先商家需要开通一个公众号，这里建议订阅号。不要上来就发广告，这样会影响真实的粉丝数，应当尽量使用自己的朋友圈转发。比如可以策划一些转发就送××、关注送××的活动。

要想实现微信营销，首先要在微信网页版注册微信公众号。

01 打开浏览器并输入网址：https://mp.weixin.qq.com，按回车键后打开微信公众平台，单击右侧的“立即注册”链接（见图18-9），进入注册页面。

图18−9

02 首先在第一步骤设置页面输入邮箱、密码、确认密码及验证码，输入结束后单击下方的“注册”按钮（见图18-10）。

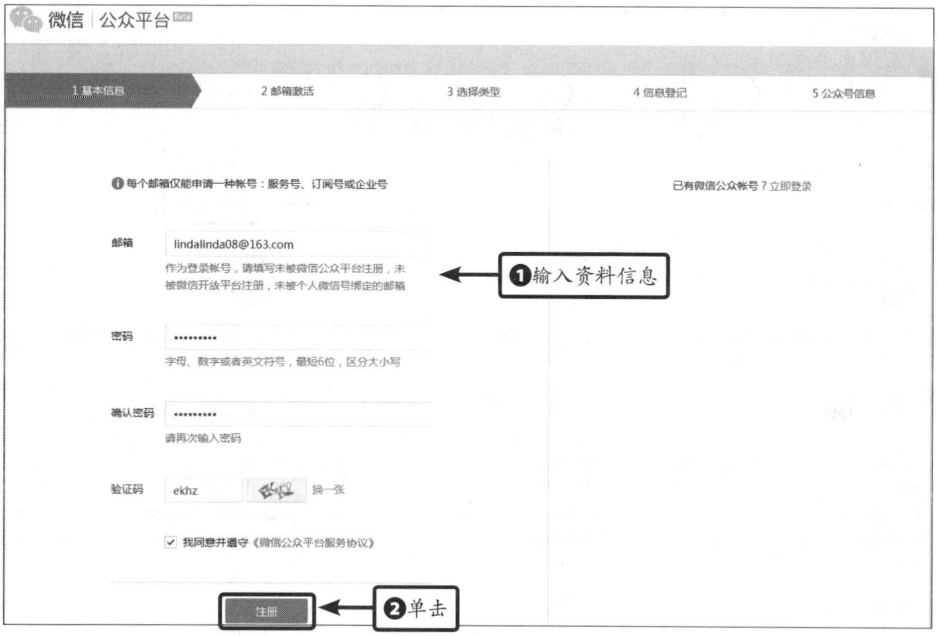

图18−10

03 在“2 邮箱激活”页面单击“登录邮箱”按钮（见图18-11），执行邮箱激活认证。

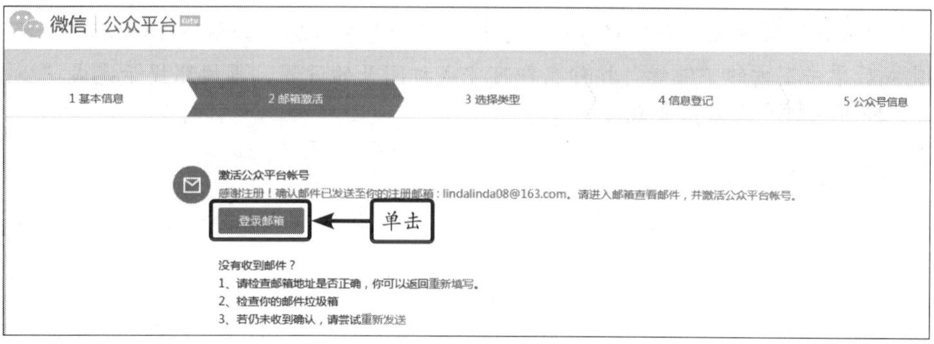

图18−11

04 单击“登录邮箱”按钮后，系统会自动跳转至注册的电子邮箱，在邮箱收件箱中找到微信激活信件并打开，根据提示文字单击激活链接，如图18-12所示。

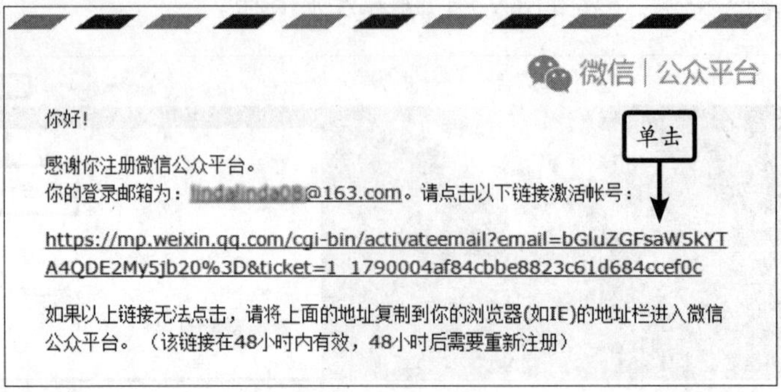

图18-12

05 单击激活链接后系统会自动跳转至“微信公众平台”界面，在“3 选择类型”页面选择一种微信注册类型，这里选择订阅号，单击该类型下方的“选择并继续”链接，如图18-13所示。

图18-13

06 在“4 信息登记”页面输入身份证号码、手机号码等个人信息，如图18-14所示。

07 设置完成后单击下方的“继续”按钮，即可完成订阅号的设置，再按照提示完成“公众号”信息设置，即可注册完成微信公众号。

图18-14

18.4 经典微营销案例

1. “华美月饼”——会“说话”的月饼

华美月饼引燃“会说话的月饼”第一把火，这种营销模式的创新之处就在于，将月饼传情达意的功能与互联网技术相结合，从而使得月饼具备搭载祝福视频的功能。购买华美月饼的消费者通过扫描包装盒上的二维码录制视频，然后收到月饼的亲人通过扫描二维码输入包装上的12位编码查看祝福。这样一个新鲜事件一经在网络上出现，就引起了很多行业人士和网友的关注。

华美“会说话的月饼”玩法：

（1）用户购买华美月饼，扫描二维码，进入华美微信服务号活动主页面（见图18-15）。

图18-15

（2）定制祝福（见图18-16）：拍摄微视频短片，录制并上传祝福视频，复制微视祝福链接，输入华美月饼独有的祝福编码，提交。

（3）分享祝福到朋友圈，就有机会抽取华美食品提供的万元钻戒、iPhone 5S、名牌手表、华美月饼等丰厚奖品。而收到月饼礼物，同样扫描二维码即可查看祝福视频。

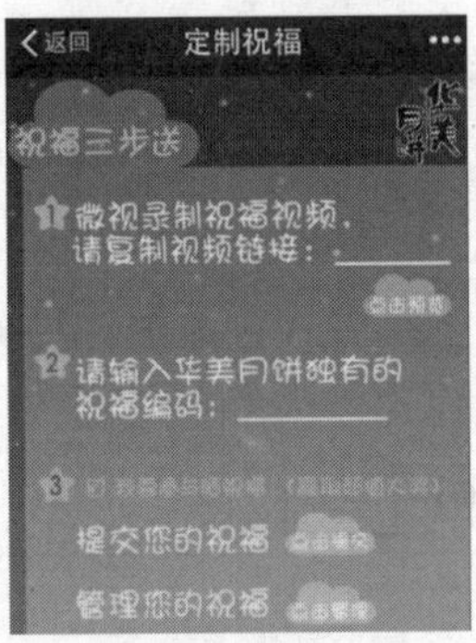

图18-16

2. “美容化妆大王”微淘号

在社交网络中，玩营销，就是玩心理。作为天猫最大的化妆品渠道商，丽人丽妆旗下聚集了相宜本草、美宝莲、施华蔻、兰芝、H2O等数十个知名美妆护肤品牌。为了聚合这些品牌的力量，丽人丽妆利用“美容化妆大王”微淘号，联合18家品牌旗舰店发起“一键关注，享受特权”的美妆会员嗨翻天活动（见图18-17），并齐集10万份护肤套装进行付邮试用的海派，在短短的5天内就给店铺带来60万的粉丝会员和187万的成交总额。

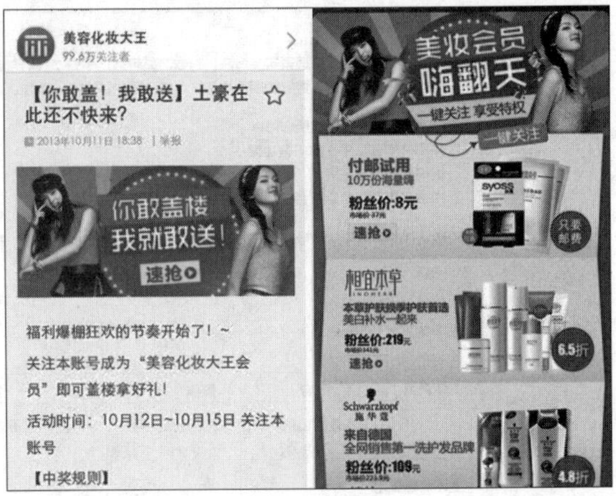

图18-17

3. “淘遍全球美妆”公益活动

“淘遍全球美妆”在微淘发起的“盖微淘第一高楼，建爱心希望小学”的活动广播（见图18-18），向网友承诺，微淘用户可以评论回复一起盖楼，活动结束后，只要这个帖子成为微淘第一高楼，该微淘账号就会出资捐建希望小学。活动持续了4天，共有45.1万条爱心评论，最后，该账号确实成为微淘第一高楼，并且兑现了最初的承诺，在媒体和爱心网友的见证下一起完成了希望小学的签约仪式。

因此，营销方法无论是对微淘平台，还是对该商家而言，都是一次正能量的公益创新玩法，这在无形中也起到了宣传自己的作用。

图18-18

延伸阅读…… 淘宝、天猫、微店实战一本通

作为一位在淘宝奋战多年的老卖家来说，有过痛苦，有过迷茫，有过想放弃的念头，但是最终因为坚持而收获了快乐，收获了自信，也收获了成功。写这本书，是希望给准备踏上或者已经踏上这条艰苦之路的朋友们一些实用的、有效的操作方法和经验。

本书围绕网店的开通、装修以及推广、经营而展开，图文并茂、内容全面，能有效地帮助个人卖家、企业卖家，尤其是新手卖家快速掌握如何开通并经营好淘宝店铺、天猫店铺及微店。

简要目录

第1篇　淘宝开店

在淘宝上开店虽然风险较小，但是如果想在激烈的市场竞争中站稳脚跟，掌握淘宝开店、运营、推广的相关技能是非常有必要的。本篇为新手卖家介绍了实用、专业的开店实操内容，希望能帮助新手卖家少走弯路。

第1章 免费开店
1.1 第1步：淘宝账号的注册
1.2 第2步：支付宝账号的注册
1.3 第3步：支付宝实名认证
1.4 第4步：淘宝店铺认证
1.5 第5步：创建店铺
1.6 玩转微淘
第2章 卖出宝贝
2.1 店铺基本设置
2.2 发布宝贝
2.2.1 消保保证金的缴纳
2.2.2 做好宝贝分类
2.2.3 宝贝上传与发布
2.2.4 如何写好宝贝的标题
2.2.5 四招教你确定标题关键词
2.3 出售中的宝贝
2.3.1 如何做好宝贝推荐
2.3.2 如何修改宝贝标题、价格、库存数量
2.3.3 如何将宝贝下架、上架
2.3.4 选对上架时间
2.4 交易流程演示
第3章 店铺经营管理
3.1 提升宝贝销售
3.1.1 设置VIP价格促销
3.1.2 设置评论有礼
3.1.3 创建营销活动
3.1.4 创建淘金币活动
3.1.5 促销宝贝的捆绑销售
3.2 换货与退货
3.3 进出账目管理
第4章 店铺装修
4.1 店标与店招设计
4.2 导航设计
4.3 宝贝分类区设计
4.4 宝贝美化设计
4.5 促销广告设计
第5章 店铺宣传与推广
5.1 通过免费试用宣传与推广
5.2 通过店铺红包宣传与推广
5.3 通过优惠券宣传与推广
5.4 通过送彩票宣传与推广
5.5 通过“满就送”宣传与推广
5.6 通过“淘帮派”宣传与推广
5.7 通过“淘宝客”宣传与推广
5.8 通过“直通车”宣传与推广

第2篇　天猫创业

在天猫开店，已经成为很多创业者的首选。那么，怎样才能在天猫上开一家赚钱的网店呢？本篇系统地介绍了天猫店铺的申请、后台管

理、交易管理、店铺装修、营销与推广等方法和技巧。通过学习利用这些实用、有效的方法，读者可以快速地创建自己的品牌旗舰店。

第6章 天猫开店准备与申请

第7章 天猫后台管理

7.1 子账号管理，设置使用权限
7.2 店铺名称、店招、LOGO与相关信息设置
7.3 店铺商品分类管理
7.4 宝贝发布管理
7.5 宝贝编辑与下架管理

第8章 天猫交易管理

8.1 交易模块显示设定
8.2 火爆插件的使用与管理
8.3 生意参谋
8.4 当前交易管理
8.5 基础设置

第9章 天猫店铺装修

9.1 宝贝分类区美化设计
9.2 宝贝促销活动区与促销页设计
9.3 宝贝美化设计

第10 章 天猫营销与推广

10.1 双11营销
10.2 1212品牌盛典营销
10.3 免费与付费流量营销
10.4 搭配宝营销
10.5 店铺优惠、特价、限购营销
10.6 通过“淘宝直通车”做推广
10.7 通过“淘宝客”做推广
10.8 通过“淘宝试用”做推广
10.9 通过“拍卖会”做推广
10.10 通过“天天抢拍”做推广
10.11 通过“值得买”做推广
10.12 通过“聚划算”做推广
10.13 通过“钻石展位”做推广
10.14 通过“硬广”做推广
10.15 通过“橱窗推荐”做推广

第3篇　微店

十年前错过淘宝的同学，今天还要错过微店吗？零成本，玩着手机就能赚钱，你不心动吗？本篇介绍了在两大主流平台“微盟”和“有赞”开通、管理微店的方法和技巧。

第11章 微信公众号注册与使用

11.1 注册微信公众号
11.2 账号信息设置
11.2.1 设置公众号头像
11.2.2 设置微信号
11.2.3 绑定腾讯微博
11.3 账号安全设置
11.3.1 绑定管理员微信号
11.3.2 绑定运营者微信号
11.3.3 开启风险操作保护
11.3.4 开启风险操作提醒
11.4 信息管理
11.4.1 消息管理
11.4.2 用户管理
11.4.3 素材管理
11.5 功能使用
11.5.1 群发功能
11.5.2 自动回复

第12章 开通“微盟”微店

12.1 注册微盟平台账号
12.2 添加微信公众账号
12.3 添加支付方式
12.4 在微盟平台上开通并管理店铺
12.4.1 查看店铺
12.4.2 店铺装修
12.4.3 商品管理
12.4.4 订单管理
12.4.5 营销管理
12.4.6 系统设置
12.5 微盟手机客户端的使用

第13章 开通“有赞”微店

13.1 注册有赞账号
13.2 新建店铺
13.3 绑定微信公众账号
13.4 管理店铺
13.4.1 查看微店铺概况
13.4.2 店铺基本设置
13.4.3 店铺页面/模块管理
13.4.4 商品管理
13.4.5 订单管理
13.4.6 微信管理
13.4.7 营销管理
13.5 有赞微商城手机客户端的使用